KB069590

학습 장애 탐구

언어장애, 난독증, 난산 · 수학장애, ADHD, 자폐성장애, 지적장애 진단과 중재

Bruce F. Pennington · Lauren M. McGrath · Robin L. Peterson 공저

김동일 역

DIAGNOSING LEARNING DISORDERS
FROM SCIENCE TO PRACTICE (3rd ed.)

학지사

2020년 대한민국 교육부와 한국연구재단의 지원을 받음.
(NRF-2020S1A3A2A02103411)

역자 서문

이 책에서 제시하는 학습의 장애 혹은 다양한 '학습 장애군(群)'은 learning disorders 의 번역어다. 즉, 학습상 부적응과 만성적인 학습결손 증상을 보이는 신경발달장애 로서, 대표적으로 6개 장애 영역, 즉 언어장애(LI), 난독증(dyslexia: 특정학습장애-읽기장애), 난산 및 수학장애(MD), 주의력결핍 과잉행동장애(ADHD), 자폐스펙트럼장애(ASD), 지적장애(ID)를 지칭한다. 이 책의 저자들은 심리학과 및 소아정신의학과에 재직하고 있는 교수로서 의학적이며 신경심리학적 접근으로 학습 장애군(群)에 대한 과학(이론)과 실천(실제)에 대하여 논의를 전개하였다. 그러므로 본문에서 '학습 장애'라는 용어가 나오면 따로 설명을 보태지 않는 한, 이는 학습 장애'군(群)'을 언급하는 것이며, 따라서 언어장애(LI), 난독증(dyslexia: 특정학습장애-읽기장애), 수학장애(MD), 주의력결핍 과잉행동장애(ADHD), 자폐스펙트럼장애(ASD), 지적장애(ID)를 상기하면 된다. 이에 대비하여 원문에서 learning disabilities, specific learning disorder, specific learning disabilities라는 친숙한 용어는 모두 '특정학습장애'로 통일하였다.

본문은 2부 총 14장과 결론으로 구성되었다. 제1부는 학습 장애'군(群)'에 대한 과학적 토대로서 학습 장애 발현 과정을 설명하기 위하여, 네 개의 분석 수준, ① 병인론, ② 뇌 메커니즘, ③ 신경심리학, ④ 증상을 적용한 다층 프레임을 활용하였다. 이러한 프레임은 학습 장애에 국한되어 적용되는 것은 아니라 다양한 행동장애 영역에서 타당하게 적용된다. 저자는 다학제 접근을 지지하면서 '의학적 모델'로 학습 장애 발현과 발달을 이해하고자 하였다. 제2부는 학습 장애 '군(群)', 즉 '학습의 장애'로서 대표적인 6개 장애 영역, 언어장애(LI), 난독증(dyslexia: 읽기장애), 수학장애(MD), 주의력결핍 과잉행동장애(ADHD), 자폐스펙트럼장애(ASD), 지적장애(ID)에 대하여 심도 있게 논의하였다. 간략한 역사, 정의, 출현율, 원인론, 신경심리학적 배경, 뇌 메커니즘, 진단과 처치를 포함하여 각 장애 영역의 과학과 실천에 대한 논의를 전개하였다.

외국어를 번역하고 이해하며 그 뜻을 전달하기 위하여 여러모로 노력을 했으나 여전히 어려운 점이 많았다는 것을 미리 고백하여야 할 것이다. 각각 설명과 개념 전달이 되지 않는 부분이 있다면 독자들께서 많은 충고와 제언을 주어 다시 작업할 수 있도록 미리 허락을 얻고자 한다.

이 책이 나오기까지 학지사 김진환 사장님과 편집부 직원들이 보여 준 정성과 끊임없는 노력에 감사드리며, 주위에서 자신의 희생을 감내하며 도와준 많은 이들에게 사의를 표한다. 마지막으로, 같이 이 책을 읽으며 열정적으로 토론했던 서울대학교 대학원 '학습 장애' 강좌의 수강생 모두에게 이 기회를 빌려 깊은 고마움의 말을 전하고자 한다.

2024년 관악산 연구실에서
김동일

powered by WITH Lab. (Widening InTellectual Horizon):
Education and Counseling for Children-Adolescents with Diverse Needs

저자 서문

이 책은 주류 심리학과 의학으로부터 너무 오랫동안 경시되어 왔던 학습 장애 [Learning disorders: 언어장애, 난독증, 수학장애, ADHD, 자폐스펙트럼장애, 지적장애와 같이 만성적인 학습결손 문제를 보이는 다양한 장애, 학습 장애군(群)]에 대한 과학적 이론과 실제에 대해 기술하였다. 20세기에 들어서면서 학습 장애는 과학의 변방으로 쫓겨났으며, 미신처럼 여겨졌고, 논란의 여지가 있는 대체의학 접근과 같은 방식으로 함께 다루어진 것처럼 보였다.

'난독증은 사물이 뒤집혀 보이는 시각적 장애' 혹은 '백신이 자폐증을 유발한다(심지어 이는 백악관에도 알려진 미신이다)'는 것과 같은 몇 가지 오해들은 오늘날에도 여전히 만연하고 있다. 최근까지도 학습 장애 자체가 신기루라는 주장이 대중적으로 받아들여졌다. 예를 들어, 주의력결핍 과잉행동장애(ADHD)는 장애로서 존재하지 않으며, 아동기의 흔히 보이는 일반적 과행동(exuberance)을 의학적으로 과잉문제화한 것으로 여겨졌다. 또한, 저자 중 1인(Pennington)이 이 분야에 입문할 당시에는 특정학습장애가 존재하지 않는다는 주장이 진지하게 제기되고 있었으며, 특정학습장애는 자신의 자녀가 높은 교육적 기대를 충족하지 못할 때 부모의 자존감을 지키기 위해 만들어진 '중산층의 미신(middle class myth)' 정도로 여겨졌다. 학습 장애의 존재를 인정한다고 하더라도 임상심리학자들은 특정학습장애를 무의식적 갈등에 기반하여 정신역동 접근의 프로이트적 방식으로 설명하였다. 예를 들어, 구강기의 문제가 덧셈의 문제를 야기하고, 거세 불안이 뺄셈의 문제를 야기하며, 성적 갈등이 곱셈의 문제를 야기한다는 등의 설명을 이어 나갔다. 이 책의 모든 독자들이 학습 장애가 실제로 존재한다는 사실에 동의하고, 수학 문제를 바라보는 프로이트적 방식이 얼마나 터무니없는지 이해하길 바란다. 하지만 이를 이해하기 위해서는 왜 다른 미신들이 틀렸는지에 대한 과학적 지식이 조금 더 필요하다.

학습 장애에 대한 모든 미신을 반박할 수 있다는 사실은 과학의 작동 원리를 잘 드러낸다. 어떠한 현상이 어떻게 그리고 왜 발생하는지에 대한 다양한 가설은 그것이 사실인지 아닌지 여부를 엄격하게 검증될 수 있으며, 과학은 세상의 여러 미신과 오해들을 반박함으로써 진일보하게 된다. 과학 역사는 지구가 편평하다는 것, 태양이 지구 주위를 돈다는 것, 별은 수정구로 이루어져 있다는 것, 마음은 심장에 위치한다는 것, 보이지도 않지만 진공을 채우고 있으면서 빛을 전달하는 가상의 물질인 에테르가 존재한다는 것, 모든 가연성 물질은 자체 속에 플로지스톤을 지닌다는 것과 같이 오해를 뒤로하고 진보해 왔다. 우리는 모든 독자들이 이러한 아이디어가 모두 틀렸다는 것을 인식하고, 그 아이디어가 왜 틀렸는지 설명할 수 있기를 바란다.

학습 장애에 대한 과학적 연구의 궁극적 목적은 생물학과 의학 연구와 같이 조기 진단, 중재, 예방을 향상하여 공중보건(public health)을 증진함에 있다. 실천이 과학적 질문을 이끌고, 과학적 연구가 실천을 향상시키며, 이것이 다시 새로운 과학적 질문으로 이어지는, 과학과 실천의 선순환 구조를 기대한다. 이 책은 학습 장애 영역에서 이러한 선순환 구조를 보이고자 한다.

이러한 목적을 달성하기 위하여 이 책은 크게 두 영역으로 나눌 수 있다. 첫 번째 '과학적 기반'에서는 학습 장애군을 이해하는 데에 필요한 과학적 방법론과 교육 실제에서의 중요한 이슈들을 다루었다. 해당 영역에서는 과학적 방법론에 관심 있는 사람에게 유용한 내용(예: 유전학, 뉴로이미지, 신경심리학)을 담아내었다. 두 번째 영역인 '장애 개관'에서는 이러한 과학적 방법론을 통해 6가지 학습 장애군[제9장 말·언어 장애, 제10장 읽기장애(난독증), 제11장 수학장애(난산증), 제12장 주의력결핍 과잉행동장애(ADHD), 제13장 자폐스펙트럼장애, 제14장 지적장애]을 어떻게 진단, 치료, 예방하는지에 대해 밝혀진 내용을 다루었다. 각 장에서는 각 장애의 역사, 정의, 출현율과 함께 발달심리학, 뇌 메커니즘, 병인론 현주소도 함께 기술하였다. 각 장애의 진단과 치료를 다룬 부분에서는 현재의 검사와 추천하는 치료법, 그리고 그것의 과학적 기반을 함께 서술하였다. 또한 과학적 원리를 설명하기 위해 우리는 특정한 사례의 검사 결과와 감별진단 과정을 데이터 표로 제시하였다. 마지막으로, 각 장에는 그 장의 내용을 요약하는 표를 삽입하였다.

이 책의 주된 독자는 임상심리사, 임상 신경심리사, 학교심리사, 상담심리사와 같이 아동을 평가하는 전문가다. 하지만 이 책은 교육자, 소아과 의사, 신경학자, 언어병리학자, 작업 및 운동치료사, 그리고 발달심리학, 교육심리학, 인지 신경과학 분야의 연구자까지도 독자로 포함한다. 이뿐만 아니라 우리는 학습 장애군에 속하는 청소년 혹은 성인과 학습 장애군 자녀를 둔 부모에게도 유용한 내용들을 담았다.

일반 독자들은 서문, 제1장, 그리고 제9장~제14장의 요약표부터 읽기 시작해도 좋다. 현장 전문가들은 제9장~제14장의 진단 및 치료 섹션을 찾아 읽으면 자신의 업무에 적용할 수 있다. 학습 장애군과 관련된 과학적 내용에 관심이 있는 독자들은 제2부의 장애 영역별 이론으로 넘어가기 이전에 제1부의 덜 친숙한 과학적 방법론에 먼저 익숙해지는 것이 좋을 것이다. 모든 독자는 장애 영역별 요약표의 내용을 통해 많은 도움을 얻을 수 있을 것이다.

이 책의 초판이 쓰인 후 거의 30년 동안 학습 장애에 대한 우리의 이해에 매우 큰 과학적 진보가 있었다. 가장 큰 과학적 진보는 유전학과 뇌 메커니즘에 있었는데, 이는 이전의 지식의 일부를 대체하였고, 또 대체되지 않았던 지식을 더욱 명료하게 만드는 데에 큰 공헌을 하였다. 오늘날 게놈과 뇌는 네트워크의 관점에서 그 기능을 이해해야 하는 복잡한 체계로 여겨진다. 임상적 관점에서 보면, 학습 장애군 진단을 위한 정의가 발달하였고, 각 장애의 공존성에 대한 이해도 증가하였으며, 몇몇 학습 장애(예: 아스퍼거 증후군, ADHD의 과잉-충동성 하위 유형, 쓰기장애)의 타당성을 확실히 의심할 수 있는 근거 데이터를 얻게 되었다.

이 책의 2판이 출판된 후 10년 동안에도 학습 장애에 대한 이론과 실제에 큰 진보가 있었다. 따라서 3판의 내용은 그 이전 판의 내용에 비해 상당한 변화가 있을 것이다. 우리는 이전 판의 주요 장의 내용들을 크게 수정 및 업데이트하였다. 예를 들어, 유전학과 신경 영상 기술은 지난 10년간 상당한 발전을 이루었으며, 이 발전 내용은 병인론(제2장)과 뇌 메커니즘(제3장)과 관련된 내용에 반영하였다. 제2부의 각 장애 영역별 이론에서는 각 장애의 유전, 뇌메커니즘, 발달 신경심리학에 대한 내용을 완전히 새롭게 작성하였다. 제2부의 각 장에 수록된 사례 역시 DSM-5 및 현재의 평가 기법과 일관되게 수정하였다. 이러한 전반적인 수정과 더불어, 공존장애(제5장), DSM-5를 활용한 특정학습장애의 감별진단(제6장), 평가에서의 증거 기반 실제(제7장), 성취 격차(제8장) 등 완전히 새로운 내용도 추가되었다. 2판에 익숙한 독자들도 3판이 단순한 증보가 아니라 완전히 새로운 내용임을 알게 될 것이라 믿는다.

차례

제1부
과학적 토대

제2부

장애 영역별 이론

학습
장애
탐구

제**1**부

과학적 토대

제 1 장

다양한 학습 장애는 어떻게 발생하고 나타나는가

이 장에서는 다양한 학습 장애(learning disorders: 언어장애, 난독증-특정학습장애, 수학장애, ADHD, 자폐스펙트럼장애, 지적장애) 혹은 **학습 장애군(群)**을 이해하는 데 필요한 쟁점과 방법을 개관한다. 제1부에 설명된 과학적 방법은 정신의학 전반에, 그리고 약간의 수정을 거쳐 의학적 질병 전반에 적용될 수 있다. 더 나아가 이러한 방법은 과학 전반에도 적용될 수 있다. 모든 과학은 인간이 이해하고자 하는 현상을 묘사하는 것으로부터 시작한다. 그 묘사의 대상은 무지개가 될 수도 있고, 심장마비가 될 수도 있다. 과학적 방법의 첫 단계는 대상이 되는 현상을 주의 깊게 묘사하는 것이다. 무지개란 무엇인가? 무지개는 언제, 어디에 나타나는가? 금항아리 전설이나 노아의 방주 전설 등과 마찬가지로 혹시 무지개에 대한 오해가 있는 것은 아닌가? 모든 관찰자가 오로라를 보고 착각하거나 시력에 맞지 않는 안경으로 인해 오해하는 것이 아니라, 확실하게 무지개를 본 것이라고 합의할 수 있도록 이러한 묘사는 객관적이고 반복검증이 가능해야 한다. 심장마비 현상도 마찬가지다.

일단 현상에 대한 주의 깊은 묘사가 끝나면, 과학적 접근은 그 현상이 어떻게, 왜 발생하는지 **설명**하는 단계로 넘어간다. 따라서 **묘사**와 **설명**은 과학적 방법에서 상호 분리된 영역이며, 은연중 묘사에 미리 정해진 설명을 포함하지 않도록 하는 것이 중요하다. 그러므로 과학적 방법을 인간의 장애에 적용할 때, 첫 단계는 해당 장애를 객관적이고 신뢰할 수 있는 방식으로 묘사하는 것이다.

앞으로 살펴보겠지만 학습 장애를 묘사하는 초기 단계는 아직 미완성이다. 제5장과 제6장에서 설명하듯, 『정신질환의 진단 및 통계 편람』(5판)(DSM-5)(American Psychiatric Association, 2013)에 따른 현재의 학습 장애군 질병 분류학(분류 체계)은 다른 학습 장애군과 명확하게 구분되지 않아 변별 타당도가 떨어지는 진단 구인(예: 문어장애)을 일부 포함하고 있다. 제9장부터 제14장까지 다루는 일곱 가지 학습 장애는 현재 연구에 의해 타당하고 명확한 장애로 가장 잘 뒷받침되는 장애다.

이 책의 한 가지 목표는 학습 장애에 대한 최신의 과학을 학습 장애 아동을 돕는 현장 실무자와 임상가가 이용할 수 있게 하는 것이다. 다른 목표는 진단 및 치료 계획의 실제 사례를 면밀히 제시하여 과학이 어떻게 실제에 영향을 미치는지를 구체적으로 보여 주는 것이다. 이제부터 학습 장애가 무엇인지 그리고 어떻게 나타나는지에 대해 개관하도록 하겠다.

• • •

학습 장애군 정의하기

학습 장애(learning disorders)란 무엇인가? 이 용어는 친숙한 특정학습장애(learning disabilities)보다 더 광범위한 용어다. 여기서 사용되는 학습 장애(learning disorders)는 신경발달장애의 일종으로, 주로 비정형적 인지 발달을 일으키는 장애다. 신경발달장애는 뇌 발달에 있어 유전적 영향에 의한 변형으로, 외상성 뇌 손상(traumatic brain injury: TBI)과 같이 아동기 혹은 성인기 후반에 습득한 뇌 장애와는 다르다. 신경발달장애의 범주는 광범위하며, 신경학적 혹은 의학적으로 정의된 특정 조건[예: 이분척추(spina bifida) 혹은 뇌회결손(lissencephaly)]을 포함할 뿐만 아니라 주요우울장애, 양극성 장애, 불안장애, 조현병 등의 정신장애를 포함한다. 정신장애의 경우에도 인지문제를 겪지만 정신장애는 일반적으로 학습 장애로 생각되지 않는데, 이는 평균 발병 연령이 발달 후기이거나 주요 증상이 학습문제가 아니기 때문이다. 이 책에서 다루는 신경발달장애에는 DSM-5의 신경발달장애 영역에 포함된 거의 모든 장애가 포함되나, 일차적으로 학습 장애군이 아닌 말더듬, 틱장애, 상동 운동장애는 제외한다. 신경학적 문제가 이 책의 초점이 아니지만, 이러한 문제를 가진 많은 개인은 DSM-5에서 행동적으로 정의된 학습 장애의 특징을 보인다.

서로 다른 장애 간의 차이를 구분할 수 있으나(신경발달적 대 후천적, 정신장애 대 학습 장애군, 신경적 대 행동적), 이러한 구분은 절대적으로 명확하지 않으며, 현재의 과학이 아닌 다른 학문으로부터 부분적으로 도출된 것이다. 발병 연령이나 원인에 관계없이 행동에 영향을 미치는 모든 장애는 현대 신경과학이 유사한 개념과 방법을 통해 이제 막 이해하기 시작한 뇌 장애다(Pennington, 2014 참조). 따라서 우리의 관점에서 난독증 또는 수학장애와 같은 전통적으로 정의된 학습 장애군은 자폐스펙트럼장애, 지적장애(이전의 정신지체), 말소리장애(speech sound disorder: SSD), 언어장애, 주의력결핍 과잉행동장애(attention-deficit/hyperactivity disorder: ADHD)와 같은 장애를 포함하는 학습 장애군의 일종이다. 이 책에서는 이러한 장애를 모두 살펴볼 것이다. 따라서 학습 장애군은 신경발달장애에 속하며, 이는 신경정신장애 또는 중추신경계(CNS)장애라고 하는 신경장애의 한 영역이다. 다음으로는 학습 장애군에 있어 주요 이론적 이슈에 대해 살펴볼 것이다.

명시적 기억과 암묵적 기억

학습의 장애라는 용어에서 학습이라는 단어에는 두 가지 의미가 있다. 초기 발달에 있어서의 학습과 이후 읽기, 쓰기, 수학과 같은 학업 기술의 학습이다. 모든 학습 장애는 학업 학습에 필요한 선행 기술을 익히지 못하도록 특정한 초기 학습에 영향을 미친다. 이 책에서 중요한 새로운 관점 중 하나는 각 학습 장애에서 어떤 유형의 초기 학습이 손상되었는지 밝히는 것이다.

이 목표를 달성하기 위한 최근의 연구는 학습과 기억의 신경심리학에 있어 중요한 차이, 즉 명시적 혹은 서술적 학습과 장기기억 그리고 암묵적 혹은 절차적 학습과 장기기억 간의 차이에 기초한다. 이러한 차이를 이해하기 위해서는 뇌에는 서로 다른 학습에 특화된 다양한 기억 체계가 있으며, 각 기억 체계는 서로 다른 뇌 구조에 의존함을 아는 것이 중요하다. 명시기억 체계는 해마 및 관련 피질 구조에 의존하는데, 이는 명시적으로 회상할 수 있는 특정 에피소드를 기억하고, 의미 정보를 느리게 학습하는 데 특화되어 있다. 대조적으로 암묵기억 체계는 주로 기저핵이나 소뇌와 같은 피질하 구조에 의존하는데, 이는 명시적으로 회상할 수 없지만 행동의 변화를 통해 측정할 수 있는 새로운 기술과 통계 패턴을 학습하는 데 특화되어 있다. 구체적인 예로 테니스 수업을 듣는다고 가정했을 때, 수업 시간과 장소를 기억하기 위해서는 명시적 기억을 사용하지만, 수업 중 서브, 백핸드, 드롭샷 등 새로운 운동 기술을 배우기 위해서는 암묵적 기억에 의존한다. 만약 해마 기억 상실이 있다면 수업의 명시적 내용은 기억하지 못하더라도 새로운 운동 기술을 여전히 배울 수 있다. 반면에 파킨슨병이나 헌팅턴병과 같은 피질하 치매를 가지고 있다면 테니스 수업을 듣는 실제 에피소드에 대한 기억은 손상되지 않았더라도 새로운 운동 기술을 훨씬 느리게 배울 것이다.

성인 신경심리학에서 발달 신경심리학으로 넘어가면서 초기 인지 발달의 어느 부분이 어떤 기억 체계에 의존하고 있는지 질문할 수 있을 것이다. 생후 처음 몇 년 동안 행동이 얼마나 많이 변하는지를 보면 알 수 있듯, 유아는 엄청난(prodigious) 학습자이지만, 그들이 학습하는 것의 대부분은 명시기억 체계를 필요로 하지 않는다. 대신 유아는 새로운 운동 및 사회적 기술을 배우고, 말과 언어를 지각하고 생산하기 위해 암묵기억 체계에 의존한다. 이 책의 후반부에서 논의한 바와 같이, 많은 학습 장애군은 암묵적 기억의 초기 손상에 기인한다. 따라서 학습 장애군은, ① 명시적 기억에 주로 영향을 미치는 학습 장애군(즉, 서술적 지식의 습득에 있어 학습 속도의 전반적인 손상과 관련된 다양한 지적장애)과 ② 암시적 혹은 절차적 기억에 주로 영향을 미치는 학습 장애군(즉, 이 책에서 다루는 나머지 학습 장애군)으로 나누어 볼 수 있다. 이러한 새로운 관점은 다양한 학습 장애군에서 초기 인지 발달이 어떻게 잘못되는지에 대한 명확한 이해를 제공하며, 이러한 이해는 조기 진단 및 예방 치료를 위한 더 나은 접근 방식을 가르쳐 준다.

• • •

발달상의 이질적 연속성

신경발달장애를 이해하기 위해서는 발달적 관점이 필요한데, 이는 이러한 장애가 주로 태아의 뇌 발달에 작용하여 특정 방식으로 초기 학습을 변화시키는 유전적 및 환경적 위험 요인에 기인하기 때문이다. 특정한 종류의 학습 장애를 가진 아동이 다양한 발달 과제를 마주하면서 다양한 증상이 나타나게 된다. 학습 장애의 전형적인 특징 중 하나는 **이질적 연속성**으로, 발달 과정에서 기저의 학습 손상은 동일하게 유지되지만 손상의 특정한 발현(관찰 가능한 증상)은 연령에 따라 다양하다.

일례로 난독중이 제공하는 이질적 연속성을 살펴보면, 나중에 난독중으로 진단될 유아는 초기에 말의 지각과 생산에 필요한 옹알이의 지연과 음운 표상 학습의 문제로 발현되는 암묵적 학습의 손상을 보일 가능성이 높다. 동시에, 이러한 유아는 온전한 사회 인지와 서술기억을 가지고 있으므로 이들의 사회적 기술과 의미기억은 정상적으로 발달하고 있다. 이후 이러한 아동은 음운 결함으로 인해 어휘 발달과 표현 구문에 다소 지연을 보일 것이다. 따라서 어휘가 서술기억의 일부라 할지라도 난독중에 있어 경도의 어휘 결함은 새로운 서술기억을 형성하는 데 있어서 더 큰 문제로 인해 발생하는 것이 아니다. 유치원에서 이러한 아동은 글자 이름과 색 이름을 배우는 데 어려움을 겪을 것이다. 1학년에 이르면 음운 인식에 있어 어려움을 겪을 뿐만 아니라 새로운 단어를 해독하고, 친숙한 단어를 정확하게 인식하는 데 있어서도 어려움을 겪을 것이다. 초등학교 고학년에는 기본셈(Math Fact)을 암기하는 데 있어서의 문제뿐만 아니라 읽기 유창성과 이해에 있어서의 문제가 더 분명해질 것이다. 이후 수학 '단어'와 외국어에 문제를 겪을 가능성이 크다. 이러한 다양한 증상을 설명하는 기저의 연속성은 (음운 발달과 처리속도에 있어) 난독중의 특징인 인지적 위험 요인과 이러한 인지 기술에 필요한 변화된 뇌 네트워크에 있다. 따라서 인지적 위험 요인에는 연속성이 있지만 다른 발달 과업에 직면하여 이러한 위험 요인이 발현되는 방식에는 불연속성이 있다.

또 다른 핵심은 뇌 발달의 가소성에 관한 것으로, 이는 신경발달장애에 대한 인과적 영향을 양방향으로 만들 수 있다. 뇌 발달은 평생 동안 이루어지는 개방된 과정이기 때문에 사회 환경을 포함한 환경도 뇌 발달에 영향을 미친다. 따라서 난독중에 대한 유전적 위험 요인이 없는 아동도 적절한 초기 구어 및 문해(preliteracy) 자극이 결여된 환경으로 인해 읽기문제를 보일 수 있다. 그리고 난독중에 대한 유전적 위험 요인을 가진 아동도 이를 보완하는 환경적 보호 요인으로 인해 무증상으로 그칠 수 있다. 그러므로 장애 요인에 대한 설명이 결정론보다는 확률론인 이유이자 인과관계가 양방향인 이유다. 발달 과정에 있어 위험 및 보호 요인 간의 이러한 상호작용은 어떤 아동은 장애를 가지고 있고, 어떤 아동은 장애를 가지고 있지 않은 이유에 대한 완전한 과학적 이해가 복잡한 발달 경로를 밝혀야 하는 매우 야심찬 목표임을 의미한다. 그럼에도 불구하고 1991년 이 책의 초판이 출간된 이래로 거의 30년 동안 이 목표를 향한 상당한 진전이 있었으며, 유전학과 신경과학에 있어 기술의 진보로 인해 진전은 가속화되고 있다. 저자 중 한 명(Pennington)이 1977년에 입문을 시작했을 때 학습 장애군에 대한 진정한 과학은 거의 상상할 수 없는 것처럼 보였지만, 현재 급속도로 발전하고 있다.

따라서 이 책의 핵심은 현재 뇌, 신경심리 및 행동 수준에서 학습 장애군에 대해 알고 있는 대부분이 아직 완전히 이해하지 못하는 발달 과정의 변함없는(고정된, static) 결과라는 것이다. 일반적으로 학령기에 이러한 많은 장애를 진단하고 연구해도 학령기에 측정하는 신경 영상 또는 신경심리 표현형이 실제로 어떻게 발달했는지에 대해서는 잘 알지 못한다. 따라서 제3판의 새로운 관점은 이러한 각 장애의 초기 발달에 대한 현재 지식 기반을 검토하고 평가하는 것이다. 다음 장에서는 학습 장애군을 이해하는 데 사용되는 과학적 방법을 설명할 것이다.

• • •

다수준(Multilevel) 프레임

학습 장애에서 발견되는 여러 종류의 비정형 인지 발달을 완전히 설명하기 위해서는 여러 수준의 분석이 필요하나, 현재 학습 장애군을 비롯한 다른 정신장애에 대한 완전한 신경과학적 설명과는 거리가 먼 실정이다. 완전한 설명을 위해 수정란에서 시작해 일부 환경에 의해 조절되는 유전자 발현의 순서가 어떻게 뇌 발달을 변화시키는지를 추적해 볼 수 있다. 뇌 발달에 영향을 미치는 유전자와 유전자가 분자 신호경로를 통해 상호작용하는 방법에 대해 이제 막 알아내기 시작했다. 신경발달장애와 관련된 몇 가지 확실한 유전자를 발견했으며, 이는 신경 발달이 잘못될 수 있는 여러 가지 경우에 대한 흥미로운 통찰을 제공한다. 이러한 발견에 대해서는 제2장에서 자세히 설명할 것이다.

현재로서는 심리학자, 교육자, 부모에게 이상하게 들릴 수 있지만 모든 의학적 장애와 마찬가지로 모든 신경발달장애는 분자나 세포 수준으로 추적할 수 있는 신체적 원인을 가지고 있음을 강조하는 것이 중요하다. 다른 의학적 사례에서와 마찬가지로 장애의 분자나 세포 원인을 발견하면 장애가 어떻게 진행되고, 예방 또는 치료될 수 있는가에 대한 깊은 통찰이 가능하다. 분자생물학의 최근 진보, 특히 ① 성숙한 인간 으로부터 세포를 채취하여 만능 줄기세포를 만드는 능력과 ② 매우 정확한 유전자 조작을 통해 특정 신경발달장애의 유전자형을 가진 뉴런의 발달을 시험관에서 연구할 수 있게 되었다. 다시 말해, 우리는 이제 여러 신경발달장애에서 뇌 발달의 초기 단계를 관찰하고, 어디에서 처음 문제가 발생하는지 정확하게 찾아내며, 장애와 관련된 어떤 유전자 변형이 신경 표현형의 변화를 일으키는지 밝힐 수 있게 되었다. 이후 장에서 논의하듯, 이러한 실험은 취약 X 증후군(fragile X syndrome; Park et al., 2015)이나 윌리엄스 증후군(Williams syndrome; Chailangkarn et al., 2016)과 같은 일부 증후군 지적장애에 대해 이미 진행되었지만, 조만간 다른 장애에 대해서도 실험이 진행될 가능성이 높다. 이상하게 들릴 수도 있지만 사실상 페트리 접시에서 '난독증' 뉴런의 발달을 볼 수 있는 방법이 있는 셈이다.

이상에서 살펴본 바와 같이 신경발달장애의 병인에 대한 연구가 중요한 이유와 주된 독자가 임상의와 교육자인 이 책에 이러한 연구가 포함되어야 하는 이유는 자명하다. 따라서 이 책에서는 각 학습 장애군의 발달에 대해 현재까지 밝혀진 바가 무엇인지 가장 기초적인 수준, 즉 병인에 대해 살펴볼 것이다.

다른 수준의 분석에는 뇌 발달, 신경심리, 행동이 포함된다([그림 1-1]). 여기에 사용된 발달 모델의 다른 중요한 특징은, ① 수준 간의 양방향 인과관계를 인식하고, ② 결정론적이라기보다는 확률론적이며, ③ 각 분석 수준에서 여러 요인을 포함한다는 점이다. 장애의 발달에 대한 초기 생물학적 모델은 [그림 1-1]의 상반부에 설명된 바와 같이 각 분석 수준에서 단방향 원인과 단일 요인을 강조했지만, 이러한 모델은 대부분의 신경발달장애를 설명하기에는 지나치게 단순함을 알게 되었다.

병인에서는 장애의 원위(distal causes), 즉 어떤 학생에게는 장애를 갖도록 하고 다른 학생에게는 장애를 갖지 않게 되는 특정한 유전적 및 환경적 위험 요인과 보호 요인에 관심이 있다. 원위는 발달이 특정한 방향으로 진행되는 궁극적인 원인 혹은 최초의 원인이라고도 할 수 있다. 원위는 종종 태아 때부터 뇌의 배선 또는 신경전달 체계를 변화시키면서 뇌 발달에 작용한다. 이러한 뇌의 구조적 및 신경화학적 변화는 학습 장애군의 근위, 즉 가까운 원인이다. 이는 신경 영상 연구와 신경심리 검사로 감지할 수 있는 방식으로 뇌 기능을 변화시키고, 이러한 인지 위험 요인은 종종 교사, 부모,

또래에 의해 관찰 가능하며, DSM-5와 국제질병분류 제10판(ICD-10)(World Health Organization, 1990)에서 다양한 학습 장애군을 정의하는 행동 증상을 초래한다.

물론 이 네 가지 광범위한 수준의 분석은 더 세분화될 수 있다. 앞서 지적한 바와 같이, 분자생물학자는 처음 두 수준을 유전자, 분자, 분자 신호 경로, 세포(뉴런 및 아교 세포), 뇌의 구조적 및 기능적 네트워크로 세분화할 것이다. 인지 신경과학자는 뇌 네트워크를 연구하기 위해 신경 영상 방법을 사용할 뿐만 아니라 신경심리의 수준을 신경계산 수준과 인지 수준으로 구분할 것이다. 신경컴퓨팅 수준은 뇌와 인지 사이의 중요한 연결을 제공한다. 신경컴퓨팅 모델은 해당 장애에서 나타나는 비정형 뇌 발달의 주요 특징(예: 조현병이나 파킨슨병에서의 손상된 도파민 신호)을 신경망에 반영하면 신경망에서는 주요 인지 과제를 학습하고, 해당 장애에서 결과적으로 나타나는 인지적 결함을 시뮬레이션하는 방식으로 운영된다. 이러한 추가적인 수준 내에 더 많은 수준이 존재할 수 있다.

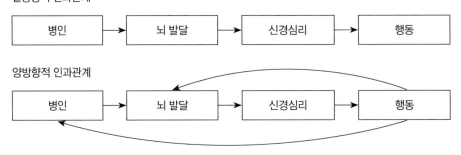

그림 1-1 인과관계 모델

심리적 구인은 어떻게 변화할 것인가

과학적 진전이 다양한 분석 수준에서 지속됨에 따라, 우리에게 친숙한 신경심리 및 진단 구인이 수정되거나 사라질 것이다. 이후의 장에서 논의한 바와 같이 학습 장애군 중에서 공존장애의 원인에 대한 연구는 어떤 구인을 합하거나 나누어야 하는지를 명확하게 하면서 신경심리 및 진단 구인의 변화를 가져올 것이다. 또한 제6장에서 논의한 바와 같이 DSM-5 특정학습장애의 일부 구인은 현재 유효하지 않으며, 재구성되어야 함을 밝히고 있다.

다중 결손 모델

지금부터 과학이 학습 장애군에 대한 우리의 생각을 바꾼 중요한 방식의 예를 살펴볼 것이다. 이 책의 제1판(Pennington, 1991)과 달리 제3판과 제2판(Pennington, 2009)은 학습 장애군의 원인과 신경심리에 대한 다중 결손 모델을 기반으로 한다 (Pennington, 2006). 제1판은 학습 장애군의 신경심리적 원인에 대한 모듈식 단일 결손 모델을 지지했다(Morton, 2004; Morton & Fritch, 1995 참조). 이것이 가장 단순하고 간결한 모델이므로 현장에서 먼저 검증하는 것이 합리적이다. 약 25년이 지난 지금, 이 단순한 모델을 포기하기에 충분한 증거가 축적되었다. 이 책에서 본 견해에 의하면 **모듈**(즉, 언어나 얼굴과 같은 특정 자극을 처리하는 데 특화된 뇌 영역)은 타고난 것이 아니라 상당한 가소성을 나타내는 발달 과정의 산물이다. 더욱이 이러한 발달된 모듈의 기능은 캡슐화되지 않고, 다른 뇌 구조와의 연결 및 상호작용에 의존한다. 결과적으로 말이나 얼굴을 인식하는 것과 같은 복잡한 인지 기능을 뇌의 한 부분에 완전히 국한하는 것은 너무 단순하다(이 문제에 대한 자세한 논의는 Van Orden, Pennington, & Stone, 2001 참조).

단일 결손 패러다임의 또 다른 관련 측면은 '순수' 사례에 중점을 두었으며, 대부분의 임상의는 혼합 사례보다 훨씬 드물다는 것을 알고 있다. 순수 대 혼합 사례에 대한 이 문제는 아마도 후천성 장애보다 신경발달장애와 더 관련이 있을 것이다. Fodor(1983)가 가정한 것처럼 진화한 인지 모듈이 있다면, 아마도 서로 다른 신경발달장애는 특정 모듈의 발달이 더 약했기 때문일 수 있다. Morton과 Frith(1995)는 발달 난독증이 음운 모듈의 특정 발달 결함에 의한 것으로 가정했으며, 자폐증이 마음 이론 모듈의 특정 발달 결함에 의한 것으로 가정했다. (아동이 매우 친숙한 사람의 얼굴조차 잘 인식하지 못하는) **발달성 안면실인증**을 연구하는 다른 과학자(Duchaine, 2000; Kanwisehr, 2010)는 안면 인식 모듈의 특정 발달 결함에 의한 것으로 가정했다. 이 모듈화 이론의 단순성은 매우 매력적이지만 궁극적으로 너무 단순하다는 것이 입증되었다.

해당 장애에서 이론적으로 의미가 있거나 특정한 인지적 요소에만 초점을 맞추면 장애의 의미에 대해 잘못된 주장을 할 위험이 있다. 이는 윌리엄스 증후군과 KE 가족

[우성 유전되는 구두 실행증(speech dyspraxia)이 있는 영국 가족]의 사례에서 발생했으며, 이후 논의하겠지만 다른 장애에서도 발생했다. 따라서 어떤 장애든지 간에 전반적 결함과 특정한 결함이 혼합된 결함을 보일 것이며, 두 결함에 대한 설명이 모두 필요하다. 장애가 없는 통제 집단과 비교할 때 사실상 모든 신경발달장애에서 전반적인 IQ는 다소 낮으며, 인지 발달의 일부 측면은 다소 느릴 것이다. 다른 신경발달장애와 비교할 때 대부분의 신경발달장애는 인지 프로파일에서 특정한 차이를 보일 것이다. 연구자로서 우리의 목표는 해당 장애의 프로파일에서 나타나는 전반적 결함과 특정한 결함 모두에 대한 설명을 제공하는 것이다. 지적장애와 같은 일부 장애에서는 전반적 결함이 우세하지만, 난독증과 같은 장애에서는 특정한 결함이 더욱 두드러질 것이다.

이를 통해 이 책의 제3판에서 또 하나의 중요한 새로운 관점, 즉 각 분석 수준에서 공유되거나 고유한 위험 요인의 중요성을 알 수 있다. 병인 수준에서 위험 요인과 보호 요인의 전반적 혹은 특정한 영향은 다르다. 뇌 발달의 변화는 전반적 그리고 특정한 신경심리학적 영향을 모두 받는다.

• • •
공존장애로부터의 통찰

두 가지 장애가 동시에 발생하는(공존장애; comorbidity) 원인에 대한 우리의 연구는 단일 결손 모델에서 결별하는 계기가 되었다(Pennington, Willcutt, & Rhee, 2005). 우리는 공존 신경발달장애의 인지 프로파일 간에 특수성보다 일반성이 더 많음을 알게 되었다. 단일 결손 모델은 단일 인지 결함이 해당 장애의 증상을 설명하기에 충분하며, 다른 장애가 다른 단일 결손을 가지고 있다고 주장한다. 우리를 비롯한 다른 학자들은 빈번한 공존장애 현상이 부분적으로 공유되는 병인 및 인지 위험 요인에 의해 설명되는 것을 발견했다. 따라서 신경발달장애는 빈번하게 동반되기 때문에 순수한 경우보다는 본질적으로 혼합된다. 따라서 나중에 복습할 때도 알게 되겠지만, 난독증과 ADHD는 난독증과 말소리장애와 마찬가지로 부분적인 유전적 중복이 있다. 병인 수준에서의 이러한 중복은 행동적으로 정의된 장애의 병인에 대한 널리 받아들여진 다요인 모델과 일치한다. 다요인 모델에서는 다양한 유전적 및 환경적 위험 요인

들이 함께 장애를 발생시킨다고 본다. 그리고 몇몇 위험 요인은 여러 장애에서 공유
되며, 학습 및 다른 정신장애에서 발견할 수 있는 많은 공존장애를 유발한다.

우리는 병인의 다요인 모델이 학습 장애군의 단일 인지 결함 모델과 이론적으로 잘
부합하지 않음을 알게 되었다. 단일 인지 결함 모델은 또한 이 책에서 다루는 모든 학
습 장애군에서 발견되는 여러 인지 결함에 대한 경험적인 연구에 의해 도전을 받는
다. 인지 결함이 서로 다른 두 장애에서 공유된다면, 이 인지 결함은 둘 중 어느 하나
라도 유발한다고 보기에 충분치 않으며, 두 공존장애가 공유하지 않는 다른 인지 결
함과 함께 장애를 유발하는 요인일 수 있다. 따라서 우리는 다음의 [그림 1-2]와 같이
학습 장애군의 다중 인지 결함 모델을 가정하여 검증해 왔다.

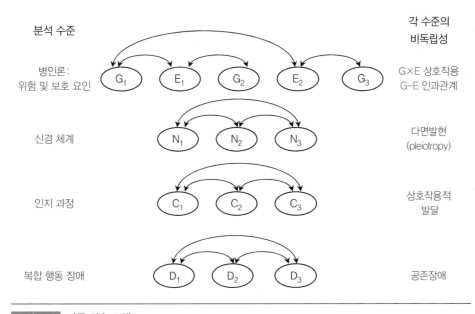

그림 1-2 다중 결손 모델
G: 위험 혹은 보호 유전 요인, E: 위험 혹은 보호 환경 요인, N: 신경 체계, C: 인지 과정, D: 장애.

의학의 복합 질병 모델(complex disease model; Sing & Reilly, 1993) 및 행동 유
전학의 계량적 유전 모델(quantitative genetic model; Plomin, DeFries, Knopik, &
Neiderhiser, 2013)과 유사하게, 이 모델은 다음과 같은 내용을 제안한다. ① 복합 행
동 장애(complex behavioral disorders)의 병인은 다인성으로 여러 유전적 혹은 환경
적 위험 및 보호 요인의 상호작용을 수반한다. ② 이러한 위험 및 보호 요인은 정상

발달에 필요한 인지 기능을 조절하는 신경 체계의 발달을 변화시켜 이러한 장애를 정의하는 행동 증상을 유발한다. ③ 어떤 하나의 병인 요인도 장애의 충분조건이 될 수 없으며, 여러 요인이 필요할 것이다. ④ 결과적으로 공유된 병인 및 인지적 위험 요인에 기인하는 복합 행동 장애 간의 공존장애를 예상할 수 있다. ⑤ 해당 장애의 책임 소재는 별개의 범주라기보다 대게 양적이고 연속적이며, 따라서 장애를 갖게 되는 지점은 다소 임의적이다. 이 모델을 이 책에서 다루는 두 공존장애(난독증 + ADHD와 난독증 + 말소리장애)에 적용해 보면, 각각의 장애는 고유한 (병인적 및 인지적) 위험 요인 프로파일을 가지며, 이 중 몇 가지 요인을 다른 장애와 공유하면서 공존장애를 초래할 것이다.

[그림 1-2]는 복합 행동 장애에 적용되는 복합 질병 모델을 설명한다. [그림 1-2]는 [그림 1-1]과 유사하게 병인론, 신경심리적, 뇌 메커니즘, 증상의 네 가지 분석 수준이 존재하며, 이러한 증상의 군집은 복합 행동 장애를 정의한다. 어떤 복합 행동 장애든 [그림 1-2]에 제시된 것보다 더 많은 원인적 위험 및 보호 요인이 있을 것이다. 각 수준에서 양방향적 연결은 구인이 독립적이지 않음을 시사한다. 예를 들어, 병인론 수준에서 유전×환경(G×E) 상호작용과 유전-환경(G-E) 상관관계가 있을 수 있다. 신경적 수준에서 단일 유전 혹은 환경 위험 요인은 종종 하나 이상의 신경 체계에 영향을 미칠 것이다(다면발현, pleiotropy). 위험 요인이 처음에는 하나의 신경 체계에만 영향을 준다고 할지라도, 이러한 변화는 다른 신경 체계 발달에 후속 영향을 줄 것이다. 인지적 수준에서 구인의 발달 경로가 중복되고, 인지는 상호작용하기 때문에 구인 간의 상관관계가 있다. 인지적 수준에서의 중복은 증상 수준에서 공존장애로 나타난다. 증상 수준에서 (우연의 일치보다 높은 확률로) 복합 행동 장애의 공존장애가 나타난다. [그림 1-2]에서 생략된 것은 분석 수준 간의 인과관계로, [그림 1-1]과 같이 행동에서 뇌 혹은 심지어 병인까지의 피드백 루프(feedback loops)를 포함할 수 있다. 이러한 다양한 인과관계의 유무와 정도는 반드시 경험적으로 결정되어야 한다. 분석 수준 간의 관계 정도를 통해 증상 수준에서 서로 다른 병인 및 인지적 요인이 공존장애에 기여하는 정도를 알 수 있을 것이다.

이러한 모델을 통해 다양한 경로가 관여하는 말소리장애, 난독증, 자폐성장애와 같은 장애의 발달에 대한 완전한 이해가 매우 어렵다는 것을 알 수 있다. 그러나 장애 간의 병인적·신경적·인지적 수준에서 공유된 과정은 점차 분명해지고 있어 이러한 모델의 필요성은 증대되고 있다.

다양한 학습 장애군에 관한 장(제9장~제14장)에서 공존장애에 대해 다룰 것이며, 다중 결손 모델이 어떻게 적용되는지를 논의할 것이다. 예를 들어, 난독중의 경우 음소 인식(phoneme awareness: PA) 결함이 대부분의 아동에게 난독증을 유발하는 단일 인지 결함이라고 생각했었다. 그러나 우리는 말소리장애 아동이 난독증 아동과 유사한 결함을 보일 수 있지만 난독증으로 발달하지 않음을 알게 되었고, 난독증을 유발하는 데 단일 인지 결함이 충분조건인가에 대해 의문을 가지게 되었다(Peterson, Pennington, Shriberg, & Boada, 2009). 더욱이 난독증이 없는 말소리장애 아동(말소리장애만 있는 아동)에 비해 난독증 아동은 처리 속도에 결함을 보였고, 이는 음소 인식 결함이 있음에도 불구하고 온전한 처리속도가 말소리장애 아동에게 보호 요인일 수 있음을 알려 준다(Pennington & Bishop, 2009). 또한 우리는 처리속도의 결함이 난독증과 ADHD에서 공유됨을 알게 되었는데, 이는 두 장애 간의 공존장애를 설명하는 데 도움을 줄 것이다(McGrath et al., 2011; Peterson et al., 2007; Willcutt et al., 2010; Willcut, Pennington, Olson, Chhabildas, & Hulslander, 2005).

제9장~제14장에서는 다중 결손 모델을 특정학습장애에 적용해 볼 것이다. 각 장에서 특정학습장애의 병인, 뇌 메커니즘(brain mechanisms), 신경심리, 공존장애에 대해 알려진 내용을 살펴볼 것이다. 그리고 각 장애에 대한 우리의 과학적인 이해가 진단과 치료에 어떻게 정보를 주는지 제시한다. 따라서 전반적인 목표는 학습 장애군에 대한 연구와 실제를 통합하는 것이다. 다음의 세 장에서는 병인을 시작으로 [그림 1-2]에 있는 분석 수준에 대해 설명한다.

요약

이 장에서는 학습 장애군이 어떻게 드러나는지 그리고 왜 종종 공존장애로 나타나는지에 대한 다수준 모델을 설명했다. 또한 이 책의 3판을 관통하는 새로운 관점을 설명했다. 이 새로운 관점에는 네 가지 측면이 있다.

1. 학습 장애군 연구에는 다학제 연구가 필요하다.

2. 학습 장애군을 완전히 이해하는 데에는 각 분석 수준에서 발달적인 관점을 취하는 것 그리고 각 분석 수준에 걸친 인과관계를 규명하는 것이 요구된다.

3. 우리는 각 학습 장애군에서 암묵적 대 명시적 기억 등 초기 학습의 어떤 면이 손상되었는지 규명하는 것이 필요하다.

4. 다중 결손 모델에 따르면 각 학습 장애에는 병인, 뇌 메커니즘, 신경심리학 분석 수준에서 공유된 위험 요인과 특정한 위험 요인이 있으며, 여기에는 공존장애를 유발하는 공유된 위험 요인을 강조한다.

제2장

학습 장애의
병인론

제1장에서 우리는 신경발달장애(neurodevelopmental disorder)에서 발견되는 공존장애가 부분적으로 공유된 병인론적 위험 요인에서 비롯한다는 것을 논의했다. 이 장에서 우리는 이러한 병인론적 위험 요인이 무엇인지 그리고 이런 원인론적 위험 요인들을 어떻게 찾을 수 있는지에 대해 깊이 탐구한다. 이 장에는 Pennington(2015) 그리고 Pennington과 Peterson(2015)에서 처음 소개된 자료들이 포함되어 있다.

병인론(etiology)이라는 용어는 다양한 방식으로 사용되기 때문에 우리가 이 용어를 사용하는 데 있어서 무엇을 의미하는지를 처음부터 정확히 규명하는 것이 중요하다. 여기서 사용하는 병인론(Etiology)은 종(species)에 존재하는 개별적인 차이의 초기 혹은 원위(distal)의 원인들을 가리킨다. 즉, 어떤 기능의 영역에 있어서 발달의 궤적을 바꾸는 초기 요인으로 전체 집단의 개개인 사이에 다른 결과를 초래한다. 따라서 다양한 심리학적 특성들(예: 이 책에서 논의된 지능, 성격, 학업 기술의 다양한 측면)과 심리적인 질병(예: 지적장애, 불안장애, 난독증)들이 그런 것처럼 좋거나 좋지 않은(예를 들어, 수명과 신체적 건강뿐만 아니라 심장병, 암, 비만, 낭포성 섬유증) 다양한 건강 결과들은 모두 병인들을 가지고 있다. 어떤 장애는 범주적이다(장애를 가지거나 가지지 않거나). 이런 범주적인 장애는 낭포성 섬유증, 페닐케톤뇨증, 헌팅턴병처럼 종종 하나의 유전자의 돌연변이와 같은 별개의 병인론을 가지고 있다.

많은 다른 장애들 그리고 특히 행동으로 정의된 장애들은 범주적이지 않고, 단지 최적의 결과부터 좋지 못한 결과까지의 연속선상의 극단에 해당된다. 여기서 이면의 메커니즘은 전체 분포에 걸쳐서 비슷하다. 예를 들어, (이전에 '정신지체'라고 불렸던) 지적장애는 주로 지능의 분포에서 어느 절단점 이하로 인지적 기능장애가 정의된다 (치료되지 않은 페닐케톤뇨증, 다운증후군, 또는 취약 X 증후군과 같이 널리 알려진 유전적 병인론이 지적장애로 규정되는 경우도 있긴 하다). 읽기장애 혹은 난독증에 있어도 동일한데, 이들 또한 읽기 점수의 분포에서 어느 절단점 이하로 정의된다. 이런 비범주적 장애들에 있어서 병인론은 많은 위험 요인들이 함께 작용하기 때문에 종종 복잡해 보인다.

병인론은 인구 구성원들의 발달에 있어 결과의 차이를 가져오는 데 작용하는 원위의 유전적 요인과 환경적인 위험 및 보호 요인(그리고 이들의 상호작용)으로 구성된다. 만약 의심스러운 결과가 행동을 포함한다면, 이러한 병인론적 요인들은 대개 뇌 발달에 어느 정도 영향을 주는데, 왜냐하면 뇌는 우리의 행동을 산출하기 때문이다. 앞서 말했듯이 발달하고 있는 뇌의 해부학, 생리학 및 인지 과정의 결과적 변화는 행동의 근접한 혹은 즉각적인 원인을 구성한다. 따라서 두뇌 메커니즘에서 발견되는 행동의 근접한 원인은 우리가 말하는 **병인론**에 해당되지 않는다.

제1장에서 논의되었듯이, 병인론적 위험 요인을 규명하는 것은, 특히 유전적인 요인을 밝히는 것은 개인적인 차이 발달에 매우 유익한 정보를 제공할 수 있는데, 이는 뇌 발달에 있어 다른 유전자가 다른 시간에 다른 과정을 통해서 작동하기 때문이다. 발달에 있어서 함께 작동하는 유전자 계열(family)이 있기 때문에, 심지어 결과에 영향을 주는 하나의 희귀 유전자를 규명하는 것은 다른 유전자를 찾는 과정을 크게 가속화할 수 있다. 앞으로 계속 살펴보겠지만, 난독증을 유발한다고 보이는 몇 개 후보 유전자들은 이런 유전자 계열의 일부다.

병인론은 인구나 종에 존재하는 개인적 차이에 대한 원위(distal) 원인이다. 생물학적, 문화적 진화 모두에 의해 발생하는 보편적인 종의 전형적인 행동이 있지만 (예를 들어, 인간의 언어적·사회적 행동), 이러한 인간적 보편의 원인은 또한 **병인학**이라는 용어가 의미하는 것이 아니다. 그럼에도 불구하고, 진화된 인간의 유전자와 문화적인 관습은 언어나 사회적 행동과 같은 행동에 있어 개인적인 차이를 이끄는 병인론적 요인을 어디에서 찾아야 하는지에 대한 매우 유용한 정보를 제공할 수 있다. 그러므로 행동학적으로 정의된 장애의 병인론은 인간 유전자와 문화의 진화가 개인 차이의 병인론에 대해 정보를 제공할 수 있는 것처럼, 발달과 인간 진화의 개인 차이에 대해 잠재적으로 유익하다.

기초 및 응용 과학 모두에 있어 병인론 연구를 흥미롭게, 그리고 중요하게 만드는 것은 분석 수준 간 상호 호혜 관계(reciprocal relations)다. 예를 들어, 희귀한 병리에 대한 병인론이 발견되는 것은 다른 관계된 유전자를 밝히는 것뿐만이 아니라 병인론적인 그리고 진화적인 메커니즘 또한 발견하도록 할 수 있다. 구체적인 예시로 FOXP2 유전자의 암호 영역(coding region)[1] 돌연변이는 [예를 들어, 제9장에서 다루게 될 아동기 말 실행증(CAS)과 같은] 희귀 구강–운동 협응장애(oral-motor coordination disorder)와 함께 KE 가족(the KE family)이라는 가족에서 발견되며, 발화 및 언어 발달에 영향을 미친다(Fisher, Vargha-Khadem, Watkins, Monaco, & Pembrey, 1998; Lai, Fisher, Hurst, Vargha-Khadem, & Monaco, 2001). 다음으로 영상 연구(imaging studies)는 이 유전자가 운동 조절(motor control)과 암묵적 학습과 기억에 중요한 구조인 뇌의 기저핵[2]에 영향을 주고(Lai, Gerrelli, Monaco, Fisher, & Copp, 2003), 이 유전자가 인간 진화에서 최근에 진화되었으며(Enard, 2011), 이 유전자의 더 초기 형태는 새의 청각–음성 의사소통(audio-vocal communication)에 중요하다는 것을 밝혔다(Konopka & Roberts, 2016; Scharff & Haesler, 2005). 알 수 있는 바와 같이, 이 희귀 장애에 대한 병인론적인 연구는 인간 언어의 진화에 대한 우리의 이해에 훨씬 더 광범위한 발견을 가져왔다. 흥미롭게도 FOXP2 돌연변이는 KE 가족 외의 언어 손상 사례의 대부분을 설명하지 않지만(Newbury et al., 2002), 성인들에게 있어 새로운 언어음 범주(novel speech sound categories)의 절차적인 학습에 영향을 주는 FOXP2의 공통적인 비암호화 변이(noncoding variants)가 있다(Chandrasekaran, Yi, Blanco, McGeary, & Maddox, 2015). 더욱이, CNTNAP2와 같이 FOXP2로 인해 조절되는 다른 유전자들이 아동기 말 실행증(CAS) 외에 다른 언어장애에 영향을 준다고 밝혀지고 있다. 요약하면, KE 가족에서 FROXP2 희귀 돌연변이의 발견은 광범위한 의미를 갖는 획기적인

---

1) 암호 영역(coding region): 단백질 아미노산 순서를 직접 규정하는 유전암호로 구성하는 유전자의 영역을 말한다.
2) 기저핵(basal ganglia): 다양한 기원의 피질하핵이 모여 이루는 뇌 내 구조물로서, 사람을 포함한 척추동물에서 전뇌의 하부와 중뇌의 상부에 위치하고 있다. 기저핵은 수의 운동, 절차 기억, 안구 운동, 인지, 감정 등의 기능을 수행하는 데 중요하다.

발견이며, 이 중 다수는 여전히 발견되어야 할 과제로 남아 있다. 이것이 병인론 연구가 매우 중요한 이유다.

　유전자도 혹은 환경도 행동을 직접적으로 코드화하지 않는다. Oyama(2985)가 논의했듯이 유전-환경 논쟁의 양쪽 입장은 모두 같은 오류적인 가정을 공유하는데, 이는 행동에 대한 설명이 유전자나 환경에 미리 존재하고, 발달 중인 유기체 밖에서 부여된다는 점이다. 대신, 유전과 환경 영향은 발달적인 과정에 입력되고, 행동적인 결과에 대한 이들의 영향은 그 과정의 모든 구성 요소들과 이들의 상호작용에 달려 있다. 그 결과, 유전자를 '청사진'이라고 말하거나 유전자가 행동을 '암호화한다(code)'라고 생각하는 것은 오해의 소지가 있다. 유전자에 대한 더 좋은 비유는 '조리법(recipe)', 즉 새로운 형태를 만드는 일련의 작업이다. 그러나 심지어 이런 비유조차도 조리법을 따르는 '요리사(chef)'가 없기 때문에 오해의 소지가 있다. 유전자는 단순히 단백질 구조를 암호화하거나 다른 유전자들을 조절하며, 특정한 발달 맥락에서 주어진 단백질 구조의 변이(variations)는 하나의 방향 혹은 또 다른 방향으로 행동적인 결과를 생성할 수 있다. 즉, 유전 및 환경적 요인들은 행동에서 개인 차이가 발달하는 데 있어서 위험 (혹은 보호) 요인으로 작동된다는 것이 가장 잘 개념화된다. 이들의 영향은 결정론적이기보다는 확률론적이다. 다음으로는 행동 유전학(behavioral genetics)과 분자 유전학(molecular genetics)을 다루면서 과학자들이 병인론을 탐구하기 위해 사용하는 다양한 방법론을 다루겠다.

• • •

행동 유전학

　행동 유전학 방법론은 행동에 미치는 유전 및 환경적인 영향을 규명하기 위하여 쌍둥이 그리고 입양 표본을 필요로 한다. 행동 유전학자들은 인간의 인지 및 성격의 대부분 차원에 있어 개인차에 대한 (종종 약 .05의) 중간 정도의 유전가능성(moderate heritability)을 밝히고 있고(Plomin, Haworth, Meabrun, Price, & Davis, 2013), 이 책에서 논의되는 학습 장애군을 포함한 행동적으로 정의된 장애에 대해서도 마찬가지다. 전문용어로 **유전가능성(heritability)**이 무엇을 의미하고 무엇을 의미하지 않는지 이해하는 것이 중요하다. 유전가능성(heritability)은 지정된 모집단에서 유전적인 영향에서 기인하는 변화량의 비율을 의미하며, 남은 변화량은 환경적인 영향, 유전-환경 상호 작용이나 단순히 측정오차에서 기인한다. 해석의 한계를 좀 더 설명하기 위해서 난 독증과 같은 장애에 대한 유전가능성 추정치를 50%로 설정해 보자. 이 추정치는 종 종 난독증 사례의 50%가 유전적이라거나 아이가 부모로부터 장애가 유전될 확률이 50%가 된다고 오해석된다. 이 두 가지 해석 모두는 유전가능성 추정치가 말하는 것, 즉 유전적 영향에 의해 설명될 수 있는 (읽기 혹은 다른 특성의) 모집단 분산 비율을 추 정하는 것을 근본적으로 잘못 이해한 것이다. 유전가능성 추정치는 모집단 추정치에 의존하기 때문에, 유전가능성 추정치는 개개인 결과의 원인에 대해서 말해 주지 않 으며, 모집단에 특정적이기(population-specific) 때문에 모집단에 따라 다양할 수 있 다. 유전가능성 추정치는 유전자가 모집단의 변화량에 기여한다고는 암시하지만, 어 떤 유전자가 혹은 얼마나 많은 유전자들이 기여하는지는 규명하지 않는다. 이 때문 에 (아래에서 논의되는) 분자 유전학 방법론이 필수적이다. 유전 및 환경적인 분산 성 분을 추정하는 ACE 모델이 간략히 설명될 것이다. 모든 행동적으로 정의된 장애처 럼 학습 장애군의 원인은 다요인적이라고 여겨지며, 즉 다수의 유전 및 환경적인 위 험 요인 때문에 발생한다고 여겨진다. 그러나 여전히 행동장애를 가진 어떤 개인 또 는 가족들에 있어서는 KE 가족처럼 단일한, 희귀 돌연변이에 의해 야기되는 것이 가 능하다. 나중에 논의될 것처럼 이런 희귀 돌연변이의 한 예는 유전자 복제변이(copy number variation: CNV)[3]이며, 심지어 모집단 수준에서 자폐와 조현병의 병인 모두 다요인적임에도 불구하고 이 두 장애의 어떤 사례들은 희귀 유전자 복제변이들(rare CNVs)에서 기인한다는 것이 발견되었다.

중간 정도의 유전가능성은 또한 난독증과 공존장애인 주의력결핍 과잉행동장애 (attention-deficit/hyperactivity disorder: ADHD), 말소리장애(speech sound disorder: SSD), 언어손상(language impairment: LI)과 같은 다른 행동적으로 정의된 신경발달장 애에서 발견된다. 이러한 결과들은 주로 선진국의 중산층 쌍둥이 표본에서 온 것이 기 때문에 이들은 다른 모집단으로 일반화할 수 없을 것이라는 것을 기억하는 것은 중요하다(그러나 Hensler, Schatschneider, Taylor, & Wagner, 2010은 민족 및 경제적으로

---

3) 유전자 복제변이(copy number variation): 유전체의 일부분들이 반복되고, 유전체에 존재하는 이러한 반복되 는 유전자의 수가 개체별로 서로 다르게 나타나는 현상을 말한다.

더욱 다양한 표본에서 난독증과 일반적인 읽기 기술 모두에 대한 중간 정도, 즉 〉.50의 유전 가능성을 발견하였다).

　유전가능성 추정치는 대개 매우 간단한 분산 성분 모델을 쌍둥이 혹은 입양 연구에서 추출된 자료에 적용하는 것에서 얻어진다. 이 ACE 모델은 추가적으로 작동하는 유전자(A: genes acting additively), 공통적 혹은 공유된 환경(C: common or shared environment), 그리고 (오차를 포함한) 공유되지 않은 환경(E: nonshared environment including error)의 주 효과를 추정한다. 공유된 환경적인 영향은 같은 가족의 형제자매에게 공유되지만(예를 들어, 집에 있는 책의 숫자) 가족마다 다르다. 빛이나 중력처럼 모든 가정에게 공유되는 환경적인 영향은 종-보편적인(species-universal) 발달에 중요하지만 개별적인 차이에는 기여하지 않는다. 공유되지 않는 환경적인 영향은 같은 가족 내에 형제자매 사이에서 다르다(예를 들어, 학교 도서관에서 책을 찾아내기 혹은 읽기 선생님에게 가기). E 구성 요인은 또한 측정오차를 포함하며 그리고, 중요하게도 후성유전적 잡음(epigenetic noise)[4]이라고 불리기도 하는 발달에서 현재 예측할 수 없는 분산을 포함한다(Molenaar, Boomsma, & Dolan, 1993). 따라서 E 구성 요인은 항상 환경적인 것은 아니다. ACE 모델은 오직 이런 세 가지 주 효과만 포함하기 때문에 우리가 다음에서 논할 유전-환경의 상호작용에 대해서는 알려주지 않는다. 비록 유전가능성 추정치가 ACE 모델에서 대개 초점이 되긴 하지만, 유전가능성 추정치가 100%가 되는 건 드물기 때문에 이런 모델이 또한 복잡한 특성(complex traits)에 대한 환경적인 기여를 지지한다는 사실을 주목하는 것이 중요하다.

　• • •

ACE 모델 이후 설명: 유전-환경 상호작용

　ACE 모델을 통해 파악되는 유전 및 환경의 주 효과를 넘어서 우리는 비정상적인 행동 발달에 있어 유전 및 환경 위험 요인이 어떻게 함께 작용하는지를 질문할 수 있다. Rutter(2006)가 논의한 바와 같이, 유전자와 환경 사이에 많은 종류의 상호작용

---

4) 유전적 · 환경적 영향 외에 발달을 돕는 후성유전적 과정의 본질적인 불확정성에 존재하는 표현형 발달 차이의 뚜렷한 주요 원천이 있다(Molenaar, Boomsma, & Dolan, 1993).

이 있다. 이런 상호작용의 두 가지 광범위한 부류는 유전자×환경(GxE) 상호작용과 유전자-환경(G-E) 상관관계다. 유전자×환경(G×E)에서는 독립적인 유전자와 환경적인 요인의 영향은 추가적(additive)이라기보다 상승적(synergistic)이다. 다른 말로 하면, 특정한 유전적 위험 요인의 영향은 다양한 환경에서 달라진다(그리고 반대도 마찬가지다). G×E 상호작용에는 세 가지 아형(subtypes)이 있다. 병적 소질-스트레스(diathesis-stress), 생물생태학적(bioecological) 그리고 민감성(susceptibility) 타입이다. 병적 소질-스트레스(diathesis-stress) G×E 상호작용에서 위험 유전자형(a risk genotype)의 영향이 환경적 위험 요인에 의해 증가되며, 그 반대도 마찬가지다. 생물생태학적 G×E 상호작용에서는(Bronfenbrenner & Ceci, 1994) 그 반대 패턴이 관찰된다(위험한 환경에서는 환경적인 요소 때문에 유전자의 차이가 두드러지지 않지만). 보호적인 환경에서는 (유전자의 차이가 더 부각되기 때문에) 위험한 환경에서보다 위험 유전자형의 영향이 더 강력하다. 마지막으로, G×E 상호작용의 민감성에서는(Belsky & Pluess, 2009) 민감성 유전자형이 위험한 환경에서는 더 안 좋은 결과를 일으키지만 보호적인 환경에서는 더 좋은 결과를 낳는다. 반면에 비민감성 유전자형은 어느 환경 유형에서든 영향을 덜 받는다.

또한 비전형 발달에서 교류 과정(transactional processes)의 중요성에 대한 증거가 증가하고 있으며, 여기에서 아동과 환경은 시간이 흐르면서 서로 바뀐다. G-E 상관관계는 그런 교류의 예시다. 이런 교류는 아이들이 자신의 환경에서 다른 반응을 하고(Scarr & McCartney, 1983), 스스로 다른 환경을 선택하기 때문에 발생한다. 놀랄 것도 없이, 그런 반응과 선택에 영향을 주는 개개인의 성격(characteristics)은 유전적으로 영향을 받는다. G-E 상관관계에는 세 가지 아형(subtypes)이 있다. 수동적(passive), 유발적(evocative), 능동적(active) 타입이다(Scarr & McCartney, 1983). 읽기 발달의 경우, 수동적인 G-E 상관관계의 예는 부모의 읽기 기술과 집에 있는 책 사이의 관계다. 부모의 읽기 기술은 부분적으로 유전자에 기인하고, 평균적으로 책을 잘 읽는 부모는 집에 더 많은 책을 가지고 있다. 이런 부모의 생물학적 아이들에게서 어떠한 행동이 없다면, 이들의 문해력 환경은 이들의 평균적인 읽기 유전자형과 상관이 있다. 반대로, 유발적(evocative) G-E 상관은 아이의 환경에서 어른이 아이의 흥미와 재능을 알아차리고 이를 기르려고 할 때 일어난다. 읽기 발달의 경우, 유발적인 G-E 상관은 도서관에 책읽기를 좋아하는 아이를 데리고 가는 양육자일 것이다. 마지막으로, 능동적 G-E 상관은 자기 주도권을 가진 아이가 자신의 유전자형의 기능으로 환경을 찾거나 피할 때 일어난다. 난독증은 능동적 G-E 상관의 명백한 예시를 제공한다. 정규 문해력 교육(formal literacy instruction) 이전에 훗날 난독증으로 판명될 아동은, 난독증이 발달되지 않는 그들의 형제자매보다 읽기를 피하고 책을 살피면서 노는 독립적인 놀이시간을 더 적게 보낸다(Scarborough, Dobrich, & Hager, 1991). 나이가 들수록 난독증이 있는 학령기 아이들은 일반적으로 발달하는 아이들보다 매년 극적으로 적은 단어를 읽으며(Cunningham & Stanovich, 1998), 이런 감소된 읽기 경험은 이들의 읽기 유창성(reading fluency)과 구술 어휘(oral vocabularies)에 부정적인 영향을 준다(Stanovich, 1986; Torgesen, 2005).

분자 유전학

분자 방법(즉, 개인 간 DNA 변이 측정에 의존하는 것)은 표현형에 대한 유전적 영향을 직접 검사하여 이제 우리가 방금 논의한 고전 행동 유전학에서 사용되는 간접적인 방법을 넘어설 수 있게 해 준다. 이는 또한 행동 유전학적 결과가 유효한지 여부를 직접 검사할 수 있다. 간단히 말해서, 전형적인 특징과 장애의 병인론에 대한 분자 유전학 연구는 게놈(genome)[5]에 대한 두 가지 중요한 사실을 이용한다. 첫 번째 사실은 DNA '사다리(ladder)'의 일부 '가로대(rungs)'는 (이러한 가로대는 4개의 화학 베이스 아데닌[A], 시토신[C], 구아닌[G], 티민[T]으로 구성되어 있음) 서로 다르다는 것이다. 어떤 한 개인은 한 가로대에 대해 쌍 AG를 가질 수 있고 다른 한 개인은 쌍 CT를 가질 수 있는 등 한 종에서 개인들마다 차이가 있다[인간의 경우, 300개의 염기쌍(bair pairs)당 약 1개의 염기쌍이 평균적으로 개인들 간의 차이를 보여 준다. 우리의 게놈은 총 30억 쌍을 가지고 있다]. 개인에 따라 자주 다른 염기쌍을 단일 뉴클레오티드 다형체(single-nucleotide polymorphisms: SNPs)라고 한다. 두 번째 중요한 사실은 염색체의 DNA 부분(예를 들어, SNP)이 개별 정자와 난자 세포[즉, 생식세포(gametes)]를 만드는 과정에서 재결합하여 '흔들린다'는 것이다. 이러한 흔들림의 결과로, 같은 염색체에서 서로 가

---

5) 유전체(게놈)(genome): 한 생물이 가지는 모든 유전 정보. 일반적으로 DNA로 구성된 유전 정보를 지칭한다.

까운 DNA 부분만 함께 유전되거나 가족 내에서 '연결'될 것이다. 연결이 충분히 단단하다면, DNA 부분은 가족(families) 내에서나 가족 간에 모두 연관될 것이다. [현재 우리는 유전적 연결(linkage)보다 유전적 연관성(association)을 더 자주 사용하여 장애의 후보 유전자를 식별한다.] 재조합의 결과, 한 종의 개체(일란성 쌍둥이를 제외한)는 정확한 DNA 서열이 다르고, 이러한 DNA 차이 중 일부는 행동과 다른 특성의 차이를 초래한다. 특성 유사성과 DNA 유사성을 연관시킴으로써, 우리는 결국 어떤 DNA 변이가 주어진 특성에 중요한지 발견할 수 있다.

우리가 제10장에서 논했듯이 난독증에 대한 몇몇 후보 유전자가 확인되었고, 이 후보 유전자들 중 일부는 난독증과 다른 장애들 사이의 공존장애와 일치되게 말 및 언어장애(speech and language disorders)에 기여한다. ID의 경우 제14장에서 논하는 다운증후군, 취약 X 증후군 등 ID를 초래하는 여러 가지 잘 연구된 유전자 증후군이 있다. 2009년 이 책의 제2판이 출간된 이래 가장 큰 유전적 진보는 자폐스펙트럼장애를 위한 것이었다. 이는 제13장에서 논의된다. 이와는 대조적으로, 수학장애의 유전학에 대해서는 거의 아무것도 알려져 있지 않은데, 부분적으로는 이 장애에 대한 분자 연구가 거의 없기 때문이다. 마지막으로, 분자 연구가 상당히 많이 이루어졌음에도 불구하고, ADHD의 진보는 매우 느렸다. 비록 최근의 대규모 연구들이 앞으로 몇 년 안에 발견의 가속화를 가져올 수도 있지만 말이다. 다음 절에서는 유전학의 발전이 학습 장애군의 몇 가지 영역을 이해하는 데에 유용한 이유를 제시한다.

· · ·

누락된 유전가능성?

유전성에 대한 쌍둥이 연구에 대한 잠재적인 비판(Walhlsten, 2012)은 분자 연구가 IQ나 읽기 또는 키와 같은 일반적인 특징에 대한 쌍둥이 연구에 의해 발견되는 중간에서 높은 유전가능성을 설명하는 데 필요한 많은 유전자들 중 극히 일부만을 확인했다는 것이다. 이 문제를 '누락된 유전가능성(missing heritability)'이라고 부른다 (Manolio et al., 2009). 게놈 전체에 걸쳐 많은 수의 SNP가 있는 미세배열(microarrays) [유전자 또는 SNP '칩(chips)'이라고도 함]을 쉽게 구할 수 있게 되자, 연구원들은 키, IQ, 그리고 흔한 질병과 같은 복잡한 표현형질의 전장 유전체 연관성 분석(genomewide association studies: GWAS)⁶⁾을 수행했다. 이 연구가 시작될 때, 발병률이 높은 질병에 기여하는 유전적 변이를 GWAS가 발견하길 기대했다. 따라서 중간 크기의 유전가능성은 실제 유전자로부터 설명될 것이다. 그러나 많은 GWAS 관련 연구에서는 극소수의 SNP가 연구 중인 표현형과 유의미한 연관성을 나타냈으며, 그 소수의 결합은 표현형의 변산에서 작은 비율(최대 1~3%)만을 차지한다는 것이었다. 이 결과는 자폐증, 조현병, 당뇨병과 같은 수많은 흔한 질병뿐만 아니라 IQ, 키, 몸무게와 같은 중간에서 높은 크기의 유전성을 가진 양적 특성에서도 발견되었다.

이러한 전장 유전체 분석(GWAS)은 정상적이고 비정상적인 특성이 모두 행동 유전 쌍둥이 연구에서 상당한 유전성을 보였다는 사실에 동기부여를 받았기 때문에, 전장 유전체 분석(GWAS)의 이러한 실망스럽도록 미미한 결과는 누락된 유전가능성에 대한 수수께끼를 제기하였다. 예를 들어, 쌍둥이 연구는 일반적으로 인간 키 약 0.90과 지능지수 약 0.50에 대한 유전가능성을 발견한다. 따라서 누락된 유전가능성의 수수께끼는 전장 유전체 분석(GWAS) 결과에 의해 설명된 적은 양의 유전적 분산과 이전의 행동 유전학 쌍둥이 연구에 기초한 이 유전적 분산의 큰 간접 추정치 사이의 큰 차이였다.

이러한 흔히 관찰되는 누락된 유전가능성 현상을 설명하기 위해 몇 가지 설명이 제공되었다. 이러한 설명에는, ① 매우 작은 추가적 효과크기(즉, 매우 다인자적인 병인론)를 가진 매우 많은 유전적 변형(즉, 대립유전자), ② 공통 변형을 이용하는 기존 SNP 칩으로는 검출하기 어려운 큰 효과를 가진 희귀한 변형, ③ DNA 부분의 삭제 또는 중복인 CNV, ④ 높은 수준의 유전자 대 유전자 상호작용[상위성(epistasis)이라고 함], ⑤ G × E 상호작용, ⑥ 행동 유전학 설계에 의한 유전가능성 과대추정(Manolio et al., 2009)이 포함되었다.

6번 가능성은 행동 유전학에 대한 지난 수십 년간 연구의 타당성에 심각한 위협을 가했고, 많은 인간의 특성 및 장애에 대한 중간 크기의 유전가능성의 결론은 근본적으로 잘못되었다고 주장하는 일부 비평가들에게 받아들여졌다. 앞으로 논의하겠지

---

6) 전장 유전체 연관성 분석(genomewide association studies): 전장 유전체 분석은 특정 질환에 대한 감수성(민감성), 질환의 발현 양상, 약물의 반응성 등 형질의 다형성이 유전자의 다형성에 기인한다는 것을 전제로 DNA 상에 나타나는 다형성과 형질의 연관성을 연구한다. 특히, 전장 유전체 연관성 분석은 질환과 약물 반응성에 대한 유전적 요인을 총체적으로 연구하는 기법이다.

만, 이후의 경험적 결과 6번 가능성은 상당히 가능성이 낮으며, 대신 1번 가능성은 키와 IQ와 같은 연속적으로 분산된 개인 차이를 설명하는 것으로 보인다고 밝혔다. 2번, 3번 가능성은 자폐증, 조현병 등 중증 발달장애의 누락된 유전가능성을 설명하는 메커니즘일 가능성이 더 높으며, 4번 가능성은 제10장에서 검토한 난독증에 대한 일부 최근 연구에서 지지된다.

현재 전장 유전체 분석(GWAS)이 IQ와 키와 같은 인간의 특성과 인간의 흔한 장애에 영향을 미치는 일반적인 변형을 식별하기 위해 거대한 표본크기(수만 명에서 수십 만 명까지)를 필요로 하는 이유를 이해하기 위해, 인간 발달의 중요한 측면에 영향을 미치는 대립유전자에 대한 효과크기와 대립유전자 빈도 사이의 관계를 이해하는 것이 중요하다. 이러한 관계를 이해하는 중요한 모델은 '돌연변이-선택(mutation-selection)' 모델(Keller, 2008)이라고 불리는데, 이 모델은 조현병이나 자폐증 같은 유해한 장애가 인구에서 상당히 높은 비율(~1%)로 지속되는 이유를 설명하기 위해 제안되었다. 이 두 가지 장애는 모두 개인의 생식 성공(즉, 얼마나 많은 아이들을 가지는지)을 감소시키기 때문에 자연선택은 더 큰 효과크기를 가진 공통의 위험 대립유전자를 빨리 제거해야 한다. 따라서 유전자 풀에 지속적으로 존재하는 큰 효과크기를 가진 위험 대립유전자는 필연적으로 드물 것이다. 그러므로 우리는 왜 자연선택이 조

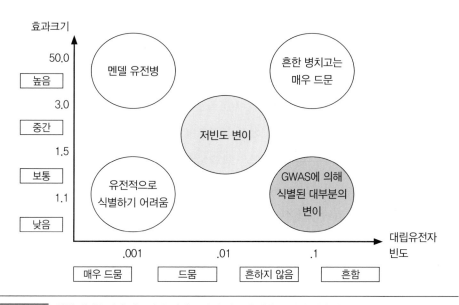

그림 2-1 위험 대립유전자 빈도와 유전적 효과의 강도에 의한 유전적 변이 식별의 타당성
출처: Zemunik & Boraska (2011).

현병과 같은 흔한 해로운 조건에 대한 위험 대립유전자를 제거하지 않았는지에 대한 설명이 필요하다.

돌연변이-선택 설명에 따르면 새로운 돌연변이가 그러한 장애에 대한 오래된 위험 대립유전자를 제거하는 데 균형을 조절하며, 시간이 지남에 따라 그러한 장애의 상당히 안정적인 유병률을 이끌어 낸다고 한다. 그래서 돌연변이-선택 모델은 흔한 장애들에 있어 높은 효과크기를 가진 공통적인 변형은[즉, 현재의 전장 유전체 분석(GWAS)로 탐지 가능한] 찾을 수 없을 것이라고 주장한다. 대신, 그러한 해로운 변형은 드물 것이며, [그림 2-1]에서 로그 척도로 나타낸 것과 같이 효과크기와 대립유전자 빈도 사이에는 역관계가 있을 것이다. 효과크기란 표현형에서 모집단 분산의 어느 정도의 비율이 위험 대립유전자에 의해 발생하는가를 의미하며, 대립유전자 빈도는 모집단에서 위험 대립유전자의 유병률이다. [그림 2-1]에서 볼 수 있듯이, 인간의 형질에 영향을 미치는 대부분의 유전적 변형은 대각선을 따라 떨어질 것이다. PKU나 HD와 같은 멘델 유전병(Mendelian diseases)의 유전자처럼 큰 효과크기를 가진 경우는 드물다([그림 2-1]의 왼쪽 상단의 원). 반면에 키나 IQ와 같은 공통적이고 적응적인 특성에 영향을 미치는 일반적인 유전자 변형은 작은 효과크기를 가질 것이며, 대부분 [그림 2-1]의 오른쪽 하단의 원에 떨어질 것이다. PKU와 HD는 멘델 유전병의 예다[즉, 단일 유전자의 돌연변이에 의해 발생하며, PKU에서와 같이 열성적(recessive)일 수 있고, HD에서와 같이 우성적(dominant)일 수 있다]. [그림 2-1]의 오른쪽 상단 모서리에 이 일반적인 패턴의 예외 중 하나에 해당되는 원이 있는데, 이는 흔한 질병에 영향을 미치는 큰 효과크기를 가진 일반적 변형이다. 이 예외는 대부분 늦게 발병하여 자연선택에 의한 제거를 피한 질병에 해당된다. 예를 들면, 알츠하이머병(Alzheimer's disease)의 위험을 상당히 증가시키고 모집단에서 흔한 APOE-4 위험 변형이 있다. 학습 장애군은 초기에 발생하기 때문에, 이 모델은 학습 장애군에 대한 모집단 효과크기가 큰 일반적인 변형은 없을 것이라고 예측한다. 그러나 일부 가족에는 효과크기가 큰 희귀한 변형이 있을 수 있다(유전적 이질성). [그림 2-1]의 왼쪽 하단 모서리에 있는 다른 예외는 낮은 효과크기를 가진 매우 희귀한 대립유전자의 변형으로 구성된다. 그러한 변형은 식별하기 매우 어려울 것이다.

따라서 돌연변이-선택 가설은 전장 유전체 분석(GWAS)에서 적응 형질의 누락된 유전가능성을 첫 번째 가능성인 매우 다인적인 병인론으로 설명한다. 만약 돌연변이 선택 가설이 사실이라면, 대부분의 기존 전장 유전체 분석(GWAS)은 매우 작은 효과 크기를 가진 개별 대립유전자를 탐지하는 데 있어 매우 힘을 잃는다. 전장 유전체 분석(GWAS)는 전 유전체 수준에서 검증을 할 때 발생하는 다중 검증 문제의 크기로 인하여 유의확률에 대한 매우 엄격한 임계값(예: $p < 10^{-8}$)을 가지고 있으므로 표본크기가 수만 명 또는 수십만 명인 경우가 아니라면 효과크기가 상대적으로 큰 SNP만 검출된다.

이전의 쌍둥이 연구들이 유전가능성을 과대추정하였는지(즉, 실제로 존재하지 않기 때문에 유전가능성이 누락됨)를 검증하기 위해서는 전장 유전체 분석(GWAS) 데이터를 분석하는 다른 방법이 필요한데, 유의확률에 대한 엄격한 임계값을 초과하는 방법만이 아니라 유전체 전체에 걸친 모든 SNP의 누적적이고 추가적인 효과크기를 추정하는 방법들이 필요하다. 그러한 방법들이 개발되었고, 그들은 전장 유전체 분석(GWAS)에서 개인들이 서로 다른 가족 출신임에도 불구하고 분석에서 모든 SNP에 걸쳐 DNA 공유의 정도가 다르다는 사실을 이용한다(Yang, Lee, Goddard, & Visscher, 2011). 이러한 관련성이 없는 개인은 공통적인 가족 환경(C)을 공유하지 않으며 독특한 환경(E)을 공유하지 않기 때문에 표현상 유사성이 주로 또는 전적으로 추가적인 유전적 유사성(A)에 기인한다는 점에 주목한다. 결과적으로, 유전적 유사성과 표현형 유사성 사이의 관계는 유전가능성에 대한 직접적인 분자 추정치를 제공하기 위해 평가될 수 있다. 이 방법을 전장 유전체 복합 특성 분석(genomewide complex trait anlaysis: GCTA)이라고 한다.

키(Yang et al., 2010)와 IQ(Chabris et al., 2012; Davies et al., 2011; Plumin, Haworth, et al., 2013)에 대한 WAS 데이터에 GCTA 접근법을 적용했을 때, SNP 유전가능성 추정치는 쌍둥이 연구의 유전가능성 추정치에 근접하지만, 여전히 일부 유전가능성 추정치는 누락되어 있다. 남아 있는 소량의 누락된 유전가능성은 이전에 제시되었던 2번 가능성(희귀한 변이), 3번 가능성(CNV), 4번 가능성(상위성), 5번 가능성(G×E 상호작용) 때문일 수 있다. 요약하자면, 유전가능성이 누락되는 현상은 많은 전형적이고 비전형적인 인간의 특성에 미치는 유전적 영향에 대한 쌍둥이 연구 추정치가 잘못되었다는 것을 의미하지는 않는다. 그러나 그것은 매우 많은 유전자들의 대립유전자들이 그 특성들의 병인론에 연관되어 있을 수 있고, 수많은 발달 경로들을 추적하는 것이 매우 어려울 수 있음을 의미한다.

요약

  행동 유전학 연구는 학습 장애군의 병인론에 있어 유전자와 환경의 기여를 밝혀
냈다. 어떤 특정한 유전자가 연관되어 있는지에 대한 질문에 답하기 위해서는 분자
유전학적 방법이 필요하다. 분자 유전학은 지난 10년간 혁명을 겪었다. 기술 혁신으
로 유전체 전체를 조사하는 연구설계가 가능해졌고, 방법론적 엄격성(즉, 현실적으
로 작은 효과크기에 대한 연구에 힘을 실어 주는 것)에 대한 관심이 높아져 유전학 연구
결과의 반복 가능성이 향상되었다. 이러한 노력이 몇몇 성인기 정신질환에서는 결
실을 맺었지만(Psychiatric GWAS Consortium Bipolar Disorder Working Group, 2011;
Schizophrenia Working Group of the Psychiatric Genomics Consortium, 2014), 많은 아
동기 장애(자폐증을 제외한)가 여전히 그들의 통계적으로 유의한 유전적 변이를 식별
할 수 있는 첫 번째 대규모의 전장 유전체 연관성 연구를 기다리고 있다. 과거의 발견
에 근거하여, 우리는 단일 유전자 변형의 효과크기가 상당히 작을 것이라고 예상할
수 있지만(즉, 분산의 1%보다 훨씬 작음) 이러한 유전자 식별은 여전히 장애의 위험을
증가시키는 새로운 생물학적 경로를 식별하는 데 중요할 것이다.

학습 장애 뇌 메커니즘

제3장

이 장은 우리가 방금 논의한 병인론들이 두뇌 발달에 어떻게 작용하는지에 관한 것이다. 병인론은 장애에 대한 먼 부분의 원인과 관련이 있는 반면에, 뇌 메커니즘은 행동에 영향을 미치며 근위의 원인을 이해하기 위해 필요하다. 의학에서 장애의 근위 원인은 병리생리학으로 분류된다. 학습 장애의 병리생리학을 이해하기 위해, ① 각 단계에서 발생하는 신경발달장애를 포함한 두뇌 발달의 단계를 검토한다. ② 뇌 연결이 어떻게 발달하는지 논의한다. ③ 두뇌-행동 발달의 3가지 모델을 고려한다. ④ 뇌 가소성에 대해 논의한다. ⑤ 신경발달장애에 적용된 신경 영상화 방법을 논의한다. ⑥ 장을 요약하여 결론을 내린다. 이 장의 일부분은 Penningtion(2015)에도 제시되어 있다.

대부분 알려지지 않은 신경발달장애에서 가장 초기의 뇌 발달 변화와 현재 우리가 알고 있는 주로 학령기 아동이나 성인을 대상으로 한 신경 영상 연구들에서 해당 장애의 뇌 표현형 사이에는 큰 차이가 있음을 알아야 한다. 이 격차는 일시적일 뿐만 아니라 경험적이고 이론적이다. 뇌는 가소성이 있고 우리가 현재 이해하지 못하는 여러 가지 방법으로 발달과 함께 변화하기 때문에, 뇌 발달 초기 변화가 발달 후 훨씬 더 늦게 관찰된 신경 영상 표현형을 정확하게 확인할 수 없다.

만약 해당 유전자가 언제 초기 뇌 발달에서 발현되고 그것이 어떤 다른 유전자와

〈표 3-1〉 뇌 발달의 요약

단계	시기	일어나는 일	병리학	병인론
태아기				
1. 배아 세포 발생	3~5주	신경관 형성	이분척추	VANGL1; 엽산의 결핍
2. 세포 발생				
A. 증식	1~6개월	뉴런과 신경교세포의 과잉생산	소두증	ASPM, MCPH1; 사이토메갈로 바이러스, 지카 바이러스, 방사선
B. 이동	2~6개월	세포가 '집'으로 이동	뇌회결손, 뇌실주위 결정성 이소증(PNH), 난독증	RELN; 바이러스 감염; FLNA; KIAA0319
3. 성장과 분화				
A. 축삭돌기 형성 및 인도	3~7개월	축삭돌기가 목표들을 찾음	뇌들보의 발육부전	다원적임
B. 수상돌기 형성 및 초기 시냅스 형성	4~9개월	초기 네트워크	–	–
산후기				
C. 경험 예정 시냅스 형성	생후 2년, 5년	시냅스의 과잉생산	레트증후군	MECP2
D. 경험 의존 시냅스 형성	평생	학습	NMDA 수용체 뇌염	난소성 기형종(Dalmau et al., 2007)
E. 수초 형성	평생	축삭돌기를 보호	백색질형성장애, 탈수초	크라베병(GALC); 흡입제 남용(Filley, Heaton, & Rosenberg, 1990)

상호작용하는지를 확인한다면, 특정 장애와 관련된 유전자 변형을 식별하는 것은 이러한 격차를 좁히기 시작할 수 있다. 예를 들어, 앞으로 더 논의하겠지만, 취약 X 증후군을 담당하는 유전자는 자폐증과 관련된 많은 유전자들과 마찬가지로 시냅스 형성에 관련되어 있다. 따라서 초기 뇌 발달 단계와 다른 병인론들이 어떻게 뇌를 교란시킬 수 있는지에 대해 이미 배운 것을 이해하는 것이 중요하다.

전형적인 두뇌 발달은 Stiles, Brown, Haist, 그리고 Jernigan(2015)에 자세히 설명되어 있으므로, 이 장에서는 뇌 발달의 각 단계에서 일어나는 비정형 발달의 예를 중점적으로 살펴보겠다(〈표 3-1〉).

〈표 3-1〉에 열거된 단계는 뇌의 초기 구조 발달에 관한 것이지만, 구조적인 뇌 발달과 기능적인 뇌 발달은 출생 전에 시작하여 발달 내내 서로 얽혀 있다는 것을 깨닫는 것이 중요하다. 예를 들어, 태아의 각 눈의 망막에서 자발적인 신경 활동은 시상의 미성숙한 횡유전핵(LGN)이 각 눈에 특정한 층으로 구별되기 위해 필요하다(Shatz, 1992). 시상 뉴런 간 활동 중심의 경쟁적이고 협력적인 상호작용으로 인해, 횡유전핵의 계층화는 분명히 선천적(출생 전 존재)이지만 게놈에 내장되어 있지는 않다. 이후에 우리가 논의할 바와 같이, 신피질의 일차 시각 영역에서 안구우위컬럼의 분화를 위해 각 눈으로부터의 입력이 필요하다. 두 경우 모두 신경세포들 사이의 경쟁적이고 협력적인 상호작용 때문에 새로운 구조(눈 특정 층이나 컬럼)가 발생한다.

〈표 3-1〉에서 볼 수 있듯이 비정형 발달의 일반적인 사례의 몇 가지 예는 뇌의 특정 발달 단계의 어려움에 의해 야기된다. 각 병리학 단계의 일부 병인론 예를 제시하며, 유전자는 첫 번째, 환경 위험 인자는 두 번째에 나열된다. 우리는 이제 이 예들을 순서대로 논할 것이다. 배발생이라고 불리는 두뇌 발달의 첫 단계에서 신경관이 형성된다(신경관 형성). 때때로 신경관이 완전히 닫히지 않아 이분척추와 같은 신경관 결함으로 이어진다. 신경관 결함에는 유전적(예: VANGL1 유전자의 돌연변이) 원인과 환경적(예: 임신 중 산모 식단의 엽산 결핍) 원인을 모두 포함한다. 일단 신경관이 형성되면, 다음 뇌 발달의 주요 단계는 수십 억 개의 뉴런과 신경교세포가 생성되는 세포 발생이다. 뉴런증식이라고도 불리는 세포 발생의 첫 단계인 분열에서는 너무 적은 신경모세포가 형성되어 뇌가 소두증(정상 범주보다 많이 감소)이 되거나 최악의 경우 뇌전두증(전반적 부재)이 발생할 수 있다. 뉴런 증식에 영향을 미침으로써 뇌의 크기에 영향을 미치는 두 개의 중요한 유전자인 ASPM과 MCPH1의 돌연변이는 소두증

의 병인론으로 확인되었다. 나중에 우리가 논의했듯이 소두증은 다운증후군이나 윌리엄스 증후군 같은 유전적 증후군에서도 발견된다. 환경적인 측면에서는 태아 감염(예: 지카 바이러스 또는 사이토메갈로바이러스)이나 임신 초기의 방사선 노출도 소두증을 유발할 수 있다.

뇌 발달의 다음 하위 영역은 뉴런 이동이다. 뇌실 가까이에 있는 뇌실 내 출혈에서 형성된 후, 신경모세포는 뇌에 있는 적절한 위치로 스스로 이동할 필요가 있다. 뇌의 발달에 있어 크고 미묘한 변화는 뉴런의 이동에 의해 야기될 수 있다. 예를 들어, 뇌 회 결손은 지적 장애를 초래하는 광범위한 뉴런 이동 실패에 의해 야기되는 심각한 뇌 결함이다. 보다 미묘한 이동실패는 뇌실주위 결정성 이소증(PNH)에서 발견된다. PNH에서는 일부 뉴런이 신피질(즉, 장소외 뉴런)로 이주하지 못하고 대신 측심실에 인접한 백색 물질에서 정지한다. PNH에서 이러한 선천적 위치이상(ectopias)은 구조 자기공명 영상(MRI) 스캔에서 볼 수 있으며, 보이지 않으면 정상이다. PNH 환자는 청소년 발작 및 발달 난독증에 대한 위험이 증가하지만, 그렇지 않으면 행동적으로 정상이다(Chang et al., 2005). 흥미롭게도, 특발성(idiopathic)[1] 발달 난독증은 또한 우리가 제10장에서 후반에 논했듯이, 뉴런 이동의 미묘하고 국지적인 변동에 의해 야기될 수 있다.

뇌 발달의 다음 단계에서, 성장과 발달 뉴런 및 미성숙 뉴런들은 다른 뉴런들과의 초기의 수지상 조직 연결, 신경세포의 축삭돌기 간 연결을 형성할 필요가 있다. 이동해 온 뉴런의 새로운 축삭돌기는 때때로 다른 반구(그러므로 두 반구를 연결하고 있는 섬유체로 구성되어 있는 백질인 뇌량을 통과한다) 또는 같은 반구(예: 후방 피질에서 전전두 피질로의 축삭 연결[PFG])에 도달하기 위해 긴 거리를 이동한다. 그들의 정확한 목표에 도착하기 위해, 축삭 가이드의 복잡한 분자 메커니즘이 필요하다. 축삭 가이드 병리학의 고전적인 예는 뇌량의 무형성이다. 이는 아이가 뇌량이 완전히 없거나 부분적으로 없이 태어나는 것을 말한다.

대부분의 시냅스 형성(substage-III-C와 III-D)은 처음은 경험−기대적으로 두 번째는 경험−의존적 방식으로 출생 후에 발생한다(Black & Wallaace, 1987). 출생 후 최초

---

1) 특발−, 자발−, 원인 불명−과 같은 뜻으로 사용하기도 한다. 질병 중, 원인이 밝혀진 것과 원인이 아직도 밝혀지지 않아 불명한 것이 있는데, 후자에 속하는 무리의 질병에 사용하는 용어로서, 원인이 불명 또는 불명확하다는 뜻한다. 본태성(本態性)이라는 용어도 동의어로 사용한다(생명과학대사전, 강영희, 2014).

몇 년 동안 발생하는 경험–기대적 시냅스 형성에서는 뇌는 입체 영상(깊이 인식)을 포함하여 언어 및 사회적 인지, 실행 기능 같은 종의 전형적인 행동을 위해 과잉의 시냅스를 만들고 이것들은 종특적이고 보편적인 경험을 통해 가지치기 된다. 가지치기는 회백질을 얇아지게 만들고 지엽 연결망을 강화한다.

인생 전반에 걸쳐 발생하는 경험–의존적 시냅스 형성에서 우리는 사람 간의 개인적 차이가 발생하게 되는 메커니즘을 찾았다. 관련 경험들은 보편적이지만 개인마다 다를 수 있다. 이러한 경험들이 새로운 시냅스 형성을 주도하고 오래된 시냅스를 가지치기한다. 또한 이 과정은 인생 전반에 걸친 학습의 메커니즘이다.

비전형적인 인지 발달은 시냅스 형성에서의 변화로 발생할 수 있다. 취약 X 증후군과 레트증후군은 초기 시냅스 형성을 방해하는 단일유전자 돌연변이에 의해 발생한다. 자폐스펙트럼장애의 원인인 몇몇의 유전자 후보군도 초기 시냅스 형성을 방해한다.

〈표 3-1〉에 나와 있듯이 뇌 발달의 마지막 단계는 미엘린 수초(myenlin shath)[2]가 축삭을 감싸는 수초화(myelination)다. 지엽 연결망 내부와 네트워크 사이의 축삭 연결의 수초화는 인지 발달의 통합과 분화에 기여한다. 초기 탈수초화는 심각한 운동, 인지 발달을 초래하는 백질이영양증(leukodystrophies)이라 불리는 몇 가지 유전병에 의해 발생한다. 약물 흡입 같은 환경적 위험 요인들은 후기 탈수초화와 인지적 결함을 유발할 수 있다.

비록 우리가 초기 뇌 발달 단계의 다른 단계에서의 비전형적인 발달에 문제의 몇 가지 형태를 추적할 수 있지만, 뇌의 많은 다른 문제들이 언제 어디에서 잘못되었는지 알지 못한다. 뇌는 필연적으로 인지적 발달(그리고 퇴화) 단계로서 긴 인생 동안 변화한다. 3가지 후기 인지 발달의 중요 메커니즘은, ① 환경적 입력과 상호작용으로 발생하는 시냅스 가지치기, ② 장기간의 수초화, ③ 경험 의존적 시냅스 발달이다. 이 과정에서 발생하는 뇌 연결성의 변화를 조사하는 것도 인지 발달의 상당 부분을 이해하는 데 중요하다. 조현병과 관련된 것으로 최근 밝혀진 면역 체계 유전자의 돌연변이 C4A가 신경발달장애를 일으키는 후기 뇌 발달의 대표적 예다. C4A를 포함하는 면

---

2) 축삭의 겉을 여러 겹으로 싸고 있는 인지질 성분의 막으로 미엘린수초라고도 하는데 전선의 플라스틱 피복과 마찬가지로 신경세포를 둘러싸는 백색 지방질 물질로 뉴런을 통해 전달되는 전기신호가 누출되거나 흩어지지 않게 보호한다.

역 체계는 뇌의 전전두 피질에서 과도한 시냅스 연결을 가지치기하는 데에 동원되며 이는 청소년기까지도 발생한다. 조현병에서의 C4A 유전자의 돌연변이는 안와전두 피질(PFC)의 과도한 가지치기를 유발하며, 이러한 사실은 조현병의 늦은 발병을 설명할 수 있다.

• • •
연결성 분석

최근 몇 세기 동안 비침습적 방법이 인간의 구조적이고 기능적인 연결성을 측정하기 위해 발전해 왔다. 또한 이러한 방법은 전형적이고 비전형적인 인지 발달의 새로운 매개를 제공해 왔다. 구조적 연결성은 뇌의 백질과 관련되어 있다. 이 부분은 확산 텐서 영상(diffusion tensor imaging)이라 불리는 구조적 MRI로 측정 및 인식할 수 있다. 많은 연구로 쌓인 DTI의 데이터베이스인 휴먼 커넥텀 프로젝트는 연구자가 일반적인 사람들의 연령 혹은 몇 가지 질병을 고려한 연결성 지도를 만드는 데에 유용하다. 기능적 연결성은 기능적 MRI 스캔(fMRI)에서의 복셀[3]의 공동 활성화 패턴과 관련 있다. 그래프 분석은 구조적이고 기능적인 연결성 데이터에서의 네트워크 구조를 분석하는 데에 유용한 방법이다. 이 방법에서는 노드들, 연결, 연결 강도를 데이터로 나타낼 수 있고 전반적인 뇌 네트워크가 구조화된다. 또한, 지엽적·전체적인 조직의 수준의 네트워크 특성을 수량화하도록 몇 가지 기술통계도 산출될 수 있다.

기본적으로 사람들의 뇌 네트워크는 조직의 작은-세계 패턴(small-world pattern)이라고 볼 수 있는데, 작은 지엽적 네트워크는 긴 통로(예: 후두엽과 PFC의 지엽적 네트워크 사이)로 연결되어 있다. 연결성 패턴은 발달 및 변화하며, IQ에 따라 개인적 차이가 공존하고 자폐증(Rippon, Brock, Brown, & Boucher, 2007) 혹은 조현병(Van Den Heuwel, Stam, Kahn, & Hulshoff Pol, 2009)과 같이 몇몇 장애에 따라 다양하다.

뇌 연결성 발달 연구는 인생 전반에 걸친 뇌-행동 관련성에 대한 우리의 이해를 확장할 수 있다는 기대로 이어진다. 예컨대, 신피질 회백질과 백질의 장기적인 성

---

3) voxel이란, 3차원상의 영상 신호 단위를 의미하는 말로 '화소'로 널리 알려진 pixel과 부피를 뜻하는 volume의 합성어다(출처: https://newkimchiman.tistory.com/27).

장 곡선은 다양한 기울기와 모양을 가진다. 전두엽과 두정엽의 회백질은 12세 전후까지 생후에 증가하며, 그 이후에는 시냅스 가지치기로 인해 감소한다. 이와 대조적으로, 백질의 양은 22세 전후 정도까지 선형적으로 증가한다(Giedd, Shaw, Wallace, Gogatay, & Lenroot, 2006). 또한, 성인기에도 몇몇 섬유로에서는 수초화가 지속된다. 앞서 논의하였듯이 회백질, 백질에 대한 궤적에는 IQ(Shaw, Greenstein, et al., 2006) 및 ADHD와 같은 특정 발달장애(Shaw et al., 2007)와 관련된 개인차가 존재한다.

구조적 연결성 패턴 역시 발달에 따라 변화한다. 구조적 연결성의 패턴은 뇌의 개별 복셀(voxel)의 활동 수준을 입력 값으로 얻어낸 다음 그래프 분석을 사용하여 개별 복셀과 복셀 군집 사이의 상관관계를 모델링하여 측정할 수 있다. 기능적 연결성의 결과적 구조는 또한 구조적 연결성과 유사한 매우 작고 풍부한 상호 연결된 지역 네트워크와 몇 개의 지역 네트워크 간의 장거리 연결들을 갖고 있는 '작은-세계'라는 독특한 조직을 갖고 있다는 것을 의미한다. 이러한 원거리 연결들은 뇌량을 넘나드는 반구 간의 연결뿐만 아니라 후방의 지엽 네트워크와(후두, 두정, 측두엽 부분)의 전전두 피질의 전방의 지엽 네트워크 간의 연결도 포함한다. 아동기와 청소년기의 기능적 연결성의 발달은 지엽 네트워크의 초기 발달과 추후 발생하는 원거리 연결의 발달로 특징지어진다. 이러한 방식에 착안하여 Dosenbach 등(2010)과 T. Brown 등(2012)은 fMRI 데이터를 활용하여 개별 참여자들의 실제 나이를 신뢰롭게 예측했다. 그리하여 우리는 이제 뇌 연결에 있어 발달과 개인차 모두에 대한 전체적인 지표를 확보하였으며, 이러한 지표는 인지적 발달의 차이와 개인차를 설명하는 데 적용되고 있다.

●　●　●

뇌-행동 발달의 세 가지 모델

뇌 발달에 대한 잘 확립된 사실들을 검토했으므로, 이제는 인지 발달과 뇌 발달이 어떻게 관련되어 있는지에 대하여 심리학자들이 제안한 세 가지 경쟁 이론을 알아보자. 이 이론들은 자연주의 대 경험주의, 즉 선천-후천의 논쟁을 두뇌 발달 수준에서 재평가한다. 우리가 병인론 챕터에서 보았듯이, 이 논쟁에서 양쪽의 극단적인 입장은 잘못된 것으로 판명되었다. 그러므로 두뇌의 발달에 관해서도 마찬가지일 가능성이 매우 높다. 뇌 발달은 게놈(자연주의 또는 선천적 입장), 또는 환경(경험주의 또는 후천적 입장)에 의해서 완벽히 결정되지 않고 두 가지의 상호작용에 의해 결정된다.

이 영역에서의 핵심적인 이론적 모델인 상호작용 분화(IS)는 Johnson과 Haan (2011)에 의해 처음 소개되었다. 이 IS 모델은 두 개의 경쟁 모델, 즉 성숙 모델(논쟁의 선천적 입장)과 기술학습 모델(논쟁의 후천적 입장)과 대비된다. 성숙 모델과 기술학습 모델은 각각 인지 발달의 전통적인 경험주의와 자연주의의 입장과 일치하지만, IS 모델은 자연주의자와 경험주의자 이론의 경쟁에 대한 해결책을 제시하기 위해 Piaget(1952)에 의해 발전된 구성주의 모델에 해당한다. IS 모델은 뇌 발달에 대한 이러한 결정론적인 모델을 거부하고 뇌 발달에 있어서 확률론적인, 새로운 방식을 제안했다.

신경 수준에서 세 가지 이론이 모두 공유하거나 공유하지 않는 제약들을 명확히 하는 것이 중요하다. 이 세 가지 이론들은 선천적인 신경 구조 및 확장적인 생후의 학습뿐만 아니라 생전의 학습이 존재한다는 사실에 동의한다. 이는 신경 구조와 생전 및 생후 학습이 경험적으로 발견되었기 때문이다. 3가지 이론들은 다른 것보다도 유아가 **특정** 언어, 특정 수 체계, **특정** 면의 형태 표현을 익혀야 한다는 것에 동의한다. 세 가지 이론은 모든 언어(예: 통사 구조)에, **모든** 수 시스템(예: 수감각이나 정신적 수직선)에, 또는 모든 얼굴(예: 인지 과정)에 대한 더 깊은 수준의 처리가 선천적인지, 혹은 학습을 통해 습득될 수 있는지에 대해 의견이 다르다. 그래서 성숙 모델에서는 생후 학습이 갖고 태어난 인지적 표상만을 미세하게 조율하는 반면에, 다른 두 이론에서는 선천적인 인지적 표상은 거부되고, 대신 인지적 형성은 산후 학습에 의존한다고 본다. 이 절의 마지막에서 우리는 뇌 가소성과 관련된 세 모델 모두에 대해 제기되는 한계를 알아볼 것이다.

성숙 모델은 **결정론적 후성설**(발달은 생물학에 의해 대부분 미리 결정된 고정된 경로를 따른다는 개념)를 가정하고, 신피질 특성화는 선천적이고 발달되는 것이라고 주장한다. 기능은 관련 뇌 영역이 성숙함에 따라 발달 중에 나타나며, 일부 기대되는 환경 입력과 함께 나타난다. 예를 들어, 성숙 모델은 전형적인 사람이 얼굴을 인식하기 위한 선천적인 뇌 영역인 방추형 얼굴 영역(FFA)을 가지고 있으며, 이 영역은 이른 시기부터 성숙한다고 주장한다(예: Kanwisher, 2010).

기술학습 모델(Gauthier, Tarr, Anderson, Skudlarski, & Gore, 1999)에 따르면 입력

과 출력의 연결로 인해 광범위한 종류의 기술에 다소 특화된 두뇌 영역이 있지만, 습득된 특정 기술은 개인의 학습 이력에 결정적으로 의존한다. 예를 들어, 망막으로부터 배측 시각[망막으로부터 중심와 주변부(parafoveal)와 더욱 연결됨]보다 중심와 입력에 더 연결되어 있기에 방추상 영역 전체는 시각 물체 인식에 특화되어 있는 뇌의 복측 시각로의 한부분이다. 기술학습 모델에서는 방추 영역 내에서 발전하는 특성화(specialization)가 단지 개인(심지어 성인기에도)의 학습 이력의 기능을 한다고 주장한다. 사람은 인간의 얼굴을 보는 방대한 연습을 통해 FFA를 개발하곤 하지만, 어른들 역시 양이나 자동차와 같은 친숙한 물체 혹은 실험적으로 통제된 물체를 통해서도 비슷한 특성을 발달할 수 있다. Gauthier 등(1999)은 그리블(greebles)이라 불리는, 저마다 다른 신체적인 특징을 가졌지만 얼굴 없는 생물군을 개발했다. 각각의 그리블을 인식하는 것은 개별 사람의 얼굴을 인식하는 것과 유사한 과제이지만 선천적 안면처리 과정[4]에 기댈 수 없다. 그리블에 대한 경험의 증가는 더 나은 인식을 가능케 하고 이와 관련된 전문기술이 방추형 '안면 영역'에서 활성화된다. 그러므로 이 연구는 자연주의자들이 말하는 FFA가 선천적으로 오직 인간의 얼굴에 응답하도록 프로그래밍되어 있다는 주장에 반박하는 강력한 증거를 제공한다.

이제 이 세 가지 뇌-행동 발달 모델을 좀 더 자세히 비교 및 대조해 보자. 이론적 차이가 발생하는 한 가지 이유는 뇌 가소성에 대한 가정에 있다. 우선, 학문 영역에 따라 가소성이라는 용어의 두 가지 의미를 고려하는 것이 중요하다. 첫 번째 뜻은 뉴런 사이의 수, 발달, 연결의 정상적인 변화를 말하며, 이 모두는 행동 발달에 중요하다. 이러한 일반적인 뉴런의 하위 변화는 앞서 논의된 모든 뇌-행동 발달에 대한 경쟁이론에서 후천적 학습으로 이루어진다. 두 번째 뜻은 유전적 변이, 비정형적 환경적 영향 또는 심한 손상 등으로 인해 발생한 병리적 현상을 보상할 수 있는 뇌의 능력을 말한다. 이 세 가지 이론 모델은 이 두 종류의 가소성 사이의 관계에 대해 서로 다른 입장을 취하고 있다.

IS 모델은 가소성을 핵심 전제로 삼고 동일한 뇌 메커니즘이 발달과 병변 유도 변화로 인한 가소성을 모두 밑받침한다고 가정한다. 기술학습 모델은 두 가지 유형의 가소성에 대한 공유된 메커니즘을 가정하지만, 이전의 학습이 이후의 가소성의 범위

---

4) https://www.ncbi.nlm.nih.gov/pubmed/19339171 innate face processing

에 어떻게 영향을 미치는지에 관해서는(예: 가소성에 대한 민감한 시기가 있는지 여부) IS 모델과 다른 입장을 취한다. IS 모델의 경우, 이전의 학습이 이후의 가소성에 영향을 미치는, 소위 '축소'라고 불리는 것을 초래하기 때문에 가소성에 민감한 시기가 정해져 있다. 반면 기술학습 모델은 성인의 가소성에 대한 더 적은 제한을 가한다. 축소는 단순히 신경망이 특정 내용(예: 구어)을 학습하기 위해 시냅스를 조정할 때, 네트워크의 시냅스가 첫 번째 내용(즉, 학습 곡선의 평평하고 점근선의 최종 부분)에 대한 가중치를 안정화시켰기 때문에 새로운 내용(예: 제2언어)을 배우기가 어려워진다는 것을 의미한다. 물론 인간은 가소성을 더 보이는 특정한 영역이 존재하지만(예: 구어보다 인간 얼굴에 가소성이 있음), 얼굴의 영역에서도 인종-간 얼굴 인식에 의해 제기되는 문제에서 알 수 있듯이 축소가 일어난다. 얼굴 인식을 발달시킬 때 주로 한 종족이나 민족에 노출된다면, 사람들은 개개인의 얼굴을 다른 인종이나 민족 집단과 구별하기가 더 어려워질 것이다. 축소의 개념은 발생학에서 말하는 '운명의 제한'이라는 개념과 유사하다. 배아줄기세포는 체내의 어떤 기관에도 속할 수 있지만, 배아가 분화되면서 그들의 운명은 점점 더 제한된다.

오직 성숙 모델만이 두 종류의 가소성을 구별하는 메커니즘을 가지고 있다. 즉, 뇌에 부상을 입은 후에 작용하는 가소성 메커니즘과 선천적인 뇌 특수화를 조율하는 데 필요한 학습을 위한 가소성 메커니즘을 구별한다. 한 가지 쉽게 알 수 있는 것은 이러한 이론들이 초기의 국소적 뇌 병변 후 개념을 습득할 수 있는 두뇌의 능력에 대하여 경쟁적인 예측을 한다는 것이다. 이 예측은 다음 절에서 더 자세히 논의된다. 예를 들어, 만약 뇌가 Feigenson, Dehaene와 Spelke(2004), Kanwisher(2010), Pinker(1994)와 같은 성숙 모델 이론가들이 주장했듯이, 숫자 감각, 구문 또는 얼굴에 특화된 모듈을 선천적으로 국지화(localized)했다면 그러한 뇌의 위치에 대한 초기 손상은 특정한 인식의 발달을 심각하게 손상시킬 것이다. 이와는 대조적으로, 다른 두 이론은 가소성을 통해 각각의 인지 영역이 초기 뇌 손상 후 다른 뇌 영역에서 발달하도록 한다고 주장한다. IS 모형과 기술학습 모델은 손상 연령이 회복에 얼마나 영향을 미치는지에 대하여 다른 가설을 제시하는데, IS 모형은 다른 뇌 영역이 이미 축소되거나 다른 기능에 특화되기 때문에 뇌 손상 시의 가소성은 나이가 들수록 감소한다고 주장한다.

세 모델 각각은 어떻게 성인 인간의 신피질에서 기능의 국지화를 설명할 것인가?

이미 설명한 바와 같이, 성숙 모델은 이러한 국지화가 선천적이라고 보고, 기술학습 모델은 경험으로부터 유래된다고 주장한다. 이미 논의했듯이, 이 두 가지 입장 모두 사실로 입증된 것이 아니기에 포유류의 뇌 발달에 대해 그 어느 것도 완벽하게 설명할 수 없다. 대신에, 최근의 증거들은 본질적 메커니즘과 외적 메커니즘 사이의 복잡한 상호작용을 통해 피질의 고유한 처리 영역이 구분된다는 것을 보여 준다(Sur & Rubenstein, 2005).

구성주의 IS 모델은 국지화가 출현한다는 점에서 Sur과 Rubenstein(2005)와 일치한다. IS 모델에서는 일반적인 성인 뇌에서 발견되는 지엽적 기능은 연결된 신피질 영역 간의 상호작용과 경쟁이 특정 영역에 의해 계산되는 특화의 증가로 이어지는 발달 과정으로부터 발생한다. 따라서 특정 신피질 부위의 특화는 유전자와 태아 뇌 발달에 의해 미리 정해져 있는 것이 아니라, 주로 태어난 후 발달 과정에 의존한다. 이 발달 과정은 발달하고 있는 뇌가 이용할 수 있는 환경적 투입에 순차적으로 의존하며, 경험-예측 및 경험-의존 시냅스 형성 모두에 의존한다(Greenough al., 1987). 환경적 투입은 몇 가지 시냅스를 강화하며(또는 새로운 것을 형성), 다른 것들을 파괴함으로써 신경 네트워크가 환경의 다른 영역들에 존재하는 규칙성을 배울 수 있도록 한다. 특성화는 경쟁적인 상호작용에 의해 발생한다(몇몇의 경우에 시각 기둥 영역 형성에서 발생하는 지엽적 자극과 원거리의 억제가 포함되기도 한다). 즉, 신피질의 특성화는 자기-구조화 과정을 통해 나타난다.

물론 신피질의 모든 부분이 모든 정보를 동등하게 처리할 수 있다면 기능적인 뇌 구조는 (표준 뇌 지도가 암시하는 것보다 훨씬 더 많은 개별적인 변동성이 있음에도 불구하고) 개인마다 다른 학습경험에 따라 상당히 다양하게 나타날 것이다. 신피질의 완전한 등전위성을 피하기 위해 IS 모델에서는 약간의 선천적인 제약이 필요하다. 실제로, 서로 다른 신피질 영역은 출생 시 유전적으로 영향을 받는 입력과 출력에서 차이가 있다. 눈은 후두피질에 연결되어 있고, 귀는 측두피질에 연결되어 있으며, 이러한 연결은 출생 후에도 계속 발달하고 있다.

초기 발달에서 감각 입력이 누락되면 신피질 전문화가 급격하게 변화할 수 있는데, 이는 성숙 모델과 상반된다. 선천성 청각장애는 청각피질에 대한 시각 기능의 급격한 재배치로 이어지고(Bavelier & Neville, 2002), 선천성 시각장애는 언어 기능이 시각피질에 배치된다는 또 다른 급격한 재배치가 일어난다(Bedny & Saxe, 2012). 이 두 가지 가소성의 예시에는 각각 감각 시각 입력과 청각 피질 사이에 교차 연결이 있어야 하며, 역으로 선천적인 입력의 성질이 후천적으로 후측 신피질 영역의 또 다른 특수화를 결정하는 것이 요구된다. 이 두 가지 예는 모두 IS 및 기술학습 모델과 일치하지만 시각 또는 청각 피질의 특성화가 생전에 결정되며 경험은 그 부위가 성숙할 수 있도록 작용한다고 보는 성숙 모델에서는 큰 문제가 있다.

또한 IS 모델은 아이들 모두에게 보편적으로 적용되는 특성화(언어와 얼굴)와 그렇지 않은 특성화(날짜 계산) 사이에서 발생하는 편향에 기초한다. Edelman(1987)은 신생아 두뇌 발달을 시뮬레이션하는 과정에서 자신의 모형이 선천적인 발현이나 선호를 가지지 않는 한 작동하지 않을 것이라는 것을 발견했다. 따라서 아래에서 논하는 뇌의 선천적인 신피질 동기 구조는 신피질 발달을 위한 중요한 투입일 수 있다. 초기 또는 선천적 주의편향은 왜 신생아들이 환경적 투입의 일부(예: 인류와 인간의 말)에 더 집중하고 다른 부분에는 덜 집중하는지를 설명한다. 우리는 자폐증을 가진 아이들을 통해 사회적 자극에 대한 주의편향의 **부재**가 매우 다르고 특이한 특성화, 즉 서번트 기술로 이어질 수 있다는 것을 알고 있는데, 이 모든 것이 선천적인 것은 아니다. 예를 들어, 산에서 살던 콜로라도의 자폐증 아동이 스키 리프트 전문가가 되는 반면, 프런트 레인지의 또 다른 콜로라도 아동은 프런트 레인지에서 발견되는 나무의 전문가가 되기도 한다. 그 이유는 무엇일까?

IS 모델에서는 앞서 설명한 바와 같이 발달이 진행됨에 따라 주어진 신피질 영역의 가소성이 감소하는데, 이를 축소라고 한다. 특정한 입력−출력 연결 집합을 학습함으로써 해당 영역이 점점 커지는 반면, 다른 연결 집합은 학습할 수 없게 된다. 예를 들어, 나이에 따른 제2외국어 학습의 능력 감퇴는, 성숙 모델로 설명될 수 있는 것과 같이, 성숙의 '매개' 폐쇄와 같은 외적인 원인에 의해서 설명되는 것이 아니라, 이미 특성화된 발달에 의해 설명된다. 마지막으로, IS 모델은 또한 유전자와 뇌, 행동 사이의 쌍방향 상호작용이 발달에 있어 긴급한 기능적 속성을 초래하는, Gottlieb(1991)이 공식화한 확률론적 후생학의 원리에 따라 결정된다. 확률론적 후성학은 인과관계의 방향이 유전자에서 뇌, 뇌에서 행동까지 단방향이며 신피질 영역의 기능적 특수화는 대체로 미리 정해져 있거나 선천적이라고 이야기하는 결정론적 후성학과 대비된다.

왜 이 세 가지 모델이 비정형 인지 발달 연구에 중요한 역할을 할까? 이는 신경발달 장애가 발생하는 이유와 방법에 대해 근본적으로 다른 예측을 하기 때문이다. 전형적 발달과 비정형적 발달에 대한 연구 사이의 상호적 관계에 대한 명확한 사례가 있다. 각 신경발달장애는 전형적인 기능적 두뇌 발달의 세 가지 이론에 대한 시험 사례로 대응시킬 수 있다. 성숙 모델을 지지하는 경우, 문법이나 얼굴 처리와 같은 인식의 특정한 측면에 필요한 뇌 구조는 태어날 때부터 이미 달라야 하며, 그 기능이 일반적으로 성숙하는 나이에 이르면 해당 기능이 선택적으로 부족해야 한다. 즉, 해당 영역에서의 발달은 선택적으로 손상된 상태로 남아 있으며, 표현형[5] 발달은 동형(즉, 발달 전반에 걸쳐 동일한 인지적 결손이 지속됨)이 될 것이다. 만약 IS 이론을 지지한다면, 뇌 구조 차이와 기능적 결손 사이의 연결은 상대적으로 불분명해질 것이고, 표현형의 발달은 이형적일 수 있다. 즉, 연령에 따라 드러나는 인지적 결손이 달라질 것이다. 기술학습 이론이 유전된 뇌 차이로 인한 신경발달장애를 어떻게 설명할지는 명확하지 않지만, 환경적으로 야기된 인지적 장애를 설명할 수는 있다. 기술학습 모델은 필요한 경험의 박탈에서 비롯되는 장애들을 설명할 것이다. Karmiloff-Smith와 Thomas(2003)가 분명히 밝혔듯이, 만약 장애가 아동기 후반이나 성인기에만 판별된다면 이 세 가지 모델 중 어느 것이 맞는지 구별하기가 어렵다. 세 이론들은 후기 발달에서 서로 유사한 결과를 예측할 수 있지만 초기 발달에 대한 예측에서 차이를 보이기 때문이다. 따라서 신경발달장애를 이용하여 세 가지 경쟁 이론을 평가하기 위해서는 장애를 가진 아동의 초기 발달을 연구해야 한다.

후천적 병변에 따른 뇌 가소성

앞서 논의된 대로, 인간의 뇌 가소성에 관한 최근 연구들은 언급된 세 가지 모델을 검증했기 때문에, 이를 바탕으로 각 모델에 대한 평가가 가능하다. 인간과 동물에서 높은 뇌가소성의 발견은(Stiles, Reilly, Levine, & Trauner, 2012 참조) 신경과학의 학문적 발전 및 발달인지 신경과학의 태동에 큰 영향을 미쳤다.

인간 뇌의 기능적 발달에 관한 세 모델(IS, 성숙, 기술학습)이 어떻게 뇌 가소성 한계에 의해 제약을 받을 수 있는 것일까? 이 문제는 가소성이 뇌 발달 초기에 발생하는

---

5) 표현형(表現型, phenotype) 또는 발현형질(發現形質)은 생명학에서, 생명체가 유전적인 정보를 이용하여, 세포, 조직 및 개체에 단백질과 당을 통해 생산한 기능적 형질을 말한다. 유전형질과 비교되는 말이다(예: 눈꺼풀의 모양).

모든 변화(perturbations)를 상쇄시키지 못한다는 점에서 비정형인지 발달에서 특히 중요하다. 그렇지 않다면, 이 책을 쓸 필요가 없다.

초기 병변을 직면했을 때 발달 중인 뇌가 어떻게 작용하느냐는 병변의 범위, 시기, 위치 및 특정 기능적 결과(예: 언어 vs. 공간적 인지)를 포함한 수많은 요인에 따라 달라진다. 먼저, 뇌 병변 시기로 쉽게 일반화하는 것은 지나치게 단순하다. 그중 하나는 케너드(Kennard, 1936) 원리라고 잘못 이름 붙여졌는데, 케너드 원리는 젊은 뇌가 더 가소성이 높기 때문에 초기 병변은 후기 병변보다 덜 심각한 기능적 문제를 낳는다는 것을 이르는 말이다. 이와 같은 또 다른 단순 일반화는 케너드 원리와 정반대에 위치한 초기 취약성 가설(Hebb, 1949)이다. 이는 정상적으로 발달할 수 있는 뇌 영역이 더 적기 때문에 초기 병변이 더 심각한 기능적인 결과를 발생시킨다는 가설이다. 덧붙여 말하자면, '케너드 원리'는 '케너드의 것도, 원리'도 아니다(Dennis, 2010). 발달신경과학의 선구자 Magaret A. Kennard가 초기 병변 효과에 관해 상당히 애매한 관점을 견지하고 있었기 때문에 이렇게 지나치게 단순화된 원칙이 세워진 것이다. 그 이후, 전체 지능 결과(예: 심리측정적 IQ와 학업)에 있어 2세 이전에 발생한 국소 병변은 이후 병변보다 더 심각한 결함을 초래함이 밝혀졌는데, 이는 초기 취약성 가정과 일치하며 케너드 원리와는 반대된다는 것을 알게 되었다. 구체적인 인지 결과에 대한 내용은 아래에서 더 자세히 논의하였다.

이후로 인지 발달에 있어 초기 병변의 효과에 관해 무엇이 더 발견되었을까? 여전히 밝혀져야 할 부분이 많지만, 다음에 제시된 일반화 관련 목록은 최근의 근거를 반영하고 있다.

1. 기제(Mechanisms): 병변으로 인한 가소성에는 신경학적 기제들이 있다. 인접한 대뇌피질의 고유한 역할, 축삭돌기와 수상돌기 간 일련의 연결점, 그리고 신경생성이라 불리는 새로운 뉴런의 형성에 관한 발견 등이 이에 해당된다.
2. 정도(Extent): 초기의 양측 병변 또는 광범위한 병변의 기능적 영향은 국소 병변의 영향보다 더 심각하다.
3. 인지 자원의 손실(Loss of cognitive reserve): 초기 병변은 후기 뇌 손상이나 질병보다 개인에게 더 치명적이다.

마지막 일반화는 뇌 조직 손실이 이후의 뇌 적응성에 미치는 영향을 말한다. 가령, 초기의 심각한 외상성 뇌 손상은 이후의 알츠하이머성 치매 발병 위험을 높이는데, 그 이유는 이를 상쇄할 수 있는 건강한 뇌 조직이 덜 남아 있기 때문이다(Van Den Heuvel, Thornton, & Vink, 2007).

병변 부위(lesion location)의 역할은 IS 모델에 제기된 문제들로 인해 추가적인 논의될 필요가 있다. 앞서 언급한 바와 같이, IS 모델은 신피질의 기능에 의해 지지되며, 신피질에서 가소성이 가장 크다는 점은 명백하다. 이는 인간의 문화적 전달을 통한 광범위한 학습을 지지한다. 인간이 하나의 종, 하나의 뇌에서 비롯되었다 할지라도 다양한 환경 속에서 서로 다른 문화를 가지고 살아가기 때문에 인간의 신피질은 가소성이 필요하다. 아이들이 문화간 이동 후 적응할 때에도 정상적으로 잘 발달하기 때문에 이는 명백한 사실이다.

그러나 기존의 증거는 전체 신피질 혹은 피질로 매개된 기능에 상관없이 가소성이 동일하다는 주장을 반박하는데, 이는 IS 모델에 잠재적인 의문을 제기하는 것이다. 그리고 일차 운동 및 신체감각 영역에서의 초기 국소 병변은 지속적인 기능적 결함을 야기하는데, 축삭 간의 연결이 일찍 수초화된 것이 그 부분적인 이유가 될 수 있다(Stiles et al., 2012). 대신에, IS 모델은 양반구 모두에서 2차, 3차 피질 영역들의 통합된 기능에 의존하는 언어 발달을 가장 잘 설명하는 것으로 보인다(Stiles et al., 2012).

이와는 반대로, IS 모델은 전두엽 피질에 관해 타당한 설명을 제공하지는 않는다. 전두엽 피질은 나머지 다른 뇌 영역들과 광범위한 연결성을 토대로 독특한 기능과 고유한 형태의 신경학적 계산(neurocomputation)을 수행한다(제한된 양의 정보를 유효한 상태로 유지함). 따라서 전두엽 피질은 뇌에서 중요하고 고유한 수렴대(convergence zone)로 기능하며, 다른 신피질 영역이 그 기능을 대체할 수 없거나 대체하기 매우 어렵다. 인간의 전두엽 피질에서 후천적인 병변의 결과는 위의 관점과 일치한다. 그 이유는 다른 신피질 병변보다 전두엽 피질 병변에서 기능적 회복이 더디기 때문이다(Grattan & Eslinger, 1991). 그러나 인간과 동물 모두에게서 전두엽 병변의 기능적인 회복은 병변의 시기 및 크기, 성별, 행동 평가의 특성을 포함하는 여러 요인에 영향을 받는 것으로 나타났으며, 이는 Kennard(1936)의 선구적인 결론을 지지하는 의견이다(Kolb, Gibb, & Gorny, 2000). 실제로, Kennard에 의해 처음으로 발견되었듯이, 인간과 원숭이의 초기 전두엽 병변의 전체적인 영향은 '결손된 상태로 자라나는 동안'

발달 후기까지 명백하게 드러나지 않을 수도 있다(Dennis, 2010; Grattan & Eslinger, 1991). 이 '수면자 효과'는 손상 시기와 그 이후 시기 모두가 중요한 발달적 요소로서, 실제로는 구분하기 어렵지만 그럼에도 개별적으로 고려되어야 함을 보여 준다. 게다가 나이와 손상, 그리고 전두엽 피질의 회복 정도 간의 관계는 비선형적이다. 인간의 경우, 이러한 병변이 야기하는 최악의 결과는 태아기 손상과 연관되어 있다. 이 아이들은 통합 인지 및 IQ 감소뿐만 아니라 특정한 전두엽 기능에 있어서도 낮은 수행을 보인다(예: 실행 기능의 측정). 그나마 실험실 기반 실행 기능 과제에서 가장 좋은 성과는 대부분 아동기 중기에 전두엽 피질 병변이 발생한 경우다. 10세, 또는 그 이후에 발생한 병변은 성인과 유사한 프로파일을 보이는 경향이 있는데, 이는 비교적(완전히는 아닐지라도) 특정 결손 패턴을 보인다(Jacobs, Harvey, & Anderson, 2007). 이 현상은 신경 생성과 시냅스 형성(synaptogenesis)을 포함하여 다양한 처리과정의 발달 시기와 연관이 있는 것으로 보인다. 우리는 기능적 회복을 위해 뉴런 수준의 변화가 행동적으로 관찰된 '결정적 시기'에 어떻게 연결되는지에 대한 비교적 잘 발전된 이론이 있지만(Kolb et al., 2000), 인간의 경우에는 분석 단계 간의 연결성이 여전히 불명확한 상태다(Jacobs et al., 2007). IS 모델의 두 번째 문제는 여섯 층으로 구성된 신피질 바깥의 피질 구조가 신피질 자체보다 초기 병변 상황에서 현저히 낮은 기능적 가소성을 보인다는 점이다. 이러한 구조는 가장 단순한 형태의 피질, 코르티코이드 피질(피질과 핵 특성의 혼합), 더 층화된 이종피질(allocortex)이 포함된다(Mesulam, 1997). 편도체는 코르티코이드 피질의 한 예이고, 해마는 이종피질의 예다. 둘 다 전두엽 피질과 같이 수렴대에 해당한다. 편도체는 정서와 자율 신경 기능에 중요한 높고 낮은 입력을 통합한다. 원숭이(Stiles et al., 2012에서 검토)와 인간(Adolphs, 2003) 모두에게서 보이는 초기 편도체 병변은 지속적인 결손을 야기한다. 해마는 여러 신피질 영역과 편도체와 같은 동기부여 구조의 입력을 통합하여 새로운 일화기억을 형성한다. 다시 말하면, 해마체(hippocampal formation)의 후천적 병변(acquired lesion)은 어린 원숭이(Bachevalier, 2008)와 아동(Vargha-Khadem et al., 1997) 모두에게서 보이며, 성인의 경우와 같이 새로운 일화기억의 형성 능력에 지속적인 결손을 유발한다(Squire, 1987). 모든 경우에서, 병변 연령(아동 vs 성인)은 결손 프로파일(profile of deficits)에 약간의 차이를 유발하지만, 여기서 중요한 점은 편도체나 해마에 의해 수행되는 기능을 다른 구조들이 맡을 수 없다는 점이다.

피질하 구조에서는 가소성에 대한 근거가 더욱 미비한데, 그 이유는 관련 구조들이 비교적 독특한 연결성을 가지고 있기 때문이다. 기저핵은 초기 병변 이후로 기능이 회복되지 않는데, 이는 언어장애(Language Impairment: LI)와 난독증 같은 학습 장애의 절차적 학습 결손 가설과 연관이 있다. 시상하부는 자율신경계의 중요한 요소다. (더불어 자율신경계는 말초신경계의 중요한 요소다). 편도체와 유사하게, 시상하부 병변은 지속적이고 때로는 파괴적인 결과를 초래한다.

요약하면, 뇌는 진화하면서 다층으로 구성되었기 때문에 이제는 세 가지 모델(IS, 성숙, 기술학습 모델) 중 어느 것이 뇌의 개별 층위에서 기능적 뇌 발달을 가장 잘 기술하는지를 알 필요가 있다. 분명한 것은, IS 모델이 언어를 포함한 다수의 신피질 기능을 가장 잘 뒷받침한다는 점이다. 그에 반해서, 인간의 뇌 기능 일부는 의심할 여지없이 선천적인 것이며(예: 출생 이전이나 출생 시), 손상 상황에서 그리 가소성이 높지 않다. 예를 들어, 자율신경계나 편도체에 의해 조절되는 다양한 기능이 이에 해당한다. 이러한 뇌구조의 기능적 발달은 성숙 모델이 가장 잘 설명할 수도 있다. 기술학습 모델이 몇몇 다른 기능들을 설명하기에 가장 적합한지는 명확하지 않다.

후천적 초기 뇌 병변의 발달적 영향으로부터 특발성 신경발달장애의 뇌 메커니즘에 대하여 추론할 수 있는 것은 무엇일까? 첫째, 신피질의 가소성 때문에 신피질 내 회백질의 선천적인 핵심 변화는 높은 가소성 수준과 연관이 있으며(예: 단일 후방 병변), 이는 비교적 특정한 신경심리학적 프로파일과 관련된 질병을 지속적으로 초래하지는 않는다. 둘째, 뉴런의 수나 백질의 광범위한 변화는 지속적인(대체로 전반적인) 결핍을 초래할 것이며, 소두증, 대두증, 대뇌백질 위축증(leukodystrophies) 등을 설명할 수 있다. 셋째로, 뇌 가소성 기제 자체의 초기 변화(예: 시냅스 안정화나 시냅스 가지치기 기제) 역시 전반적인 결손을 초래한다. 취약 X 증후군과 레트증후군은 앞서 언급한 원리를 입증한다. 넷째, 신경전달물질 결핍 혹은 과다는 조기 치료된 페닐케톤뇨증(PKU) 혹은 더 미묘하게는 ADHD와 같이 지속적인 결과를 가져와야 한다. 다섯 번째, 앞서 설명한 구조적(백질) 발달의 중요성과 지능 발달을 위한 기능적 연결성을 감안할 때, 이러한 연결성 발달의 변화는 행동 발달에 있어 지속적인 결과를 가져와야 한다. 그리고 조현병(Van Den Heuvel et al., 2009)과 자폐증(Piven, 2001)에서 이러한 연결성의 변화가 설명되었다. 마지막으로, 기초학습 기제(예: 기저핵에 의해 매개되는 통계적 학습)를 변화시키는 것은 지속적인 효과를 보여야 한다. 앞서 살펴본 것처럼,

가소성은 초기 기저핵 병변에 의해 제한된다.

• • •

뇌와 인지 발달의 통합

연결주의 모델(Connectionist models)은 뇌가 어떻게 학습하고 정보를 처리하는지에 관해 연결주의자의 관점을 견지한다(O'Reilly & Munakata, 2000). 이 모델은 컴퓨터 프로그램에서 단위 요소 간의 조절 가능한 연결을 가능케 하는, 뉴런과 같은 단위 요소들의 다층적 구성으로 학습과 인지처리를 촉진한다. 학습을 시도할 때마다 학습 규칙에 근거하여 단위 요소 간의 연결을 조정한다. O'Reilly와 Munakata(2000)는 인간 뇌의 뉴런 신경망에 의해 실행되는 세 가지 처리과정을 파악하여 컴퓨터 기반 뉴런 신경망으로 각 처리과정을 모의실험했다. 각 처리과정은, ① 후방피질에 의해 수행되는 환경(상황)의 중복 분산 표상에 대한 느린 학습, ② 전두엽 피질에 의해 조절되며 짧은 시간 간격 안에 문제 해결을 가능케 하는 제한된 정보량의 능동적 유지, ③ 해마 및 관련 기관을 통한 새로운 정보 간의 고유한 상호 연결의 빠른 습득을 포함한다. 각 처리과정은 순서대로 의미기억, 작업기억 그리고 일화기억과 상응한다. 이후 연구에서, O'Reilly와 그의 동료들은(Frank, Seeberger, & O'Reilly, 2004) 네 번째 작업기억이자 기저핵에 의해 조정되는 절차기억을 모의실험했다. 비록 위의 네 가지 처리과정을 개별적으로 모의실험했지만, 인간의 뇌에서는 분명히 서로 간 상호작용이 있음에 틀림없다. 다음 내용에서는 이 상호작용을 다루고자 한다.

뇌와 인지 발달이 공동으로 발달했다는 이론에 관한 견해와 연결주의적 관점을 어떻게 통합할 수 있을까? 이를 위해서는 다음과 같은 추가적인 개념이 필요하다. ① 신규성과 관련성 탐지, ② 의도적 처리과정에서 자동처리 과정으로의 전환, ③ 인지적 기술과 표상의 위계적 질서. 모든 연령대의 학습자들은 먼저 무엇을 새롭게 학습할지 선택하고, 다음으로 의도적 처리과정에서 새로운 내용이나 기술의 자동적인 처리로 전환하며, 최종적으로는 한 단계 높은 지식/기술의 위계적 단계에서 처리과정이나 학습을 촉진하도록 새로운 지식을 사용한다.

앞과 같은 발달 과정을 설명하기 위해서는, 아동이 구어나 문어를 학습할 때 어떤 일이 일어나는지를 살펴보아야 한다. 가장 먼저, 아이는 참신하고 적절한(예: 학습할 가치가 있는) 단어를 찾는다. 말하자면, 이 새로운 단어는 Vygotsky(1979)가 주창한 아동의 '근접 발달 영역'에 포함되어야 한다. 말하기를 학습하는 아동에게는 새로운 단어의 의미에 대하여 언어 이전의 의미적 표상을 이미 가지고 있으며, 그것이 아동에게 학습할 가치가 있을 만큼 충분히 중요한 것이어야 한다. 읽기를 학습하는 아동에게도 유사한 과정이 필요하다. 즉, 새로운 읽기 단어가 말하기 어휘 범주에 이미 속해 있거나 아동의 의미 체계 속에 이미 존재해야 한다. 그리고 관련성의 역치값을 넘어서야 한다. 그렇지 않으면, 새로운 단어는 간과되거나 이미 존재하는 어휘에 흡수될 것이다.

앞의 단계가 통과되면, 새로운 단어에 의식이 집중되고 의식적인 처리과정이 진행된다. 아동은 새로운 단어를 혼자 말하거나 읽는 연습을 반복할 것이다. 뒤이어 단어를 인지할 준비를 하고 있기에 이런 현상이 반복적으로 나타난다. 이 모델에서, 전두엽과 현저성 체계(salience system)는 새로운 단어의 의식적인 처리과정을 촉진하기 위해 상호작용한다. 결국, 새로운 단어의 처리과정은 자동화되고 현재의 어휘 목록에 통합될 것이다. 그리고 이 어휘 목록은 후방 신피질을 포함한 뇌의 다른 영역들에서 광범위하게 나타난다.

기저핵이나 소뇌와 같은 하부 피질 구조는 새롭게 자동화된 기술이나 절차에 포함된다. 따라서 실행 기능이 한번 새로운 기술이나 지식을 습득하면, 이를 의식적 처리과정이 필요 없는 다른 뇌 기관에 '위임한다'. 반영에서 반영 처리과정으로의 전환(transition from reflective to reflective processing) 또는 서술기억에서 절차기억으로의 전환(transition from declarative to procedural memory)으로도 불리며 새로운 작업에 대한 실행기능 용량의 제한 문제를 해소한다.

새롭게 습득된 지식이나 기술은 이전 지식이나 기술의 위계적 구조에 통합되기 때문에 학습자가 다음 발달 단계 과업을 수행하도록 한다. 바로 이것이 자원 분배의 개념과 관련된다. 만일 아동이 구어 담화나 문어 담화의 단어를 자동적으로 처리할 수 없다면, 담화를 이해하기 위한 인지적 자원은 충분히 남아 있지 않을 것이다. 이와 비슷하게, 만약 담화의 문법적 관계를 자동적으로 처리할 수 없다면 이해하기가 어려울 것이다. 또는 만일 아동이 기본 운동 기술이 자동화되지 않았다면, 이를 수반하는 일련의 동작들을 수행하는 데 어려움을 겪을 것이다.

우리는 새로운 것을 학습하는 발달적 과정과 이미 논의된 뇌 발달의 세 가지 양상을 연관시킬 수 있다. ① 상호작용 특성화 모델(the interactive specialization model: IS 모델), ② 기능적 네트워크 발생 모델(the emergence of functional networks), ③ 회백질과 백질의 발달적 변화(developmental changes in grey and white matter). IS 모델은 뇌가 새로운 것을 학습할 때 전두엽을 비롯한 여러 뇌 영역이 활성화됨을 지지한다. 우연히도, 이는 명백한 역설로 여겨지던 fMRI에서 관찰된 낮은 뇌 활성도와 높은 행동성과의 연관성을 설명하였다. 만일 몇몇 참가자가 나머지보다 과제를 자동적으로 처리하지 못한다면, 그들의 뇌는 더 광범위하게 활성화되었을 것이다. 반대로, fMRI에서 특정 관심 영역(region of interest: ROI)이 주어진 지식 표현에 특화된 신피질 부분이라면(예: 구어 또는 얼굴), 지식 표현 체계가 덜 발달된 참가자들은 ROI에서 더 낮은 활성도를 보일 것이다.

　기능적 네트워크에서 일련의 작은 세계 허브(small world hubs)는 지식과 기술의 자동화된 표현을 위해 전문화될 것이며, 원거리 연결은 이 허브들을 연결하는 백질신경로에 해당될 것이다. 주어진 허브가 환경적 투입을 통해 표상을 발전시킬 때, 그것은 신피질을 얇게 만들고 몇몇 연결을 잘라낼 것이다. 원거리 연결이 발달함에 따라, 연결부의 수초화가 증가하면서 결국 연령이 높아질수록 백질이 증가하는 결과를 초래한다.

　앞의 설명은 앞서 언급된 각 학습 장애가 신경 영상 표현형의 특성(features of neuroimaging phenotype)이 국지화되어 있음과 동시에 넓게 분포할 것임을 예측하게 한다. 그리고 국지화된 여러 특성은 (전부가 그렇지는 않을지라도) 선천적이라기보다는 발달의 산물이다. 〈표 3-2〉에는 앞서 언급된 학습 장애의 국지화된(localized) 신경 영상 특징과 넓게 분포한(distributed) 신경 영상 특징을 보여 준다. 이에 볼 수 있듯, 이러한 일련의 학습 장애는 특정적이면서 공유된 신경 영상 기능을 가지고 있다. 난독증에서 발견되는 방추 단어 영역 활성도의 특정적인 변화는 발달에 따른 것이다. 그 이유는 이러한 특수화(specialization)가 일반적인 읽기 학습자의 읽기 습득과 함께 나타나기 때문이다. 그리고 좌뇌 백질신경로의 분열과 같은 난독증의 초기 발달상 신경 영상적 특징은 어떻게든 방추형 표현형(fusiform phenotype)을 초래한다. 좌측 후두정고랑(left inferior parietal sulcus: LIPS)에서 숫자에 민감한 처리과정은 발달에 기인한 것이며 수학장애의 신경 영상 차이는 발달 과정에서 발생한 것이다. 반면에 지적장애의 연접 항상성(synaptic homeostasis) 불균형은 더 이른 시기에 나타나며,

해마의 구조 및 기능적 차이를 발생시킨다. 정리하면, 여러 학습 장애군의 신경 영상 표현형은 완전히 고정적인 것이 아니라 발달하면서 변화되는 것이다. 여전히 초기와 후기 뇌 변화 간의 인과적 관계에 대해서는 많은 것들이 밝혀져야 한다.

요약

이번 장에서는 병인론이 어떤 방식으로 뇌 발달에 작용하는지와 어떻게 발달에 따른 변화 가능한 결과가 나타나는지를 살펴보았다. 신경관을 형성하는 신경관 형성기(neurulation), 뉴런의 확장 및 이동 그리고 경험 의존적인 시냅스 형성기와 같이 특정 유전자들이 초기 뇌 발달 시기의 각기 다른 단계에 영향을 미치는 것을 확인하였다. 유전자 돌연변이는 이분척추, 소두증, 대두증, 레트증후군과 같은 신경발달장애를 초래할 수 있다. 반면에 유전자들의 표현형의 변화는 엑손(exon)이라 불리는 부호화 영역 바깥에서 발생하는 돌연변이에 의해 발생 가능하며, 이는 난독증과 같은 미세한 신경발달장애를 야기할 수 있다.

그러나 태아기에도 유전자는 뇌 발달 및 형성에 유일한 요인이 아니며, 뉴런의 활성화 역시 중요하다(Shatz, 1992). 그리고 산모의 영양 정도나 스트레스 수준에 따라서 태아의 유전자 표현에 대한 비교적 지속적이고 후생적 변화를 일으킬 수 있으므로, 뇌 발달은 상호작용적이고, 확률론적 후생적 발생 원칙에 잘 들어맞는다. 앞서 언급했듯이 출생 후 경험은 시냅스 형성, 그리고 시냅스 가지치기와 상호작용하는데, 이는 전형적이면서 비전형적인 인지적 발달을 일부 형성한다. 각각의 신피질 영역들의 초기 시냅스 형성과 이어지는 시냅스 가지치기가 가장 활성화되는 시기는 서로 다르다. 전두엽 피질은 가장 늦게 정점에 다다르고 가장 오랫동안 가지치기가 진행된다. 반면에 후방 피질 영역은 정점에 이르고 시냅스 숫자가 안정화되는 시기가 더 빠르다(Huttenlocher & Dabholchar, 1997). 이러한 시간상의 차이는 상이한 인지 발달 단계를 대략적으로 보여 준다. 더불어 구조적이고 기능적인 연결 패턴에서의 발달적 변화와도 일치하는데, 이는 앞서 언급했듯이 전형적·비전형적 인지 발달과 연관되어 있음을 증명한다. 여전히 다양한 환경적 영향과의 상호작용 속에서 처리과정에 기여하는 유전자들이 더 밝혀져야 한다.

생득설과 학습설, 혹은 선천적인 본성과 후천적인 양육이라는 핵심적인 주제에 관해서 뇌-행동 발달 단계는 두 입장 모두에 이의를 제기한다. IS 모델은 지금 존재하는 자료에 잘 들어맞긴 하지만 완벽하게 들어맞는 것은 아닌데, 그 이유는 가소성이 뇌 영역에 따라서 달라지기 때문이다. 초기의 해마 혹은 전두엽 병변은 기저핵, 편도체, 시상하부와 같은 하부 피질 병변처럼 오랜 기간 지속된다. 따라서 일부 뇌 영역들은 IS 모델이나 기술학습 모델(skill learning model)보다 성숙 모델이나 선천성(nativist) 모델이 더 적합하다. 이와 반대로, 신피질의 높은 가소성을 보여 주는 몇몇 예시는 성숙 모델에 정면으로 대치한다. 결론적으로, 다수의 신피질이 가소성은 상당히 높지만 제한적이라는 점 때문에 대부분의 뇌-행동 발달은 변화 가능한 것으로 본다.

〈표 3-2〉 학습 장애 주요 신경 영상 표현형

장애(Disorder)	국지화된(Localized)	넓게 분포된(Distributed)
난독증	방추언어 영역	좌뇌 백질(WM) 신경로
ADHD	우측 전방전두회(RIFG), 전두-선조체	실행 네트워크, 디폴트 네트워크, 현저성 네트워크 간의 비정상적 상호작용
LI	좌측 전방전두회(LIFG)?	언어 네트워크
수학장애	좌측 후두정고랑(LIPS)	현저성 네트워크, 실행 네트워크
발달협응장애(DCD)	두정엽, 소뇌	?
SSD	발화 회로?	?
자폐스펙트럼장애(ASD)	내측 전전두피질	네트워크 연결성
발달장애	해마	대두증, 소두증, 전두엽 피질

* 영문 용어: ASD, Autism spectrum disorder; DCD, developmental coordination disorder, WM, white matter RIFG, right inferior frontal gyrus; LIFG, left inferior frontal gyrus; LIPS, left inferior parietal sulcus; PFC, prefrontal cortex.

제4장

신경심리 구인

우리는 이제 학습 장애군이 어떻게 발생하는지 설명하는 모델에서 세 번째 수준의 분석에 해당하는 신경심리학([그림 1-1])에 대해 이야기해 보고자 한다. 신경심리는 학습 장애 병리학의 일부분이고, 학습 장애를 야기하는 주된 원인이기도하다.

누군가는 학습(및 다른 모든 행동) 장애군이 어떻게 발달하는지에 대한 다단계 모델에서 왜 신경심리학적 수준을 필요로 하는지 반문할 수 있다. 왜 단지 병인학(etiology), 뇌 메커니즘, 그리고 행동만 필요로 하지 않는가? 신경심리검사에서의 수행과 장애를 정의하는 증상들은 행동이며, 행동을 일으키는 것은 뇌다. 앞에서 말한 반문에 대한 답은 이러하다. 신경심리학적 구인은 겉보기에 다양한 일련의 증상들이 동반되어 나타나는 이유에 대해 간결한 설명을 제공할 수 있으며, 뇌 메커니즘과 행동적인 증상의 이론적 다리를 제공할 수 있다.

사실, 학습 장애군을 이해함에 있어서 가장 큰 성과를 야기한 연구는 심리학적 연구였다. 심리학 연구방법들은 여전히 빠르게 발전하고 있다. 인지와 인지가 어떻게 발달하는지를 이해하게 된 성과의 상당 부분은 행동주의 실험과 신경 네트워크 모델 덕분이다. 이러한 성과는 정상인지와 이상인지 연구들 간의 풍부한 상호작용을 야기했고, 또 역으로 이 상호작용의 덕을 보기도 하였다.

우리는 이 과정을 이번 장에서 요약하지는 않으나, 풍부한 상호작용의 예시는 구체적 장애를 다루는 제9장~제14장에 소개되어 있다. 예를 들어, 우리는 난독증의 기초가 되는 인지 메커니즘에 대한 성숙한 이해를 가지고 있다. 왜냐하면 성숙한 읽기와 읽기의 발달에 관한 인지심리학이 발전했고, 후천적 난독증과 발달적 난독증에 대한 연구가 차례로 진행되었기 때문이다. 언어장애도 마찬가지다. 자폐에 관해서 이상사회인지(abnormal social cognition)는 호혜적 상호작용을 주도해 왔는데, 이는 이상사회인지가(H. M이라는 환자에게서 발견된 기억상실증이 기억과 관련된 인지심리학의 새로운 패러다임을 열었던 것만큼) 사회인지의 전형적 발달에 관한 매우 풍부한 연구들을 자극해 왔기 때문이다.

신경심리학은 뇌와 행동의 관계에 대한 학문이다. 주된 가정은 해당 장애의 신경심리학적 표현형을 통해 어떤 뇌 과정이 장애를 정의하는 행동적 증상을 일으키는지 이해하는 데에 도움을 줄 수 있다는 것이다. 하지만 신경심리학에서 장애의 근간이 되는 뇌 메커니즘, 즉 해당 장애의 신경심리학과 그 신경학적 원인에 이르기까지는 이론적으로나 방법론적으로나 도전적이다.

학습 장애군에 대한 신경심리학 연구는 대개 학령기 아동과 성인의 사례-대조 설계에서 시작하며, 종종 생활 연령과 발달 수준 통제 집단을 사용한다(예: 지적장애 또는 자폐스펙트럼장애 연구를 위한 정신연령 통제, 지적장애 또는 자폐스펙트럼장애 연구를 위한 언어 통제, 언어장애 또는 말소리장애 연구를 위한 언어 통제, 난독증 연구를 위한 읽기 연령 통제). 이들과 같은 발달 수준 통제 집단은 실제로 장애의 원인이 아닌, 신경심리적 상관관계를 제거하는 데 도움을 줄 수 있다(예: 대신 장애의 결과일 수 있음). 그러나 이 두 종류의 사례-통제 집단 설계에서 발견된 신경심리학적 결손이 실제로 장애의 원인이 되는지를 규명하는 데 도움이 되는 추가적인 방법이 필요하다. 이러한 추가적 방법에는 초기 종단연구와 (드물게) 치료연구가 포함되지만, 원인을 확고히 확립하려면 제2장과 제3장에서 다루는 다른 수준의 분석 또한 필요하다. 단면연구와 종단 행동연구 모두 이 책에서 다룬 장애의 대부분의 잠재적인 신경심리학적 원인을 규명하는 데 사용되었으며, 이들은 행동 유전학 및 신경 영상 방법을 통해 추가 검증되었다. 이 연구에서 나온 하나의 전체적인 결론은 여기서 고려되는 각 학습 장애군은 단일 신경심리학적 결손이 아니라 다중적 신경심리학적 결손에 의해 발생한다는 것이다.

그러나 뇌 메커니즘의 2차 분석 단계에서 신경심리학적 분석 수준으로 인과관계를 확고히 확립하려면 엄청난 이론적 · 경험적 격차를 해소해야 한다. 이론적 격차를 좁히기 위해서는 가공할 만한 뇌-행동 문제를 해결할 필요가 있는데, 이 문제를 해결하기 위해서는 적어도 3개의 경험적 격차(첫째, 장애의 초기 뇌 변화를 식별하는 것, 둘째, 그러한 초기의 뇌 변화가 어떤 특정 장애를 특징짓는 후기 신경 영상 표현형을 어떻게 유도하는지를 결정하는 것, 셋째, 신경 영상 표현형들이 어떻게 그 장애의 신경심리학을 만들어 내는지를 알아내는 것)를 좁혀야만 한다. 제1장과 제3장에서 논의한 바와 같이 신경계산학 분석 수준은 두 번째 격차를 줄이는 데 도움이 될 수 있다. 현시점에서 우리는 처음 두 격차를 좁히기 위한 관련 자료를 거의 가지고 있지 않다.

이 책의 2판(Pennington, 2009년)이 발행된 이후, 학습 장애의 발달 신경심리학에 대한 우리의 이해에는 몇 가지 중요한 진전이 있었다. 제1장과 제3장에서 간단히 논했듯이, 우리는 이제 서로 다른 학습 장애군에서 어떤 종류의 초기 학습이 손상되었는지를 훨씬 더 잘 이해할 수 있게 되었다. 둘째, 제3장에서 논의한 바와 같이 학습과 발달이 진행됨에 따라 뇌 구조과 기능이 어떻게 변화하는지 더 잘 이해하게 되었다. 마지막으로, 우리는 이제 심리측정적 g(일반 지능)가 무엇인지, 학습 장애군이 g의 발달에 어떤 여러 가지 방식으로 영향을 미치는지에 대해 더 잘 이해하게 되었다. 우리는 이제 이 학습 장애군에서 어떤 종류의 초기 학습이 손상되었는지를 확인하는 첫 번째 진전에 대해 논의하려 한다.

● ● ●

학습 장애에서 초기 학습의 손상이란 무엇인가

Pennington(1991)은 이 책의 초판에서 '학습 장애에서 명시적 장기기억(LTM)은 손상되지 않는다'는 잘못된 가정을 했다. 2판(Pennington, 2009)에서는 다운증후군(DS) 환자에게 명시적 장기기억의 손상이 있다는 새로운 증거를 발견했고, 이는 다운증후군의 경우 해마의 크기가 줄어든다는 점과 일치한다. 이전 판에서는 학습 장애군에게 장기기억의 역할이 무엇인지를 고려하지 않았다. 그러나 2009년 이후 달라진 것은, ① 다운증후군 외에도 윌리엄스 증후군(WS)과 취약 X 증후군(FXS)에서 공통적으로 명시적 장기기억에 결함이 있다는 증거와 ② 암묵적 장기 기억이 학습 장애군과 난독증 둘 모두에서 결함을 보인다는 증거를 모으고 있다는 점이다.

이러한 발견으로 학습 장애군을 명시적 대 암묵적 장기기억에 기초하여 분류하는 새로운 이론적 틀이 생겨났다. 이 새로운 틀에서, 명시적 장기기억의 손상 여부는 암묵적 장기기억에만 손상이 있는 학습 장애군(예: 학습 장애와 읽기장애)과 지적 장애를 구분한다. 예를 들어, 다운증후군, 윌리엄스 증후군, 취약 X 증후군은 명시적 장기기억이 정신연령 이하로 손상되어 있고(Lee, Maiman, & Godfrey , 2016), 학습 장애, 읽기장애와 같은 학습 장애군에서는 명시적 장기기억이 온전하며 장애에서 보조 역할을 하는 것으로 나타났다(Ullman & Pullman, 2015). Krishnan, Watkins, 그리고 Bishop(2016)은 학습 장애와 읽기장애가 피질하에서 매개된(subcortically mediated) 암묵적 또는 절차적 장기기억의 손상을 경험하였다는 증거를 검토했다. 학습 장애군의 절차적 결손에 대한 증거는 오랜 기간 지지되었지만, 읽기장애의 절차적 결손에 대한 증거는 읽기장애의 연속반응시간 과제에 대한 메타 분석과 읽기장애의 통계적 학습에 대한 연구(Gabay, Thiessen, & Holt, 2015)를 통해 비교적 최근에 드러났다. 학습 장애군에서 절차적 장기기억의 결함이 구문 획득의 결함을 야기하지만, 읽기장애에서는 음운론적 표현의 발달에 주된 결함을 일으킨다고 볼 수 있다. 이 새로운 틀은 이론적으로 호소력이 있는데, 이 틀은 다양한 학습 장애군에서 손상된 조기 학습의 종류에 대하여 간결한 설명을 제공하기 때문이다. 명시적 장기기억의 손상은 인지 발달 속도를 늦추고 지적장애를 유발하는 반면, 암묵적 장기기억의 더 구체적인 손상은 언어의 특정 측면의 조기 학습에 영향을 미칠 수 있다. 분명히 이 새로운 틀을 검증하기 위해서는 더 많은 연구가 필요하다. 향후 작업에서 다루어야 할 중요한 문제 중 하나는 현재의 절차적 학습 평가의 신뢰도가 떨어진다는 것이다(West et al., 2018). 만약 이 중요한 방법론적 문제가 해결될 수 있다면, 이 암묵적 · 명시적 틀은 다른 학습 장애군에서 어떻게 조기 학습이 잘못되는지를 이해하는 새로운 방법이 될 것이다.

그렇다면 지적장애 증후군의 암묵적 장기기억은 어떠한 특징을 지닐까? 이 문제에 대한 관련 자료는 적다. Vicari(2004)는 다운증후군, 윌리엄스 증후군, 정신연령을 일치시킨 통제 집단(MA-matched controls)에서 명시적 및 암시적 장기기억을 모두 연구한 결과, 다운증후군 그룹은 명시적 장기기억의 정신연령을 일치시킨 통제 집단(MA-matched controls)에 비해 손상된 반면, 윌리엄스 증후군 집단은 그 반대의 프로파일을 가지고 있었다. 그러나 Lee 등(2016)이 검토한 후속연구들은 윌리엄스 증후군의 명백한 장기기억 결함을 발견했다. 비록 암묵적 장기기억이 다운증후군과 동일한 정신연령 수준에 있다고 해도, 이는 여전히 정상적인 범주를 벗어나 있다. 암묵적 장기기억이 인지발달장애에 기여하겠지만, 명시적 장기기억에서의 결함만큼 크게 기여하지는 못할 것이다. 그러나 우리는 초기의 해마 병변이 명시적 장기기억, 특히 일화적 장기기억을 손상시키지만 지적장애는 생성하지는 않는다는 사실을 알고 있다 (Vargha-Khadem et al., 1997). 또한, 제14장에서 검토한 바와 같이 실행 기능은 지적장애 증후군 전반에 걸쳐 현저하게 손상되어 있으며, 인지발달장애의 원인이 되기도 한다. 향후 논의에서 자세히 알 수 있겠지만, 장기강화작용(Long Term Potentiation)의 손상이 여러 지적장애 증후군에서 드러난다는 증거가 축적되고 있다. 그러한 손상은 작업기억뿐만 아니라 명시적 및 암묵적 장기기억의 손상을 초래할 수 있다. 따라서 이 새로운 틀을 지적장애 혹은 학습 장애 둘 중 하나 대한 인지적 결손으로 해석하는 것은 명백한 오류다. 단순히 단일 결손을 배제하기에는 뚜렷한 복잡성이 존재하기 때문이다.

자폐스펙트럼장애의 경우는 어떠한가? 명시적인 장기기억은 지적장애를 동반한 자폐스펙트럼장애의 경우에만 손상된다. 지적장애가 동반되지 않는 자폐스펙트럼장애(Boucher, Mayes, & Bigham, 2012)의 경우 명시적 장기기억은 손상되지 않는다. 반면 암묵적 장기기억은 자폐스펙트럼장애에서 손상되지 않는다. 따라서 장기기억은 자폐스펙트럼장애의 정의적 증상을 설명하는 것으로 보이지 않는다.

암묵적 장기기억과 명시적인 장기기억이 뚜렷하게 다른 신경심리학적 구인이긴 하지만, 이 둘은 새로운 학습에서 상호작용한다. 제3장에서 논의된 바와 같이 학습해야 할 정보나 기술은 처음에는 힘들지만 점차적으로 자동화된다. 이러한 자동성의 발달은 명시적 학습에서 암묵적 학습으로의 변화를 반영한다. 예를 들어, 새로운 비언어적 음성 범주를 배우는 성인의 경우, 두 장기기억 시스템이 모두 관련되며, 참가자들은 처음에는 명시적 장기기억에 더 의존하다가 암묵적 장기기억으로 전환된다 (Maddox & Chandrasekaran, 2014). 제9장에서 논의된 연구들에서, 인간과 설치류 중 명시적 학습을 암묵적 학습으로 더 빨리 전환할 수 있었던 개체들이 과제를 더 잘 수행했다. 기저핵의 역할과 마찬가지로, FOXP2 유전자의 변형은 명시적 학습에서 암시적 학습으로 얼마나 빨리 변화하는지에 영향을 미친다. 다음 절에서 우리는 세 번째 진전, 즉 심리측정적적 인지 구인이 학습 장애군에 미치는 관계에 대해 논의하려 한다.

• • •

심리측정학적 인지 구인

　심리측정학적 인지 구인은 Carroll(1993)의 3단 위계 모델과 같은 지능의 계층적 모델에서 비롯된다. [그림 4-1]은 웩슬러 아동용 지능검사에 적용된 지능의 계층적 모델을 보여 준다(WISC-V; Wechsler, 2014). 계층의 맨 위에는 IQ 테스트와 SAT, 미국 대학 시험, 대학원 입학 시험과 같은 다른 정신 능력 테스트에 의해 측정되는 정신 측정 지능이 있다. 다음 단계의 계층 구인은 결정적 지능, 유동적 지능, 시공간 지능, 작업기억, 처리속도 등 다섯 가지 광범위한 구인을 가지고 있다.

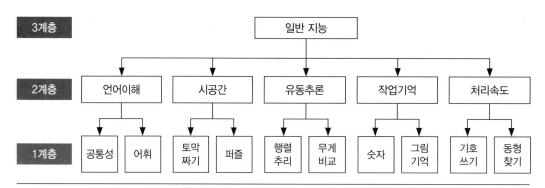

그림 4-1　WISC-V의 Carroll의 계층적 지능 모델

Sim, 공통성; Voc, 어휘; BD, 토막짜기; VP, 퍼즐; MR, 행렬추리; FW, 무게비교; DigS, 숫자; PicS, 그림기억; Cod, 기호쓰기; SS, 동형찾기. WISC-V 전체 IQ 계산에는 7개의 소검사(SIM, Voc, BD, MR, FW, DS, Cod)만 포함.

　[그림 4-1]의 1계층은 소검사의 특정한 구인으로 표현되며, 공간추론(블록 설계), 어휘 지식(어휘) 또는 언어 단기기억(자리수 범위) 등을 포함한다. 그러나 Carroll(1993) 모델의 가장 낮은 단계의 구인들은 단순한 개별 과제 이상이다. 그것들은 그 특정 구성 요소의 여러 척도에 걸쳐 흔하게 나타나는 잠재적 특성이다.

　WISC-V의 이전 판인 WISC-IV에서 계층적 4요인 구조는 탐색적 요인 분석과 확인적 요인 분석에 의해 지지되었다(Wechsler, 2003). 우리는 먼저 유동적 지능과 결정적 지능의 광범위한 구인에 초점을 맞춘 다음, 작업기억과 처리속도에 대해 논하려 한다. 하위 요인 점수가 4점이었던 WISC-IV와 달리, WISC-V는 하위 요인 점수가 5점이다. WISC-V는 지각 추론 하위 요인 점수를 유동적 지능 및 시공간 하위 요인 점수로 나누었다. 이 분류는 논란의 여지가 있다. WISC-V의 최근 요인 분석에서 유동적 요인과 시공간적 요인이 잘 구별되지 않기 때문에 5가지 구인으로 구성된 2수준 요인 구조는 제대로 지지되지 않았다(Canizez, Watkins, & Dombrowsky, 2016, 2017). 이러한 결과는 요인 분석 결과를 재확정하지 않도록 상기시켜야 한다. 발견된 요인의 수는 데이터 집합마다 다를 수 있으며, 요인에 지정된 이름은 가정에 근거한다. 가장 중요한 것은 요인이 도출되는 기존의 다변량 데이터 분포는 뚜렷한 경계가 없는 연속형이라는 점이다.

유동적·결정적 지능에 대한 심리측정적 이론은 Spearman의 제자 Cattell(1943, 1963)이 제안하고 실험했으며, Cattell의 제자 Horn(Cattel & Horn, 1978; Horn & Noll, 1997)이 정교하게 기술했다. 다양하지만 개념적으로 비슷한 이름들을 이용해서 Cattell 전후의 수많은 심리학자들은 유동적 지능과 결정적 지능을 개념적으로 구별했다. 이들 심리학자 중 일부는 후천적 뇌 손상이나 노화와 관련된 인지적 결손을 이해하려고 시도하였다. 따라서 이러한 구인들은 심리학에서 오랜 역사를 가지고 있으며 심리측정적 발달학, 신경심리학 연구에 의해 광범위하게 검증되었다. 또한, 이 두 구인은 누군가가 '똑똑하다'는 것이 무엇을 의미하는지에 대하여, '새로운 문제를 잘 해결'(유동적 지능)하거나 '아는 것이 많은 것'(결과적 지능)과 같이 직관적인 개념으로 정의하고 있다. 전형적인 유동적 지능 과제는 행렬추리 과제이고, 전형적인 결정적 지능 과제는 어휘 검사다. 그래서 간단히 말해서 유동적 지능은 새로운 문제해결 능력이며, 결정적 지능은 대부분 언어적 지식으로 축적된 것이다. 이 두 종류의 지능은 각각 축적되는데, 대부분 언어적 정신 과정으로 축적된다. 유동적 지능은 사춘기 후반에 정점에 도달하고 그 후에 서서히 감소한다(예: WAIS-IV의 행렬추리 규준은 16세에서 29세 사이에 최고 점수를 달성한다는 것을 보여 준다). 반면에 결정적 지능은 적어도 중년까지는 계속 증가한다(예: WAIS-IV의 어휘 규준에 따르면 45세에서 65세에 가장 높은 점수를 획득하게 된다)(Weschler, 1997a, 1997b, 2008). 유동적 지능은 또한 결정적 지능보다 후천적인 뇌 손상에 훨씬 더 취약하다.

WISC-V는 이 두 구성과 밀접하게 일치하는 세 가지 요소를 가지고 있다. 언어 이해 계수는 결정적 지능에 해당하며, 축적된 언어 지식(유사성과 어휘)과 관련된 두 가지 소검사에 의해 측정된다. 앞서 언급한 바와 같이, 유동추론과 시공간적인 복합체들이 분리되어 제공되고 있지만, 최근의 요인 분석은 이러한 분리의 타당성을 확인하지 못했으며, 두 요소 모두 유동적 지능으로 대체될 수 있다. 시각-공간 처리 과정의 특정 측면에서의 어려움은 후천적 신경학적 문제 중 일부를 이해하는 것에 도움을 주지만, 시각-공간적 결손은 대부분 발달에 기반을 둔 학습 장애군에서 덜 중요하다.

　다음으로 우리는 작업기억과 처리속도를 고려하고자 한다. 작업기억이란 정보의 일시적인 저장과 처리를 말하므로, O'Reilly와 Munakata(2000) 모델에서의 활동기억과 본질적으로 동일하다. 작업기억의 구인은 단기기억의 구인과 밀접한 관련이 있다. 여기서 고찰한 네 가지 인지적 구인 중 작업기억은 인지 이론의 관점에서 볼 때 가장 '인정할 만한' 구인이다. 인지 신경과학에 관한 많은 최근의 연구는 작업기억에 대한 이해에 초점을 맞추고 있다. 실제로 인지 신경과학은 작업기억의 이해에 초점을 맞추고 있다. 실제로 WISC-IV와 WISC-V에 작업기억 구인을 포함시키는 것은 심리측정적 접근과 인지적 접근의 점진적 통합을 향한 추세를 나타낸다.

　작업기억과는 대조적으로, 처리속도는 인지 이론의 관점에서 볼 때, 최소한으로 '인정할 만한' 것으로 볼 수도 있다. 그것은 매우 강력한 심리측정 요소로서 학습 장애군을 포함한 인지 발달과 인지장애를 모두 이해하는 데 유용하다. 그러나 그것이 덜 인정되는 이유는 처리속도의 측정이 다른 신경심리학적 구인보다 더 많은 '불순물'을 가지는 것으로 보기 때문이다. 속도를 측정하는 것은 반드시 특정 작업을 수행하는 속도를 포함하기 때문에 일차적인 관심사가 아닌 작업별 분산을 도입하기 때문이다. 그럼에도 불구하고 처리속도 감소는 노화뿐만 아니라 발달장애와 후천적 인지장애 모두에 걸쳐 광범위하게 발견된다. 또한 처리속도에서의 두드러진 발달 변화는 인지 발달을 설명하는 데 도움이 되기도 한다(Kail, 1991). 이러한 처리속도의 보편적인 역할은 인지 능력의 개별적 차이와 발달적 차이 둘 모두에서 발생할 수 있다. 이는 처리속도가 백질 연결을 바탕으로 한 뇌 전체의 통합적 활동을 필요로 하기 때문이다. 백질의 수명 증가와 감소는 전형적인 발달에서 처리속도의 증가와 추락을 설명하는 데 도움이 될 수 있다. 앞으로 논의하겠지만, 백질 발달이 감소된 것은 몇몇 학습 장애군에서 발견된다. 선택 반응 시간과 같은 일부 처리속도 측정은 믿을 수 없을 정도로 간단하지만, 그들을 일관되게 잘 수행하려면 (억제뿐만 아니라) 지각, 주의, 동기, 행동 선택과 관련된 두뇌 네트워크의 일관된 활동이 필요하다. 또한, 처리속도는 복잡한 문제 해결에 필요한 작업기억 장치와 같은 인지 구성 요소의 효율성에 영향을 미칠 수 있다.

예를 들어, Fry와 Hale(1996)은 경로 분석을 사용하여 연령, 처리속도, 작업기억 및 유동적 지능 간의 관계를 테스트했다. 그들은 작업기억이 연령과 유동적 지능의 관계 중 41%를 매개하고 있으며, 처리속도가 연령과 작업기억 사이의 관계 중 71%를 매개한다는 사실을 발견했다. 이 결과는 나이와 관련된 처리속도의 증가가 나이와 관련된 작업기억의 증가로 이어지며, 이는 다시 나이와 관련된 유동적 지능의 증가로 이어지는 발전적인 계단식 현상을 뒷받침한다. 이것은 인과관계의 방향을 정립할 수 없는 횡단적인 상관관계 연구였지만, 이러한 저자들은 유동적 지능이 나이와 처리속도 사이의 발달 관계를 매개한다는 대안적인 하향식 모델을 거부할 수 있었다. 그래서 이 연구와 다른 관련 연구들은 우리에게 지능의 한 핵심 측면인 유동추론이 어떻게 발달하는지에 대한 관점을 제공한다. 우리는 이미 명시적 기억에 대한 논의에서 결정적 지능이 어떻게 발달하는지 생각해 보았다. 요약하자면, 우리는 이 책에서 다룬 학습 장애군을 포함하여 발달적·개별적·인지적 차이를 이해하는 데 중요한 네 가지 심리측정 구성과 주요 인지 신경과학 구인들을 다루었다. 〈표 4-1〉은 이러한 심리측정과 인지 신경과학 구인 사이의 관계를 요약한다. 보다시피, 심리측정 구인보다 인지 신경과학 구인이 더 많다. 따라서 명시적이고 암묵적인 장기기억과 같은 일부 인지 신경과학 구인은 IQ 검사에 의해 직접 다루어지지 않는다.

〈표 4-1〉 심리측정과 인지 신경과학 구인 간의 관계

심리측정	인지 신경과학
결정적 지능	언어
유동적 지능	콜드 실행 기능
언어성 작업기억	언어성 작업기억
공간추론	공간추론
처리속도	–
–	명시적 장기기억
–	오류 점검
–	핫 실행 기능
–	보상 처리
–	기본 모드 처리
–	지각

주: EF, 실행 기능; LTM, 장기기억.

• • •

학습 장애군의 일반 대 특수 인지 결손

특수 인지 결손에서 일반 인지 결손까지 이어지는 스펙트럼 중에서 난독증이나 수학장애와 같은 학습 장애를 그 스펙트럼의 특수적 극단에 있다고 보았으나, 이러한 가설을 직접적으로 검증한 연구는 거의 없었다. 인지 과제와 마찬가지로 사실상 모든 개별적인 학업검사들이 서로 간에 그리고 전체 척도와 정적 상관을 보여, 부진한 학업 발달로 정의되는 학습 장애가 어떻게 '특수적'인가 하는 의문이 제기되고 있다. 우드콕-존슨 학업성취검사(Woodcock Johnson Tests of Achievement)와 카우프만 교육 성취도 검사(Kaufman Tests of Educational Achievement)와 같은 표준화 학업기능검사의 규준 집단을 대상으로 한 요인 분석 결과가 이를 지지한다(Kaufman, Reynolds, Liu, Kaufman, & McGrew, 2012; McGrew & Woodcock, 2001, Shrank, McGrew, & Mather, 2014). 전체적으로, 학업 기술의 구조는 지능의 구조를 반영하고, 계층적 CHC(Cattel-Horn-Carroll) 모델을 잘 설명하는 것으로 보인다(McGrew et al., 2014). 많은 분산이 모든 학업적 척도에 걸쳐 공유되며, 이는 학업적 g(Kaufman et al., 2012)로 개념화할 수 있다. 이 학업적 g는 인지적 g와 높은 상관관계(약 .8)를 가지고 있지만 같은 개념으로 보긴 어렵다(Deary, Strand, Smith, & Fernandes, 2007; Kaufman et al., 2012). 학업적 모델에서는 수학과 문해력 관련 요인을 파악할 수 있고(Kaufman et al., 2012; Shrank et al., 2014), 이는 단어 읽기 및 읽기 이해력이나 계산과 수학문제 해결과 같은 보다 구체적인 기술로 더 세분화될 수 있다. 비록 단일 인지 구인에서 단일 학업 구인(예: 언어에서 문해력까지, 유동적인 지능에서 수학까지)으로 직접 연결(mapping)하는 것을 상상하는 것은 쉽지만, 실제로는 더욱 복잡한 관련성을 맺는다. 예를 들어, 언어와 처리속도는 읽기 및 수학 결과 모두에 기여한다(Peterson et al., 2017).

앞서 언급했듯이, 몇몇 학습부진 아동은 지능 1계층에서 국지적 결손을 지닌 것으로 확인되고 있다. 대표적으로 단어 읽기에만 어려움을 겪고 있지만 다른 영역에서는 그렇지 않은 '전형적인' 발달적 난독증이 이에 속한다. 개인 내 개인차를 보이는 이런 아동들은 역사적으로 임상의학자와 교육자뿐만 아니라 연구자들로부터 많은 관심을 받아 왔다. 그러나 지능 3계층에서의 문제로 학습부진을 보이는 아동은 학업 및 인지 능력의 거의 모든 하위 영역에서 낮은 수준이며 개인 내 개인차가 없이 고루 낮은 성취를 보인다. 몇몇 아동들은 심각한 학습상의 장애를 가지고 있어서 지적장애 진단 조건을 충족시키지만, 그보다 더 많은 아동들이 진단에는 포함되지 않는 사각지대(grayzone)에 놓여 있다. 이런 사각지대 아동들을 어떻게 진단하고 개입할 것인가, 언제, 어떻게 그러한 아동들을 진단할 것인가 하는 것은 여전히 논쟁거리로 남아 있으며, 이후의 장에서 더 자세히 논의되고 있다. 분명히 *g*는 학습 장애군을 이해하는 데 중요하다. 그렇다면 *g*는 무엇인가? 다음 절에서는 *g*에 대해 설명하고자 한다.

*g*는 무엇인가

스피어만(Spearman)에 의해 처음 발견된 *g*요인은 사실상 지능검사에 대한 요인분석을 실시할 때 나타나는 공고한(robust) 실증 현상이며, 인지검사의 전체 분산의 약 40%를 차지한다. 그러므로 심리측정적 *g*요인의 존재는 중요한 경험적 사실이지만, 이것이 반드시 *g*요인의 심리적 또는 신경적 원인이 단 하나만 있다는 것을 의미하지는 않는다. 일부 연구자들은 심리측정적 *g*요인을 하나의 심리학적 또는 신경학적 또는 (유전적) 원인으로 환원하려고 노력했지만 성공하지 못했다. 예를 들어, 연구자들은 심리측정적 *g*요인이 반응 시간, 검사 시간, 처리속도, 작업기억 또는 실행 기능과 같은 심리학적 구인들과 상관이 있더라도 하나로 환원시킬 수 없었다. *g*요인과 관련된 부위는 뇌에서 국지화되기보다는 넓게 분포하였으며, 병인론 역시 키, 체중과 같이 생물학적으로 다인적(polygenic)이었다.

단일 심리학적 *g*요인에 대한 두 가지의 주요한 이론적 대안이 제시되었는데, 표집(sampling) 이론(Thompson, 1917)과 상호주의(mutualism) 이론(van der Maas et al., 2006)이 모두 시뮬레이션을 통해 검증되었다. 표집 이론은 각 인지 과제에 복수의 하위 구성 요소(예: 지각, 주의력, 작업기억 및 반응 선택)가 있으며, 이들 중 일부는 여러 혹은 모든 인지 과제에 걸쳐 중복된다. 이렇게 중복되는 하위 구성 요소는 단순 첨가의 방식으로 심리측정적 *g*요인을 생성한다. 이 이론은 요인 분석이 표집 이론과 단일 심리학적 *g*요인을 구별할 수 없음을 주장한 Bartholomew, Deary와 Lawn(2009)의 모의실험으로 검증되었다. 반면, 표집 이론과 대조적으로 상호주의 이론(van der Maas et al., 2006)은 작은 인지 요소들의 사이의 상호작용이 새로운 *g*요인으로 이어진다고 말한다. 시뮬레이션은 이 이론을 지지했다. 요컨대, 표집과 상호주의라는 두 이론은 g요인이 단일 인지적 구성 요인 아닌 다중 인지 요인에서 발생한다고 주장하지만, 이러한 인지 요소들 사이의 관계에 대한 설명에서는 서로 다르다. 한 이론은 g요인을 첨가물로 보았고 다른 하나는 상호작용하는 것으로 보았다. 따라서 심리측정적 g요인의 존재는 대안으로서의 심리학적 설명을 가지고 있으며, 요인 분석만으로는 결정될 수 없다.

하나는 단일 g요인이 있는지에 대한 질문을 해결하는 데 학습 장애군의 데이터를 사용할 수 있다. 이는 다음 장에서 논의하듯이, 각 학습 장애의 인지적 표현형이 전체 IQ 지수(그리고 g요인)의 축약과 관련되어 있다. 그러나 이러한 축약에 대한 인지적 의미는 각 장애에 따라 다르다. 예를 들어, 이 장에서 앞서 제시했듯이 명시적 장기기억의 결손은 지적장애의 IQ 결손을 설명하지만, 난독증이나 LI와 같은 다른 장애에는 관련되지 않는다. 이러한 패턴은 g가 다양한 장애들에서 다양한 이유로 낮아지기 때문에 심리측정적 g요인은 다중 인지 요소를 가지고 있다는 것을 시사한다.

이 질문과 관련된 또 다른 자료의 출처는 우리가 제3장에서 간단히 논한 심리측정적 IQ의 신경 영상 연구에서 나온다. 연관된 신경 영상 연구는 Hampshire, Highfiled, Parkin, 그리고 Owen(2012)이 인지적 과제와 기능적 자기공명 영상(fMRI) 데이터 모두에 대한 요인 분석을 사용하여 수행했다. 그들은 다양한 인지적 과제에서 난이도를 조작하여 활동 수준이 변화한 전두엽, 두정맥, 전측 대상회, 그리고 내측 피질에서 '다중 요구(multiple demand)'의 분산된 집합을 발견했다. 이러한 다중 요구 영역의 활동은 IQ와 상관이 있었고, 특히 언어 능력과 관련된 좌측 하전두회 및 양측 측두엽의 일부 비요구 지역에서의 활성화 정도가 IQ와 상관관계가 있었다. 그들의 결과에 대한 한 가지 해석은 그들이 유동적 지능(요구 영역)과 결정적 지능(비요구 언어 영역) 모두 신경학적 관련 변인들 발견했다는 것이다. 따라서 상호작용하는 인지 과정들과 관련된 뇌 영역은 정신측정학 g요인의 토대가 되는 것으로 보인다.

• • •

인지 신경과학 구인

심리측정적 구인은 교육 및 직업적 환경에서의 개인차를 예측하는 것을 목적으로 한 응용 연구로부터 성장한 반면, 인지 신경과학 구인은 인간의 인지에 대한 보편적인 이론을 개발하고 그것이 인간의 뇌에 의해 매개되는 방법을 이해하는 것을 목적으로 하는 기초연구에서 비롯되었다. 그러므로 경쟁하는 인지 과정의 이론을 개발하고 검증하는 것이 이 사업의 핵심이다. 심리측정적 접근방식과 마찬가지로 인지 신경과학 접근방식은 계층적으로 배열될 수 있는 광범위한 구인과 좁은 구인 모두 가지고 있다. 그러나 결정적인 차이점은 하위 구인은 인쇄된 단어를 발음하든, 하노이 탑 퍼즐을 풀든, 새로운 기억을 인코딩하든 주어진 과제를 수행하는 데 필요한 인지 구인의 분석에 기초한다는 것이다. 앞에서 논의한 바와 같이, 이 이론적 분석은 기능적인 계산 모델로 점차 구현된다. 즉, 충분한 인지 이론은 실제 인간이 사용하는 근본적인 처리과정 기제를 충분히 상세하게 열거하여 인간의 수행이 컴퓨터 시뮬레이션될 수 있도록 한다. 인지 이론가의 관점에서 보면, 심리측정적 모델([그림 4-1])에 있는 모든 1계층 인지 구인에 대한 추가 분석이 필요하며, 계층 간의 관계는 공유되는 인지 과정 측면에서 이론적 설명이 필요하다. 따라서 인지 이론가들에게 있어서 수리적 유추(numerical analogies)와 피아제 방식의 추론(Piagetian reasoning)의 측정치가 모두 유동적인 요소에 부합한다고 말하는 것은 충분하지 않다. 공유된 인지 과정의 측면에서 왜 그들이 그렇게 프레임을 사용했는지에 대해 실증적으로 검증된 인지적인 설명이 필요하다.

인지 신경과학의 일반적 구인은 지각, 언어, 기억, 실행 기능, 사회인지와 같은 것들이 있고, 이러한 영역들은 또 각각 하위 유형(예: 기억은 단기기억, 장기기억, 암묵적 기억으로 나뉜다)으로 나뉘며, 이 하위 유형들은 성분 분석[1]을 진행한다. 그래서 인지과학자에게 언어나 기억과 같은 광범위한 요소들의 개별적인 차이에 대해서 이야기하는 것은 큰 의미가 없다. 그럼에도 불구하고 인지적인 분석은 심리측정학자들이 설명하는 광범위한 개인 차이를 이해하는 데 매우 유용하다는 것을 증명하고 있다.

장기기억(LTM) 외에도 이 책에서 다루는 학습 장애군을 이해하는 데 가장 적합한 세 가지 광범위한 인지 구인은, ① 언어(자폐증과 지적장애뿐만 아니라 말, 언어, 읽기장

---

1) 음운론적 언어학에 기초한 기법으로, 복합적인 요소들을 그것의 성분들로 분석하는 것을 말한다. 예를 들어서, 의미론에서 '여성'의 의미는 '인간' + '여자'로 분석할 수 있는 것으로 보일 수 있고, 이것은 성분이 된다. 따라서 인지인류학의 영역에서의 연구는 친족용어에서 사용되고 있는 것과 관련되는데, 함께 사용되어서 특수한 용어에 속하게 되는 기초가 되는 성분이나 측면을 규명하고자 한다(사회학사전, 2000, 고영복).

애를 이해하는 데 중요), ② 주의와 실행 기능(주의력결핍 과잉행동장애와 지적장애를 이해하는 데 중요), ③ 사회인지(자폐증 이해에 중요)가 있다. 이러한 광범위한 영역에 대한 인지적인 분석은 이후 장에 수록되어 있다.

〈표 4-2〉에는 학습 장애군의 주요한 인지 위험 요인을 나열하였으며, 다른 학습 장애군과 공유되는 것과 공유되지 않는 것으로 나뉘어 있다. 이후 장에서 더 자세히 논의하겠지만, 공유된 인지 위험 요인은 이러한 학습 장애군 사이에서 높은 공존장애(comorbidity)를 설명하는 데 도움이 된다.

〈표 4-2〉학습 장애군의 주요한 인지 위험 요인

장애	비공유 요인	공유 요인
RD(읽기장애)	글자지식	음소 인식, 처리속도, 암묵적 장기기억
LI(언어장애)	구문론적 지식	음소 인식, 처리속도, 암묵적 장기기억
SSD(말소리장애)	구강운동 방식(praxis)	음소 인식
ADHD(주의력결핍 과잉행동장애)	억제	처리속도, 실행 기능
MD(수학장애)	수감각, 수세기	처리속도, 언어적 작업기억
ID(지적장애)	명시적 장기기억	처리속도, 실행 기능, 암묵적 장기기억
ASD(자폐스펙트럼장애)	상호주관성	실행 기능

· · ·

신경심리학을 넘어서

신경과학적 설명([그림 1-1]의 도표)이 심리학적 설명과 어떻게 다른지 물을 수도 있다. 간단히 대답하자면 신경과학의 설명이 더 많은 분석 수준을 가진다. 대부분의 심리학 역사에서 설명에는, ① 관찰된 행동과 ② 심리적 구인의 두 가지 수준의 분석만이 있었다. 이 두 가지 수준은 본질적으로 [그림 1-1]의 오른쪽에 있는 두 가지 수준과 일치한다. 따라서 대부분의 심리학적 설명의 목표는 광범위한 관찰된 행동을 예측하기 위해 하나의 심리적 구인(예: 지능, 애착 또는 정서 조절)을 사용하는 것이었다. 설명하기 위한 구인의 목록이 설명해야 하는 행동 목록보다 훨씬 짧은 행동에 대한 심리적인 설명은 인색할 수밖에 없다. 구인과 행동의 예측 관계는 단면적으로, 때로는 종단적으로, 그리고 더 드물게는 실험적으로 검증되었다. 그러나 설명은 대개 심리적 구인 자체의 수준에서 그쳤다.

신경심리학 분야는 심리학과 거의 같은 방식으로 발달했지만, 설명 구인이 뇌 기능에 기초해야 한다는 조건이 추가되었다. 그러나 이 조건을 조작화(operationalization)하는 것은 그리 엄격하지 않았다. 후보로 선정된 뇌 기능은 뇌가 손상되면 손상이 관찰된 기능이었다. 그러나 문제는 어떤 사람이 정신이 뇌에 물리적인 기초를 갖고 있다고 믿는 유물론자(materialist)라면 모든 인간의 기능은 신경심리학적 구인이 될 수 있다. 언어와 기억, 마음과 성격에 관한 이론까지도 모두 구인이 될 수 있다. 뇌 기능을 분류하는 이런 전략이 본래 그리 간명하지 않았다. 인지 기능을 점점 더 세분화하는 것은 대조적인 병변과 대조적인 결손을 가진 환자를 설명하는 것으로 정당화될 수 있어 인지 기능의 목록은 계속해서 확대되었다.

그렇다면 신경과학적 설명은 신경심리학적 또는 심리학적 설명과 어떻게 다른가? 이 답은 명백히 유물론에 기초한다. 우리는 뉴런 사이의 상호작용이 어떻게 행동을 만들어 내는지 설명할 필요가 있다. 아마도 심리적 또는 신경심리학적 기능은 뉴런의 상호작용에서 행동까지 이어지는 인과관계의 개입 단계일 것이다. 그러나 그러한 심리적 기능들이 뉴런의 처리과정에 단순하거나 직접적인 방식으로 연결된다는 것은 강한 가정이다. 즉, 우리가 좋아하는 작업기억이나 실행 기능과 같은 신경심리학적 구인들이 전통적인 신경적 국지화(localization)의 측면에서 보면 실제로는 뇌에 존재하지 않을 수도 있다. 그 대신, 신경심리적 구인은 뉴런 네트워크가 수행하는 계산의 처리과정 단계에서만 대략적으로 일치할 수 있다. 한편, 또 다른 의견은 익숙한 심리학적·신경심리학적 구인이 g요인과 마찬가지로 물상화(reification)한다는 것이다. 즉, 우리가 아직 이해하지 못하는 과정을 단순화시킨 가설 같은 것이라고 말하는 것이다. 그렇다면 지능이나 작업 기억력, 성격과 같은 것들이 실제로 존재하는 것일까? 그들이 신뢰롭고 타당한 심리적 구인이라는 점에서는 '그렇다.' 그러나 그러한 구인들이 뇌 안에 단순하거나 명료하게 연결되지 않는다는 점에서는 '아니다.' 즉, 신경심리학적 수준의 설명은 결국 실제 뇌의 네트워크와 매우 밀접하게 연결된 신경컴퓨팅(neurocomputational) 수준의 분석으로 대체될 수 있다.

그러나 신경과학적인 설명은 거기서 그치지 않는다. 제3장에서 논의한 바와 같이, 다음은 어떻게 상호작용하는 뉴런들이 발달했는지(그리고 어떻게 진화했는지를) 묻

고, 그 질문에 대답하기 위해서는 세포의 수준에서, 분자와 유전자를 들여다보아야
한다. 따라서 읽기나 수학 능력과 같은 개인차에 대한 완전한 신경과학 설명은 유전
자와 그들의 환경과의 상호작용이 어떻게 두뇌를 만들어 가는지부터 시작해야 한다.
이것은 실로 무리한 요구이며, 누군가는 이 목표에 도달하는 것이 불가능하거나 매우
먼 미래라고 주장한다. 그러나 불과 몇십 년 사이에 이루어진 진보는 참으로 놀랍고,
지금 우리는 적어도 몇 가지 장애에 대한 신경과학적 설명에 대하여 대략적인 스케치
를 갖고 있다. 책의 후반부에서 우리는 난독증이나 자폐증과 같은 장애에 대한 이러
한 스케치를 제시한다.

요약

신경심리학은 학습 장애군이 어떻게 발생하는지 이해하기 위한 다층 체계에서 세
번째 수준의 분석이다. 신경심리학은 학습 장애군의 병리생리학의 한 부분으로, 비
정상적인 뇌 발달과 쌍벽을 이룬다. 신경 네트워크 모델을 포함한 신경심리학은 뇌
발달과 학습 장애군을 정의하는 증상 사이에 결정적인 가교를 제공한다. 예를 들어,
명시적이고 암묵적인 학습과 기억의 구성은 서로 다른 학습 장애군에서 손상된 학습
의 종류가 무엇인지를 이해하는 데 도움을 주고 있다. 임상 전문가는 학습 장애군을
이해하기 위해 심리측정학 및 인지 신경과학 구인을 모두 사용하며, 연구는 인지의
개인차를 줄이기 위해 이러한 두 가지 방법을 함께 제공하고 있다. 예를 들어, 스피어
만의 g요인에 대한 우리의 신경심리학적 이해는 빠르게 발전하고 있다. 우리는 점점
더 사실적인 뇌 발달 네트워크 모델을 통해 뇌 메커니즘을 더 잘 이해하게 되면서 신
경심리학적 구인을 계속 발전시켜 나갈 것이다.

제5장

공존장애

공존장애(동반이환, 동반질환)는 한 아동에게서 두 개 혹은 그 이상의 장애가 함께 출현하는 현상으로 발달 정신병리학에서 흔히 볼 수 있다. 역학 조사 결과들에 따르면 어떤 한 가지 장애에서 33% 정도는 다른 장애 혹은 여러 장애 기준에 부합하며 (Costello et al., 1996; Kessler et al., 2012), 임상적으로 의뢰된 집단에서의 공존장애 비율은 그보다도 높다. 학습 장애 아동의 대략 절반 정도는 다양한 학업적 영역에 영향을 주는 학습문제들을 보인다(Moll, Gobel, Gooch, Landerl, & Snowling, 2014). 이렇게 여러 개의 공존장애를 가진 아동들은 한가지 장애가 있는 아동에 비해 중재에 잘 반응하지 않는 경향을 보이며(Aro, Ahonen, Tolvanen, Lyytinen, & de Barra, 1999; Hinshaw, 2007; A. Miller et al., 2014; R. Nelson, Benner, & Gonzalez, 2003; Rabiner, Malone, & Conduct Problems Prevention Research Group, 2004), 학업 실패나 범죄와 같은 심각한 문제를 경험할 확률이 높다(Connor, Steeber, & McBurnett, 2010; Larson, Russ, Kahn, & Halfon, 2011; Sexton, Gelhorn, Bell, & Classi, 2012; Waschbusch, 2002). 이러한 임상적 중요성과 만연한 문제에도 불구하고, 우리는 아동이 다수의 장애를 가지게 될 위험을 높이는 인지적인 그리고 신경학적 기제에 대해 거의 알지 못한다.

다행히도, 공존장애를 가진 학습 장애의 진단과 치료에 미치는 어려움에 대해 학술문헌 등에서 관심이 점차 커지고 있다. 이 책은 다중—결손 모델(multi-deficit framework)을 채택하여 공존장애의 유병률과 예측 변인을 이해하고자 한다. 제1장에 자세히 서술된 것처럼, 다중-결손 모델은 처음에 공존장애에 대한 연구로부터 나온 개념이다. 이 모형은 여러 분석 수준의 학습 장애들에 다양하고 확률적인 예측 변인들이 있음을 규정하며, 공존장애가 나타나는 이유는 장애들이 공통으로 갖는 요인들이 있기 때문이라 가정한다(Pennington, 2006). 이 다중-결손 모델은 공존장애 연구를 발전시키는 데 있어 유용하게 사용되어 왔다. 하지만 우리가 다음에서 살펴볼 것처럼, 발달장애의 스펙트럼 전반에 걸친 공존장애에 대한 더 넓은 이해로의 발전을 저해하는 추가적인 어려움이 있다.

분석적인 측면에서, 일반적인 연구설계 및 통계 기법은 공존장애를 일으킬 수 있는 공유된 위험 요소를 직접 검증하기에 최적의 방법은 아니다. 예를 들어, 발달장애에 대한 대부분의 연구는 다음과 같은 세 가지 디자인 중 하나를 사용한다. ① 공존장애가 없는 '순수한' 집단을 구하거나 ② 공존장애에 따른 각각 집단들을 구하거나[예: 읽기장애(RD), 주의력결핍 과잉행동장애(ADHD), RD + ADHD], 또는 ③ 다른 장애를 통계적으로 통제하면서 한 장애를 분석하는 방법이다. 이러한 각 전략은 특정 연구 질문에 유용하지만, 이들 중 어느 것도 장애가 처음 발생하는 이유를 직접적으로 설명하지 못한다. 실제로, ②와 ③은 특정 장애가 다른 장애와 구별되는 것에 대한 문제를 다룬다. 이 질문은 명백히 중요하지만 두 장애가 무엇을 공유하는지 알아야 할 필요도 있다(Caron & Rutter, 1991). 우리는 병인학, 뇌 및 신경심리학적 기전이 증상에 기여하고 있는 것에 대한 여러 분석 수준(아래에 더 논의됨)에 걸친 강력한 증거를 가지고 있다. 우리는 여러 장애 및 증상의 차원과 그 관계를 예측할 수 있는 구조방정식 모델링 방법을 사용하여 이러한 분석 과제를 해결해 왔다(McGrath et al., 2011; Peterson et al., 2017; Willcutt et al., 2010). 이 접근법의 새로운 측면은 단일 장애에서의 분산보다는 각 장애의 증상 또는 그들의 공분산 사이의 관계를 예측하는 데 초점을 둔다는 것이다. 이러한 분석 모형은 분산 예측에서 공분산 예측으로의 중요한 전환을 나타내며, 이를 통해 우리는 여러 분석 수준에 걸쳐 있는 공존장애의 원인에 대한 중요한 통찰을 얻을 수 있을 것이라 생각한다.

두 번째 도전 과제는 공존장애의 복잡한 군집으로 인해 나타난다. 연구는 일반적으로 한번에 두 가지 장애에 중점을 두지만, 이 접근도 신경발달학적 전 범위의 전체 스펙트럼을 설명하기에는 여전히 불충분하다. 학습 장애 문헌들에서 이러한 어려움에 대한 인식이 높아짐에 따라 다양한 결과와 그 공분산을 다루기 위한 보다 정교한 통계 모델이 만들어졌다(예: Moll et al., 2014; Peterson et al., 2017). 예를 들어, 연구에서 공유된 요인과 특정한 신경심리학적 요인을 분리하기 위해 동일한 통계 모델에서 여러 학업 기술과 ADHD 증상을 다양하게 다루고 있다(Moll et al., 2014; Peterson et al., 2017). 그럼에도 불구하고 이러한 연구는 여전히 예외적으로만 존재하고 많지 않은 실정이다. 여전히 이러한 혁신은 한 번에 하나 또는 두 개의 장애에 대한 고려를 넘어 공존장애에 대한 연구의 폭을 넓히는 데 필요하다.

세 번째 과제는 이질성 공존장애(heterotypic comorbidity)에 비해 동질성 공존장애(homotypic comorbidity)에 보다 초점화한다는 것이다. 동질성 공존장애란 다른 학습 장애를 가진 하나의 학습 장애 혹은 다른 내재화 장애를 가진 불안장애와 같이 동일한 진단 집단(class)에서 발견되는 동시 발생 장애를 말한다(Angold, Costello, & Erkanli, 1999). 이질성 공존장애는 내재화 장애를 가진 외현화 학습 장애 또는 외현화 장애를 가진 내재화 학습 장애와 같이 광범위한 진단 영역과 집단에 걸쳐 발생하는 동시 발생 장애를 나타낸다(Angold et al., 1999). 동질성 공존장애가 일반적으로 널리 알려지고 연구자의 유사한 전문 분야에 속하기 때문에 동질성 공존장애가 연구가 더 많이 진행된다는 것은 놀라운 일이 아니다. 불행히도 발달장애에 대한 문헌을 학습 장애 및 발달병리에 대한 별도의 범주로 분류하여 함께 연구하는 경우가 거의 없었다. 이것은 학회, 학술지, 전문위원회를 포함하여 여러 가지의 과학적 연구의 층위에서 흩어져 있다. 그럼에도 불구하고 이질적 공존장애는 여전히 흔하며 두 장애에 대한 예상치 못한 공유된 위험 요소를 식별하는 데 상당히 유용할 수 있다. 실제로 이러한 이질성 공존장애는 상당히 뚜렷한 장애를 유발할 수 있는 일반적인 메커니즘에 대한 설명이 필요하기 때문에, 공존장애의 이론적 모델을 발전시키는 데 더 유용할 수 있다. 따라서 이 분야를 인공적으로 나누는 것은 공존장애에 대한 포괄적인 이해에 해롭다. 실제로 학습 장애 분야의 동질성 공존장애에 초점을 둔 주목할 만한 예외인 읽기-부주의 공존장애는 다양한 분석 수준에 걸쳐 이질성 공존장애의 기본 메커니즘을 추구한다는 점에서 가치가 있다.

읽기장애(RD: 난독증)와 ADHD는 높은 공존장애 출현율(25~40%)을 갖는 매우 흔한 장애(5~10%)다(DuPaul, Gormley, & Laracy, 2013; Willcutt & Pennington, 2000a). 공존장애에 대한 여러 이론적 모델(M. Neale & Kendler, 1995; Caron & Rutter, 1991;

Rhee, Hewitt, Corley, & Willcutt, & Pennington, 2005)은 RD와 ADHD에서 연구되었으며(Pennington, Willcutt, Rhee, 2005; Willcutt, 2014), 추천 편향에 기인한 인위적인 설명이나(Semrud-Clikeman et al., 1992; Willcutt & Pennington, 2000a) 평가자 편향(Willcutt et al., 2010)을 배제하는 실험 역시 여기에 포함되었다. 읽기문제가 주의력 문제를 유발하거나 그 반대와 같은 간단한 인과 설명과 같은 RD+ADHD 공존장애에 대한 대안적인 설명은 몇몇 행동 연구에서 복합적 결과를 내놓지만, 신경심리 또는 종단적 행동 유전학 연구(Ebejer et al., 2010; Wadsworth, DeFries, Willcutt, Pennington, & Olson, 2015)에 의해 그 근거가 뒷받침되고 있지 않다(예: A. Miller et al., 2014).

DSM-5는 ADHD의 세 가지 하위 유형인 부주의, 과잉-충동성(HI) 및 복합적인 경우를 구별한다. 이전 연구에 따르면 과잉-충동성(HI)이 아닌 부주의는 표현적(Sims & Lonigan, 2013)이고 유전학적으로 읽기와 가장 밀접한 관련이 있음을 발견했다(Willcutt, Pennington, & DeFries, 2000; Willcutt, Pennington, Olson, & Fry, 2007). 따라서 여기에서는 읽기와 부주의 사이의 관계에 초점의 맞추고, 이후 ADHD의 부주의 차원 증상들의 행동을 평가할 것이다. 읽기-부주의 공존장애는 유전적·인지적·행동적 수준의 분석에서 가장 연구가 빈번한 공존장애 중 하나이므로(Willcutt et al., 2010), 학습 장애에 보다 일반적으로 적용될 수 있는 방법을 설명하기 위해 이 장에서는 읽기-부주의 공존장애의 사례를 사용하겠다.

• • •

발달 신경심리학

공존장애의 공통 위험 요소에 대해 우리가 지지하는 초점은 유전자, 뇌 및 신경 심리학적 수준의 분석을 신경심리 분석으로 시작하겠다. 설명했듯, 다중 결손 모델은 공통된 인지 위험 요인이 발달장애군들에서 자주 보여지는 공존장애에 영향을 미친다고 설명한다(Pennington, 2006).

따라서 동반 특성 사이의 공분산을 설명하는 공유인지 결손을 설명하는 것은 다중 결손 모델의 중요한 과제 중 하나다. 다중 결손 모델로 탐색할 첫 번째 공존장애는 읽기-부주의 공존장애였으므로, 이제는 공존장애의 신경심리학적 분석을 설명하기 위해 특정 쌍으로 설정한다.

읽기장애와 ADHD의 신경심리학

읽기-부주의 공존장애에 대한 신경심리학적 연구는 일반적으로 공존장애 그룹이 각 장애에서 개별적으로 발견되는 결손의 부가적인 조합이거나 독특한 신경학적 프로파일을 갖는 독특한 하위 유형에 초점을 맞추고 있다(Germano, Gagliano, & Cura-tolo, 2010 참조). 지금까지 결과가 혼합되었지만 처리속도(Caravolas, Volín, & Hulme, 2005; Catts, Gillispie, Leonard, Kail, & Miller, 2002; Kail & Hall, 1994; Kalff et al., 2005; McGrath et al., 2011; Peterson et al., 2017; Shanahan et al., 2006; Weiler, Bernstein, Bellinger, & Waber, 2000; Willcutt et al., 2005), 빠른 이름대기(Arnett et al., 2012; Norton & Wolf, 2012; Rucklidge & Tannock, 2002; Tannock, Martinussen, & Frijters, 2000) 및 실행 기능 중 작업기억(Cheung et al., 2014; Martinussen, Hayden, Hogg-Johnson, & Tannock, 2005; Roodenrys, Koloski, & Grainger, 2001; Rucklidge & Tannock, 2002; Swanson, Mink, & Bocian, 1999; Tiffin-Richards, Hasselhorn, Woerner, Rothenberger, & Banaschewski, 2008; Willcutt et al., 2001, 2005), 억제(de Jong et al., 2009; Purvis & Tannock, 2000; Willcutt et al., 2001, 2005) 및 주의 깊은 관심(Purvis & Tannock, 2000; Will-cutt et al., 2005) 등에서 읽기장애 및 ADHD와 관련된 인지적 결함에 대한 합리적인 일관성이 있었다. 이 연구들의 한계는 연구가 임상 및 준임상 공존장애를 설명하는 정도가 다양하여, 임상 및 준임상 공존장애에 비해 1차적 장애로 인한 연관성을 파악하기가 어렵다는 점이다. 아마도 가장 중요한 것은 이 연구들이 읽기장애와 주의력결핍 과잉행동장애 사이의 관계(또는 공분산)보다는 개별 장애의 분산을 예측하는 데 초점을 두었다는 점이다. 따라서 이들 연구는 추가 모형 검증에서 연구할 잠재적인 공통 인지 결손의 목록을 제공하지만, 이러한 공통 인지 결손이 장애가 발생하는 이유를 설명하는지에 대한 질문을 해결하기 위해서는 공분산 예측에 초점을 둔 다른 분석 접근법이 필요하다. 인지 인자가 두 결과와 관련되어 있다고 해서 특정한 인지 인자가 특정 공분산과 관련되어 있다는 것을 의미하지는 않는다. 인지 요인은 독해와 주의 둘 다에서 고유한 분산을 예측할 수 있기에 공분산이 전혀 없기 때문이다. 다시 말해, 주어진 인지적 약점은 두 가지 다른 이유로 두 가지 다른 장애와 관련될 수 있고 그들의 중복에 기여하지 않을 수 있다. 따라서 관계를 명확하게 하기 위해 추가 모델링이 필요하다. 다인성 기여에 대한 강력한 증거에도 불구하고, 소수의 공존장애 모델을 직접 연구한 연구는 거의 없다. 우리가 그런 연구를 한 첫 번째 그룹이었다(McGrath et al., 2011). 이 연구에서는 모집단 기반 표본에서 읽기, 주의력 및 공분산에 대한 다양한 인지적 변수의 기여도를 실험했다(McGrath et al., 2011). 주요 결과는 음운 인식, 빠른 자동 이름대기, 그리고 처리속도가 시간제약이 없는 단일 단어 읽기를 예측하는 반면, 억제와 처리속도는 부주의를 예측했다. 가장 강력한 결과는 처리속도(코딩과 두 가지 실험적 처리속도 작업으로 구성된 잠재 요인에 의해 측정됨)가 읽기와 부주의를 모두 예측했으며, 이러한 기술 간의 상관관계의 75%를 차지한다는 것이다(McGrath et al., 2011). 이러한 결과는 처리속도가 읽기-부주의 공존장애의 일부를 설명하는 공유된 인지 결함임을 시사한다(McGrath et al., 2011; Peterson et al., 2017; Shanahan et al., 2006; Willcutt et al., 2005).

읽기 측정이 시간제약이 없고 부주의 측정이 어머니, 아버지 및 교사의 보고에 의한 것임을 강조하는 것이 중요하므로 처리속도와의 연관성은 방법의 차이로 인한 것이 아니다. 확장된 표본에서 동일한 잠재 구조를 사용하여 처리속도와 읽기-주의력 간에 동일한 연관성을 찾을 수 있었다(Peterson et al., 2017). 또한 독립적인 집단에 부분적으로 겹치는 구성으로 유사한 분석을 수행했다. Moura 등(2017)은 명명 속도(숫자, 모양, 색상)가 읽기장애와 ADHD 사이의 인지적 결함이라고 보고했다. 앞의 발견이 직접적으로 설명하는 것은 아니지만 읽기-부주의 공존장애에서 속도측정의 잠재적 역할을 제안하고, 어떠한 속도측정 과제가 읽기장애와 ADHD, 이 둘의 공존장애에 가장 관련이 있는지 결정하기 위해 처리속도 방법의 특성과 개발에 대한 향후 연구가 필요하다. 읽기장애, ADHD 및 그들의 공존장애 다중 결손 모델에 포함된 다른 인지 요인 중 어느 것도 잠재적인 공유 인지 결손으로 나타나지 않았지만, 이것이 미래의 연구에서 다른 것을 찾을 수 없다는 것을 의미하지는 않는다. 다중 결손 모델은 공유된 인지 위험 요소가 존재하지만 이러한 공유된 신경심리학적 예측 변수의 수를 제한하지 않는다고 주장한다.

우리는 공분산에 대한 분석적 초점이 발달적인 공존장애에 새로운 이해를 가져올 수 있다는 개념의 증거로 읽기장애와 ADHD의 이러한 분석을 강조하고자 한다. 이 경우 공존장애의 과정에서 일반화된 인지 결손을 암시한다. 공존장애에 대한 이 결함 접근법은 읽기-부주의 공존장애를 넘어서도 유익하다. 읽기장애와 수학장애의 공존에 대한 연구에서 Slot, van Viersen, de Bree, 그리고 Kroesbergen(2016)은 읽기와 관련된 위험 요소인 음운 인식이 실제로 읽기와 수학 사이에 공유되는 것을 발견했다. 수학은 따라서 공존장애에 기여할 수 있다. 이 놀라운 발견은 공존장애에 대한 다중 결손 분석 접근법의 유용성을 더욱 강조한다(Slot et al., 2016).

병인학

행동 유전학

행동 유전학적 분석은 공존장애의 병인학적 이해에 중요하게 기여할 수 있다. 행동 유전적 방법이 단일 장애의 유전성을 설명할 때 가장 많이 언급되지만, 두 가지 다른 특성 또는 장애, 예를 들어 2개의 빈번한 동반장애와의 유전적 공유 정도를 확립하는 데에도 사용될 수 있다(Knopik, Neiderhiser, DeFries, & Plomin, 2017). 이 장에서는 두 가지 다른 특성 또는 장애 간의 유전적 관계를 설명하는 데 사용되는 통계, 유전적 상관관계에 의존한다. 유전적 상관관계는 한 특성에 대한 유전적 영향이 두 번째 특성에 대한 유전적 영향과 겹치는 정도를 나타낸다. 0의 유전적 상관관계는 완전히 다른 유전자가 두 특성에 영향을 미친다는 것을 의미한다. 유전적 상관관계 1.0은 한 형질에 대한 모든 유전적 영향이 두 번째 형질에도 영향을 미친다는 것을 의미한다(Plomin & Kovas, 2005). 유전적 상관관계를 해석하는 한 가지 방법은 한 특성과 관련된 유전자가 두 번째 특성과 연관될 확률을 표현한다는 것이다(Plomin & Kovas, 2005).

다중 결손 모델은 공유된 유전적 영향이 동반된 뇌와 인지적 영향에 기여하여 공존장애를 유발한다고 제안한다(Pennington, 2006). 이 제안은 유전성 분석의 이변량(및 다변량) 확장을 통해 직접 검증할 수 있다. 학습 장애군과 발달 정신병리학에 걸친 이변량 유전성 분석에 대한 폭넓은 견해는 높은 수준의 유전자 공유가 있다는 일반적인 결론으로 이어진다(Lichtenstein, Carlstrom, Rastam, Gillberg, & Anckarsater, 2010; Plomin & Kovas, 2005). 추정치는 연구된 장애 쌍에 따라 달라지지만 가장 빈번하게 공존장애는 어느 정도의 유전적 영향을 공유한다. 인지적 및 학업적 특성의 경우, 유전적 공유의 보급성과 범위는 Plomin과 Kovas가 제안한 일반 유전자 가설을 유도했다(Kovas & Plomin, 2007; Plomin & Kovas, 2005). 이 가설은 대부분의 유전자가 '일반적'이라고 주장하는데, 이는 광범위한 학습과 인지적 특성에 영향을 미친다는 것을 의미한다. 여러 연구에서 학문적 특성 사이의 평균 유전적 상관관계는 약 .70이다(Kovas & Plomin, 2007). 인지적 특성과 학업적 특성 사이의 공유되는 부분은 이보다 약간 작지만 .50보다 크다(Plomin & Kovas, 2005). 일반적인 유전자 가설은 분포의 전체 범위에도 적용되는데, 이는 실질적으로 유사한 유전자가 학문적·인지적 특성의 높고 낮은 꼬리에 영향을 미친다는 것을 의미한다(Haworth et al., 2009; Plomin & Kovas, 2005).

종합해 보면, 대부분의 발견은 전체 분포 범위에 걸쳐 학업적 특성과 인지적 특성 사이의 실질적인 유전적 공유를 가리킨다. 이러한 공유는 학습 장애군을 유전적 관점으로 구별하기 어렵다는 것을 의미한다(Haworth et al., 2009). 유전자 공유에 대한 일반 유전자의 강조와 함께, '특정'학습장애가 어떻게 발달하는지 의문을 가질 수 있다. 이러한 특정 사례는 임상 실무의 표준이 아니지만 존재한다. 이러한 '특정한' 또는 '순수한' 학습 장애군이 어떻게 발생할 수 있는지에 대한 병인학적 설명이 적어도 두 가지 있다. 첫째, 일반 유전자 가설은 모든 유전자가 아닌 대부분의 유전자가 일반주의임을 나타낸다. 이 장에서 살펴본 것처럼 유전적 상관관계가 1보다 작은 경우 각 특성에 영향을 미치는 '특별한' 유전자가 있으며, 이는 하나의 학습 장애에 대한 위험을 증가시키지만 다른 장애는 발생하지 않는다. 둘째, 쌍둥이를 서로 다르게 만드는 역할을 하는 비공유 환경은 주로 전문가다. 예를 들어, 비공유 환경 상관관계는 읽기와 수학 사이에 .39(Kovas & Plomin, 2007)와 수학의 다른 구성 요소 사이에 .24이다 (Kovas & Plomin, 2007). 이 추정치는 유전적 상관관계보다 훨씬 낮으며, 비공유 환경은 주로 학업 기술에 따라 다르다는 것을 나타낸다. 따라서 작은 부분의 특별한 유전자와 많은 부분의 특별한 환경의 조합은 특정학습장애가 존재한다는 사실을 설명할 수 있다. 종합하면, 행동 유전자 분석은 이 책에서 논의된 학습 장애의 근본이 되는 학문적·인지적 특성 사이에서 높은 수준의 유전자 공유를 나타낸다. 행동 유전자 분석은 유전적 및 환경적 영향에 의해 설명되는 분산 부분의 추정치를 제공하지만 관련된 특정 유전자를 식별할 수는 없다. 이를 위해서는 분자 유전학적 방법이 필요하다.

분자 유전학

분자 유전학적 방법은 지난 10년 동안 크게 반복되지 않은 결과를 도출한 가능성 있는 유전자 접근법(Duncan, Pollastri, & Smoller, 2014)에서 보다 유익한 종합적인 게놈 방법으로 전환하면서 크게 발전했다(Ripke et al., 2014; P. Sullivan, Daly, & O'Donovan, 2012). 집단에서 공통적인 유전자 변이(즉, 개체의 >5%) 및 희귀한 것(즉, 집단의 <1%)을 검출하기 위해 별도의 방법이 사용된다. 흔한 유전자 변형과 희귀한 유전자 변이의 경우, 분자 유전자 연구는 조현병, 양극성 장애, 주요우울증, 자폐증 및 ADHD(Cross Disorder Group of the Psychiatric Genomic Consortium et al., 2013; Smoller, 2013b) 사이에 놀라울 정도의 유전적 공유가 있다는 것을 발견하였다. 이러한 발견은 일반적인 유전자 가설과 일치하지만 이 가설의 범위를 정신과적 장애로 확장하다. 일반적인 유전자에 대한 생각은 인지 및 학문적 특성에 대한 행동 유전학 연구에서 나온 것이기 때문에 이 확장이 특히 중요하다. 동시에, 정신장애의 분자 유전자 연구에서 공존장애의 발견은 그 중요성을 더해 가고 있다. 이에 따라 표현형과 방법에 있어 유전자의 일반적인 영향에 동의하는 추세다. 아직 체계적으로 조사되지 않은 것은 인지적 및 학업적 특성에 대한 일반 유전자가 정신장애군에 대한 일반 유전자와 공유되는지 여부다. 이제 이 책에서 다루는 학습 장애군에 대해 살펴보고 일반적인 유전자 변이를 조사하는 연구를 제시하겠다. 이 시점에서 자폐증과 ADHD만이 일반적인 유전자 변이체에 대한 교차 장애 효과를 안정적으로 추정하기에 충분히 큰 표본크기를 가진다(Demontis et al., 2017; Grove et al., 2017). 최근 발표된 한 연구에 따르면 분자 유전학적 방법을 사용하여 자폐증과 ADHD의 유전적 상관관계는 .36인 것으로 보고되었다(Grove et al., 2017). 이러한 결과는 행동 유전학적 방법으로부터 도출된 추정치와 일치하지만, 행동 유전학적 방법은 0.5를 초과하는 약간 더 높은 유전적 상관관계를 찾는 경향이 있다(Rommelse, Franke, Geurts, Hartman, & Buitelaar, 2010). 우리는 제2장에서 행동 유전학과 분자 유전법 사이의 불일치에 관한이 질문에 대해 논의했고 '누락된 유전가능성(missing heritability)' 용어를 설명하였다. 우리는 분자 유전자 및 행동 유전적 방법이 자폐증과 ADHD 공존장애의 중요한 유전적 증거를 발견하고 있음을 강조했으며, 이는 부분적으로 그들의 높은 공존장애를 설명할 수 있다.

희귀한 유전자 변이체는 또한 놀라운 정도의 교차 장애 유전자 공유를 보여 주었다. 여기, 우리는 게놈의 결실 또는 유전자 복제 변이들(copy number variations: CNV)에 중점을 둔다. 이러한 결실 및 복제는 크기가 다양할 수 있지만 더 큰 사건(즉, >100kilobase)은 개체군에서 더 드물고 병원성이 더 큰 경향이 있다. 개별 장애에 대한 CNV 연구에서, 자폐증, 지적장애, 간질, ADHD, 조현병, 투렛증후군 및 강박장애(OCD)를 포함하여 다수의 신경발달장애의 위험을 증가시키는 CNV의 현저한 일관성이 나타났다(Malhotra & Sebat, 2012; McGrath et al., 2014; E. Morrow, 2010 참조). 게놈 전체의 특정 지역에서 재발하는 CNV는 다양한 확률 비율(즉, 일반적으로 330의 범위)을 갖는 여러 가지 다른 신경발달장애와 관련되어 있으며, 유전자 좌위에 따라 각 장애에 대해 매우 가변적인 위험 프로파일을 나타낸다(Malhotra & Sebat, 2012). 종합하면, 이러한 진단적으로 구별되는 장애와 관련된 특정 CNV를 보는 것은 놀라운 일이다. 이러한 결과는 행동 진단이 반드시 근본적인 병인학적 과정을 반영하지는 않는다는 점을 강조한다(Smoller, 2013a). 흥미롭게도, 이러한 CNV의 다수는 영향을 받지 않은 통제 집단에서도 종종 발견된다. 이러한 연구 결과는 결정론적이라기보다는 확률론적이고, 위험의 본질과 학습 장애의 위험 요인의 복잡성을 강조한다.

따라서 우리가 행동 유전학적 분석에서 보듯이, 유전자가 신경발달장애에 대해 일반 요인일 수 있는 점에서 분자 유전학의 증거가 있다. 이러한 분자 유전자 설계의 다음 단계는 개별 유전자 위험 요인이 개인의 특정 공존장애 패턴에 대한 위험을 증가시키는지 여부를 직접 검증하는 것이다. 현재 우리는 동일한 유전적 위험 인자가 서로 다른 샘플에서 다른 장애와 관련이 있다는 것을 알고 있지만, 이 같은 유전적 위험 인자가 특정 공존장애가 있는 환자와 그렇지 않은 환자에서 더 자주 발견되는지 여부를 실험하기 위한 공존장애에 대한 대규모 표현형 정보는 아직 없다. 이러한 연구설계가 실현 가능해지면 공유 유전 위험이 어떻게 공존장애에 기여할 수 있는지 더 잘 이해할 것이다.

읽기장애와 ADHD 공존장애의 유전적 공유

이제 우리는 읽기장애와 ADHD의 특정 공존장애로 전환하여 행동과 분자 유전학 방법이 이 특정 공존장애에 어떻게 적용되었는지 제시하고자 한다. 읽기-주의력 공존장애는 이변량 행동 유전학 방법으로 잘 연구되어 왔다. 상관책임 모형(Willcutt, 2014)은 행동 유전학(Ebejer et al., 2010; Greven, Rijsdijk, Asherson, & Plomin, 2012; Wadsworth et al., 2015)과 뇌심리학적(Willcutt et al., 2005) 증거들에 의해 가장 강하게 지지되어 왔다. 이 모형은 읽기장애와 ADHD 사이의 공유 유전적 영향이 우연의 가능성보다 한 아이에게 두 가지 장애를 더 자주 발생시킨다고 가정하고 있다(Pennington, 2006; Willcutt, 2014). 유전적 상관관계의 추정치는 약 .70이다(Willcutt et al., 2010). 행동 유전학 쌍생아 종단연구는 또한 이러한 공유 유전적 영향이 아동기와 청소년기에 걸쳐 안정적임을 보여 준다(Ebejer et al., 2010; Greven et al., 2012; Wadsworth et al., 2015). 다시 말해, 시간이 지남에 따라 발생할 수 있는 각 표현형에 대한 새로운 유전적 영향에도 불구하고, 읽기와 주의력이 공유하는 유전적 요인은 시간이 지남에 따라 안정적으로 유지된다(Ebejer et al., 2010; Greven et al., 2012; Wadsworth et al., 2015).

앞서 우리는 읽기-주의력 공존장애에 대한 신경심리학적 연구에서 처리속도가 잠재적 공유 인지 결손으로 인한다고 밝혔다(McGrath et al., 2011; Peterson et al., 2017; Willcutt et al., 2010). 이러한 연구 결과에 대한 유전자 추적연구에서, 본 연구자들은 쌍둥이 모형을 이용하여, 읽기와 주의력 사이의 모든 공유된 유전적 영향이 처리속도와 공유되었음을 나타내며, 이는 처리속도(Willcutt et al., 2010)가 두 장애의 연관된 책임의 요인일 수 있음을 나타낸다. 이 연구설계는 신경심리학적 예측 변수가 어떻게 행동 유전학 설계에 통합되어 공존장애에 대한 다차원적 설명을 제시할 수 있는지 보여준다.

일부 초기 연구는 이러한 유전자가 발견될 수 있는 유전자 주위를 지적했지만 분자 유전학 연구는 읽기와 주의력을 위한 합의되고 복제된 공유 위험 유전자를 아직 확인하지 못했다(Willcutt et al., 2002). 현재, 분자 유전학 연구는 최첨단의 게놈 분석에 필요한 대규모 표본크기에 의해 제한된다. 표본 수집 노력이 진행 중이지만, RD와 ADHD의 표본크기는 여러 다른 학습 장애와 함께 다른 정신장애군에서 복제된 유전적 영향을 찾는 데 필요한 임계값보다 뒤처졌다(예: 조현병, $N = 36,000$건; Ripke et al., 2014). 한편, 학습 장애에 대한 표본 수집이 진행되는 동안, 일반 유전자 가설은 한 학습 장애에 대하여 발견된 유전자가 다른 학습 장애와도 연관될 것임을 암시한다. 이 영향력 있는 개념은 한 장애의 유전적 진보가 다른 학습 장애와 관련이 있을 수 있음을 의미한다. 이것은 각 학습 장애에 대해 수만 명의 표본을 축적하는 것이 엄청나게 비용이 많이 든다는 것을 감안할 때 좋은 소식이다. 대신, 일반 유전자 가설은 학습 장애에 대한 유전적 진보에 총체적으로 도움이 되는 자원의 적절한 사용을 안내할 수 있다.

뇌

일반 유전자 가설은 또한 인지 신경과학에 영향을 미친다(Kovas & Plomin, 2006). 이 가설에 내재된 것은 일반 유전자가 분산된 뇌 네트워크에 영향을 주어 '일반 뇌'에서 나타날 가능성이며, 이는 차례로 다중 인지 기능에 영향을 미친다(Kovas & Plomin, 2006). 이 개념화는 특정한 인지 기능과 관련된 특정한 뇌 영역을 식별하려는 기존의 인지 신경과학 체계와 다소 상충된다. 그러나 Kovas와 Plomin(2006)은 인지 신경과학이 발전함에 따라 인지 과제와 특정 뇌 영역 간에 1:1 대응을 찾는 일은 드물어졌다고 지적했다. 대부분의 인지 과제는 여러 뇌 영역을 활성화하고, 마찬가지로 많은 뇌 영역이 다른 유형의 인지 과제에 반응한다(Kovas & Plomin, 2006). 이러한 새로운 패턴은 특정 뇌 영역이 아닌 뇌의 기능적 네트워크에 점점 더 집중하고 있다. 이러한 주안점은 유전자 수준에서 발견한 결과를 반영하는 뇌 수준의 일반적인 패턴과 일치한다. 유사하게, 다중 결손 모델(Pennington, 2006)은 공유된 신경 위험 요소가 발달 스펙트럼 전반에 걸쳐 공존장애에 기여할 것으로 예측한다. 따라서 일반 유전자 가설과 다중 결손 모델에서는 공존 발달장애의 근본이 되는 일반적인 신경 위험 요소를 찾는 것이 중요하다. 인지 신경과학 문헌에서 학습 장애의 신경 영상 연구는 주로 단일 장애를 가진 사람과 정상적으로 발달하는 대조군 사이의 뇌 구조와 기능 차이에 중점을 두었다(제9장~제14장에서 언급됨). 그러나 공존장애의 높은 비율에도 불구하고, 신경 영상을 통해 공존장애를 직접 연구하는 경우는 상대적으로 드물다. 학습 장애군 중 신경 영상학적 관점에서 초기 관심을 얻은 두 가지 공존장애는 읽기-부주의 공존장애(Kibby, Kroese, Krebbs, Hill, & Hynd, 2009)와 자폐증-부주의 공존장애(Gargaro, Rinehart, Bradshaw, Tonge, & Sheppard, 2011)다. 예를 들어, 자폐증으로만 진단된 경우, ADHD로만 진단된 경우, 자폐증과 ADHD 모두 진단된 경우와 통제 집단을 비교하는 집단 기반 설계를 사용하여, 공존장애 집단이 각각의 개별 장애의 추가적인 영향을 나타내는지 혹은 공존장애의 독특한 패턴 특성을 나타내는지 결정한다. 현재까지는 표본의 크기가 작았으며 읽기-부주의와 자폐증-부주의 공존장애에 대한 이 질문에 대한 명확한 합의는 없었다.

학습 장애군에서 공존장애에 대한 신경 영상학적 연구도 드물지만, 더 넓은 범위의 장애에 대한 공유 신경 상관관계 연구 역시 드물다. 공존장애의 신경 영상학적 연구는 일반 유전자 가설과 다중 결손 모델의 영향을 가장 직접적으로 실험하는 방법이다. 최근 메타분석에서 Goodkind 등(2015)은 광범위한 성인 정신장애군의 공유 신경 상관관계를 식별하기 위해 이러한 진단적 접근방식을 취했다. 현재까지 학습 장애군에 대해 전체적인 뇌 분석이 수행되지 않았기 때문에 관련 문헌연구의 결과를 검토했다(소뇌의 교차 장애 분석에 대해서는 Stoodley, 2015 참조). 그러나 이러한 문헌들의 연구방법과 접근법은 우리가 원하는 바와 명백하게 관련이 있다.

Goodkind 등(2015)의 메타분석에서 저자는 구조적 신경 영상 소견, 특히 임상적 장애 대 통제 집단의 화소 기반 형태 분석 연구에 중점을 두었다. 장애는 광범위한 성인 정신장애(즉, 조현병, 양극성 장애, 주요우울장애, 약물 사용장애, 강박장애와 불안장애)를 포함했다. 저자는 각 장애의 기존 연구에 대한 메타분석을 실시한 후 장애 분석에서 공유되는 영역을 식별하기 위한 결합 분석을 수행했다. 임상적 장애에 대한 회백질이 적은 영역인 배측전대상피질과 양측 뇌섬엽이 공유되는 영역으로 식별되었다. 또한 저자들은 건강한 성인 대조군의 데이터 세트의 후속 분석에서 뇌가 휴식 중일 때와 업무 수행 중일 때가 밀접하게 결합되어 있으며, 이 영역에서의 회백질이 적을수록 행동 과제에 대한 실행 기능이 저하될 가능성이 있음을 보여 주었다. 추가적인 분석은 장애에 걸친 구조적 공통성이 약물 사용의 영향을 받지 않음을 밝혔다.

최근 연구는 Goodkind 등(2015)이 확인한 흥미로운 결과(배측전대상피질과 양측 뇌섬엽)에 대한 추가적인 증거를 제시한다. 이 영역은 현출성 네트워크라는 중요한 뇌 네트워크의 핵심 교점이다. 현출성 네트워크는 동기적으로 현저한 자극에 주의를 기울임으로써 인지 조절에 역할을 한다고 알려져 있다. Goodkind 등(2015)과 마찬가지로 현출성 네트워크의 구조적 및 기능적 변화는 다양한 정신장애군에 연루되어 있다(Peters, Dunlop, & Downar, 2016 참조). 이러한 연구 결과는 다양한 성인 정신장애에 공통적으로 나타나는 진단적 신경 신호를 식별하는 데에 있어 중요하다(Goodkind et al., 2015).

Goodkind 등(2015)에서 얻을 수 있는 한 가지 교훈은 단일 장애와 대조군을 가진 사람들과 대비되는 임상 신경 영상 연구에서의 주된 접근법이 장애군의 공통점을 과소평가한다는 점이다. 이 연구는 성인 정신장애군에 중점을 두었지만, 그 발견은 실행기능장애와 관련된 뇌 영역에 집중되어 있다. 이러한 발견은 실행기능장애와 고차원적 인지 능력을 교차 장애 결손으로 보고한 아동기 장애의 문헌과 일치한다(McGrath et al., 2016; Willcutt, Sonuga-Barke, Nigg, & Sergeant, 2008). 따라서 아동을 대상으로 수행된 분석이 학습 장애군에 전반에 걸쳐 실행기능장애와 관련하여 뇌의 공통성을 발견할 수 있다고 예측하는 것이 합리적이지만, 이 가설은 경험적 확인이 필요하다.

이러한 종류의 진단적 연구는 정신장애군에 대한 새로운 학제 간 연구 모형을 제공하는 것을 목표로 초기에 RDNC(Research Domain Criteria)라고 불렸던 현 국립정신건강연구소(NIMH)의 목표와 잘 일치한다(Insel et al., 2010). RDNC의 목표는 현 진단 경계에 의해 제약을 받지 않는, 특히 유전학과 신경과학의 관점에서 장애의 병리생리학 연구를 장려하는 것이다. 이 진단적 모형은 장애의 병리생리학에 더 잘 부합하는 미래의 분류 체계를 인도할 것이다(Insel et al., 2010). RDNC의 목적이 NIMH으로부터 나오지만 여전히 학습 장애군과도 분명한 관련이 있다.

읽기장애와 ADHD의 신경 영상

읽기장애와 ADHD에 대한 영향력 있는 신경 영상 연구가 존재하지만, 높은 수준의 공존율에도 불구하고 현재 공존장애군을 조사하기 시작한 수준의 연구에 머물러 있다(예: Kibby et al., 2009). 앞서 언급한 바와 같이, 공존장애군이 각각의 단일 장애와 관련된 결손의 부가적인 결합인지, 혹은 부가적인 결합으로부터의 질적·양적 이탈인지에 대한 합의가 이루어지지 않았다. 공존장애군을 단일 장애군과 비교하는 이 연구설계는 읽기장애와 ADHD 사이의 공유 신경 상관관계를 식별하기 위해 최적화되지 않았다. 예를 들어, 읽기장애만 있는 경우와 읽기장애와 ADHD가 공존하는 경우의 비교는 전형적으로 공존장애군이 대조군과 비교하여 유사한 영역이 아닌 단일 장애 그룹과 상이한 영역에 초점을 둔다. 이 상이한 영역에 대한 분석은 공유 위험 요소와 공존장애에 대한 잠재적 영향력을 식별하는 데 가장 중요하다.

기존의 읽기장애와 ADHD의 신경 영상 문헌에서 각각의 장애와 고전적으로 연관된 뇌 영역에서 명백한 중첩 지점이 존재하지 않았다. 읽기장애의 경우, 가장 일반적으로 관련되어 있는 신경 영역은 좌후두 측두골 영역, 좌측두 두정골 그리고 좌측하 전두회를 구성하는 해독 신경망을 포함한다. ADHD의 경우, 전전두엽 피질과 선조체가 가장 일반적인 연관성이 있다. 명백하게 공유되는 영역이 없다면, 두 장애군의 새로운 연관성을 발견하기 위한 연구가 필요하다.

읽기장애와 ADHD 둘 다와 일관되게 연관된 뇌의 특정 영역은 없지만, 읽기장애와 ADHD의 신경심리학적 상관관계에 대한 이전 연구는 가설을 도출할 수 있었다. 예를 들어, 우리는 이전에 처리속도가 읽기장애와 ADHD의 공유 인지 결손이라는 사실을 발견했다. 처리속도의 가장 일관된 신경 상관관계는 전두엽과 정수리 및 측두엽의 광범위한 관련성, 그리고 백질의 양과 무결성이다(Turken et al., 2008). 이러한 연관성으로 인해 백질 무결성이 손상되면 처리속도 손상을 통해 읽기 및 주의력 문제의 위험성이 함께 증가할 수 있다. 이 가설은 다중 결손 모델이 분석 수준 전반에 걸쳐 어떻게 공존장애의 기본 메커니즘을 밝히는지를 보여 준다.

이러한 가설에서 알 수 있듯이 읽기장애와 ADHD에 대한 공유 신경 상관관계를 식별하고 학습 장애군을 보다 일반적으로 식별하기 위해 수행해야 할 작업이 훨씬 더 많다. 유전학 연구와 같이, 뇌 수준의 분석에서 공존장애 연구의 진보는 전체 발달 표현형의 전체 스펙트럼 전반에 걸쳐 잘 특성화된 큰 표본을 필요로 하므로, 뇌 영역과의 연관이 공존장애와 단일 장애에 모두로부터 기인할 수 있다. 또한, 장애군 사이의 신경계통을 구분하는 것보다 공존장애의 공유 신경 상관을 밝히고자 하는 노력은 다중 결손 모델을 검증하고 다중 장애의 가능성을 증가시키는 신경 요인을 식별할 수 있다.

요약

이 책의 다중 결손 모델은 분석 수준 전반에 걸쳐 학습 장애군에 대한 구조적 설명을 확인하고자 한다. 공존장애에 대해서도 다수준 접근법이 필요하다는 것이 점점 더 분명해지고 있다. 이러한 연구는 본질적으로 복잡하며 여러 수준의 분석과 각 수

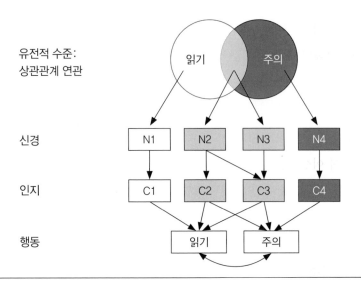

유전적 수준:
상관관계 연관

읽기   주의

신경   N1   N2   N3   N4

인지   C1   C2   C3   C4

행동   읽기   주의

그림 5-1 다수준 다중 결손 모델의 읽기-부주의 공존장애의 공유된(회색), 특수적(검정과 흰색) 인지와 신경 예측 요소

준의 분석 내 공분산이 포함된다([그림 5-1] 참조).

공존장애의 공분산 예측에 직접적으로 초점을 맞춘 연구설계를 따른다. 앞서 설명한 것처럼 일반적인 통계방법은 분산(공분산이 아닌) 그리고 고유한 예측력(공유 예측 변수가 아닌)에 중점을 둔다. 따라서 공존장애를 가장 효과적으로 발전시킬 수 있는 연구는 학습 장애 연구의 통상적인 방법에서 벗어나야 한다. 공존장애는 또한 발달상의 연구설계를 통해 시간이 지남에 따라 장애군 사이의 원인 경로에 대한 명확한 이해가 가능케 한다(예를 들어, 읽기장애가 ADHD를 예측하고 ADHD가 읽기장애를 어느 정도까지 예측하는가, 또는 두 장애가 제3의 요인에 인한 것인가?). 이미 이용 가능한 통계적 및 발달상의 방법을, 그리고 다중 결손 모델의 맥락에서 이들을 효율적으로 사용함으로써, 공존장애 연구는 향후 몇 년 동안 상당한 결과를 얻을 수 있을 것이다.

임상적 의미

이 장의 한 가지 임상적 의미는 일부 공존장애가 너무 만연하여 한 장애에 대한 평가가 다른 장애에 대한 평가를 필요로 한다는 것이다. 읽기장애와 ADHD의 경우가 확실히 그렇다. 실제로 ADHD는 이 책에서 논의된 다른 모든 학습 장애군과 공존하므로 이러한 평가의 일환으로 선별되어야 한다. 마찬가지로, 하나의 학습 장애에 대한 의뢰는 종종 읽기장애, 수학장애, 언어장애와의 빈번한 공존으로 인해 광범위한 학업 및 언어 기술에 대한 선별검사를 동반해야 한다. 또한 학습 장애군은 종종 높은 비율로 사회 정서적 어려움이 동반되므로 이러한 어려움이 의뢰된 문제가 아니더라도 일반적인 심리문제에 대해 광범위한 검사를 권장한다. 관련된 임상적 시사점은 학습 장애가 있는 아동의 공존장애를 예상하고 계획해야 한다는 것이다. '순수한' 장애를 가진 것이 이상적이지만 실제로는 그렇지 않다. 우리의 임상연구에 대한 이러한 시각은 공존장애를 예방할 수 있는 '순수한' 장애를 가진 아동의 회복 요인을 찾도록 도움을 줄 수 있다. 이러한 통찰력은 공존장애의 발병을 예방할 수 있는 중재에 대한 새로운 연구로 이어질 수 있다.

임상가로서, 우리는 이러한 장애의 발달을 이해하고 심지어 한 장애가 다른 장애에 원인이 될 수 있음을 밝히고자 한다. 학습 장애의 경우 이러한 추론이 어려울 수 있다. 대부분 이러한 추론을 뒷받침할 종단연구 데이터를 확보하지 못하였다. 추론의 대표적인 예는 아동의 ADHD가 읽기문제에 부차적이거나, 읽기문제가 ADHD에 부차적이라는 생각이다. 임상연구에서는 일반적으로 이 두 가지 해석을 제시하고 있지만, 인과관계 논쟁은 읽기장애와 ADHD의 증상으로 어려움을 겪고 있는 아동을 위한 서비스의 감소로 이어질 수 있다. 임상의의 경우, 두 장애군의 유전 및 신경심리학적 위험 요인으로 인해 발생하는 두 장애의 '진짜' 형태가 읽기-부주의 공존장애의 유전 및 신경심리학적 증거와 가장 일치하는 점을 강조한다. 이러한 해석을 통해, 읽기가 개선될 때 ADHD가 개선된다고 가정하거나 ADHD가 개선될 때 읽기가 개선될 것이라는 가정하기보다는 아동이 두 증상 모두에 대한 지원을 필요로 한다는 점을 인식해야 한다. 우리는 읽기장애와 ADHD가 공존하는 아동의 교육적 행동적 요구를 충족시킬 계획을 세워야 할 필요가 있다.

필연적으로 존재하는 공존장애는 또한 우리의 임상연구에서 기관 간 협력을 강력하게 한다. Gillberg(2010)는 약 3~5세까지 어린이에게 흔히 나타나는 일반화된 신경 발달 증상을 설명하기 위해 ESSENCE(초기 증상 증후군을 유발하는 신경 증상 임상평가)라는 용어를 만들었다. 이러한 초기 증상은 종종 추후에 본격적인 학습과 발달장애로 진행된다. 그는 이 아동들이 의학 및 정신건강 서비스 제공자(특수교육자, 사회복지사, 소아과 의사, 언어 및 언어병리학자, 신경과 의사, 아동 정신과 의사, 아동 정신병 전문의, 유전학자, 작업치료사, 물리치료사) 중 한 명과 임상적으로 처음 접촉할 수 있다고 언급했다. 그러나 아동의 증상이 다양해짐에 따라 이들 전문가의 상담과 서비스가 필요한 경우가 많지만, 특히 개입이 필요한 중요한 초기 시기에는 이를 받지 않는 경향이 있다(Gillberg, 2010). 임상가로서 광범위한 서비스를 필요로 하는 공존장애의 필연성에 대비할 필요가 있다.

이 장에서는 학습 장애 아동에게 예상되는 증상의 유병률과 다양함에 강조점을 두었다. 연구 결과에 따르면, 이런 아동들은 치료 및 기능적 결과에 대한 대응 측면에서 가장 취약한 것으로 나타났다. 다행스럽게도 공존장애 분야에서는 대상 아동들에게 더 효과적인 평가 및 치료 프로토콜이 제공되도록 중요한 발전이 이루어지고 있다.

제6장

특정학습장애:
DSM-5 이후

이 장에서는 장애를 '행동 증상 수준으로 정의하는' 다수준 모델(multilevel model) 분석의 마지막 단계를 소개한다. DSM-5에서의 특정학습장애 진단에 대한 전반적인 개요와 함께 DSM-5 접근의 강점과 약점을 제시한다. DSM-IV에서 DSM-5로의 가장 큰 변화는 특정학습장애를 하나의 보편적 진단(umbrella diagnosis)으로서 받아들인 것으로 읽기, 쓰기 또는 수학에서 특정학습장애를 분명하게 진단하는 것이 아니라 학업 기술의 영향을 받음을 의미하는 특정(specifier)을 사용한다. 그리고 진단에 요구되는 불일치 조건에서의 변화가 있었다. DSM-IV는 아동의 성취가 그 연령과 지능에 따른 기대 수준 이하일 것을 요구하는 반면, DSM-5는 연령에 따른 불일치만을 요구한다. DSM-5에서 고려하는 구체적인 학업 기술 영역은 계속 갱신되고 있으며 현재의 매뉴얼은 기초 읽기(단어 읽기 또는 해독), 복잡한 읽기(읽기 이해), 기초 수학(연산 또는 수 감각), 복잡한 수학(문제 해결), 기초 쓰기(철자 쓰기), 복잡한 쓰기(작문)와 관련된 명시자를 포함한다. 이 새로운 접근의 주요 강점은, ① 학습 장애군 내 공존장애의 높은 유병률 인식, ② '단순한' 그리고 '복잡한' 학습 장애군이라 부르는 것 사이의 구분이다. 한편 대표적인 약점은 이 여섯 가지 진단 기준을 경험적으로 타당화하는 데 실패하였다는 점이다. 두 번째 약점으로는 상당히 총명한 학생이 임상적으로 학업에 어려움을 겪는 경우 진단되지 않는다는 것이다. 지금부터 우리는 DSM-5 접근과 이것의 강점과 약점에 대해 보다 자세히 알아볼 것이다.

　형식적인 학교교육을 통해서 학업 기술이 어떻게 발달하는지 이해하기 위해서 회화, 작곡, 테니스, 낚시와 같은 비학업적 기술을 잘 수행하려면 필요한 것들을 생각해 보는 것이 도움이 된다. 이러한 영역에서 전문가들은 기초 기술(그림 그리는 기술, 악기 연주 기술, 테니스 스트로크 기술 등)을 완전히 익히기 위해서 수년에 걸친 시간을 투자한 이후에, 기초 기술을 전략적이고 창조적으로 활용할 수 있게 된다. 따라서 전문가들은 자동화된 기초 기술을 익히게 되고, 그 이후에 더 높은 수준의 사고 기술과 결합하게 된다. 앞서 언급된 세 가지 복잡한 학업 기술(읽기 이해, 수학문제 해결, 작문) 역시 마찬가지다. 그러한 기술은 자동화되고, 매우 구체적인 기초 기술(한 단어 읽기, 글씨 쓰기, 철자 쓰기, 기초 수 개념, 연산 기술 등)에 의존하며 보다 일반적인 높은 수준의 인지 혹은 언어 기술과 결합된다. 우리는 이러한 후자의 기술을 '복잡한 비학업 기술(complex nonacademic skills)'이라고 부른다(〈표 6-1〉). 이 기술들은 기초 학업 기술보다 더 많은 인지 요인들로 구성되기 때문에 복잡하며 형식적인 교수가 이러한 기술을 강화할 수 있지만 형식적인 교수 없이 발달하기 때문에 (적어도 부분적으로) 비학업적인 것이다.

　따라서 화가는 상당한 수준으로 발전된 그리기 기술 없이는 전문가가 될 수 없으며, 어린아이는 자동화된 기초 읽기 기술 없이는 읽기 이해가 불가능하다. 유사하게, 작문의 숙련자가 되기 위해서는 글씨 쓰기 및 철자 쓰기(흔히 표기라고 하는 것)에 대한 자동화가 요구된다. 수학문제 해결의 숙련자가 되기 위해서는 기초 수개념과 연산 기술에 대한 자동화가 요구된다. 상당한 연습에도 불구하고, 어떤 이들은 이러한 기초 기술을 자동화시키는 데 어려움을 겪고, 기초 학업 기술에 있어서 특정학습장애(즉, 난독증, 난서증, 난산증 등)를 가질 수 있다. 또 다른 이들은 단어 읽기와 같은 기초 기술을 자동화했음에도 불구하고, 여전히 읽은 것을 이해하는 데 어려움(이해력 부족, poor comprehenders)을 겪을 수도 있다. 학업 기술이 전문화되어 가는 과정은 간단하지만, 강력한 이론적 개념인 자원 할당 가설(resource allocation hypothesis)로써 설명될 수 있다(Perfetti, 1998). 이 가설은 인지 자원에 한계가 있으므로 어떤 복잡한 학업 기술에서의 수행은 한 개인의 전체적인 인지 자원의 수준과 그중 얼마만큼의 자원이 자동화되지 않은 기초 기술에 할당되는지에 따라 결정된다. 이러한 이유로, 복잡한 학업 기술은 한 개인이 가지고 있는 기초 학업 기술의 수준으로 제한된다. 이 결과로, 기초 기술의 결손을 가진 매우 총명한 아동은 복잡한 수준의 수행을 하는 데 있어서 기대에 못 미치는 결과를 보일 것이다. 왜냐하면 아동의 주의와 정보처리 자원의 상당량이 기초 학업 기술에 할당되기 때문이다. 따라서 단어 읽기에 문제가 있는 아동은(난독증) 구어 이해보다는 읽기 이해에 어려움을 가질 것이다. 그 이유는 너무 많은 인지 자원이 자동적으로 인식되지 않는 개별 단어를 해독하는 데 할당되기 때문이다. 유사하게, 글씨 쓰기와 철자 쓰기(표기 기술)를 잘 못 하는 아동은 비슷한 이유로 말하기 기술(이야기하기)에 비해 작문 기술이 매우 떨어질 것이다. 또한, 기초 수학 기술(기초 수 개념과 연산 기술)이 부족한 아동은 참신한 문제를 해결하는 일반적 능력(유동 지능)에 비해, 수학 문제해결 기술이 부족하다고 예측할 수 있다.

이러한 자원 할당 가설은 소위 읽기 이해와 작문의 단순 모델로 설명되며 수학문제해결에서도 유사한 모델이 제안될 수 있다. Gough와 Tunmer(1986)의 읽기 이해 단순 모델은 복잡한 학업 기술로써의 읽기 이해가 단어 읽기 기술(기초 학업 기술)과 듣기 이해(높은 수준의 비학업적 기술) 이 두 가지 하위 기술에 의존함을 제안한다. 단어 읽기 자동화는 성인의 읽기 이해에도 제약을 가하며, 이 결과는 단순 모델을 강력히 지지한다(Garcia & Cane, 2014). 쓰기 기술의 단순 모델(예: Berninger et al., 2002) 역시 제안되었는데 이는 읽기 이해 단순 모델과 유사하다. 쓰기 기술의 단순 모델은 표기(즉, 글씨쓰기와 철자 쓰기)와 이야기하기를 하위 기술로 구성한다. 경험적 연구에서 높은 수준의 기술인 작문은 기초 기술 혹은 더 낮은 수준의 기술(표기)의 정도에 의해 제한된다고 밝혀졌다. 읽기 이해와 작문의 단순 모델에 대한 경험적 결과는 앞서 언급한 자원 할당 모델(perfetti, 1998)과 맥을 같이한다. 상술하였듯, 이에 따라 수학적 추론 혹은 문제해결 기술의 단순 모델 역시 만들어 낼 수 있다.

〈표 6-1〉은 우리가 논의한 세 가지 복잡한 학업 기술의 단순 모델을 나타낸다. 읽

〈표 6-1〉 학업 기술의 일반화된 단순 모델(Generalized simple model of academic skills)

기초 학업 기술	+	복잡한 비학업 기술	=	복잡한 학업 기술
1. 단어 읽기	+	구어 이해	=	읽기 이해[a]
2. 표기(철자하기와 필기)	+	이야기하기	=	작문[b]
3. 기초 수개념과 연산 기술	+	참신한 문제 해결	=	수학문제 해결

a Gough & Tunmer (1986).
b Berninger et al. (2002).

기 이해와 같은 복잡한 학업 기술의 각 사례는 기초 학업 기술과 복잡한 비학업 기술의 합으로 예측된다. DSM-5 진단 기준에서 나열된 학업 기술 요인은 여기서 제시된 기초 그리고 복잡한 학업 기술과 긴밀하게 관련된다(〈표 6-2〉 참고). 이 세 가지 중 읽기 이해의 단순 모델은 가장 광범위하게 검증되어 왔다. 후속연구에서는, ① 세 영역 각각에서 어떤 기초 학업 기술과 복잡한 비학업적 기술이 핵심이 되는지 검증하고, ② 세 영역에 걸친 병인론적 그리고 인지적 공통 부분의 정도를 조사하며, ③ 특정학습장애가 주의력결핍 과잉행동장애(ADHD), 말소리장애(SSD), 언어장애(LI), 그 외 아동기의 내·외재화된 정신병리적 문제들과 같은 기타 발달장애와 어떠한 연관성이 있는지 검증함으로써 이 모델을 전반적으로 개선해 나갈 것이다. 앞서 말했듯, 여섯 가지 특정학습장애는 아직 타당화되지 않았으며, 따라서 후속연구에서는 이에 대한 진단이 기존 범주(예: 언어장애)에 '통합될' 수 있다. 후속연구에서 '특정'학습장애가 어떻게 존재해야 하는지 그리고 수많은 인지적 및 학업적 영역에 걸쳐 전반적으로 낮고 고른 수행을 보이는 아동이 학습 장애를 가지고 있다고 해야 하는지에 대한 질문을 해결하기 위해 계속해서 노력할 것이다.

DSM-5는 DSM-IV와 달리 기초 학업 기술과 복잡한 학업 기술 간의 중요한 차이를

〈표 6-2〉 특정학습장애에 대한 DSM-5 준거의 개요

A. 여섯 가지 학업 기술 중 하나 혹은 그 이상에서 지속적 어려움
  기초: 단어 읽기 정확성과 유창성(난독증)
  복합성: 읽기 이해(이해력 부족 아동)
  기초: 철자 쓰기
  복합성: 작문
  기초: 수 감각, 기본셈(math fact), 연산(난산증)
  복합성: 수학 추론

B. 학업성취도 검사의 점수가 장애아동의 생활연령[a] 평균점수보다 현저히 낮고 기능장애를 일으킴

C. 문제는 학령기 초기에 시작되지만, 복합성 학습 장애는 후기 학년에 임상적으로 의미 있어짐

D. 지적장애; 말초 감각 장애; 기타 정신신경학적 장애; 심리적 어려움; 교수 시 사용되는 제2언어에 대한 서투름(예: 미국에서 스페인어를 모국어로 하는 아동의 영어가 유창하지 않음); 불충분한 교수에 의한 것이 아님

a 이전 준거에는 학습 장애를 가진 영재아를 판별하기 위해 중요한 요소로서 'IQ'가 포함되었다.

포함하고 있다. 어떤 아동들은 기초 기술에서만 특정학습장애를 가지며, 다른 아동들은 복잡한 기술에서만 특정학습장애를 가진다. 또 다른 아동들은 두 가지 모두에서 문제를 가진다. 이러한 세 가지 가능성에 대한 감별진단은 치료에 있어 중요하다. 연구 문헌(Cain, Oakhill, & Lemmon, 2004; Nation, 2005)에서 소위 '이해력이 부족한 아동'이라 일컬어지는 읽기 이해 문제를 가진 아동은 단어 읽기 정확성과 유창성 수준의 문제를 가지는 아동과 다른 중재가 필요하다. 글씨 쓰기 문제를 가진 아동과 작문 문제를 가진 아동 또는 단순연산 값 암기 및 연산문제를 가진 아동이나 수학적 추론 문제를 가진 아동의 경우 역시 마찬가지다.

이러한 이유로, 현재 연구는 여섯 가지 특정학습장애(읽기, 쓰기, 수학 각 영역별 두 가지)를 지지한다. 기초 학습 장애와 복합 학습 장애 구분을 지지하는 연구는 쓰기와 수학 영역보다 읽기 영역에서 훨씬 더 강하다. 이 여섯 가지 학습 장애는 DSM-5의 여섯 가지 명시자와 밀접하게 대응되지만 완벽하지는 않다. 이 여섯 가지 명시자는 철자쓰기와 함께 기초적인 학업 기술인 표기를 구성하는 글씨 쓰기 기술을 포함하지 않는다. 철자 쓰기만을 독립된 학습 장애로 지지하는 연구는 없다.

DSM-5는 DSM-IV에서 개정되면서 모든 특정학습장애를 하나의 진단명하에 둠으로써(나누기 대신에 합침) 중요하고 논란이 되는 변화를 만들었다. DSM-IV에서는 네 가지 특정학습장애가 있었고[읽기장애, 수학장애, 쓰기장애, 달리 분류되지 않는 학습 장애(LD-NOS)], 각각의 장애는 다른 것과 구분되어 기술되었다. 반대로, DSM-5에서는 한 가지 진단명인 특정학습장애가 있으며, 어떤 학업 기술의 영역이 영향을 받는지를 나타내는 다른 명시자들이 있다. 이러한 하나의 상위 요인 진단으로의 변화는 특정학습장애 간의 상당한 공존성을 입증하는 연구(제5장에서 다룸)와 일치한다. 하지만 이 변화는 두 가지 새로운 문제를 초래했다. 첫째, 읽기장애(난독증), 수학장애(난산증)와 같은 특정학습장애의 경우 진단적 타당성을 지지할 많은 증거를 가지고 있다는 사실을 무시할 수 있다. 현장 전문가는 앞에서 설명한 바와 같이, 여섯 가지 서술적 특징 명시자에 의해 발생될 수 있는 모든 특정학습장애가 타당한 장애라고 가정해서는 안 되며, 이는 이후에 더 분명해질 것이다. 둘째, 특정학습장애 간 감별진단은 여전히 중요하다. 이는 각 특정학습장애에 맞는 치료가 필요하기 때문이다.

DSM-IV에서 DSM-5로의 또 다른 큰 변화는 학습 장애를 **특정하게** 만드는 것을 결정하는 준거다. DSM-5 진단 준거 D항(〈표 6-2〉)에 기술된 바와 같이, 이 맥락에서 특정이라는 단어는 지적장애 및 더 심각한 진단에서 일반적으로 예상될 수 있는 일반적 학습문제와 대조를 이룬다. 그래서 특정학습장애의 개념은 아동의 학업 기술에 대한 프로파일이 상당히 고르지 못하다는 것을 의미한다. 이는 단지 하나 혹은 몇 개의 학업 기술이 아동의 연령이나 IQ, 혹은 두 가지 모두에서 기대되는 수준에 있는 다른 학업 기술보다 훨씬 저조하다는 것이다. DSM-IV에서는 특정 학업 기술의 결손은 "개인의 생활연령, 측정된 지능, 연령에 적절한 교육을 고려하였을 때 기대되는 것보다 상당히 낮아야 했다." 이러한 세 가지 준거 중 마지막은 아동이 학교에 가 본 적이 없거나, 노출 또는 교육이 부족하거나, 제2언어로써 영어를 배우는 데 현실적 학습문제가 있다면 특정학습장애 진단을 받을 수 없다는 것을 의미한다. 학습문제가 교수적·상황적 혹은 언어적 요인에 기인하는지 판별하는 방법은 자세히 설명되지 않았으며 활발한 연구 영역으로 남아 있다.

첫 두 가지 준거와 관련하여, DSM-IV는 학업 기술의 결손이 연령과 IQ 두 가지 모두에서 상당한 불일치가 있어야 함을 요구하였다. 즉, 연령 불일치와 IQ 불일치를 함께 요구하였다. 예를 들어, 읽기 성취 검사에서 한 아동의 표준점수가 70점(평균 = 100, 표준편차 = 15)이고 IQ가 100이라면, 이 아동은 DSM-IV 불일치 준거를 충족할 것이다. 왜냐하면 이 아동의 읽기는 연령(읽기 검사에서 100점)과 IQ(100점) 평균 모두에서 2 표준편차 이상의 차이를 보였기 때문이다.

진단을 위해 연령 불일치와 IQ 불일치를 모두 필요로 하는 이 요건은 상당한 후속연구와 공공정책 논의의 초점이 되었다. 후속연구에서는 연령 불일치 읽기장애와 IQ 불일치 읽기장애 구분에 대한 외적 타당도가 확보되지 않았다(Francis, Shaywitz, Stuebing, Shaywiz, & Fletcher, 1996, Hoskyn & Swanson, 2000; Stuebing. Barth, Moldese, Weiss, & Fletcher, 2009; Stuebing et al., 2002). (연령 또는 IQ) 불일치에 의해 읽기장애로 판별된 아동들은 근본적인 신경심리학적 측면과 도움이 되는 치료 유형 면에서 유사하게 나타난다.

연령과 IQ 불일치의 구분이 임상적으로 유용하지 않기 때문에, DSM-5는 이 두 가지 준거에 대해 '및'이 아닌, '또는'의 준거를 적용해야 했다. 대신에, DSM-5는 연령 불일치 준거만을 이용하지만 "특정학습장애는 보통 IQ 130 이상(IQ 평균 100에서 적어도 2 표준편차 이상)으로 정의되는 영재 아동에게도 발생할 수 있다."고 인정한다(American Psychiatric Assosiation, 2013, p. 69). 그러나 그러한 아동에게 상당한 연령 불일치를 요구하는 것은(예: 어떤 학업 기술에서 절단점인 표준점수 78점)은 영재아동이 비영재아동보다 진단 준거를 충족하는 것을 훨씬 어렵게 한다. 왜냐하면 그 아동은 자신의 IQ 수준보다 적어도 3.5 표준편차 이하로 수행해야 하는 반면, IQ 평균이 100인 아동은 IQ 수준보다 1.5 표준편차 이하의 수행만을 요구한다. 매우 똑똑한 아동은 읽기 정확성과 유창성과 같은 특정 학업 기술에서 IQ 불일치만 보일 수 있는 반면, IQ가 평균 이하인 아동은 연령 불일치만 보일 수 있다. 이 두 아동의 문제가 임상적으로 손상된 경우 이 둘 모두 특정학습장애 진단을 받아야 하겠지만, DSM-IV에서는 두 아동 모두 준거를 충족할 수 없으며, DSM-5에서는 두 번째 아동만이 준거를 충족한다.

DSM-IV에서 학습 장애군을 정의하는 것은 주로 개인으로 실시된 표준화된 검사에서의 수행에 기초한다. DSM-5의 긍정적인 변화는 특정 검사 점수와 더불어, 아동의 히스토리와 관찰을 포함한 전체 임상 장면을 강조한다는 점이다. 그럼에도 불구하고 표준화된 검사 점수는 진단에 매우 중요하며, DSM-5에 따르면 17세 이하의 학생들에게 요구된다.

이 책의 후반부에서는 가장 잘 타당화된 2가지 학습 장애인 난독증과 수학장애에 대한 구체적인 정보를 제공할 것이다. 비교적 쓰기장애에 대한 연구는 많이 이루어지지 않았다. 우리는 단지 쓰기장애에 대한 두 개의 메커니즘 연구만 확인할 수 있었고, 이는 각각 하나의 샘플을 사용했다(Katusic, Colligan, Weaver, & Barbaresi, 2009; Yoshimasu et al., 2011). 연구 결과는 다음의 내용들을 포함한다. ① DSM-IV의 정확한 정의에 따르면, 쓰기장애의 학령 인구 유병률은 6.9~14.7%로 나타났다. ② 성비에서는 남성이 우세하다(1:2~3). ③ 읽기장애나 난독증과의 공존장애 확률이 매우 높았다(75%). ④ 나머지 25%만이 난독증을 가지고 있지 않으며, 30%는 ADHD를 가지고 있다. 읽기장애와의 높은 공존성은 아동의 쓰기 문제를 평가하는 임상가는 난독증을 항상 평가해야 하며, 반대로 아동의 읽기문제를 평가하는 임상가는 항상 아동에게 쓰기문제가 있는지에 대한 여부를 고려해야 함을 나타낸다.

Wagner 등(2011)은 문어 기술의 발달을 모형화하였고, 앞서 설명한 쓰기의 단순 모델과 대체로 일치하는 결과를 발견했다. 기초 기술인 필기 유창성과 복잡 기술인 생산성(예: 산출된 단어의 수)은 각각 1학년과 4학년 사이의 작문 기술 간 발달차이를 설명하는 데 있어서 2.0 이상의 중간 정도의 효과크기(Cohen's d)를 나타냈다. 따라서 이 연구는 작문 기술의 발달이 필기의 자동성과 생각을 표현하기 위해 단어를 생성하는 능력을 모두 필요로 한다는 점을 증명했다. 결과적으로, 쓰기문제가 있는 아동을 평가할 때, 이 두 가지 요소를 아동의 읽기 능력과 함께 평가해야 한다(왜냐하면 읽기문제와 쓰기문제 사이의 높은 공존성 때문이다). 또한 ADHD도 평가되어야 한다. 왜냐하면 그것은 문어나 구어 담화를 조직하는 능력에 영향을 미칠 수 있을 뿐만 아니라, 모든 학습 장애군과 높은 공존성을 보여 주기 때문이다.

불행히도 아동의 작문기술을 평가하는 데 몇 가지 실제적인 어려움이 있는 것으로 밝혀졌다. 우리는 우리의 연구와 임상적 실천에서 쓰기의 다른 척도, 특히 높은 수준의 쓰기의 측면을 평가하는 척도들 간 상관이 높지 않다는 것을 발견했는데, 이는 그것들이 얼마나 신뢰로운지, 그리고 동일한 구인을 평가하고 있는지에 대한 의문을 제기한다. 예를 들어, 학습 장애, ADHD, 통제 집단으로 구성된 약 100명의 8~16세 아동 표본에서, 우리는 문어 평가-4판(TOWL-4)의 이야기 구성 점수와 웩슬러 개인용 성취도 검사-3판(WIAT-III)의 에세이 주제 점수 간 상관이 단지 $r = .10$임을 확인하였다. 이러한 관계는 사실상 이론적으로 구별되는 구인들을 측정하도록 만들어진 과제를 포함하여 광범위한 인지 및 학업적 과제들 사이의 상관보다 작았다. 대조적으로, Woodcock-Johnson Writing Fluency와 Writing Sample 과제와 같이 쓰기의 기초적인 측면에 초점을 맞춘 쓰기 과제는 우리의 샘플에서 $r = .49$라는 더 강한 상관관계를 보여 주었다. 이러한 결과는 학습 장애 및 ADHD 아동에게 자주 장애가 발생하는 중요 영역을 평가하기 위해 더 높은 수준의 쓰기 기술을 신뢰롭게 측정해야 할 필요성을 강조한다.

임상가는 학습 장애 진단을 위해 DSM-5가 제공하는 틀을 어떻게 구현해야 하는가? 제7장은 우리가 권고하는 일반적인 평가 접근 방식에 대한 개요를 제공하며, 발생할 수 있는 몇 가지 일반적인 질문과 이슈를 제시한다. 여기서는 미국 법률[『장애인 교육법(IDEA)』, 2004]에 의해 교육환경에서의 학습 장애 판별에 적절한 것으로 인정된 두 가지 접근 방식을 간략히 비평한다. DSM-5와 IDEA에서는 특정학습장애의 정의가 동일하지 않지만, 유사하다. 둘 다 몇 가지 배제조건이 없는 상태에서 학업 기술 발달에 주요한 어려움을 가진다. 또한 두 가지 모두 학업적 어려움이 임상적으로 유의미한 문제를 야기해야 하지만, 사용되어야 할 절단점은 정확하게 명시하지 않는다. 하지만 IDEA는 특정학습장애를 진단하는 데 사용될 수 있는 두 가지 일반적인 접근방식인 강점 약점 모델(PSW)과 중재반응 모델(RTI)을 지지한다.

PSW의 이름에서도 알 수 있듯이, PSW의 이면의 아이디어는 아동의 프로파일에서 그의 강점과 약점의 의미 있는 군집을 확인하는 것이다. 그러한 접근은 다른 인지적 및 학업적 기술의 맥락에서 아동의 학업적 약점을 고려하기 때문에 매력적으로 보이며 특정학습장애에 대해 특정한 무언가가 있어야 한다는 직관적 감각과도 일치한다. 그러나 우리는 이미 단 하나의 학업적 또는 인지적 기술의 연속적인 분포에서 단 하나의 절단점을 설정하기 위한 노력에 어려움이 있음을 확인하였다. PSW를 조작적으로 정의하려면 여러 연속적인 측정에서 절단점을 설정해야 해야 하는데 이는 몇 가지 어려움을 확대한다. 임상적으로 문해력 문제를 가진 대다수의 학생들이 PSW 준거를 충족하지 못하고, 진단 준거에서 비교적 작은 변화로도 특정 아동이 판별되는 큰 변화를 초래한다는 것이다(Miciak, Fletcher, Stuebing, Vaughn, & Tolar, 2014; Stuebing, Fletcher, Branum-Martin, & Francis, 2012). 이러한 문제들은 진단 시 PSW를 사용하는 것을 비현실적으로 만들며 잠재적으로 해롭게 한다.

RTI(중재반응) 모델은 다른 진단 접근의 많은 문제들을 설명하려고 시도한다. 이는 학교에서 점점 더 많이 사용되고 있으며, IDEA와 DSM-5에 의해 특정학습장애를 판별하기 위한 수용 가능한 방법으로 인식되고 있다. RTI 이면의 아이디어는 모든 아동들에게 증거 기반 교수를 제공해야 하고, 모든 학생의 진전도를 모니터링해야 한다는 것이다. 기대되는 진전을 이루지 못하는 아동들은 일부 추가교육(예: 담임교사의 관심 증가 또는 소그룹에서 과제 수행)에 참여하지만, 처음에는 오랜 평가 과정을 거치거나 진단 또는 개별화 교육 프로그램(Individualized Education Program: IEP)을 제공받지 않는다. 몇몇 아동들은 중재에 잘 반응하며, 더 이상의 중재를 필요로 하지 않는다. 적절하게 반응을 보이지 않는 아동들은 더 높은 수준의 중재를 진행한다. 학교마다 아동이 거쳐야 하는 중재 단계의 수는 다르지만 최종적으로는 IEP 적격성에 필요한 것과 같은 보다 상세한 평가가 고려된다.

RTI 모델은 다양한 강점을 가지고 있다. 첫째, 모든 학교가 모든 아동들에게 가능한 최선의 증거에 기반한 핵심 학업 교수를 제공해야 한다는 것은 두말할 나위 없다. 둘째, RTI는 역사적으로 특수교육 적격성과 관련된 것이라기보다, 중재 안팎으로 보다 유연한 움직임을 제공함으로써, 연속적인 진단 기준을 설정하는 데 내재된 문제를 해결하려고 시도한다. 셋째, RTI는 조기 개입을 강조하는데, 이는 아동들이 수년간의 학업 실패를 경험할 때까지 기다리는 것보다 효과적이며, 몇몇 학습 장애를 예방하는 데 확실히 도움이 된다.

그러나 RTI 모델 역시 제한점이 있다. 실제로 그것은 때때로 좀 더 포괄적인 평가와 집중적인 중재가 지연되는 것을 의미할 수 있다. 어려움이 있는 아동은 먼저 중재의 여러 단계를 통과해야 하고 이에는 시간이 소요되기 때문이다. 전문가와의 추가적인 평가는 학업적 어려움이 단순히 학습 장애가 아니라, 진단되지 않은 자폐스펙트럼장애, 지적장애, 언어장애, 정신질환 또는 ADHD를 가진 학생에게 특히 중요할 수 있다. 이미 살펴본 바와 같이 학습 장애군 간의 공존성은 예외적인 것이라기보다 통상적인 것이지만, RTI 모델은 일반적으로 이러한 공존장애를 평가할 적절한 훈련을 받지 않은 이들에게 학업 영역으로만 제한된 평가를 강조한다.

요약

이 장에서 설명하였듯이, DSM-IV에서 DSM-5로 개정됨에 따라 학습 장애의 개념은 진화되었다. 동시에, 학교 현장에서 학습 장애 판별을 위한 최선의 실제에 대한 심리학계와 교육학계의 논의가 지속되고 있다. 현재에도 해결되지 않은 문제들이 존재한다. 이 장에서 강조한 몇 가지 사항은 특정학습장애 명시자의 불확실한 타당성, 영재아동 진단에서의 어려움, 학습 어려움의 심각도 수준이 다양한 아동을 위한 RTI의 최선의 구현에 대한 질문이다.

제**7**장

평가에서의
증거 기반 실제

제1장에서 제6장까지 우리는 학습 장애에 대한 이해를 유도하는 다층, 다중 결손
모델을 설명하고, 분석 수준을 통해 해당 모델의 증거를 제공하였다. 이 장의 목표는
임상의들이 개별 사례의 진단 의사결정에 이론적 모델을 적용할 수 있도록 돕는 것이
다. 이를 위해 학습 장애군 평가를 위한 우리의 접근에 대한 전반적인 개관을 제공하
고, 진단 전문의가 자주 직면하는 몇 가지 구체적인 문제에 대해 논의한다. 그러나 먼
저 아동들을 명칭부여(labeling)에 대해 많은 부모들이 가지게 되는 의구심들, 그리고
근거한 진단들이 과연 적절한지에 대한 문제를 논의하고자 한다.

교사, 학부모, 그리고 임상의까지 아동에 대한 행동적 진단을 의심하는 경우가 많
다. 많은 사람들이 진단 과정의 잘못된 예, 아동을 잘못 라벨링하거나 잘못 진단된 경
우를 접한다. 게다가 어떤 아동은 너무 짧은 시간 안에 너무 많이 변해서 그들을 라
벨링하는 것이 부적절할지도 모른다. 성인들은 아동 문제의 특성을 포착하지 못한다
는 우려 때문에 '의료적 모델' 접근을 진단에 적용하는 것을 확신할 수 없을 것이다.
Robin Morris(1984)은 "개별 아동은 다른 모든 아동과 같고, 일부 다른 아동과 같으며,
다른 어떤 아동과도 같지 않다"고 말했다. 즉, 어떤 특성은 인간의 전형이고, 또 다른
특성은 인간 내의 집단의 전형이고, 그리고 또 다른 특성은 개인의 고유한 것이다. 진
단 전문의와 치료사로서 어떤 특성이 어떤 범주에 속하는지 잘 다루는 것이 중요하

다. 어떤 환자들은 자신에게만 있는 독특한 특성이라고 느끼지만 실제로 인간의 전형적인 증상을 가지고 있다. 비록 훌륭한 임상의는 환자의 고유한 속성을 인식하고 최대한 활용해야 하지만, 정신장애(이 책에 포함된 모든 학습 장애군 포함)를 이해하고 치료하는 데 있어서 과학적인 진보는 인간 내 집단의 특성을 구별하는 '중간 수준' 변수(variation)가 있느냐에 달려 있다. 그렇지 않다면, 심리적 개입은 모든 사람이 직면하는 삶의 문제만을 치료하거나 각각의 독특한 개인을 위한 분야를 재창조하는 것으로 한정한다. 한편으로는 우리는 모든 사람이 '같은 처지'에 있기에 정신장애는 없다고 말한다. 반면, 우리는 모든 사람이 다르기에 정신장애가 없다고 말한다. 정신건강 연구는 양극단의 어느 쪽을 지지할 수 없다. 비록 아동의 발달장애에 대한 현재의 지식상태는 많은 혼란과 한계가 있지만, 이러한 상태는 발달 정신병리학이나 발달 신경심리학의 과학이 불가능하다는 것을 의미하지는 않는다.

　기억해야 할 또 다른 중요한 점은 진단에 환자를 맞추는 것이 아니라 환자가 진단을 받는 것이다(예: Achenbach, 1982). 즉, 진단은 환자 그 자체의 모든 측면에 대한 설명을 제공하는 것은 아니다. 더욱이 질병분류학은 사람이 아니라 장애를 분류한다. '난독증', '자폐증', '조현병'으로 부르는 것은 속성으로 분류하기 쉽지만, 이러한 라벨들은 민족성, 종교 또는 특정 의학적 질병에 기초한 다른 라벨처럼 고정관념이 되고 잠재적으로 오명을 남길 수 있다. 그래서 많은 정신건강 의학자들과 대변인들은 '사람 친화적인' 언어를 선호하고, 그 언어는 자폐인을 자폐증이라고 단순히 축소할 수 없다고 여긴다. 아마 놀랍지 않게도 장애와 관련된 역사적인 오명과 태도에 영향을 미치는 말의 힘을 고려할 때, 이 문제는 논란의 여지가 남아 있으며, 일부 자폐성장애 커뮤니티에서는 최근 '정체성 우선' 명칭에 대한 선호를 표명하고 있는데, 이는 그 사람이 누구인가에 대한 본질적인 부분으로서의 자폐성장애를 강조하기 때문이다(예: '자폐증을 가진 여자'가 아닌 '자폐성 여자'). 우리는 이 책을 통해 사람 중심의 용어를 강조하지만, 용어가 개인에게 선호되는 것으로 느끼는 데 영향을 미치는 많은 요인을 인정한다. 우리는 장애인들이 어떤 용어가 존엄성을 전달하는 데 옳고 최선인지에 대해 스스로 선택할 수 있어야 함을 강력하게 지지한다.

　한계가 있지만 여러 가지 이유로 진단은 중요하다. 진단은 효율적인 식별과 치료를 가능하게 하고, 아동 전문가 간의 의사소통을 용이하게 한다. 진단 자체는 부모와 아동에게 치료방법이 될 수 있는데, 이는 정확한 진단이 문제를 일으키는 증상에 대한 설명과 부모와 아동 환자가 이미 증상을 완화하기 위해 기울이고 있는 노력에 대한 초점을 제공하기 때문이다. 많은 경우, 적절한 교육적 또는 치료적 지원에 대한 접근은 특정한 진단을 받느냐에 달려 있다. 공중 보건의 관점에서 이미 정해진 진단에 대한 연구는 조기 판별 및 예방으로 이어질 수 있다. 마지막으로, 진단의 집단 연구는 인간 발달에 대한 기초 연구에 기여할 수 있다.

평가에 대한 전반적인 접근

평가 과정은 아동이 특정 경로에 의해 의뢰될 때 시작된다. 이 책에서 고려되는 대부분의 학습 장애군의 경우, 발달에 더 일반적인 영향을 미치는 장애(예: 지적장애, 자폐증)는 학교교육 이전에 발생하는 데에 반해, 학교 진도의 문제로 인해 부모, 교사, 소아과 의사 또는 다른 전문가들에 의해 자주 의뢰된다. 의뢰 질문을 명료하게 이해하는 것은 어떤 평가든지 고려되어야 하는 중요한 첫 단계다. 평가자는 먼저 질문에 답변하는 것이 자신의 능력 범위 내에 속하는지 확인해야 하며, 만약 속한다면 제공된 정보를 사용하여 자신의 접근방식을 조정하기 시작해야 한다. 의뢰 질문은 잠재적 진단, 가장 영향을 받을 가능성이 높은 신경심리학적 영역, 그리고 아동 삶에 있어서 어떤 사람 또는 기관이 아동을 지원하는 데 필요한 지침인지에 대한 단서를 조기에 제공할 수 있다.

전반적인 접근방식은 세 가지 면에서 총체적이어야 한다. 첫째, 가정, 학교, 그리고 더 넓은 지역사회의 환경 내에서 발달하는 아동을 키우도록 고려해야 한다. 실제로 아동이 평가에 의뢰되는 하나의 이유는 단지 아동 내에서만 존재하는 결함보다는 발달상 이미 정해진 시점에서의 능력 및 기술과 그가 배치된 환경적 요구 사이의 불일치로 이해할 수 있다(Bernstein & Waber, 1990). 이미 성숙한 체계보다 성장하는 두뇌에 초점을 맞추는 것은 아동과 성인 평가의 근본적인 차이점이며, 아동을 평가하는 전문가들은 전형적이고 비전형적인 아동 발달에 관한 전문적인 지식을 가져야 한다는 것을 의미한다.

둘째, 평가는 다양한 기능 영역에서의 면밀한 평가를 포함해야 한다. 여기에는 제4장에서 논의된 신경심리학적 영역뿐만 아니라 사회적·정서적·행동적 적응도 포함될 것이다. 셋째, 유능한 전문가는 임상 전체를 이해하기 위해 여러 가지 정보의 흐름을 활용한다. HOT(History, Observations, Test results; Bernstein & Waber, 1990; Bernstein & Weiler, 2000)은 평가 과정에서 분석할 정보의 세 가지 주요 흐름을 기억하는 유용한 방법이다. 우리의 경험에서 학습 장애 평가를 수행하는 대부분의 전문가들은 이 세 가지 정보로부터 수집하고 보고한다. 그러나 일반적인 오류는 의사결정에서 그 세 가지를 통합하지 못하거나 데이터 점수를 지나치게 중요시하는 것을 포함한다. 진단 오류는 손 팔랑거리기를 하는 아동은 자폐증이라고 가정하거나 음운 인식이 손상되지 않은 아동은 난독증으로 판별될 수 없다고 가정하는 등과 같이 제한된 데이터에 근거해 결론을 내릴 때 쉽게 나타날 수 있다. 능숙한 진단은 단일 증상이나 검사 점수가 아니라 HOT 기억술의 세 가지 정보로부터 모든 데이터를 균형 있게 통합함으로써 발생한다. 다음에서 이러한 각 정보와 관련된 고려 사항을 간략히 검토하고자 한다.

• • •
발달사

　아동의 발달사는 주로 부모나 보호자에 의해 제공된다. 우리 클리닉에서는 의뢰문제, 가족력, 임신 및 출생, 관련 의료 이력, 아동의 초기 발달, 학교 이력, 심리사회적 이력에 대한 정보를 수집하기 위해 구조화된 부모 설문지를 사용한다. 이 정보는 부모 또는 다른 주요 보호자와의 후속 임상 인터뷰를 통해 명료화된다. 고학년 아동과 청소년들은 종종 관련된 이력의 몇 가지를 스스로 제공할 수 있다. 부모와 자녀는 그들의 보고의 정확도에 있어서 다양하며, 오류도 드물지 않다. 따라서 교육적인 기록과 이전의 어떤 평가 보고서와 같은 보다 많은 객관적인 발달사와 관련된 자료를 수집하는 것도 가치 있는 일이다. 학습 또는 발달문제가 근본적인 의료적 조건과 연결될 수 있는 아동의 경우, 의료 기록에 대한 검토 또한 중요하다. 이러한 아동에 대한 평가는 소아 신경정신과 전문의와 같은 의학적 진단과 관련된 적절한 배경지식과 훈련을 받은 전문가에 의해 수행되어야 한다.

　아동의 발달사의 몇 가지 측면은 특히 학습 장애군의 정확한 진단과 관련이 있다. 첫째, 임상의는 의뢰 문제의 이력을 명확히 이해해야 한다. 앞에서 논했듯이 지적장애나 자폐증과 같은 보다 전반적인 신경발달장애는 전형적으로 학교 입학 훨씬 전 발달 초기에 발병되는 반면에 상대적으로 특정학습장애는 전형적으로 정규 교육을 시작한 직후에 눈에 띈다. 학교에서의 어려움이 나타나기 전, 여러 해 동안 좋은 교육적 진전도를 보이는 아동은 전통적인 학습 장애와 다르다. 물론, 아동의 환경은 문제가 어느 정도 명백한지를 결정하는 데 도움이 될 것이다. 예를 들어, ADHD와 관련된 일부 증상(예: 조직화의 어려움)은 환경적 요구가 증가할 때에만 뚜렷해질 수 있다. 임상적 문제는 훨씬 높은 수준의 자립 기술이 기대되는 시기로 아동이 초등학교에서 중학교로 진학하는 것 같이 새로운 학문적 '스트레스 지점'에 도달하는 경우에 종종 발생한다. 이 경우 발달에 대한 정보를 수집은 오랫동안 존재했지만 다른 환경에서 반드시 임상적으로 드러나지는 않았던 미묘한 약점을 드러낼 것이다. 이전에 정상 발달한 아동이 갑작스럽게 학습이나 발달문제를 보이는 경우는 드물고, 일반적으로 이 책에서 다룬 학습 장애군의 특성과도 일치하지 않는다. 이러한 증상은 의료 및 정신병리학의 추가 정밀검사가 필요한지 결정하기 위해 주치의나 전문의에게 의뢰할 수 있다.

아동의 초기 발달과 교육 이력을 수집하는 것은 항상 중요하다. 아동이 예측된 시간 내에 유아기의 운동, 언어 및 사회적 이정표(milestone)에 도달했는가? 아동들은 유아기의 신체적, 직업적, 언어치료에 참여했는가? 언제 교사가 처음으로 문제를 인식하였는가? 교사는 전형적으로 그 아동을 어떻게 묘사하는가? 아동은 학교에서 추가적인 도움을 받았는가? 만약 그렇다면, 어떤 종류의 도움을 받았는가? 민첩한 진단 전문의는 부모나 전문가들이 아동을 주목하지 않은 사람들보다 몇 가지 유형의 발달상 문제를 더 자주 관찰한다는 것을 알아야 한다. 예를 들어, 초기 언어 기술의 지체된 습득은 언어장애의 특징이지만, 아동기 공존장애인 말소리장애가 없다면 이러한 지체를 놓치게 될 수 있다(D. Bishop & Hayiou-Thomas, 2008). 다시 한번, 이러한 문제들은 아동의 환경과 상호작용하며, 특히 더 낮은 사회경제적 지위에 놓인 가정의 아동은 임상치료를 받지 못할 위험에 처해 있다(D. Bishop, McDonald, Bird, & Hayiou-Thomas, 2009).

이 책에서 고찰한 모든 장애는 부분적으로 유전이 가능하기 때문에 생물학적 가족력은 평가와 관련성이 높다. 물론 여기에는 특히 의뢰된 아동과 유전적으로 밀접한 관련이 있는 사람의 학습 장애군의 진단 이력이 포함된다. 그러나 일부 가족 구성원은 공식적으로 평가 또는 진단을 받지 않았을 수 있으므로 학교나 학습 또는 이해관계에 문제를 가졌던 친족에 대하여 한 부분에 국한되지 않은 질문을 하는 것이 도움이 될 수 있다. 이러한 문제에 대한 더 많은 지침은 제9장~제14장에서 제공된다.

발달적 학습 장애를 가진 대다수의 아동에게 임신, 출산, 그리고 의학적인 이력은 눈에 띄지 않거나 진단에 도움이 되지 않지만, 어떤 아동들은 그들의 현재 어려움을 설명하는 데 도움이 되는 위험 요인(예: 상당한 미숙아, 태아 알코올 노출 또는 선천성 심장질환)을 가지고 있다. 이러한 요소들과 두뇌에서 예측되는 영향과 인지 발달에 대한 검토는 이 책의 범위를 벗어난다. 개략적인 내용에 대해서는 Yeates(2010)를 참조하라. 우리는 평가를 위해 모든 아동에게 나타나는 수면 정보를 수집하는 것을 추천한다. 수면의 질이나 양의 부족은 주의력, 행동, 학습문제를 야기할 수 있고, 그러한 문제는 수면 관련 중재로 가장 잘 치료된다(예: Ali, Pitson, & Stradling, 1996). 게다가 여러 신경발달장애 아동은 수면문제를 빈번하게 경험한다. 심지어 수면문제가 아동의 발달문제의 주요 원인이 아님에도, 수면이 증상을 완화할 수 있으며 결국 수면이 중요한 잠재적 치료 목표라는 증거를 만들어 낸다(예: Breslin et al., 2014).

우리는 또한 아동에 대한 좋은 심리사회적 이력을 통해 총체적이고 철저한 이해에 다가갈 수 있다. 어떤 경우에는 심리사회적 어려움이 아동 문제의 병인론 전부 또는 일부일 수 있으며, 진단을 명료화하고 치료해 나가는 데 잠재적으로 도움이 될 수도 있다(단지 외상 사건에 노출된 후에 부주의 증상을 보이는, 이전에는 일반적으로 발달한 아이의 사례와 같이). 또한, 학습 장애군과 다른 발달 정신병리 사이의 공존 때문에(예: 우울증, 불안 또는 적대적 반항장애) 학습 우려로 의뢰된 모든 아동은 정서적·행동적 어려움에 대한 위험성이 높다는 것을 인식해야 한다.

・・・

관찰

행동 관찰은 사회적 기술, 정서와 행동 규제, 주의력, 언어와 의사소통, 운동 기술, 심지어 비언어적 기술과 기억의 측면까지 포함한 다양한 신경심리학적 영역에 걸쳐 아동의 기능에 대한 풍부한 정보의 근원을 제공할 수 있다. 이 정보를 수집할 기회는 임상의가 아동과의 첫 번째 접촉부터 시작하여 평가 과정 내내 계속된다. 다양한 환자와의 축적된 임상 경험은 결국 신중한 임상의가 평가 환경에서 특히 주목할 만한 행동이나 의미 있는 행동의 종류에 대한 '내적 규준'을 개발할 수 있도록 한다. 물론 이러한 규준은 아동의 나이, 성별, 가정 배경 및 기타 환경적 고려 사항과 같은 요인에 민감해야 한다. 이러한 비교적 일반적인 행동 관찰 외에도 객관적 검사(예: 문제해결 접근, 오류 유형)에서 구조화된 관찰은 매우 중요할 수 있다. 특정 장애와 관련된 장에서 보다 자세히 논의한 것처럼 그러한 관찰은 진단을 위한 증거 수집의 일부가 될 수 있다.

따라서 행동 관찰은 개인의 전체적인 특징을 구체화하는 데 있어 아동의 발달사와 객관적 검사 점수가 통합된 고유의 자료를 제공한다. 어떤 심리검사도 인지 기능의 단일 영역에 대한 '순수한' 척도를 제공하지 않는다. 대신에 좋은 수행은 많은 요인에 따라 결정된다. 그러므로 행동 관찰은 다양한 검사 점수의 적절한 해석을 보장하기 위해서도 중요하다. 예를 들어, 어떤 아동이 방향을 혼동할 경우 시공간적인 판단, 운동 협응, 충동 조절, 주의력 또는 언어 이해력에서의 문제 때문에 따라 그리기 과제검사에서 낮은 점수를 얻을 수 있다.

따라서 낮은 점수를 자동으로 '시각-운동 통합'의 문제를 나타내는 것 또는 '구조적 결함'으로 해석하는 것은 많은 경우에 부정확할 수 있으며, 신중한 행동 관찰은 어려움에 대한 이유나 진짜 원인을 명확히 하는 데 도움이 될 수 있다.

임상의는 일반적으로 표준화되고 준표준화된 환경에서 행동 표본을 수집한다. 이는 앞서 논의한 바와 같이 여러 가지 장점을 제공한다. 시간이 지남에 따라 임상의는 그동안 여러 검사 조건에 따른 보편적인 반응 및 특이한 반응에 대한 뛰어난 감각을 신장시키기 때문이다. 또한, 그러한 반응 중 어떤 것은 정확한 진단에 매우 중요한 '중다 수준' 변수와 상관관계가 있다. 그러나 검사 환경에도 한계가 있으며, 일반적으로 아동의 다양한 기능을 측정하기에 적합한 현실적인 상황을 제공하지 않는다. 아동은 또래와 어떻게 상호작용하는가? 산만함으로 가득 찬 분주한 교실 환경에서 그들은 어떻게 그들의 행동을 조절할까? 일부 전문가들은 이러한 제한점을 해결하기 위해 학교 환경에서 아동의 외부 관찰 일정을 잡는다. 우리는 부모, 교사, 그리고 다른 전문가들이 면접과 행동평정 척도를 통해 제공하는 대리 관찰에 의존하는 것을 선호한다. 우리는 아동을 잘 아는 사람들이 어떤 것을 끌어낼 만한 훨씬 더 큰 표본을 가지고 있기에 이 접근법이 더 능률적이고 비용-효율적이며 더 정확하다는 것을 알 수 있다.

• • •

검사 결과

앞서 언급한 논의에서 분명히 밝혔듯 평가 과정은 단순한 검사 이상의 것이다. 정확한 진단과 최적의 치료 계획은 단순히 가장 심사숙고해서 선별되거나 포괄적인 검사 도구의 기계적인 해석이 아니다. 그러나 표준화되고 객관적인 검사는 상당히 효과적일 수 있으며, 우리가 특정 아동을 이해하고 가까이에서 의뢰 질문에 대답하는데 도움이 될 수 있다. 다음에서는 학습 장애군의 검사 도구를 개발하고 해석할 때 고려해야 할 몇 가지 문제에 대해 논의한다.

수행 타당도

어떤 시험에서든 아동의 수행을 해석하기 전에, 평가자는 점수가 아동의 기능에 대한 유효한 추정치를 제공한다고 확신하기를 원할 것이다. 즉, 아이가 낮은 점수를 받는다면, 그것은 그 아이가 정말로 그 과제에 어려움을 겪었기 때문이며, (몇 가지 가능성만 언급하자면) 아동이 주의를 기울이지 않고, 지시를 따르기를 거부하고, 잠이 들어서 또는 아동이 실제 능력보다 더 심각하게 어려운 척하는 것 때문이 아니라는 것을 알기 원한다. 역사적으로, 아동과 함께 일하는 평가자들은 아동이 그 과제에 최적으로 참여하도록 보장하고, 따라서 그 결과가 타당하다는 것을 말하기 위해 주로 그들의 임상 판단에 의존해 왔다. 그러나 다수의 연구 문헌을 통해 임상적 판단만으로는 이러한 결정을 하기에 불충분하며, 객관적인 수행 타당도 검사를 포함하는 것이 아동 평가의 중요한 구성 요소라는 사실을 강조한다. 이에 대한 자세한 내용은 Kirkwood(2015)를 참고하라.

수행 타당도의 객관적 측정은 성인 대상 평가에서 중요한 것으로 오랫동안 인식되어 왔으나, 아동 및 유아 대상 평가에서는 최근에 와서야 주목을 받았다. 이는 많은 실무자들이 아동이 명확한 어른과 같은 권위 있는 인물 앞에서 의도적으로 어려움을 과장하지 않을 것이라 가정했기 때문이다. 그러나 이제 우리는 아동이 어른을 속일 수 있고, 어떤 상황에서는 아동들이 다양한 의학적 · 정신학적 · 인지적 문제를 가장하며, 어른이 아동의 기만을 일관되게 감지하지 못한다는 것을 안다. 따라서 훌륭한 임상의가 아동의 지능, 언어 기능, 기억력 또는 기타 인지 능력을 평가하기 위해 판단에만 의존하지 않는 것처럼, 심리학적인 검사 배터리의 수행 타당도에 대한 객관적인 측정도 일상적으로 포함시켜야 한다.

이제 여러 수행 타당도 검사가 아동을 대상으로 사용할 수 있도록 검증되거나 소아의 사용을 위해 특별히 개발되었다(Kirkwood, 2015 참조). 일반적으로 이러한 검사는 빠르고 쉽게 실행할 수 있다. 검사들은 어려워 보이지만 실제로 쉽고, 능력 중심의 인지적 문제에 상대적으로 둔감하다. 대부분의 경우, 진정한 학습이나 발달문제를 가진 학령기 아동은 그들이 충분한 노력을 기울이는 한 이러한 시험을 쉽게 통과할 수 있다. 타당도 검사의 실패는 심리학적 검사 배터리의 나머지 부분을 해석하는 데 상당한 영향을 미친다. 예를 들어, 한 연구는 타당도 검사 수행이 능력 중심의 검사 수행의 거의 40%를 차지한다고 밝혔다(Kirk-wood, Yeates, Randolph, & Kirk, 2012).

객관적인 타당도 검사의 중요성은 아동 대상 연구와 임상 영역에서 최근에야 인식되었기 때문에 여러 모집단의 타당도 검사 실패율은 대체로 알려져 있지 않다. 인지적 문제를 과장하거나 가장하는 비율은 사회 보장 장애(Social Security Disability) 평가에서 독립적 평가에 의뢰된 아동같이, 일부 법의학 또는 보상을 추구하는 환경에서 상당히 높은 것으로(>50%)라고 여겨졌다(Chafetz, 2008). 임상적으로 의뢰된 표본에서 그 비율은 모집단에 따라 다양한 것으로 보인다. 가벼운 머리 부상 후 지속적인 문제로 의뢰된 아동은 임상 평가를 요구하는 아동 중에서 타당하지 않거나 '신뢰할 수 없는' 표현의 비율이 약 15%로 가장 높은 것으로 여겨진다(Kirkwood, 2015). 학습상의 우려로 임상적으로 의뢰된 아동과 청소년의 신뢰할 수 없는 표현 비율은 가장 낮지만 0은 아니다. 고위험 검사를 위한 조정 또는 흥분성 약물로의 접근 같은 평가 결과에 따라 얻게 되는 부차적인 상당한 잠재력을 고려하라(Harrison, Flaro, & Armstrong, 2015).

일부 임상의는 실패를 다루는 방법이 당연히 불확실하기 때문에 평가 도구의 공식적인 타당도를 포함하는 것을 꺼릴 수 있다. 나머지 평가는 어떻게 되고, 이러한 상황에서 가족에게 어떤 종류의 피드백을 제공해야 하는가? 물론 그 답은 임상적 상황에 따라 다를 것이다. 모든 단일 검사에서 거짓 긍정과 거짓 부정은 확실히 발생할 수 있으므로 다중 측정의 포함을 권장한다. 또 전반적인 검사 결과 패턴이 아동의 발달사와 일치하는지의 여부를 고려하는 것과 우려를 표현하는 것이 중요하다. 평가자가 아동이 최선을 다하지 않고, 일관성이 없는 노력을 했다고 합리적으로 확신하게 되는 경우, 이는 그 자체로 임상적으로 중요한 발견이 된다. 다음 단계는 적절한 개입이나 반응이 설계될 수 있도록 아동의 동기가 무엇인지 판단하려는 것이다(Carone, Iverson, & Bush, 2010). 성인 환자의 의심스러운 노력을 다루는 방법에 대한 모형이 존재하며, 다행히 소아과에서 사용할 수 있도록 관련 모델이 개발되었다(Connery & Suchy, 2015). 탐색적 수준의 증거(preliminary evidence)는 이 모형의 사용이 높은 부모 만족도를 포함한 긍정적인 결과와 관련이 있음을 시사한다(Connery, Peterson, Baker, & Kirkwood, 2016).

예를 들어, 저자 중의 한 사람(Pennington)은 고등학교 3학년, 16세 소년 Jake를 평가했다. Jake는 초등학교와 중학교를 통틀어 매우 좋은 성적을 거두었지만, 그 전년도 성적에 비해 약간 떨어졌다(작년에는 전 과목 A를 받았었는데 올해는 A와 B를 골고루 받음). 그는 수업이나 숙제에 '집중할 수 없고' 또는 ADHD가 있는 것 같다고 부모님께 말씀드렸고, 그래서 그들은 평가를 받으려고 그를 데려왔다. 교육 기록을 검토한 결과 교사들로부터 이른 시기의 주의력이나 행동상의 문제가 드러나 있지 않았다. 다중 수행 타당도 검사에서 그의 수행은 최선을 다하지 않았음을 보였다. 게다가 검사의 일부 추가적인 측정 점수는 평균에 훨씬 못 미쳤고, Jake의 교육적·발달적 이력과 일치하지 않았다. 심도 깊은 임상 면접은 그가 학교에서 뛰어나야 한다는 상당한 압박감을 느꼈고, 경쟁이 치열한 몇몇 대학 중 한 곳에 입학 '해야 한다'는 그의 생각을 밝혀냈다. Jake는 다수의 과외 약속이 포함된 그의 현재 일정에 압도되었다. 대부분 저녁에는 밤 9시가 되어서야 숙제를 시작하고, 자정이 되어서야 잠들었다. 그에게는 흥분제(stimulant medication)를 처방받은 친한 친구가 있었고, 그는 그것이 유용하다고 생각했다. Jake는 ADHD 진단은 자신이 원하는 처방을 받을 수 있다고 믿었고, 이 처방이 더 열심히 공부하도록 하고 부담이 높은 시험에서 더 좋은 성적을 거둘 수 있다고 생각했다.

피드백 회기에서 Jake가 최선을 다하지 않았던 이유에 대해 그의 부모에게 설명하고 그 잠재적인 증거를 시사했다. 그들은 처음에 Jake가 보통 매우 열심히 공부했기 때문에 모든 시험에서 최선을 다하지 않았을 것이라는 사실에 놀랐다. 하지만 그들은 Jake가 아마도 압도되었을 것이고 너무 빡빡한 스케줄을 잡았다고 인정했고, 흥분제가 그에게 '탈출구'를 제공할 것이라고 생각했을 가능성을 염두에 두었다. 그는

ADHD로 진단되지 않았다. 임상의는 Jake가 때때로 집중하는 데 어려움을 겪을 수도 있지만, 이는 발달상의 장애보다는 스트레스나 불충분한 수면과 관련이 있을 가능성이 높다고 설명했다. Jake와의 피드백에서, 그는 공연히 불충분한 노력을 인정하지는 않았지만, 학교에 스트레스를 느끼고 도움을 원한다는 것에 동의했다. Jake는 학교와 활동에 대한 자신의 목표를 명확히 하고, 건강한 대처와 스트레스 관리 기술을 익히기 위해 심리치료에 의뢰되었다.

요약하면, 이 책의 전편이 출간된 이후로 객관적인 수행 타당도 검사가 학습이나 발달상의 문제로 의뢰된 학령기 아동과 청소년을 판별하는 데 중요한 역할을 수행한다는 것이 점점 분명해지고 있다. 이러한 검사는 빠르고 쉽게 사용할 수 있고, 능력 기반 문제에 상당히 둔감하며, 나머지 평가 자료의 해석과 임상 관리에 모두 상당한 영향을 미친다.

검사 도구 선택

우리는 유연한 검사 도구 활용 방식을 지지하는데, 이것은 의뢰 질문을 해결하고 임상 관리를 안내하는 데에 맞춰진 것이다. 이 책에 논의된 장애의 진단과 관련해서, 객관적인 검사 결과는 유용하고 많은 경우에 필요하다. 하지만 잘 고른 검사 도구는 단지 진단을 위한 분류만이 아닌, 더 추가적인 정보를 제공한다. 우리가 정확한 진단 결정을 내리는 부분에만 신경 썼다면, 검사 배터리는 종종 매우 짧을 수 있다. 극단적이긴 하지만 ADHD의 경우를 떠올려 보면, 1차 진료와 정신건강 제공자들은 일상적으로 임상적 인터뷰와 행동 평정 척도만을 기반으로 하여 진단한다. 하지만 이 경우에도 보다 포괄적인 신경심리검사 또는 교육심리검사가 관찰된 문제의 원인이 될 수 있는 공존장애의 학습 장애군의 약점을 식별하는 데 도움이 될 수 있다(Pritchard, Nigro, Jacobson, & Mahone, 2012).

우리는 제4장에서 결정적 지능과 유동적 지능, 주의, 실행 기능, 처리속도, 그리고 언어/의사소통 등 학습상의 장애를 이해하는 데 가장 관련 있는 신경심리학적 구조에 대해 논의하였다. 평가가 어느 정도 필요한지는 임상적 표현에 따라 다르겠지만 대부분의 경우 검사 도구는 적어도 위의 각각 영역의 하나 이상과 관련 있어야 한다. 앞서 논의한 바와 같이 선언적 학습/장기기억은 지적장애를 제외하고 이 책에서 논의된 대부분의 장애와 관련이 적다. 따라서 이 영역에 대한 세부적인 객관적 평가는 그다지 중요하지 않지만, 부모와 교사에게 기억력 문제와 관련된 의뢰 질문에 대답하는 것을 포함하여 정보를 제공한다는 점에서 여전히 가치가 있다. 학문적 기술은 신경심리학적 영역으로 간주하지 않지만, 이 영역에서의 객관적인 평가는 특정학습장애를 포함하거나 배제할 때 중요하다. 마지막으로 '발달사'에서 논의한 바와 같이, 학교 또는 주의력 문제로 의뢰된 모든 아동은 정서적이고 행동적 문제로 인해 선별되어야 하는데(즉, 부모 또는 자기-보고 평정 척도와 임상적 인터뷰) 왜냐하면 학습상의 장애와 다른 아동기의 정신병리학적 문제 간의 공존장애 때문이다.

대부분의 경우, 이러한 모든 영역에서의 적절한 측정은 상당히 포괄적인 검사 도구를 포함한다. 그러나 어떤 경우에는 더 단축된 도구도 더 비용 효율이 높고 효율적이라는 점에서 합리적이다. 예를 들어, 문해력 습득에만 어려움을 보이며, 그 능력에 어려움이 없었다면 정상적인 발달을 하고 학교 수행을 하였을 아동을 생각해 보자. 이 경우, 간단한 인지/언어 선별과 함께 문해력에 대한 신중한 평가는 임상의가 진단을 분명하게 하고 치료를 안내하는 데에 충분할 수 있다. 물론 그러한 경우에도, 검사자는 가능한 모든 공존장애 상태의 증거에 주의를 기울여야 한다.

〈표 7-1〉은 학습 장애군 평가에 가장 관련 있는 신경심리학적 및 학문적 영역을 측정하기 위한 적절한 심리검사와 평정 척도를 요약한 것인데 현존하는 모든 전체의 리스트를 제시한 것은 아니다. 또한, 특정 장애에 대한 제9장~제14장은 샘플 검사 도구 사례의 예시를 수록하고 있다.

〈표 7-1〉 학습상의 장애가 있는 아동과 청소년을 진단할 때 일반적으로 사용되는 심리학적 검사

구성	검사	참고
수행 타당도	의학적 증상 타당도 검사(Medical Symptom Validity Test: MSVT)	P. Green (2004)
	기억 사병(꾀병) 검사(Test of Memory Malingering: TOMM)	Tombaugh (1996)
	기억 타당도 프로파일(Memory Validity Profile: MVP)	Sherman & Brooks (2015)
	단어 기억력 검사(Word Memory Test: WMT)	P. Green (2003)

결정적 지능과 유동적 지능[a]	웩슬러 아동용 지능검사-5판(Wechsler Intelligence Scale for Children-Fifth Edition: WISC-V)	Wechsler (2014)
	웩슬러 유아용 지능검사-4판(Wechsler Preschool and Primary Scale of Intelligence-Fourth Edition: WPPSI-IV)	Wechsler (2012)
	웩슬러 성인용 지능검사-4판(Wechsler Adult Intelligence Scale-Fourth Edition: WAIS-IV)	Wechsler (2008)
	웩슬러 축약형 지능검사-2판(Wechsler Abbreviated Scale of Intelligence0Second Edition: WASI-II)	Wechsler (2011)
	Differential Ability Scales-Second Edition(DAS-II)	Elliot (2007)
	Kaufman Brief Intelligence Test-Second Edition(KBIT-2)	Kaufman & Kaufman (2004/2014)
	Woodcock-Johnson-Fourth Edition(WJ-IV) Tests of Cognitive Abilities	Schrank, McGrew, & Mather (2014c)
언어[b]	음운 처리 종합 시험-2판(Comprehensive Test of Phonological Processing-Second Edition: CTOPP-2)	Wagner, Torgesen, Rashotte, & Pearson (2013)
	언어 기초 임상 평가-5판(Clinical Evaluation of Language Fundamentals-Fifth Edition: CELF-5)	Wigg, Semel, & Secord (2013)
	언어 기초 임상 평가-유아용 2판(Clinical Evaluation of Language Fundamentals-Preschool-Second Edition: CELF-Preschool-2)	Semel, Wiig, & Secord (2003)
	피바디 그림 어휘력 검사-4판(Peabody Picture Vocabulary Test-Fourth Edition: PPVT-4)	Dunn & Dunn (2007)
	언어 발달 검사-4판(Test of Language Development-Fourth Edition: TOLD-4)	Newcomer & Hammill (2008)
	표현 어휘력 검사-2판(Expressive Vocabulary Test-Second Edition: EVT-2)	Williams (2007)
	Woodcock-Johnson-Fourth Edition(WJ-IV) Tests of Oral Language	Schrank, McGrew, & Mather (2014b)
주의, 처리속도[c], 실행 기능	수행 기반 측정	
	Conners Continuous Performance Test Third Edition(Conners CPT 3)	Conners (2014a)
	Conners Kiddie Continuous Performance Test Second Edition(K-CPT 2)	Conners (2014a)

	Gordon Diagnostic System	Gordon, McClure, & Aylward (1996)
	Test of Everyday Attention for Children-Second Edition(TEA-Ch2)	Manly, Anderson, Crawford, George, & Robertson (2016)
	Delis-Kaplan 실행 기능 시스템(Delis-Kaplan Executive Function System: D-KEFS)	Delis, Kaplan, & Kramer (2001)
	Tower of London-Drezel University-Second Edition(ToLDX-2)	Culbertson & Zillmer (2005)
	Selected subtests, NEPSY-Second Edition(NEPSY-II)	Korkman, Kirk, & Kemp (2007)
	위스콘신 카드 분류 검사(Wisconsin Card Sorting Test: WCST)	Grant & Berg (1948); Heaton, Chelune, Talley, Kay, & Curtiss (1981)
	Rey Complex Figure Test(RCFT)	Rey (1941); Osterrieth (1944); Meyers & Meyers (1955)
	질문지법 측정	
	ADHD 평정 척도-5(ADHD Rating Scale-5: ADHD-RS-5)	DuPaul, Power, Anastopoulos, & Reid (2016)
	NICHQ 밴더빌트 평가 척도(NICHQ Vanderbilt Assessment)	National Institute for Children's Health Quality (2002)
	Conners-Third Edition(Conners 3)	Conners (2008)
	Behavior Rating Inventory of Executive Function-Second Edition(BRIEF-2)	Gioia, Isquith, Guy, & Kenworthy (2015)
학업 기술	수행 기반 측정	
	Woodcock-Johnson-Fourth Edition(WJ-IV) Tests of Academic Achievement	Schrank, McGrew, & Mather (2014a)
	웩슬러 개인용 성취도 검사-3판(Wechsler Individual Achievement Test - Third Edition: WIAT-III)	Breaux (2009)
	Wide Range Achievement Test-Fourth Edition(WRAT-4)	Wilkinson & Robertson (2006)

	Kaufman 교육 성취도 검사-3판(Kaufman Test of Educational Achievement-Third Edition: KTEA-3)	Kaufman & Kaufman (2014)
	Gray 구어 읽기 검사-5판(Gray Oral Reading Tests-Fifth Editon: GORT-5)	Wiederholt & Bryant (2013)
	단어 읽기 효율성 검사-2판(Test of Word Reading Efficiency- Second Edition: TOWRE-2)	Torgesen, Wagner, & Rashotte (2012)
	Nelson-Denny 읽기 검사(Nelson-Denny Reading Test)	Nelson & Denny (1929); J. Brown, Fishco, & Hanna (1993)
	질문지법 측정	
	콜로라도 학습 어려움 설문지(Colorado Learning Difficulties Questionnaire: CLDQ)	Willcutt et al. (2011)
사회적 · 정서적 · 적응행동	관찰 기반 측정	
	자폐증 진단 관찰 스케줄-2판(Autism Diagnostic Observation Schedule-Second Edition: ADOS-2)	Lord, Rutter, et al. (2012)
	질문지법 측정	
	아동용 행동 평가 시스템-3판(Behavior Assessment System for Children-Third Edition: BASC-3)	Reynolds & Kamphaus (2015)
	Achenbach System of Empirically Based Assessment(예: Child Behavior Checklist)	Achenbach (1991)
	사회적 의사소통 설문지(Social Communication Questionnaire)	Rutter, Bailey, & Lord (2003)
	사회적 반응 척도-2판(Social Responsiveness Scale-Second Edition: SRS-2)	Constantino & Gruber (2012)
	자폐증 진단 면담지-개정판(Autism Diagnostic Interview-Reivised: ADI-R)	Rutter & Le Couteur (2003)
	적응행동평가 시스템-3판(Adaptive Behavior Assessment System-Third Edition: ABAS-3)	Harrison & Oakland (2015)
	Vineland 적응행동검사-3판(Vineland Adaptive Behavior Scales-Third Edition: Vindland-3)	Sparrow, Cicchetti, & Saulnier (2016)

a 이 검사들의 일부는 처리속도, 작업기억, 주의력 측정을 포함한다.
b 제4장에서 논의하였듯이, 언어 측정과 결정적 지능 측정의 상당 부분이 중복된다.
c 이 표의 다른 영역에서 많은 속도 측정은 처리속도와 보인다(예: 빠른 이름대기, 수학 유창성).

기저율의 변동성(base-rate variability)

표준화된 심리검사 수행의 해석은 일반적으로 정규곡선을 기반으로 모집단에서 개인의 점수가 어디에 위치하는지 결정함으로써 시행된다. 예를 들어, 표준점수 75점에 해당하고 평균에서 1.67 표준편차 아래이고 백분위가 5, 특정 검사에서 척도 점수 5점을 받은 아동을 생각해 보자. 이 점수는 '평균 이하'이기 때문에, 어느 정도의 손상을 나타내는 것으로 간주할 수 있다. 그러나 낮은 점수의 의미는 얼마나 많은 검사를 실시했는지에 따라 달라질 수 있다. 그 특정 검사에서 모집단의 단 5%만이 5점 이하의 척도 점수를 받은 것이 사실이라 해도, 어떠한 심리학적인 평가도 단 하나의 검사만을 포함하지는 않는다. 일반적으로 검사에 포함되는 10개, 20개 또는 그 이상의 하위 검사 중 하나라도 낮은 점수를 받는 아동은 몇 명이나 될까? 이 답은 '많다'이다. 예를 들어, 31%의 아동이 웩슬러 아동용 지능검사-4판(Wechsler Intelligence Scale for Children, Fourth Edition)의 10개의 하위 검사 중 하나 이상에서 백분위 5 이하의 점수를 받았다(WISC-IV; Brooks, 2010). 게다가 일부 임상의는 아동의 하위 검사에서 개인 내 차이가 있는 경우 학습상의 문제로 해석하는데, 이러한 접근방식은 잘못되었다. 왜냐하면 그러한 변동성은 전형적인 발달을 보이는 아동에게 흔히 관찰되기 때문이다. 다시 WISC-IV와 관련하여, 건강한 아동의 73%는 하위 검사에서 자신의 최고 점수와 최저 점수 사이에 최소 2 표준편차(척도 점수 6점)의 격차를 보인 반면, 23%는 최소 3 표준편차(척도 점수 9점)의 격차를 보였다(Brooks & Iverson, 2012; Wechsler, 2003). 점수가 분산된 빈도는 수행 수준에 따라 다양했으며, 전반적으로 더 높은 수행을 보인 아동들 사이에서 점수가 훨씬 더 분산된 것을 볼 수 있었다.

앞의 두 예시는 WISC-IV와 관련된 것이지만, 일부 낮은 점수와 검사 배터리 내의 점수 분산은 사용된 특정 시험과 무관하게 일반적이다. 문제가 발생하는 이유는 각 하위 검사에서 임상의는 단일 개인을 대상으로 통계적인 가설을 검사하기 때문이다. 연구자들이 다중 통계적 비교를 할 때 통계적 유의성에 대한 임계값을 조정해야 하는 것처럼, 능숙한 임상의들도 같은 태도로 접근해야 한다. 여러 개의 검사 점수로부터 의미를 도출하는 임상의와 연구자들을 돕기 위해, 최근 미국 국립보건원(National Institute of Health: NIH) 소아 샘플을 사용하여 경험적으로 도출된 '신경심리학적 손상'의 정의가 제안되었다(Beauchamp et al., 2015). 이 연구자들은 8개의 하위 검사 중

적어도 2개에서 평균보다 1.5 표준편차 이하의 수행을 보이는 경우는 표본의 약 5%임을 확인하여, 비정상적이거나 신경심리학적 손상이 있는 것으로 나타났다. 물론 대부분의 임상 배터리는 실질적으로 8개 이상의 하위 검사를 포함하므로 이 경험적 기준을 그에 따라 조정할 필요가 있을 것이다(즉, 비정상적으로 간주되려면 더 큰 배터리에서는 2개 이상의 점수가 낮아야 할 것이다). 또한, 앞에서 언급한 바와 같이, 평가자는 단일 검사 점수의 오역을 방지하기 위해 아동의 이력, 행동 관찰, 검사 결과 패턴에서 수렴된 증거를 찾는 것이 매우 중요하다.

● ● ●

난제와 혼란

이 부분에서는 진단 카테고리에 대해 알고 있는 내용을 개별 환자에게 적용하려고 할 때 일반적으로 발생하는 몇 가지 질문에 대해 논의하고자 한다. 진단에 대한 의사 결정은 일반적으로 의사들이 맞거나 아니라는(yes-or-no) 결정을 내리도록 요구하지만, 많은 경우 애매모호한 영역이다. 특정한 아이들이 우리가 이 책에서 논의했던 학습 장애군에 속하는지 아닌지를 결정하기 위한 사례 회의에 참여한 적이 있는 사람이라면 누구나 아래 주제와 관련된 열띤 토론을 경험했을 것이다.

병인론

학습 장애군의 정의는 일반적으로 문제의 근본 원인이나 병인(病因)론에 관계없이 증상이나 행동의 어려움에 의해 정의된다. 우리는 이 책에서 다룬 모든 장애는 부분적으로 유전적이고 부분적으로 환경적이라는 것을 알고 있다. 그러나 이러한 거대 집단에 대한 추정치는 어떤 개별적인 사례의 병인론에 대해 아무것도 말해 주지 않는다. 거의 전적으로 유전에 의한 학습 장애군 사례와, 거의 전적으로 환경에 의한 학습 장애군 사례가 있다. (취약 X 증후군과 관련하여 지적장애 아동과 태아 시기의 알코올 노출과 관련해서 지적장애를 갖게 된 가상의 두 소년을 상상해 보자.) 아동이 가진 문제의 병인론에 대해 아는 것은 양육자들에게 종종 의미 있으며 어떤 경우에는 임상 관리와도 관련이 있다. 그러나 병인론 자체가 행동 진단을 포함하거나 배제하지는 않는다.

이 책에 포함된 일부 장애와 관련해서, DSM-5는 아동의 문제가 단지 환경적 불이익에 기인한 경우 이를 명시적으로 배제한다. 따라서 정규 교육에 접근할 수 없었다는 이유만으로 글을 읽지 못하거나 수학 문제를 풀지 못하는 아이는 특정학습장애를 갖지 않는다. 그러나 임상 평가로 의뢰된 아동 중에 이와 같은 극단적인 경우는 드물다. 대부분은 아동과 관련해서 나타나는 우려는, 여러 해에 걸쳐 상호작용하는 여러 유전적 및 환경적 위험 요소의 복잡한 발달 과정의 최종 결과물이다. 어떤 의사들은 아동의 학습 어려움을 (부분적으로 또는 완전히) 환경적 병인론인 것으로 추정한다면, '의학적 모델' 진단이 반드시 부적절하다고 한다. 우리는 동의하지 않고, 사실 이러한 잘못된 인식이 이미 불균형적으로 불이익을 받고 있는 아동에게 합법적으로 혜택을 줄 수 있는 서비스의 거부로 이어질 수 있다고 생각한다.

예를 들어, 우리 중 한 명(Pennington)은 최근 오랫동안 여러 방면에서의 학습과 인지적인 문제를 가진 사춘기 소녀를 평가했다. 그녀는 최근 걱정이나 변화 없이 의학적으로 건강했다. 객관형 검사에서 해당 청소년의 지적 및 적응 행동 점수는 경도 지적장애의 기준이 되는 점수 이하였고, 당시의 임상적 어려움도 이 진단과 상당히 일치했다. 하지만 몇몇 인지적 기술에 대한 몇 년 전의 추정치는 더 높았다. 이 청소년은 (국가 등급제를 기준으로) 성적이 좋지 않은 학교에 다녔고, 다년간 자주 학교를 결석했으며, 가정에서의 상당한 스트레스를 포함한 환경적인 불이익을 경험한 이력이 있었다.

신경심리학자는 경도 지적장애를 진단하였고, 진단 근거를 설명하였으며, 관련된 학교 기반 및 지역사회 자원에 접근할 것을 주장하였다. 그러나 학교심리학자는 현재의 많은 학습상의 어려움이 환경적 불이익의 결과일 가능성이 높다고 주장하며 진단에 의문을 제기했다. 더 풍부한 환경적 조건이었다면 다르게 발달할 수 있었을 것이며, 결과적으로는 상대적으로 더 높은 지능과 적응 기술을 갖게 되는 일이 정말로 가능했거나 그와 유사한 상황이었을 수 있다. 그러나 불행하게도 이 시점에서는 이런 결과를 초래한 수년간의 뇌 발달을 되돌릴 수 없다. 즉, 교육을 통해 더 높은 지능 점수를 받을 수 있다는 학교심리학자의 병인론에 대한 가정이 옳을 수도 있다. 그러나 행동 진단은 병인론에 의존하지 않으며, 이 사례에서는 지적장애라는 라벨이 임상적인 증상을 설명하고 중재로 안내하였다는 점에서 의미가 있었다.

심각성(severity)

앞서 논의한 바와 같이, 이 책에서 다룬 모든 장애는 연속적인 장애로, 진단 범주는 대략적인 정규분포의 왼쪽 끝에 해당하는 개인을 포착하는 것으로 생각된다. 비록 진단 임계값이 완전히 임의적인 것은 아니지만(예를 들어, 수학 실력이 모집단 평균 이상인 개인이 수학장애를 가지고 있다고 진단하는 것은 결코 말이 안 된다), 절대적이지도 않다. 일부 진단(예: 지적장애)의 경우, 현재의 규약은 임계값을 어디에 설정해야 하는지에 대한 상당히 구체적인 지침을 제공하지만, 이러한 규약이 특정 사회정치적 맥락에서 결정되고 역사적으로 변화했다는 점을 인식하는 것이 중요하다. 대부분의 진단은, 기대보다 낮은 성취에 대해서만 일반적인 지침이 있고, 임상적으로 의미 있는 문제를 야기하는 일반적인 지침만 제공하기 때문에, 상당량의 임상적인 판단이 필요하다. 물론 손상도 연속적인 특성을 지니지만, 기능 손상에 대한 증거가 없는 상태에서 진단은 낮은 점수만을 기준으로 해서는 안 된다. 따라서 어떤 정확한 절단점을 사용하든, 항상 임계값 근처의 불분명한 영역에 해당되는 사람들이 존재하며, 이들에 대해 합리적인 전문가들은 동의하지 않을 것이다.

이러한 경우에 앞서 논의한 진단의 기능을 고려하는 것이 중요하다. 아동을 진단하는 것이, ① 임상적으로 중요한 문제를 설명하는 데 도움이 되고, ② 중재를 안내하거나, ③ 진단이 아니었다면 가능하지 않았을 서비스나 자원으로의 접근을 제공한다는 점에서 분명히 도움이 되는가? 우리는 같은 점수를 받은 두 명의 아동이 있는데, 질문에 대한 답이 서로 달라서 진단을 내릴지에 대한 결정에 영향을 미치는 상황을 가정할 수 있다.

실무자들은 모든 경우에 흑백을 가릴 의무가 없다. 흑백 중에 하나를 택하기보다는, 어떤 아동에게는 자신이 해당되는 불분명한 영역이 어디인지에 대해 부모와 학교에 정확히 전달하는 것이 가장 적절하다. 그러한 경우에, 우리는 이러한 가이드라인에 따라 서면 보고서에 몇 자를 더 첨부한다.

"Johnny는 [읽기, 수학, 주의집중 등]에서 어려움을 보이며 이는 [난독증, 수학장애, ADHD 등]이 있는 아이들에게서 관찰되는 것과 유사합니다. 하지만 그의 어려움은 현재 정식으로 진단을 받을 만큼 심각하거나 손상되지 않은 것으로 보입니다. 그는 이러한 약점과 관련된 몇 가지 비교적 직접적인 지원으로부터 도움을 받을 수 있다고 생각됩니다. 또한, 그가 성장하면서 학업적 요구가 증가함에 따라 이 증상은 변화할 수도 있기에, 그를 면밀히 관찰해야 하고, 향후 재평가를 받도록 해야 합니다[시간대별 구체적인 지침은 임상 상황에 맞추어져야 합니다].”

특정성(Specificity)

다음 논의는 지적장애를 제외하고 이 책에서 다룬 거의 모든 장애에 시사하는 바가 있지만, 아마도 '특정'학습장애(난독증 및 수학장애) 혹은 언어장애와 가장 관련이 있을 것이다. 많은 장애에서 수학 기술은 뛰어나지만 문해력은 부족하거나, 훌륭한 비구어적 문제해결 기술을 가지고 있음에도 언어 발달에 어려움이 있는 것과 같이 인지 프로파일에서 극심한 불일치를 보이는 아동들이 계속적으로 강조되어 왔다. 이러한 사례들이 가족, 교육자, 임상의, 그리고 연구자들에게 두드러지는 현상이기 때문에 먼저 주목을 받았을 것이다. 하지만 우리는 그들이 일반적이기보다는 예외에 해당한다는 것을 깨닫고 있다.

우리는 제6장에서 학습 장애 진단을 위해 지능 불일치를 요구하는 문제를 논의하였다. 대부분의 진단가들이 현재는 이 분야의 변화를 인식하고 있지만, 많은 사람은 개인 내 차이가 없는 프로파일에서 학습 장애군을 진단하는 것에 여전히 불편함을 느끼고 있다. 교육과정을 넘나들며 학업 진전에 오랜 어려움을 겪고 있는 가상의 10세 소녀가 있다고 생각해 보자. 객관형 검사에서 전반적으로는 낮지만 결정적 지능 및 유동적 지능, 기초 문해력, 수학 연산, 수학문제 해결, 읽기 이해, 쓰기를 포함하는 여러 영역에서 균일한 수행을 보인다는 것이 드러났다. 이러한 모든 측정에서 표준점수가 평균에서 1.5 표준편차 이하에 몰려 있거나 대략적으로 백분위 5나 10 사이에 있다고 가정해 보자. 이 청소년은 학습 장애를 가지고 있을까? 우리의 경험에 비추어 볼 때, 대부분의 임상가들은 그녀의 프로파일에 구체적으로 분명하게 드러나는 것이 없기 때문에 학습 장애를 가지고 있지 않다고 판단한다.

학습 장애를 진단할 때 불일치를 살펴보는 것은 직관적으로는 이해되지만, 그렇게 하는 것은 이론적으로도 실제적으로도 문제가 있다. 많은 실제적인 문제들을 제6장에서 다루었다. 이론적인 관점에서, 우리는 모든 교과 영역에 걸쳐 상당한 공유된 분산이 일반 지능, 또는 g요인과 매우 높은 상관관계를 가지고 있다는 것을 알고 있다 (Deary et al., 2007). 다양한 학문적·인지적 기능의 다차원적 공간에서 극단치에 해당하는 아동을 식별할 수는 있지만, 한 영역에서 어려움을 보이는 많은 아동들이 다른 영역에서도 어려움을 보일 것이라고 예상할 수 있다. 더욱이 그들은 좀 더 구체적인 프로파일을 가진 아동에게 적용했던 것과 같은 종류의 증거 기반 치료에 가장 잘 반응할 가능성이 있다(Stanovich, 2005). 우리에게는 서비스를 받을 자격이 있는 아동보다 더 광범위한 문제를 가지고 있는 아동에게 (학습 장애 진단을 통해 종종 가능했던) 서비스를 거부하는 것이 비논리적이다.

요약

우리는 이 장에서 학습 장애군 평가를 위한 일반적인 틀을 제공했고 그 과정에서 공통적으로 발생하는 몇 가지 문제에 대해 논의했다. 어떠한 진단이라도 한 개인을 완전하게 포착할 수는 없다. 그러나 적절하게 사용된다면, 학습 장애군 진단은 아동의 행동을 이해하고 설명하며 예측하는 데 도움을 주고, 효과적인 개입을 유도하며, 필요한 서비스와 자원에 대한 접근을 제공하는 데 도움을 주는 강력한 도구가 될 수 있다. 특정 아동이 학습 장애를 가지고 있는지에 대한 진단 불일치는 빈번하게 발생하는데, 이는 연속체에 이분법을 적용하는 개인 진단 체계가 불완전하기 때문이다. 그러나 인간은 단정적으로 생각하는 경향이 있기에, 이것은 누가 '진짜' 장애를 가지고 있는지에 대한 더 정확한 공식을 떠올릴 수 있기를 지속적으로 바라는 많은 이들에게 혼란과 좌절의 근원이 된다. 그러한 해결책은 논리적으로 가능하지 않기 때문에, 진단이 임상적으로 의미 있을지에 대한 판단은 여전히 중요한 문제로 남아 있다.

제8장

성취 격차

이 책에서 논의하는 학습 장애군은 어느 집단에서나 발견되는 개인차의 한 모습이다. 인지 혹은 학업 능력에서의 집단(국가, 성, 사회경제적 지위, 인종 등) 차이는 집단마다 완전히 다른 이유를 가지며, 다른 분석 방법을 필요로 한다. 이는 인지적 그리고학업적 능력에서의 집단 차이는 필연적으로 겉으로 보이는 간단명료한 이유가 있고,엄청난 쟁점을 불러일으키기 때문이다. 이 장에서는 최근 연구에 기반하여 성취 격차에 대한 균형 잡힌 시각을 견지하면서 미묘한 차이를 보이는 설명을 제시하고자 한다(Hunt, 2011; Loehlin, 2000; Nisbett, 2009).

우리는 집단 간 학업성취의 차이를 '성취 격차'라고 부른다. 이러한 격차는 불안감을주는데, 모두가 공평하다는 우리의 믿음과 모순되기 때문이다. 따라서 우리가 성취격차를 보게 되면, 그 검사가 편파적 것임에 틀림이 없다고 생각할 수 있다. 만약 검사가 편파적이라면, 우리는 검사 제작자와 검사자를 비난할 수 있고, 재빨리 넘어갈수 있다. 하지만 만약 경제력과 건강 수준에도 집단 격차가 있다면 어떻게 될까? 그렇다면 성취 검사들을 비판하기는 쉽지 않을 것이다. 우리 사회에 만연한 불공평 조건이 불공평한 결과를 초래한다고 말하는 것이기 때문이다. 편파성을 지니는 검사의**심리측정적 특성을 엄밀하게 평가해 보는 것이 중요하다.** 하지만 검사 편파성을 뒷받침하는 데이터의 부재 속에서, 성취 격차 때문에 성취 검사 자체를 비난하는 것은 옳지 않을 뿐만 아니라, 복잡한 문제를 지나치게 단순화하는 것이다. 건강과 경제력의 차이와 같이, 성취 격차는 우리 사회에 내포된 불공평을 지적하는 것이다. 만약 우리가 공평한 기회와 사회정의를 추구한다면, 우리 사회의 다른 불공평을 제거하기 위해 노력하는 것처럼 성취 격차를 좁히기 위해 노력해야만 한다.

이 장에서는 우리가 어떻게 과학을 활용하여 성취 격차가 실제로 나타나는지에 대해 알아보고, 만약 실제로 그 격차가 나타난다면 어떻게 좁힐 수 있는지에 대해 다룰 것이다. 우리의 주요 결론은 성취 격차가 실제로 존재하며, 이는 사회적 불공평에 의해 야기된다는 것과 이를 어떻게 보완할 것인지에 대하여 이미 많이 알고 있다는 것이다. 이러한 과학적 지식을 고려해 볼 때, 우리 모두가 이러한 성취 격차를 좁힐 수 있는 공공 정책을 변화하기 위해서 노력할 필요가 있다.

이에 따라, 우리는 ① 개인 차이와 집단 차이의 특징에 대해 설명한다. ② 집단 차이를 분석하기 위한 틀을 제시한다. ③ 이를 IQ 또는 학업성취에서의 집단 차이의 다른 예시들에 적용한다. ④ 예시에 대한 함의를 교육 실제, 연구, 정책에 제공한다. ⑤ 요약과 마무리한다. 주의 깊고 균형 잡힌 관점으로 몇몇의 논쟁들을 해결하고 임상 실제, 연구, 공공정책에 있어 중요한 함의를 제시하고자 한다. 수십 년 전, 미국 국립보건원(NIH)은 백인 남성에 기초한 의료 연구는 백인 여성 또는 다른 인종/민족 집단을 일반화할 수 없다는 것을 파악하였다. 같은 인식이 학습 장애군의 연구와 실제에 적용된다. 따라서 해당 분야의 연구자와 실무자 모두에게 우리가 알고 있는 학습 장애군의 특성이 다른 집단으로도 일반화할 수 있을지 평가해 보는 것이 중요하다.

• • •

개인 차 대 집단 차

집단 간의 평균적인 차이를 이해하기 위해 개인과 집단 차이의 몇몇 개념적 차이를 이해해야 한다. 우선 개인 차이는 집단 내 분산으로 측정되고, 집단 차이는 두 개의 집단의 평균을 비교하여 측정된다. 분산과 분포의 평균은 구별되는 구인이며 서로 인과관계에 있는 것이 아니다. 따라서 집단 간 평균 차이의 원인이 집단 내의 개인 차이의 원인에 대해 또는 역으로도 아무런 설명을 할 수 없다는 것을 이해하는 것이 중요하다. 한 가지는 완전히 환경 때문일 수 있고 다른 하나는 완전히 유전 때문일 수 있다. 예를 들어,

키(신장)와 같이 이미 주어진 특성은 집단 내에서 유전적인 것이다. 하지만 많은 집단에서 영양, 건강, 의료서비스와 같은 환경적 차이로 인해 키가 달라진다. 모든 인간의 특징처럼, 키는 어느 정도(진화론적으로 규정된 인간 종의 변화 범위 안에서) 변할 수 있다. 쉽게 변하는 특성으로 인해, 집단의 키 평균은 환경적 변화의 영향을 받아 변할 수 있다. 여러 유럽 국가의 평균 키는 100년 넘게 지속적으로 증가해 온 반면, 몇몇 개도국의 평균 키는 줄어들고 있다. 이러한 집단적 키 변화의 원인은 대부분 환경이 분명하며, 환경을 압도할 만큼 빠르게 진화하지 않았기 때문이다. 이렇듯 국가별 키의 평균은 변화되고, 각각의 국가에서 개인 차이에 대한 원인은 같다(대부분 유전적이다). 키는 우리가 어떻게 집단 차이를 줄이기 위하여 환경을 바꿀 수 있는지에 대한 사례를 제공한다. 이후 우리는 성취 격차를 예방하기 위해 환경을 어떻게 바꿀 수 있을지에 대해 살펴볼 것이다.

만약 한 집단 내에서 개인 간 차이가 유전에 의한 것이라도, 집단 간 성취 격차가 반드시 유전적이라는 결론을 내리는 것은 논리적 오류다. 남성과 여성 간의 평균 키 차이는 유전적으로 볼 수 있지만, 모든 집단 간 차이가 반드시 유전적으로 볼 수 없다. 그런데도 인종 간 IQ 차이에 대한 논쟁에서 몇몇 연구자들은 개인 차의 원인과 집단 차의 원인이 같을 것이라는 오류에 매몰된 경우가 종종 있다.

● ● ●

집단 차이를 분석하기 위한 틀

우리의 분석틀은 [그림 8-1]과 [그림 8-2]에 제시되었다. 집단 차이가 유효한지에 대한 핵심 질문이 먼저 제시되어 있다([그림 8-1]). 이 질문에 대한 답은 집단 차이가 편파 표본에 의한 것이 아니라는 것과, 만약 그렇지 않다면 측정의 오류 때문이 아니라는 것을 확실히 해야 한다. 다시 말해, 우리는 관찰된 집단 차이가 실제 집단의 차이인지(예를 들어, 유효한지), 그리고 집단 차이를 발견할 수 있는 측정 방법에 있는 것이 아니라는 것을 알기를 원한다. 유효한 집단 차이의 원인을 발견하는 방법은 [그림 8-2]에서 제시한 방법이 추가적으로 필요하며, 우리는 이를 이후에 논의할 것이다.

학습 장애군에서 발견된 몇몇 집단 차이는 적어도 부분적으로는 유효하며, 이는 표집 편파성 또는 측정 오류에 의한 것이었다. 예를 들어, 자주 언급되는 난독증의 남녀 비율 차이(1명의 여성당 3~4명의 남성, 즉, 3–4 M:F)는 60년 전 Hallgren(1950)의 가족 연구에 의해 최초로 제시되었다. Hallgren의 남녀 비율 차이는 가족 연구에 의뢰된 계보 발단자(최초 출현자)에서만 발견되었고, 난독증의 남녀 비율 차이는 연구에 참여하지 않은 친척들에게서는 작게 1.5 M:F 비율로 나타났다. 이 난독증의 계보 발단자 성별 차이 비율은 비판 없이 많이 반복 인용되었다(DeFries, Olson, Pennington, & Smith, 1991; Shaywitz, Shaywitz, Fletcher, & Escobar, 1990). 난독증에서 더 작은 유효 성별 차이(1.5 M:F) 대한 이유는 제10장에서 논의될 것이다.

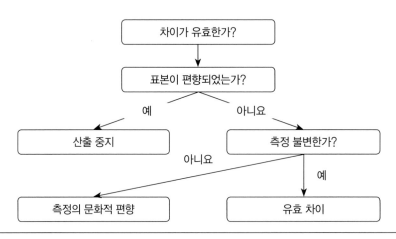

그림 8-1 집단 차이의 유효성 분석 틀

  표집에 의한 오류 검증 방법은 다른 무작위 표본에서 같은 집단 차이가 나타나는지 여부를 검증하는 것이다. 하지만 우리가 가능한 측정 오류에 대해 어떻게 검증할 수 있을까? 검사의 편향 또는 측정 동일성으로부터의 편차를 평가하는 심리측정 방법이 있다(Horn & McArdle, 1992; Reise, Widaman, & Pugh, 1993). 집단에 따라 측정 일관성을 구축하는 것은 측정의 내적 · 외적 타당성이 집단에 따라 일관성이 있는지 검증하는 단계적 절차다. 내적 타당도와 관련하여, 만약 측정의 신뢰성 또는 항목 난이도의 순서 또는 집단 간 요소의 구성이 다르고, 각각의 집단에서 측정이 다르게 발생한다면, 측정의 오류가 있다. 하지만 측정 동일성 검증에서 가장 중요한 것은 집단에 따라 결과를 평등하게 예측하는 외적 타당도를 포함한다. 예를 들어, IQ 검사는 집단을 넘어 학업성취를 비슷하게 예측한다. 만약 그렇지 않다면, 이는 편향된 측정이다. 하지만 완벽한 측정 동일성으로부터의 이탈은 집단 차이의 발견을 완전히 무효화할지도 모른다. 예를 들어, 몇몇 검사 항목은 집단을 넘어 다르게 작용할 수 있을지도 모르지만, 집단 차이는 상당한 외적 타당도를 여전히 가지고 있을 수 있다. 따라서 **집단에 따라 측정 동일성의 정도가 있을 수 있다.**

우리가 [그림 8-1]에서 보았듯이, 검사 편향에 대한 논의는 경험적인 질문이다. 미국에서의 성취 격차는 측정 오류를 위해 체계적으로 검토되는 학업 및 인지검사 규준으로부터 도출된다. 그 결과는 우리에게 검사 편향의 강력한 증거가 부재된 속에서 성취 격차의 원인을 해결하려고 노력하도록 한다. 그럼에도 불구하고 어느 검사나 집단 차이가 필수적으로 편향된다는 것이 성취 격차에 대한 일반적인 가정이다. 하지만 아래에서 논의될 성취 격차의 경우에는 이용 가능한 자료를 토대로 볼 때, 덜 옹호된다. 뒷받침하는 데이터의 부재는 검사의 편향을 비난을 하는 입장이 성취 격차를 줄이려는 노력을 멈추게 할 수 있다. 만약 샘플 인공물과 측정 편향이 주요한 설명이 아니라면, 성취 격차에 기여할지도 모르는 기저의 요인에 대해 인지하고 다루는 것이 중요하다.

만약 집단 차이가 크게 유효하다면, 우리는 어떻게 이 원인을 확인할 수 있을까? 우리가 제2장에서 다루었듯이, 원인은 유전, 환경, 그리고 상호작용을 포함한다. 앞서 논의했듯이, 집단 내 개인 차이의 원인이 집단 간 차이의 원인에 대해 아무것도 설명하지 못한다는 것을 인지하는 것이 중요하다. [그림 8-2]에서 알 수 있듯, 집단 차이의 원인을 탐구하는 것이 세대 혹은 발달 둘 중 한 가지에 따라 얼마나 지속적인지 측정하는 것이 중요한 첫걸음이다. 만약 집단 차이가 세대를 넘어 변화하거나 발달 과정에서 늦

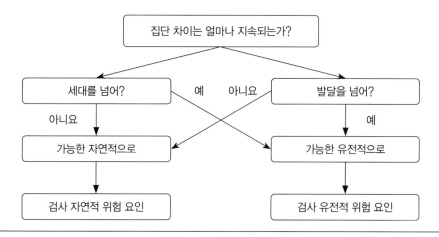

그림 8-2 유효 집단 차이의 원인에 대한 분석

게 발생하는 것이라면, 환경이 집단 차이를 야기하는 역할을 할지도 모르며, 이는 진화는 세대 간의 유전적 차이를 발생시킬 정도로 충분히 빠르게 나타나지 않기 때문에, 인지적 발달에 영향을 주는 다수 유전자는 제3장에서 논의되었듯이 초기 뇌 발달에서 드러나기 때문이다. 따라서 만약 집단 차이가 이러한 방식(세대를 넘어 그리고 발달을 넘어)으로 변화한다면, 집단 차이를 위한 환경적 위험 요인에 대해 먼저 검사하는 것이 당연하다.

반면에, 만약 집단 차이가 세대와 발달 모두에 걸쳐 지속된다고 한다면, 세대를 걸쳐 불변하고 초기 발달에 영향을 발휘하는 것과 같은 여전히 환경적 이유일 수 있다. 예를 들어, 납중독은 이러한 방식으로 발생한다. 세대를 넘어 지속적인 방식으로 두 집단 사이에 차이가 발생할 수 있으며, 이는 초기 뇌 발달에 영향을 주는 것으로 알려져 있다. 집단 간 차이를 두는 유전적 위험 요인에 대한 검사는 연구된 결과물(이 경우에는 인지 및 학업적 결과)을 위해 관련 유전자가 무엇인지 아는 것이 필요하며, 위험 대립유전자의 집단 간 차이의 빈도를 검사한다. 인지 및 학업적 결과는 매우 작은 유전자와 관련되어 있고, 대부분의 위험 대립유전자는 알려지지 않았기 때문에, 이러한 접근은 현재로서는 실용적이지 못하다. 반면에, 겸상 적혈구 빈혈증 또는 페닐케톤뇨증(PKU)와 같이 몇몇 만연한 장애를 설명할 수 있는 위험 대립유전자의 인종 집단 차이가 알려진 경우도 있다.

• • •

국가 간 차이: 국가 간 부의 차이

국가 간 차이에 대한 논의를 시작하면서, 이제 우리는 [그림 8-1]과 [그림 8-2]의 틀을 적용하려고 한다. 이 절은 훌륭한 주제를 가진 Hunt(2011)의 연구에 기반을 두고 있다. IQ 검사 혹은 학업성취검사에 의해 측정된 평균 인지 능력에는 국가적 차이가 있다(Rindermann, 2007). 이러한 인지 능력에서의 국가적 차이를 만드는 중요한 요인은 그들이 평균 소득, 성인 문해력, 기대 수명, 그리고 민주화와 같이 중요한 결과에서의 국가적 차이를 예측한다. 다시 말해, 이러한 평균 IQ에서 국가적 차이는 상당한 외적 타당도를 가지고 있다.

인지 능력의 국가적 차이를 이해하기 위해, 우리는 이러한 집단 차이가 유효한지,

유효하다면 그 원인이 무엇인지 알아보기 위해 [그림 8-1]과 [그림 8-2]의 분석적 틀을 적용한다. 타당도의 측면에서는, Rindermann(2007)이 사용한 국제 성취도 자료보다는 Lynn과 Vanhanen(2006)에 의해 수집된 국제 IQ 자료에서의 표본 편향과 측정 동질성 대한 더 큰 우려가 있다. IQ 검사를 위한 무작위 표본은 소득이 낮은 국가일수록 더 구하기 어렵고, 데이터가 부족할 때 Lynn과 Vanhanen(2006)은 주변국으로부터 해당국의 평균 IQ를 추정하였다. 게다가 국가에 따른 IQ 검사의 측정 동질성은 확립되지 않았다. 결과적으로, Lynn과 Vanhanen(2006)은 IQ에서 국가적 차이를 유전적인으로 설명하였으나, 국가적 차이를 개인 차이인 유전적 증거를 통해 추론하려는 경우, 타당도와 논리성에 문제가 있다.

Lynn과 Vanhanen(2006)의 문제들을 고려해 볼 때, 많은 독자는 인지 능력에서 평균적인 국가적 차이와 관련된 내용을 제거하기 위해 노력할지도 모른다. Lynn과 Vanhanen으로부터 보고된 IQ에서의 평균적인 국가적 차이가 사실이 아니라면, 우리도 똑같이 제거하기 위해 노력할 것이다. PISA 연구에서는 표본 편향과 측정 동일성을 철저히 검증하였고, Rindermann(2007)에서 발견된 학업적 성취에서의 평균적 국가 차이는 유효하였다. 이는 IQ의 국가적 차이가 PISA의 국가 간 차이를 예측하기 때문이며, 우리는 그 원인에 대해 동의하지 않지만, Lynn과 Vanhanen(2006)의 국가적 차이에 대한 주장을 쉽게 부정할 수 없다.

특히, Rindermann(2007)은 국가별로 평균적 지능과 평균적 학업성취 간의 거의 완벽한 일치를 발견했다. 이 연구의 데이터 포인트들은 개인이 아닌 국가의 평균을 의미한다는 것에 주의하길 바란다. IQ와 학업성취도의 상관은 .97과 1 사이에 놓여 있다. 제4장에서 논의된 바와 같이, Rindermann(2007)의 결과는 학업성취의 g요인과 인지적 g요인은 매우 비슷하다는 것을 의미한다. 개인과 집단 차이 모두 중요한 결과이지만, 이러한 요인 적재의 유사함에도 불구하고 두 경우의 근본적인 원인은 다를 수 있다는 것이다. 예를 들어, 국가적 차이의 원인은 완전히 환경적일 수 있지만, 반면 우리가 이미 알고 있듯이 IQ와 학업성취에서의 개인 차이는 유전과 환경 모두의 상당한 영향을 받는다.

Rindermann(2007)은 종단 데이터를 사용했기 때문에, 능력과 평균적 소득과 같은 변인들 간의 발달적 관련성을 증명하는 교차 분석이 가능했다. 데이터에 포함된 인지능력과 국가별 개인 평균 수입은 수십 년간 변화해 왔다. 초기의 국가별 평균적인 인지 능력이 나중의 소득을 예측하였는데, 역으로도 사실이었으며, 이는 상호적 원인(예: 긍정적인 환류)을 지칭한다. 이후의 분석은 성인 교육 수준과 국가의 초기 교육에 대한 투자가 중요하다는 것을 보여 주었다.

요약하자면, Rindermann(2007)은 국가별 평균적 인지 능력과 Lynn과 Vanhane(2006)에 의해 발견된 중요한 국가적 결과 사이의 다양한 교차적 관련성을 반복적으로 연구했지만, 그는 이러한 변인 간에 직접적인 관련성을 검증하는 데에도 중요성을 두었다. 그는 평균적인 인지 능력과 국가의 중요한 통계 지표들은 쉽게 변했으며 상보적으로도 관련된다는 것을 발견하였다. 따라서 Rindermann(2007)의 정책적 함의는 Lynn과 Vanhanen(2006)에 의해 제공된 유전주의적 관점과는 상당히 다르다.

인지 능력의 국가적 차이에 대한 환경적 설명이 존재하는가? Rindermann(2007)의 분석은 국가의 초기 교육에 대한 투자와 같은 요인의 영향력에 대해 지적하였다. 하지만 인지 능력에서의 차이를 규명하는 데에 간과된 중요한 요인은 건강, 특히 아동의 건강이다. 우리는 이제 이 주제에 대해 논의할 것이다.

Eppig, Fincherm과 Thornhill(2010)은 소위 '기생충 감염'이라고 불리는 환경적 위험 요인이 평균 IQ의 국가적 차이의 분산의 80%를 설명한다는 것을 발견하였다. 앞서 논의한 것을 다시 강조하자면, 이러한 발견은 적어도 개도국에서는 보통 정도 유전적인 것으로, 국가 간 IQ의 개인적 차이를 설명할 수 없다. 이들은 미국의 50개 주에 걸친 이 결과를 반복적으로 연구하였다(Eppig, Fubcgerm, & Thornhill, 2011).

이러한 결과는 공공 건강 분야에서의 잠재적으로 큰 의의를 갖는데, 이는 그들이 세계적인 기생충 유병률을 줄이는 것이 틀림없이 아동 건강을 증진시키고, 그들의 IQ를 높일 가능성이 있으며, 잠재적으로 그들의 경제적 생산성을 증가시킬 수 있다는 것이다. 하지만 우리는 기생충을 제거하는 것이 국가와 주의 IQ 차이를 줄이는 것에 도움이 될 것이라 결론 내리기 전에 기생충 전염과 평균적인 지능의 인과적 관련성에 대해 엄밀하게 검사하는 것이 우선적으로 필요하다.

● ● ●

성별 차이

이제 우리는 부분적으로 유전적인 원인인 집단 차이로 넘어갈 것이다(인지 능력에서의 성적 차이에 대한 Halpern의 연구를 살펴보자). 젠더(gender) 인식과 비교되는 성(Sex)은 염색체로 정의된다. 여성은 두 개의 X 염색체를 가지고 남성은 X와 Y 염색체를 가진다. Y 염색체 상의 유전자는 남성의 성(sex)을 태아의 발달에 영향을 주는 태아기 전의 안드로젠에 의해 결정된다. 이 유전자가 파괴된 남성은 XY 유전자형임에도 불구하고 표현형 여성이다. 자궁 속의 여분의 안드로젠에 노출된 여성은 평균적으로 남성적 행동을 더 많이 보일 것이다.

IQ 수준의 남녀 차이는 없음에도 불구하고, IQ의 몇몇 요인들에서 남녀 차이는 존재한다(Halpern, 2012; Hunt, 2011). 남성은 공간적 추론에서 이점을 가지는 반면, 여성은 언어와 속도처리에서 장점을 가진다. 남성의 공간적 능력에 대한 장점은 태아기의 안드로젠에 부분적으로 연관이 있다. 그러나 남성의 공간적 능력에 대한 장점은 세대를 넘어 줄어들어 왔다. 예를 들어, 인지 능력에서의 유전적 차이를 검사하기 위해 Defries, Corley, Johnson, Vandenberg, 그리고 Wilson(1982)는 부모와 자식의 g 점수와 네 가지 범주의 인지 능력(언어적, 공간적, 처리속도, 시각적 기억)을 검토하였으며, 세대를 넘어 변화의 다양한 패턴을 발견하였다. 공간적 능력의 경우, 남성이 우세를 보이는 가장 큰 성적 차이였는데, 이 차이는 한 세대를 넘어 1.0 표준편차에서 0.6 표준편차로 줄어들었다. 반면에, 여성은 처리속도에서의 우세가 한 세대에 걸쳐 두 배정도(0.7 표준편차로) 증가하였다. 인지적 영역에서의 여성의 우세에 대한 설명은 거의 대부분 분명히 문화적이다(예를 들어, 이 연구가 진행된 하와이의 여성들에게 교육 기회가 증가되었다). 반면에, 공간적 능력(M > F)과 처리속도(F > M)에서의 대조적이고 지속적인 성적 차이에 대한 설명은 부분적으로 생물학적이다. 이후에 더 논의하겠지만, 학습 장애군의 유병률에서는 타당한 성적 차이가 있으며, 부분적으로 처리속도와 같은 인지 예측 요인에서의 성적 차이로 설명된다.

• • •
사회경제적 지위와 인종 차이

이제 우리는 아마 가장 논쟁이 되는 집단 차이의 예인 사회경제적 지위(SES)와 인종/민족 집단의 주제로 넘어가려고 한다. 다시, 우리는 현존하는 데이터를 체계적으로 평가함으로써 몇 가지 혼란을 제거하기를 바란다. 성취 격차는 SES 또는 인종/민족 집단에서의 IQ나 학업적 성취 불일치를 일컫는다. SES 또는 인종/민족 집단의 건강 및 빈부 격차와 관련된 증거가 많이 존재하며, 지금 다루는 논리와 방법 또한 건강과 부의 집단 차이를 이해하는 데 관련이 있다. 집단에 따른 성취 격차가 왜 나타나는지, 그리고 이 차이를 어떻게 줄일 것인지는 매우 중요한 과학적이고 공공적인 보건 문제이며, 좋은 의도를 가졌지만 과학적으로 현실적이지는 않은 수많은 정책적 시도를 불러왔다.

비현실적인 정책적 시도의 한 예로, 2014년까지 모든 학생의 학년 수준 읽기 성취 도달을 목표로 한 2001년 「아동낙오방지법(NCLB)」 연방 정책을 떠올릴 필요가 있다. 읽기의 과학을 교육 실제에 적용하는 것은 명백히 아동의 읽기 수준을 향상시킬 수 있지만, 읽기 곤란의 몇몇 원인은 초기 발달 단계에서 나타나므로 아동이 학령기가 된 이후에는 교정이 매우 어렵다. 더불어, 인지적 능력에서 개인 차이는 항상 발생할 것이고, 모든 아동이 평균 이상이 되는 워비건 호수의 소망(Lake Woebegone wish)을 실현하지 못하는 것과 같이(수학적 불가능성), 집중적인 증거기반 중재가 분명히 개별 아동의 기술을 향상시킬 수 있음에도 불구하고 모든 아동이 학년 수준 이상으로 (일반적으로 해당 학년을 대표하는 아동의 평균 성취 수준으로도 정의되는) 읽기(또는 쓰기 또는 수학)를 수행할 가능성은 매우 낮다. 그러나 중요한 것은, 국가 및 성별 차이에서도 다루어진 것처럼, 학업성취도에서 개인 차이의 정규곡선에 대한 사실이 집단 간의 성취 격차를 좁힐 수 없음을 의미하지는 않는다.

이어지는 내용에서는 ① 성취도와 IQ 격차, ② SES와 인종/민족 간 학습문제의 원인이 얼마나 유사한지에 대한 검토하며, 발생 원인에 대해 이미 알려진 것과 알려지지 않은 것을 알아보고, ③ 우리의 과학적 이해를 적용하여 격차 해소를 위해 무엇을 수행할 수 있는지 알아보고자 한다.

• • •

성취 격차에 대한 강력한 증거

연방정부 및 국가가 요구하는 학업성취도 시험, 그리고 미국교육성취도평가 (National Assessment of Educational Progress: NAEP)나 미국청소년패널(National Longitudinal Survey of Youth: NLSY)과 같이 신중하게 설계된 국가 수준 연구를 포함한 다양한 출처에서 학업 기술에서의 성취 격차를 문서화한 자료가 확인되었다.

신문을 읽는 사람은 누구나 자신이 거주하는 주(state)의 시험이 반복적으로, ① 부모의 낮은 SES가 낮은 성취와 연관된다는 SES 성취 격차와 ② 인종/민족 집단 성취 격차를 발견한다는 것을 알고 있다. 구체적으로 국가가 요구하는 학업성취도 시험에서는 백인 아동이 흑인이나 히스패닉계 아동보다 평균적으로 성적이 우수했고, 아시아계 아동은 백인 아동보다 성적이 우수하거나 동등했다. 이런 패턴은 NAEP와 NLSY처럼 신중하게 설계된 국가 연구에서 반복적으로 발견되었다.

이러한 격차에 대한 일반적인 효과크기(Cohen's d)는 약 0.7이다. 즉, 격차가 표준편차의 약 7/10이고, 아동의 민족성이나 SES는 학업 기술 편차의 10% 이하를 차지함을 의미한다. 이후에 논의하는 것처럼, 환경적 병인론을 강하게 지지하는 인종/민족적 격차와 비교하였을 때, SES 격차의 원인은 환경적 및 유전적 기여 둘 다와 연관될 가능성이 있다. 이는 개인이 부모의 SES에 비해 자신의 성인 SES를 바꿀 수 있다(사회적 이동성)는 데서 비롯된다.

성취 격차에 대한 자료들에서 두 가지 다른 결론이 도출된다. 성취 격차는 많은 이들이 생각하는 만큼 크지 않으며, 이러한 집단 내의 개인차가 집단 차이보다 학업성취의 차이를 훨씬 많이 설명한다. SES와 인종/민족 집단 전반에 걸친 학업 기술의 분포가 대부분 중복되기 때문에 우리는 모든 집단에서 (좋은 성과든 나쁜 성과든) 선택을 위한 어떤 절단점이라도 충족시키는 개인을 발견할 수 있다. 공공정책의 측면에서 볼 때, 학업 또는 고용 배치에 대한 적격성을 판단하기 위해 개인의 SES, 인종 또는 민족성을 사용하는 것은 경험적으로나 도덕적으로 명백히 옳지 않다. 그렇게 한다면 고정관념이나 차별의 노골적인 예일 것이다(Loehlin, 2000). 성취와 IQ 격차는 공중보건과 사회정의의 중요한 문제다. 예를 들어, 이러한 격차는 아동의 성장기에 인종/민족 및 SES 집단에 걸친 소득 불평등에 기여한다. 이를 막고 효과적인 예방과 중재 전략을 설계하기 위해서는 그것이 왜 발생하는지 이해할 수 있는 과학적 연구가 필요하다.

• • •

성취 격차는 왜 나타나는가

우리는 먼저 SES 차이를 고려한 다음 인종 차이로 돌아오고자 한다. 비록 미국에서 SES와 인종 간 격차는 상관관계가 있지만, 이 두 가지 유형의 성취 격차는 서로 다른 병인론을 가질 수 있으며 아마도 그럴 것이다. 흔히 부모 SES와 관련된 아동의 성취 격차는 SES에 의해 **환경적으로** 야기된다고 가정한다. 우리가 관찰된 상관관계에서 원인을 잘못 추론한다면 이는 잘못된 결정일 수 있지만, 많은 언론인, 교육자, 심리학자들은 부모의 SES 수준이 다른 아동 집단의 IQ나 성취 격차를 SES가 환경적으로 초래한다고 결론짓는다. 보통 심리학자들은 상관관계로부터 인과관계를 추론하지 않으려고 매우 조심하지만, 이 경우의 추론은 매우 그럴듯하다. 상관관계에 대한 두 가지 설명은 타당하지 않은 것으로 배제될 수 있기 때문이다.

이 점을 이해하기 위해 A는 부모 SES를, B는 아동의 인지 수준을 나타낸다고 가정하였을 때, ① A가 B를, ② B가 A를, ③ A와 B의 관계를 설명하는 세 번째 변수가 A를, 그리고 ④ A와 B 사이에 상호 관계가 있다는 네 가지 경쟁적 설명이 있음을 기억하자. 시간 순서(시간의 '화살표')로 인해, 설명 ②와 ④는 불가능하다. 부모 SES가 임신이나 아동의 인지 능력 발달보다 선행하기 때문이다. 그러나 이는 여전히 ① 부모 SES가 성취 격차를 유발하고, ② 세 번째 변수가 부모 SES와 성취 격차를 유발한다는 두 가지 경쟁적 설명을 남겨둔다. 또한 부모 SES와 아동 성취 간의 연결고리가 100% 환경일 필요는 없다. 그것은 유전적 요인과 환경적 요인의 복잡한 상호작용에서 비롯될 수 있다.

SES의 경우, 우리는 적어도 어느 정도의 사회적 이동성을 가진 국가에서, 한 성인의 SES가 부분적으로 유전적이라는 확고한 이론적·경험적 증거를 가지고 있다(즉, 아동은 자라서 부모의 SES와 다른 SES를 가질 수 있다). SES에 대한 잠재적인 유전적 기여를 고려할 때, 유전자 결정론과 관련된 신화를 제거하는 것이 중요하다. 유전적 결정론은 어떤 것이 '유전적'일 때 그것이 고정되고 미리 정해져 있다는 생각이다. 이것은 유전적 병인에 대한 부정확하고 지나치게 단순화된 이해다(제2장 참조). 유전적 부호는 변경할 수 없지만, 환경적 중재를 통해 유전적 차이는 나타날 수 있다. 다음에 논의할 행동 유전학 연구는 단일 시점에서 유전적 영향의 기여를 설명하지만, 환경에 따라 유전적 영향의 가중치가 어떻게 변화할 수 있는지는 설명하지 않는다. 그래서 SES가 유전적 성분을 가지고 있다고 해도, SES가 고정되어 있음을 나타내지 않는다. 실제로 가장 단순한 예를 들자면, 낮은 SES의 개인에게 큰 금액의 돈이 주어진다면, 애초에 개인의 SES에 기여했던 유전적 · 환경적 영향과는 상관없이 최소한 단기적으로라도 SES 측정의 한 차원인 욕구 대비 소득 비율(income-to-needs ratio)을 변화시킬 것이다. 이 간단한 예는 유전적 영향을 미치는 특성들도 환경적 중재를 통해 수정될 수 있음을 보여 준다. 이제 SES에 대한 유전적 영향의 잠재적인 역할에 대한 이론적 탐구로 넘어가겠다.

제2장에서 설명한 ACE 모델을 사용한 성인 SES의 행동 유전학 연구를 상상해 보자. 이 모델에서 A는 추가적인 유전적 영향에 의한 분산 비율을, C는 공유된 환경적 영향(즉, 동일 가족 내의 형제자매가 공유하지만 가족 간에 다른 것)에 의한 분산 비율을, E는 공유되지 않은 환경적 영향(즉, 형제자매가 공유하지 않음)을 가리킨다는 점을 상기해 보자. 이러한 정의에 비추어 볼 때, 이 세 가지 인과적 요인 중 사회적 이동성을 초래할 수 있는 것은 무엇인가? 분명히, SES의 병인론이 모두 C 때문이라면, 아동의 궁극적인 SES가 전적으로 부모의 SES에 영향을 받기 때문에 사회적 이동성이 없을 것이다. 따라서 환경적 SES는 아동의 후기 SES와 관련하여 **보수적이다**(즉, 세대 간 일관성을 촉진한다). 사회적 이동성의 가능한 원인으로 C를 제거했기 때문에, 우리는 A와 E를 남겨두고 있다. 만약 SES의 병인론이 전적으로 E 때문이라면, 정의상 부모와 자식 사이 또는 같은 가족의 형제들 사이에서 SES에 대한 가족적 유사성은 없을 것이지만, 우리는 이것이 그렇지 않다는 것을 안다. 요컨대, 사회적 이동성이 있다는 사실은 SES의 병인론이 모두 C일 가능성, 그리고 SES의 가족적 유사성이 있다는 사실은 SES의 병인론이 모두 E일 가능성과는 상반된다.

그렇다면 추가적인 유전적 영향인 A가 남게 된다. 자녀들이 부모로부터 유전자를 물려받기 때문에 A도 보수적이라고 생각할 수 있다. 그러나 A가 완전히 보수적인 것은 아니다. 한 가정에 속한 모든 아동은 각각의 부모로부터 그들의 분리된 유전자의 반을 얻고 분리된 유전자의 반을 형제자매와 공유하기 때문이다. 형제자매 간의 이러한 유전적 변동성은 사회적 이동성이 어느 정도 유전적 영향을 미치며, 한 형제자매가 부모로부터 다른 SES 결과를 얻을 수 있음을 의미한다.

요약하자면, SES에 대한 혁신적인 영향은 사회적 이동성을 허용한다. SES에 대한 보수적인 영향력은 가족적 유사성을 설명한다. 따라서 이 이론적 분석으로부터 우리는 SES의 병인론이 부분적으로 혁신적이어야 하며(A 또는 A와 E의 어떤 조합) 부분적으로는 보수적이어야 한다고 추론할 수 있다(A 또는 C 또는 둘의 어떤 조합). 경험적 데이터가 이러한 이론적 분석을 뒷받침하는가? 이러한 결론을 뒷받침하는 많은 사례가 있지만, 한 가지 연구의 예를 제공하겠다. 바로 프랑스의 Capron과 Duyme(1989)의 고전적인 교차입양(cross-fostering) 연구다. 그들은 2×2 설계를 통해 생모의 SES(높음 대 낮음)와 양부모의 SES(높음 대 낮음)를 교차하여 생성된 4개 집단 입양 아동의 IQ 결과를 조사했다. 생모의 SES(d = 1.0)와 양부모의 SES(d = 0.75)라는 두 요인의 큰 주 효과를 발견했지만 상호작용은 없었다. ACE 모델로 돌아가면, 생모의 SES 주 효과는 A(추가적 유전적 영향), 양부모의 SES 주 효과는 C(양부모가 제공하는 공유된 환경)를 반영한다. 아동의 IQ가 성인 SES를 예측하기 때문에, 우리는 입양된 아동의 성인 SES의 궁극적인 병인론이 부분적으로 유전적이고 부분적으로 환경적일 것이라고 추론할 수 있다.

앞서 논의한 바와 같이, SES와 인종이 각각 동일한 원인을 가지고 있다거나, 하나가 다른 것으로부터 파생되었다는 관점에서 성취 격차를 생각하는 것은 일반적인 오류다. 그러나 반드시 그렇다고는 할 수 없다. [그림 8-2]의 틀을 사용하여, 우리는 이러한 두 종류의 성취 격차가 같은 아동의 코호트 또는 종단적으로 유사한 궤적을 가지고 있는지 질문할 수 있다. 기본적인 대답은 '아니요'다. 예를 들어, Reardon과 Portilla(2016)는 1970년대부터 1990년대까지 코호트에 걸친 SES와 인종의 성취 격차에서 상반되는 추세를 보고했다. SES 격차는 크게 벌어진 반면 인종 간 격차는 크게 줄었다. 따라서 두 격차, 부분적으로 다른 원인이 있어야 한다. 이어 Reardon과 Portilla(2016)는 국가 대표 표본에서 유치원 준비도 검사를 사용하여 이러한 경향이 현 세기에 지속되는지를 측정하였다. 그들은 SES 격차와 백인과 히스패닉(중남미계 미국인)의 격차가 1998년부터 2010년까지 줄어들었지만, 백인과 흑인의 격차는 그대로 유지되었음을 확인했다. 같은 기간 동안 유치원 등록에서부터 비슷한 경향이 나타났기 때문에, 그들은 이러한 추세가 성취 격차를 줄이는 데 기여했을 것이라고 추측했다.

여기서 가장 관련이 있는 것은 SES와 인종/민족 간 격차는 코호트 집단에 따라 궤적이 달랐으며, 같은 현상이 **아님**을 강조했다는 점이다. 같은 기간 동안 이러한 코호트 변화가 가족 소득 격차의 크기와 어떻게 관련되는지 검증하는 것은 흥미로울 것이다. SES 집단 간의 소득과 부의 격차가 지난 수십 년 동안 확대되었지만, 인종 간 격차는 좁혀졌다는 것은 잘 알려진 사실이다.

이전 논의에서는 인지 및 학업성취에 대한 SES 격차에 초점을 두었다. 이제 인종/민족적 성취와 IQ 격차에 대한 설명으로 넘어가겠다. 다시, 우리는 이 격차의 발달 궤도에 대해 질문할 수 있다. 최근에서야 IQ 격차의 초기 발달에 대한 양질의 종단 데이터가 나타났다. Fryer와 Levitt(2013)은 유아기에 흑인과 백인의 IQ 격차가 무시할 수 있는 수준임을 발견했다. 그들은 출생 시 시작된 두 개의 크고 세심하게 설계된 종단연구의 자료를 조사했다. 바로 1970년대에 시행된 CPP(Collaborative Perinatal Project)와 최근의 유아 종단연구-출산 코호트(ECLS-B)의 자료다. 8~12개월 동안, 베일리 영유아 발달검사에서 흑인과 백인 아기의 IQ 원점수 차이는 0.8 정도($SD = 0.055$)에 불과했다. 이 작은 차이는 부모 SES, 가정환경, 부모 양육과 같은 명백한 혼재 변인이 통계적으로 통제되었을 때 사라졌다. 이후 2세(원 격차 = 0.3-0.4 SD, 보정 격차 = 0.2-0.3 SD)에 IQ 격차에 대한 증거가 도출되었으며 4세(원 격차 = 0.7 SD, 보정 격차 = 0.3 SD)가 될수록 격차가 커졌다. 비록 베일리 영유아 발달검사가 후기 IQ($r \sim .3$)와 약간의 관련이 있지만, 유아기의 불일치 부재는 초기 인지 발달에서 흑인과 백인 아이들의 차이를 강하게 부정한다. 두 후기 시점에서의 IQ 측정은 유아 베일리 기술보다 언어 발달에 훨씬 더 많이 의존한다는 점에 유의해야 한다. 이는 새롭게 부상하는 IQ 격차, 즉 부모가 어린 자녀에게 제공하는 초기 언어 환경의 차이를 중재할 수 있는 가능성을 시사한다. 이 가설과 일치하여 Farkas와 Beron(2004)은 흑인과 백인의 어휘 격차가 약 36개월 정도에 발생된다는 것을 발견했다.

우리는 부모 SES와 인종/민족에 따라 어린 아동이 듣는 단어의 수에는 차이가 있다는 것을 알고 있을 뿐만 아니라(B. Hart & Risley, 1995), 듣는 언어의 종류에도 차이가 있음을 알고 있다(더 지시적이고 덜 설명적인 언어). Fernald, Marchman과 Weisleder(2013)는 SES 언어 격차에 대한 중요한 연구를 수행했다. 그들은 18~24개월의 높은 SES와 낮은 SES 아동을 추적하며 그들의 언어 처리 효율성(보기-듣기; LWL) 과제와 두 시점의 표현 어휘를 측정했다. LWL 과제는 두 장의 사진이 함께 제시되었을 때 불러주는 단어의 그림을 얼마나 빨리 쳐다보는지를 통해 언어 처리 효율성을 측정했다. 그들은 연령과 SES가 시간대에 걸쳐 어휘량에 미치는 기대되는 주 효과를 발견했다(즉, 연령과 SES가 더 높은 집단이 더 많은 어휘량을 가지고 있었다). 가장 흥미로운 것은, SES가 높은 집단이 낮은 집단보다 어휘 성장률이 더 높다는(즉, 격차가 더 커진다는 점) 연령×SES 상호작용이다. LWL 과제는 연령과 SES 집단의 (상호작용은 아니지만) 유사한 주효과를 보여 주었으며 표현 어휘 척도와 중간 정도의 상관관계가 있었다.

SES와 인종/민족을 좀 더 명확하게 구분하는 연구가 더 필요하지만, 앞에서 언급한 것들로부터 몇 가지 결론을 도출할 수 있다. 첫째, 흑인과 백인의 IQ 격차는 생후 1년 후에 발생하여 취학 전 시기에 확대되며, 선천적인 IQ의 집단 차이에 대해 반론한다. 둘째, 언어 발달에 있어서 흑인과 백인의 SES 격차는 모두 초기에 나타나고 취학 전 시기에 확대되며, 부모가 자녀들에게 얼마나 그리고 어떻게 이야기하느냐에 의해 예측된다. 언어 능력은 이후 학업 기술의 강력한 예측 변인이기 때문에, 적어도 IQ와 성취 격차의 일부분은 초기 언어 경험의 차이 때문일 수 있다고 결론짓는 것이 타당해 보인다.

• • •

정책적 함의

집단 차이의 정책적 함의를 설명하기 위해, 사회경제적 지위(SES)가 낮거나 민족적 소수 집단인 아동이 특수학급에서 많이 또는 적게 나타나는지에 대한 논란을 고려해 보자. Morgan 외 연구진(2015)이 설명한 바와 같이 '소수 집단의 불균형 대표성'(MDR)에 대한 명백한 증거는 이미 학군에 MDR 감축 조치를 요구하며 연방법의 변화를 가져왔다. 과학이 실천에 영향을 미쳐야 함에는 동의하지만, 우리는 다음과 같은 질문을 할 필요가 있다. MDR에 대한 증거는 얼마나 확고한가?

MDR은 연구자가 부모 SES 및 출산 위험(예: 미숙아)과 같은 혼재 변인을 교정하고 나서, 소수 집단이 모집단의 비율에 비례하여 특수교육에 많이 배치된다는 것을 의미한다. 어떤 혼재 변인을 교정하는지는 연구자에 따라 달라진다. 따라서 MDR이 실제로 이러한 방법론적 차이에 달려 있는지에 대한 논쟁도 있다. 좀 더 근본적으로, MDR을 발견하고 이것이 차별을 대표한다고 주장하는 연구들은 우리가 방금 논의한 잘 검증된 성취 격차와 특수교육 배치 비율이 어떻게 관련되는지 고려하지 못할 수 있다.

이 관계를 이해하기 위해서는 기본적인 통계적 개념을 이해하는 것이 중요하다. 인지적 기술에 작은 집단 차이가 있는 경우, 각 집단에서 동일한 분산을 가정함에 따라 분포의 꼬리 부분에서 차이가 확대된다. 예를 들어, 평균의 0.5 SD 차이는 분포의 하위 5% 집단의 3:1 비율과 상위 5% 집단의 1:3 분포를 초래하며, 다른 것들은 동일하다. 따라서 평균이 낮은 집단에 속하는 것은 아동이 학습 장애 또는 지적장애에 대한 인지 절단점 아래로 떨어질 확률을 증가시킨다. 따라서 실제 성취 격차를 고려할 때, 낮은 성취도 집단의 아동은 높은 성취도 집단의 아동보다 더 높은 특수교육 서비스에서 더 많이 발견될 것이다. 요약하자면, MDR은 IQ와 성취 격차가 있고, 다른 모든 것들이 동일하다는 점을 고려할 때 불가피하다.

그러한 집단은 실제로 학령기 아동의 비율에 비례하여 특수교육에 배치하기에 지나치게 많거나 또는 불충분한가? 일부 연구자들은 많이 배치됨을 보여 주는 자료를 제시했고, 이는 차별에 기인한다고 주장했다(예: Losen & Orfield, 2002). 더욱 양질의 종단 자료를 활용한 최근 연구에서 Morgan 등(2015)은 혼재 변인에 대한 공분산 조정이 있든 없든 그러한 집단이 특수학급에서 덜 확인된다는 점을 실제로 발견했다. 따라서 타당한 성취 격차에도 불구하고 MDR은 없었다. 특수교육이 학습 장애군 아동을 지원한다는 점을 감안하면, 학습 장애군 위험군 아동을 과소 진단하는 것은 차별이다. 특수교육 환경에서 더 많이 또는 더 적게 나타나는지에 대한 올바른 검사는 인지 및 학업 수행의 평균 차이를 교정해야 한다. 만약 교정 후에도 여전히 이러한 점이 발견된다면 그것은 우려할 만한 이유가 될 것이다.

미국 사회가 점점 다양해짐에 따라, 임상의, 연구자, 정책 입안자들은 집단 차이와 그들이 어떻게 감소될 수 있는지를 잘 이해해야 한다. 제6장에서 논의한 바와 같이 임상의와 교육자들은 때때로 소수 집단의 일원인 아동의 학습 장애군 진단을 경계하는데, 그렇게 하는 것이 편파적으로 보일지도 모른다는 두려움이 있기 때문이다. 반면에, 아동이 속한 집단의 상태 때문에 타당한 진단을 피하는 것은 그 아동이 필요로 하는 바로 그 서비스를 박탈할 수도 있다. 따라서 임상의는 아동의 집단 상태가 진단을 회피할 이유가 아님을 인식해야 한다. 마찬가지로, 연구자와 정책 입안자는 성취 격차를 어떻게 해소할 것인가에 초점을 맞추어야 한다.

요약

성취 격차를 이해하는 것은 교육자, 정책 입안자, 임상의, 연구자 등 학습 장애군 분야에서 일하는 모든 사람에게 중요하다. 성취 격차는 불리한 집단 차이의 예로서, 불균형이라고도 한다. 집단 차이의 병인론은 집단 내 개인적 차이의 병인론과 논리적으로 구별된다는 것을 이해하는 것이 중요하다. 이 장에서는 집단 차이가 유효한지 여부를 결정하는 방법과, 유효하다면 그 원인은 무엇인지에 대해 논의했다. 이 장의 한 가지 결론은 인지 및 학업 기술의 개인차가 어느 정도 유전될 수 있는 것으로 알려져 있지만, 현존하는 증거는 그러한 능력의 집단 차이가 실질적으로 환경에서 초래된다는 것을 뒷받침한다. 예를 들어, 개인 성취 차이는 국가와 인종/민족적 차이에서 비롯된 것으로도 보인다. 사회경제적 지위(SES)에 의한 성취 격차의 원인을 이해하는 것은 더 복잡하다. 사회적 이동성은 유전적·환경적 영향이 이동성에 기여하기 위해 혁신적이고 보수적인 방법으로 작용할 수 있다는 것을 의미하기 때문이다. 사회정의적 관점에서, 우리는 성취 격차에 기여할 수 있는 환경적 위험 요인을 제거하기 위해 노력해야 한다. 성취 격차에 대한 원인이 어느 정도 환경적이라면, 우리는 성취도가 낮은 집단 아동의 초기 환경을 개선함으로써 이후의 성취 격차를 부분적으로, 심지어 온전히 줄일 수 있다.

학습
장애
탐구

제**2**부

장애 영역별 이론

제9장

말 · 언어 장애

• • •

요약

말과 언어는 19세기 Gall, Dax, Broca, Wernicke 등의 고전적 사례 보고서로 거슬러 올라가 신경심리학 역사상 가장 오래된 주제다. 언어는 시각과 함께 인지 신경과학에서 가장 많은 연구가 진행된 영역이다. 게다가 말과 언어 발달은 사실상 이 책의 모든 학습상의 장애를 이해하는 데 있어서 신경심리학과 가장 관련성이 높은 영역이다. 읽기, 수학, 쓰기의 전통적인 학습 장애는 모두 생애 초기 말과 언어 발달 문제에 기원이 있다. 따라서 생애 초기 말과 언어 발달이 학습 장애의 조기 선별과 예방적 치료의 핵심 표적이라는 강력한 주장을 펼칠 수 있다.

전통적인 학습 장애를 넘어 여기서 고려되는 다른 학습상 장애까지, 말과 언어 발달은 지적장애(ID), 자폐스펙트럼장애(ASD), 심지어 주의력결핍 과잉행동장애(ADHD)를 이해하는 데 중요하다. 그리하여 아동 심리학자들과 신경심리학자들이 말과 언어 발달에 대해 아는 것은 매우 중요하다. 언어 능력은 심리측정적 지능(psychometric intelligence)의 주요 구성 요소인 만큼 지적장애(ID)의 모든 사례는 증후군이든 특발성(idiopathic)[1]이든 반드시 지연된 언어 발달을 포함한다. 자폐스펙트럼장애(ASD)는 말과 언어 발달을 방해하며, 자폐스펙트럼장애(ASD)에서 장기적 결과를 가장 잘 예측하는 변수는 5세의 언어 발달이다(Nordin & Gillberg, 1998). 언어적 보상작용(verbal mediation)은 자기 조절의 핵심 심리과정이기 때문에 언어 발달도 ADHD와 관련이 있다. ADHD는 화용론 또는 언어의 사회적 활용과도 연관되어 있다(Westby & Cutler, 1994). 따라서 말과 언어 발달의 과학을 바로 이해한다면 이 책의 모든 학습상의 장애를 이해하고 치료하는 데 큰 발걸음을 내딛을 것이다.

이 장에서는 아동기 말 실행증(CAS)과 말소리장애(SSD)의 두 가지 말 장애와 언어장애(LI)와 화용언어장애[PLI, DSM-5에서는 사회적(화용적) 의사소통장애(SCD)라고도 한다]의 두 가지 언어장애를 검토한다. 아동기 말 실행증(CAS)과 화용언어장애(PLI)보다 말소리장애(SSD)와 언어장애(LI)에 대해 훨씬 더 많이 알려져 있으며, 아동기 말 실행증(CAS)과 화용언어장애(PLI)가 유효한 장애인지에 대한 논란이 남아 있다. 특히, 아동기 말 실행증(CAS)은 말소리장애(SSD)와 상당 부분 중첩되며 화용언어장애(PLI)는 자폐스펙트럼장애(ASD)와 중첩된다.

이 책의 전반적인 주제와 일관되게, 전반적인 위험 요소와 특정 위험 요소 모두 이 책에서 고려된 모든 수준의 분석에서 말소리장애(SSD)와 언어장애(LI)의 발달에 영향을 미친다. 증상 수준(symptom level)에서는 언어장애(LI)와 말소리장애(SSD) 간의 공존장애뿐만 아니라 언어장애(LI)와 ADHD 사이, 읽기장애(RD)와 수학장애(MD) 사이에서도 공존장애가 있어, 이는 전반적인(general) 위험 요인이 작용한다는 것을 알 수 있다.

신경심리학적 수준에서 공유되는 인지적인 위험 요인은 처리속도와 음운론적 기억력의 손상을 포함한다. 제3장에서 논의한 바와 같이, 절차적 학습의 결손이 이 책의 많은 학습상의 장애에 공통적으로 발생한다는 생각에도 관심이 높아지고 있다(Duda, Casey, & McNevin, 2015; Lum, Conti-Ramsden, & Morgan, 2014; Lum et al., 2013). 또한, 발달상의 선행 요인(precursors)들은 말과 언어장애에 걸쳐 공유된다. 옹알이는 말과 언어의 발달을 위한 중요한 초기 기반이며, 옹알이의 지연은 말소리장애(SSD), 아동기 말 실행증(CAS), 언어장애(LI), 읽기장애(RD)에서 발견된다. 또한, 자

---

1) 특발−, 자발−, 원인불명−과 같은 뜻으로 사용하기도 한다. 질병 중, 원인이 밝혀진 것과 원인이 아직도 밝혀지지 않아 불명한 것이 있는데, 후자에 속하는 무리의 질병에 사용하는 용어로서, 원인이 불명 또는 불명확하다는 뜻한다. 본태성(本態性)이라는 용어도 동의어로 사용한다(강영희, 2014, 생명과학대사전).

페스펙트럼장애(ASD)의 옹알이 지연은 상호적인 면대면 의사소통의 감소와 같은 다른 이유로 인해 나타난다. 옹알이가 말소리를 인식하고 산출하는 것을 학습하기 위한 메커니즘이기 때문에, 이러한 옹알이의 지연은 아동기 말 실행증(CAS), 말소리장애(SSD), 읽기장애(RD) 및 일부에서 발견되는 음운론적 발달의 결손을 설명할 수 있지만, 언어장애(LI)의 모든 경우는 그렇지 않다. 뇌 메커니즘 수준에서 Hickok과 Poppel(2007)의 말소리 인식과 산출의 이중 경로 모델(dual-stream model)은 더 많은 작업이 필요하지만, 말소리장애(SSD)와 언어장애(LI)에서 신경 영상의 결과를 이해하는 데 유용한 틀을 제공한다. 간단히 말해서, 이 모델은 잘 확립된 시각적 처리과정의 이중 경로 모델(즉, '무엇'에 해당하는 복측 시각 경로와 '어떻게'에 해당하는 배측 시각 경로)에 기초한다. Hickock과 Poeppel의 모델에서는 복측 '무엇' 말소리 경로가 사물에 말을 매핑(mapping)하는 역할을 하는 반면, 배측 '어떻게' 말소리 경로는 새로운 단어를 만드는 방법을 계획하는 역할을 담당한다. 세 개의 분리된 좌반구 영역과 그 연결을 강조한 고전적인 베르니케-리히테임-게슈윈드(Wernicke-Lichtheim-Geschwind) 모델과 비교하면, Hickok과 Poppel의 모델은 보다 널리 분포된 양측성 영역을 포함한다. 언어장애(LI)의 신경영상의 결과는 가변적이었지만, 고전적인 모델보다 Hickok와 Poppel 모델과 더 일관적이며 완전히 분리된 양측성 네트워크를 나타낸다. 말소리장애(SSD)에 대한 일부 신경 영상 연구도 Hickok과 Poppel의 틀에 부합하며, 말소리 처리를 위해 배측(등쪽, dorsal)에서 복측(배쪽, ventral) 경로로의 이동과 왼쪽 편측화(left lateralization) 둘 모두의 발달지연과 관련이 있다는 것을 보여 준다.

병인학(etiology) 수준에서 FOXP2 유전자에 드물게 두드러진 단일 유전자 돌연변이가 있어서 가족성 아동기 말 실행증(CAS)의 일부 사례를 야기시킨다. 영향을 받은 개인은 기저핵 이상과 절차적 학습의 결손을 가지고 있다. 여러 종에 걸친 FOXP2 유전자에 대한 연구는 음성 의사소통의 발달에 대해 매우 잘 밝히고 있다. 그러나 대부분의 아동기 말 실행증(CAS)과 또 다른 말·언어 장애[SSD, 언어장애(LI), 화용언어장애(PLI)]의 경우 다원적인 병인론을 가지고 있으며 다양한 유전자의 영향을 받는다. 이러한 공존장애 사이에는 유전적 상관관계가 있으며, 이러한 장애에 의해 여러 후보군 유전자가 공유되고 있다.

역사

Leonard(2000)는 우리가 여기서 간단히 요약한 특정언어장애(SLI)의 역사를 제공했다. 1822년 Gall에 의해 말이 제한된 아동에 대한 첫 번째 사례 보고서가 출판되었다. 이후 후천성 실어증(여기에서 비슷한 발달 사례에 대한 선천성 실어증이라는 용어가 유래함)에 대한 이해의 진전에 부분적으로 박차를 가한 많은 사례 보고가 뒤따랐다(Gall, 1835). 이 사례 보고의 아동들은 정상적인 청력에도 불구하고 극히 제한된 말만을 산출할 수 있었고, 명백하게 정상적인 언어 이해력과 비언어적인 지능을 가지고 있었다. 초기 논문에서 그러한 아이들을 위한 용어는 정상적인 청력에도 불구하고 말 산출의 결손에 초점을 둔 '농(hearing mutism)'이었다. 이러한 초기 사례들이 언어와 말의 산출을 구별하지 못했음을 알 수 있고, 전형적으로 말이 발달하지만 여전히 언어 이해에 장애가 있는 아동들은 포함하지 않았음을 알 수 있다.

후에 이 아동들의 분류에는 발달성 실어증과 발달성 언어장애(developmental dysphasia)를 포함했다. 결국, 이 신경학적 용어는 발달 언어장애(developmental language disorder)나 특정언어장애(SLI)와 같은 용어를 채택하여 삭제되었다. 게다가 말(speech)의 발달과 언어 발달의 문제들 사이에 더 명확한 구별을 이끌었고, 각 영역의 하위 유형들이 제안되었다. 말 문제의 두 가지 주요 하위 유형은 이름에서 알 수 있듯이 특정 말소리를 발음하는 어려움으로 인해 정의되는 말소리장애(SSD)와 운동장애(즉, 무호흡증)와 잠재적으로 관련이 있는 느리고, 힘이 들고, 부정확한 말소리로 정의되는 아동기 말 실행증(CAS)이다. 언어(language) 발달의 두 가지 주요 하위 유형의 문제는 문법(SLI)을 포함한 구조 언어의 문제점과 언어의 사회적 사용(PLI)에서의 문제점을 구별하며 이는 모두 후에 우리가 정의한다. 결국, SLI라는 용어는 여기서 사용되는 용어인 LI로 대체되기 시작했는데, 이는 이 책의 전반적인 주제와 일관적으로 언어문제가 있는 많은 아동이 겪는 어려움은 매우 구체적(specific)이지 않기 때문이다. DSM-5는 동일한 이유로 언어장애(language disorder)라는 용어를 사용하며, 화용언어장애(PLI)(DSM-5에서는 SCD라고 함)뿐만 아니라 말소리장애(SSD)도 인정한다. 이러한 범주의 정의에는 언어문제에 대해 후천성 실어증이나 기타 식별 가능한 원인이 있는 아동은 제외된다. 그러므로 이러한 정의들은 말 산출을 포함하여 언어 발달에 있어서 특발성(idiopathic) 문제를 가진 아동들에게 초점을 맞추고 있다.

우리의 이러한 장애에 대한 이해는 언어학과 심리학 영역에 걸쳐 성숙한 언어와 언어 발달에 대한 기초 과학 연구로부터 엄청난 도움을 받았다. 반대로, 말소리장애(SSD), 아동기 말 실행증(CAS), 언어장애(LI) 혹은 화용언어장애(PLI)를 가진 아동에 대한 연구는 전형적인 언어 발달에 관한 근본적인 이론적 문제를 다루었다. 이어지는 내용에서 우리는 기초 과학과 임상 과학 간의 풍부한 상호작용에 관해 논하고자 한다.

• • •
정의

앞 단락에서 알 수 있듯이, 우리가 정의해야 할 두 가지 말(speech) 장애와 두 가지 언어(language) 장애가 있다. 두 가지 말 장애는 말소리장애(SSD)와 아동기 말 실행증(CAS)이며, 두 가지 언어장애는 언어장애(LI)[DSM-5에서는 '언어장애(Language Disorder)'라고 함]와 화용언어장애(PLI)[DSM-5에서는 '사회적 의사소통장애(Social Communication Disorder)'라고 함]로 불린다. 아래에서 자세히 논의하겠지만, 언어장애(LI)는 구조 언어의 손상, 특히 어휘와 통사(syntax)의 척도가 포함되며, 화용언어장애(PLI)는 구조 언어와 비언어적 의사소통의 사회적 사용에서 손상을 포함한다. 화용언어장애(PLI)의 DSM-5 정의는 언어장애(LI), 자폐스펙트럼장애(ASD), 지적장애(ID)를 제외한다. Gibson, Adams, Lockton, 그리고 Green(2013)은 외적 타당성 요인(external validator)을 사용했으며, 화용언어장애(PLI)가 언어장애(LI)와 고기능 자폐스펙트럼장애(ASD)와는 완전히 다르고, 이는 서로 간에도 다르다는 것을 발견했다. 외적 타당성 요인은 또래 상호작용, 제한적이고 반복적인 행동(ASD 진단에 사용된 행동 제외) 및 언어 프로파일(표현적 대 수용적 언어)이었다. 구체적으로, 그들은 화용언어장애(PLI)가 더 나은 표현 언어가 아닌 더 나쁜 또래 상호작용의 어려움으로 인해 언어장애(LI)와 구별된다는 것을 발견했다. 화용언어장애(PLI)는 또래 상호작용의 어려움 감소, 표현력 향상, 제한적이고 반복적인 행동 감소로 자폐스펙트럼장애(ASD)와 구별되었다. 화용언어장애(PLI), 언어장애(LI), 자폐스펙트럼장애(ASD) 중에서 이러한 어려움의 몇 가지는 불가피한 진단적인 정의를 가진다. 특히, 자폐스펙트럼장애

(ASD) 발단자(proband)의 일부 친척들이 화용언어장애(PLI)를 가지고 있기에 여전히 화용언어장애(PLI)와 자폐스펙트럼장애(ASD)를 구별하는 데 외적 타당도에 대하여 의문이 남아 있다. 따라서 화용언어장애(PLI)가 단지 자폐 스펙트럼의 더 심하지 않은 유형인지를 결정하기 위해서는 더 많은 연구가 필요하다.

DSM-5는 말소리장애(SSD)의 한 유형으로 아동기 말 실행증(CAS)을 포함하지만, 부분적으로 아동기 말 실행증(CAS)의 진단에서 언어 임상가들 사이에 신뢰도가 떨어지기 때문에, 우리는 아동기 말 실행증(CAS)과 말소리장애(SSD)를 구별하는 것이 중요하다고 생각한다. 이는 많은 연구 문헌들이 아동기 말 실행증(CAS)을 구별하여 다루고 각 장애를 토대로 부분적으로 다른 메커니즘을 지원하기 때문이다. 간단히 말해, 말소리장애(SSD) 아동들은 일반적으로 유창하게 말하지만, 또래보다 단어의 말소리를 더 많이 대치하거나 생략한다. '8세 후반' 말소리(/1/, /r/, /s/, /z/, /th/, /ch/, /dzh/, /zh/)와 같이 나중에 발달하는 말소리에 대해 오류가 종종 나타난다. 말소리장애(SSD) 아동들의 오류는 그들이 내는 말소리의 명료성(intelligibility)을 방해한다. 전체적으로 말소리장애(SSD)의 진단은 음성 오류가 발달적으로 비정상적인 손상을 유발하도록 한다. 이와는 대조적으로, 아동기 말 실행증(CAS)의 경우 마치 아동이 의도한 소리를 내기 위한 조음기관의 정확한 위치를 찾을 수 없는 것처럼 말이 느리고, 힘이 들며, 부정확하다.

따라서 아동기 말 실행증(CAS) 아동들은 대부분의 말소리를 비일관적으로 산출하고, 말소리와 음절 사이의 동시조음(co-articulatory) 이행을 늘이고 왜곡한다. 이러한 아동기 말 실행증(CAS) 아동들의 말의 오류의 결과는 말소리장애(SSD) 아동들의 말보다 훨씬 더 명료하지 않다는 것이다. 말의 움직임의 문제는 아동기 말 실행증(CAS)의 운율학(억양)에도 영향을 미친다.

다음에 볼 것이지만, 유아의 말소리 발달의 계산 모델(Terband, Maassen, Guenther, & Brumberg, 2014)은 아동기 말 실행증(CAS)과 말소리장애(SSD)가 초기 말소리 발달의 다른 단계에서 발생한다는 가설을 뒷받침한다. 이 모델에 따르면 아동기 말 실행증(CAS)는 말소리장애(SSD)보다 먼저 발생하는데, 이때 유아가 음향과 몸 감각(somatosensory) 특징 사이의 체계적이고 양방향의 매핑과 옹알이를 통해 그러한 특징을 만들어 내는 조음 자세를 배우려고 할 때 발생한다. 아동기 말 실행증(CAS) 아동은 감각과 운동 표상 간의 잡음 때문에 기본적인 매핑을 학습할 수 없다. 이와는 대조적으로, 이 모델은 말소리장애(SSD) 아동들은 단지 운동 표상의 잡음을 가지고 있지만 감각 표상에는 문제가 없으며, 기본적인 매핑은 매우 정상적으로 배울 수 있지만, 말 모방의 후기 단계에서 음소 변별을 학습하는 데 어려움을 겪는다고 가정한다.

이 책에서 고려된 대부분의 장애와 같이 현재 말소리장애(SSD)와 언어장애(LI)의 정의는 모두 세 부분으로 구성된다. ① 진단적 역치(threshold), ② 기능장애의 요구 조건, ③ 배제 준거 목록이고, 이 목록에는 발성 기관에서의 말초적 결손인 말초 감각 장애(예: 청각장애), 후천적 신경학적 손상, 환경적 박탈, 기타, 보다 심각한 발달장애[예: 지적장애(ID) 및 자폐스펙트럼장애(ASD)]가 포함된다. 우리가 다른 장에서 반복적으로 논의했듯이 본질적으로 연속적인 것에서 장애에 대한 진단적 역치를 설정하는 것은 다소 임의적일 수 있다. 말과 언어장애의 경우 선택된 진단적 역치가 진단의 종단적 안정성(longitudinal stability)에 영향을 미칠 수 있기에, 완전히 임의적인 것은 아니다. 일부 진단 기준(cutoff)은 상당히 많은 아동이 그들의 말이나 언어 지연을 극복할 수 있음을 밝혀냈다. 이러한 방식으로 낮은 종단적 안정성은 기능 손상의 중요한 요구 조건을 약화시킨다. 예를 들어, 세 살 때 말소리장애(SSD) 진단을 받은 아동의 약 75%가 6세까지 임상적으로 정상적인 말을 구사한다. 이 높은 회복률은 언어치료가 현저하게 효과적이라는 것을 의미하는가, 아니면 세 살 때 진단받은 몇몇 아동들이 실제로 장애가 없다는 것을 의미하는가? 우리는 이 질문에 대한 명확한 답을 가지고 있지 않다. 마찬가지로, 말소리장애(SSD)의 경우보다 회복률이 낮지만 모든 말이 늦은 아동들이 언어장애(LI)로 지속되는 것은 아니다. 따라서 만약 우리가 말이 늦은 아동이나 초기 말 지연 아동의 예후를 완벽하게 예측한다면, 우리는 어떤 아동이 초기 임상적 개입을 받아야 하는지 더 잘 알 수 있을 것이다. 말소리장애(SSD)가 아닌 언어장애(LI)의 경우 발생하는 추가적인 문제는 진단적 역치가 연령에 비례해야 하는지 또는 관련된 특정 능력에 대한 IQ 기대치에 비례해야 하는지의 여부다.

언어장애(LI)의 전통적인 정의는 언어적인 결손이 아동의 비언어적 IQ 수준보다 유의미하게 낮아야 한다고 요구했다. 이는 초기 언어문제를 가진 많은 아동이 진단적 정의에 맞지 않을 것을 의미하며, 특히 지적장애(ID)의 진단에 적합하지 않은 평균 이하의 지적 기능을 가진 아동들을 가리킨다.

언어 능력이 현저히 떨어지는 이 아동들은 언어가 연령에 따른 기대치를 크게 밑돌고, 일상적 기능을 현저히 방해하고, 치료에 반응하고 있음에도 불구하고 언어장애

(LI)에 대한 전통적인 진단 기준을 충족하지 못할 수 있다. 제6장, 제7장, 제10장에서 논의하듯, 불일치 정의는 실제적이고 경험적이며 이론적인 문제에 직면하고 있으며, 궁극적으로 불일치가 분명하게 서비스가 필요한 아동을 제외하므로, 이 분야는 불일치 정의에서 멀어지게 되었다.

최근, Norbury 등(2016)은 영국의 4~5세 아동의 대규모 인구 기반 표본에서 언어장애(LI)에 대한 IQ-불일치 대 연령 불일치 구분의 타당성을 검증했다. 5개 종합점수를 산출한 언어 시험점수를 활용하여, 언어장애(LI)에 대해 널리 사용되는 Tomblin, Smith와 Zhang(1997) 기준을 적용하고, 이는 5개 언어 복합 측정치 중 2개에서 최소 −1.25 표준편차의 점수를 요구하며, 주변 교란 요인 조건뿐만 아니라 지적장애(ID)와 자폐스펙트럼장애(ASD)를 배제했다. Tomblin, Smith 등과는 달리 DSM-5와 일치하지만, Norbury 등(2016)은 85 이상의 비언어 IQ(Nonverbal IQ)를 요구하지 않았다. 그들은 표본의 7.58%가 이 특발성 언어장애(LI)의 정의를 충족했고, 추가적인 2.34%의 아동들이 이 언어적 결핍 기준을 충족했지만 특발성은 아니라는 것을 알아냈다. 이는 그들이 지적장애(ID)나 보통 자폐스펙트럼장애(ASD)와 같은 의학적 진단을 가지고 있었기 때문이다. NVIQ 불일치 기준의 타당성을 시험하기 위해, 그들은 특발성 언어장애(LI) 표본을 NVIQ가 85 이상인 표본[언어장애(LI) 사례의 63.3%]과 NVIQ가 70보다 크고 85보다 작은 표본[언어장애(LI) 사례의 36.7%]으로 나누었다. 이후 그들은 언어, 사회적, 정서적, 행동적, 학업적 측정치의 손상에 대해 이 두 언어장애(LI) 하위 그룹을 비교했고, 거의 차이가 없다는 것을 발견했다(하위 NVIQ 그룹은 표현 언어 종합점수에 대해 더 낮은 성과를 보였다). 대조적으로, 두 언어장애(LI) 하위 그룹은 이 표본에서 일반 아동들보다 유의미하게 더 많이 손상되었다. 이러한 결과는 특정 언어장애(SLI)의 NVIQ 불일치 정의의 외적 타당성을 지지하지 않지만, 언어장애(LI)의 DSM-5 정의의 타당성을 검증한다.

요약하면, 이 장에서 고려한 네 개의 진단에 대한 타당도의 몇 가지 실증적 증거들이 있는데, 이 모든 것은 말이나 언어 발달에서 상당한 연령 불일치를 요구한다. 대조적으로, 이러한 진단 중 어떤 것도 IQ-불일치 정의에 대한 실증적 증거는 없다. 화용 언어장애(PLI)의 타당도에 대해 상당히 더 많은 연구가 필요하다. 아동기 말 실행증(CAS)의 타당성, 말소리장애(SSD)의 초기 사례와 임상적 개입을 필요로 하는 말이 늦은 아동의 사례에 대해서도 더 많은 연구가 필요하다. 이 장의 뒷부분에서는 세 가지 더 깊은 수준의 분석에서 화용언어장애(PLI)를 제외한 이러한 진단에 대한 외부 타당성을 검토한다. 그다음으로 이 네 가지 진단의 메커니즘과 공존장애를 고려한다.

● ● ●

유병률과 병인론

언어장애(LI)의 유병률은 약 5~8%이다. Tombline, Smith 등(1997)에서는 유병률이 8.1%로 성비가 1.25로 나타났다. 읽기장애(RD)와 말소리장애(SSD)의 경우와 마찬가지로 의뢰된 표본에서도 성비가 약 3:1로 더 높다(S. Smith, Gilger, & Pennington, 2001). 언어장애(LI)는 읽기장애(RD)와 말소리장애(SSD)와의 공존장애 외에도 ADHD와도 공존장애를 가지고 있다(Beitchman, Hood, & Inglis, 1990). 화용언어장애(PLI)의 유병률이 잘 확립되어 있지 않다. 한 네덜란드 연구에서 Ketelaars, Cuperus, Jansonius, 그리고 Verhoven(2010)은 모집단 기반 표본에서 약 8%의 유병률을 발견했으며, 남녀 비율은 약 2:1이었다.

미국과 호주에서 말소리장애(SSD)의 유병률은 매우 유사했다. 미국 표본에서의 유병률은 3.8%로 남녀 성비가 1.5:1(Shriberg, Tomblin, & McSweeny, 1999)이었다. 호주 표본(Eadie et al., 2015)에서는 4세 때 유병률이 3.4%로, 남녀 성비는 1:1로 나타났다. 언어장애(LI)의 공존율은 41%로 표본의 21%가 초기 문해 능력이 부족했다. Shriberg 등(1999)이 검토한 5개의 초기 메커니즘 표본에서 유병률은 2~13%(평균 = 8.2%), 남녀 성비는 1.5~2.4(평균 = 1.8)이었다. 다른 여러 학습 장애의 경우와 마찬가지로 말소리장애(SSD)의 성비는 의뢰된 표본에서 더 높다(더 많은 남성이 치료를 위해 의뢰됨). 이 저자들은 또한 말소리장애(SSD) 아동의 약 3분의 1이 언어장애(LI)를 가지고 있다는 것을 발견했는데, 이는 Eadie 등(2015)의 결과와 일치한다. 말소리장애(SSD)와는 대조적으로 아동기 말 실행증(CAS)의 정의에 대한 부분적인 의견 불일치로 인해 아동기 말 실행증(CAS)의 유병률은 잘 확립되어 있지 않다. 임상 표본을 토대로 Shriberh, Aram과 Kwiatkowski(1997)는 아동기 말 실행증(CAS) 유병률을 0.2%(즉, 1,000명당 2명의 아이)에 그쳐 대부분의 학습 장애에 비해 훨씬 낮다고 추정했다.

흥미롭게도 메커니즘 표본에서, 부모의 SES가 낮아짐에 따라 언어장애(LI)의 유병률은 증가하며(Tomblin, Records, et al., 1997), 이는 부모들이 자녀에게 얼마나 많이

(그리고 어떻게) 대화하는지에 대하여 부모의 SES의 차이와 일치한다(예: Hart & Risley, 1995). 이와는 대조적으로 말소리장애(SSD)의 유병률은 부모의 SES에 따라 변화하지 않는 것으로 밝혀졌다(Dodd, Holm, Hua, & Crossbie, 2003; McKinnon, McLeod, & Rely, 2007). 초기 말 발달의 개인 차이는 초기 언어 발달의 개인 차이보다 환경적인 입력 (input)의 변동성과 덜 관련이 있는 것으로 보인다. 실제로 나중에 논의한 바와 같이 말소리장애(SSD)는 언어장애(LI)보다 유전가능성이 높으며, 한 연구에서는 말소리장애(SSD)와 공존하지 않는 언어장애(LI)는 유전가능성이 거의 또는 전혀 없는 것으로 나타났다. 또한, 이후 논의하겠지만, 옹알이의 시작은 부모의 사회경제적 지위와 큰 관련이 있다.

• • •

발달 신경심리학

이 절에서는 먼저 인간 언어의 요소들에 대한 언어적 설명을 포함하여 간략한 개 요를 제공한다. 그다음 우리는 어떻게 전형적으로 발달하는지, 그리고 이 장에서 검 토한 네 가지 장애[언어장애(LI), 화용언어장애(PLI), 말소리장애(SSD), 아동기 말 실행증 (CAS)]는 어떻게 전형적 발달에서 벗어나게 되는지 살펴본다.

인간의 언어란 무엇인가? Pennington(2014)에서 논의한 바와 같이, 전문화된 인간 의 사회적 인식(공동 관심과 상호주관성)을 기반으로 구축된 독특하고 진화된 청각-음성 의사소통 시스템으로, 사실상 화자의 어떤 의식적인 인지 표상을 청자의 마음 에 전달할 수 있게 할 수 있을 만큼 충분히 유연하고 생성적이며 어느 정도 미세한 운 동 제어, 작업 기억력, 그리고 인간에게만 발견되는 인지 과정을 필요로 한다. 우리가 아는 한, 인간의 언어는 기호를 사용하고 합성성(compositionality)을 나타내며 재귀적 이기 때문에 동물의 의사소통 시스템 중에서도 매우 독특한 특성을 지닌다. 합성성 (compositionality)은 인간 언어 사용자에 의해서 인간의 발언(utterance)의 일부를 다 른 부분과 독립적으로 조작할 수 있다는 것을 의미하며, 재귀성은 한 절 안에 다른 절 을 포함하여(예: "이것은 강까지 이어지는 길목을 향한 집에 사는 고양이를 쫓은 개") 잠재 적으로 인간의 가능한 발언의 수를 무한정 생성할 수 있다는 것을 의미한다.

Elizabeth Bate와 그녀의 동료 Brian MacWhinney(1988)는 인간의 언어는 오래된

부분으로 만들어진 새로운 기제라고 말했다. 앞에서 말한 인간 언어의 정의는 그 오래된 부분들의 일부가 무엇인지 분명히 한다. 다른 많은 종에서 발견되는 두 가지 중요한 오래된 부분은 표현(representation)과 의사소통이다. G. Miler(1963)는 인간의 언어는 어떤 종에서 보다라도 표현과 의사소통의 가장 광범위한 융합을 가능하게 한다고 주장했다. 중추신경계를 가진 모든 종은 외부 세계의 측면을 나타낼 수 있고, 또한 반드시 이러한 표현을 사용하여 미래의 행동을 인도한다. 다른 영장류, 고래류, 새, 심지어 프레리도그(prairie dog)까지 포함한 이러한 비인간 종들의 하위 집합은 인상적인 의사소통 체계를 가지고 있지만, 의사소통이 가능한 것의 범위는 인간의 경우보다 훨씬 더 제한적이다. 인간의 언어는 반드시 인식, 주의, 기억, 사회적 인식, 실행 통제, 정서/동기 등 사실상 모든 인지와 중복되고 상호작용하는 분배된 신경 체계에 의해 제공되어야 한다. 그래서 언어의 어떤 요소들은 다른 요소들보다 더 국지적일 수 있지만, 언어는 뇌에서 별개로 국지화(localized)될 수 없다. 적어도 언어의 어떤 측면은 경험으로부터 배워야 한다는 것은 명백하며(언어에 노출되지 않은 야생 아동들은 말을 학습하지 않는다), 우리는 언어의 뇌 메커니즘에 관한 다음 절에서 언어의 신경 기질이 학습될 때 변화하고, 상호적 특수화 이론(interactive specialization theory)과 일치하며, 선천적인 언어 모듈의 개념과 반대되는 것을 알게 된다.

언어 모듈의 존재 여부는 언어학자 Noam Chomsky의 추종자들(Chomskyians)이 그러한 모듈에 대한 이론적 주장과 증거를 제공하고, 연결론자들은 일반적인 인지 구조를 사용해서 어떻게 언어가 학습될 수 있는지를 입증하며 언어심리학에서 매우 논

〈표 9-1〉 소리 기반 언어의 구성 요소

- 음소: 형태소를 생성하는 연결된 개별 음성 단위.
- 형태소: 의미를 가지는 말의 가장 작은 단위(수화에서 형태소에 해당하는 것은 시각 운동 상징임).
- 구문론: 구의 단어와 문장이 결합되는 방식을 결정하는 규칙(일반적으로 문법으로 불림).
- 어휘론: 특정 언어에서 모든 단어의 모음. 각 어휘는 형태학적 또는 구문적 영향(ramification)이 있는 모든 정보를 포함하지만, 개념적인 지식은 포함하지 않음.
- 의미론: 단어와 문장의 의미.
- 담화(discourse): 이야기를 구성하는 문장의 연결.
- 운율학: 단어와 문장의 문자 의미를 결정할 수 있는 발성과 억양.

란이 많은 이슈를 현재도 계속 불러일으키고 있다. 우리는 전형적 또는 비전형적인 언어 발달에 대해 우리가 알고 있는 것을 검토할 때 이 논쟁으로 돌아간다. 그러나 먼저 우리는 성숙한 인간 언어의 구성 요소에 대해 논한다. 언어학자들은 이러한 요소들의 관점에서 인간의 언어를 정의한다(〈표 9-1〉).

언어의 구조는 위계적이다. 작은 단위(음소)는 단독으로 또는 어휘에서 단어들을 조합하여 의미 단위(형태소)로 결합되고, 그리고 이것은 일정한 규칙에 따라 구와 문장으로 결합(구문론)되고, 의미(의미론)를 갖는다. 이 다섯 가지 구성 요소(음소, 형태소, 어휘, 구문론, 의미론)는 구조 언어를 구성하며, 앞서 언급했듯이 언어장애(LI)는 주로 구문과 어휘의 구조 언어에 결손이 있다. 말소리장애(SSD)와 아동기 말 실행증(CAS)의 주요 결손은 언어의 음운론적 수준에 있다.

구조 언어는 언어의 사회적 사용, 또는 화용론(pragmatics)과 관련된 화법(discourse) 및 운율학(prosody)과 구별된다. 따라서 언어의 이 두 가지 구성 요소의 손상은 화용 언어장애(PLI)를 특징짓는다. 언어학은 전통적으로 구조 언어, 특히 구조 언어의 각 수준에서 필요한 표현의 종류에 초점을 맞추었다. 이와는 대조적으로, 많은 발달심리학자들은 유아에게서 의사소통이 어떻게 발달하는지에 더 관심을 가져왔다. 그러므로 그들은 유아들이 말을 할 수 있기 훨씬 전 인간의 언어 발달에 대한 설명을 시작한다. 그러나 모든 전형적인 언어 사용에서 나타나는 구조 언어의 의미가 상호 주관적일 것을 요구하자마자 구조언어와 사회적 사용의 구분은 모호해진다. 즉, 구와 문장은 화자가 청자와 공유할 수 있는 현재, 과거, 상상할 수 있는 감정 상태를 말할 수 있게 해 주기 때문에, 성공적인 의사소통은 항상 화자가 말하는 것을 청자가 알고 있는지 여부를 점검할 것을 요구하며, 이를 청자의 반응 점검(securing reference)이라고 한다. 유아들이 청자의 반응 점검을 어떻게 배우느냐가 언어 발달에 있어 중요한 문제이며, 이는 앞으로도 논의될 것이다.

이러한 언어학적 정의는 종종 실제 인간의 뇌에서 언어가 처리될 때 구조 언어의 각 구성 요소가 다른 구성 요소와 인지적으로 분리되어 있음을 암시하는 것으로 받아들여졌고, 일부 언어학 이론은 그러한 주장을 한다. 하지만 최근의 행동적, 신경 영상적, 그리고 계산적(computational) 증거는 이러한 구성 요소들이 언어처리에서 광범위하게 양방향으로 상호작용함을 나타낸다. 우리는 시끄러운 배경에서 문장의 친숙한 구어와 익숙하지 않은 구어를 인식하는 능력을 비교하면 쌍방향과 양방향 처리과정의 중요성을 쉽게 파악할 수 있다. 우리의 하향식 어휘의 의미론과 통사론 기대는 소음으로부터 친숙한 단어를 구하는 데 도움을 주지만 낯선 단어는 그렇지 않다. 이러한 양방향 상호작용 때문에, 우리는 전형적인 언어 처리과정 또는 발달적이거나 후천적인 장애에서 명료한 분리를 기대해서는 안 된다. 예를 들어, 연구는 문법과 어휘 간(Bates & Goodman, 1997)의 그리고 문법 형태론과 어휘 간(Joanisse, 2007)의 발달적 연관성을 보여 주었다. 음운론적 발달과 어휘 발달 사이의 밀접한 연관성도 입증되었다. 따라서 〈표 9-1〉의 구조 언어의 다섯 가지 요소들 사이에 전형적 발달과 비전형적인 발달이 공존할 수 있다는 새로운 관점이 제기된다.

　담화(discourse)는 문장들을 이야기나 설명으로 결합함으로써 구성된다. 담화 처리는 담화의 산출과 이해를 모두 포함하며, 단일 문장이나 구의 이해에 필요 없는 일반적인 인지 과정을 추가로 요구한다. 이러한 추가적인 인지 과정에는 추론과 담론의 요소들을 일관성 있는 정신적 표상으로 연결하는 것이 포함된다. 담화 처리과정은 하나의 문장을 처리하는 데 필요한 것 이상으로 주의력과 작업 기억력에 추가적인 요구를 부여하며, 담화 주제와 관련된 청자의 사전지식에 대한 저장 공간에 매우 크게 의존한다(Kintsch, 1994 참조). 담화 처리과정은 언어와 인지의 또 다른 측면을 서로 완전히 분리할 수 없다는 것을 매우 명백히 보여 준다. 우리의 실제적이고 일상적인 언어 사용에서, 우리는 거의 항상 담화를 처리하고 있다. 담화 처리과정의 추가적인 인지적 요구 때문에, 그것의 발달은 기본적인 구조 언어의 발달보다 훨씬 오래 걸리고, 현대 사회에서는 정규 교육에 의존한다. 정규 교육은 대부분 쓰기 언어를 배우고 그것을 산출 및 이해하는 것을 배우는 데 전념하는데, 이는 대학, 대학원, 그리고 '지식' 노동자들을 통해 계속 이어지는 과제다. 따라서 기본적인 구조 언어의 결손이 없는 상태에서 담화의 처리과정에 어려움을 겪는 개인을 찾아야 한다.

　마지막으로, 우리는 언어의 준언어적(paralinguistic)이거나 화용적인 측면으로 여겨지는 운율학에 이르게 되는데, 이것은 구조 언어와 담화에 추가된다. 운율학은 단어나 문장을 말로 내뱉는 억양을 의미한다. 운율을 바꿈으로써 이 문장에 전달할 수 있는 최소한 세 가지 다른 의미를 생각해 보자. "사랑이라고 불리는 것은 무엇인가?" (힌트: 심지어 '!'를 '?'로 대체하는 것처럼 구두점을 바꾸는 것은 괜찮다.) 화용론적 언어의 다른 한 측면은 몸짓, 자세, 그리고 얼굴 표정이다. 우리는 우리 자신의 일상적 경험과 전문적 마임(mime)으로부터 이러한 비언어적 · 화용론적인 언어의 특징들이 그것

자체로 풍부하게 전달된다는 것을 안다. 많은 것이 말없이 전달될 수 있는 적절한 사회적 인식(상호주관성)과 화용론을 고려하면, 아마 구조 언어의 진화 이전에 인간의 의사소통이 어떠했는지를 엿볼 수 있을 것이다. 자폐스펙트럼장애(ASD)(제13장 참조)와 DSM-5의 SCD 진단에서, 운율학과 화용론적 언어의 또 다른 측면에 현저한 손상이 준거로 포함된다.

전형적 발달

Pennington(2014)에서 논의한 바와 같이, 분명히 아동들은 태어날 때부터 말을 하지는 않는다['갓난아기(infant)'란 '말이 없는' 것을 의미함]. 따라서 말과 언어는 어떻게든 발달하여야 한다. 이 부분이 어떻게 발달하는가는 수십 년 동안 언어학과 심리학 분야에서 심도 있는 조사와 논쟁의 초점이 되어 왔다. 20세기 초 학업심리학을 지배했던 행동주의 패러다임에서 언어는 모든 행동처럼 습득된다고 보았다. 즉, 말과 언어는 자극-반응(S-R) 연합을 학습하며 습득된다. 언어 습득에 대한 이러한 경험론적 접근은 Skinner(1957)의 저서 『Verbal Behavior』에 대한 Noam Chomsky(1959)의 긴 비평을 통해 심각한 도전을 받았다. 인간의 언어가 자극-반응 연합에 의해 배울 수 없을 뿐만 아니라 단순히 귀납적인 과정에 의해서 학습할 수 없는 인간의 언어의 여러 측면을 확인했다고 Chomsky는 주장했다. 그래서 그는 경험적으로 학습하는 것이 아닌, 타고난 언어의 구조가 분명히 있다고 주장했다.

Chomsky의 학습 불가능 가설에는 다음의 몇 가지 핵심적인 부분이 존재한다. 첫째, 그는 유아들이 실제로 접하는 현실 세계 언어는 그들이 실제로 습득하는 언어 구조를 뒷받침할 만큼 충분하지 않다고 주장했다(이는 '자극의 빈곤' 가설이다). 둘째, 그는 자극-반응 연합이 인간 언어의 두 가지 핵심적인 속성, 즉 생성성과 이미 논의된 재귀 속성(새로운 말을 생성하기 위해 구문 내에 구문을 삽입하는 능력)을 지지하지 않을 것이라고 주장했다. 인간은 (인간 언어를 쓰는 화자는) '제한되지 않은 시간'이 주어진다면, 그 전에 들어 본 적이 없는 많은 것을 포함하여 문법적인 문장을 무제한으로 생성할 수 있으며, 그중 일부는 의미가 통하지 않기도 한다. 재귀는 구나 문장에서 인접하지 않은 단어 사이의 의존성을 요구하며, 자극-반응 연합이 그러한 의존성을 어떻게 획득할 수 있었는지는 명확하지 않다. 셋째로, 그는 인간 언어는 현존하는 어떠한 계산적 메커니즘으로도 배울 수 없다고 주장했다. 이 주장은 문법 규칙을 배우는 것은 긍정적인 예와 부정적인 예가 섞인 사례 중 어떤 것이 부정확한지에 대한 명확한 피드백을 통해 학습하는 것이 아니라 긍정적인 사례로만 개념을 학습하려고 노력하는 것과 유사하다고 본다. (긍정적인 사례와 부정적인 사례의 혼합이 아닌 어느 사례가 부정확한지에 관한 명료한 피드백과 함께 긍정적인 사례로만 개념을 학습하려고 노력하는 것과 유사하다고 주장한다.) 일반적으로 유아들은 문법적인 말만을 듣게 되고, 명확하게 비문법적인 말에 노출되지는 않는다. 그러한 부정적인 피드백이 없다면, 가능한 가설적 공간을 제한하는 것이 훨씬 더 어렵다(Bishop, 1997 참조). [그에게 있어] 언어는 엄연히 학습 불가능한 것이기에 유아 언어 학습을 이끄는 선천적이고 보편적인 언어 구조[그것을 선천적인 언어 습득 장치(LAD)라고 불렀다]가 있어야 한다고 주장했다. 유아가 어떤 인간 언어에 노출되었는지에 관계없이, LAD는 해당 언어의 습득을 가능하게 한다. 따라서 Chomsky의 이론은 언어 습득에 대한 선천적 · 모듈적 · 성숙적 관점을 가지고 있는데, 이는 뇌에 LAD가 선천적으로 내재되어 있음을 의미한다.

Chomsky는 심리학에서 인지 혁명을 시작하는 데 강력한 영향을 미쳤다. 그의 관점은 수십 년 동안 언어 발달 분야를 지배했고, 아동들의 언어 발달에 대한 완전히 새로운 연구 분야를 개척했다(R. Brown, 1973 참조). 과학 연구에서 흔히 있는 일처럼, 결국 아동의 언어 발달에 관한 명백한 사실들이 나타나면서 Chomsky의 매우 영향력 있는 이론(또는 패러다임)에 도전하게 되었다. 두 가지 주요 발견으로, ① 연결주의 네트워크는 촘스키 이론에 의해 상정된 명시적인 언어학적 규칙을 갖지 않고 언어학적 규칙성을 학습할 수 있고, 규칙과 비슷한 언어학적 행동을 보일 수 있다는 것과 ② 실제 유아들이 언어학적 규칙성의 통계적 학습(statistical learning)을 할 수 있다는 것이 증명되었다(Saffran, Aslin, & Newport, 1996). 이러한 발견은 Chomsky의 학습 불가능 주장과 직접적으로 모순된다. 이 주장은 실제로 학습을 뒷받침할 만큼 풍부했고, 이 메커니즘은 언어학습을 성취할 수 있을 만큼 강력했다. 구문이 촘스키 이론의 핵심이었기 때문에 연결주의 모델과 통계적 학습의 대부분은 구문의 습득에 초점을 맞추었지만(Elman et al., 1996; Marchman, Plunkett, & Goodman, 1997), 말과 읽기 발달의 연결주의적 모델도 있다.

일반적인 유아가 실제로 구어를 배우는 방법에 대한 논의를 시작하려면 〈표 9-1〉의 언어 구성 요소에서 학습하는 순서를 고려하는 것이 유용하다. 기본적으로 〈표

9-1〉의 언어의 정교한 계층은, ① 언어 전 의미론(초기 개념 발달), ② 비언어적 의사소통, ③ 옹알이라는 세 가지 초기 토대 위에 구축된다. 세 가지 모두, 심지어 옹알이도, 인간이 아닌 종(예: 노래하는 새끼 새들의 재잘거리는 소리)에서 유사성을 가지고 있어서 '오래된 부분(old part)'으로 적격이다. 처음 두 가지 계층은 언어에 대한 G. Miller(1963)의 정의와 일치한다. 유아들은 처음으로 세상의 사물들을 표현하는 방법에 대한 발달과 함께 비언어적으로 의사소통하는 법을 배워야 한다. 이후, 그들은 말소리, 구어체들의 조합, 표현 상징을 만들어 내고 지각하는 법과 의사소통 범위를 확장하는 법을 배우기 위해 옹알이를 사용한다(옹알이의 학습은 말소리, 구어체들의 조합, 표현 상징을 지각하고, 광범위한 의사소통 범위의 확장을 가능하게 한다. 이 세 가지 기초 기술 중 어느 하나의 문제는 말과 언어 발달에 방해가 될 것이다).

무엇보다도, 유아들은 구어의 의미를 이해하기 전에 먼저 전어휘적(prelexical) 의미론을 발달시켜야 하는데, 이러한 전어휘적 경험은 그들이 구현한 세계의 경험에서 비롯된다. 그렇지 않으면 언어적 라벨을 붙일 수 있는 개념이 없다. 일단 어휘의 의미가 발달하기 시작하면, 그것은 아동의 새로운 개념의 습득을 촉진시키며 세계의 의미적 차이를 새롭게 발견하도록 돕는다.

따라서 아동의 의미론 학습을 제한하는 모든 위험 요소는 반드시 언어 발달에 제한이 될 것이다. 그러므로 개념의 발달이 늦은 지적장애는 어떤 말이나 언어적 결손과는 별개로 어휘 발달이 필연적으로 제한되어 있다. 문법 발달도 비슷하다고 볼 수 있다. 아동은 상응하는 개념적 관계를 먼저 이해하지 않고는 문법적 관계를 이해할 수 없다.

둘째로 인간의 구어는 유아와 양육자 사이에 이루어지는 초기의(보다 이른) 비언어적 의사소통을 기반으로 하며, 태어날 때부터 시작되거나 심지어 그 이전에도 이루어진다. 운율학의 발달은 실제로 임신 후기 자궁에서 시작된다. 태아기 언어학습은 신생아의 초기 말 산출에 영향을 미치며, 그들이 자궁에서 들은 언어의 작용으로 신생아의 울음소리가 달라진다. Mampe, Friederici, Christophe, 그리고 Wermke(2009)는 프랑스와 독일 아기들 사이에서 신생아 울음소리가 다르다는 것을 발견했는데, 각 그룹의 신생아들이 자궁에서 들은 언어의 운율과 그들의 울음소리가 일치하였다. 주변 언어는 유아들의 옹알이 발달에도 계속 영향을 미친다.

즉, 비록 운율학이 〈표 9-1〉의 목록의 마지막에 있더라도, 운율학과 화용론은 언어에 있어서 가장 초기에 발달이 이루어지는 요소들이다. Bruner(1981), Trevarthen (1979), Bates(1998), Tomasello와 Brooks(1999)을 포함하여 여러 발달 이론가들은 비언어적 의사소통이 반드시 언어적 의사소통에 선행한다고 보았다. (여러 발달 이론가에 의해 형성된 논점으로 비언어적 의사소통은 반드시 언어적 의사소통에 선행한다.) 부모와 양육자는 유아 발성의 운율을 모방하고, 유아는 자신을 향한 성인 발성의 운율을 모방한다. 초기의 유아와 양육자들은 Stern(1985)이 말한 '활력 정서(vitality affects)'의 반복적인 '대화식' 교환에 참여한다. 활력 정서란 배고픔, 포만감, 배설물, 졸림, 깸 등 기본적인 신체적 상태와 관련된 소리, 동작, 얼굴 표정이다. 유아들은 이러한 신체 상태에 따라 끙끙거리거나 비명을 지르기도 하고, 울거나 옹알거린다. 엄마들과 다른 양육자들이 이러한 발성과 수반되는 얼굴 표정을 따라 할 수도 있다. 이러한 초기 교환에서 유아들은 의사소통의 화용론을 배우기 시작한다. 유아들은 세상에 자신들과 같은 의사소통 파트너가 있고, 경험을 공유할 수 있는 사람과 함께 있다는 것을 가장 깊숙이 느끼게 되는데 Trevarthen(1979)은 이것을 '일차적 상호주관성'이라고 부른다. 그들은 또한 대화에는 차례가 있고, 기본적인 주제-코멘트 구조를 가지고 있다는 것을 배운다.

아기는 자궁에서 엄마의 목소리를 듣는 경험에 기초하여 엄마의 목소리에 대한 선호와 외형에 대한 지각을 통해 닮은 얼굴(face-like)에 대한 선천적인 선호를 가지고 태어난다. 그래서 아기들은 진화적으로 인간의 목소리와 얼굴에 적응할 준비가 되어 있다. 또한, 신생아는 진화적으로, 특히 얼굴 형태를 모방할 준비가 되어 있다 (Meltzoff & Moore, 1977) 유아와 양육자와의 초기 모방적인 교환에서, 유아나 양육자는 서로를 엄격하게 모방하지 않는다. 대신, 즉흥적으로 한다. 마치 두 파트너 모두 "네가 이것을 할 수 있는지 보자"고 말하는 것 같다.

결국 이러한 원시대화(protoconversation)는 유아의 내적 상태와 더불어 세계에 있는 물체를 언급하게 된다. 아기들은 요구행위(protoimperatives)를 통해서 물체를 요청하는 것을 배우고, 흥미공유행위(protodeclaratives)를 통해서 물체를 말하는 것을 배운다. 생후 첫해, 흥미공유행위의 출현은 공동 관심의 시작과 유아, 양육자, 외부 세계의 물체 간의 세 가지의 관계를 나타낸다. 공동 관심사는 이차적 상호주관성 (intersubjectivity)이라고 불리는 것의 시작을 나타내며, 많은 이론가들에 의해 아동의 미음 이론의 시초로 간주된다.

요약하자면, 아동이 구어를 시도하기 훨씬 전에, 의사소통 화용론의 습득이 시작되는 비언어적 의사소통을 통해 풍부한 경험을 얻게 된다. 자폐스펙트럼장애(ASD)와 화용언어장애(PLI)를 이해하기 위한 핵심 질문들은 바로 언제, 왜, 그리고 어떻게 이러한 비언어적 화용론 기술의 초기 발달이 정상 궤도에서 이탈하는지에 대한 부분이다. 어떤 것이 이러한 초기 정서 교환을 방해하는가? 아니면, 처음에는 정상적으로 발달을 시작하지만 이후에 어떤 이유로 인해 이러한 기술을 상실하는가? 우리는 이러한 질문에 대한 답을 알지 못하지만, 제13장에서 논의된 바와 같이, 나중에 자폐증에 걸릴 위험이 높은 유아에 대한 종단 연구는 몇 가지 해답을 제시하기 시작했다.

이러한 비언어적 의사소통의 초기 발달 후에, 구어 언어의 첫 번째 구성 요소인 음운론이 발달한다. 〈표 9-1〉(음운, 구문, 어휘 의미론)에서 구조 언어의 다른 모든 구성 요소들이 음운론의 토대 위에 놓여 있기에, 아동들이 모국어의 음운론을 어떻게 배우는지와 그 학습이 어떻게 잘못될 수 있는지를 이해하는 것이 중요하다. 먼저, 우리는 어떻게 Chomsky의 이론이 유아가 음운론을 습득하는 방법을 어떻게 설명하는지 살펴보고, 그 이론 속 문제점(그 설명과 함께 문제)을 논의한 다음, 유아가 어떻게 실제로 옹알이에 의해 음운론을 배우는지 살펴본다.

촘스키 패러다임에서 음소에 대한 지식은 선천적인 것으로 간주되기 때문에 신생아는 어떤 의미에서는 세계 모든 언어의 모든 음소를 가지고 있다(그렇지 않으면, 촘스키 이론은 국가 간 입양된 특정 유아가 어떤 특정한 언어도 배울 수 있다는 사실을 설명할 수 없을 것이다). 따라서 Chomsky의 견해로는 유아의 모국어 음운론을 '학습'하는 것은 단순히 어떤 선천적인 음소의 선택과 또 다른 것의 포기라는 과정일 뿐이다. 이 이론에 따르면, 유아는 모국어의 음소를 배우기 위한 연습이 필요 없기에 유아의 옹알이는 음운학적 발달에 중요한 것으로 여겨지지 않았다(Marreschal et al., 2007 참조). Jakobson(1941)의 음운론적 발달에 관한 고전적인 연구에서 음운론은 옹알이로부터 독립된 것으로 보았는데, 이는 부분적으로 옹알이의 끝과 말의 출현 사이에 불연속성이 있는 것처럼 보였기 때문이다. 옹알이와 음운론의 독립성에 대한 두 번째 주장은 Lenneberg(1967)의 언어 발달에 관한 영향력 있는 그의 저서에서 찾아볼 수 있다. Lenneberg는 옹알이가 농과 정상 청력 유아 모두에서 유사한 것으로 보이나 그들의 구어 산출에서는 현저하게 차이가 나기 때문에 옹알이가 구어 산출에는 중요하지 않을 수 있다고 추론하였다. (그러나 만약 음소가 선천적이라면, 청각장애아들이 왜 그것들을 산출하는 데 어려움을 겪는가?)

Mareshal 등(2007)에서 논의한 바와 같이, 보다 신중한 관찰은 Jackobson(1941)과 Lenneberg(1967)의 주장을 모두 반박하였다. 옹알이와 언어 발달 사이에는 연속성이 있다는 것과 청각장애아의 옹알이는 실제로 시작 시기가 지연되고 일단 나타나면 일반적인 옹알이와는 다르다는 점이 밝혀졌다. 음운론에서부터 옹알이의 독립성에 대한 이처럼 타당하지 않은 주장들은 한 사람의 이론적 패러다임이 데이터가 해석되는 방식에 얼마나 영향을 미칠 수 있는지의 예로 받아들여진다.

유아와 아동의 음운론적 발달에 대한 경험적 연구는, ① 음소가 선천적인지, ② 음운론을 배우는 것이 단순히 삭제의 과정인지, ③ 그 학습에서 옹알이가 중요한지 아닌지에 대해 심각하게 의문을 제기해 왔다(Mareshal et al., 2007). 대신, 연구 자료는 유아들이 통계적 학습을 통해 모국어의 음운론을 생산하도록 배운다는 견해를 뒷받침한다. 이 학습과정에서 옹알이는 아동이 청각적·체성감각적 특징과 그들이 처음 비학습적으로 보여 얼굴을 붉힌 것과 같은 조음 운동 사이의 매우 복잡한 매핑을 배우는 자기-교수적 장치다.

아동들은 다른 많은 것을 모방하면서 배우는 것처럼 자기가 들은 말을 명료하게 흉내 낸다. 그러나 말을 모방하는 과정에서 그들은 반드시 눈으로 볼 수 없는 많은 조음 운동(즉, 입과 성도 안에서 일어나는 동작)을 따라 해야 한다. 어떻게 그들은 극복하기 어려워 보이는 이 장벽을 넘어 그것을 조작할 수 있는가? 그들은 주변 언어의 소리들을 따라하고, 이어서 옹알이를 통해 그들 자신을 모방함으로써 그것을 연습하여 해낸다. 비록 그들이 그들 자신의 조음 운동을 볼 수 없더라도, 각각의 형태는 구별이 가능한 체성감각적·운동적 '상징'을 가지고 있다. 약간의 변형을 가진 반복적인 옹알이를 통해, 유아는 청각적·체성감각적 특징과 그들의 모국어에 적합한 조음 운동 간의 복잡한 매핑을 학습한다. 이 과정에서 말소리의 인식과 산출이 긴밀하게 결합되고, 유아가 습득한 말소리는 모국어를 더 정교하게 만든다.

옹알이의 산출은 생후 1년 차부터 변화하며, 생후 6개월 이전의 고립된 모음 산출의 초기 옹알이와 함께 시작된다. 약 6개월에 표준적인 옹알이가 나타나며, 유아들이 긴 길이의 자음-모음(CV) 음절(예: '아가가')을 산출한다. 지각 발달과 유사하게 옹알이 산출의 모음 공간은 점차 주위 언어에 동화되어 음성 모방 능력이 증가하는 과정으로 연결되었다(Kuhl & Meltzoff, 1996).

유아의 말 인식 발달과 관련하여, 생후 6개월에서 12개월 사이에 유아는 점차 모국어가 아닌 음소를 구별할 수 있는 능력을 상실한다(Werker & Tees, 1984). 그러나 촘스키 선택론자들이 제안했던 것처럼 이 상실은 단순히 비모국어의 구별 능력(non-native contrasts)의 포기 중 하나가 아니다. 무엇보다도 그 이론은 가능한 한 모든 말을 구분하는 것이 인간 유아의 선천적인 자질의 일부라는 불가능한 요구조건을 가지고 있다. 언어가 진화하고 새로운 언어가 등장하기 때문에, 진화의 과정이 어떻게 모든 유아에게 가능한 모든 인간의 말을 구별할 수 있도록 선천적인 자질을 주었는지 상상하기는 무척 어렵다. 더구나 포기 이론이 옳다면, 유아들은 모든 비모국어의 구별 능력을 상실해야 한다. 이에 반하여, 연구자들은 그들이 모국어 구별에 어떻게 매핑하는가에 따라, 비모국어의 구별 능력과 관련된 수행에 변화가 있다는 것을 보여 주었다(C. T. Best, McRoberts, & Goodell, 2001). 따라서 선천적이고 보편적인 음소 집합을 선택하고 포기하기보다는, 발달하는 유아는 주변 언어에 맞추어 그들의 옹알이를 동화시켜, 그 과정에서 일부, 전부는 아닌, 비원시적인 대조를 상실하게 된다. Kuhl(1991)은 서로 다른 언어에 노출된 유아들이 서로 다른 끌개(attractor) 또는 표현형(prototypes)을 가지고 다른 모음 대비를 발달시킨다는 모음 인식에서의 유사한 현상을 입증했다. 그러므로 말소리의 인식과 산출은 협력적으로 주변의 모국어에 걸맞게 생후 1년 사이에 변화하고 옹알이는 발달 과정에서 결정적인 자기-교수적 장치로 나타난다.

유사한 기초 원리에 근원을 둔 말 산출 발달에 대한 몇 가지 위계적 모델이 있다(Guenther, 1995; Joanisse, 2000; Joanisse, 2004; Joanisse, 2007; Joanisse & Seidenberg, 2003; Kröger, Kannampuzha, & Neuschaefer-Rube, 2009; Markey, 1994; Menn, Markey, Mozer, & Lewis, 1993; Plaut & Kello, 1999; Westermann & Miranda, 2004). 이 모델들은 [그림 9-1]과 [그림 9-2]에서 개략적으로 제시된다. 실제 모델은 인공 뉴런 층을 가지고 있으며, 경로를 통해 조절 가능한 '시냅스'로 연결되어 있다. 이러한 모델들은 점진적인 오류 중심 학습을 통해 청각·체성감각적 특징과 조음 운동 간의 복잡한 매핑 기능을 학습한다. 숨겨진 요소들의 이러한 뉴런 층들로 부호화된 추상적인 매핑들이 말소리의 지각 표상이다. 이러한 지각 표상은 가시물 표상과 마찬가지로 지각적 불변성을 나타낸다. 우리는 방향, 크기, 조명 등의 변화에도 불구하고 의자의 표면과 같은 주어진 물체를 같은 물체로 인식한다. 마찬가지로, 우리는 언어에서 주어진 말소리를 스피커 내부와 스피커 사이의 상당한 변동성에도 불구하고 동일한 의미

를 가진(의도된) 소리로 인식하여 그 말소리를 흉내 낼 수 있게 한다. 가시물 표상과
는 달리, 말소리의 지각 표상은 그 말소리를 모방하기 위한 운동 계획을 포함한다. 말
은 시간이 지나면서 전개되고, 음향학에서 발음으로의 매핑은 여러 개에서 하나가 되
는 것(many to one: 운동 등가성 문제)이기 때문에, 그것은 계산상의(computational) 문
제를 야기한다. 운동 제어 이론은 주어진 발음이 어떤 소리를 낼지 예측하는 '전방 모
델(forward model)'과 음향과 조음 방법 사이의 복잡한 매핑을 포착하는 '역방향 모델
(inverse model)'을 모두 사용하여 이러한 문제를 해결하고자 한다.

　이러한 모델이 달성하는 어려운 발달 과제는 유아들이 성인 모델에 의해 만들어진
발성 형태의 중요한 모습을 관찰할 수 없을 때에도 유아들이 어떻게 이러한 복잡한
매핑을 학습하는가에 대한 측면이다. 예를 들어, 아이들이 /th/ 소리를 내는 어른의
혀의 위치를 관찰하기는 어렵다. 그러므로 이러한 매핑을 배우는 데 있어 옹알이를
통한 모방이 필수적이다(옹알이는 이러한 매핑을 배우는 데 있어 모방이 필요하다).

　이러한 최근의 옹알이 상황과 이 책에서 고찰한 다양한 장애에서의 옹알이 발달에
관한 최근의 데이터는 이러한 장애들이 어떻게 발전하는지에 대한 흥미진진한 새로
운 관점을 제공한다. 이러한 관점을 이해하려면 [그림 9-1]에서 신경 네트워크 모델
을 검토하라. 이 모델은 [그림 9-2]의 모델과 달리, 옹알이 발달에는 의미적 입력이
필요하지 않기 때문에 의미적 계층이 없다. 대신, 옹알이의 자극은 유아의 청각적·
체성감각적 특징과 조음 운동 사이의 매우 복잡한 감각-운동 매핑을 배우는 것이다.
이 모델의 숨겨진 단위인 음성학은 복잡한 매핑을 부호화하는 계층이다. 우리는 이
층을 '음운론'이 아니라 '음성학'이라고 부른다. 왜냐하면 정의상 음운론은 의미에서
의 차이를 나타내는 음성 소리의 대조를 의미하기 때문이다. 말을 하기 전의 유아에

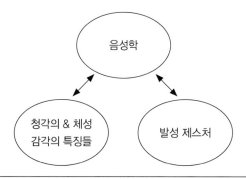

그림 9-1 음성학 매핑의 발달

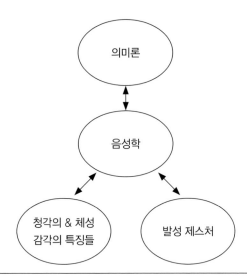

의미론

음성학

청각의 & 체성
감각의 특징들

발성 제스처

그림 9-2 말 산출의 발달

게 어른의 말투는 어린아이가 흉내 내고 싶은 아름다운 음악이다. 청각적 피드백과 체성감각적 피드백을 모두 사용하여, 자신의 조음 운동을 성인이 만든 말소리에 상응하도록 조절하기 위해 천천히 학습하고 있는 중이다.

이런 분석은 나팔(bugle)과 같이 음 조절을 위한 키가 없는 악기 연주를 배우는 과정과 유사하다. 나팔로 각기 다른 소리를 내기 위해서, 입술의 형태와 날숨에 따라 다른 소리를 만들어 낸다는 것을 배워야 한다. 그 후에야 이 소리들을 특정한 의미를 지닌 멜로디로 묶는 법을 배울 수 있다. 따라서 진화는 유아에게 정교한 악기인 인간의 목소리를 제공해 왔지만 음악 교사까지 제공해 주지는 않았다. 대신 반복적인 옹알이의 산출은 이 악기로 다른 소리를 내는 방법을 스스로에게 가르칠 수 있게 해 준다. 유아들은 그들의 조음 산출과 일치시키고자 하는 지각적 목표물을 가지고 있다. 만약 산출물이 목표물과 일치한다면, 그 매핑에 대한 지지는 강화될 것이다. 반면에 불일치가 있으면, 시냅스 무게를 오차의 양에 비례하여 조정해야 한다. 이런 종류의 오류 주도 학습은 신경망에 의해 순조롭게 이루어진다.

유아들은 태어난 첫해에, 통계 학습을 통해 음운론적 표현을 발달시키는 중이지만, 2세 이후에는 구어 어휘를 습득하기 위해 음운론을 어휘적 의미론에 매핑하면서 훨씬 더 많은 음운론적 발전을 이룬다. 이 과정에서 음운학과 어휘 발달 사이에 상호 관계가 나타난다. 음운론과 음운기억은 아동이 이미 습득한 개념에 대해 새로운 이름의 '빠른 매핑'을 할 수 있게 해 주지만, 어휘력이 확대되면서 아이는 소위 '음운학의 복잡한 재구성'이라고 불리는 과정에서 새로운 음운학적 구분을 하게 된다(Wally, 1993). 여러 연구자(예: Nittrouer, 1996)들은 음운학적 발달이 아장아장 걷는 유아기와 그 이후 세심하게 설계된 음성 인식 과제를 수행하기까지 장기화된다는 것을 입증했다.

여기서 제시된 연구는 음운론적 표현이 구성된 다음 음향적 특징들, 아이의 어휘들, 그리고 발현적 몸짓들 사이의 최적의 매핑을 포착하기 위해 변화한다는 견해와 일치한다. 그래서 음운론적 표현은 구어의 발달에 따라 변화하고, 그리고 어린이가 문자 언어를 배우면서 더욱 변화한다(Morais, Cary, Alegria, & Bertelson, 1979).

우리는 운율 체계, 음운론, 그리고 어휘가 어떻게 발달하는지 설명했다. 구문은 어떤가? 앞에서 논의한 바와 같이 Chomsky의 이론에서는 통사 구조가 선천적인 것으로 추정되는데, 왜냐하면 그것들을 배울 수 있다는 상상할 수 있는 방법이 없기 때문이다. 그러나 앞에서 언급한 구문 획득의 연결주의 모델과 더불어 인간 유아에서 새로운 학습 메커니즘의 발견(Saffran et al., 1996; Safran, Johnson, Aslin, & Newport, 1999)은 이러한 (내부주의적) 관점에 도전해 왔다.

게다가 빠른 매핑과 어휘 획득에 있어서의 이러한 역할 외에도, 음운론적 기억은 구문 획득에 있어서 중요한 역할을 한다. 발음(utterance)이 다른 단어들에 올바른 문법적 역할을 부여하기 위해, 듣는 이는 그 의미가 산출되는 동안 단기기억에서 발음의 표현을 유지해야 한다. 덧붙여, 때때로 발화는 한 문장을 분석하는 것보다 더 많은 일을 가능하게 하며, 발음의 단기기억은 구문 분석 오류를 복구할 때도 필요하다. Elman 등(1996)은 연결주의 모델이 단기기억 용량이 적은 상태로 시작하여 점차 증가해야만 유아와 어린이들의 단기 기억력 발달에 해당하는 통사적 관계를 학습할 수 있다는 사실을 발견했다. 초기, 제한된 단기기억 용량은 이 모형이 초기에 수행해야 했던 통사적 계산을 제한하는 일종의 필터 역할을 했다. 점차적으로 단기 메모리 용량이 증가하면서 모형은 더 길고 긴 구문을 분석할 수 있게 되었고, 결국 인접하지 않은 의존성을 가진 구문(촘스키 이론에 따르면, 배울 수 없는 구문)을 포함하게 되었다.

요약하자면, 우리는 언어와 언어 발달에 대한 검토를 통해 음운론적 발달은 구조적 언어 발달의 나머지 부분(어휘와 구문)이 의존하는 기초이며, 음운론적 발달은 옹알이에서 시작된다고 주장해 왔다. 운율 체계과 언어 전 의미론을 포함한 사회적 의사소통의 발전은 훨씬 더 일찍부터 시작된다. 언어와 언어 발달 전반에 걸쳐 사회적 상호작용은 매우 중요하며, 환경, 사회적 참여의 부족으로 인한 사회적 상호작용의 박탈은 자폐스펙트럼장애에서도 나타나듯이 말과 언어 발달을 손상시킨다. 다음으로 사회적 박탈 외에, 옹알이와 초기 언어 발달이 잘못될 수 있는 몇 가지 다른 상황을 검토한다. 이러한 상황에는 운동, 청각 및 체성감각의 손상뿐만 아니라 운동, 청각 및 체지각의 표현 간 매핑도 포함된다. 다음 절에서는 이러한 설명을 활용하여 여기에서 고려되는 네 가지 장애와 그들 사이의 공존장애에 대한 가능성이 있는 여러 가지 설명을 평가하고자 한다.

비정형 발달

말 장애

말소리장애(SSD)와 아동기 말 실행증(CAS)이 있는 아동은 옹알이를 늦게 시작하는데, 일단 옹알이가 시작되면 이는 큰 변화를 보이지는 않는다. 더욱이, 생후 2세에 이들의 언어 습득은 지연되고, 그들의 사용하는 말에는 많은 음성 대체 오류가 포함되어 있다(Terband, Maassen, et al., 2014; Terband, van Brenk, & van Dornik-van der Zee, 2014). 언어 지체와 지적장애(Patten et al., 2014), 난독증에 대한 가족력이 있는 유아도 옹알이의 시작은 지연된다(L. Smith, Roberts, Locke, & Tozer, 2010). 이와는 대조적으로, SES가 낮은 가정의 자녀(평균적으로 SES가 높은 가정의 자녀보다 언어 입력량이 적은 자녀)의 경우, 표준적인 옹알이 시작은 지연되지 않지만, 옹알이 양은 감소한다(Patten et al., 2014). 또한, 옹알이는 전맹 유아(Patten et al., 2014)와 선천적 청각장애 아동에서도 다소 지연되지만, 아이가 청각적 보조기기(인공와우 수술, 보청기 또는 둘 다)를 받게 되면 나타난다. 요약하면, 옹알이는 발달 과정에서 중요한 현상이지만, 말초 감각 결손, 양육자로부터의 언어적인 자극의 감소, 특정 신경발달장애의 근간이 되는 유전적 차이 등을 포함하는 다양한 위험 요인에 의해 지연되거나 감소될 수 있다.

Terbrand, Maassen 등(2014)은 말소리장애(SSD)와 아동기 말 실행증(CAS)에서 옹알이를 시뮬레이션하기 위해 Guenther(1995)가 개발한 계층 모델을 사용했다. 그들의 시뮬레이션은 두 가지 결손의 결과를 시뮬레이션하여 만들었다. 첫 번째는 운동 처리 결손이었는데, 이는 모델에서 조음상의 잡음과 체성감각 기능의 상태 표현을 증가시킴으로써 시뮬레이션되었다. 두 번째는 청각 및 운동 처리 결손이었는데, 이는 비슷하게 시행되었지만 청각 표현에서의 소음의 양을 증가시키면서 실시되었다. 이들은 이 두 가지 결손을 말소리장애(SSD)[운동 처리 결손]와 아동기 말 실행증(CAS)(복합적 결손)의 원인으로 봤다. 결과로 모델이 생산한 언어의 정확성을 측정하였다. 흥미롭게도, 말소리장애(SSD) 모델은 첫 번째 옹알이 단계에서 상당히 정상적으로 수행된 반면, 아동기 말 실행증(CAS) 모델은 청각 표현을 학습할 때 현저한 손상을 보였고, 소음의 정도와 선형적으로 관련이 있었다. 따라서 온전한 청각 피드백은 조음상의 잡음과 체성감각 기능 상태의 표현을 보상할 수 있다. 그러나 온전한 청각 피드백이 없으면 모델은 단일 소리의 음성 표현을 배울 수 없었다. 두 번째, 음성 모방 단계에서는 각각 다른 이유이기 했지만, 두 모델 모두 수행이 떨어졌다. 기본적인 음성 표현을 배우지 못했기 때문에 아동기 말 실행증(CAS) 모델은 음성적 구별인 음소(즉, 의미 있게 구별된 음성 소리)를 배울 수 없었다. 이와는 대조적으로 말소리장애(SSD) 모델은 음성 표현을 배웠지만 조음상의 잡음이 심하고 상태 표현이 덜 안정적이었기 때문에 음소를 구별하는 데 필요한 미세한 발현적 구분을 구현하는 데 어려움을 겪었다. 아동기 말 실행증(CAS) 대 말소리장애(SSD)에 대한 가족 위험성으로 영유아들의 옹알이과 음성 모방 발달 상황을 조사하여 이 모델의 예측을 시험해 볼 필요가 있다.

Terbrand, Van Brenk 등(2014)은 말소리장애(SSD)와 아동기 말 실행증(CAS)을 포함하여 언어장애가 있는 어린아이들의 혼합 그룹에서 청각 피드백의 미세한 변화를 검사하여 그들의 모델에 대한 또 다른 테스트를 수행했다. 그들은 청각적 피드백을 조작하기 위해 확립된 실험 패러다임을 사용했다. 옹알이와 음성 모방 모델은 음성 생산과 지각의 성공적인 학습을 위해 청각 피드백의 핵심 역할을 하기 때문에, 그들은 언어장애가 있는 아이들이 청각 피드백의 동요에 대해 덜 보상해야 한다고 생각했다. 이것이 바로 그들이 발견한 것이다. 또한 보상의 정도는 비단어를 반복할 때의 음소 정확도 및 빠른 순차 경구 운동 동작의 정확도와 상관관계가 있다.

요약하면, 이 두 가지 연구의 결과(Terband, Maassen et al., 2014; Terband, Van Brenk et al., 2014)는 말소리장애(SSD)와 아동기 말 실행증(CAS) 모두에 대해 발달적으로 적절한 답변을 제공한다. 옹알이와 초기 음성 모방 시 미흡한 피드백은 음성(CAS에게)과 음소(CAS와 SSD 모두) 표현이 덜 견고하게 되어, 여기에서 주어진 학습 계정에 따라 반드시 밀접하게 결합되는 음성 인식과 생산이 모두 손상된다.

언어장애

언어장애(LI)의 근본적인 핵심 결손에 대한 탐색은 여러 가지 대립되는 단일 결손 모델로 이어졌다. 이러한 모델은 언어 결손을 언어 발달에 언어 지식의 특정 측면상의 결손으로 받아들이느냐 혹은, 언어 발달에 지장을 주는 특정한 과정의 결손으로 받아들이냐의 여부에 따라 나눌 수 있다(Lionard, 2014). Leonard가 정리한 바에 따르면 각 유형에 해당하는 여러 가지 설이 있다. 우리의 목적을 위해서, 언어적 지식이 선천적이라는 것을 전제하고 있는 Chomsky의 패러다임에 지식 결손 이론이 모두 포함된다는 점에 주목해야 한다. 만약 그 전제가 틀렸다면, 우리는 언어장애(LI)의 모든 지식 결손 이론을 거부할 수 있다.

언어장애(LI)에 대한 잘 알려진 지식 결손 가설의 사례는 Mable Rice와 동료들이 제안한 확장된 선택적 부정사 가설이다(Rice, Wexler, & Cleave, 1995). 이 가설에 따르면 언어장애(LI)의 핵심적 결손은 구문의 특정 측면의 획득에 있다. 이 가설의 증거는 언어장애(LI)를 가진 아이들이 그들의 표현 언어에서 특징적인 오류를 범한다는 사실에서 나온다. 영어에서, 그들은 가장 두드러지게 과거의 시제나, 종종 표기되지 않은 형식을 표기한 것으로 대체하는 점에서 어려움을 겪었다(예: "그가 거기로 걸어왔다" 대신 "그가 거기로 걸어간다"). 이런 종류의 오류는 전형적인 발달 단계를 가지는 어린이들의 언어 습득 초기에 발생한다. 그러나 언어장애(LI)를 가진 아이들은 심지어 전반적인 언어 기술이 잘 발달된 전형적인 발달 단계를 거치는 자신보다 더 어린아이들보다 훨씬 더 오랫동안 표기가 없는(또는 부정사) 형태를 사용하는 경향이 있다. 이 제안은 명쾌해 보이지만, 그것은 두 가지 큰 과제(게다가 선척적인 언어 지식을 수용함)에 직면해 있다. 첫째, 언어장애를 가진 아동에게 가장 어려움을 주는 통사적 형태는 다른 언어의 지각적 특징에 따라 다르다는 것을 보여 준 교차 언어론적 데이터를 적절하게 설명하지 못한다(Lionard, 2014). 그러므로 영어에서 과거 시제는 부분적으로 그것의 구어 표식('-ed')이 짧고 종종 억제되지 않기 때문에 문제가 될 수 있다. 둘째, 이 제안은 왜 언어장애(LI)를 가진 아이들이 구문 역량이 필요하지 않은 부분이 포함된 광범위한 언어 과제에서 서툴게 수행하는지 설명하지 못한다(Bishop, 1997).

확장된 선택적 부정사 가설 외에도, Leonard(2014) 연구에서 모두 같은 일반적인 어려움에 직면하는 언어장애(LI)에 대한 다섯 가지 다른 지식결손 가설을 검토한다. 또한, 같은 아이가 두 개의 언어를 배우는 동안에도 언어에 걸친 언어장애(LI)의 발현에 대한 매우 광범위한 데이터를 검토한다. 언어 간의 대조가 대상 내 조작이기 때문에, 언어장애(LI)를 가진 이중 언어 어린이들로부터의 증거는 특히 중요하다. Leonard의 광범위한 융합은 언어장애(LI)를 가진 어린이 내에서도 언어의 전반적인 측면에서 일관되게 언어적 지식이 부족한 것처럼 보이지 않는다는 점을 제시한다. 부분적으로 이러한 증거에 기초하여 Leonard는 언어장애(LI)의 대안적인 '표면 설명(surface account)'을 제안했다. 언어장애(LI)의 문법적 지식 결손 이론은 문법의 깊은 구조에 결손을 내포하고 있는 반면에, Leonard의 설명은 특히 말의 물리적 특성에 대한 표면 처리, 즉 빠르거나 간략한 말 흐름의 음성적 처리에 초점을 맞추고 있다. 표면적 설명에 따르면, 언어의 전반적인 측면에서 언어장애(LI) 발현의 다양성은 그 언어의 문법적 특성이 덜 중요하고 음운론적으로 처리하기가 더 어려운 것에서 유래한다.

표면 설명 대한 이러한 묘사는 자연스럽게 언어의 발달과 언어의 온라인, 실세계적 처리에서 중요한 인지 과정이 무엇인지에 대한 문제로 이어지며, 우리에게 언어장애(LI)의 다양한 처리 결손 이론을 제시한다. 관련 처리 제한은 발달한 아이가 얼마나 많은 언어 신호를 받아들일 수 있는지와 얼마나 빨리 새로운 언어 형태를 배울 수 있는지를 제한하는 필터 역할을 할 것이다. 언어장애(LI)에 대한 네 가지 주요 처리 적자 이론이 제안되었다. ① 청각 가설, ② 처리속도 가설, ③ 음운론적 기억 가설, ④ 절차적 기억 가설이 그것이다. 이 가설들은 제안된 손상의 특수성에 있어 중요한 차이를 보이며, 각 가설은 아래에서 매우 간략하게 검토된다. 우리는 현재의 증거가 마지막 두 가설을 뒷받침하는 가장 좋은 증거라고 믿는다. 그러나 모든 단일 핵심 결손은 전체 언어장애(LI) 표현형을 설명하기에 불충분할 가능성이 있다(Pennington, 2006).

언어장애(LI)의 청각적 가설은 비언어적 감각장애가 언어장애(LI)의 음운론적 언어와 광범위한 언어 난관을 모두 유발한다고 주장하기 때문에 이 네 가지 가설 중에서 가장 구체적이지 않다. 이 가설은 Tallal과 동료들에 의해 1970년대에 개발되었다. 초기 연구들은 언어장애(LI)를 가진 아이들이 빠르게 나타나는 비음운적 소리를 구별하는 데 특정한 어려움을 가지고 있다는 것을 보여 주었다(Tallal & Piercy, 1973). 이는 아마도 말 흐름의 특정 측면을 처리하는 데 문제를 야기했을 것이다. 그러나 이후 연구는 집단 차이에도 불구하고, 언어장애(LI)를 가진 많은 아동이 청각적 결손을 가지지 않는 반면, 전형적으로 성장한다고 밝혔다(Bishop et al., 1999). 더욱이 언어장애

(LI)는 부분적으로 유전적이기 때문에 이 연구에서 설명한 청각장애가 유전적이라는 증거는 거의 없다(Bishop et al., 1999). 이는 의문을 제기하지만, 환경적으로 야기된 청각적 결함은 이미 언어장애(LI)의 유전적 위험에 처한 어린이의 언어 발달을 상당히 복잡하게 만들 수 있다(Bishop et al., 1999).

언어장애(LI)에 대한 일반화된 처리속도 가설(Kail, 1994)은 언어장애(LI) 아동이 실제 나이보다 더 느린 반응 시간(RT)을 가지고 있다는 경험적 발견에서 비롯된다. Kail은 다양한 인지처리 요소들이 언어장애(LI)를 가진 어린이들에게서 일정한 양만큼 느려질 것을 제안했다. 결과적으로, 특정 작업에 대한 감속은 그것이 필요로 하는 인지 요소의 수에 비례할 것이다. Kail은 언어장애(LI)의 RT에 대한 이전의 여러 연구 데이터를 분석하여 이 가설을 시험했다. 직무와 대조군에 비해 언어장애(LI)가 있는 아동에서 약 30%의 비례적인 둔화를 발견했다. Leonard(2014)가 검토한 바와 같이, 일부 연구에서는 감속 비율이 보다 직무에 특화된다는 것이 밝혀졌지만, 몇 가지 후속연구에서는 언어장애(LI)를 가진 아동 집단에서 이 비례적 감속을 재현했다. 또한, 언어장애(LI)의 이질성이 있을 가능성이 높은 점을 감안할 때, 언어장애(LI)를 가진 일부 아이들이 통제 집단의 아동처럼 행동하는 등, 언어장애(LI) 그룹 내에서 개인차가 있다는 것은 놀라운 일이 아니었다.

요약하자면, 언어장애(LI)에서의 처리속도 결손은 중요한 인지 위험 요인으로 보이며, 특히 이전의 연구에서 난독증, ADHD, 수학장애(MD)와 같이 언어장애(LI)와 공존하는 장애에서 처리속도의 결손을 발견했다는 점을 감안하면 더욱 그러하다. 이전의 연구에서, 처리속도의 결손은 장애의 공존을 설명하는 데 도움을 주었다. 따라서 처리속도의 결손은 언어장애(LI)에 특정되지 않지만, 언어장애(LI)와 이 책에서 검토한 많은 다른 장애들에 의해 공유되는 중요한 일반적인 인지 위험 요인이 될 수 있다.

언어장애(LI)의 음운론적 기억 가설에서 핵심적 결손은 작동기억에서 음운론적 형태를 유지하는 능력에 있다고 주장한다(Gathercole & Baddeley, 1990). 음운기억은 어린이들에게 숫자(숫자 외우기)나 개별 유사어(비단어 반복)와 같은 실제 단어의 구어 목록을 반복하도록 요구함으로써 가장 자주 측정된다. 이 제안은 이론적으로 매력적이다. 뇌에 손상을 입은 성인, 제2언어 학습자, 그리고 정상적으로 발달한 어린이와의 작업이 언어학습, 특히 어휘 습득에 있어서 음운학적 기억의 역할을 강조하는 데 통합되었기 때문이다(Baddeley, Gathercole, & Papagno, 1998). 더욱이 계층적 모델은 음운론적 결손이 학습 구문론(syntax)(Joanisse & Seidenberg, 2003)에 장애를 일으킨다는 것을 증명했다. 또한, 음운기억력 장애는 언어장애(LI)에 대한 강력한 내전표현형 유형으로 보인다. 더욱이 음운기억력 결손은 유전될 수 있으며, 언어장애(LI)를 가진 개인의 언어 난이도 정도와 상당히 상관관계가 있다(Bishop et al., 1999). 마지막으로, 음운론적 기억력 결핍은 더 광범위한 언어문제가 해결된 개인에게도 지속된다(Stothard, Snowling, Bishop, Chipchasc, & Kaplan, 1998). 이러한 모든 이유들로 인해, 언어장애(LI)의 많은 경우에서 음운기억력의 결손이 중요한 것으로 보인다.

마지막으로 언어장애(LI)(Ulman & Pierpont, 2005)의 절차적 기억 가설은 절차적 기억력의 결핍이 언어장애(LI)의 증상을 설명한다고 주장한다. 제4장에서 설명했듯이 절차적 또는 암묵적 기억은 선언적 기억 또는 명시적 기억과는 다르며, 기억의 각 타입은 뇌의 다른 부분에 의해 제공된다. 절차적 기억력은 기저핵, 소뇌와 같은 피질 하부 구조에 의존하며, 개인이 인간 언어를 특징짓는 것과 같은 운동 순서나 통계 패턴 등 새로운 순서를 학습할 수 있게 한다. 절차적 기억 성능 이득에서 입증되지만 명시적으로 선언할 수는 없다. 예를 들어, 테니스 스트로크를 연습하면 테니스는 더 잘하게 되지만, 무엇이 바뀌었는지에 대해서 말하기는 어렵다. 이와는 대조적으로 선언적 기억은 선언할 수 있는 새로운 의미와 성공적 지식을 습득하기 위해 해마 형성에 의존한다. 예를 들어, 만약 당신이 새로운 단어의 의미를 배운다면, 당신은 또한 나중에 그것의 정의를 내릴 수 있을 것이다. 전형적인 어른들이 음운론이나 문법에 대해 알고 있는 많은 것은 선언적 지식이 아니라 암묵적 지식이다. 유아들은 절차적 학습의 한 형태인 통계적 학습을 사용하여 음성 흐름의 패턴을 학습하는 것으로 나타났다(Safran et al., 1999). 이 가설에 따르면 언어를 배우는 것은 새로운 운동 기술을 익히는 것과 같다. 아이는 단어를 발음하고 문법적인 문장을 만들어 내지만, 어떻게 그런 행동을 하는지 확실히 말해 줄 수는 없다. 따라서 절차적 학습이 언어를 배우는 데 중요한 메커니즘이라고 가정하면, 절차적 기억력의 결핍은 언어장애(LI)에게는 그럴듯한 설명이다. Leonard(2014)가 논의한 바와 같이, 언어장애(LI)에서의 절차적 학습 결손에 대한 증거는 여러 다른 연구자들에 의해 발견되었다. 절차적 학습 결손은 언어장애(LI)에서 발견되는 문법적 결손에 대해 그럴듯한 설명을 제공하지만 어휘 습득은 절차적 기억력이 아닌 의미적 기억력에 의존하기 때문에 언어장애(LI)에서 발견되는 어휘적 결손에 대한 설명으로서 타당성이 떨어진다. Lum 등(2014)은 언어장애(LI)의 절차적 학습 결손에 대한 메타분석을 실시한 결과 평균 효과크기가 0.33에 불과한 것으로 나타났다. 따라서 절차적 학습의 부족이 언어장애(LI)의 모든 경우를 설명할 수는 없다.

언어장애(LI)의 다중 결손 모델은 무엇인가? Conti-Ramsden, Ullman과 Lum(2015)에서 단 하나의 예를 찾을 수 있었다. 그들은 수용성 문법 측정에서 절차적 기억력, 음운학적 기억력, 선언적 언어 기억력의 측정치가 모두 분산의 53%를 차지한다는 것을 발견했다. 언어장애(LI) 그룹과 대조군 차이의 효과크기는 음운기억 장치(d = 1.79)와 언어발명 기억 장치(d = 1.54)가 절차기억 장치(d = 0.63)보다 훨씬 컸다. 다른 학습 장애에 대해서도 마찬가지지만, 우리는 ① 극단적으로는, 언어장애(LI)의 여러 가지의 단일 결손 아형이 있는지, ② 언어장애(LI)의 모든 개별적 사례에 다중 결손이 있는지, ③ 어떤 조합이 있을 가능성이 가장 높은지에 대한 문제를 남겨두고 있다.

$\bullet\ \bullet\ \bullet$

뇌 메커니즘

이제 우리는 말과 언어 발달의 모델에 대한 뇌 메커니즘에 대해 생각해 보고, 말 장애와 언어장애의 신경 영상이 경쟁 모델들 중 하나를 선택하는 데 도움이 되는지를 평가해 본다. [그림 9-1]과 [그림 9-2]의 옹알이와 단어 학습의 계산 모델을 실제 뇌의 신경망에 매핑할 수 있을까? 이러한 신경망은 발달에 따라 어떻게 변화할까? 만약 우리가 적어도 이 처음 두 문제에 답하기 시작할 수 있다면, 그것이 비전형적인 말, 언어, 그리고 읽기 발달에서 그럴듯한 두뇌의 차이점에 대해 말해 주는 것은 무엇인가? 이 장에서 다루는 신경발달장애에 대한 실증적 신경 영상화 결과가 처음 두 질문에 대한 답변에서 예측한 결과와 일치하는가?

'성숙 구어 뇌 네트워크 모델'은 대부분의 임상 신경심리학자와 신경학자들이 훈련 받아 왔고, 150년 넘게 아직도 이용되는 모델이다. 이것은 익숙한 베르니케-리히테임-게슈윈드 모델로서 성인 언어 처리를 조음 루프라고도 불리는 좌뇌 페리실비안 구조의 연결된 집합에 매핑한다([그림 9-3]). 이 모델에서 말 지각과 이해력을 좌측 상부 측두엽[좌측 상측두이랑(STG)]에 국한여 베르니케 영역이라고 불렀다. 말 생산은 브로카 영역이라 불리는 왼쪽 하전두회(IFG)에 국한되었다. 이 두 영역 사이의 연결은 특정 백색 물질인 '궁상다발(arcuate fasciculus)'에서 이루어졌다. [그림 9-3] (Pennington, 2014)에서 보듯이, Lichtheim은 베르니케 영역 밖의 병변으로 인한 언어 이해의 문제를 설명하기 위해 이 모델에 국부적 의미론 센터를 추가했다. 고전적인 실어증 학자들은 다양한 종류의 실어증을 설명하기 위해 이 모델을 사용했다.

[그림 9-3]에 묘사된 이 고전적 모델은 오랫동안 이어져 왔음에도 불구하고, 이제 '죽은' 것으로 간주될 수 있다(Hickok & Poppel , 2007; Poppel, Emmmorey, Hickok, & Pylkanen, 2012). 무엇이 이것을 '죽게' 만들었을까? 몇 가지 중요한 실증적 발견이 있었다. Kolb와 Whishaw(1990)에서 검토한 바와 같이, 이것들은 다음을 포함한다. ① 실어증은 대뇌반구 하부에 대한 병변과 대뇌피질 하 병변 또는 기저골신경절과 같은 일부 격막과 페리실비안 루프 외부에 위치한 병변으로 인해 발생할 수 있다. ② 신경외과 수술 전에 언어 영역을 직접적으로 매핑하기 위해 뇌 자극을 수행할 때 위와 마찬가지로 페리실비안 외부에(extrapersiylvian) 언어 교란이 발견되며, ③ 예측 언어 결손 및 예측 병변 위치(즉, 불충분한 식별의 타당성)와 관련하여 실어증의 고전적 실어증 하위 유형 사이에 독립성이 결여되어 있으며, 모든 실어증 사례를 포함하지 못한다. (실어증의 약 40%가 고전적인 하위 유형에 맞지 않음) 또한, 베르니케와 브로카 실어증을 대조하여 제공한 것으로 추정되는 말 인식과 산출 사이의 깔끔한 이중 분리는 현대의 실험 수단으로는 뒷받침할 수 없었다(Hickok & Poppel, 2007). 이뿐만 아니라 두 실어증 모두 언어 이해 및 구문론 결함 사이의 예측된 이중적 분열도 없었다(Shalice, 1988). 이러한 발견들을 종합하면, 성숙한 인간 언어는 고전적인 베르니케-

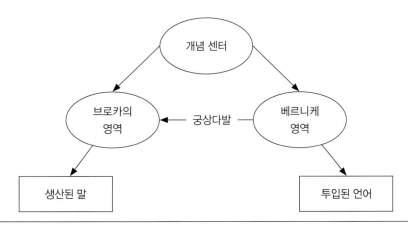

그림 9-3 언어 과정에 대한 Wernicke-Lichtheim-Geschwind 모형

리히테임-게슈윈드 모델이 예측한 것보다 더 분산되고 더 상호작용적이라는 것을 의미한다. 이 고전적 모델에는 무엇이 남아 있을까? 본질적인 세 가지 사항이 남는다. ① 적어도 성숙한 인간 언어의 일부 측면은 좌뇌에 편중되며, 여기에는 페리실비안 고리가 포함되지만 여기에만 제한되지는 않는다. ② 결과적으로 대다수의 성인의 경우 실어증은 우뇌 병변보다 좌뇌 중심 병변 후에 발생할 가능성이 더 높다. ③ 언어 처리 센터 간의 연결도 중요하지만, 그것들은 궁상다발에만 제한되지 않는다.

무엇이 더 나은 모델인가? Hickok과 Poeppel(2007)은 광범위한 행동 및 신경 영상 연구를 바탕으로 한 가지 모델을 제안했다. 그들은 자신들의 모델을 말 처리의 이중 경로 모델(dual-stream model of speech processing)이라고 부르는데, 이는 잘 검증된 시각 처리의 이중 경로 모델과 유사하다. 시각 처리 이중 경로 모델에 따르면, 시각 시스템의 두 개의 경로는 배측(어떻게)과 복측(무엇) 경로다. 우리는 배측 경로(후두엽에서 두정엽) 시력을 이용하여 세계 속의 물체의 위치와 그 물체와의 육체적 관계를 지도화하여 세상 속에서 어떻게 움직일 것인가를 계획할 수 있다. 우리는 세상의 물체를 식별하기 위해 복측 경로(후두엽에서 측두엽)를 사용한다. 비록 이 두 경로가 서로 다른 시각적 과정을 성취하지만, 완전히 독립적이지는 않다. 예를 들어, 이두 시각적 흐름 사이의 상호작용은 우리가 도달할 물체를 선택하고 나서 그것을 집어들 때 필요하다. 우리는 원하는 물체를 식별하고, 그리고 어떻게 손을 그것의 공간 위치로 움직일 것인지 계획해야 한다. 마찬가지로, 말 처리에서, 우리는 우리가 듣는 말의 지시 대상을 식별하고 새로운 말 동작을 계획할 필요가 있다. 시각처리 과정과 마찬가지로 Hickok과 Poeppel 모델에서 말의 사물에 대한 매핑은 복측 말 경로(ventral speech stream)의 기능이며, 새로운 단어를 어떻게 생산할 것인가를 계획하는 것은 배측 말 경로의 기능이다(dorsal speech stream). 배측 경로는 말 발달에 특히 중요하며, 성인이 모국어로 새로운 단어를 배울 때나 제2외국어를 배울 때도 필요하다.

두 개의 음성 처리 경로 각각에 어떤 뇌 구조가 관련되어 있는가? Hickok과 Poeppel(2007)에 의해 식별된 핵심 구조물은 고전적인 베르니케-리히테임 게슈윈드 모델에 포함된 3개의 좌뇌 구조가 있다. 등좌측 STG(베르니케 영역), 좌후측 IFG(브로카 영역) 및 이들 사이 연결부(궁상다발)뿐만 아니라 광범위하게 퍼져 있는 개념 네트워크를 포함한다(지나치게 지엽적인 리히테임의 '개념 센터' 대신, Pennington, 2014 참조).

Hickok과 Poeppel(2007) 모델은 몇 가지 주요 측면에서 고전적 모델과 차이가 있다. ① 말 처리를 위해 하나가 아닌 두 개의 경로를 가지고 있다. ② 모델의 구성 요소들 간의 연결은 일방향적이 아니라 양방향적이다(말 인식 및 생산의 최신 계산 모델과 일치). ③ 말 인식과 말 생산에 더 많은 구조가 관여한다. ④ 배측성 STG와 상후장골극 상방 측두 열구(STS)에서 말처리의 처음 두 단계는 고전적 모델에서 모든 말 처리의 왼쪽 편중과 달리 복측 말 경로(ventral speech stream)의 후속 단계와 마찬가지로 양방향이다. Hickok과 Poeppel 모델에서 배측 말 경로(dorsal speech stream)의 마지막 두 단계만 강하게 좌뇌 편중되어 있다. 즉, 두정 측두의 실비안 영역의 감각운동 인터페이스(Spt, 즉 sylvian-parietal-temporal)와 조음 네트워크로 편중되어 있다.

우리는 [그림 9-1]과 [그림 9-2]의 옹알이와 말 모방 계산 모델의 구성 요소와 Hickok과 Poeppel(2007) 모델의 구성 요소를 대응시켜 볼 수 있다. 모델 전체에 걸친 청각(acoustic)과 조음 요소 사이의 명백한 대응 외에도, 감각운동 인터페이스(왼쪽 Spt)는 청각과 체성지각 특징과 조음 운동 사이의 중요한 매핑을 수행하는 계산 모델의 숨겨진 유닛과 대략적으로 일치한다. 이러한 점에서 Spt 영역은 청각 외에 다른 감각 양상에서 입력을 받는 것이 중요하다. 앞에서 논의한 바와 같이, 시각적 정보처럼, 특히 말이 시끄러울 때 체지각 정보도 말 인식과 생산을 안내한다. 우리는 왼쪽 Spt가 말의 무형 인식 센터(a center for amodal perception of speech)라고 말할 수 있다. Hickok과 Poeppel 모델은 성숙한 음성 인식과 생산에 관련된 뇌 구조에 대해 알려진 것을 나타낸다. 발달 중인 인간의 뇌에서 무슨 일이 일어나는지에 대해 우리가 아는 것은 무엇인가?

발달은 일반적으로 구조화된 언어에 특화된 성인기 좌뇌(그리고 운율에 관한 우뇌 특화)라는 결과를 가져오지만, 이러한 특화는 출생 시에는 존재하지 않는다. 사실, 언어에 대한 신경학적 기질에는 놀랄 만한 가소성이 있는데, 이것은 전형적인 발달에 대한 연구와 자연 실험으로 증명되었다. Redcay, Haist과 Courchene(2008)는 잠자는 아이들의 영상 데이터를 수집함으로써 어린아이(2세)는 양방향적이고, 분산된 언어 처리한다는 것과 대조적으로 3세 어린이의 덜 분산되고 더 많이 좌뇌로 편중된 언어 처리를 한다는 것을 보여 주었다. Xiao, Friederici, Margulies, 그리고 Brauer(2016)는 휴면 상태 연결(resting-state connectivity) 분석에서 문장 이해력 증가와 관련된 5세와 6세 사이의 지속적인 연결성 차이를 발견했다. 특히, 내적 연결성이 5년에서 6년으로 늘어난 유일한 휴식 상태 중심은 우리가 뒤에서 다룰 Hickok과 Poeppel(2007) 모델의 핵심 구조인 좌후방 STG와 STS였다. 1년 동안 문장 이해도가 더 높은 아이들 또한 음성 인식을 위한 이 후측 허브와 좌우 하측 전두엽 둘 다 사이의 연결을 증가시켰다. Redcay 등(2008) 그리고 Xiao 등(2016)의 결과는 언어 발달의 상호작용 분화 모델과 일치하며 언어에 대한 좌뇌 분열 전문화의 선천적 또는 숙달적 설명과 일치하지 않는다(뇌 발달의 상호작용 분화 모델에 대한 자세한 설명은 제3장 참조). Johnson과 de Haan(2011)에서 더 자세히 논의한 바와 같이, 언어에 대한 좌뇌의 전문화가 어떻게 전개되는가에 대한 질문에도 ① 초기 일방적 획득 병변의 사례 연구(Bates & Roe, 2001), ② 선천적 청각장애인의 시각 언어(NeviJe & Babelier, 2002)의 두 가지 자연적 실험이 적절하다.

초기 일방적 병변을 가진 유아에 대한 연구에서 기본적인 발견은, ① 좌뇌 병변 또는 우뇌 병변 중 하나가 초기 언어 발달을 방해하지만, 성인의 좌뇌 병변으로 발생할 수 있는 것과 같이 영구적인 것은 아니며, ② 마찬가지로 성인에게서 나타나는 것과는 대조적으로 초기 우뇌 병변이 초기 좌뇌 병변보다 이해력을 손상시킨다는 것이다. 비록 초기 일방적 병변을 가진 유아들은 전형적인 대조군의 언어 발달(또는 IQ) 수준에 도달하지 못하지만, 그들의 언어 기능은 여전히 일반적으로 정상 범주 내에 있다[즉, 대부분은 언어장애(LI)를 가지지 않는다]. 두 번째 자연 실험으로 돌아가면, Neville와 Bavelier(2002)는 선천적 청각장애인의 수화 발달 역시 발달하는 뇌의 놀라운 가소성을 나타낸다는 것을 보여 주었다. 이 경우 신호의 시각 언어 처리가 사용되지 않는 청각 피질에 매핑된다. 마찬가지로, 선천적으로 시각장애가 있는 개인은 정안인과는 달리 시각 피질이 구어 처리와 관련되어 있다.

Blumstein과 Amso(2013)는 방금 논의한 연구를 포함한 언어 처리에 대한 기능적 자기공명 영상(fMRI) 연구를 검토, 모듈러보다는 다양한 구성 요소가 분산되어 있으며, 타고난 국부화보다는 가소성이라고 결론 내렸다. Blumstein과 Amso의 이러한 결론을 뒷받침하는 추가 자료는 다음과 같다. 첫째로, 말을 포함한 〈표 9-1〉의 구조적 언어의 다양한 요소들은 상당히 겹치면서도 분산된 뇌 영역들의 보조를 받는다. 예를 들어, IFG는 언어 처리의 다른 구성 요소에 의해 활성화되는 그러한 중복 영역 중 하나다. 둘째, 언어 처리를 담당하는 뇌 영역도 비언어 처리에 관여한다. 예를 들면. STS는 음성 인식뿐만 아니라 생물학적 움직임, 얼굴 처리, 그리고 정신 이론에도 관여한다. 마지막으로, 발달하는 어린이들에게서 관찰되는 언어 국지화에 대한 가소성은 성인들에게도 발견된다. 제2외국어를 배우는 성인의 경우, 제1외국어를 배우는 유아에게서 발견되듯이, 새로운 언어는 처음에는 양자 간 처리된다. 성인 실어증 회복 과정에서 실어증 환자는 우뇌도 사용하여 언어를 재학습한다. 그러므로 언어 발달의 상호작용 분화 모델은 이러한 성인 언어학습의 경우 성인기까지 확장된다.

언어 발달을 보조하는 뇌 메커니즘에 대한 이러한 발견을 고려하면, 우리는 여기에서 검토한 말 · 언어 장애와 관련된 두뇌 발달의 국지적이기보다는 널리 분산된 변화를 기대한다. 게다가 상호작용 분화 모델을 고려할 때, 우리는 말 · 언어 장애가 있는 아동은 또래보다 말 언어 처리가 뇌에 더 넓게 분포되어 있다고 예측할 수 있다.

SSD에 대한 신경 영상 연구가 부족했던 2009년 이 책의 제2판이 출간된 이후 몇 가지 연구가 출판되었다. Preston 등(2012, 2014)은 fMRI 연구를 수행한 후, 초기 말소리장애(SSD) 진단을 받았으나 언어장애(LI)는 없는 23명의 아동을 대상으로 구조 MRI 연구를 수행했으며, 현재 잔여 음성 오류(대부분 '8세 후반' 말소리)와 일반적으로 발달하고 연령과 일치하는 54개의 대조군을 샘플로 표시했다. Preton 등(2012)은 부분적으로 회복된 말소리장애(SSD) 집단이 일반적인 발달 집단보다 더 배측 말 경로(dorsally)로, 양쪽 뇌에서 말을 처리하며, 이것이 발달지연과 일치한다는 것을 발견했다. 동일한 표본에 대한 후기 Preston 등의 연구(2014)의 구조적 MRI 결과도 이 가설과 일치했다. 부분적으로 회복된 말소리장애(SSD) 그룹은 같은 나이의 대조군에 비해 핵심 말 허브인 STG에서 양방향으로 더 많은 회백질을 가지고 있었고, 뇌의 양쪽의 전두 관절 영역을 연결하는 전측두엽에서 더 많은 백질을 가지고 있었다. 저자들은 회색 물질 차이가 가지치기(pruning) 지연에 의한 것이라고 해석했다. 앞쪽 말뭉치 백색 물질의 증가는 더 많은 양쪽 언어 처리와 일치할 수 있다.

말소리장애(SSD)보다 언어장애(LI)에 대한 신경 영상 연구가 더 많이 이루어졌다. Mayes, Reilly과 Morgan(2015)은 언어장애(LI)의 18개 신경 영상 연구(13개 구조 및 5개 기능)를 체계적으로 검토했다. 결과는 연구 전반에 걸쳐 상당히 가변적이었으며, 뇌의 언어 영역에 국한되지 않았다. 비록 도의 피질(insular), 전운동 피질 등 이른바 '비언어' 발견의 일부가 Hickok과 Poppel(2007)의 이중 경로 말 언어 처리 모델에 있는 구조물이지만 이 검토에서 가장 일관된 결과는 미상핵, 후방 STG 양방향[둘 다 대조군에 비해 언어장애(LI) 그룹에서 작음] 및 좌측 IFG[일부 연구에서는 대조군에 비해 언어장애(LI) 그룹에서 더 작은 볼륨을 발견했고, 다른 연구에서는 반대쪽을 발견함]의 부피 차이였다. 더 적은 수의 fMRI 연구는 이 세 가지 구조에서 언어장애(LI) 그룹에서 낮은 활동을 발견했다.

요약하자면, 일반적인 성인의 말 언어 처리에 관한 상당한 양의 신경 이미지 문헌과 비교하면, 말소리장애(SSD)와 언어장애(LI)의 신경 이미지 연구는 아직 걸음마 단계에 있다. 미래 연구는 듀얼 경로 모델(Hickok & Poppel, 2007)과 상호작용 분화 모델과 같이 더 잘 확립된 모델을 더 많은 말소리장애(SSD), 언어장애(LI) 아동 표본을 대상으로 연구함으로써 발전시킬 수 있을 것이다.

● ● ●

병인론

가족력

Leonard(2014)는 언어장애(LI)에 대한 14가지 기존 가족 연구를 검토했다. 모두 앞에서 논의한 8%의 인구 유병률보다 언어장애(LI)가 있는 발단자(proband)의 1차 친족(부모, 형제, 자녀)에서 구어 문제 발생률이 더 높은 것으로 나타났다(중간 약 35%). 따라서 언어장애(LI)와 발단자의 1차 친족에 대한 언어장애(LI)의 상대적 위험은 약 4.4이다. 이러한 상대적 위험은 분명히 유의하지만 이 책에서 고려된 다른 학습 장애에 대해 발견되는 것보다 다소 낮다. 말소리장애(SSD)의 경우 B. Lewis 등(2006)은 말소리장애(SSD)를 가진 발단자 1급 친인척의 비율은 26%로 앞에서 논의한 인구 유병률 3.8%보다 높았으며 상대 위험도 6.8로 언어장애(LI)보다 높고 이 책에서 고려한 난독증 및 기타 학습 장애와 더 유사하다고 보고했다.

화용언어장애(PLI)와 아동기 말 실행증(CAS)의 가족력에 대한 연구는 더 적다. 우리는 자폐를 가진 발단자의 친척들에게서 발견되는 더 넓은 자폐 표현형은 종종 완전한 자폐 증상 없이 화용언어장애(PLI)를 포함한다는 것을 알고 있다. 따라서 화용언어장애(PLI)가 가족일 수 있다는 것을 확립하지만 화용언어장애(PLI) 자체에 대한 가족이나 쌍둥이 연구는 없었다. 앞서 제3장에서 논한 FOXP2 유전자의 돌연변이로 인한 아동기 말 실행증(CAS)의 형태와 별도로, 행동적으로 정의된 아동기 말 실행증(CAS)에 대한 가족 연구는 몇 가지뿐이며, 우리가 발견할 수 있는 쌍둥이 연구는 없다. 예를 들어, B. Lewis 등(2004)은 임상적으로 확인된 아동기 말 실행증(CAS)의 초기 샘플 42건 중 22건의 정밀 진단된 발단자를 바탕으로 아동기 말 실행증(CAS)에 대한 가족 연구를 보고했다. 그들은 이 아동기 말 실행증(CAS) 가족을 말소리장애(SSD)만 있는 발단자 가족 및 말소리장애(SSD)와 언어장애(LI)의 공존 발단자 가족과 비교했다. 이들 22개 아동기 말 실행증(CAS) 발단자의 첫 번째 단계 친인척에서, 그들은 다른 두 개의 발단자 그룹보다 다른 언어 또는 언어장애의 비율(86%)이 더 높았으며, 이는 아동기 말 실행증(CAS) 가족에게 일반적인 언어적 결손에 대한 가족 위험이 더 크다는 것과 일맥상통한다. 아동기 말 실행증(CAS) 자체만 본다면 아동기 말 실행증(CAS) 가족의 27형제 중 두 형제(7.4%) 아동기 말 실행증(CAS)이 있는 형제 2명(7.4%)과 말소리장애(SSD)만 있는 형제 143명, 말소리장애(SSD)와 언어장애(LI) 공존 가족(1.4%)이 아동기 말 실행증(CAS)이 있는 형제 2명이었다. 비록 이런 희귀병의 가족성을 정확하게 판단하기 위해서는 더 큰 표본이 필요하지만, 우리는 추정이 가능하다. 앞서 논의한 바와 같이 아동기 말 실행증(CAS)의 인구 유병률이 1,000명당 2명임을 감안할 때 아동기 말 실행증(CAS)의 상대적 위험은 두 경우 모두 확실히 상승한다(각각 7.4/0.2% = 37, 1.4/0.2% = 7). 이러한 연구 결과는 아동기 말 실행증(CAS) 자체뿐만 아니라 일반적인 언어적 결손에 대해서도 아동기 말 실행증(CAS)이 가족성이 높다는 것을 시사한다. 특발성 아동기 말 실행증(CAS)에 대한 이러한 결과는 이 장의 후반부에서 논의된 KE 가계군에서 발견된 것과 일치하며, 희귀한 상염색체 우성 형태의 아동기 말 실행증(CAS)을 가지고 있다.

유전성

우리는 방금 언어장애(LI)보다 말소리장애(SSD)가 더 가족의 유전적 영향이 크고, 이러한 패턴이 그들의 유전성을 고려할 때 유지된다는 것을 보았다. 말소리장애(SSD)에 대한 두 가지 쌍둥이 연구(B. Lewis & Thompson, 1992; Bishop, 2002)는 1.0에 육박하는 말소리장애(SSD)의 유전성을 나타냈다. 흥미롭게도, 후자의 연구는 말소리장애(SSD)와 운동 문제 사이에 상당한 유전적 공분산을 발견했고, 유전성은 .71이었다. 즉, 일반적으로 말소리장애(SSD)와 운동 문제 간의 유전적 중첩이 상당하며, 앞서 논의한 말소리장애(SSD)의 Terbrand, Van Brenk 등(2014)이 운동 음성 표현에 잠음

(noise)을 추가하여 말소리장애(SSD)를 시뮬레이션할 수 있다는 결과와 일치한다. 이와는 대조적으로 언어장애(LI)의 유전성은 약 .45(B)이다(Lewis et al., 2006). 이는 환경이 말소리장애(SSD)보다 언어장애(LI)의 병인론에서 더 큰 역할을 한다는 것을 나타낸다.

언어장애(LI)와 말소리장애(SSD)가 공존장애라면, 한 장애의 유전성은 다른 장애의 유전성에 얼마나 의존하는가? Bishop과 Hayiou-Thomas(2008)는 대형 TEDS(Twins Early Development Study: 쌍둥이 초기 발달 연구) 샘플에서 이 질문을 다루었고, 언어장애(LI)가 말소리장애(SSD)와 공존장애로 나타날 때 유전이 가능하다는 것을 발견했다. 이는 언어장애(LI)에 최소 두가지의 병인론적 하위 유형이 있으며, 말소리장애(SSD)와 공존장애가 있는 것은 말소리장애(SSD)와 마찬가지로 유전성이 높으며, 말소리장애(SSD)와 공존장애가 없는 다른 하나는 유전성이 적다는 것을 나타낸다.

유전자좌

언어 발달에 있어 유전자의 역할을 보여 주는 두드러진 예는 KE 가계에서 온다. 이 가족 구성원의 약 절반은 일반 말 언어장애와 동반된 아동기 말 실행증(CAS)에 영향을 받는데, 이는 두드러지게 표현 언어와 조음에 영향을 미친다. 가계도 분석 결과, 유전 패턴이 단일 유전이며 상염색체 우성 특성(Lai et al., 2001)과 일치한다고 밝혀졌다. 이 장애의 원인이 되는 유전자는 7Q31 부위의 7번 염색체 긴팔(long arm)에 존재하고 있었고, 이후 FOXP2 유전자로 확인되었다(Lai et al., 2001).

FOXP2 유전자의 발견은 거의 틀림없이 신경발달장애의 전체 분야에서 가장 중요한 유전적 발견이며, 이러한 장애들에 대한 우리의 이해에 있어 중요한 돌파구를 제시한다. 의학 유전학에서 흔히 그렇듯이, 몇몇 가정에서 심각한 효과를 내는 희귀한 유전자를 발견하는 것은 그 장애가 전체 인구에서 어떻게 작용하는지를 조명해 주었다. 예를 들어, 언어장애(LI)에 대한 절차 기억 결핍 가설(이후 다른 학습 장애로 확장된)은 KE 가계의 신경 영상화 연구 결과에서 비롯된다. FOXP2 유전자의 발견은 또한 음성 커뮤니케이션의 진화에 대한 중요한 연구로 이어졌다. 예를 들어, 새 소리에는 FOXP2 유전자의 동족체가 중요하다.

KE 가계에서 이 장애에 대한 단순한 멘델리안 전염은 상당히 독특하며 언어장애와 언어장애를 가진 더 많은 사람을 대표하지는 않는다(Bartlett et al., 2002). KE 가계가 아닌 언어장애(LI) 분석은 장애가 유의하게 유전될 수 있지만, 그 병리학은 일반적으로 복합 질병 모델과 더 일치하며, 다양한 병인론적 위험 요소(유전적 및 환경적)가 상호작용하여 궁극적인 표현형을 생성한다는 것을 나타낸다. 언어장애(LI)의 영향을 받는 여러 가족을 대상으로 한 광범위한 게놈 검사 결과 FOXP2는 후보 유전자로 확인되지 않았다. 그 대신 13q21(다양한 언어 표현형 사용), 16q(음운학적 기억 표현형 사용), 19q(다양한 표현형 사용)에 유의미한 연계가 보고되었다(Bartlett et al., 2002; Specific Language Impair Consortium, 2002, 2004). 언어장애(LI)는 읽기장애(RD)와 공존장애이기 때문에 유전적 중첩을 예상할 수 있다. 그 어떤 언어장애(LI) 유전자좌도 RD 유전자좌와 중복되지 않지만, 언어장애(LI)를 가진 개인에 대한 양성 연계 결과 중 일부는 독해 표현형을 사용했으며, 또한 FOXP2는 게놈 전체 연구에서는 아니지만, 현재 읽기장애(RD)와 연관되어 있다는 점이 주목할 만하다(Bartlett et al., 2002; Specific Language Impair Consortium, 2004). 현시점에서, 읽기장애(RD)와 언어장애(LI) 위험 유전자좌 사이의 중첩이 부족한 것은 연구 부족에 의한 것인지 아니면 진정 무의미한 것인지는 불분명하다.

KE 가계 이외의 말소리장애(SSD)의 원인도 복잡한 질병 모델과 일치하는 것으로 보이며, 관련된 특정 유전적 위험 요인에 대한 지식을 축적하고 있다. 다시 말해, 유전자는 대부분의 경우에 관여하지 않는 것으로 나타나지만, FOXP2의 돌연변이는 소수의 경우(특히, 구두 실행증의 하위 유형; MacDermot et al., 2005)에서 말소리장애(SSD) 발현에 기여할 수 있다. 말소리장애(SSD)는 염색체 3p12-q13(ROBO1이 위치한 곳), 6p22(DCDC2 및 KIAA0319가 위치한 곳), 15q21(DYX1C1이 위치한 곳) 등 알려진 난독증 위험 유전자좌와의 연계를 보여 왔다(S. Smith, Pennington, Boada, & Shriberg, 2005; Stein et al., 2004). 비록 이 문헌의 상당히 미숙한 상태를 감안해도, 모든 연구가 이러한 결과를 깨끗하게 복제한 것은 아니다(Stein et al., 2006). 말소리장애(SSD)와 읽기장애(RD)가 유전적 위험 요인을 공유하는 것처럼 보이는 것은 이들 장애가 공존하며 둘 다 음운론 처리의 손상과 관련이 있다는 것과 일맥상통한다. 기존의 연구는 아직 언어장애(LI)와 읽기장애(RD)에 대한 공유 유전적 위험 요인을 설득력 있게 포함하지 않았다. 하지만 우리는 향후 연구가 그렇게 발전하기를 기대한다. 이들은 공존장애(Comorbidity)이며, 증상, 신경심리학 및 뇌 수준에서 중첩된다. 게다가 종적 연구는 초기 언어장애를 가진 아동이 말소리장애(SSD)만을 가진 어린이들보다 후기 읽기장애(RD)의 위험성이 훨씬 높다는 것을 입증했다. 이 연구 결과는 읽기장애(RD) 와 말소리장애(SSD)의 중첩이 부분적으로 언어장애(LI)의 세 번째 변수 때문이라는 것을 보여 준다(Bishop & Adams, 1990). 따라서 향후 연구의 목표는 읽기장애(RD)와 언어장애(LI)에 대한 공유된 병인론적 위험 요인을 식별하고 세 가지 장애의 병인론적 관계를 명확히 하는 것이다.

환경 영향

앞에서 논의한 바와 같이, 말소리장애(SSD)는 전체적으로 언어장애(LI)보다 유전 가능성이 높고, 언어장애(LI)의 유전학적 하위 유형이 있는 것으로 보인다. 하나는 유전적으로 더 큰 영향을 받는 말소리장애(SSD)와 공존하는 언어장애(LI)이고, 말소리장애(SSD)가 없는 언어장애(LI)는 실질적으로 유전가능성이 없다. 그러므로 놀랄 것도 없이, 빈약한 언어 발달에 대한 환경적 기여에 대해서는 빈약한 말소리 발달에 대한 것보다 더 많이 알려져 있다.

부모들이 아이들에게 제공하는 언어 입력의 양과 질에 엄청난 문화 간 및 하위 문화적인 차이가 있다는 것은 수십 년 동안 분명했으며, 이는 다시 아이들의 후기 언어, 인지적, 학문적 발전을 예측한다(Fernald & Weisleder, 2015; B. Hart & Risley, 1992; Heath, 1982). 예를 들면, B. Hart와 Risley(1992)는 대표적인 미국 표본에서 부모와 자녀 사이의 언어적 교류의 양이 20배까지 난다는 것을 발견했다. 이러한 차이는 다양한 인구통계학적 요인과 관련이 있었다(예: 상위 사회경제적 지위 가정은 SES가 낮은 가정보다 평균적으로 자녀에게 언어적 자극을 더 많이 제공했다). 그러나 제8장에서 논의된 더 넓은 문헌의 그룹 차이와 일관되게, 인구통계학적으로 유사한 가족들 사이에서도 그룹 전체에서 상당한 중첩과 매우 중요한 가변성이 있다. 이러한 그룹 내 차이점에 대한 설명은 대부분 알려지지 않았으며(Weisleder & Fernaid, 2013) 궁극적으로 언어장애(LI)의 중요한 예방 혹은 간섭의 대상이 될 수 있다.

비록 이러한 중대한 연구들이 놀라운 결과를 낳았지만, 그들은 상관적인 디자인을 사용했고 따라서 언어 입력과 아이들의 후기 언어 능력 사이의 인과관계를 명확히 규명하지 못했다. 관찰된 관계는 부모와 자녀가 공유하는 언어나 일반 지능(g)에 대한 유전적 영향과 같은 세 번째 변수에서 발생할 수 있다. 인과적 영향도 크게 다른 방향으로 진행될 수 있다. 아마도 언어학적으로나 인지적으로 발달한 아기들은 그들의 보살핌을 받는 사람들로부터 더 많은 반응을 불러일으킬 것이다. 최근 몇 가지 더 많은 증거들은 언어 입력의 양과 질이 실제로 어린이들의 언어 발달에 인과적으로 영향을 미친다는 것을 설득력 있게 증명하고 있다. 첫째, 아동 지향어(child-directed speech)로 말하고 성인 지향어(Adult-directed speech)를 듣지 않는 것이 후기 언어학습을 예측한다(Shneidman, Arroyo, Levine, & Goldin-Medow, 2013; Shneidman & Goldin-Medow, 2012; Weisleder & Fernaid, 2013). 만일 부모 언어와 자식 언어의 연관성이 언어 발달을 지원하는 공유된 유전자 때문이라면 아동 지향어와 성인 지향어 모두 비슷하게 예측 가능해야 한다. 둘째, 그 관계는 아이의 초기 언어 능력을 통계적으로 통제한 후에도 유지되기 때문에(Weisleder & Fernald, 2013) 인과관계는 전적으로 아이에서 부모까지 이어질 수 없다.

유전적으로 민감한 연구도 인과관계를 규명하는 데 도움이 된다. Rutter와 동료들(Rutter, Thorpe, Greenwood, Northstone, & Golding, 2003; Thorpe, Rutter, & Greenwood, 2003)은 영국의 대규모 인구 표본에서 쌍둥이를 쌍둥이가 아닌 외동이 형제자매(singleton siblings)와 비교했다(ALSPAC; Golding, Pembrey, & Jones). 이전의 연구와 일관되게, 이 연구는 평균적으로 쌍둥이 아이들이 세 살 때 언어 발달에서 외동 형제자매보다 약 3개월 뒤처졌다는 것을 보여 주었다. 쌍둥이들이 같은 부모의 다른 자녀들과 비교되고 있었기 때문에, 이러한 차이는 유전적 요인에 기인할 수 없었다. 대신 일부 쌍둥이 특정 환경 위험 요인 때문일 것이다. 쌍둥이는 외동 형제자매보다 임신과 출산 합병증을 더 많이 경험하지만, 신중하게 측정한 산부인과/태아 변수는 이 연구에서 언어 결과와 관련이 없었다(주의: 연구진은 임신 연령 < 33주이거나, 기타 솔직한 신경학적 손상의 표지를 가진 아동을 제외했다). 그러나 이 쌍둥이들은 외둥이 형제자매에 비해 어머니로부터 의사소통 입력을 조금 받는 경향이 있었으며, 이러한 차이점들은 나중의 언어 발달을 예측했다. 간단히 말해서, 엄마들은 외둥이 형제자매 아이보다는 쌍둥이 아이 한 명에게 더 적게 말하는 경향이 있었고, 이것은 전반적으로 쌍둥이의 언어 발달이 더딘 것과 관련이 있다.

아동의 언어 입력과 그 이후의 언어 능력 사이의 인과관계를 뒷받침하는 마지막 하나의 증거는 실험적인 치료 연구에서 나온다. 미국의 한 소규모 무작위 임상실험은 부모가 유아에게 말하는 양과 다양성을 증가시키기 위해 고안된 개입을 사회경제적 지위가 낮은 여덟 가족을 방문하여 제공하는 실험했다(Suskind et al., 2016). 중재 과정에서 치료군 부모들이 자녀에게 언어 입력의 질과 양을 크게 늘렸고, 이는 같은 기간 자녀 발성 증가로 해석됐다. 이득은 4개월 후에 유지되지 않았지만, 이 작은 시범 연구는 언어 입력이 아이들의 언어 생산에 변화를 일으킬 수 있다는 것을 증명했다. 세네갈에서 실시한 보다 최근에 이루어진 대규모 연구는 훨씬 더 인상적인 결과를 보여 주었다(Weber, Fernaid, & Diop, 2017). 그 경우, 일부 생계형 마을에 거주하는 월로 프어(Wolof-speaking)를 사용하는 간병인들이 간병인과 영유아/간병인 사이의 언어적 관계를 장려하기 위해 고안된 개입에 참여하였다. 실질적인 고려 사항으로 무작위 배정을 완전히 할 수 없었음에도 불구하고, 개입에 참여하는 성인들은 개입에 참여하지 않는 유사한 마을의 통제군과 비교되었다. 이러한 개입으로 보호자는 놀이시간 동안 아동 지향어(child-directed speech)의 양을 거의 두 배로 늘렸으며 대조군 그룹의 변화는 거의 없었다. 이러한 집단의 차이는 적어도 그 후 1년 동안 유지되었던 어린이의 초기 언어 발달에 있어서 유사한 변화를 예측했다.

말소리장애(SSD)의 유전성이 100% 미만이므로 환경적 요인도 어느 정도 병인의 역할을 하지만, 그것이 무엇인지에 대해서는 비교적 거의 알려지지 않았다. 언어 인식/구사의 상호 연결된 성격과 광범위한 언어 발달에 관한 이전의 논의를 고려할 때, 가정 언어 환경은 확실히 강력한 후보일 것이다. 실제로, 가정 언어 환경에 대한 일부 연구는 발음의 결과 측정치를 포함했으며 언어에 대해 보고된 결과와 유사한 결과를 발견했다(예: Thorpe et al., 2003). 오랫동안 초기 만성 귀염(중이염)이 사용 가능한 언어 입력을 줄임으로써 저조한 언어 발달과 언어 발달에 기여한다는 가설이 있었으나, 방법론적으로 엄격한 작업은 말소리장애(SSD)나 언어장애(LI)의 실질적인 환경 위험 요소로서 중이염(otitis media)을 지지하지 않는다(Roberts, Rosenfeld, & Zeisel, 2004).

요약하자면, 보호자와 아동 사이의 언어적 관여의 양과 질은 인과적으로 나중의 말과 언어 발달에 영향을 미친다. 상대적으로 빈곤한 언어 환경은 언어장애(LI)에 기여하는 병리학적 위험 요인이 될 수 있다(다양한 이유로, 이들은 임상적 관심을 끌 가능성이 상대적으로 낮아 정식 진단이나 치료를 받을 가능성이 낮은 바로 그 아이일 수 있다). 환경의 주 효과 외에도 여기서 고려되는 장애는 유전자×환경 상호작용에 의해 영향을 받을 가능성이 높다.

● ● ●

진단과 치료

진단

증상 제시

언어장애(LI) 증상은 아동의 평가 연령에 따라 다양하게 나타난다. 어린 아동일수록 언어 발달 자체와 관련될 가능성이 크다. 부모는 아이가 또래나 형제자매처럼 말을 하거나 이해할 수 없다는 점에 주목하게 될 것이다. 언어장애(LI)의 증상은 근본적으로 입학 전에 항상 나타나지만, 부모는 말소리장애(SSD)나 아동기 말 실행증(CAS)을 동반해서 나타나지 않는 한 언어장애를 알아차리지 못할 수 있다. 구어는 정상적이지만 언어가 지연된 학령기전 아동은 종종 임상적 관심을 받지 않지만, 입학 후 평가를 의뢰될 수 있다(Bishop & Hayiou-Thomas, 2008). 학령기 아동들의 경우 학업 곤란이 주요 문제가 되는 경향이 있다. 언어장애(LI)를 가진 많은 아이들은 읽기장애(RD)도 가지고 있기에 발현되는 많은 증상이 제10장에 기술된 증상들과 비슷할 가능성이 있다. 그러나 언어장애(LI)를 가진 대부분의 아동은 교육과정 전반에 걸쳐 어려움을 겪는데, 이는 많은 교육과 학습이 언어적 의사소통에 따라 결정되기 때문이다. 어른들은 연령대에 상관없이 아동이 언어적 지시를 따르지 못하거나, 문법이 미숙하거나, 적절한 시간 동안 이야기를 듣지 않을 것이라고 말할지도 모른다.

난독증과 마찬가지로, 증상이 주로 정서적이거나 신체적으로 나타나는 언어장애(LI) 사례가 있을 것이다. 학교 아침에 숙제나 복통을 둘러싸고 갈등이 있을 수 있다. 학생은 수업에 집중하지 않는 것처럼 보일 수도 있고, 학생에게 지시한 것을 하지 않을 수도 있다. 어떤 학생에게는 이러한 증상이 두 번째 장애인 ADHD를 반영하기도 하지만 언어장애(LI)를 지닌 학생에게는 낮은 언어 이해 능력으로 인해 부주의해 보일 수 있다. 따라서 아이가 취약한 언어 능력으로 설명할 수 없는 주의력 상실, 조직화의 어려움, 또는 과잉행동을 경험하고 있는 건 아닌지 알아내는 것이 중요하다. 언어장애(LI)를 가진 몇몇 학생은 의사소통이 어려워 극도로 좌절하는데, 이것은 사회성 문제를 일으킬 수도 있다. 예를 들어, 학생이 놀이터에서 놀림을 받고, 빠르게 언어적 대꾸를 못할 경우, 때리거나 밀치는 폭력 반응이 대신 일어날 수도 있다. 어떤 아이들은 정상적인 일상으로부터의 이탈로 괴로움을 느낄 수도 있다. 언어에 상당한 어려움이 있는 학생들은 해야 할 과업을 언어적으로 설명하는 것을 이해하기 어렵기 때문에, 이 학생들은 제대로 듣지 않고 정해진 과업과 절차에 과도하게 따르는 것으로 생활하게 된다. 화용언어장애(PLI)에서 보이는 증상은 언어장애(LI) 증상들과 크게 겹칠 뿐만 아니라 친구를 사귀고 친구관계를 유지하는 것이나 사회적 단서를 읽고 반응하는 데 어려움을 보이는 등의 사회성에 대한 우려도 있다. 따라서 화용언어장애(PLI)에 대한 진단평가에는 전문가가 언어장애(LI)와 자폐스펙트럼장애(ASD)를 모두 배제하거나 포함할 수 있어야 한다.

　말소리장애(SSD)나 아동기 말 실행증(CAS)과 같은 언어장애에서 증상이 나타나는 것은 부모나 다른 어른들이 아이의 인생에서 쉽게 관찰할 수 있다. 그 아이는 말을 잘하지 못하고 낯선 사람에게는 잘 이해되지 않는다. 더 극단적인 경우, 심지어 형제자매나 부모조차도 아이가 말하려고 하는 것을 이해하려고 고군분투할 수 있다. 어떤 아이들은 그들의 말을 줄이고 단순화함으로써 보상하기 때문에 전체적인 표현 언어는 지연된 것처럼 보일 것이다[물론, 서투른 표현 언어도 공존 언어장애(comorbid Language Impairment)를 반영할 수도 있다]. 아이는 이 어려움에 좌절할 수 있는데, 그 어려움(자신의 말을 반복하기를 주저함, 낯선 사람과의 조용한 대화, 혹은 다른 의사소통 수단을 사용하는 시도 등; 예: 말하는 것 대신 나타나기)은 여러 상황에서 명백하게 드러날 수 있다. 언어장애가 있는 아동들은 유치원이나 그 이전에 평가를 받기 때문에 학교 부적응이 주요 증상이 될 가능성은 낮다.

발달사

　언어장애(LI)가 가장 우려되는 발달사는 초기 언어 발달과 관련되어 있다. 전형적으로, 모든 언어의 이정표에서 그중에서도 표현적 언어에 지연되어 있다. 따라서 아이는 단음절(single words)을 만들고, 두 단어를 결합하고, 완전한 문장으로 말하는 데 늦다. 부모와 교사들은 아이의 문법이 미성숙하게 들리는 것을 알아차릴 수 있을 것이다. 동사, 대명사, 단어순서의 오류는 또래들이 이러한 기술을 숙달한 후에도 오래 지속된다. 종종 언어장애(LI)를 가진 아이들은 말소리장애(SSD)를 동반하며, 발음 명료화를 어려워했던 과거력을 가지고 있기 때문에 초기 언어의 어려움이 발음에 국한되는지 아니면 언어 발달의 다른 측면으로 확장되는지를 확인하는 것이 중요하다. 부모들은 종종 낯선 사람들이 아이가 한 말을 거의 이해하지 못한다는 것을 주목한다. 시간, 순서 또는 방향성과 관련된 학습 용어(예: 어제–내일, 전–후, 좌–우)가 특히 어려울 수 있다.

아이가 상당한 언어 지연에 대한 발달사 있을 때는 자폐증도 고려해야 하고 감별진단도 고려해야 하므로 초기 사회 발달과 비언어 발달에 대해 배우는 것이 중요하다. 언어장애(LI)를 가진 아이들은 의사소통 어려움에 부차적으로 사회문제를 일으킬 수 있지만, 초기 사회 발전은 꽤 전형적이었어야 했다. 아기일 때, 언어장애(LI)를 가진 아이는 다른 사람들에게 관심을 보이고, 적절한 눈을 마주치고, 자발적인 흉내를 냈을 것이다. 마찬가지로 지적장애(ID)가 아닌 언어장애(LI)를 가진 어린이의 경우 초기 비언어적 기술은 합리적으로 온전해야 했으며, 예를 들어 자동차 이정표나 퍼즐을 푸는 학습이 크게 지연된 역사는 없을 것이다.

말소리장애(SSD)와 가장 관련이 있는 발달사는 초기 음성 개발에 관한 것이다. 일단 아이가 말을 시작하면 건전한 대체와 누락이 많아 이해하기가 극도로 어렵다. 그 아이는 '유아어(baby talk)'를 하는 것으로 인식될 수 있다. 표현 언어의 이정표는 종종 지연되지만, 고립된 말소리장애(SSD)를 가진 아이들에게는 수용적 언어의 발달이 상당히 전형적일 것이다. 이러한 과거력은 그러나 표현 언어가 부모들에게 더 즉각적으로 보이기 때문에 명백히 밝히기 더 어려웠을 수 있다. 말소리장애(SSD)가 있는 일부 아이들은 구강 운동 장애가 더 광범위하며, 이는 먹이를 먹거나 삼키거나 침을 흘리는 초기 어려움으로 명백한 과거력에 나타날 것이다.

우리가 이 책에서 고려하는 다른 장애들과 마찬가지로, 언어장애(LI)와 말소리장애(SSD)는 일부 유전될 수 있다. 따라서 가족력은 관련이 있다. 때때로 부모들이 유전적으로 근거 있는 가족력이 있는데도 이를 믿지 않는 경우가 있는데, 그 이유는 그 가족들이 대안적 이유를 개발했기 때문이다. 예를 들어, 발달지체는 때로 난산 탓으로 보고, 신체적인 문제(예: 혀를 입 바닥에 붙이는 꽉 조이는 현상)가 언어장애를 보이는 것으로 설명하기도 한다. 이러한 이유를 액면 그대로 받아들이지 말고, 오히려 유전적 장애에 대하여 나름대로 설명하려는 하나의 시도(그러나 부분적으로 또는 완전히 틀린 설명)로 볼 수 있음을 알 수 있다.

행동 관찰

말소리장애 또는 언어장애가 있는 아이들은 종종 조용히 있거나, 말하기를 꺼린다. 전형적으로, 이 아동들은 낯선 사람들이 그들을 잘 이해하지 못하며 의사소통이 어려울 것이라는 경험을 가지고 있다. 필요한 경우 '통역사(translator)' 역할을 하기 위해 참석한 아동의 부모와 먼저 대화를 하는 것이 도움이 될 수 있다. 검사자는 또한 방에 있는 물건이나 어린이 셔츠나 신발에 특별한 로고와 같이, 쉽게 이해할 수 있는 대화 주제를 선택할 수 있다.

일단 아동이 편안함을 느끼면 수많은 언어 샘플을 제공하게 되므로 주의 깊게 듣는 것이 중요하다. '아이가 완전한 문장으로 말을 하는가?' 혹은 '아이가 동사를 결합하지 못하거나, 다른 문법적인 오류를 범하지 않는가?' 언어장애(LI)를 가진 아이들은 종종 적절한 어휘 인출 오류를 범하거나, 그들이 하고 싶은 구체적인 단어를 생각해 내는 데 어려움을 겪는다. 그러한 오류는 그 단어에 대해 '더듬거림(Groping)'으로 나타날 수도 있고, 또는 그 아이는 단지 자신이 이름을 댈 수 없는 개념에 대해 이야기할 수도 있다. 어떤 아이들은 종종 한 단어나 무의미 단어(nonword)를 다른 단어로 바꿔서 노골적으로 다른 말로 표현하는 오류(frank paraphasic errors)를 범한다. 예를 들어, 언어장애(LI)를 가진 한 아동은 "어떤 동물이 야옹(meow)이라는 소리는 내는가"라는 질문에 "소"라고 대답했다. 이 오류는 아마도 고양이와 소의 의미적 관계(둘 다 친숙한 동물이다)와 아이가 가장 최근에 들었던 단어(meow)와의 음운적 유사성의 결합에서 비롯되었을 것이다. 행동 관찰은 수용 언어 능력에 대한 풍부한 정보를 제공할 수 있다. 어떤 아동들은 자주 다시 설명을 요구하거나 긴 지시 후에 혼란스러워 보이거나, 작업을 수행하는 동안 자신에게 혼잣말로 지시를 반복할 수 있다. 또한 어떤 아동들은 절대 반복해서 물어보진 않지만, 아동들이 검사자를 잘못 이해했다는 것을 명백히 보여 주는 방향으로 행동하기도 한다. 복잡한 지시 사항이 있는 과제에 대해서 아동의 능력을 정확하게 평가할 수 있도록 아동이 자신이 해야 할 일을 확실히 이해하도록 하는 것이 특히 중요하다.

말소리장애(SSD)는 부모들이 쉽게 관찰할 수 있으며 검사자도 상당히 명백하게 알 수 있다. 대화에서 아동은 소리 누락이나 대체 오류를 범하게 되어 대화를 이해하기가 상당히 어렵다. 검사자는 아이가 빠르게 말을 하고 있다는 것으로 인지할 수 있는데 이는 검사자 자신이 아동의 대화를 이해하지 못하고 있다는 것과 관련이 있다 (우리가 흔히 모국어 이외의 언어를 말하는 사람들이 매우 빨리 말한다고 인지하는 것과 같다). 지적장애 아동은 종종 그들이 의미하는 바를 보여 주기 위해 의자에서 일어나는 행동과 같이 다른 의사소통 방식을 이용한다. 말소리장애(SSD)가 있는 아동들은 반복해서 그들의 의지를 말하고 이해받지 못하는 데서 오는 좌절감을 다양하게 표현한다. 아동이 여러 번 의사소통을 시도했는데 검사자가 그 말을 알아듣지 못한다면, "이 말을 휴식 시간에 엄마한테 물어보자."라고 말하는 것이 유용할 수도 있다.

사례 발표

사례 발표 1

메건(Megan)은 9세이며 3학년이다. 메건의 부모님은 메건의 읽기, 독해력, 수학의 지연 발달을 걱정하여 검사를 의뢰했다. 메건은 학교 숙제를 매우 어려워했지만, 전형적으로 협조적인 태도를 지니고, 주어진 과제에 주의를 기울이지만, 종종 다른 친구보다 두 배 이상 오래 걸린다. 메건은 특히 학교에서 숙제로 책을 읽고 잘 이해했는지 묻는 문제에 답해야 하는 독서 프로그램에서 어려움을 겪었다. 메건은 자기 학년 수준보다 1~2년 낮은 책을 읽으면서도 질문에 정확하게 답하지 못하였다. 메건 자신은 이 과제가 얼마나 어려울 수 있는지를 설명하면서 "다른 친구들은 마지막 문제를 풀고 있는데 나는 여전히 첫 번째 문제를 풀고 있어서 너무 답답하고 그냥 앉아서 울기만 한다."고 말했다.

메건의 임신 과정은 문제가 없었지만, 부모는 메건이 자연 분만이 어려워서 유도분만으로 태어났다고 보고했다. 부모들은 정확한 아프가 지수(Apgar score: 신생아의 심장 박동수·호흡 속도 등 신체 상태를 나타낸 수치)를 기억하지 못했지만, 다소 낮은 점수를 받은 것으로 생각되었고, 메건은 몇 시간 동안 산소 공급을 필요로 했다. 그녀는 3일 후에 퇴원할 준비가 되었지만, 그때 그녀는 열이 있었다. 이 질병은 정맥 항생제 치료와 함께 일주일 동안 입원해야 했다. 초기 운동 발달은 기대 연령에 맞게 진행되었지만 언어 발달은 다소 지연되었다. 세 살 때까지 낯선 사람들은 메건의 말을 이해할 수 없었는데, 메건의 표현력이 취약했기 때문이다. 그러나 그녀는 다른 사람이 자신에게 하는 말을 이해하는 것 같았다. 메건은 유치원에 다닐 때 발음이 곤란해서 언어치료를 받았다. 비록 메건이 지금은 꽤 수다스럽고 그녀의 부모는 그녀의 언어 발달을 계속 걱정하고 있다. 그들은 메건이 여러 단계의 지시를 따를 수 없고 종종 하고 싶은 구체적인 단어를 생각해 내는 데 어려움을 겪는다고 말했다. 또한, 메건은 /s(스)/ 소리를 낼 때 혀 짧은 소리를 낸다.

　메건은 유치원에서 글자를 배우는 데 어려움을 겪었고, 그녀는 항상 읽기 부진 그룹에 속해 있었다. 그녀는 1, 2학년 때 학교에서 읽기 전문가로부터 보충교육을 받았고, 그녀의 부모님도 학교 외 보충학습을 하도록 했다. 메건은 철자에 꽤 서툴렀고, 메건은 항상 수학 연산을 외우려고 애썼다. 최근에, 부모는 그녀가 새로운 수학 개념을 익히고 수학문장제 문제를 푸는 데 어려움을 겪고 있다고 걱정했다.

　메건의 아버지는 3, 4세 때 발음이 어려워 언어치료를 받았으나 학교 다닐 때는 어떤 문제도 없었다고 하였다. 그는 대학을 졸업하고 비영리 단체에서 사무직으로 일한다. 메건의 어머니는 구체적인 말이나 언어, 읽기 어려움에 대해서는 보고하지 않았지만, 학교생활을 '고난(struggle)'이라고 언급했는데, 이것은 그녀가 매우 열심히 공부했음에도 불구하고 B와 C를 받았다는 것을 의미한다고 한다. 그녀는 전문대학 학위를 마쳤다. 그녀는 아이들이 태어나기 전에 행정보조원으로 일했다. 지난 10년 동안, 그녀는 돌봄센터를 운영해 왔다.

　메건의 진단검사 결과는 〈표 9-2〉에 요약되어 있다.

〈표 9-2〉 검사 요약, 사례 1

수행 타당성
기억 사병(꾀병) 검사(Test of Memory Malingering: TOMM)

검사 1	RS = 42		
검사 2	RS = 46		
	(유효한)		

일반 지능		**유동적 지능**	
WISC-V 전체 IQ	SS = 84	WISC-V 유동추론 지표	SS = 100
결정적 지능		행렬추리	ss = 11
		무게비교	ss = 9
WISC-V 언어이해 지표	SS = 76	WISC-V 시공간 지표	SS = 102
공통성	ss = 6	토막짜기	ss = 10
어휘	ss=5	퍼즐	ss = 11

작업기억

WISC-V 작업기억 지표	SS = 88
숫자	ss = 6
그림기억	ss = 10

처리속도

WISC-V 처리속도 지표	SS = 100
기호쓰기	ss = 8
동형찾기	ss = 12

학습

읽기

과거 검사

CLDQ 읽기 척도 95 백분위	

기본 읽기 쓰기 능력

WIAT-III 단어 읽기	SS = 86
WIAT-III 유사 해독	SS = 91
WIAT-III 철자	SS = 84

읽기 유창성

TOWRE-2 일견 단어 효율성	SS = 84
TOWRE-2 음소 해독 효율성	SS = 91
GORT-5 유창성	ss = 4

읽기 이해

GORT-5 이해	ss = 4

구어

의미론, 구문 및 언어기억

CELF-5 핵심 언어	SS = 75
단어 수업	ss = 5
공식화된 문장	ss = 4
문장 기억하기	ss = 6
의미 관계	ss = 7
PPVT-4	SS = 90
EVT-2	SS = 77
WRAML-2 이야기 기억	ss = 6
WRAML-2 이야기 기억 지연	ss = 7

수학

과거 검사

CLDQ 수학 척도 91 백분위	

계산 및 문제 해결

WIAT-III 수치 연산	SS = 94
WIAT III-S 수학문제 해결	SS = 83

수학 유창성

WIAT-III 수학 유창성	SS = 90

음운론

CTOPP-2 발음 생략	ss = 7
CTOPP-2 음소 격리	ss = 5
CTOPP-2 비언어 반복	ss = 5

구두 처리속도

CTOPP-2 빠른 기호 이름대기	SS = 94

주의	
밴더빌트 부주의	
부모	RS = 0
교사	RS = 0
밴더빌트 과잉행동/충동성	
부모	RS = 0
교사	RS = 1

주: SS, 평균 = 100 SD = 15; ss = 평균 = 10 및 SD = 3; RS, 원점수, %ile 백분위점수, 백분위; WISC-V, 웩슬러 아동용 지능검사-제5판; CLDQ, 콜로라도 학습 어려움 설문지; WIAT-III, 웩슬러 개인용 성취도 검사-제3판; TOWRE-2, 단어 읽기 효율성 검사-제2판; GORT-5, Gray 구어 읽기 검사-제5판; CELF-5, 언어 기초 임상 평가-제5판; EVT-2, 표현형 어휘력 검사-제2판; PVT-4, 피바디 그림 어휘력 검사-제4판; CTOPP-2, 음운 처리 종합 시험-제2판; WRAML-2: 기억 및 학습의 광범위한 평가-제2판; Vanderbilt, NICHQ 밴더빌트 평가 척도.

논의

　메건의 발달력은 특정학습장애(읽기)를 지닌 아동의 발달력과 유사하다. 그러나 메건의 검사 결과는 메건의 언어의 어려움이 전형적인 난독중에게서 볼 수 있는 것보다 더 광범위하기 때문혜 언어장애(LI)의 진단과 일치한다는 것을 보여 준다. 난독중 아동들만 해도 미취학 아동으로서 미묘한 표현력 문제를 겪기도 하지만, 언어에서 메건의 어려움은 낯선 사람들이 그녀의 말을 이해할 수 없을 정도로 상당히 큰 어려움을 지니고 있다. 초기 발달력뿐만 아니라, 현재의 어려움을 보면 일반적 언어장애를 알 수 있다. 메건이 여러 단계로 이루어진 지시와 같이 복잡한 말을 이해하는 것뿐만 아니라 단어 인출(하고 싶은 구체적인 단어를 생각해 내는 것)에 상당한 어려움을 겪고 있다. 언어장애 아동은 또한 발음의 약점을 가지고 있다. 어휘나 문법상의 약점에 비해 발음상의 어려움은 부모나 교사에 의해 쉽게 눈에 띄어 언어병리 전문가에게 의뢰될 가능성이 가장 높다. 메건은 초기 치료가 주로 발음에 초점을 맞췄지만 어릴 때부터 모든 언어 영역에서 어려움을 겪었을 것으로 보인다.

　메건의 검사 결과는 언어장애(LI)의 진단을 뒷받침한다. 거의 모든 언어 검사에서 그녀의 점수는 연령 점수에 못 미친다. 언어장애(LI)를 가진 일부 아이들도 비언어 실력이 상대적으로 약하지만, 메건은 큰 차이를 보인다. 비록 메건의 비언어적 추리력은 꽤 탄탄하지만, 언어를 사용하여 사고하는 능력은 지적장애 아동에 비해 조금 더 나은 정도다. 나아가 음운론적 처리, 의미론, 구문, 담화 이해(예: WRAML-2 스토리 검사) 등 언어의 모든 측면에서 수준이 상당히 낮다. 메건은 피바디 그림 어휘력 검사−4판(PPVT-4) 및 언어 기초 임상 평가−5판(CELF-5)의 의미론적 관계 하위 검사를 포함하여, 표현 언어 부담이 없는 검사에서는 비교적 우수한 수준을 보였다.

그의 PPVT-4의 수용 어휘 능력과 표현 어휘력 검사−2판(Expressive Vocabulary Test-Second Edition: EVT-2)과 웩슬러 아동용 지능검사−5판(WISC-V) 어휘 지표에서 표현 어휘 및 명명 능력 간의 차이는 그의 부모가 묘사한 대로 단어 인지의 문제가 있음을 확인해 준다. 상대적으로 풍부한 수용 어휘는 보통 가정에서 좋은 언어 모델에 노출된 언어장애(LI) 아동들에게 흔하게 나타난다. 언어장애(LI)를 가진 대부분의 아이들처럼 메건은 언어적 단기 기억력에 약점이 있다. 이 난이도는 WISC-V의 숫자 외우기 하위 검사, CELF-5의 문장 반복 하위 검사, 그리고 음운학 처리 종합 검사의 음운 처리 종합 시험−2판(CTOPP-2)에 대한 그의 점수에서 분명히 나타난다. 언어적 단기기억 장애는 그가 여러 단계의 지시를 따르지 못하는 것에 관련이 있고, 수업 환경에서도 어려움을 보이게 된다.

몇 가지 질적 관찰도 언어장애(LI) 진단을 뒷받침한다. WISC-V에 대한 메건의 구두 반응은 모호하고 체계적이지 못한 경우가 많았다. 그는 검사 상황에서 적절한 어휘 선택의 어려움을 보였다. 한 예로, 그는 자신이 아는 여자를 "소녀지만 늙었다"라고 묘사했다. 게다가 WRAML-2 '다시 이야기하기(Retelling)' 검사에서 메건은 "그 소녀가 그것(대명사로 표현)을 가지고 있었다"는 등의 모호한 진술을 했다. 그녀는 복잡한 지시 사항이 전달되면 혼란스러워하는 모습을 보였으며, 몇 번이나 검사자에게 "다시 말해 달라"(지시를 반복)고 부탁했다.

언어장애(LI)를 가진 대부분의 아동들과 마찬가지로, 메건은 분명히 난독증의 추가 진단을 받을 만한 매우 중요한 읽기문제를 가지고 있다. 메건은 난독증 아동의 전형적인 어려움을 보여 주는데, 단어 수준의 읽기와 철자법의 약점, 정해진 읽기 시험보다 시간에 맞춰 읽는 것이 더 두드러진 어려움, 음운론적 처리의 어려움 등이다. 그녀의 독해력 또한 형편없었고, 해독과 구어 이해의 어려움에서 비롯되었다. 메건은 수학의 일부 측면에서도 어려움을 겪고 있다. 기본 계산 능력은 나이에 비해 정상 범위 안에 있지만 웩슬러 개인용 성취도 검사−3판(WIAT-III)에서 수학문제 풀이에 애를 먹었다. 수학의 약점은 여러 가지 면에서 언어의 어려움에서 생길 수 있다. 첫째, 새로운 수학 개념은 복잡한 언어를 사용하는 아이들에게 종종 설명되는데, 메건이 따라 하기 어려울 수도 있다. 마찬가지로, 그녀는 단어문제를 읽고 이해하는 데 어려움을 겪을 가능성이 있다. 비록 메건의 경우 연산 유창성은 정상 범위 안에 있고 처리속도의 다른 척도와 일치하지만 언어적 기억력에서의 약점은 기본셈(Math Fact)들을 암기하는 데에 문제를 일으킬 수 있다.

메건의 출생 과정에서 약간의 어려움이 있었다는 것을 감안할 때, 한 가지 질문은 언어적 어려움이 저산소중과 같은 후천성 뇌손상으로 인한 것인지 여부다. 전반적으로 현재의 결과는 메건의 어려움이 후천성보다는 발달적 경향을 더 많이 가지고 있음을 시사한다. 메건이 신생아 기간 동안 급성 신경 손상의 징후를 보였다는 증거는 없다. 그녀가 경험한 가벼운 합병증의 기저율은 높고, 비슷한 출생 이력을 가진 대부분의 아이들은 완전히 정상적으로 발달한다. 게다가 적어도 언어와 언어의 어려움에 대한 가족력이 있다.

클리닉을 방문하는 다른 아이들과 마찬가지로 메건은 주의력 장애로 진단을 받았다. 그러나 학부모와 교사 설문 응답은 모두 정상 범위에 있었고 초기 발달력이나 관찰이 ADHD와 일치하지 않았다. 사실, 부모 보고서는 메건이 극도로 어렵고 지루하게 느껴질 수 있는 숙제를 몇 시간 동안 할 수 있다는 점을 고려할 때, 관심이 메건의 강점이라고 볼 수 있다.

사례 발표 2

다섯 살 소년 가브리엘(Gabriel)은 곧 학교에 들어갈 것이다. 소아과 의사는 그의 언어 발달에 대한 우려 때문에 평가를 의뢰했다. 가브리엘은 말이 더뎠고, 그의 말은 항상 미숙하게 들렸지만, 그의 부모는 그가 이 '유아어'에서 언젠가는 벗어날 것이라 생각했다. 그러나 가브리엘의 소아과 의사는 가브리엘이 이해하기 어려울 정도로 발화에 어려움을 겪는다고 지적하며 보다 전문적인 평가를 제안했다.

가브리엘의 임신과 출산 시에는 문제가 없었다. 초기 운동 발달 과제는 기대되는 발달이 되었지만 음성 언어의 발달은 다소 지연되었다. 그는 21개월에 처음 한 단어로 말을 했고, 2세 때 처음 두 단어를 합쳤으며, 3세 가까이 될 때까지 짧은 문장으로 말을 하지 않았다. 가브리엘이 처음 말을 시작했을 때 낯선 사람들은 그를 이해할 수 없었고, 심지어 그의 부모조차도 가브리엘의 말을 75% 정도만 이해했다. 이러한 지연에도 불구하고, 그의 부모님은 항상 그의 수용 언어가 꽤 좋다고 생각했다. 그들은 그가 6개월 단위로 자신의 이름에 응답하고, 9개월까지 몇 단어(예: 코, 강아지)를 알아듣고, 걷기 시작할 무렵에는 간단한 지시(예: "책을 가져다주세요")를 따를 수 있다는 것을 기억했다. 가브리엘은 갓난아기 때 정기적으로 귓병을 앓아 두 살 때 튜브를 꽂게 된 이력이 있었고, 그의 부모는 이 발달력이 가브리엘의 현재 어려움과 관련이 있는지 궁금해했다. 소아과 전문의에 따르면 가브리엘의 청력은 이제 정상이라고 한다.

가브리엘은 지난 2년간 어린이집에 다녔다. 그의 선생님이 이 평가를 위해 작성한 서류 작업에는 이렇게 쓰여 있다. "가브리엘은 밝고 상냥한 아동으로 가르치는 기쁨이 있는 아이입니다. 그러나 나와 다른 아이들이 그의 말을 이해하는 것이 어렵기 때문에 빨리 향상되기를 바랍니다." 가브리엘은 또래들과 잘 지내며 정기적으로 놀이에 초대받는다.

가브리엘의 어머니는 그녀가 말하는 데 약간의 어려움을 겪었다고 지적하고, 이것들이 그녀의 입에 비해 너무 큰 혀를 가졌기 때문이라고 말했다. 그녀는 계피(시나몬)에 대해 '시마논'이라고 말했고 3학년이 될 때까지 /i/음을 발음할 수 없었다고 회상했다. 비록 그녀는 그 이후 정상화되었지만, 그녀는 가끔 낯선 단어들을 발음하는 데 어려움을 겪는다고 언급했다. 그녀는 대학과 간호전문학교를 졸업하고 심장 간호사로 일한다. 가브리엘의 아버지는 언어나 학습 장애 문제가 전혀 없었다. 그는 석사 학위를 가지고 있고 지리학자로 일한다.

가브리엘의 진단 테스트는 〈표 9-3〉에 요약되어 있다.

논의

가브리엘의 발달사와 최근의 어려움은 말소리장애(SSD)와 일치한다. 말소리장애(SSD)를 가진 아이들은 언어장애(LI)와 이후 읽기장애(RD)를 포함한 언어 발달의 추가적인 장애의 위험에 처해 있지만, 가브리엘은 말 장애만 가지고 있는 것으로 보인다. 그는 현재 더 광범위한 언어장애를 가지고 있지 않으며, 그의 초기 읽기 쓰기 능력은 훌륭하게 발달하고 있다.

GFTA-3(Goldman-Fristoe Test of Arctulation 3)에서 가브리엘은 일관되게 /i/ /I/ 및 /s/ 소리를 왜곡했다. 또한 /i/를 /th/로 대체하였고 대부분의 자음 혼합을 발음하는 데 어려움을 겪었다. 대화에서 가브리엘은 다수의 소리 대체[예: 고양이(cat)를 위한 'tat'와 빗자루를 위한 누락 오류(예: 빗자루(bloom) 'boom']가 있어서 지능점수가 낮아졌다. GFTA-3에 대한 가브리엘의 점수는 그의 다른 모든 인지/지적 능력에 대한 측정치에

서 분명히 불명확하며, 대부분은 나이 기대치를 다소 상회하고 있으며, 언어치료를
받을 수 있다.

〈표 9-3〉 검사 요약, 사례 2

수행 타당성
기억 검사(Test of Memory Malingering: TOMM)

검사 1	RS = 45
검사 2	RS = 48
	(유효한)

일반 지능		**유동적 지능**	
WISC-V 전체 IQ	SS=114	WISC-V 유동추론 지표	SS = 117
결정적 지능		행렬추리	ss = 13
WISC-V 언어이해 지표	SS = 111	무게비교	ss = 13
공통성	ss = 13	WISC-V 시공간 지표	SS = 118
어휘	ss = 11	토막짜기	ss = 14
		퍼즐	ss = 12

작업기억

WISC-V 작업기억 지표	SS = 116
숫자	ss = 10
그림기억	ss = 16

처리속도

WISC-V 처리속도 지표	SS = 100
기호쓰기	ss = 11
동형찾기	ss = 11

학습
기본 읽기 쓰기 능력

		수학	
WIAT-III 조기 읽기 기술	SS = 110	WIAT III-S 수학문제 해결	SS = 119
WIAT-III 알파벳 쓰기 유창성	SS = 116		

구어
말

		음운론	
GFTA-3		CTOPP-2 발음 생략	ss = 11
단어 소리	SS = 55	CTOPP-2 혼합어	ss = 10
문장 소리	SS = 74	CTOPP-2 비언어 반복	ss = 5

의미		구두 처리속도	
WPPSI-IV		CTOPP-2 빠른 색깔 이름대기	ss = 9
수용 단어	ss = 13	CTOPP-2 빠른 기호 이름대기	ss = 12
그림 명명	ss = 11		
구문		구두 기억	
CELF-5		WRAML-2 구두 학습	ss = 10
문장 이해	ss = 10	WRAML-2 구두 학습 지연	ss = 11
단어 구조	ss = 7	WRAML-2 문장기억	ss = 6
공식적 문장	ss = 9		
주의			
밴더빌트 부주의			
부모	RS = 0		
교사	RS = 0		
밴더빌트 과잉행동/충동성			
부모	RS = 0		
교사	RS = 1		

주: SS, 평균 = 100 SD = 15; ss = 평균 = 10 및 SD = 3; RS, 원점수, %ile 백분위 점수, WPPSI-IV, Wechsler 유아용 지능검사 제4판; GFTA-3, Gydman-Fristoe Test of Arctulation 3. 기타 약어는 〈표 9-2〉를 참조.

　가브리엘은 말소리장애(SSD)의 증상인 발현 약점 외에도 장애의 인지 위험 요소인 언어적 단기 기억력에 상대적인 결함을 보였다. CTOPP-2 비단어 반복과 WRAML-2 문장 기억 과제에서 언어적 단기 기억력 어려움이 명백했다.

　비록 가브리엘은 말이 또래 유아들에 비해 상대적으로 말이 늦게 트인 아동(late talker)이었지만, 그의 현재 더 광범위해진 언어 실력은 형식적 검사로 측정했을 때 좋다. 그의 초기 언어 지연(early language delays)은 주로 언어 발달의 어려움을 반영하는 것 같다. 초기 언어 지연이 표현 언어에 국한된 아이들은 표현적 지연과 수용적 지연을 모두 가진 아이들보다 예후가 더 좋으며, 학부모 보고에서는 가브리엘을 전 그룹에 배치한다. 그의 부모는 그의 초기 귀 감염에 대해 걱정하지만, 오랫동안 지속되는 언어장애와 인과관계를 뒷받침할 연구는 거의 없다. 귀 감염은 일반적으로 흔하기 때문에 말소리장애(SSD)를 가지고 있거나 가지고 있지 않은 많은 아동들이 가브리엘과 비슷한 초기 과거력을 가지고 있을 가능성이 높다.

　가브리엘은 너무 어려서 심층적인 학습 평가를 수행하지 못하지만, WIAT-III을 이용하여 초기 읽고 쓰는 능력과 수학 능력을 간략하게 보여 주었다. 게다가 가브리엘의 음운학적 인식과 빠른 이름대기 능력은 이후 읽기 능력에 대한 예측 변수들이기 때문에 CTOPP-2로 평가되었다. 현재 가브리엘의 수행 수준은 그의 지적 능력에 적절한 것으로 보이며, 걱정할 이유가 되지 않는다. 그의 부모는 말소리장애(SSD)를 겪는 대다수의 아이들이 특히 인지 능력이 높을 때 문해력 습득에 특별한 어려움을 겪지 않는다고 안심할 수 있다. 그럼에도 불구하고 앞에서 언급한 바와 같이 가브리엘의 학습 발달, 특히 그의 문해 발달을 세심하게 관찰해야 하며, 어려움이 발생하면 신속하고 적절한 개입을 실시해야 한다. 읽기, 철자가 기대대로 발달되는지 확인하기 위해서 1학년 말이나 2학년 초의 간략한 재평가를 권고하였다.

　가브리엘의 어머니를 통해 언어장애의 주목할 만한 가족력이 있다. 그녀 자신의 어려움에 대한 자신의 설명과는 다르게, 가브리엘이 그랬던 것처럼 언어의 어려움에 대한 인지-언어적 유전적 문제가 있을 수 있다. 비록 그녀의 초기 언어 어려움의 외견적인 징후들이 해결되었지만, 이 미묘한 유전적 문제의 근원은 복잡하고 생소한 단어들을 발음하는 데 어려워하는 어머니에게 있을 수 있다.

처치

　이 책의 이전 판이 출판되었을 때, 우리는 다양한 음성 언어치료 기반 접근법이 언어장애(LI)와 말소리장애(SSD) 치료에 도움이 되는 것처럼 보였지만, 이러한 개입이 아직은 확립되어 증거 기반 치료에 대한 모든 기준을 충족하지는 못했다고 결론지었다. 이와 같은 일반적인 결론은 오늘날에도 유효하다. 가장 권위 있는 리뷰는 코크란 메타분석(Cochrane meta-analysis; Law, Garrett, & Nye, 2003)에 의해 제공되었다.

　언어장애와 언어장애를 치료하기 위한 구체적인 접근방식은 모방, 모델링, 집중 자극, 대화 반복 및 환경적 접근을 포함한다. 이 모든 방식은 어린이들에게 부족한 언어 형태에 대한 언어장애(LI) 또는 말소리장애(SSD) 표적 노출(targeted exposure)을 제공하고 연습한다. 다시 말해, 이러한 치료법은 보통 사람에게는 자연스럽게 언어 발달을 촉진하게 하는 몇 가지 접근을 보다 체계적이고 집중적으로 차원에서 '치료 제공(dose)'으로 한다는 것이다. 이러한 접근방식으로 처치받은 아동은 처치 받지 않은 아동이나 아동의 언어 목록에 따로 처치하지 않는 경우보다 상대적으로 유익이 있다고 한다. 이러한 접근방식은 언어 발달 속도를 높이고 자발적 발화를 높이는 것으

로 나타났다. Law 등(2003)에 의하면, 이러한 접근방식의 신뢰할 수 있는 치료 효과
는 언어와 표현 어휘 문제가 있는 아이들에게 나타났지만, 수용 언어 문제가 있는 아
이들에게는 나타나지 않았다고 한다. 언어장애(LI)와 자폐스펙트럼장애(ASD) 공존장
애에게도 이러한 접근방법이 유효할 수 있지만, 여전히 화용언어장애(PLI)의 효과 치
료(Gerber, Brice, Capone, Fujiki, & Timler, 2012)에 대해서는 많이 알려지지 않았다.

말소리장애(SSD)와 언어장애(LI)의 처리에 관한 연구로부터 이러한 긍적적인 결과
에도 불구하고, 몇 가지 주의 사항이 있다. 심리치료 결과 연구처럼, 많은 형태의 언
어와 언어치료도 효과가 있는 것처럼 보이지만, 그 효과는 모두 거의 동등한 수준으
로 나타난다(Baker & McLeod, 2011; Nye, Foster, & Seaman, 1987). 따라서 서로 다른
접근법을 사용하는 임상의가 제공하는 치료는 몇 가지 공통 요소를 공유할 수 있지
만, 이러한 요소들은 명확히 기술되어 있지 않다. 게다가 Law 등(2003)의 메타분석에
서는 훈련을 받은 부모와 임상 전문의 간의 중재효과에 중요한 차이가 발견되지 않았
다. 부모를 중재에 개입시키는 것이 경제적인 치료로 볼 수 있다(Law et al., 2012). 두
번째 주의 사항은 치료 대상 아동의 장기 추적연구에서 언어장애(LI)[또는 말소리장애
(SSD)]의 초기 심각도가 언어 결과를 예측하지만 치료 기간은 그렇지 않다는 것이다
(Aram & Nation, 1980; Bishop & Edmundson, 1987). 치료는 일반적으로 일상 환경에서
발생하기 때문에 치료 기간 동안 용량-반응 관계(치료의 기간과 강도에 따른 효과)에
대한 증거가 없는 것은 여전히 우려된다. 게다가 아동의 언어와 언어 발달에는 정상
적인 발달 변화가 넓게 나타나기 때문에, 말소리장애(SSD)나 언어장애(LI)를 가지고
있는 아동 중 일부는 어느 정도 정상적으로 발달했을 것으로 추측된다. 여전히 지속
적인 문제들을 가지고 있는 아동들도 있다. 중요한 사실은 얼마나 많은 치료가 아동
에게 도움이 되는지 알 수 없다는 것이다.

일반적으로 행동치료는 증거 기반 치료의 모든 기준을 충족시키기는 어렵지만, 치
료 평가의 '표준(gold standards)'에 맞는 더 많은 연구, 특히 비교 집단이 동등한 강도의
중재를 받는 실험연구들이 처치효과 검증에 도움이 될 것이다. 언어장애가 본질적으
로 교정하기 어려워 효과적인 치료법을 식별하기가 더욱 어려운 경우도 있을 수 있다.
우리는 실제로 적용되고 있는 치료법이 언어장애(LI)나 말소리장애(SSD)를 치료하는
데 도움이 되지 않는다는 것을 알고 있다. 일반적으로 어린 시절 말소리장애(SSD)를
겪은 성인들은 여전히 음소 인식 부족과 읽기 문제를 가지고 있다(Lewis & Freebairn,

1992). 사춘기(Snowling, Bishop, & Stotha, 2000) 또는 청년기(Rutter & Mahwood, 1991)까지의 언어장애(LI) 아동들의 추적 결과를 보면, 젊은 나이에 그들이 어떻게 수행했는가에 비해 읽기, 지능, 언어, 사회 능력에서도 상당한 비율이 감소했음을 알 수 있다. 언어 능력은 발전에 매우 중요하기 때문에 지속되는 언어장애는 더 많은 비용을 초래한다는 것은 놀라운 일이 아니다. 자폐증으로 인한 사회적 결핍이 발달에 필요한 중요한 요소를 아동에게서 빼앗는 것처럼, 지속적인 언어장애도 마찬가지다.

〈표 9-4〉는 언어 및 언어장애에 대한 현재 연구 및 증거 기반 실천을 제공한다.

〈표 9-4〉 요약 표: 말·언어 장애

정의
- 또래보다 낮은 구조적 언어[언어장애(LI)], 사회적 언어 사용[언어장애(PLI)], 또는 조음[말소리장애(SSD)] 기술을 보임. 조음장애가 있는 소수의 아동은 더 심각한 문제를 보이고 아동기 말 실행증(CAS) 진단과 일치하는 특정한 종류의 음성 오류를 범한다.
- 배제 준거에는 청각장애, 발성 기관의 말단 손상(peripheral deficit in the vocal apparatus), 후천적 신경 손상, 지적장애, 자폐증이 포함된다.

유병률과 역학
- 언어장애(LI): 5~8%
- 말소리장애(SSD): 2~13%
- 아동기 말 실행증(CAS): < 1%
- 여성보다 남성에게서 약간 더 많이 나타난다(약 1.5:1).

병인론
- 언어장애(LI)와 말소리장애(SSD) 모두 부분적으로 유전적이다. 언어장애(LI): 염색체와의 연결 13q, 16q, 19q. 말소리장애(SSD): 염색체 3, 6p, 15q.
- 말소리장애(SSD)가 없는 언어장애(LI)는 대부분의 신경발달장애에 비해 유전성이 낮으며, 주로 환경적 원인이 있는 하위 유형(Etiological subtype)이 있을 수 있다.
- 환경 위험/보호 요인에는 가정 언어 환경이 포함된다.

뇌 메커니즘
- 언어장애(LI): 신경 이미지 결과는 일정하지 않았으며 널리 분포된 양쪽 뇌 영역에 관련되어 있다. 가장 일관된 발견은 부엽핵, 양쪽 상부 측두회, 왼쪽 하전두회 등의 구조적 및 기능적 차이를 포함한다.
- 말소리장애(SSD): 일부 적은 연구에 따르면, SSD 아동은 말 처리에 있어 복측 말 경로를 사용하고, 양쪽 뇌에 분포되어 있다.

발달 신경심리학

• 언어장애(LI): 많은 단일 결손 신경심리학 이론이 있는데, 그중 어느 것도 언어장애(LI)의 모든 경우를 설명할 수 없다. 향후의 변이·결함 모델에서 검토해야 할 위험 요소에는 절차 학습, 음운론적 기억, 언어적·선언적 기억, 처리속도 및 비언어적 청각 처리가 포함된다.

• 말소리장애(SSD): 음운론적 인식과 음운기억에 있는 것을 포함한 음운론적 처리 결손 일부 아이들은 구강 운동 발달이 좋지 않다.

진단

• 말소리장애(SSD)의 진단은 일반적으로 음성 언어병리학자에 의해 이루어지며, 일반적인 발달 기대와 비교하여 아동의 발현 능력을 분석한다.

• 언어장애(LI)의 진단은 적절하게 훈련된 심리학자 또는 언어병리학자에 의해 이루어질 수 있으며 표준화된 언어 검사에서 연령에 비해 낮은 결과와 언어 발달이 지연된 발달력을 기초로 진단된다.

• 감별/진단 과정에서는 아이의 의사소통 어려움이 더 심각한 신경발달장애[ID 또는 자폐스펙트럼장애(ASD)]를 반영하는지 여부를 고려해야 한다.

• 언어장애(LI)를 가진 학령기 아동의 경우 특정 학습 장애 비율이 매우 높으므로 평가에는 표준화된 학업 능력 측정치가 포함되어야 한다. ADHD나 정서장애에 대한 선별도 권장된다.

중재

• 음성 언어치료 기술(예: 모방, 모델링, 초점화된 자극, 대화 재구성)
발달이 더딘 언어 형태에 대한 추가적인 언어 노출과 연습을 제공한다.

• 가정에서 치료를 제공하도록 부모들을 훈련시키는 것이 도움이 될 수 있고 비용상 효율적일 수 있다.

읽기장애(난독증)

• • •

요약

　읽기장애(RD), 즉 난독증은 이 책에서 소개되는 6개의 학습 장애군 여러 장애 중에서 가장 잘 알려진 장애 영역이다. 우리는 난독증의 발달 신경심리학에 대해 가장 많이 알고 있고, 구조상과 기능상 뇌의 표현형과 관련해 의견을 모았으며, 병리학과 관련된 상당한 진보가 있었다. 현재 난독증을 이해하는 데 있어서 과학적 이해는 읽기 기술과 읽기 발달에서 발전된 인지 과학에 의존하나, 또한 난독증은 이 책에서 소개되는 6개의 학습 장애군 요소 중 가장 구체적이고 오랜 학문적 연구 결과의 도움을 받았다.

　난독증은 느리고 부정확한 한 단어 읽기로 정의되며, 언제나 철자 오류와 관련이 있다. 따라서 난독증을 가진 사람들은 문자−소리의 관계를 느리게 배우고 이 기술을 인쇄된 단어 인지로 자동화할 때 어려워한다. 비록 이러한 기초 수준의 문해력 문제들이 종종 읽기 이해를 더 어렵게 만들지만, 난독증은 읽기 이해에서 주된 문제를 보이지 않는다. 이러한 아이들은 일반적인 수준의 단어 읽기 기술을 갖고 있으나 읽기 이해는 떨어진다. 그들은 '낮은 이해 학습자'라고 불리며, 거의 예외 없이 난독증에서 관찰되는 것보다 더 광범위한 언어처리 문제를 가지고 있다. 낮은 이해 학습자들은 제6장에서 간략히 논하였다. 난독증은 중국어와 같은 표의(어)문자(logographic) 언어를 포함한 여러 언어에서 발견된다. 인지 예측 요인(문자 지식, 음운 인식 및 빠른 이름대기)은 표음문자(알파벳 문자) 전반에 걸쳐 상당히 보편적이며 부분적으로 표의(어)문자까지 확장된다.

발달 신경학적 측면에서, 난독증은 말과 언어 발달의 문제로 발달 초기에 나타나지만, 특정 연령에서 나타나는 말과 언어의 특징적인 문제는 새로운 발달 과업(첫 음성 인식과 옹알이, 이후의 어휘와 구문론, 최종적으로 음운 인식)에서 가장 분명하게 드러나는 이형적 연속성을 가진다. 이러한 발달 과정은 암시적 학습에서의 문제와 같이 일반적인 언어학습의 문제에 해당될 것이며, 전적으로 음운론적 결손에 일치하지 않을 것이다. 난독증은 구어에서 처음 발생하기 때문에, 오직 시각적 결손이나 정형화된 학습 결손은 난독증을 설명할 수 없다. 그러나 시각적 또는 정형화된 결손은 난독증에 영향을 줄 수 있다. 난독증에 있어서 가장 적절한 신경학적 모델은 다중 결손을 포함하며, 난독증을 야기하는 데 필요하고도 충분한 조건은 없다.

신경심리학적 표현형의 보편성은 거의-보편적인 신경 영상 표현을 반영하며, 난독증이 있는 아동과 성인의 전형적인 좌뇌-반구에서 발달하는 분산적 읽기 네트워크에서 나타나는 구조적·기능적 차이에 의해 나타나는 것이다. 이러한 읽기 네트워크는 초기 말과 언어 발달에 관여하는 잘 확립된 페리실비안 영역(perisylvian) 좌뇌 언어 네트워크를 기반으로 구축되지만, 왼쪽 방추상회(시각적 단어 형태 영역이라 함)에 후두-측두(occipito-temporal) 요소를 추가한다. 읽기에는 시각 언어(인쇄)를 구어에 연결해야 한다는 사실 때문에 이러한 추가적인 구성 요소가 필요하다.

병인론적 관점에서, 난독증은 일반적으로 유전 가능하고, 여러 유전자와 연관되어 있는데, 이는 이 책에서 논의된 다른 모든 장애에서도 마찬가지다. 이러한 유전자의 일부는 장애 영역에 걸쳐 공유되기 때문에 언어장애(LI), 말소리장애(SSD), 주의력결핍 과잉행동장애(ADHD)와 같은 다른 장애와 난독증의 공존장애를 설명하는 데 도움이 된다. 난독증의 병인론에서도 환경이 중요하며, 환경 위험 요인에는 아동의 구어 환경과 부모가 초기 읽기 활동에 아동을 참여시키는 정도가 포함된다.

난독증에 대한 우리의 매우 발달된 과학적 이해는 난독증을 진단하고 치료하기 위한 최선의 사례를 안내한다. 우리는 난독증의 발달 전조들을 너무나 잘 이해하기 때문에, 유치원에 다니게 될 때쯤이면 난독증 위험이 있는 아동들을 확인할 수 있다. 문자 지식이나 음운 인식과 같은 이후의 읽기 기술의 인지적 예측 요인뿐만 아니라, 난독증 가족력까지 활용하면 후기 읽기 발달을 예측할 수 있다. 난독증 위험이 있는 유치원 아동은 과학적으로 검증된 집중적인 문해 교육을 받아야 하며, 읽기 학습에 대한 진전도를 보다 자세하게 관찰해야 한다.

● ● ●
역사

난독증/읽기장애(RD)는 100년 전에 Pringle-Morton(1896)과 Kerr(1897)에 의해 처음 소개되었지만(Pringle-Morton, 1896을 참조), 인지 표현형의 이해에 대한 진전은 지난 50년 동안 나타났다. 이러한 진전은 난독증이 언어장애의 한 유형이라는 점과 근본적인 신경심리학적 결손은 부분적으로 음운 표상의 잘못된 발달을 포함한다는 점을 더 명확히 하였다. 이전의 난독증 이론은 시각적 처리 결손에 초점을 두었다. 이 이론은 d 또는 b로, was를 saw로 쓰는 것과 같이 난독증이 있는 개인의 반전 오류에 중점을 둔다. Orton(1925, 1937)은 이러한 결함을 대칭인지(거울 이미지 지각장애: strephosymbolia), 즉 '왜곡된 상징(twisted symbol)'이라고 불렀으며, 반구 우위의 실패로 인해 시각적 문제가 발생했다고 가정했다. Orton 가설에 따르면, 전형적인 우측 반구의 비지배성으로 인한 시각 자극의 거울 이미지는 억제되지 않고, 결국 반전 오류를 야기한다. Vellutino(1979a)는 난독증에 있어서 이러한 반전 오류가 자신의 언어로 인쇄 문자를 처리하는 데 제한되어 본질적으로 시각에 대한 문제이기보다는 언어로 인한 문제임을 증명하였다. 난독증은 시각처리 문제들과 관련이 있을 수 있으나, 난독증에 대한 종합적인 이론은 읽기문제에 선행하는 구어적 결함에 대한 잘 알려진 결과들을 설명해야 한다.

● ● ●
정의

이제 우리는 읽기장애/난독증 아동의 3개의 유력한 정의에서의 유사점과 차이점을 고려하며, 개인의 진단을 위한 제언을 포함한다. 세 개의 정의에는 ① 전문가 집단의 합의(Lyon, Shaywitz, & Shaywitz), ② 미국 「장애인 교육법」에서 사용된 법적 정의
(IDEA 2004)와 ③ DSM의 가장 최근의 정의(DSM-5)를 포함한다. 모든 세 가지의 정의
는 한 단어 읽기, 읽기 유창성, 철자와 같은 중요한 기초 문해력을 핵심적인 어려움으
로 본다. 세 가지의 정의는 읽기에서의 어려움이 부적절한 교수, 농과 맹으로 인한 주
요 감각장애 또는 지적장애(ID)와 같은 전반적인 발달장애로 인해 발생할 수 없는 것
과 같은 배제 요인을 포함한다. 우리는 이 책에서는 난독증과 읽기장애를 같은 의미
로 사용한다. DSM-5와 IDEA 2004는 다소 다른 용어를 사용하지만[각각 특정학습장
해(disorder)와 특정학습장애(disability)를 사용], 읽기 정확성, 읽기 유창성, 혹은 철자와
같은 기초 문해 기술과 같은 핵심적인 손상에 있어서는 난독증과 동의어로 간주되어
야 한다. 이러한 용어들이 가족들의 혼선을 피하기 위해 본질적으로 동등하다는 사
실을 명확히 하는 것은 중요하다. 임상 전문가와 교사는 명칭이 다르기 때문에 근본
적인 장애와 적절한 치료법 또한 다르다고 가정하는 명칭 오류에 빠질 수 있다. 예를
들어, 이전에 평가한 한 소년의 부모는 우리에게 "학교 팀은 우리 아이가 읽기 유창성
과 해독 능력에 있어 학습상 장애가 있다고 말하였지만 난독증의 징후라는 것은 몰랐
다"라고 이야기하였다. 사실 이 아이는 적절한 읽기 중재를 받았지만, 부모는 이것이
그들의 아들에게 부적절하다고 생각했기 때문에, 학부모는 국제 난독증협회의 지역
지부와 같은 유용한 자원을 찾지 못했다.

이 책에서 언급한 모든 장애와 마찬가지로 난독증은 주로 특정 기술이나 능력에 있
어서 정규분포에서 낮은 극단에 해당하며, 따라서 진단에는 연속 변수에 대한 임의
의 절단점 설정이 요구된다(B. Rodgers, 1983; Shaywitz, Escobar, Shaywitz, Fletcher, &
Makuch, 1992). 영향력 있는 정의는 '임상적 손상을 야기할 만큼 어려움이 충분히 심
각해야 한다'고 말하는 것 외에 어디에 절단점이 있는지에 대한 구체적인 지침을 제
공하지 않는다.

세 가지 정의는 문해력 결함으로 이끄는 근본적인 신경심리학적 결손에 대한 기본
가정이 다르다. ① 합의된 정의는 문제가 '일반적으로' 음운처리 과정의 문제에서 비
롯된다고 언급함으로써 강력한 가정을 만든다. ② 법적 정의에서는 난독증(및 다른
특정학습장애)은 언어 발달의 일부 측면 문제에서 나타난다고 언급한다. ③ DSM-5는
근본적인 인지적인 결손에 대한 특별한 가정을 하지 않는다. 나중에 볼 수 있듯이, 실
제로 난독증이 구두 언어 발달과 특히 대부분의 경우 음운처리 과정의 문제로 인해

발생한다는 상당한 증거가 있다. 그러나 이 책을 안내하는 다중결함 틀(framework)과 일치하듯이, 난독증을 야기하는 데 단 하나의 결함이 필요하지도, 충분하지도 않으며(Pennington et al., 2012; Peterson et al., 2009), 장애는 처리속도와 시각적 주의력과 같은 비언어적 기술의 결함과 연결되어 있다(Lobier, Dubois, & Valdois, 2013; Ruffino, Gori, Boccardi, Molteni, & Facoetti, 2014). 더 나아가 언어 약점 자체가 절차적 또는 통계적 학습 측면에서 초기 어려움의 발달적 결과일 수 있다(Lum et al., 2014).

많은 전문가들은 음운론적 결함이 장애와 인과관계를 보인다는 수십 년에 걸친 연구에 근거하여 난독증을 진단하기 위해 음운처리 결함의 증거를 찾는다. 그러나 이는 개별 수준에서 상당한 변화가 있는 것으로 나타났다. 예를 들어, 두 개의 큰 표본에서(각각 N>800) 다중사례연구(multiple case study approach) 접근방식을 활용한 최근 연구에서 해당 연구는(Pennington et al., 2012) 낮은 기초 문해 기술을 가진 아동의 15% 미만이 단일 음운 결함 특징이 있다는 것을 발견했다. 나머지 아동은 다른 영역에서의 단일 결손(예: 명명속도, 어휘), 다중결함, 혹은 명백함 결함이 없었다. 따라서 진단하기 위해 음운처리(혹은 다른 특정 인지 기술) 결함을 요구하는 것은 부적절하며, 임상적으로 문해력에 손상이 있는 일부 개인들을 부당하게 제외한다.

마지막 견해 차이는 특이성을 상대적으로 더 강조('종종 다른 인지 능력과 관련해 예상하지 못한')하는 합의된 정의와 최소한의 특이성을 강조하는 DSM-5와 관련해 문해력 문제가 얼마나 구체적이어야 하는지에 관한 것이다.

부분적으로 이러한 변화는 이 두 정의와 관련된 연구 문헌에서 10년간 광범위한 변화를 반영한다. 역사적으로 학습 장애 연구는 심각한 불일치 사례에 초점을 맞춰 왔다. 실제로 처음으로 발표된 난독증 사례연구(Pringle-Morgan, 1896)는 읽기와 철자 학습에서의 현저한 어려움을 제외하고는 모든 면에서 '밝고 똑똑한' 14세 소년에 관한 것이다. 그런 고르지 않은 프로파일을 가진 아동은 더 눈에 띄고 수수께끼처럼 보이기 때문에 처음에는 더 많은 임상적 관심을 끌 것이다. 20세기에 난독증 연구가 진행되면서, 많은 과학자와 임상가들은 계속해서 IQ와 독해력 성취도 간에 차이를 보인 학생은 개인 내 차이가 큰 이질적 특성의 학습 장애인 반면, 상대적으로 낮은 IQ와 낮은 독해력을 가진 아동은 이질성이 낮은 학습자(느린 학습자)로 간주되었다.

제6장에서 논의된 바와 같이, 난독증에 대한 IQ 불일치 정의와 연령 불일치 정의 간 차이에 대해 상당한 실증적 연구가 진행되고 있다. 두 가지가 겹치지만, 임상적으

로 읽기문제가 있는 일부 아동들은 단지 IQ–불일치 기준(높은 능력, 기대보다 낮은 단어 읽기 수준)에 해당되는 반면, 다른 아동들은 오직 연령–불일치 기준(낮은 능력, 낮은 단어 읽기 수준)만 충족한다. 두 집단의 병인 수준에서 약간의 차이가 있는 것 같다. 유전적 차이는 낮은 IQ보다 높은 IQ 난독증에 더 큰 영향을 미친다(Wadsworth, Olson, & DeFries, 2010). 발견은 난독증이 낮은 SES 가정의 학생보다 더 높은 SES 가정의 학생에 유전적으로 더 많이 기반을 두고 있다는 것인데, 이는 생물학적 유전자–환경 상호작용 형태로 불린다(Friend et al., 2009). 또한, 이러한 결과는 낮은 해독 능력에 있어서 특정 유전적 위험 요소가 없는 한 인지 능력이 높은 유리한 아동들이 우수한 학습자가 될 가능성이 있다고 제안한다. 반면에, 다른 아동들이 읽기에 어려움을 겪는 이유는 무수히 많다. 이는 낮은 SES(사회경제적 지위)와 관련된 환경적 영향을 포함하며, 높은 SES에 비해 낮은 SES 아동의 읽기 부진에서 더 많은 차이를 설명한다. 반면 동일한 위험 유전자가 SES 전반에 있어서 중요할 수 있지만, 환경 위험 요인 장면에서 읽기 부진에 영향을 덜 미친다. 나중에는 합리적인 가능성에 대해서 설명할 수 있을지라도, 아직은 어떤 주변(proximal) 환경 요소가 낮은 읽기 능력에 영향을 미치는지 알지 못한다. 높은 IQ 대 낮은 IQ를 지닌 난독증 아동의 대한 병인론적 관점에서 유전적 및 환경적 위험 요인의 다른 가중치에 대한 증거에도 불구하고, 출판된 논문은 기본적인 뇌 기반, 신경심리학, 또는 적절한 치료의 면에서 연령–기준 정의와 IQ–기준 정의 구별에 대한 외적 타당성이 없다. 특히, 일반적 능력 수준이지만 낮은 읽기 능력이 있는 사람은 왼쪽–반구 읽기 및 언어 네트워크 기능장애를 보이며(Tanaka et al., 2011) 평균적으로 낮은 음운처리 기술(Siegel, 1992)을 가지고 있다. 전체적으로 난독증 아동은 파닉스 기반의 읽기 교육을 강조하는 치료에 가장 적합하다. 비록 난독증이 있는 사람이 그러한 중재에 얼마나 잘 반응하는지는 개인차가 있으나, 이러한 차이들은 IQ의 영향은 아닌 것으로 볼 수 있다(Jiménez, Siegel, O'Shanahan, & Ford, 2009; Stuebing et al., 2009). 그만큼 (모든 경우에 연령 불일치를 요구하는) 새로운 DSM-5 정의의 함의는 역설적이게도 유전적 병인이 강한 소수의 아동은 난독증이 있는 것으로 분류된다. 따라서 연구 및 임상 목적을 위해 문해력에서의 어려움이 기능적인 손상을 야기하는 한, 연령 또는 IQ 불일치 기준을 충족하는 아동을 난독증으로 판별하는 것이 더 적절하다고 생각한다.

유병률과 병인론

알려진 바와 같이 유병률 추정치는 정의에 따라 다르다. 전집의 약 7, 10, 16%에 해당하는 1.5 표준편차 이하, 1.3 표준편차 이하 또는 1 표준편차 이하로 연령별 평균 대비 읽기 성취도에 대한 다양한 절단점(cut-off)을 각각 설정했다. 일부 연구에서는 기대연령보다 0.7 표준편차 낮은, 즉 인구의 25%에 해당하는 덜 극단적 절단점을 사용했다. 남성의 평균 읽기 점수가 약간 더 낮고 특히 산포도에서 여성보다 남성의 낮은 분포의 꼬리 영역으로 인하여(Arnett et al., 2017), 상대적으로 작지만 상당한 남성 우세(1.5~3.1 : 1; Rutter et al., 2004)가 있다. 더 큰 산포도의 함축은 성별에 따른 유병률 차이가 더 극단적인 진단 절단점과 함께 더 커질 것이다. 사용된 절단점과 관계없이, 참고 표본의 성별 차이는 인구에서 발견되는 것보다 심지어 더 높다(3~6 : 1; S. Smith et al., 2001). 난독증이 있는 남학생이 ADHD를 포함한 외현화 공존장애 비율이 높기 때문에, 남학생이 여학생보다 임상적 진단을 많이 받는다(Willcutt & Pennington, 2000b). 임상적으로 읽기의 어려움을 가졌으나 행동 문제가 없는 여학생은 제대로 진단되지 않거나 제대로 중재를 받지 못했을 수 있음을 암시한다.

사회경제적 지위(SES)

제8장에서 논의했듯이, SES는 거의 모든 다른 성취 영역과 마찬가지로 읽기와 상관관계가 있다. 문해력에 영향을 미치는 SES는 공공 정책과 교육 영역에서 상당한 주목을 받고 있는 소위 '성취 격차'에 포함된다. 예를 들어, 2011년 국가 수준 표집에서 무상 급식 대상 4학년 학생의 읽기 수준은 또래 학생 평균보다 0.83 표준편차 정도 낮다(National Center for Education Statistics, 2011). 특히, 청장년층에서는 독해력에 더 영향을 미치지만, 낮은 SES는 낮은 단어 읽기 수준과 낮은 독해력에 모두 관련이 있다(MacDonald, 2014). 사회경제적 지위와 읽기의 관련은 바로 낮은 SES 가정 아동이 발달적 난독증의 수행 준거에 비추어 과대 진단을 받게 되는 것이다. 낮은 SES는 학령기 시작점의 '낮은 초기 읽기 기술'과 초기 학령기 동안 '낮은 문해력 성장 진전도'를 예측한다(Hecht, Burgess, Torgesen, Wagner, & Rashotte, 2000).

체계적인 문헌 검토 및 메타분석을 통해 SES는 읽기 성취 분산의 약 10%를 설명할 수 있다(Scarborough & Dobrich, 1994; Sirin, 2005; K. White, 1982). 이는 통계적으로 유의미하고 중간 정도의 효과를 보이지만, 읽기 성취 분산의 약 90%는 SES와 무관하다는 것을 의미한다. 따라서 낮은 SES 가정의 아동들도 읽기를 잘할 수도 있고, 읽기에 어려움을 보이는 아동들 중 높은 SES 가정 출신도 있을 수 있다.

SES는 문해력 발달에 악영향을 미치는 여러 환경 변수의 대표 역할을 한다. 그러나 제8장에서 논의된 바와 같이, 적어도 사회적 이동을 허용하는 사회에서는 SES는 단일의 환경 구인이 아니다. 전반적으로 전체 읽기 성취의 약 5%가 SES 상위 환경 요인과 연결될 수 있다(Petrill, Deater-Deckard, Schatschneider, & Davis, 2005; Wadsworth, Corley, Hewbate, & DeFries, 2001). 두 가지 중요한 주의 사항은, ① 기존 표본이 읽기 발달에 있어서 열악한 환경의 최빈층을 포함하지 않을 수 있는 경우와 ② 앞서 논의한 바와 같이 유전적 영향과 환경적 영향의 조합이 SES 수준에 걸쳐 일관적이지 않다는 읽기 발달에서 생물생태학적 유전-환경 상호작용의 증거가 있다.

읽기 발달에 직접적으로 영향을 미치는 특정 환경 변수는 무엇인가? 이 질문에 대한 방법론적으로 엄격한 연구는 아직 초기 단계지만, 인과적 요인은 많을 것이며, 가족, 이웃, 학교 및 더 넓은 지역사회 수준에서 작용한다. 가족 요인 연구에 따르면, 특정한 초기 읽기 활동 및 읽기 활동을 포함하여(Phillips & Lonigan, 2009; S. Robins, Ghosh, Rosales, & Treiman, 2014), 부모와 자녀 간 언어 상호작용의 질과 특성은 SES 수준에 따라 달라진다(Chazan-Cohen et al., 2009; Hoff, 2003). 제8장에서 언급했듯이 SES-읽기 성취 격차의 병인에 대한 발견들은 예방에 시사하는 바가 있다. 나중의 문해 기술을 위해 이러한 환경을 줄이거나 없앨 수 있다면, SES 성취 격차를 부분적으로 좁힐 수 있을 것이다.

우리는 '병인론' 영역에서 난독증에 대한 유전적 · 환경적 영향에 대한 질문으로 되돌아간다. 이 연구는 읽기 개인차에 대한 먼(distal) 원인에 관해서는 이야기하나, 특정한 환경적 처치가 낮은 SES 배경의 아동처럼 평균보다 낮은 읽기 점수를 보이는 그룹의 평균 점수를 바꿀 수 있는 정도에 대해서는 이야기하지 못한다. 전체 분포의 평균 IQ는 시간이 지남에 따라 증가한다는 IQ에 대해 입증된 플린(Flynn) 효과를 가지며, 이 플린 효과는 분포의 낮은 꼬리 부분의 개선(예: 영양 등 공중 보건의 개선; Lynn & Hampson, 1986)에 의해 부적절하게 효과가 있는 것처럼 보인다. 지난 세기 동안 읽기에 있어서도 플린 효과가 있었을 것이다. 환경 요인에 의한 집단 차원의 변화에도 불구하고, 개인차의 원인은 동일하게 유지되었을 것이며, 상당한 유전적 영향을 포함할 수 있다.

언어-문화 차이

처음에는 난독증에 대한 연구가 주로 영어의 읽기 어려움에 초점을 맞추었지만, 최근의 언어 간 난독증에 대한 본질적인 연구는 많은 관심을 받았다. 여기서 두 가지 다른 유형의 언어 특징에 따라 우리는 난독증이 다양한 언어에 걸쳐서 어떻게 나타나는지를 간략히 요약한다. 첫째, 문자-소리 대응의 일관성 정도에 따라 달라지는 알파벳 철자법이고, 둘째, 표음문자와 표의문자 철자법의 차이다.

문자와 소리 사이의 일관성을 가진 언어(예: 이탈리아어 또는 핀란드어)를 사용하는 읽기 능력 분포의 하위 끝에 위치하는 아동은 일관성이 없는 언어(예: 영어)를 사용하는 아동보다 적어도 정확성 측면에서 심각한 읽기문제를 덜 보인다(Landerl, Wimmer, & Frith, 1997). 읽기 유창성의 어려움이 있거나 텍스트를 읽는 속도는 언어 간 유사하다(Caravolas et al., 2005). 여러 연구는 언어학적 차이에도 불구하고, 문화 전반에 걸친 읽기에서 전반적인 어려움이라는 보편적 특징을 지적했다. 초기 읽기의 인지 예측 요인는 5개의 유럽의 철자법(핀란드어, 헝가리어, 네덜란드어, 포르투갈어, 프랑스어)에서 유사하며, 영어에서의 이전 결과와 일치한다. 특히, 음운 인식은 덜 일관된 철자법보다 일관된 영향을 미쳤지만, 각 언어의 읽기에서 주요 예측 요인이다. 빠른 이름 대기, 어휘 지식과 구어적 단기 기억과 같은 다른 예측 요인은 어휘가 적어도 읽기에 큰 영향을 준 핀란드어를 제외하고 음운 인식에 비해 적은 영향을 미쳤다(Ziegler et al., 2010).

언어-문화 간 유사성은 어느 정도 중국어와 같은 표의문자로 확장되는 것으로 보인다. 문자가 음소를 나타내는 알파벳 언어와 달리, 중국어로 쓰인 가장 작은 단위는 단음절 형태소(의미를 전달하는 언어 단위)를 나타내는 문자다. 그러나 음운론은 중국어 읽기와 무관하지 않다. 한자는 음운 요소를 갖고 있으며, 그 언어에 숙련된 독자는 단어 인식에 음운적 효과를 보여 준다(Pollatsek, 2015). 음운 인식은 알파벳 철자법과 마찬가지로 중국어 읽기 능력과 핵심 상관관계이자 예측 요인이다. 그러나 음소 인식이 절대적으로 중요한 표음문자와는 대조적으로, 중국어 읽기 학습에서 형태학적 및 음절 인식이 더 큰 영향을 미친다(McBride-Chang et al., 2005). 이 발견은 철자법이 언어를 표현하는 방법의 차이를 감안한다면 놀랍지 않다.

공존장애

난독증은 ADHD(DuPaul et al., 2013)를 포함하여 책에서 고려한 대부분의 장애(예: 언어장애 및 말소리장애)(Nittrouer & Pennington, 2010) 혹은 수학장애(Landerl & Moll, 2010; Willcutt et al., 2013)와 동반된다. 대부분 난독증이 있는 공존장애는 공유된 병인적 요인과 신경인지 위험 요인들에 의해 영향을 받는다(Pennington & Bishop, 2009; Willcutt et al., 2010). 말소리장애(SSD)와 언어장애(LI) 등 언어장애 또한 공존하지만, 그들의 난독증과의 관계는 동일하지 않다. 말소리장애(SSD)는 음운에 기반한 문제로 보이기 때문에, 언어장애(LI)가 없으면서 말소리장애(SSD)를 지닌 아동의 경우 나중에 난독증으로 발전할 위험이 상당히 낮다. 대조적으로, 언어장애(LI) 이력이 있는 아동은 나중에 읽기문제(난독증을 포함하되 이에 국한되지 않음)가 발생할 위험이 매우 높다(Peterson et al., 2009). 난독증은 아동이 공식적인 문해 교육에 노출되기 전까지는 진단되지 않기 때문에 이러한 공존장애는 임상적으로 중요하다. 그러나 ADHD, 말소리장애(SSD), 언어장애(LI)는 모두 더 일찍 나타날 가능성이 높기 때문에 아동이 이후에 읽기문제를 겪을 수 있음을 예측할 수 있다.

발달 신경심리학

구어는 인류 보편적이다. 모든 문화에는 자연어가 있으며, 특히 심한 발달장애가 있는 아동을 제외하고는 기본적으로 모든 아동은 어떻게 말하는지 배운다. 청각장애 아동은 구두로 의사소통을 할 수 없지만, 다른 언어만큼 풍부하고 복잡한 시각적 기반 수어를 학습한다. 일반적인 언어 발달 과정은 제9장에서 제시하였다. 문자는 문화적 발명이며 인류 보편적인 것이 아니기 때문에, 문해력 발달은 구어 발달과 다르다. 20만 년 전 호모사피엔스가 등장했지만, 최초의 표기 체계는 6,000년쯤에 발명되었다. 일부 문화권에는 여전히 문자 언어가 없다. 구어는 누구나 구사 가능하지만, 문자를 읽고 쓸 줄 아는 능력은 배워야만 갖출 수 있다.

특정한 교육 접근('총제적 언어 접근법')에 따르면 아동은 다양한 문어에 환경에 둘러싸여, 말하기를 배우면서 읽는 법을 배워야 한다는 것이 있다. 그러나 이미 살펴본 것처럼, 인간의 뇌는 구어를 습득하도록 만들어진 것과 같은 방법으로 문어를 습득하지 않기 때문에 이 접근방식은 적절하지 않을 수 있다. 일반적으로 공식 교육을 통해 문해력은 명시적으로 키워야 한다. 문해력 발달은 구어 발달에 의존하며, 이는 아동의 말하기와 듣기 기술이 읽고 쓰기를 시작하기 전에 발달하였다는 것을 의미한다.

문해력을 갖추기 위한 궁극적인 목적에는 고차원적인 읽기 이해와 쓰기 표현력이 포함된다. 제6장에서 설명했듯이 이러한 기술은 기본적인 기술[예: 해독과 글자쓰기 (transcribing)]와 다양하고 복잡한 기술(예: 구어 이해, 주의력, 실행 기능)에 의존한다. 기본 기술은 난독증과 가장 관련이 있으며, 이 책에서는 기본 기술 발달에 중점을 둔다. 단어를 읽기 위해서, 아동은 특정 시각적 형태를 단어 발음과 그 의미에 연결하는 법을 배워야 한다(알파벳 쓰기 체계, 철자). 다음으로 간단히 이 작업과 관련된 일반적인 발달 단계를 검토할 것이다.

문해력 발달의 단계

글자 읽기 발달에 대한 자세한 설명은 Ehri(2015)가 제시한 표음언어 문해력 발달 4단계를 참고한다. 첫 번째 단계에는 알파벳(문자 이전) 전 단계에서 아동은 문자 지식이 거의 없으며, 아직 단어의 개별 소리(음소)를 분절하거나 조작할 수 없다. 단지 자신의 이름이나 환경에 존재하는 문자(예: 정지 신호에 STOP이라는 단어)를 인지하지만, 이 단계에는 눈에 띄는 시각적 또는 문맥 단서 등에 의존한다.

진정한 문해력 발달은 아동이 대부분의 문자 이름을 알고, 문자 소리와 음소 인식에 대한 지식 발달을 시작하는 '부분 알파벳 단계'에서 시작한다. 이 단계에서 아동은 일부 단어를 인식하지만 비슷한 철자를 가진 단어들을 쉽게 혼동한다. 아동은 단어의 하나 또는 몇 개의 소리를 반영하는 '창안적 글자 쓰기'를 사용하여 몇 단어의 철자를 쓰려고 시도한다(예: RLE의 경우 early, SK는 stick에 적용). 이 단계 동안 명확하고 체계적인 파닉스(phonics: 어떻게 문자와 소리가 결합되는지에 대한 정보)는 아동이 '전체 알파벳 단계'로 넘어가는 데 도움이 된다.

'전체 알파벳 단계'에서 아동은 대부분 혹은 모든 문자 소리를 알고 더 큰 철자 단위 (예: −ing)에 대해 배우기 시작한다. 아동은 파닉스 규칙에 따라 많은 단어를 '소리 내어' 말하고 자동화가 등장하기 시작한다. 그리고 아동은 고빈도 단어의 철자를 배우고, 익숙하지 않은 단어를 발음대로 쓰는 것을 배운다.

마지막 '통합 알파벳 단계(consolidated alphabetic phase)'에서 문자가 발음에 어떻게 연결되는지에 대하여 아동은 많은 것을 배운다. 어떻게 개별 문자와 소리가 함께 사용되고, 더 큰 철자 단위(예: −tion)에 대해서도 알게 된다. 이러한 큰 철자 단위는 글자와 소리 사이에 일관된 대응관계가 맺어지지 않은 영어 등에서 중요하다. '전체 알파벳'을 읽는 독자와 달리, '통합 알파벳 단계'의 아동은 읽기와 철자 모두에서 자동성과 정확성을 보여 준다. 게다가 낯선 단어를 해독하거나 발음할 수 있으며, 알려진 단어를 유추하여(예: could 발음하는 방법을 아는 것에 기초하여 should 발음하는 방법을 정확하게 추측) 낯선 단어를 종종 읽는다.

물론 개인에게 영향을 미치는 환경적 위험 및 보호 요인에 따라 아동이 이 단계를 얼마나 빠르고 잘 진행하는지는 개인차가 있는데, 이는 읽기에서 개인차에 영향을 미치는 유전적 환경적 위험과 보호 요인에서 비롯된 것으로 예상된다. 문해력 발달은 언제나 초기의 언어 발달을 기반으로 하기에, Ehri의 첫 번째 단계 이전 초기 언어 성장을 지원하는 환경적 요인은 이후의 문해력에 중요한 영향을 미칠 수 있다. 부모가 자녀에게 얼마나 그리고 어떻게 말하고 읽는가와 이러한 변화가 이후의 인지 발달을 예측한다는 방대한 하위 문화의 차이에 대한 중요한 연구 기록이 있다(B. Hart & Risley, 1992; Heath, 1982). 따라서 초기 아동기 전반에 걸친 언어 노출의 양과 질은 이후의 문해력에 영향을 미칠 것으로 예상된다.

난독증의 신경심리학

수년 동안 지배적인 설명과 이 책의 초판에서 지지한 설명에 따르면, 난독증은 언어 발달, 즉 단어로 개별 소리를 처리하는 능력 또는 음운 정보 처리와 같은 특정 영역에서의 중요한 결함으로 인해 발생한다. 난독증의 음운론에서는, 언어 소리를 관찰하고 조작하는 능력이 문자−소리 대응의 확립과 자동화에 결정적이며, 이는 음운론적 코딩 과정을 통해 정확하고 유창한 글자 읽기의 밑바탕이 된다. 이 책의 두 번째 판에 음운론에 대한 많은 사실을 담고 있었지만, 이것은 지나치게 단순화한 것이며, 장애의 완전한 이질성을 설명하기 위해 다양한 상호 위험 및 보호 요인들이 필요하다는 것을 알았다. 이전 판에서 지지했던 것과 동일한 견해는 오늘날 난독증의 신경심리학에 대한 우리의 이해를 지배하고 있다.

우리는 난독증의 발달적 위험 요인을 식별할 수 있게 한 가족력 연구로부터 난독증의 신경심리학에 대해 많은 것을 알았다. 이러한 위험 요인은 아직 형식 교육에 노출되지 않고 진단을 받지 않은 유아 또는 미취학 아동에게 나타나는 인지적 또는 신경학적 차이다. 가족력 위험 연구는 난독증 대한 가족 위험도가 높은 아이들(부모나 형제에게 장애가 있기 때문에)을 장애와 가까운 친척이 없는 가족 위험도가 낮은 아이들과 비교한다. 연구원들은 누가 결국 난독증으로 발전했는지를 결정하기 위해 아이들을 종단 추적했으며, 종단 기록을 거꾸로 거슬러 가며 공식적인 문해 교육이 이루어지기 전에 난독증 아이들과 일반 아이들의 차이를 판별하는 것이 무엇인지를 밝혀냈다. 중요한 것은, 확인된 차이점이 단순히 낮은 읽기 발달의 결과가 아니라는 것이다. 난독증은 가족력이 있고 유전되기 때문에, 높은 가족 위험도를 지닌 많은 아동들이 계속해서 난독증으로 진단받기 때문에 이러한 연구설계를 통해 필요한 크기의 난독증 집단을 일반적 선별연구보다 훨씬 더 효율적으로 식별할 수 있다.

대표적인 가족 위험 요인 연구를 통해서 Hollis Scarborough(1991a, 1991b, 1998)는 구강 언어 발달의 다양한 차이가 나중에 난독증이 발생하기 시작한 아동과 일반 아동을 구별한다는 것을 발견했다. 앞에서 논의했듯이 이 패턴은 놀랍지 않지만, 정상적인 문해력 발달은 구어에 의존한다. Scarborough의 연구에서 예상하지 못했던 것은, 이후의 문해력을 예언하는 최고의 구두 언어 변수들이 발달 수준에 따라 다르다는 것이다. 이후에 결과적으로 난독증으로 판정된 아동과 일반 아동을 가장 잘 구별하는 구조는 2~3세에 문법 및 구어 발음 및 3~4세의 문법과 어휘를 포함한다. 5세가 되어서야 음운 인식이 가장 강력한 예측 변수 중 하나로 등장한다.

그 중요한 연구 이후, 몇 가지 추가된 종단적 가족 위험 요인 연구는 전 세계 여러 국가에서 수행되었다. 최근 이러한 메타분석 연구는 Scarborough의 초기 연구의 일반적인 패턴을 확인하였다(Snowling & Melby-Lervåg, 2016). 이 연구자들은 난독증이 발생하기 시작한 아이들은 유아기 말하기 및 언어 발달의 지연을 보여 준다고 결론지었다. 유치원에서부터, 비어 반복, 언어적 단기기억, 음운 인식과 문자 지식을 포함한 다양한 음운 및 읽기 관련 차이점이 나타나기 시작한다. 학령기 무렵에는 음운 처리 문제와 어휘의 약점은 뚜렷하게 남아 있지만, 이전의 광범위한 구어에서의 어려움은 (적어도 집단 수준에서) 대부분 해결되었다. 소규모 가족 위험 연구의 하위 집합 연구는 신경생리학적 [주로 사건 관련 잠재적인(ERP)] 방법을 사용하여 나중에 난독증을 앓게 될 개인이 유아기에도 음성 자극에 비정상적인 신경 반응을 보인다는 것을 밝혔다 (Lyytinen et al., 2005; Zuijen, Plakas, Maassen, Maurits, & Leij, 2013).

종합하자면, 이 연구들은 난독증이 태아기처럼 아주 초기에 시작된 미세한 언어학습장애의 한 유형으로 개념화될 수 있음을 보여 준다. 학습에서의 어려움이 정말로 언어에 특정적인지 또는 언어 문제가 암묵적 학습과 같은 근본적인 영역─일반적 문제에서 비롯되는지의 여부는 여전히 미해결 문제로 남아 있다. 일부 최근의 연구는 난독증이 있는 사람들이 비언어적 자극을 포함하여 절차적 또는 통계적 학습에서 약점을 가지고 있음을 보여 준다(Gabay et al., 2015; Lum et al., 2013).

아이들의 초기 말하기 및 언어에서의 결손은, 난독증 집단 수준에서 견고하지만 적절한 민감도와 공식적인 문해 교육 이전에 개별 진단을 허용하는 특이성이 없다. 사실 가족 위험 연구에서도 난독증의 위험이 지속적이라는 것을 입증했다. 높은 가족 위험이 있는 아동이 난독증으로 발전되지 않을 수 있음에도 불구하고 낮은 가족 위험에 처한 아이들보다 평균적으로 초기 말과 언어 과제에서 수행이 더 나쁘다. 유사하게도, 초기 언어장애와 관련된 종단연구에서는 난독증을 앓는 아동의 음운 결함과 유사한 수준임에도 불구하고 많은 아동이 정상으로 발전한다는 것을 발견했다(Bishop et al., 2009; Peterson et al., 2009). 음운 결함이 있는 일부 학생은 처리속도와 같은 읽기와 관련된 인지 능력의 상대적인 강점 때문에 난독증으로 부터 멀어진 것으로 보인다. 반대로, 다중 인지 결함을 가진 아이들은 난독증의 위험이 훨씬 더 높다. 따라서 음운 처리는 아이들이 학령기에 도달하면 기본적인 문해력과 특별한 관계가 있으나, 난독증에 대한 단일 음운 결함 이론은 부적절하다.

민족과 언어 간의 다양한 '인지-언어' 구조는 후기 난독증을 예측한다. 가장 일관되게 관련된 것은 음운 인식, 빠른 이름대기, 언어 단기기억, 어휘, 다양한 구어 능력 및 시운동 처리속도와 같다(McGrath et al., 2011; Pennington et al., 2012; Scarborough, 1998; Wolf & Bowers, 1999). 속도(즉, 빠른 순차 이름대기 및 처리속도)는 한 단어씩 읽기 정확성보다 읽기 유창성과 더 관련이 높기 때문에 문해력이 발전되면서 점점 더 중요해지고 있다(Pennington & Lefly, 2001; Puolakanaho et al., 2008; Scarborough, 1990; Snowling, Gallagher, & Frith, 2003; Torppa, Lyytinen, Erskine, Eklund, & Lyytinen, 2010). 종단연구는 이러한 다양한 결함이 읽기문제에 기여하고 공존장애 또는 읽기 어려움의 누적 효과에 의해 완전히 설명되지 않는다는 점을 시사한다.

지금까지 연구를 통하여 난독증이 기본적인 시지각 장애(Ramus, 2003; Vellutino, 1979a)에 의해 야기된 것이 아니라는 것이 분명해졌다. 그러나 최근에 읽기 어려움에 있어서 시각적 주의력 결함의 역할에 대한 관심이 나타났다(Facoetti, Corradi, Ruffino, Gori, & Zorzi, 2010). 시각적 주의는 연속 탐색, 방향(orienting)/단서 패러다임(cueing paradigm), 또는 피검자들이 다양한 수준의 시각적 혼란 속에서 그림을 인식해야 하는 '밀집(crowding)' 패러다임을 통해 측정된다. 이러한 기술 중 일부는 읽기와 상관관계가 있는 것으로 알려진 비언어적 처리속도 작업에 관련된다. 유치원에서 시각적 주의력 과제에 대한 평가는 읽기 관련 음운 처리 기술의 영향을 고려한 후 2년 후의 읽기 능력을 의미 있게 예측했다(Franceschini, Gori, Ruffino, Pedroll, & Facoetti, 2012). 초기 증거는 문자-소리 관계(예: 이탈리아어, 프랑스어)에서 일관성 정도가 다양한 쓰기 표현 간에 유사한 결과 패턴을 제시한다(Zorzi et al., 2012). 비록 시각적 주의력 결손이 난독 전 단계 아동의 초기 말-언어 표현형 문제를 설명하기 어렵지만, 읽기장애를 유발하는 언어문제와 관련된 추가적인 인지 결함이 될 수 있다. 이 문제에 대한 추가 연구가 필요하다.

음운 결손은 장애를 유발하는 필요조건이나 충분조건이 아니기 때문에, 난독증에 있어서 음운론은 불완전한 이론이다. 음운론의 두 번째 문제는 음운 발달 및 읽기 사이의 효과 방향과 관련된다(Castles, Wilson, & Coltheart, 2011). 형식적인 문해 교육은 아이들이 대부분의 구어의 기초를 습득할 때까지 시작되지 않기 때문에, 인과 방향이 음운론에서 읽기로 발달해 가야 하는 것이 타당해 보인다. 여러 증거가 이 결론을 뒷받침한다. 첫째, 이후 난독증으로 발달하는 미취학 아동은 다양한 음운 결손을 보이며, 음소 인식은 유치원 이후 문해력 성취에 있어서 특별히 예측 요인이 된다(Pennington & Lefly, 2001; Scarborough, 1991b; Snowling et al., 2003). 게다가 특히 난독증이 있는 아동은 일반적으로 음소 인식에서 더 어린 아동보다 낮은 수행을 보이며(Wagner & Torgesen, 1987), 이러한 결핍은 장애를 극복하지 못한 난독증 성인에게서 지속되는 경향이 있다(Bruck, 1992; Hatcher, Snowling, & Griffiths, 2002).

음소 인식 결손이 읽기문제와 일방향적 인과관계를 가지고 있다는 결론은 몇 가지 이유로 지나치게 단순한 것이다. 언어학자들은 '음소'만 강조하는 것에 대해 의문을 제기한다(Greenberg, 2004). 이렇게 단순화된 음소의 영향 현상은 수정되어야 한다. 왜냐하면 언어 차원이 발달에서 왜 중요한지, 그리고 단어와 같은 언어적 구조를 회복하기 위해 어떻게 그러한 차원들을 유연하게 통합할 것인지에 대해 오해를 불러일으킬 수 있기 때문이다. 음성 인지 단위에 대하여 오랜 논란이 있었고(Goldinger & Azuma, 2003), 최근 증거에 따르면 음성 표현은 음소보다 더 잘 보존한다. 이 작업은 음소가 말소리 지각의 대상이 아니며 주로 표음언어 쓰기 학습의 맥락에서 중요하다는 제안에 이르게 된다(Port, 2007). 문맹인 성인과의 연구(인지 능력은 정상이지만 공식적인 학교교육을 받지 않음)는 음소 수준의 표현이 언어 발달에서 자동으로 발생하지 않음을 확인하였다(Castro-Caldas, Petersson, Reis, Stone-Elander, & Ingvar, 1998; Morais et al., 1979). 즉, 글을 읽고 쓸 줄 아는 성인으로서 우리는 끈에 꿴 구슬처럼 개별적인 음운들이 음성 신호에 존재한다고 생각하지만, 이것은 알파벳 스크립트에 대한 폭넓은 경험에서 비롯되는 착각이다. 따라서 적어도 처음에는 난독증의 음운 발달에서의 어려움은 음소나 분절적 표현에 국한되지 않을 것이고 말하기의 다른 차원에 놓여 있을 것이다. 이 결론은 음운 처리뿐만 아니라, 말하기 언어 발달의 여러 측면에서 초기 어려움을 나타내는 가족 위험 연구와 일치한다. 읽기 학습은 음소 발달을 변화시킨다는 증거에도 불구하고 방법론적으로 엄격한 작업은 뚜렷한 발음 교수와 결합된 음소 인식 훈련은 조기 취학 아동의 읽기 능력을 향상시킨다는 것을 보여준다(Hulme, Bowyer-Crane, Carroll, Duff, & Snowling, 2012). 따라서 가장 정확한 결론은 음운학과 문해력 사이의 관계는 양방향적이라는 것이다.

최근 몇 년 동안 음운 표현 자체가 아닌 음소와 자소 또는 문자와 소리 사이의 연관성을 설정할 수 있는 능력을 강조하는 읽기문제에 대한 철자 학습에 관심이 급증하고 있다(예: Aravena, Snellings, Tijms, & van der Molen, 2013). 이 설명은 글자 해독에 문제점으로 본질적으로 정의되는 난독증을 설명하는 강력한 안면 타당도를 가지고 있다. 신경생리학적 증거는 숙련된 독자는 개별 문자를 하나의 시청각 개체로 다루고 있으며(Blau et al., 2010) 난독증을 앓는 독자들은 문자 자극에 대한 시청각 통합의 신경 기호의 감소를 보여 준다(Žarić et al., 2014). 철자 학습 가설은 이러한 통합 표현을 개발하는 문제가 유창한 읽기를 방해한다고 말한다. 이 가설에 대한 제한된 행동 지원은 모국어로 된 소리와 생소한 소리 사이의 연관성을 배우기 위해 질문을 받았을 때 난독증이 있는 아동과 난독증이 없는 아동의 성과를 비교하는 연구로부터 나온다. 두 그룹 모두 연관성을 배웠지만 난독증이 있는 아이들은 제한 시간 내에서 대조군보다 더 잘 수행하지 못했다(Aravena etal., 2013). 또한 문자-음성 관계에 대한 집중 교육으로 난독증이 있는 초등학생의 읽기 유창성이 향상되었다(González et al., 2015).

안면 타당도 외에도 철자 학습 가설은 많은 강점이 있다. 읽기 발달과 어려움을 설명하기 위해 뇌와 신경심리학적 수준의 분석을 통합하려는 훌륭한 시도를 나타낸다. 또한, 청각 및 시각적 설명과 같은 지배적인 음운론적 관점에 대한 대안으로 제시된 다른 설명들의 환원주의적 오류를 방지한다. 그러나 이 설명 또한 몇몇 심각한 문제에 직면한다. 가장 비판적으로, 그것은 (우리가 본 바와 같이) 문자 스크립트를 만나기 훨씬 이전에 구어에 대한 미묘한 어려움을 겪는, 난독증 아이의 초기 발달을 설명하지 못한다.

이와 관련된 요점은 우리가 난독증 아동의 모국어 음소 처리가 전형적으로 발달하는 또래들과 다르다는 것을 알기 때문에, 음소-문자소의 결합에 대한 순수한 통합적인 설명을 검증하기 어렵다는 것이다. 그래서 그들이 음소-문자소를 연관시키는 학습이 느리다는 사실은 모호하다. 그것은 단일적인 음소 결핍으로부터 직접적으로 나올 수 있다. 난독증에서 잘 정립된 음운론적 처리 문제 위에 이중감각적(crossmodal) 문자-소리 절차의 추가적인 영향이 있음을 보여 주기 위해, 우리는 단일 음소 및 철자를 통제하는 연구가 필요하다. 이것은 향후에 다루어질 중요한 문제다.

● ● ●

뇌 메커니즘

읽기는 언어적 기술이기 때문에 우리는 구두 언어 처리에 사용되는 두뇌의 활성화와 시각적 개체 처리 및 시각적 언어 매핑 설정과 관련된 추가 구조가 포함될 것으로 기대한다. 실제로, 기능적 영상 연구는 개인이 난독증이 있는 경우 분산 좌뇌 언어 네트워크의 비정상적인 활성화를 보여 준다(Demonet, Taylor, & Chaix, 2004; Richlan,

Kronbichler, & Wimmer, 2009).

음운 처리와 음소-음소 변환에 중요하다고 여겨지는 '측두두정 영역', 전체 단어 인지에 개입할 것으로 생각되는 소위 '시각적 단어 형태 영역'을 포함하는 '후두측두골 영역'이라는 두 개의 후방 좌측 반구 영역에서 비정상적(부적절한) 활성화가 보고되었다. 하좌위 전두회의 비정상적인 활성화도 일반적으로 보고되었다. 구조 영상 연구에 따르면 이 동일한 네트워크에서 회백질이 감소하는 것으로 나타났다. 가족 위험 연구에 따르면 구조적 회백질의 감소와 문해 교육 이전의 기능적 비정상적 활성화가 나타났으며, 결국 이는 읽기 실패의 결과가 아니다(Raschle, Chang, & Gaab, 2011l; Raschle, Zuk, & Gaab, 2012).

난독증을 가진 사람들이 후방과 전방의 언어 네트워크에서 기능적 이상을 보인다는 사실은 난독증이 단절 증후군이라는 가설로 이어졌다. 따라서 많은 연구에서 확산 텐서 시각화를 사용하여 난독증과 백질의 상관관계를 탐구했다. 난독증이 있는 어린이와 성인의 왼쪽 측두엽 영역과 왼쪽 내부 전두엽을 연결하는 백질 신경로에서 백질의 변화가 가장 일관되게 조사되었다(Deutsch et al., 2005; Klingberg et al., 2000; Rimrodt, Peterson, Denckla, Kaufmann, & Cutting, 2010). 이 연구들은 신경로의 백질 통합성과 음운 기술의 상관관계를 일관되게 나타냈다. 이 작업은 난독증의 신경심리학 이론에 통합되기 시작했고, 이 영역은 향후 연구의 지속적인 초점이 되어야 한다. 예를 들어, 후청 처리 영역과 전방 운동 계획 영역 사이의 단절은 잠재적으로 음운 표현의 발달이 저해되는 것과 일치한다. 글자와 소리를 묶는 것에 대한 강조 때문에 철자법 학습 가설은 또한 단절에 대한 설명과 일맥상통한다.

난독증의 뇌 기저에 대한 흥미로운 새로운 조사는 개별 뇌 영역을 보지 않고 대신 숙련된 독자와 장애가 있는 독자의 뇌의 신경생리학적 차이에 초점을 맞추고 있다. Perrachione과 동료들(2016)은 난독증에서 신경 적응, 즉 반복된 자극에 의한 감소된 뇌 활성 연구를 위해 기능적 자기공명 영상(fMRI)을 사용했다. 장애가 없는 성인에 비해 난독증을 가진 성인은 모든 자극 유형(음성 단어, 글, 시각적 개체, 생소한 얼굴)에서 감소된 적응을 보여 준다. 구어 자극만을 포함한 더 제한된 실험이 어린이들에게 수행되었고 동일한 결과를 나타냈다. 동등한 결과로 이후에 중요한 질문은 신경의 차이와 신경심리학적 장애를 어떻게 연관시키는지를 명확하게 하는 것이다.

난독증의 신경 상관관계는 문자-소리의 일관성 정도가 다양한 다른 알파벳 언어에서, 심지어 표음문자뿐 아니라 표의문자에서도 현저하게 균일하게 나타난다 (Paulesu et al., 2001; Silani et al., 2005). 그러나 비일관적인 철자법을 배우는 사람에 비해 일관성 있는 표음문자를 배우는 학습자들이 임상적으로 중요한 읽기 문제점을 나타낼 가능성이 적다(아마도 읽기 취약점이 있는 언어들은 느릴지라도 정확하게 읽을 수 있기 때문이다). 요약하자면, 문화 간 연구는 난독증의 신경생물학적 및 신경인지적 원인의 보편성을 제안하지만, 같은 생물학적 토대를 가진 사람 중에서 어떤 언어는 다른 언어보다 상당한 손상을 야기하는 징후의 특수성이 문화에 따라 존재한다.

 · · ·
병인론

　난독증에 관한 병인론의 과학적 발달은 신경심리학의 상당한 이해의 바탕으로 만들어졌다. 발달장애와 관련된 신경생리학적 결함은 증상을 정의하는 것보다 종종 더 안정적이고 유전적이다. 그리고 자주 장애의 진단적 기준에 모두 만족시키지 못하는 가족 구성원들 중에도 존재한다. 난독증의 경우, 가족 구성원의 영향을 받은 친척들은 정상 범위에 속하지만 특정 음운처리 과제에서 결함이 있을 수 있다. 다시 말해 신경심리학적 구조는 행동적으로 정의된 장애의 내적 표현형으로 작용할 수 있다. 난독증의 유전학에 대해 우리가 아는 대부분은 병인론 연구에서 최적의 내적 표현형 사용을 가능케 하는 신경심리학의 수십 년의 연구에 의존한다. 관계는 상호 의존적이다. 이는 과학자들이 병인과 발병의 연관성을 발견함에 따라 그 지식은 신경심리학적 분석 수준을 더욱 제한하고, 특히 장애의 원인이 될 수 있는 뇌 및 인지 변화를 알려 주는 데 도움이 되기 때문이다.

행동 유전학

유전자와 환경의 주요 효과
　난독증과 정상적인 읽기 능력의 변화는 집안 내력이고, 중간 정도의 유전적 영향력을 가지며(Christopher et al., 2013; Harlaar et al., 2005; Logan et al., 2013; Pennington & Olson, 2005), 읽기 기술의 유전성은 연령에 따라 변화한다. 예를 들어, Logan 등

(2013)은 읽기 능력의 개인차에 대한 유전성이 6세 때 0.22에서 12세 때 0.82로 꾸준히 증가한다는 것을 보여 주었다. 이러한 유전성의 증가는 다음 두 사항을 나타낸다. ① 아동이 정규 교육을 받으며 표준 읽기 커리큘럼에 의해 읽기에 대한 환경적 영향이 축소되고, ② 아동이 자신의 읽기 기술 수준에 맞는 것을 선택할 수 있게 됨에 따라 유전자형(genotype)과 환경 간의 상관관계 증가한다(예: 유전-환경 상관관계)(예: 잘 읽는 사람은 스스로 더 많이 읽고 더 나은 독자가 되지만, 잘 못 읽는 사람은 읽기를 피한다). 이 두 설명은 모두 유전-환경 상호작용의 예시이고, 이에 대해서는 제2장에서 논의했으며, 읽기에 관한 것은 이후 논의할 것이다. 이러한 결과는 주로 선진국의 중산층 쌍둥이 표본을 대상으로 한 결과이기 때문에 다른 집단에서는 일반화되지 않을 수 있다는 점을 기억할 필요가 있다(그러나 더 인종적으로나 경제적으로 다양한 표본에서 난독증과 전형적인 읽기 능력에 대해 중간 정도의 유전성 >.50을 발견한 Hensler et al., 2010 연구도 참고할 것).

유전-환경 상호작용

유전자와 환경의 주된 영향을 넘어서, 난독증을 포함한 비정상적인 행동의 발달에 유전 및 환경적 위험 요인이 어떻게 함께 작용하는지 물어볼 수 있다. 앞서 논의한 것과 같이 Friend 등(2009)은 난독증에서 G-E 상호작용에 대한 생물생태학적 증거를 발견했다. 특히, 난독증의 유전성은 부모교육이 증가함에 따라 증가했다. 이 결과는 부모교육 수준이 증가함에 따라 아동의 문해력 환경이 평균적으로 더 유리하고 변동이 적어, 아동의 난독증에서 유전적 위험 요인이 더 큰 역할을 한다는 것을 시사한다. 반대로 부모교육이 감소함에 따라 아동의 문해력 환경은 평균적으로 덜 우호적이고 가변적이어서 아동의 난독증에 환경 위험 요인이 더 큰 역할을 한다. 최근 호주 표본을 대상으로 한 연구(Grasby, Coventry, Byrne, & Olson, 2017)에서 유사한 효과를 발견하지 못했기 때문에 난독증에 대한 생물생태학적 유전-환경 상호작용의 안정성은 여전히 연구 중이다.

또한, 아동과 환경이 시간이 지남에 따라 상호적으로 변화하는 비전형 발달에서의 교류 과정(transactional processes)의 중요성에 대한 증거가 증가하고 있다. 유전-환경 상관관계가 교류(transaction)의 예시다. 이러한 교류는 아동들이 자신의 환경에서 각기 다른 반응을 보이고(Scarr & McCartney, 1982), 스스로 다른 환경을 선택하기 때문에 발생한다. 당연히 그러한 반응과 선택에 영향을 미치는 개인의 특성은 유전적 영향을 받는다. 유전-환경 상관관계에는 수동, 유발, 그리고 능동의 세 가지 하위 유형이 있다(Scarr & McCartney, 1983). 읽기 발달의 경우, 수동적 유전-환경 상관관계의 예는 부모의 읽기 능력과 가정에 있는 책의 수 사이의 관계다. 부모의 읽기 능력은 부분적으로 유전에 기인하며, 평균보다 더 잘 읽는 부모는 평균적으로 집에 더 많은 책을 가지고 있다. 자녀에게 따로 영향을 주지 않는다면, 평균적으로 문해력 환경과 그들의 읽기 유전자와 상관관계가 있다. 이와는 다르게, 아동의 환경으로서 보호자 성인이 아동의 관심사와 재능을 인식하고 이를 육성하려고 할 때 유발적 유전-환경 상관관계가 발생한다. 읽기 발달의 경우, 유발적 유전-환경 상관관계의 예는 도서관에 읽기를 좋아하는 아이를 데리고 가는 부모 또는 친지일 것이다. 마지막으로, 능동적 유전-환경 상관관계는 아동들이 스스로 주도적으로 자신의 유전자형에 따라 환경을 찾거나 피할 때 발생한다. 난독증은 능동적 유전-환경 상관관계의 명확한 예를 제공한다. 공식적인 읽기 교육 이전에도 난독증의 유전적 위험이 있는 아동은 난독증이 없는 형제보다 책을 보는 시간이 적고 읽는 것을 피한다(Scarborough et al., 1991). 연령이 증가함에 따라 학령기의 난독증 아동은 일반 아동보다 매년 더 적은 단어를 읽는다(Cunningham & Stanovich, 1998). 이렇게 적은 읽기 경험은 읽기 유창성과 구두 어휘에 모두 부정적인 영향을 미친다(Torgesen, 2005; Stanovich, 1986).

분자 유전학

분자학적 방법을 사용하여 반복 검증된 연계연구에 의하면, 난독증은 9개의 위험 유전자좌들(DYX1-DYX9; DYX는 난독증을 의미하고 숫자는 발견된 순서를 의미한다)과 연관되어 있다. 그러나 모든 연구에서 이러한 결과가 반복 검증되지는 않았다(Ludwig et al., 2008; Meaburn, Harlarr, Craig, Schalkwyk, & Plomin, 2008).

보다 정확한 매핑 방법을 통해 9개의 복제된 위험 유전자좌 중 적어도 하나의 독립적인 표본에서는 복제된 6개의 후보 유전자를 식별할 수 있다[위험 유전자좌는 23개의 인간 염색체 중 염색체 번호로 지정되는데 이는 짧은 (p) 또는 긴 (q)의 두 팔을 가지고 있고, 위험 유전자좌들은 그 팔에 '주소'가 숫자로 표시된다]. 6개의 후보 유전자는 염색체 15q21의 DYX1 유전자좌에 있는 XYX1C1이고; 염색체 6p21의 DYX2 유전자좌에 있는 DCDC2 및 KIAA0319, 염색체 2p15-p15의 DYX3 유전자좌에 있는 MRPL19, 염색체 3p12-q12의 DYX5 유전자좌에 있는 ROBO1이다. 이 6개의 후보 유전자들 외에도, 다른 장애와 관련된 최소 3개의 다른 유전자들이 이후 적어도 두 개의 독립적인 표본에서 읽기 능력이나 난독증과 관련이 있는 것으로 밝혀졌다(Mascheretti et al., 2017). 이 세 가지는 염색체 7q31의 FOXP2, 7q35-q36의 CNTNAP2 및 12p13의 GRIN2B를 포함한다.

일반적으로 정신 유전학 분야가 반복검증에 어려움을 겪고 있다는 점에 유의해야 한다(Duncan et al., 2014). 위에서 언급한 유전자가 적어도 하나의 독립적인 샘플에서 반복검증되었지만, 검증되지 못한 것도 주목할 만하다. 예를 들어, 기존 DCDC2 문헌의 재평가를 포함한 최근 분석들에서 Scerri 등(2017)은 다른 난독증 연구에 관련된 특정한 결실 변이(deletion variant)를 뒷받침하는 증거를 찾지 못했다. 이 연구는 DCDC2에서 다른 돌연변이의 역할을 배제하지는 않지만, 이 유전자에서 가장 잘 연구된 유전자 변형 중 하나에 의문을 제기한다. 이 예시는 난독증 유전학 연구들이 조현병이나 자폐증과 같은 다른 복잡한 행동장애 연구에 비해 상대적으로 초기 단계에 있다는 점을 보여 준다. 연구가 기존에 존재하는 후보 유전자에 수렴하는지의 여부와 또는 다른 유전자가 가능성이 큰 후보로 나타나는지를 평가하려면 더 큰 표본과 전장 유전체(genomewide) 방법을 사용하는 추후연구가 필요하다.

기존 후보 유전자의 타당성을 잠재적으로 말할 수 있는 증거 중 하나는 난독증과 상당히 관련이 있는 유사한 뇌 발달 과정에서의 그들의 역할이다. 예를 들어, 설치류의 뇌 발달에서 난독증 후보 유전자의 역할에 대한 연구(Kere, 2011)는 DYX1C1, DCDC2, KIAA0319 및 ROBO1이 뉴런 이동(미성숙 뉴런이 처음 형성된 곳에서 뇌의 최종 목적지로 이동하는 것)과 목적지에 도달하면 연결이 형성되는 것을 포함한(예: 신경돌기 축삭 및 수상돌기 성장 및 유도) 태아기 뇌 발달 과정에 영향을 미치는 것으로 나타났다. 보다 일반적으로, 초기 두뇌 발달의 두 과정은 각각 유전자 가족 및 분자 신호를 통해 상호작용하는 유전자의 네트워크에 의해 제어된다. 대조적으로, 두 개의 DYX3 후보 유전자의 기능에 대해 알려진 것은 거의 없다.

난독증에 대한 몇 가지 전장 유전체(genomewide) 관련 연구(GWAS)가 발표되었다 (Eicher et al., 2013; Field et al., 2013; Gialluisi et al., 2014, 2016; Luciano et al., 2013). 이전에 확인된 후보 유전자는 이러한 연구에서 유의미한 수준에 도달하지 못했는데, 이

는 낮은 검증력 때문일 수 있다. 이 패턴은 다른 특성의 전장 유전체 분석(GWAS), 특히 더 작은 N의 경우 매우 일반적이다. 따라서 난독중에 대한 현재 후보 유전자의 확인은 더 큰 표본과 분자 신호 네트워크에서의 역할에 관한 연구를 기대하고 있다. 전장 유전체 분석(GWAS)은 새로운 잠재적 후보 유전자를 확인했지만, 아직 독립적인 표본에서 검증되지는 않았다(Carrion-Castillo et al., 2016). 가장 유망한 현재 후보 유전자가 궁극적으로 난독중의 원인에 역할을 하는 것으로 확인되더라도 각 유전자는 최종 읽기 결과의 차이의 작은 부분만을 설명할 것이다. 따라서 난독중의 유전가능성의 대부분은 설명되지 않은 채 남아 있으며, 아직 중요한 작업이 많이 남아 있다.

최근 연구는 동물 모델을 사용하여 난독중 발달에 대한 지식을 원인, 뇌, 신경인지 및 행동 수준 전반에 걸쳐 통합하기 시작했다. 인간 난독중 후보 유전자 KIAA0319의 쥐 동족체는 Kiaa0319로 알려져 있으며, 신경과학자는 Kiaa0319의 발현을 감소시키는 태내 RNA 간섭을 통해 쥐 모델에서 '녹다운(knockdown)'을 생성하였다. 아마도 이 녹다운은 사람의 난독중과 관련된 유전자 발현에 더 큰 변화를 가져오지만, 인간의 난독중 위험과 동일한 연속선상에 있다고 가정한다. Kiaa0319 녹다운이 있는 쥐는 대부분 발달 및 행동이 정상이지만, 뇌 발달 및 언어 소리의 청각 처리에 미묘한 변화를 보인다(Szalkowski et al., 2013). 구조적 수준에서 녹다운은 신경세포 이동의 초점 분열로 이어지는데(Platt et al., 2013), 이는 수년 전에 난독중이 있는 성인의 뇌에 관해 묘사한 Galaburda, Sherman, Rosen, Aboitiz, 그리고 Geschwind(1985)와도 유사한 결과다. 또한, 이 쥐는 청각 피질에서 음성 소리에 대한 비전형적인 신경생리학적 반응을 보이며(Centanni et al., 2013), 일반적인 쥐에 비해 음소를 구별하는 데 덜 효과적인 것으로 나타났다(Centanni et al., 2014). 대부분의 직접적인 임상 관련성 중에서 말소리를 사용한 집중 행동 훈련은 쥐의 행동 성능을 정상화했다(Centanni et al., 2104). 이 연구는 최근 DCDC2 쥐 동족체 연구로 확장되었다(Centanni et al., 2016).

난독중 후보 유전자를 뇌 구조와 기능에 연결하는 또 다른 전략은 난독중 위험 유전자형과 잘 알려진 뇌 표현형 간의 연관성을 살펴볼 수 있는 인간의 유전자 신경 영상 연구다. 앞서 검토한 바와 같이, 좌반구 백질 부피의 감소는 난독중에서 잘 복제된(well-replicated) 뇌 표현형이다. Darki, Peyrard-Janvid, Matsson, Kere, 그리고 Klingberg(2012)는 전형적인 성인 표본에서 난독중의 위험 유전자로 알려진 DYX1C1, DCDC2, 그리고 KIAA0319 각각의 변이에 대한 유전자 표지와 뇌의 표현형이 관련되어 있는지에 대해 연구하였다. 그리고 세 가지 위험 유전자 모두에 대해 중요한 연관성을 발견했다. 이러한 연관성이 전형적인 표본 집단에서 발견되었다는 사실은 난독증이 범주적 장애가 아니라 연속적이라는 것과 일관적이며, 난독증 진단을 받지 않은 개인도 난독증의 위험 요소 중 일부를 가질 수 있다는 것을 의미한다. 연구 결과를 반복검증하고 동물과 사람을 대상으로 확장하기 위해서는 더 많은 연구가 필요하지만, 난독증에 대한 위험 유전자가 좌반구에서 뇌 발달을 다르게 변화시켜 말하기와 언어 발달을 변화시켜서 문자 언어 습득에도 어려움을 느끼게 하는 것으로 보인다.

한편, Woo 등(2016)은 최근 CYF1P1 유전자를 포함하는 난독증 위험 유전자좌 15q11.2에 대하여 유전적 신경 영상 연구를 수행했다. 이 유전자좌가 선택된 이유는 선행연구가 이 유전자좌에서의 유전자 복제 변이는 언어장애와 관련이 있음을 보여 주었기 때문이다(이 유전자좌가 15q21에서의 DYX1C1 유전자좌와는 구별된다는 점을 강조한다). 대규모의 표본에서 Woo 등(2016)은 CYF1P1 유전자에서의 단일염기 다형성(single-nucleotide polymorphism: SNP; rs4778298)의 변화가 좌측 연상회(supramarginal gyrus)의 작은 표면과 관련이 있음을 발견하였으며, 연구자들은 이 결과를 더욱 큰 두 번째 표본에서 반복 검증하였다.

난독증의 분자 유전학에 대한 평론에서 Carrion-Castillo, Franke와 Fisher(2013)는 이미 난독증 발달과 관련된 두 가지 분자 신호 네트워크, 즉 신경 이동과 신경돌기 성장 및 유도, 그리고 섬모 생물학에 대해 논의했다. 섬모(cilia)는 짚신벌레처럼 세포 표면에 미세한 머리카락과 같은 구조이고, 섬모들의 율동적인 움직임은 초기 뇌 발달의 패턴화에 중요한 역할을 하는 것으로 밝혀졌다. Carrion-Castillo와 연구자는 또한 난독증의 다양한 후보 유전자에 대해 샘플에서 발견되는 때때로 일관되지 않은 증거들에 대해서도 자세히 논의했다. 이러한 비일관성은 부분적으로 난독증에서 발견되는 돌연변이가 단백질의 구조를 직접 코딩하는 유전자의 코딩 영역이 아니라 구조적 유전자의 발현 수준에 영향을 미치는 비코딩 영역에 있으며 때로는 앞서 언급한 것과 같이 이러한 연구의 표본이 너무 작기 때문이다.

그런데도 이러한 후보 유전자가 상호작용하고 동일한 분자 신호 경로에 작용한다는 사실은 결국 이와 관련된 더 많은 유전자를 발견하고 이 장애의 초기 발달생물학을 연구하기 위한 좋은 시작이다.

환경의 영향

난독증의 유전율은 100% 미만이기 때문에 장애 발달에는 환경적 요인이 기여한다. 그러나 어떤 특정 환경이 읽기 발달에 인과적으로 영향을 미치는지에 대해 방법론적으로 엄격하게 살펴본 연구는 제한되어 있다. 부모가 자녀에게 제공하는 언어 및 사전문해력 환경이 영향을 미칠 수 있지만, 안타깝게도 이러한 주제에 관한 많은 연구에서는 유전적으로 민감한 연구설계(예: 쌍둥이 및 입양 연구)가 아닌 상관관계를 사용했다. 따라서 난독증에 대한 유전적 위험이 있는 부모는 앞에서 논의한 유전-환경 상관관계로 인해 자녀에게 문해 노출을 덜 제공할 수 있으므로, 환경 자체가 아동의 읽기 결과에 인과적 역할을 한다는 것이 명확하지 않다(예: van Bergen, van Zuijen, Bishop, & de Jong, 2017). 이러한 한계점은 무작위 할당을 사용하는 치료 연구에서는 피한다. 이러한 연구 결과는 다양한 가정 문해력 활동에 관해 부모를 훈련하는 것이 어린 아동들의 어휘(Lonigan & Whitehurst, 1998)와 조기 읽기 기술을 향상시킨다고 설명한다(Senechal, 2015; Sylva, Scott, Totsika, Ereky-Stevens, & Crook, 2008). 이 연구는 유치원 동안 어휘 및 다른 문해력의 예측 요인에서의 개인차가 유전자보다 가족 환경에 더 많이 영향을 받는다는 것을 보여 주는 쌍둥이 연구의 결과와 대체로 일치한다(Byrne et al., 2009; Hayiou-Thomas, Dale, & Plomin, 2012). 그러나 이 연구는 또한 시간이 지남에 따라 병인론적 영향의 상대적 중요성이 바뀌고, 후기 학령기에는 구어와 문해력의 유전적 영향이 우세함을 보여 주었다. 따라서 가정 문해 환경의 단어 읽기에 미치는 영향이 문해 교육의 시작 단계 이후에도 지속되는지 여부를 알기 위해서는 추가 연구가 필요하다.

관련 연구는 무작위 대조 시험을 사용하여 알파벳 체계의 읽기 발달에 대한 교육 유형의 효과를 연구하였다. 이 연구는 문자-소리 대응(letter-sound correspondences)에 대한 명시적인 지식을 강조하는 파닉스 학습이 일견 단어 인식[예: 통문자 단어 교육(whole-word instruction)] 또는 듣기 이해(예: 통문자 언어)를 강조하는 다른 형식의 문해 교육보다 우수하다는 것을 지속해서 보여 주었고, 이는 특히 읽기에 어려움을 느끼는 위험에 처한 아동들에게 더욱 효과적으로 나타났다(I. Brown & Felton, 1990; Snowling & Hulme, 2011; Vellutino, Scanlon, Small, & Fanuele, 2006). 문해 교육 과정은 국가 간 또는 국가 내에서도 다르게 나타나기 때문에 교육 유형은 난독증에 대한 표준 진단 기준을 충족하는 개별 아동의 위험에 영향을 미칠 수 있다.

● ● ●

진단과 치료

진단

제6장에서 확인한 접근방식에 따라 난독증 진단은 아동의 병력, 행동 관찰 및 검사 결과 데이터를 수렴하여 결정된다. 주요 증상은 읽기 및 철자를 배우는 데 어려움이 있으며, 이는 일반적으로 공식 문해 교육(literacy instruction)을 시작할 때부터 나타난다. 난독증이 있는 일부 아동은 읽기 이해력이 뛰어나고 읽기를 좋아하므로, 난독증이 있는 거의 모든 개인이 문제를 겪는 읽기의 두 가지 측면인 소리 내 읽기와 파닉스 학습에 대해 구체적으로 묻는 것이 중요하다. 이와 유사하게, 매주 철자 테스트에서 좋은 성적을 나타냈다 하더라도 철자의 질을 살펴보기 위한 질문이 뒤따라야 한다. 난독증을 가진 일부 아동들은 철자 목록을 암기하기 위해 열심히 노력하지만 보통 글에서 단순한 단어의 철자마저 어려움을 느끼기 때문이다. 부모나 교사는 또한 느린 읽기 또는 쓰기속도, 문자 및 숫자 반전, 기본적인 기본셈(Math Fact) 암기 문제, 비정상적인 읽기 및 철자 오류를 보고할 수 있다. 이러한 오류 유형은 '행동 관찰' 섹션에서 논의될 것이다.

특히, 초기 의뢰는 이러한 종류의 인지적 증상이 아니라 불안이나 우울증, 학교에 가기를 꺼리거나 두통 및 복통과 같은 정서적 또는 신체적 증상에 의해 촉발될 수 있다. 증상이 항상 나타나는지 아니면 등교일에만 (또는 등교일의 특정 시간 동안) 발생하는지 알아내는 것이 중요하다. 이러한 증상이 항상 발생하더라도 그 근본 원인은 난독증일 수 있으며, 난독증으로 인한 아동의 실패(실패에 대한 두려움) 경험에 의한 것일 수 있다.

과거력

난독증이 있는 아동 대부분은 산전 또는 산전 병력에 고위험 사건이 없으며, 초기 발달 단계에서 명확한 지연은 없지만 경미한 언어 지연 병력을 가지고 있을 수 있다.

과거 병력(history)에는 정보를 제공하는 가족력, 학교생활 기록, 읽기 및 언어사 기록의 세 가지 측면이 있다.

　난독증에 가족력의 영향이 크기 때문에 일차 및 이차 친척의 읽기, 철자 및 관련 언어 문제에 대한 역사를 주의 깊게 살펴보는 것이 중요하다. 부모 또한 자신이나 친척 중에 난독증이 있는지에 대한 여부를 반드시 알고 있는 것은 아니지만, 일반적으로 읽기 및 철자문제뿐만 아니라 발음문제, 단어 찾기 및 전화번호 및 주소를 암기하는 구어적 기억문제에 대해서는 정확하게 보고 할 수 있다. 난독증의 병력이 있는 부모는 종종 외국어 학습에 극심한 어려움을 겪었다고 보고한다. 자녀 평가 과정에서 부모나 친척의 난독증을 발견하는 것은 매우 흔한 임상적 경험이다.

　학교 기록과 관련하여, 문해력 문제는 1학년 또는 2학년 때 분명하게 나타나며, 유치원에서는 알파벳, 문자 이름 또는 기타 사전 읽기 기술을 배우는 데 문제가 있을 수 있다. 갑작스럽게 나중에 발병하는 읽기문제가 발달성 난독증 때문일 가능성은 거의 없다. 이 상황에서는 후천적 또는 정신적 병인을 고려해야 한다.

　처음 의뢰했을 때 아이가 청소년이면, 유치원과 초등학교 초기 기록을 쉽게 구할 수 없으며 나타나는 증상도 달라졌을 수 있다. 아이가 다른 아이보다는 느리지만 읽기를 좋아할 수도 있고, 주요 불만 사항은 시간이 제한된 테스트에서 낮은 성과를 보이거나, 과제를 완료하는 데 어려움을 느끼는 것 등이 포함될 수 있다.

행동 관찰

　어린이의 난독증을 평가할 때 읽기 및 철자 과제를 통해 풍부한 정보가 수렴된다. 첫째, 아동이 독서에 대해 어떻게 느끼는지 이해하는 것이 중요하다. 많은 난독증 아동은 읽기를 좋아하지 않거나 큰 소리로 읽으라는 요청을 받았을 때 당황하거나 주저하는 것처럼 보인다. 둘째, 아이에게 가장 어려운 읽기 과제에 주의를 기울여야 한다. 읽기 약점은 종종 시간제한이 없는 과제에서보다 시간제한이 있는 검사에서 더욱 분명하게 나타나므로 시간을 제한하고 단어, 비단어 및 단락 수준의 읽기를 함께 포함하는 것이 중요하다.

　검사에서 나타나는 가장 중요한 행동 관찰은 아동의 특정 읽기 및 철자 오류 분석에서 비롯된다. 찾아야 할 읽기 오류에는 네 가지 주요 종류가 있다. 바로 비유창성, 기능어 오류, 시각적 오류(전체 단어 추측), 비단어를 읽을 때의 어휘화다. 곧 철자 오류에 대해 논의하겠다. 난독증이 있는 아동은 자동 해독 기술이 약하기 때문에 일반적으로 구두 읽기가 느리고 중단된다. 그러나 자동화 읽기 어휘를 많이 배운 나이가 많은 난독증 아동들에게는 비유창성이 명백하게 나타나지 않을 수 있다.

기능어 오류란 관사 및 전치사와 같은 '짧은' 단어를 대체하는 것을 의미한다. 난독증이 있는 어린이는 자주 a와 the를 바꾸고 전치사를 잘못 읽는다. 기능어 오류의 의미는 어린이가 문장의 내용 단어를 제대로 해독하기 위해 열심히 노력하고 있으며, 일반적인 독자가 기능어를 식별하는 것에 비해 맥락에 더 많이 의존하고 있다는 것이다. 기능어 오류는 자녀가 긴 단어(big words)는 읽을 수 있는데 왜 짧은 단어(little words)를 읽지 못하냐고 말하는 부모와 교사들을 혼란스럽게 한다.

시각적 오류란 대상 단어에 대한 표면적인 시각적 유사성을 기반으로 하는 학습 내용어(content words)를 대체하는 것이다(예: tried를 tired로). 이러한 오류는 아동이 전체 음운 코드(phonological code) 대신 시각적 유사성을 사용하여 단어를 읽는 것을 의미한다. 따라서 이러한 오류는 음운 코딩 또는 '파닉스 학습' 문제를 반영하는 것이다. 어휘화 오류(lexicalization errors)는 비단어를 읽을 때 실제 단어, 일반적으로 그 단어와 시각적으로 유사한 단어로 잘못 읽는 것을 말한다(예: clup을 clip으로). 이러한 오류의 의미는 본질적으로 시각적 오류와 동일하다. 좋은 음운 코딩 기술이 부족한 아동은 대상을 단어 인식에 사용할 수 있는 다른 도식에 동화시킨다.

철자 오류와 관련하여 우리는 주로 음성학적으로(phonetically) 정확하지 않은(즉, 비음성) 오류의 비율, 특히 자음이 추가, 생략 또는 대체된 오류(예: executive를 exetive로)를 검사한다. 난독증이 있는 아동은 모음 철자도 약하지만 모음 대응의 정상적 발달 습득이 더 오래 걸리므로 일반적으로 발달하는 많은 아동이 모음 오류를 나타낸다. 우리가 연구한 그룹에서 음운학적으로 정확한 (자음과 관련하여) 오류의 평균 비율은 일반적으로 8~12세 아동의 경우 약 70%, 청소년 및 성인의 경우 약 80%였다 (Pennington, Lefly, Van Orden, Bookman, & Smith, 1987). 대략적인 지침으로, 자음 순서의 음운 정확도가 어린이의 경우 60% 미만, 청소년과 성인의 경우 70% 미만이면 난독증 장애가 있음을 암시한다.

언급해야 할 마지막 종류의 오류는 읽기 및 철자법에서의 '반전' 오류(reversal errors)다. 난독증에 대한 초기 설명은 반전 오류를 난독증의 특징으로 보았지만, 난독증을 가진 사람들은 그러한 오류를 일으키지 않는다(Liberman, Shankweiler,

Orlando, Harris, & Berti, 1971). 그럼에도 불구하고 9세 이상의 환자에서 반전 오류가 나타나는 것은 잠재적으로 진단적 의미가 있는데, 그 연령대의 일반 독자는 사실상 그러한 오류를 범하지 않기 때문이다. 반전 오류란 읽기 또는 철자법에서 시각적으로 유사한 문자를 치환하는 것이다(예: dog를 bog로). 이러한 오류는 일반적으로 n과 d의 혼동을 수반한다. Vellutino(1979b)는 이러한 반전 오류의 주된 근거가 언어적이라고 설득력 있게 주장했다. b와 d는 음성적으로나 시각적으로 비슷하다. 앞에서 논의했듯이 반전 오류는 난독증이 시각적 문제에 의해 야기되었다는 것을 의미하지 않는다. 오히려 반전 오류는 원인보다 부족한 읽기와의 상관관계나 결과로 더욱 잘 이해될 수 있다.

　마지막으로, 난독증이 가진 독자적인 특징인 미묘한 언어적 어려움을 찾는 것이 중요하다. 예를 들어, 일부 아동은 단어 찾기(word-finding) 및 구어 형식화 문제(verbal formulation problems)가 있어 비정상적으로 조용하다. 이러한 어려움은 종종 Wechsler의 구두 하위 검사 또는 자유 발화에서 관찰될 수 있다.

사례 발표

사례 발표 3

　도미닉(Dominic)은 만 7세로, 초등학교 2학년이다. 추가적인 도움에도 불구하고 그의 읽기와 철자 능력이 느리기 때문에 그의 부모는 검사를 요청했다. 올해 그는 숙제를 수행하는 데 점점 더 큰 좌절감을 느꼈다. 교사는 해당 숙제를 완수하는 데 약 30분 정도 소요될 것으로 제안했지만, 그가 숙제를 완료하는 데는 1~2시간이 걸렸다. 도미닉의 좌절감은 종종 부모에게 화를 내고 눈물을 흘리는 것으로 이어지고 결국 과제하는 것을 거부하는 것으로 끝난다. 이번 가을, 그는 학교에 가고 싶지 않다고 자주 불평했고, 특히 숙제를 마치지 못한 날에 불평했다. 그의 부모님은 어떤 아침에는 차에 타려면 그에게 '뇌물'을 주어야 했다고 말했다.

　도미닉의 태아기, 출생 및 초기 발달사는 평범하였다. 그는 유치원에서 호평을 받았던 사교적이고 행복한 아이였다. 그의 부모는 그가 그의 누나보다 글자를 배우는 것이 느렸다고 보고했고, 부모가 유치원 교사에게 이에 관해 물었을 때 교사는 도미닉이 단지 "발달적으로 준비가 되지 않았다"고 말했다. 1학년 때 도미닉은 가장 낮은 읽기 그룹에 배치되었고, 그의 선생님은 추가적인 도움을 주고자 했다. 일주일에 두 번, 그는 30분 일찍 학교에 도착했고, 5학년 학생이 그와 함께 앉아 읽기 연습을 했다. 도미닉은 또한 1학년에서 2학년으로 올라가는 여름방학에 개인 읽기 과외를 받았다. 이제 2학년이 된 도미닉은 여전히 가장 낮은 읽기 그룹에 속한다. 그의 읽기속도는 느리고, 오류가 발생하며, 맞춤법에 약한 것으로 보인다. 그의 부모는 도미닉에게 연습을 위해 집에서 책을 읽도록 격려해 왔지만, 도미닉은 그렇게 하기를 꺼리기 때문에 그의 부모는 그를 밀어붙여 더 많은 갈등을 불러일으키는 것을 주저하고 있다. 도미닉은 요일 관련 어휘를 배우는 데 어려움을 겪고 있으며, 여전히 혼란스러워하고 있다. 그의 수학 실력이 처음에는 우수해 보였지만 현재는 기본적인 기본셈(Math Fact)을 암기하는 데 어려움을 겪고 있다.

도미닉의 아버지는 학교에서 어려움을 겪은 적이 없다고 보고한다. 그는 대학을 졸업하였으며 현재 영업 분야에서 일하고 있다. 도미닉의 어머니는 준학사 학위를 받았으며 가정주부다. 어머니는 전반적으로 학교를 잘 다녔다고 보고했지만, 그녀의 여동생이 읽기를 배우는 데 어려움이 있어 1학년을 다시 다녔다고 했다. 도미닉의 어머니는 자신의 맞춤법이 '형편없고(atrocious)' 고등학교 재학 중 스페인어 수업에서 큰 어려움을 겪었다고 말했다.

도미닉의 진단 검사의 요약은 〈표 10-1〉에 나와 있다.

〈표 10-1〉 검사 요약, 사례 3

수행 타당성
기억 사병(꾀병) 검사(Test of Memory Malingering: TOMM)

검사 1	RS = 42		
검사 2	RS = 46		
	(유효한)		

일반 지능		유동적 지능	
WISC-V 전체 IQ	SS = 93	WISC-V 유동성 추론 지표	SS = 106
		행렬추리	ss = 10
결정적 지능		무게비교	ss = 12
WISC-V 언어이해 지표	SS = 95	WISC-V 시공간 지표	SS = 100
공통성	ss = 9	토막짜기	ss = 9
어휘	ss = 9	퍼즐	ss = 11

작업기억

WISC-V 작업기억 지표	SS = 94
숫자	ss = 8
그림기억	ss = 10

처리속도

WISC-V 처리속도 지표	SS = 86
기호쓰기	ss = 6
동형찾기	ss = 9

학습

읽기

과거 검사
CLDQ 읽기 척도 98 백분위

기초 읽기 쓰기 능력

WIAT-III 단어 읽기	SS = 92
WIAT-III 유사 해독	SS = 87
WIAT-III 철자	SS = 84

읽기 유창성

TOWRE-2 일견 단어 효율성	SS = 81
TOWRE-2 음소 해독 효율성	SS = 76
GORT-5 유창성	ss = 4

읽기 이해

GORT-이해	ss = 6

수학

과거 검사
CLDQ 수학 척도 62 백분위

계산문제 해결

WIAT-III 수치 연산	SS = 104
수학문제 해결	SS = 96

수학 유창성

WIAT-III 수학 유창성	SS = 84

구어

음운론

CTOPP-2 발음 생략	ss = 8
CTOPP-2 음소 격리	ss = 6

구문론과 의미론

CELF-5 핵심 언어	SS = 102

구두 처리속도

CTOPP-2 빠른 기호 이름대기	SS = 88

구어기억

CTOPP-2 비언어 반복	ss = 5
WRAML-2 문장 기억	ss = 7
WRAML-2 이야기 기억	ss = 9
WRAML-2 이야기 기억 지연	ss = 11

주의와 실행 기능

밴더빌트 부주의

부모	RS = 2
교사	RS = 1

밴터빌트 과잉행동/충동성	
부모	RS = 1
교사	RS = 2

주: SS, 평균 = 100 SD = 15; ss = 평균 = 10 및 SD = 3; RS, 원점수; %ile, 백분위점수, 백분위; WISC-V, 웩슬러 아동용 지능검사-제5판; CLDQ, 콜로라도 학습 어려움 설문지; WIAT-III, 웩슬러 개인용 성취도 검사-제3판; TOWRE-2, 단어 읽기 효율성 검사-제2판; GORT-5, Gray 구어 읽기 검사-제5판; CELF-5, 언어 기초 임상 평가-제5판; EVT-2, 표현 어휘력 검사-제2판; PVT-4, 피바디 그림 어휘력 검사-제4판; CTOPP-2, 음운 처리 종합 시험, 제2판; WRAML-2: 기억 및 학습의 광범위한 평가, 제2판; Vanderbilt, NICHQ 밴더빌트 평가 척도.

논의

도미닉의 기록은 난독증을 시사한다. 그의 초기 발달은 정상이었지만 1학년부터는 읽기와 철자문제가 분명해졌고, 부모는 그가 유치원에 있을 때 읽기와 관련된 어려움을 발견하였다. 발병 연령과 도미닉 문제의 지속성은 주목할 만하다. 도미닉의 어머니 쪽에 읽기 어려움의 가족력이 있으며, 어머니 자신이 외국어를 학습할 때 보인 철자 및 외국어 학습의 약점은 경미한 음운처리 결손을 의미한다. 기본셈하기와 요일을 학습하며 느끼는 어려움은 기계적 언어기억(rote verbal memory)의 약점을 암시한다. 도미닉의 부모가 보고한 학습과 행동 질문지(Learning and Behavior Questionnaire)에서의 도미닉의 읽기 기록은 그의 난독증력을 파악하는 데 도움이 되었다. 도미닉의 현재 행동문제가 그가 2년 동안 학교에서 어려움을 겪을 때까지 나타나지 않았다는 사실은 행동문제가 추가적인, 공존장애의 증상이라기보다는 그의 읽기문제에 따른 이차적 문제임을 암시한다. 그러나 난독증이 의심되는 경우에 ADHD 평가도 적절하므로 현재 평가에는 ADHD 결과도 포함되어 있다.

도미닉의 검사 결과 패턴의 여러 측면은 난독증 진단을 뒷받침한다. ① 그레이 읽기검사(Gray Oral Reading Test)에서 매우 낮은 (백분위 2점) 유창성 점수는 그의 연령과 언어 IQ에 비해 현저히 낮다. ② 읽기와 철자에 대한 전반적인 점수가 (아래에서 더 논의되는 수학 유창성을 제외하고) 수학보다 낮다. ③ 실제 단어에 비해 무의미 단어(nonsense words) 해독을 잘하지 못한다. ④ 한 단어 읽기를 시간제한이 없는 검사보다 시간제한이 있는 검사에서 낮은 점수를 받는다. ⑤ 특히, 음운 처리 종합 시험(Comprehensive Test of Phonological Processes: CTOPP)의 하위 검사인 음소 분리나 비단어 반복에서의 음소 처리 약점의 증거를 보인다. 또한, 도미닉은 웩슬러 아동용 지능검사-5판(Wechsler Intelligence Scale for Children-Fifth Edition: WISC-V)에서 난독중 진단 아동이 흔히 보이는 프로파일을 보였다. 진단이 되는 것은 아니지만, 많은 난독중 아동은 처리속도 또는 구어적 단기기억(숫자 외우기) 하위 검사에서 상대적으로 낮은 점수를 받는다. 또한, 도미닉의 언어 이해 지수와 지각 추론 지수는 평균 범위에 속했지만, 언어 이해 점수가 지각 추론 점수와 비교하면 약간 약하게 나타났다. 그렇지만 많은 읽기장애 아동들이 일부 읽기 측정에서 평균 범위의 점수를 받을 수 있다는 점에 유의해야 한다. 특히, 시간제한이 없는 한 단어 읽기와 (도미닉과 같이) 읽기 관련 중재를 받았을 경우를 주의해야 한다.

도미닉에 대한 질적 관찰도 현재의 진단을 뒷받침한다. 그는 단어 추측 오류(whole-word guesses)를 여러 번 보였고(예: covered를 carried로, boards를 bars로), 비단어의 어휘화 오류(lexicalization errors)를 보였다(예: faw를 few로, bice를 bike로). 그는 garage를 GRAGSU로 쓰는 등 여러 가지 비음성적 철자 오류(dysphonetic spelling errors)를 보였다. 그는 언어 암기기억을 강조하는 여러 검사에 어려움을 겪었다. 기억 및 학습의 광범위한 평가(Wide Range Assessment of Memory and Learning: WRAML) 이야기 기억 검사에서 도미닉은 이야기의 요지를 잘 기억하여 평균 점수를 받았다. 그는 사람의 이름이나 특정 금액과 같은 구체적인 세부 사항을 기억할 수 없었다. 연산 유창성에 대한 도미닉의 낮은 점수는 아마도 일반적인 처리속도 부족과 그의 부족한 구어적 기억과 관련된 기본셈을 암기하는 데에서 오는 약점을 모두 반영한 것 일 수 있다.

난독증과 ADHD가 공존되는 경우가 많으므로 읽기장애 아동이 주의력이나 충동성에 어려움을 가지고 있지는 않은지 평가하는 것이 중요하다. 도미닉의 초기 병력은 ADHD를 보이지 않았으며, 현재 부모와 교사가 평가한 ADHD 증상은 정상 범위 내에 있고, 검사 중 실시한 행동 관찰 결과 역시 주의력 장애를 암시하지 않았다. 현재 도미닉이 겪는 그의 부모와의 갈등은 공존장애의 증상이라기보다 읽기 실패 경험으로 인한 이차적인 결과일 가능성이 크다. 도미닉이 지닌 난독증에 대한 적절한 치료가 시행되면 과제와 읽기에 대한 갈등이 줄어들 것이다.

사례 발표 4

5학년에 들어가는 만 10세 소녀 라일라(Laila)는 불안장애 진단을 받았고, 그녀의 부모는 그녀의 학교 불안에 영향을 주는 학습 장애가 있는지 궁금해한다. 그녀의 부모는 라일라가 읽기, 철자, 그리고 수학에 문제가 있으므로 평가를 받아야 한다고 하였다.

라일라의 출생과 초기 발달은 눈에 띄지 않았다. 그녀의 아버지는 그가 읽는 법을 배우는 데 어려움을 겪었다고 보고했지만, 그는 대학 졸업자이며 전문적인 경력을 가지고 있다. 라일라의 부모는 유치원 교사가 라일라가 글자 소리를 느리게 배우고, 교실의 다른 아동들에 비해 읽기를 배우는 데 더 어려움을 느낀다고 보고했을 때 처음으로 라일라의 학업 진전에 대해 걱정하기 시작하였다. 초등학교 1학년과 2학년 때는 라일라의 선생님들이 그녀의 읽기에 대한 걱정을 그다지 표현하지 않았지만, 그녀의 읽기 유창성이 계속 느리다는 점을 지적하고, 부모님이 집에서 그녀와 함께 읽기 연습을 할 것을 제안하였다. 라일라의 부모는 이 권고를 따르기가 어려웠는데 이는 라일라가 읽기를 거부했기 때문이다. 3학년과 4학년 때, 라일라의 교사는 라일라가 또래에 비해 계속해서 뒤처져서 그녀의 읽기 능력에 대해 더 걱정하게 되었다. 그녀는 학교에서 읽기 보충 수업을 받기 시작하였다. 라일라는 또한 수학의 덧셈, 뺄셈 및 곱셈을 기억하는 데 어려움을 겪었다. 이 기간에 라일라의 기분과 불안은 가족에게 문제가 되었다. 그녀는 숙제를 하려고 할 때 매우 쉽게 분노를 느끼고 화가 쉽게 나며 "나는 너무 멍청해"와 같은 말을 외쳤다. 4학년이 되었을 때 라일라의 부모는 불안을 진단하고 인지행동치료가 가능한 아동 심리학자와 상담하였다. 그녀의 부모에 따르면, 라일라의 숙제는 계속해서 그녀에게 좌절감을 주었지만, 아동 심리학자의 중재를 통해 라일라의 수면, 기분, 불안이 개선되었다. 현재 라일라의 부모는 그녀가 영리한 소녀라는 사실에도 불구하고 학업성취도에 대해 여전히 걱정하고 있다. 그녀의 선생님은 라일라의 학업 능력이 학년 수준에 가깝지만 라일라는 숙제를 위한 동기를 가지는 데 어려움을 가지고 있고, 걱정스럽고 불안해 보인다고 하였다.

라일라의 진단 검사의 요약은 〈표 10-2〉에 나와 있다.

〈표 10-2〉 검사 요약, 사례 4

수행 타당성

기억 사병(꾀병) 검사(Test of Memory Malingering: TOMM)

검사 1	RS = 49
검사 2	RS = 50
	(유효한)

일반 지능

WISC-V 전체 IQ	SS = 109

결정적 지능

WISC-V 언어이해 지표	SS = 116
공통성	ss = 15
어휘	ss = 11

작업기억

WISC-V 작업기억 지표	SS = 110
숫자	ss = 11
그림기억	ss = 12

처리속도

WISC-V 처리속도 지표	SS = 83
기호쓰기	ss = 8
동형찾기	ss = 6

유동적 지능

WISC-V 유동추론 지표	SS = 118
행렬추리	ss = 14
무게비교	ss = 12
WISC-V 시공간 지표	SS = 94
토막짜기	ss = 8
퍼즐	ss = 10

학습

읽기

과거 검사

CLDQ 읽기 척도 94 백분위

기초 문해력

WIAT-III 단어 읽기	SS = 90
WIAT-III 유사 해독	SS = 92
WIAT-III 철자	SS = 87

읽기 유창성

TOWRE-2 일견 단어 효율성	SS = 86
TOWRE-2 음소 해독 효율성	SS = 84
GORT-5 유창성	ss = 7

읽기 이해

GORT-5 이해	ss = 9

수학

과거 검사

CLDQ 수학 척도 66 백분위

계산 및 문제 해결

WIAT-III 수치 연산	SS = 111
수학문제 해결	SS = 115

수학 유창성

WIAT-III 수학 유창성	SS = 90

구어

음운론		구어기억	
CTOPP-2 발음 생략	ss = 8	CTOPP-2 비단어 반복	ss = 7
CTOPP-2 음소 격리	ss = 7	WRAML-2 문장 기억	ss = 10
		WRAML-2 이야기 기억	ss = 14
		WRAML-2 이야기 기억 지연	ss = 13

구두 처리속도

CTOPP-2 빠른 기호 이름대기	SS = 82

주의 및 실행 기능

주의		*실행 기능*	
밴터빌트 부주의		D-KEFS 구어 유창성	
부모	RS = 3	글자 유창성	ss = 6
교사	RS = 4	범주 유창성	ss = 9
밴터빌트 과잉행동/충동성		D-KEFS 기호 잇기 검사	
부모	RS = 0	시각적 스캔	ss = 12
교사	RS = 0	숫자 순서화	ss = 8
Gordon 진단 시스템		글자 순서화	ss = 7
Vigilance Correct	Z = 0.57	숫자 기호 바꾸기	ss = 8
Vigilance Commissions	Z = −0.78		

사회정서 기능

RCADS		RCADS-P	
사회불안장애	T = 69	사회불안장애	T = 73
분리불안장애	T = 67	분리불안장애	T = 69
그 외에는 정상 수치		범불안장애	T = 68
		그 외에는 정상 수치	

주: D-KEFS, Delis-Kaplan 실행 기능 시스템; RCADS, 수정된 아동용 불안 및 우울 척도; RCADS-P, 수정된 아동용 불안 및 우울 척도-부모용; WNL, 정삼 범위 내. 기타 약어는 〈표 10-1〉을 참조.

논의

이 진단 문제는 라일라에게 강력한 구어 능력이 있으므로 감지하기 힘들다. 구어 능력이 강한 아동의 경우 의뢰되는 가능성이 적은데, 이들의 읽기 점수가 IQ 기대치에 비해 낮음에도 불구하고 학년 수준의 읽기 능력에 근사하게 나타날 수 있기 때문이다. 또한, 앞서 논의된 것과 같이 난독증이 있는 여아들은 난독증이 있는 남아에 비해 의뢰될 가능성이 낮다. 라일라는 아동들이 '읽기를 배우는(단어를 유창하게 해독하는) 것'에서 '배우기 위해 읽는(지식을 얻기 위해 읽는) 것'으로 이동하는 시기인 4학년

이 지난 후 의뢰되었다는 것에 주목할 만하다. 해독 능력이 학년 기대치보다 뒤처진 난독증이 있는 아동은 글에서 필요한 정보를 얻기가 어렵다. 어린 나이에 의뢰되지 않은 아동들은 그들의 약한 기술로 인해 학습이 방해받고 있어서 4학년 전후에 임상적으로 주목받을 수 있다.

라일라는 동시에 내재화 정서행동 문제 증상을 가지고 있지만 읽기, 철자 및 기본 셈에 대한 그녀의 어려움은 모두 난독증을 암시한다. 라일라가 학업을 시작하는 데 어려움이 있고 자기 일에 쉽게 좌절한다는 사실은 때때로 주의력 어려움을 나타내므로 이러한 증상 역시 평가에서 고려되었다.

또한, 가족력(아버지가 읽기를 배우는 데 어려웠다고 보고함)과 읽기 과거력(유치원에서 글자를 배우는 데 어려움을 겪은 라일라의 조기 난독증 증상, 그리고 읽기와 철자에 대한 그녀의 어려움이 지속되는 것)을 주목할 만하다. 콜로라도 학습 어려움 설문지(Colorado Learning Difficulties Questionnaire)의 읽기 질문을 통해 라일라의 읽기 문제에 대한 개인적인 역사를 확인하였다. 그녀의 부모는 규준의 하위 94백분위보다 더 읽기 어려움을 보고하였다.

라일라는 일대일 검사 상황에서 잘 집중하였고, 잘 수행하려는 동기가 있는 것으로 보였다. 또한, 그녀의 객관적인 기억 사병(꾀병) 검사(Test of Memory Malingering: TOMM) 점수는 적절한 노력과 참여를 나타내는 수준보다 훨씬 높게 나타났다. 라일라의 검사 결과에 대한 주요 행동 관찰에는 비음성적 철자 오류(예: believe를 BEILILE 로), 무의미 철자의 의미 단어화 오류(예: snake를 SNIRK), 낮은 유창성이 포함되었다. 이 모든 오류는 난독증 진단과 일관된다. 부모와 교사가 보고한 ADHD 평정 척도(ADHD Rating Scale)에 따르면 라일라는 주의력에 임상적으로 유의한 어려움을 나타내지는 않았다. 마찬가지로 라일라는 Continuous Performance Test(CPT)인 Gordon Diagnostic System에도 좋은 결과를 받았으며 이는 ADHD 진단과 보통 정도의 관계를 보인다. CPT는 그다지 민감하지 않기 때문에 좋은 성과를 받는다고 해서 ADHD를 배제하지 않지만 라일라의 경우 전체적으로 그녀의 주의가 연령에 적합하다는 것을 보여 주는 수렴된 증거의 일부다.

검사 결과는 여러 가지 증거를 통한 패턴을 수렴해 보면 난독증으로 진단된다. 가장 중요한 것은 기초적인 문해 능력에 민감한 측정 도구들(시간제한이 있는 단어 읽기, 해독, 문단 읽기, 철자)에 대한 라일라의 성취가 연령 평균에 비해 1 표준편차만큼 낮왔고, 구어 능력의 평균보다는 2 표준편차만큼 낮았다. 엄격한 DSM-5 기준을 적용하여 라일라는 '회색 영역(grey area)'에 속하는데 왜냐하면 연령별 기대치에 비해 읽기 어려움이 그다지 뚜렷하지 않기 때문이다. 라일라는 IQ-불일치 정의가 더 적절한 경우의 좋은 예다. 그녀의 읽기 어려움은 분명히 임상장애를 유발하는데, 그녀의 역사, 행동 관찰 및 그녀의 신경심리학적 프로필에서 수렴된 증거가 많기 때문이다(난독증의 DSM-5 및 IQ-불일치 정의에 대한 자세한 설명은 제6장을 참조할 것). 데이터에서 나타나는 다른 주목할 만한 패턴으로는 처리속도에 영향을 미치는 약점 클러스터(WISC-V 처리속도, CTOPP-2 빠른 이름대기)와 음운 처리(예: CTOPP-2 음소 분리, 비단어 반복)가 있다.

이들은 모두 난독증의 인지적 위험 요소다. 라일라의 연산 유창성은 평균 범위에 속하지만, 시간제한이 없을 때 더 잘 수행하며, 이는 처리속도의 약점을 보여 준다. 라일라의 점수는 Delis-Kaplan 실행 기능 시스템(Delis-Kaplan Executive Function System: D-KEFS)의 특정 하위 검사에서도 상대적으로 낮게 나타났다. 이러한 어려움은 1차 실행 기능 장애보다는 처리속도의 어려움이나(모든 하위 검사는 시간제한이 있었다), 음운/직교 지식(글자 유창성, 글자 순서)의 어려움을 반영하는 것 같다.

우리는 일반적으로 임상 인터뷰와 광대역 행동 평가 척도(Broadband behavior rating scales)의 조합을 사용하여 모든 의뢰된 아동에 대한 사회 정서적 기능을 선별한다(제7장의 〈표 7-1〉을 참고할 것). 라일라의 경우, 수정된 아동용 불안 및 우울 척도(Revised Children's Anxiety and Depression Scale: RCADS)를 사용하여 현재의 우울 및 불안 증상 수준에 대한 보다 집중적인 평가를 포함하였다. 그녀와 그녀의 부모는 불안의 일부 측면에 대한 우려를 계속 보고했으며, 대부분 경증에서 중등도 범위(인지행동 개입 이전보다 증상이 개선되었을 가능성이 있음)에 해당한다.

특히, 사회불안장애 또는 분리불안 하위 척도에 관한 몇 가지 항목은 아동이 학교에 대해 어떻게 느끼는지 구체적으로 묻는다. 난독증 아동들은 독서에 대한 좌절감으로 인해 때때로 불안과 낮은 자존감을 경험한다. 그들은 읽기의 어려움으로 인해 자신이 또래 친구들에 비해 똑똑하지 않다고 느낀다. 라일라는 학습 장애로 인해 야기되는 불안에 특히 취약성을 가지고 있는 것으로 보인다.

라일라의 난독증 진단은 읽기 및 철자 능력 향상과 관련된 문제와 수학문제를 모두 설명한다. 난독증은 언어 기반 장애이지만, 언어적 단기 기억력 약화를 통해 기본적인 기본셈(Math Fact)을 학습하고 인출하는 것을 어렵게 하여 수학 수행에 영향을 미칠 수 있다.

라일라가 과제를 시작하는 것이 느리다는 관찰은 부분적으로 그녀의 느린 처리속도로 설명되지만, 그녀가 경험하는 불안 등 추가적인 요소 역시 그녀를 더 느리게 만들 수 있다. 라일라의 부모와 교사가 라일라의 학습 장애의 본질과 이와 관련된 인지적 약점을 이해하고, 라일라의 학습 장애가 불안장애에 어떻게 기여하는지 이해하는 것이 중요할 것이다.

치료(중재)

신경심리학에 대한 우리의 이해를 기반으로 난독증에 대한 증거 기반 치료법을 개발하였다. 가장 적절한 중재는 음소 인식, 알파벳 원리 및 파닉스, 통단어 읽기, 읽기 유창성 및 읽기 이해에 대한 집중적이고 명시적인 교육을 제공하는 것이다(McArthur et al., 2012; National Reading Panel, 2000; Snow, Burns, & Griffin, 1998; Vaughn, Denton, & Fletcher, 2010).

초등학교 고학년 교육에서는 '읽기를 배우는 것'(일반적으로 유치원에서 3학년까지)에서 '배우기 위해 읽는 것'(일반적으로 4학년 이상)으로 이동하는 중요한 전환기다. 따라서 어렸을 때 읽기에 어려움을 가지는 아동들은 해독이나 유창성과 같은 난독증과 관련된 기본 기술에 문제를 가진다. 하지만 나중에 읽기 어려움이 나타나는 어린이의 경우 해독은 가능하지만, 언어 이해 또는 인지 발달의 다른 측면에 문제가 있을 수 있다(Catts, Compton, Tomblin, & Bridges, 2012). 따라서 적절한 유형의 읽기 중재는 겹치는 부분도 있지만 초등 저학년과 고학년에서 다소 다르다.

저학년의 읽기 어려움 치료에 대한 최근 연구(Scammacca, Vaugh, Roberts, Wanzek, & Torgeson, 2007)는 다음과 같은 결론을 뒷받침한다. ① 중재는 일대일 또는 소규모 집단으로 제공될 때 가장 효과적이다(Vaughn et al., 2003). ② 성공적인 중재는 파닉스 학습을 크게 강조한다. ③ 기타 가치 있는 치료 요소에는 음소 인식, 점점 더 어려워지는 연결된 텍스트 읽기 지원, 쓰기 연습 및 이해 전략 훈련이 있다. 많은 효과적인 치료는 비교적 비용이 적게 들며, 난독증의 조기 식별, 예방, 치료에 대한 공중 보건의 중요성을 더욱 강조하고 있다.

많은 실무자와 교사들은 음소 인식(phoneme awareness)의 어려움이 난독증과 관련이 있음을 알고 있으며, 음소 인식을 중재의 목표로 삼는다. 직접 읽기 교육이 포함되어 있다면 많은 학생에게 적합할 수 있다. 음소 인식 훈련만 하는 것과 음소 인식 훈련과 직접 읽기 교육(예: 문자—음성 훈련, 연결된 텍스트 읽기 연습)이 함께 이루어진 것을 비교하였을 때 통합치료에 대한 더 강력한 효과가 연구에서 지속해서 발견되어 왔다(예: Bradley & Bryant, 1983; Cunningham, 1990; National Reading Panel, 2000). 음소 인식 훈련은 읽기장애 위험 아동들에게 특히 몇 가지 추가적인 이점을 가질 수 있다(Hatcher, Hulme, & Snowling, 2004). 이 연구에서 난독증 위험이 있는 어린 아동들(4~5세)은 문자소—음소 대응 훈련과 음소 인식 훈련을 모두 포함한 프로그램에서 잘 반응하였다.

반면, 일반 아동들은 파닉스 프로그램 이후에 추가적으로 진행한 음소 인식 훈련의 효과를 경험하지는 못했다. 아마도 음소 인식 훈련은 위험에 처한 아동들이 읽기 교육으로부터 가장 많은 혜택을 받는 데 필요한 기술을 개발하는 데 도움이 되었지만, 정상적으로 발달하는 아동들은 명시적인 교육 없이 필요한 기술을 추론할 수 있는 것으로 보인다. 이와 별개지만 관련이 있는 현상은 궁극적으로 잘 읽는 아동들과 비교하였을 때 나중에 읽기장애를 가지는 어린 아동들은 음소 인식 능력의 절대적 수준에 결함이 있을 뿐 아니라 그들이 음소 인식에 반응하는 속도가 느리다는 것이다(Byrne, Fielding-Barnsley, & Ashley, 2000). 직접 읽기 교육에 음소 인식 훈련을 추가로 받는 것의 이점은 더 나이가 많은 난독인 사람에게는 일반화되지 않을 수 있다는 점에 유의하는 것이 중요하다(Alexander & Slinger-Constant, 2004; Wise, Ring, & Olson, 2000).

정확성 문제는 유창성 문제보다 치료하기 더 쉬운 것으로 보인다. 아마도 부분적으로는 유창함이 읽기 수준에 따라 크게 달라지는 읽기 경험에 크게 의존하기 때문일 것이다. 난독증 학생이 몇 년간의 읽기 실패를 누적하면 텍스트에 노출되는 '격차를 좁히는 것'이 거의 불가능해질 수 있지만, 유창성 문제는 유치원이나 초등학교 1학년에 적절한 중재를 통해 예방될 수 있다는 연구 결과들이 있다(Torgesen, 2005). 결론적으로 치료가 조기 개입보다 효과가 떨어지는 것으로 나타났으므로(Vaughn et al., 2010), 전문가들은 아동이 정식으로 난독증 진단을 받거나 읽기 치료를 시행하기 전에라도 반복적인 실패를 경험하지 않도록 조기 개입을 해야 한다.

기초적인 읽기 기술에만 초점을 맞춘 중재는 평균적으로 나이가 많은 학생과 어린

학생에게 보다 덜 효과적이다. 일반적으로 읽기문제가 있는 고학년 아동을 위한 가장 효과적인 읽기 치료법은 어휘 및 이해 전략과 같은 언어 및 인지 능력을 강조하는 것이다. 그러나 청소년도 음향학 학습(phonics) 및 유창성 훈련의 이점을 어느 정도 얻을 수 있으므로 결합한 접근방식이 나이가 많은 난독증 학생들에게 가장 적합할 수 있다(Scammacca, Roberts, Vaughn, & Stuebing, 2015).

난독증 학생이 중재에 얼마나 잘 반응하는지는 개인차가 존재하며, 성공적으로 중재받은 아동의 약 절반이 최소 1~2년 동안 성취를 유지하고 있다. 치료 반응을 예측하는 개별 변수를 식별하는 것은 어렵다. 학령기 읽기 능력을 예측하는 유치원 시기의 예측 변수에(음소 인식, 문자 이름과 음성 지식, 빠른 이름대기) 관한 연구는 충분히 입증됐지만 어떤 경우에는 작은 효과크기가 있는 것으로 나타났다(Fletcher et al., 2011; Stuebing et al., 2015). 장기 예후와 관련하여 중재와 독립적으로 살펴보면, 언어 능력은 난독증이 있는 아동과 성인 모두에게 보호 요인으로 알려져 있다(Shaywitz, 2003).

난독증 치료가 뇌 활동을 어떻게 변화시키는지에 대해 연구한 중재-뇌 영상 연구들이 증가하고 있다. 요약하면 효과적인 중재는 난독증으로 인해 활동이 감소된 좌반구의 읽기 및 언어 네트워크의 활동을 촉진한다. 보상 과정과 관련된 다양한 뇌 영역에서 활성화가 증가했다는 몇몇 증거도 존재한다(Barquero, Davis, & Cutting, 2014; Gabrieli, 2009).

읽기 및 음운 훈련에서 직접 교수(direct instruction)를 강조하는 접근에 대한 확실한 증거가 있지만, 난독증에 효과가 없는 것으로 나타난 여러 가지 '대체 요법'은 아동과 가족에게 추천되지 않는다(이에 관한 리뷰는 Pennington, 2011을 참고할 것). 이러한 치료법 대부분은 난독증의 감각-운동 이론을 기반으로 하고, 빠른 청각적 처리(예: Fast ForWord®), 다양한 시각 치료(예: 색 있는 렌즈, 시각치료), 운동/움직임 기반 치료[예: 신체 균형을 통한 전정(vestibular) 신경치료 훈련]와 같은 훈련을 포함한다.

〈표 10-3〉은 현재 연구의 요약과 RD에 대한 증거 기반 실제에 대한 요약을 제공한다.

〈표 10-3〉 요약 표: 읽기장애(난독증)

정의

- 연령에 비해 글을 읽고 쓸 줄 아는 기초 능력(단어 읽기, 읽기 유창성, 철자)이 낮다.
- 배제 준거에는 교정되지 않은 감각 결함, 적절하지 못한 교수, 후천적 신경학적 손상, 지적 장애가 있다.

유병률과 역학

- 진단 절단점에 따라 약 7%로 나타난다.
- 여성보다 남성에게서 더 많이 나타나고(약 1.5 : 1) 남성이 난독증 서비스에 더 많이 의뢰된다.
- ADHD, 수학장애, 언어장애(LI) 및 말소리장애(SSD)와 같은 다른 장애가 공존한다.

발달 신경심리학

- 나중에 난독증을 가지는 아동은 공식적인 문해력 교육 이전에도 말하기와 언어 발달의 여러 측면에서 약점을 보인다.
- 취학 연령에 따라 음소 인식 결함은 난독증과 강한 관계를 나타낸다. 음소 인식과 문해력 사이의 인과관계는 양방향이다.
- 하나의 인지적 결함이 문해력의 모든 차이를 설명하거나, 장애가 있는 모든 개인을 설명할 수 없다. PA와 다른 언어 기술(예: 어휘, 언어 단기 기억), 언어 및 비언어적 처리속도를 포함한 다중 결손 모델이 더 우수하다.
- 일부 난독증인 개인들에게서 감각문제(시각, 청각, 기타)가 발견되지만 인과관계가 있어 보이지는 않는다. 시각적 주의 문제는 다중 결함 모델에서 추가 위험 요소를 나타낸다.

뇌 메커니즘

- 좌반구의 읽기/언어 네트워크에는 구조적·기능적 차이가 있다. 후두 측두엽 및 측두두정 영역뿐만 아니라 전두회와도 관련이 있다고 일관되게 발견되고 있다.
- 후방 및 전방 좌반구 사이의 백질 연결성이 감소했다는 근거가 있으며 이는 읽기 능력과 관련되어 있다.
- 구조적 및 기능적 뇌의 많은 차이는 문해력 교육 경험보다 시간적으로 앞서서 나타난 것이며, 이는 읽기 어려움의 결과가 아니다.

병인론

- 행동 유전학 연구는 상당한 유전적 영향을 가진 다인성의 원인을 제시한다.
- 9개의 복제된 연결 위치가 있다(DYX1-DYX9).
- 연구자들은 염색체 2p(C2Orf2 및 MRPL19) 2개, 3(ROB91) 1개, 6p(DCDC2, KIAA0319) 2개, 15q(DYX1C1) 1개 등 총 6개의 후보 유전자를 확인했다. 이 유전자 중 4개(2p 2개를 제외)는 신경 이동 및 축삭 경로 찾기와 같은 태아기 뇌 발달 과정에 관여하는 것으로 여겨진다.
- 특정 환경적 위험 요소에 대해서는 잘 알려지지 않았지만, 가정 언어/문해력 환경 및 교육 수준을 포함할 가능성이 크다.
- 유전-환경 상호작용에 대한 증거에는 더욱 유리한 환경(생태학적 유전-환경 상호작용)에서 난독증의 유전성이 더 높고, 난독증이 있는 개인이 책 읽기에 더 적은 시간을 쓰고 있다(활성 유전-환경 상관관계).

진단

- 진단을 위해서는 일반적으로 초등학교 초기부터 가지는 기본적인 문해력(단어 읽기 학습이나 및 철자)을 습득하는 데 어려움이 있었던 발달사가 발견된다.
- 또한, 읽기 정확도, 유창성 그리고/또는 철자에 대한 표준화된 측정에 관한 결과는 연령 기대치보다 낮다.
- 일부 지적으로 뛰어난 개인의 경우, 읽기 능력은 연령에 맞는 수준에 속하지만, IQ 기대치보다는 훨씬 낮게 나타난다. 읽기장애로 인해 심각한 임상적 장애가 발생하는 경우 난독증 진단이 적절할 수 있다.
- 음운 인식, 빠른 이름대기, 비언어적 처리속도, 언어 단기기억, 어휘 또는 기타 언어 능력에 관련된 인지적 어려움이 일반적으로 나타난다. 그러나 개인마다 큰 차이를 보이며, 있으며 특정 인지적 결손 또는 프로파일을 사용하여 진단을 결정하기는 어렵다.
- 평가에는 배제 조건(즉, 감각 결손) 및 일반적인 공존장애(ADHD, LI, 수학장애, 내재화 장애)에 대한 선별검사가 포함되어야 한다.

중재

- 효과적인 중재는 음소 인식, 파닉스, 해독, 읽기 유창성 및 읽기 이해 전략에 대한 집중적이고 명시적인 교육을 제공한다.
- 중재는 일대일 또는 소그룹 환경에서 매일 (또는 적어도 일주일에 여러 번) 제공될 때 가장 효과적이다.
- 청소년이나 성인보다 아동의 읽기문제 치료에 대해 더 많이 알려져 있다. 조기 개입은 중요한 공중보건 정책 목표다.

수학장애(난산증)

요약

수학장애와 전형적 수학 발달은 이 책의 전체 주제를 잘 보여 준다. 즉, 일반 아동과 학습 장애는 명확한 일반 요인보다 여러 가지 특정 요인이 혼합된 발달 과정에서 나타난다.

신경인지 수준에서 일반적인 인지 요인은 수학 능력의 차이를 예측할 때 특정 요인보다 더 크다. 이러한 일반적인 인지 요인에는 g요인(지능), 언어, 언어 작업기억, 처리속도, 심지어 음운 인식까지 포함되며, 대부분은 수학 기술과 유전적으로 관련이 있는 것으로 나타났다. 수학 발달에서 중요한 특정 요인은 수 감각으로, 수 감각은 유아기부터 시작하여 계산의 발달로 점점 정교해지다가 결국 학교교육에 의해 정교해진다. 따라서 Piaget(1952)의 수 발달 이론과는 달리, 수에 대한 아동의 점진적인 발달은 훨씬 일찍 시작된다.

정형적이고 비정형적인 수학 발달에서 중요한 쟁점은 근사 수 감각과 기호 수 감각(symbolic number sense)의 상대적 중요성이다. 근사 수 체계는 언어나 기호에 의존하지 않고 그룹의 크기를 추정할 수 있게 해 주는 반면에, 기호 수 체계를 개발하면 아이가 정확한 양을 나타낼 수 있게 해 준다. 현재의 연구에서 학령기 수학 능력을 예측할 때 기호 수 감각이 더 큰 역할을 한다는 것을 나타낸다. 이 분야의 중요한 방법론적 문제는 이 두 수 감각 측정검사가 낮은 신뢰도와 타당도를 보인다는 것이다. 이에 비해 일반적 인지검사와 수학 학력검사는 타당성을 확보하고 있다. 더 타당한 수 감각 검사가 활용되면 수학 개발에서 일반적인 요소의 우세가 유지되는지 여부를 조사할 수 있다.

뇌 메커니즘 수준에서 광범위하게 분산된 네트워크는 수학 기술 발달을 촉진하며 이 네트워크의 대부분의 허브는 수학에만 국한되지 않는다[한 가지 가능한 예외는 왼쪽 두정 내 고랑(IPS)]. 게다가 이 두뇌 네트워크는 두뇌 행동 발달의 상호작용 전문화 모델과 일치하는 발달과 함께 변화한다. 따라서 왼쪽 IPS는 숫자 감각을 위해 타고난 국부화된 뇌 모듈로 보이지 않는다.

병인론적 수준에서, 수학장애와 수학 기술의 개인차의 전체 범위 모두에 대해 중간 정도의 유전성이 있다. 이러한 유전적 영향은 지능(g), 언어 그리고 읽기에 대한 유전적 영향과 상당히 겹치기 때문에 특수하기보다는 일반적이다.

마지막으로, 증상 분석 수준에서 수학장애는 읽기장애, 언어장애(LI) 및 주의력결핍 과잉행동장애(ADHD)와 상당히 공존하며, 이러한 공존장애는 일반적인 인지 위험 요인 및 일반 유전자에 의해 매개된다. 이러한 공존장애의 기초가 되는 뇌 메커니즘을 정확하게 식별하기 위해서는 더 많은 연구가 필요하지만, 기존 연구는 일부 가능성 있는 후보들을 지적하고 있다.

수학장애 및 일반적인 수학 기술에 대한 우리의 현재 이해는 수학장애의 진단 및 치료에 중요한 임상적 영향을 미친다. 진단 측면에서 수학 능력 자체의 다양한 차원[수 감각, 세기, 자리값, 기본셈(Math Fact)의 자동성, 계산 및 단어 문제]뿐만 아니라 일반적 인지 위험 요인 및 수학장애의 공존장애를 주의 깊게 평가하는 것이 중요하다. 수학장애의 유효한 인지 하위 유형이 있다는 가설이 오랜 역사를 가진다고 하더라도, 현재 이러한 하위 유형에 대한 경험적 지지는 거의 없다. 매우 유전적임에도 불구하고, 수학 기술은 유연하며 경험적으로 지원되는 치료법을 사용할 수 있다. 이러한 치료법은 수학 기술에 직접 초점을 맞추는 반면에 작업기억과 같은 일반적 인지 위험 요소에 초점을 맞춘 과정 지향적 치료법은 경험적으로 지원되지 않는다.

● ● ●
역사

읽기와 마찬가지로 수학은 훨씬 오래되고 진화된 인지 기술에 접목된 비교적 최근의 문화적 발명(대략 8,000년 전)이다. 이러한 오래되고 진화되어 온 인지 능력 중 일부는 다른 종에서도 발견된다(예: 근사 수 체계라고도 불리는 크기 추정). 그러나 몇몇은 인간 문화와 함께 진화한 뇌 메커니즘이며 독특하게 인간이기에 갖는 것(즉, 언어)이다. 사람의 뇌 메커니즘은 일단 문자가 숫자와 발명된 후 계속해서 같이 진화(공진화)한다고 추측할 수 있다. 그러나 대부분의 인간의 생존이 문자나 수에 달려 있지 않았기 때문에 문자와 숫자의 발달이 그리 큰 의미는 없었다. 따라서 읽기 또는 수학 학습 장애는 약 100년 전 인류 문화가 보편적 교육을 제공하기 시작했을 때만 임상적으로 의미를 가지게 되었다. 인류 역사의 대부분의 시기 동안 농민과 장인으로서 완벽하게 성공한 수백만 명의 사람들이 진단되지 않은 학습 장애(즉, 그들은 난독증 또는 난산증의 유전적 위험 인자와 뇌 표현형을 가졌음)를 가지고 있었다.

여기서 우리는 읽기와 수학 사이의 중요한 불균형 문제를 보게 된다. 이 수백만 명의 사람들이 문맹인 것은 괜찮았지만, 생활에서 기능하기 위해서는 여전히 약간의 수학적 기술이 필요했다. 수학에 대한 어떤 공식적인 훈련이 없더라도, 그들은 여전히 자신의 소유물을 추적하고 거래하기 위해 물리적인 기록(예: 손가락과 발가락, 끈의 매듭 또는 막대기의 노치)에 의존할 수 있었다. 세계 언어의 대부분이 문자 체계를 가지고 있는 것은 아니지만, 적어도 몇 개의 단어와 물리적 기록을 사용하지 않는 인간 문화를 발견한 사람은 아직 아무도 없었다(Wilder, 1968). 다른 동물과 달리 거의 모든 인간은 정확한 숫자에 대해 학습하며, 이는 일련의 개체에 있는 항목을 정확하게 계산할 수 있는 단어로서 상징화된다. 원시인은 숫자에 대한 개념을 가지고 있지만, 많은 현대인은 글을 잘 아는 사람들을 포함하여 음소에 대한 명확한 개념이 없다. 따라서 우리는 이러한 문화적 발명이 언제 발생했는지 정확히 알지 못하지만, 숫자에 대한 음성적 기호와 계산 방법은 아마도 인간의 역사에서 꽤 오래되었을 것이다.

근사상대개수(큰 물체와 작은 물체를 지각적으로 구별하는 능력)에 대한 인식은 인간이 아닌 많은 동물에서 발견되기 때문에 인간종보다 진화적으로 훨씬 오래되었다. 근사 수 체계는 최근 수십 년 동안 상당한 연구의 초점이 되어 왔으며, 인간 어린이의 정확한 수 체계 발달에서의 역할은 우리가 일반적이고 비정형적인 수학적 발달을 이해하는 방법에 중요한 문제다.

이제 수학장애 그 자체로 돌아가서, 연구의 두 가지 중요한 요소가 최근에야 합쳐졌다. 하나의 가닥은 신경심리학이다. 또 다른 하나는 발달과 관련된 것이다. 우리는 먼저 신경심리학적 가닥을 검토할 것이다.

1925년 Henschen은 연산에서 후천적 결손을 설명하기 위해 난산증이라는 용어를 만들었다(Henschen, 1919/1925). 나중에 다른 행동 신경 학자들은 다른 병변 위치와 관련된 계산 불능의 아형을 구별했다. 여기에는 왼쪽 주변부 병변과 관련된 실어증 하위 유형, 오른쪽 반구 병변과 관련된 공간 하위 유형, 정면 병변과 관련된 계획 및 인내 하위 유형이 포함된다(H. Levin, 1979; Badian, 1983; Berger, 1926; Hecaen, Angelergues, & Houillier, 1961; Luria, 1966). 세 가지 아형은 이차적 난산증으로 생각할 수 있는데, 연산의 결손은 다른 증상을 유발하는 광범위한 인지 결손으로 인해 발생한다. 대조적으로, 의미론적 난산증 또는 일차적 난산증이라고 불리는 네 번째 하위 유형은 주요한 난산증으로 간주된다. 이것은 숫자로 나타낸 양의 이해에 대한 순수한 결손을 특징으로 하며 각 이랑의 뒤쪽인 좌측 IPS의 병변과 관련이 있다(Dehaene, 2003). 이것이 중요하고 구체적이라는 결론은 수학적 작업을 수행하는 일반적인 개인의 후천성 병변과 신경 영상 데이터를 가진 환자의 성능 해리를 기반으로 한다(Dehaene, 2003).

다른 학습 장애와 마찬가지로 연산의 발달문제에 대한 초기 작업은 후천적 장애에 대한 초기 작업에 크게 기반을 두고 있다. 그래서 수학장애의 원래 이름은 발달성 난산증이었다. 이 용어는 연산 문제가 있는 아이들을 처음으로 체계적으로 연구한 Kosc(1974)에 의해 소개되었다. 유사하게 Dehaene(2003)의 후천적 의미론적 난산증에 대한 견해는 국지화되고 모듈식으로 되어 있기에, 그는 왼쪽 IPS 발달의 국지화된 손상으로 인한 발달상의 의미론적 난산증의 유사한 사례가 있을 것으로 예상했다. 그러나 이전 장에서 논의했듯이 뇌 행동 관계가 발달 과정에서 변하기 때문에, 신경 발달장애가 후천적 장애를 반영한다고 예상하는 것은 분명한 실수다. Ansari(2010)는 수학장애와 관련하여 이 문제에 대한 의미 있는 논의를 제공한다.

후천적 난산증의 하위 유형 목록은 분별 있는 연산 연산의 여러 인지 구성 요소가 있음을 명확하게 하며, 이는 발달 과정에서 더욱 사실일 가능성이 높다. 수학은 연산

보다 훨씬 더 많은 것을 포함하기 때문에 연산장애를 넘어서 다른 종류의 수학장애가 있을 가능성이 매우 높지만, 후천적 난산증과 발달 수학장애에 대한 대부분의 연구는 연산문제에 초점을 맞추고 있다. 수학장애가 연산문제에 국한되어 있어도 난독증과 같은 장애를 분석하는 것보다 훨씬 더 복잡할 것이다. 아동의 연산 학습은 인쇄된 숫자를 자동으로 인식할 뿐만 아니라 문제를 해결하기 위해 이러한 숫자에 대한 연산을 수행하는 방법을 배워야 한다.

수학장애의 역사에 대한 또 다른 중요한 점은 앞서 언급한 두 번째 가닥인 수학적 개념의 전형적인 발전이 발달심리학 연구에서 대부분 무시된다는 것이다. 그 연구는 처음에 숫자 보존의 발달, 즉 아동이 한 세트의 항목 수가 물리적 재배치에 따라 변하지 않는다는 것을 이해하는 것과 관련된 Piaget(1952)의 연구에 초점을 맞추었다. Piaget는 아이들이 이미 수의 보존을 숙달하지 않았다면 수의 개념이나 연산에 대해 어떤 것도 이해할 수 없다는 강력한 이론적 주장을 했다. 1970년대와 1980년대의 많은 연구에서 이 강력한 주장이 잘못되었음을 입증했다(예: Gelman & Gallistel, 1986; Pennington, Wallach, & Wallach, 1980). 이 연구는 아이들이 Piaget의 숫자 보존 과제를 완전히 숙달하기 전에 실행 가능한 부분적인 숫자 개념을 가지고 연산을 배우기 시작할 수 있음을 보여 주었다. 이 작업의 실패는 숫자 자체의 부족보다는 갈등 작업에 의해 유발된 실행 기능 장애와 더 관련이 있는 것으로 밝혀졌다(Lubin, Simon, Noude, & De Neys, 2015).

숫자 보존이 사후 수학적 기술의 핵심 발달 전조가 아니라면, 아마도 그 밖에 어떤 것이 있었을 것이다. 난독증에 대한 음운론적 이론의 성공으로부터 부분적으로 영감을 받아 수학 발달과 장애를 연구하는 연구자들은 읽기 발달에서 음소 인식과 동등한 수준을 추구했다. 즉, 공교육이 시작되고 나서 수학에 있어서 성공 또는 실패를 강하게 예측할 수 있는 단일, 초기 발달, 영역-구체적, 비학문적인 인지 기술을 말한다. 인간의 아기와 다른 동물 모두에서 근사 수 체계를 발견하면서(Halberda & Feigenson, 2008), 연구자들은 근사 수 체계가 이후의 수학적 기술의 핵심 발달 전조라는 가설을 추구했다. 이 장의 뒷부분에서 검토할 때 이 가설은 경험적으로 잘 뒷받침되지 않았다. 대신, 비록 정확한 수 체계는 온전한 근사 수 체계를 필요로 할 가능성이 있을지라도, 일반적인 인지 기술과 숫자 세기 및 숫자에 포함된 정확한 수 체계의 숙달은 나중에 사후 수학 기술에 대한 더 강력한 예측 변수로 밝혀졌다.

이 책의 이전 판이 2009년에 출판된 이후로 수학 개발 및 수학장애에 대한 연구가 크게 가속화되었으며, 이 새로운 연구 결과가 이 장에 통합되었다. 지금은 다음에 관해서 훨씬 더 많이 알려져 있다. ① 수량적 기술의 초기 발달, ② 수학장애의 공존장애, ③ 전형 및 비정형 수학 발달의 신경 영상 프로파일, ④ 수학 불안, ⑤ 수학장애 및 수학 불안에 대한 중재.

• • •
정의

수학장애 또는 이 책의 다른 학습 장애에 대한 진단적 정의는 연속적인 증상 차원에 대해 다소 임의 절단점을 정해야 한다. 특정 절단점의 유효성을 확인하는 것은 이 장애로 인해 기능적으로 손상된 소수의 아동(즉, 장애 유병률이 비정형이 되기 위해서는 다소 드물어야 함)을 식별한다는 것이다. 기능장애는 주로 학교를 구성하고 있는 어린 아동의 일상생활에서 심각한 문제가 있음을 의미한다. 그러나 이것이 얼마나 드물게 얼마나 장애가 있어야 장애로 간주되는지는 여전히 다소 임의적인 결정이다. 연구자들은 전체 증상 차원을 연구한 다음 분포의 낮은 부분에 있는 여러 준거 점수에서 동일한 결과 패턴이 발견되는지 테스트하여 이 딜레마를 피할 수 있다. 그러나 임상의는 이 특정 아동에게 서비스가 필요한지 아닌지에 대해 범주적인 결정을 내려야 하기 때문에, 이러한 정의적 딜레마에서 벗어날 수 없다. 그렇다면 DSM 또는 ICD와 같은 진단 매뉴얼에서 선택한 진단적 준거 점수는 무엇인가? 제6장 이하에서 논의된 바와 같이, DSM의 최신판인 DSM-5(American Psychiatric Association, 2013)에서 SLD에 대해 선택된 절단에 큰 변화가 있었다.

이전 DSM-4(DSM-IV-TR; American Psychiatric Association, 2000)에서는 수학장애를 개별적으로 시행되는 수학 능력 시험에 대한 아동의 성과와 연령, 지능 및 교육을 기반으로 예상되는 결과 사이의 상당한 불일치로 이것이 관련된 기능적 손상을 또한 유발하는 것으로 정의했다. 교육 불일치 요건은 부적절한 교육으로 인한 수학문제를 배제하기 위한 것이다. 감각장애가 있는 경우, 수학문제는 감각장애만으로 예상되는 것보다 더 커야 했다.

따라서 이 DSM-IV-TR 정의에는 연령과 IQ 불일치가 모두 필요했다. 다른 많은

DSM 진단의 경우와 마찬가지로, 실무자와 연구자들은 종종 평균보다 1 표준편차(인구의 하위 16%) 또는 평균보다 1.5 표준편차(인구의 하위 7%) 이하를 선택하지만 불일치 정도는 운영상 정의되지 않는다. 진단 정의에 추가 제외 기준이 있기에 관찰된 유병률은 이러한 절단점이 지시하는 것보다 낮다.

DSM-IV-TR(American Psychiatric Association, 2000)과 달리 DSM-5(American Psychiatric Association, 2013)는 수학, 읽기 또는 쓰기에서 특정학습장애(SLD)에 대해 상당한 연령 차이만 요구한다. 이 변화의 근거는 우리가 제10장에서 논의한 것처럼 IQ 불일치와 연령 불일치 읽기 부진의 타당성에 대한 광범위한 연구에서 비롯되었다. 이 연구는 난독증에 대한 이러한 구별에 대한 타당성을 거의 드러내지 않았고, 공식적인 진단을 위한 IQ 불일치 요건이 연령 차이가 있는 읽기 이해 부진 학습자를 식별했기 때문에 새로운 버전의 미국「장애인 교육법(IDEA)」은 SLD 진단을 위해 IQ 불일치의 독점적 사용을 금지했다.

그러나 DSM-5는 법률보다 더 나아가 일부 미국 주와 마찬가지로 IQ 불일치 준거를 완전히 제거하였다. 안타깝게도, SLD의 연령 불일치 정의에 대한 이러한 독점적인 의존은 잠재적인 사회적 불의로 이어진다. 이는 IQ 불일치 특정학습장애-영재 아동은 진단이나 특수교육 서비스를 받을 자격이 없기 때문이다. 우리가 다른 곳에서 주장했듯이(Pennington & Peterson, 2015), 이러한 사회정의 문제에 대한 해결책은 아동의 학습 장애가 기능적 손상을 유발한다는 증거가 있는 한, 연령 또는 IQ 불일치로 인해 아동이 SLD를 갖는 것으로 인정하는 것이다.

DSM-IV-TR에서 DSM-5로의 주요한 변화는 자연적으로 수학장애의 유병률을 증가시켰다. 수학에서 상당한 연령 점수 차이가 있는 일부 아동도 IQ 차이가 크지 않기 때문에 이는 필연적인 결과였다. 난독증 및 LI와 달리 수학장애의 연령대 IQ 불일치 정의의 타당성에 대한 연구는 훨씬 적다. 수학 성취도 측정과 IQ 사이의 상관관계가 1.0 미만이면 필연적으로 수학장애의 IQ 불일치 정의를 충족하는 아동이 있을 것이다. 비록 그러한 아동에 대한 연구는 부족할지라도, 그런 아동을 판별하고 도움을 주어야 한다고 생각하는 것은 합리적이다.

• • •
유병률과 역학

연령과 IQ 불일치 모두에 대한 DSM-IV-TR 지침을 적용한 연구에서 수학장애의 경우 3~6.5%의 유병률이 발견되었다(Shalev & Gross-Tsur, 2001에서 검토). DSM-5 기준 사용에 대한 추가 역학 작업이 여전히 필요하다. 그러나 나이를 비교하는 이스라엘 인구의 초기 역학 연구에서 연령 및 IQ 불일치 기준에 대해 연령 불일치만 적용한 기준은 DSM-5가 수학장애의 유병률을 어떻게 증가시켰는지 잘 보여 준다(Gross-Tsur, Manor, & Shavlev, 1996). 이 저자들은 역학 연구에서 2단계 절차를 사용했다. 첫째, 3,000명 이상의 10~11세 아동을 대상으로 실시한 뉴욕시 전체 심사를 통해 그룹 관리 연산 성취도 테스트에서 하위 20%에 해당하는 점수를 확인했다. 이 절단점으로 인해 약 600명의 어린이로 구성된 연령 불균형 그룹이 생성되었으며, 그중 상당수는 수학장애에 대한 다른 DSM-5 기준을 충족할 가능성이 높았다. 대략 600명의 아동으로 구성된 이 그룹은 개별 IQ 및 수학 평가를 받았다. IQ가 80 이상이고 수학 측정에서 2학년 이하의 아동 평균 이하의 점수를 받은 사람들은 DSM-IV-TR에서 요구하는 연령과 IQ 불일치가 모두 있었기 때문에 발달성 난산증(예: 수학장애)가 있는 것으로 분류되었다. 그러한 아동은 140명(원래 3,000명 중 4.6%)이었으며 성비는 거의 같았다(1.1:1, M:F). 그래서 DSM-5 기준은 DSM-IV-TR 기준(약 20대 5%)에 따른 수학장애보다 몇 배 많은 아동을 식별한다는 것을 알 수 있었다. Gross-Tsur 등(1996)은 수학장애를 가진 많은 영재 아동을 확인하지 않았으며, 대부분은 필요한 연령 차이가 없었던 것을 지적하는 것도 중요하다.

이 연구와 다른 연구에서 수학장애의 유병률(Badian, 1983년 6.3%; C. Lewis, Hitch, & Walker, 1994년 3.6%)은 임상 샘플에서 DSM-IV-TR(2000)에 인용된 1% 수치보다 높다. 이 불일치에 대한 설명은 수학장애만을 가진 아이들이 의뢰될 가능성이 적기 때문일 수 있다. 우리의 임상 경험에서 보면, 특정 읽기장애를 가진 아동보다 특정 수학장애를 가진 아동이 평가를 위해 의뢰되는 것은 훨씬 드물다.

공존장애

후천적 난산증의 아형에 따라서, 수학장애의 사례가 언어, 공간, 또는 주의력 문제와 동반될 것으로 예상할 수 있다. 또한, 앞서 논의했듯이, 이후 수학 기술의 예측 변수는 대부분 수학에만 국한되지 않기 때문에, 수학장애가 이 책에서 논의된 대부분의 학습 장애와 동반될 것으로 예상된다. 실제로 수학장애와 읽기장애는 30~70%에서 공존하며, 중복 장애가 나타날 수 있는 확률보다 더 높다(Badian, 1999; Kovas & Plomin, 2007; Landerl & Moll, 2010). 수학장애와 ADHD 또는 수학장애와 LI의 공존장애를 조사한 연구는 적다. ADHD가 있는 476명의 아동을 대상으로 한 연구에서 Capano, Minden, Chen, Schachar, 그리고 Ickowicz(2008)는 수학-부주의 공존장애의 유병률이 18.1%임을 발견했다. 또한, 판별된 LI 아동 연구에 따르면 대부분의 수학적 과제(예: Donlan, Cowan, Newton, & Lloyd, 2007; Manor, Shalev, Joseph, & Gross-Tsur, 2001)에서 결손이 발견되었으며 LI를 가진 아동의 25%도 수학장애를 가진다. 정확한 공존장애 추정치는 다양한 이유(예: 국가 포함, 표본 연령, 사용된 특정 절단점)로 인해 연구마다 다르지만, 그들은 모두 수학장애와 기타 다른 학습 장애의 공존장애와 수학장애를 가진 아동에게 상당 부분 존재에 동의한다. 따라서 구체적이고 주요한 수학장애가 존재하는 것으로 보이므로, 더 깊은 수준의 분석(신경심리학, 뇌 기초, 병인론)에서의 설명이 필요하다.

- - -

발달 신경심리학

이 책에서 다루는 핵심 문제인 학습 장애의 일반적이고 특정적 요인은 수학 기술의 전형적이고 비전형적인 발달에 대해 행동 수준에서 배운 내용을 조직하는 데 유용하다. 일반적인 측면에서 우리는 잠재적 수학 요인과 g요인 사이에 상당한 중복 분산이 있음을 발견했다(Peterson et al., 2018).

게다가, 수학, 읽기 그리고 부주의의 다중 결손 모델 실험(Peterson et al., 2017)에서 잠재적 수학 요인(계산과 응용 수학문제 해결 기술로 정의됨)에서 변수의 88%가 세 가지 일반적 인지 능력으로 설명될 수 있었다(Peterson et al., 2018). 가장 큰 독립적인 기여는 언어 능력(표준화된 경로 가중치 .46), 그다음은 언어적 작업기억(표준화된 경로 가중치 .38), 처리속도(표준화된 경로 가중치 .13) 순이었다. 처리속도는 세 가지 증상 차원의 공통 예측 변수로, 세 가지 관련 장애[수학장애, 읽기장애 그리고 ADHD 부주의 유형(ADHD-I)] 간의 공존장애를 설명하는 데 도움이 되었다. 언어 능력은 수학 및 읽기의 공통 예측 변수인 반면, 언어적 작업기억은 수학의 특정 예측 변수이었다. 이 마지막 결과는 수학 기술에서 작업기억의 중요성에 대한 이전의 상당한 이론적 · 경험적 작업과 일치한다(예: Fias, Menon, & Szucs, 2013). 이 특정 모델의 수학적 결과에 대해 언어적 작업 기억이 특정화된다고 하더라도, 당연히 우리는 언어적 작업기억이 다른 많은 학문적이고 인지적인 결과에도 중요한 기여를 한다는 것을 알고 있다.

우리 연구(Peterson et al., 2017; Peterson et al., 2018)에서 수학 기술의 인지적 예측 변수 중 어느 것도 실제로 수학 영역에 특정된 것은 아니었지만, 이러한 결과가 아동이 수학을 배우기 위해 이러한 일반적인 인지 능력만을 필요로 한다는 것을 의미하는 것은 아니다. 분명히 아동이 학교에 가기 전에 읽는 법을 배우고 이러한 가르침을 부모로부터 일반적으로 시작하는 것처럼, 그들은 이 특별한 문화적 발명에 대해 배워야 한다. 먼저, 부모와 교사는 미취학 아동에게 공교육에서 구축되는 특정 선구적 기술을 가르친다. 읽기의 경우 이러한 선구적 기술은 아동에게 알파벳 지식(즉, 알파벳 노래를 배우는 것뿐만 아니라 문자 이름과 문자 소리를 모두 아는 것)과 첫음과 끝음에 대해 가르치는 동요다. 수학의 경우 주요 선구적 기술은 숫자를 세는 것이다(즉, 숫자 순서를 말할 뿐만 아니라 일대일 대응과 관계수를 이해하고 나중에 논의할 다른 핵심 계산 원리도 이해하는 것).

읽기장애와 마찬가지로 수학장애 연구는 수학적 기술에 대한 성숙한 발달과 인지과학의 이점을 얻었다. 수학적 개념의 발전에 대한 관심은 Piaget(1952)의 중대한 연구에 의해 자극되었다. 이후 수십 년에 걸친 연구(예: Geary, 1994; Gelman & Gallistel, 1978/1986; Wynn, 1998)는 유아기의 수학적 지식의 뿌리와 계산 기술과 계산 전략의 습득을 통한 발달에 대한 명확한 이해를 제공했다.

수학 발달의 단계

발달 연구는 수학 지식의 발전에서 몇 가지 중요한 단계를 확인했다. 근사 수 체계는 유아기 초기에 발견되며, 즉시세기 기술은 평균 22개월까지 발달한다(Starkey

& Cooper, 1980). 즉시세기는 작은 물체 세트의 개수를 세지 않고 구별하는 능력이다. 영아의 즉시세기 범위는 1~3개이고 성인에서는 1~5개로 증가한다(Starkey & Cooper, 1995). 숫자 이름 지식은 아동이 2세와 3세에 말하기를 시작하면서 일찍 발달하지만, 계산 원리는 타고난 것이라는 Gelman과 Gallistel(1978; 1986)의 제안과는 달리 계산의 발달은 오래 걸린다(Wynn, 1992). 아동이 숫자 세기를 숙달했다면, 숫자 기호를 인식하고 여러 자리 숫자를 쓰는 법을 배워야 한다. 문자 이름과 소리를 자동으로 학습하는 것이 오랜 과정인 것처럼, 인쇄된 숫자를 자동으로 인식하는 것을 습득하는 것도 마찬가지다. 실제로 여러 자리 숫자를 이해하는 것 외에도 아동은 자릿값을 이해해야 한다. 1학년과 2학년이 되면 아이들은 '그룹화'를 시작하는데, 즉 이는 하위 집합으로 구성된 작은 개체 집합의 수를 빠르게 인식하는 것이다(Starkey & McCandliss, 2014). 그런 다음 아이들은 덧셈과 뺄셈을 배우고 각 연산에 대해 간단한 기본셈(Math Fact)을 암기한다(예: 2 + 2 = 4; 5 − 3 = 2). 여러 자릿수 계산으로 넘어가서 곧 연산 기술의 성장에 대한 특정 예측 변수인 자리값을 이해해야 한다(Moeller, Pixner, Zuber, Kaufmann, & Nuerk, 2011). 앞으로의 논의에서 이 수학 발달 단계는 수학장애에서 발달이 잘못되는 부분을 이해하는 데 적합하다. 나중에 이 중요한 단계가 수학장애 평가에 어떻게 사용될 수 있는지 논의할 것이다.

이 규범적 발달의 틀은 수학장애를 가진 아동의 수행을 분석하는 데 사용되었다(Butterworth, 2005; Geary, Hoard, Byrd−Craven, & DeSoto, 2004). 수학장애 아동은 반복하여 숫자 이름과 수세기 절차의 몇 가지 부분을 배웠지만, 숫자 또는 수 관계에 대한 핵심 이해가 손상되었다는 증거가 있었다. 이 증거에는 다음이 포함된다. ① 수학장애가 있는 아동의 즉시세기 능력이 낮은 것을 발견한 Koontz와 Berch(1996)의 연구(즉, 세 개 이하의 항목을 세지 않고 작은 세트의 숫자를 자동으로 인식함), ② Landerl, Bevan과 Butterworth(2004)의 연구에서 수학장애 아동은 난독증 아동과 일반 대조군에 비해 비기호(점)와 기호(숫자) 크기 비교에 대한 반응 시간이 더 느렸다. 그리고 ③ Geary, Hamson과 Hoa(2000)의 연구에서 수학장애를 가진 1학년 학생들은 기호/수 크기 비교의 정확도가 약간 낮다.

수학장애를 가진 학령기 아동의 이러한 결과는 숫자에 대한 핵심 이해의 초기 발달 결함을 반영하는 것으로 해석되었다. 이러한 결함은 나중에 수세기 및 계산 전략의 발달을 지연시킬 것으로 예상된다. Gelman과 Gallistel(1978; 1986)은 정상 발달 아동이 배우는 수세기의 5가지 암묵적 원칙을 설명했다. 이러한 원칙은 일대일 대응(항목화: itemize), 수세기 순서 안정화, 카디넬리티(마지막으로 센 숫자는 집합의 기본 크기), 추상화, 그리고 순서 무관함이다(숫자 순서에 무관하게 동일한 관계수를 얻음). 성공적인 계산을 위해서는 추상화 및 순서 무관의 원칙이 불필요하다. 또한, 아동은 때때로 순서 무관을 반박하는, 즉 표준 방향 원칙(예: 세기는 세트의 왼쪽에서 시작해야 함)과 인접 원칙(세기는 하나의 인접한 항목에서 다음으로)과 같은 두 가지 중요하지 않은 계산 원칙을 추론한다.

Geary 등(2004)에서 검토되었듯이, 수학-읽기 공존장애 또는 수학장애를 가진 1학년과 2학년 아동은 처음 세 가지 계산 원칙(일대일 대응, 안정된 순서, 즉시세기)의 위반을 식별할 수 있었지만, 비필수적인 인접 원칙을 지지하는 전형적인 연령대보다 가능성이 더 높게 나타났고, 1학년 때 첫 번째 항목의 중복 계산을 찾을 수 있는 가능성이 적었다.

중요한 것은 읽기장애(수학장애는 아님) 아동이 일반적으로 발달 중인 대조군과 다르지 않았으며, 이는 수학장애의 이러한 계수문제가 읽기장애에 부차적인 것이 아니라는 것을 의미한다.

숫자와 계수 원리에 대한 이해에 문제가 있으면 연산문제가 발생한다. 일반적으로 아동은 처음에 두 가산의 모든 항목을 세어 단순 합계를 풀고, 더 큰 가산에서 계산하는 방법을 배우고, 더 간단한 합계로 줄임으로써 어려운 합계를 풀기 시작한다(6 + 5 = 5 + 5 + 1). 이 순서는 기억을 위한 기억 기반 전략의 사용 증가뿐만 아니라, 기본셈(Math Fact: 수 이해와 기본 연산) 간의 관계에 대한 이해 증가를 반영한다. 결국, 일반적으로 아동은 모든 숫자들을 하나씩 세어 결과를 내는 것이 아니다.

Geary 등(2004)에서 검토되었듯이, 여러 국가에서 수학-읽기 공존장애(MD + RD) 그리고 수학장애 아동(MD)이 단순한 계산에서 더 많은 계산 오류를 만들고 더 간단한 계산 전략(예: 모두 셈)을 오래 지속한다는 사실이 발견되었다. 가장 극적으로, 수학-읽기장애 그리고 수학장애 아동은 기본셈(Math Fact)을 배우고 자동으로 적용할 때 일반적으로 통제력을 발달하는 것보다 훨씬 더 안 좋고, 이런 결점은 초등학교가 끝날 때도 여전히 존재할 수 있다. 두 종류 수학장애 집단 모두 읽기장애만 있는 집단보다 이러한 기술에서 더 나쁜 수행을 보이지만, 수학-읽기 공존장애 집단은 수학장애만 있는 집단보다 더 많은 손상을 보인다. 따라서 읽기장애는 공존장애 집단에서 수학장애를 유발하지 않는 것처럼 보이지만 악화시킬 수 있다. 또는 공존장애는 읽기와 수학 모두에 영향을 미치는 일반적인 위험 요소에서 더 심각한 어려움을 나타내는 단순한 지표일 수 있다.

읽기장애 아동은 아마도 그들의 음운 능력이 낮아서 기본셈(Math Fact)을 암기하는 데 어려운 것은 임상적으로 잘 알려져 있다. De Smedt, Taylor, Archibald, 그리고 Ansari(2010)는 음운 인식이 암기된 기본셈(Math Fact)에 도움이 될 한 자릿수 연산 문제를 해결하는 기술의 고유한 예측 변수인지의 여부를 조사하여 이 가설을 검증했다. 시간제한 연산 검증 작업에는 세 가지 연산(덧셈, 빼기, 곱하기)에 걸쳐 20개의 작은(검색 기반) 문제와 20개의 큰(절차 기반) 문제가 포함되었다. 그들의 표본에는 37명의 일반적으로 발달하는 4학년과 5학년 아동이 포함되었다. PA는 CTOPP(음운처리 종합 시험: Comprehensive Test of Phonological Processing) Elision 작업으로 측정되었으며, 통제 측정에는 NRT(무의미 단어 반복 검사: Nonword Repetition Test), 읽기 유창성(TOWRE: 단어 읽기 효율성 검사) 그리고 연산 정확도(Woodcock-Johnson III[WJ-III] 계산 검사)가 포함되었다. 그들은 성취 수준과 읽기 유창성 영향을 통제한 후, 비록 적은 양이기는 하지만, 연산문제에 대한 수행속도(8%)와 정확도(11%) 모두에서 고유한 부분을 설명한다는 것을 발견했다. 대조적으로, 음운 처리에 관련된 NRT(무의미 단어 반복 검사)는 수행을 예측하지 못했다. 요약하면, 음운 인식 기술은 기본셈(Math Fact) 인출을 확실하고 고유하게 예측했다. 이는 수학장애를 가진 일부 아동들이 음운 기술의 문제로 설명되지 않는 기본셈(Math Fact)을 암기하는 데 문제가 있는지 여부를 실험하는 연구에 유용할 것이다.

수, 수세기, 연산 기술 수준에서 방금 제시된 전형적이고 예외적인 발달 궤적에 대한 상당한 경험적 지지가 있다. 그러나 데이터가 서로 다른 원천에서 나왔고, 주로 여러 연령대의 횡단연구에서 나왔기 때문에 초기 숫자 문제가 비효율적인 계산을 유발하거나 이 두 가지 모두 기본셈(Math Fact)의 숙달을 저해한다는 강력한 종단적 증거가 없다.

수학장애의 특정 예측 변수와 일반적 예측 변수

이 책의 2009년 판에서 우리는 수학장애 연구자들 사이에 수학장애가 그 자체로 수의 특정 핵심 결함(예: Butterworth, 2005)에 의한 것인지 아니면 언어적 작업기억 또는 공간 인식(Geary et al., 2004)의 일반적인 결함에 의한 것인지에 대해 합의된 바가 없다고 결론지었다. 앞서 논의했듯이 후속연구는 후자의 관점을 강력하게 지지했다(Fias et al., 2013 참조). 일부 개별연구에서는 공교육 전에 조기 수학 능력을 예측하는 근사 수 체계의 작은 효과를 발견했다. 예를 들어, Libertus, Feigenson과 Halbea(2011)는 3~5세 아동의 초기 수학 능력에 대한 근사 수 체계의 독특한 기여를 발견했다(변수의 6~8%이 설명됨). 그러나 이러한 결과가 항상 같은 것은 아니다. 또한, 메타분석에서 De Smedt, Noël, Gilmore, 그리고 Ansari(2013)는 다양한 연령대의 기호/수 비교 작업과 수학 성취 간의 연관성이 근사 수 체계 작업과의 연관성보다 더 일관성 있게 나타났다(예: 점 비교 과제).

수학 성취도의 예측 요인으로서 근사 수 체계와 기호 수 체계 측정값을 직접 비교한 연구는 거의 없다. Göbel, Watson, Lervåg, 그리고 Hulme(2014)는 한 학년 동안 165명의 1학년 아동을 추적했다. 기호 수 체계는 아라비아 숫자에 대한 지식의 자동성과 자리값에 대한 지식을 모두 강조하는 제한시간형 숫자 식별로 평가되었다. 근사 수 체계는 그림상자 세트의 빠른 수효 비교로 평가되었다. 두 작업 모두 거의 1년 후(문자 식별 기술과 마찬가지로) 연산 지식과 밀접한 관련이 있었다. 그러나 연구자들이 모델의 일반적인 인지 요인과 다른 모든 변수를 고려한 후에는 숫자 식별(즉, 기호 수 체계)만이 나중에 연산 기술과 고유하게 연관되는 것을 발견하였다. 이러한 발견을 기반으로 언어 기호와 숫자 기호를 연결하는 초기 능력이 오히려 이후 연산 발달을 제약을 할 수 있는 것으로 해석했다. Hiniker, Rosenberg-Lee과 Menon(2016)은 또한 자폐스펙트럼장애 아동($N = 36$)과 정상 발달 아동(TD = 61) 모두를 대상으로 한 수학 기술 연구에서 근사 및 기호 수 체계를 비교했고, 아동들은 연령과 FSIQ(Full Scale IQ)가 일치했고 읽기 능력이 비슷하였다. 일반 예측 변수[IQ, 작업기억(WM), 그리고 연령]를 고려한 후 근사 수 체계나 기호 수 체계가 정상 발달 집단에서 수학 성취도의 고유한 예측 변수로 등장하지 않음을 발견했다. 반대로 자폐아 그룹에서는 기호수 체계 측정값만 고유한 예측 변수였다.

기호 수 체계와 이후 수학 능력 사이의 관계에 대한 또 다른 종단적 연구에서 Fuchs 등(2010)은 9개월 동안 280명의 1학년생을 대상으로 잠재 변화 점수 분석을 사용했다. 이 조사자들은 계산과 수학 단어 문제 모두에서 성장의 구체적이고 일반적인 예측 변수를 시험했다. 특정 예측 변수에는 두 가지 숫자 감지 작업이 포함되었다 (Geary, Bailey, & Hoard, 2009; Siegler & Booth, 2004). 일반 예측 변수는 언어적 작업기 억, 처리속도, 유동적 지능과 듣기 이해력의 네 가지 인지 구조 각각에 대해 두 가지 측정값을 포함했다. 잠재 성장 점수와 각 구성에 대해 하나 이상의 지표를 사용함으 로써, 이 연구는 숫자 감각과 수학 발달 사이의 관계에 대한 많은 연구에서 발견되는 심리 측정 문제를 피했다. 또한, 이 연구의 또 다른 강점은 잠재 성장 점수가 발달 변 화를 이용하여 자기 회귀를 제어하고 원시 차이 점수의 불안정성을 방지한다는 것이 다. 그러나 그들이 선택한 두 가지 숫자 감각 측정은 근사 수 시스템이나 기호 수 시 스템의 순수 측정이 아니라, 비상징 및 상징 크기 비교를 결합한 것이다.

Fuchs 등(2010)은 일반적이고 특정되는 예측 변수가 연산 기술 발달의 33%를 차지 하고, 수학문제 해결 능력 발달의 65%를 차지한다는 것을 발견했다. 연구자들은 이 각각 설명된 부분을 영역–일반적 그리고 영역–특수적 능력에 대한 고유한 기여와 공유된 기여 부분으로 나누었다. 연산 기술이나 문장제 문제해결 능력의 약 2/3는 영 역 특수적 능력과 영역 일반적 능력으로 설명되지만, 개별 예측 변수는 전체 성장 부 분에서 매우 적은 독특한 기여만을 하게 되었다. 구체적으로 살펴보면, 연산 기술의 발달의 62%가 특정 예측 변수와 일반 예측 변수 간에 공유되었지만, 11%는 영역 일 반적 능력의 고유한 설명력이었으며, 27%는 영역 특수적 능력의 고유한 설명력이었 다. 유사하게, 수학 문장제 문제해결 발달의 71%가 특정 예측 변수와 일반 예측 변수 간에 공유되었지만, 15%는 영역 일반적 능력의 고유한 설명력이었으며, 14%는 영역 특수 능력의 고유한 설명력이었다.

Fuchs 등(2010)은 그들의 결과가 수학 발달에서 특정 인지 요인(즉, 수학에서의 수감 각)의 중요성을 보여 주었다고 주장했지만, 만약 특정 요인의 정의가 일반적 요인의 정의와는 다르다는 것을 보이지 못한다면, 일반적 요인과 특정 요인이 공유하는 예측 변수를 공유된 일반형으로 정의할 수 있다. 이 정의를 사용하여 Fuchs 등의 연구에서 계산 능력 발달의 73%와 수학 문장제 문제 발달의 86%가 일반적 인지 예측 변수에 의해 설명된다.

요약하면, 이러한 결과는 수학 기술 발달에 대한 다중 인지 변수 예측 모델에 해당 된다(수학장애의 다중인지 결손 모델).

• • •

뇌 메커니즘

이 책의 제2판이 2009년에 출판된 이후, 수학장애 그리고 수학 기술에 대한 많은 신경 영상 연구가 출판되었으며, 이러한 새로운 결과는 수학 기술의 기초가 되는 뇌 네트워크에 대한 분산된 관점 및 수학장애의 다중 인지 결손 관점과 일치한다. 이러한 새로운 신경 영상 결과는 다음에 요약되는 이전 버전 당시의 관점과 대조된다.

2009년 이전의 합의 된 견해는 좌측 IPS(intraparietal sulcus: 정수리고랑)가 인간과 다른 동물이 공유하는 비 상징적 크기 비교에 특화된 타고난 진화된 구조라는 것이었다. 이 견해는 또한 인간의 경우 좌측 IPS가 상징적 숫자 비교를 위한 기질이 되었다고 주장했다. 일단 언어로 표현한 정확한 숫자 체계를 고안하면 결국에는 문자로 된 기호로 표현된다. 이 견해에 대한 증거는 Dehaene(2003), Shalev와 Gross-Tsur(2001)에서 검토되었다. 그들의 검토의 연구 기반에는 후천성 뇌 병변이 있는 성인 환자와 정상적인 성인 피험자 및 터너증후군이 있는 여성을 포함한 난산증 환자에 대한 신경 영상 연구에서 발견된 해리가 포함되었다. 뇌 병변이 비수학적 콘텐츠에 대한 읽기, 언어 또는 의미론을 손상시킬 때 수학을 선택적으로 사용할 수 있기에 이 연구자들은 성인의 수학적 성능을 매개하는 신경 구조에 대한 특정성에 대해 주장했다. 2009년에 말했듯이, 콘텐츠 기반 분리인 것처럼 보이는 대안적인 설명이 있다 (Farah, 2003; Van Orden et al., 2001). 따라서 이러한 분리는 일반적으로 수학 모듈이나 구성 요소 수학 연산을 위한 모듈을 실제로 국한하지 않을 수 있다.

Dehaene(2003)은 또한 좌측 IPS가 수학적 연산을 지원하는 후두-두정엽 그리고 전두엽의 일부를 포함하는 양측 피질 네트워크의 핵심 중추이며, 이 네트워크의 다른 국부적 병변이 다른 수학적 작업의 성능 저하와 관련이 있다고 주장했다. 그는 이 양측 피질 네트워크에 대한 삼중 코드 모델을 제안했다. 그의 삼중 코드 모델에서 3개의 코드는, ① 인쇄된 숫자에 대한 시각적 개체 코드이며, 인쇄된 단어가 방추형이랑 부분에 의해 처리되는 것과 거의 동일한 방식으로 양측 복부 시각적 흐름에 의해 처리되는 것으로 가정된다. ② 좌측 IPS에 국한된 일반적인 유사 크기 코드 또는 정신적 수직선, 그리고 ③ 좌측 주변 언어 영역에 국지화된 언어적 코드가 포함된다. 이 삼중 코드 모델에 따르면 개인에게 기호 숫자 비교 작업이 표시되면, 먼저 인쇄된 숫자를 인식한 다음 해당 언어 및 크기 코드를 활성화한다. 이 모델을 기반으로 계산문제를 수행하는 작업을 확장하기 위해서, Dehaene(2003)은 해답에 도달하도록 하는 자동적 혹은 의도적 연산 절차를 수행하는 전두 선조체 고리를 추가했다.

Dehaene(2003)에 따르면 이 피질 네트워크에서 좌측 IPS의 중심성은 다음 결과에 의해 뒷받침된다. 첫째, 좌측 IPS는 입력과 출력 양식 또는 숫자 자극에 대한 인식에 관계없이, 연산 계산을 수행하거나 숫자의 크기를 이해하는 일반 성인에게 활성화된다. 또한, 좌측 IPS의 이 활동은 계산 횟수, 관련 숫자의 크기 또는 그들 사이의 숫자 거리(비교 작업에서)로 색인화되든 상관없이 난이도에 비례한다. 둘째, 좌측 IPS에 후천성 병변이 있는 환자는 단순한 계산이나 수치적 비교에서도 심각한 결손을 가지고 있으며, 일차 해부중이라고도 하는 순수 의미론적 난산중을 가지고 있다고 한다. 셋째, 그 당시 신경 영상(자기 공명 분광법)으로 연구한 발달성 난산중 또는 수학장애 환자 1명은 좌반구의 하두 정소엽 영역과 겹치는 국소 비정상 신호를 보였다(Levy, Levy, & Grafman, 1999). 이러한 모든 결과를 바탕으로 Dehaene(2003)은 왼쪽 IPS가 의미론적 표현 및 수치적 조작을 지원한다고 주장했으며, 비록 그가 우측 IPS가 부분적으로 관여하더라도, 이를 '수치적 직관' 또는 '정신적 수직선'이라고 명명했다.

연산을 위한 양측 정수리 구조의 중요성은 터너증후군 여성을 대상으로 한 신경 영상 연구에서도 뒷받침되었다. 이 연구는 구조적(Murphy, DeCarli, & Daly, 1993; Reiss et al., 1993; Reiss, Mazzocco, Greenlaw, Freund, & Ross, 1995) 및 기능적(Clark, Klonoff, & Hayden, 1990) 스캔에서 양측 두정 후두 부위의 이상을 나타낸다.

2009년에 우리는 이러한 증거의 수렴이 인상적이긴 하지만, 왼쪽 IPS가 이러한 기능을 수행하는 방법과 입력 및 출력이 무엇인지에 대한 계산 모델이 여전히 필요하다고 결론지었다. 또한, 인접한 정수리 피질의 일부 또는 수치적 양에 민감한 뇌의 다른 부분이 있을 수 있으므로 '정신적 수직선'은 Dehaene(2003)이 주장한 것처럼 일부에 국한되지 않을 수 있다.

수학적 기술의 기초가 되는 뇌 메커니즘에 대한 Dehaene(2003)의 견해에 도전한 새로운 증거는 무엇인가? 수학의 기능적 자기공명 영상(fMRI) 연구에 대한 최근 두 가지 정량적 메타분석은 각각 성인(Arsalidou & Taylor, 2011)과 아동(L. Kaufmann, Wood, Rubinsten, & Henik, 2011)을 대상으로, 숫자 비교 작업이나 계산에 의해 안정적으로 활성화되는 뇌 영역은 Dehaene(2003) 모델이 예측한 것보다 훨씬 더 광범위하고 작업 특정적이지 않다. 또한, 성인과 아동의 결과를 비교하면 이러한 수학적 작업을 매개하는 뇌 위치가 발달에 따라 변한다는 사실을 분명히 알 수 있다. 이러한 발달상의 차이는 뇌 행동 발달의 상호적 전문화 모델과 일치하고, Dehaene과 동료들이 지지하는 발달 전반에 걸쳐 동일한 국소화를 가진 뇌의 타고난 모듈을 가정하는 성숙 모델과 일치하지 않는다.

Arsalidou와 Taylor(2011)의 메타분석은 인쇄된 숫자 비교와 계산과 관련된 뇌 영역의 삼중 코드 모델(Dehaene, 2003)을 구체적으로 실험했다. 삼중 코드 모델과는 달리 Arsalidou와 Taylor(2011)의 93개의 fMRI 연구에 대한 정량적 메타분석은 삼중 코드 모델에서 예측된 3개 또는 4개보다 훨씬 더 많은 일치된 뇌 영역(인쇄된 숫자 비교 작업과 서면 계산 문제로 활성화됨)을 발견했다. 합의된 활성화 위치에는 삼중 코드 모델에 의해 예측된 위치뿐만 아니라 뇌섬엽, 대상회 그리고 소뇌와 같은 예상치 못한 위치도 포함되었다(세 가지 모두 수와 계산 작업에서 공유됨).

L. Kauffmann 등(2011)의 (19개의 fMRI 연구에 대한) 두 번째 메타분석은 수학의 신경 기질이 아동과 성인에서 유사할 것이라는 Dehaene(2003) 모델의 성숙 가정을 명시적으로 테스트했다. 그들은 이 문제와 관련된 네 가지 질문, 즉 ① 비기호적(근사치) 그리고 기호적(정확한) 숫자 비교는 아동이나 성인이 마찬가지로 좌측 IPR을 활성화시켜 비기호 및 기호 작업을 수행하는가? ② 비기호 숫자 처리와 관련된 뇌 영역이 아동의 나이에 따라 변하는가? ③ 수학장애를 가진 아동과 일반 아동 사이에 일관된 뇌 활성화 차이가 있는가? 그리고 그것은 좌측 IPS로 제한되는가? ④ 산수를 통해 활성화되는 뇌 영역은 성인과 어린이에서 비슷하게 나타나는가? 그들의 정량적 메타분석은 이 네 가지 질문에 대한 답이 모두 수학적 모델이 예측하는 것과 상반된다는 것을 발견했다. 즉, 메타분석은 네 가지 질문에 대해 각각 다음과 같은 답을 제시했다. ① 아니요, ② 예, ③ 예, 왼쪽 IPS와 일치하지만 이에 제한되지는 않는다. ④ 아니요 질문 ③과 관련하여 3건의 연구만 살펴볼 수 있었으며, 수학장애와 일반 아동 간의 일관된 활성화 차이는 정수리(좌측과 우측 IPS 포함), 포론 및 기타 뇌 구조에서 과잉 및 저활성화 차이가 모두 포함되었다. 요약하면, 그들의 결과는 뇌 행동 발달에 관한 Dehaene(2003) 모델의 예측을 부정하는 대신 대화형 전문화 모델과 호환된다.

두 메타분석을 모두 요약하면, 현재 수학과 관련한 뇌 영역은 Dehaene(2003) 삼중 모델이 예측한 것보다 훨씬 더 많이 분포되어 있으며, 일반적인 인지 및 주의 과정을 매개하는 많은 영역을 포함하고 있음이 분명하다. Dehaene의 모델과 일치하게, 좌측 IPS는 수학의 핵심 위치이며, 다른 양측 두정엽 영역도 마찬가지다. 대략적인 숫자 체계를 유지하는 뇌 영역은 선천적이라기보다는 발달에 따라 변화한다.

수학(및 기타 모든 뇌 기능)에 대한 신경 영상 연구의 또 다른 큰 변화는 지역화 모델에서 대규모 네트워크 모델로의 전환이다. 앞서 제3장에서 논의했듯이, 뇌에는 몇몇 특정인지 작업을 수행하기 위해 상호작용하는 대규모 네트워크가 있다. 종단연구를 통해 신경 영상 데이터를 분석하고 수학 결과물과 관련해서 뇌가 어떻게 반응하는지 시험했다. 수학에 특화된 뇌 네트워크의 분산으로 인한 기능적 연결성의 증가는 수학 성취도의 획득을 예측했다(Ecans et al., 2015).

요약하자면, 2009년 이후 발표된 연구는 Dehaene(2003)의 삼중 모델과 좌측 IPS의 공식화된 관점에 도전했다. 크기 비교 및 계산 작업과 관련된 두뇌 활동은 Dehaene의 삼중 모델이 예측하는 것보다 어린이와 성인 모두에게 더 많이 분포되어 있었다. 삼중 모델에서 예측되지 못한 한 가지 주요한 차이점은 전방 섬엽(anterior insula)이 핵심 허브인 돌출 네트워크에 개입한다는 점이다. 최근 대규모 분산 뇌 네트워크 간의 상호작용을 포함하는 새로운 이론적 모델들이 수학적 기술의 개인 및 발달 차이를 설명하기 위해 연구되고 있다.

병인론

수학장애의 원인에 대한 연구는 이 책의 2판이 나온 2009년 이후 특히 분자 유전학 영역에서 상당히 진전되었다. 2009년 이전에, 이미 터너증후군과 여성의 취약 X 증후군과 같은 특정 유전 증후군이 표현형의 일부로 수학장애를 포함한다는 것이 알려졌다. 또한, 증후군과 관련되지 않은 수학장애도 가족적이고 유전적이며(h^2g 약 .4), 수학장애에 대한 일반적인 영향 중 일부는 읽기장애에 대한 유전적 영향과 공유된다는 것도 알려졌다(Haworth, Kovas, Petrill, & Plomin, 2007; Light & Dfries, 1995). 게다가 이러한 수학장애에 대한 유전적 영향의 증거는 여러 연구를 통해 수렴되었다(Haworth et al., 2007; Knopik & DeFries, 1999; L. Thompson, Detterman, & Plomin, 1991; Wadsworth, DeFries, Fulker, & Plomin, 1995). 수학의 정상적인 개인차에 대한 유전가능성을 발견했다(예: Haworth et al., 2007에서 .62~.75; Knopik & DeFries, 1999에서 .67). 마찬가지로, Light와 DeFries(1995)가 그 분포의 가장 낮은 수학과 읽기 점수에서 발견한 것과 유사하게, 수학의 정상적인 개인차와 정상적인 읽기 기술 간의 유전적인 영향을 공유한다는 증거도 있었다(Knopik & DeFries, 1999; Light, DeFries, & Olson, 1998). Light(1998)는 읽기와 수학 점수 사이의 공변량을 설명하는 인지 요인을 조사했다. 그들은 언어적 IQ와 비단어 읽기 능력이 이 공변량의 대부분을 설명한다는 점을 발견했고, 이 관계는 읽기장애군과 대조군 모두에서 유전적으로 매개된다. 요약하면, 2009년까지 우리는 전체 분포에서 수학장애와 수학에 대한 개인차가 어느 정도 유전될 수 있으며 읽기 및 언어 측정과 유전적 영향을 공유한다는 것을 알아냈다. 최근 이러한 수학장애 및 수학 기술의 유전성에 대한 초기 발견은 반복되고, 분자 유전학 연구로 확장되었으며, 다음 섹션에서 더 자세히 논의하도록 하겠다.

공유(일반) 유전자

최근 연구에 의해 뒷받침된 한 가지 중요한 가설은 '공유(일반) 유전자' 가설이다(Plomin & Kovas, 2005). 이 가설은 광범위한 인지 및 학업 기술에 실질적인 영향을 주는 동일한 유전자가 있다는 것이다. S. Hart, Petrill, Thompson, 그리고 Plomin(2009)은 Western Reserve Reading Project의 쌍둥이 인구를 기반으로 한 표본에서 다변량 행동 유전학 분석을 통해 이 가설을 검증했다. 여기에는 IQ 측정과 여러 읽기 및 수학 측정이 포함되었다. 그들은 세 가지 영역 모두에서 공유되는 중간 정도의 유전적 영향을 발견했으며, IQ, 읽기 및 수학의 세 영역과 상호 연관된 인지 능력에서 전체적인 개인차 분포에 걸쳐 작용하는 공유(일반) 유전자와도 일치했다.

관련 연구에서 Haworth(2009)는 공유(일반) 유전자가 대규모의 쌍둥이 표본[N = 8,000, 12세의 Twins Early Development(TEDS) 연구 표본]에서 정상분포의 가장 낮은 집단와 전체 집단에 유사한 영향을 미치는지 검증했다. 그들은 가장 낮은 집단과 전체 집단에서 읽기, 수학, IQ 및 언어 측정 간의 매우 유사한 표현형 및 유전적 상관관계를 발견했다. 구체적으로, 이 네 가지 인지 척도 간의 평균적인 표현형 상관관계는 가장 낮은 집단의 경우 r = .58이고 전체 집단에 대한 r = .59이었다. 평균 유전 상관은 가장 낮은 집단의 경우 r = .67이고 전체 집단의 경우 r = .68이었다. 이러한 상관관계가 의미하는 것은 이 네 가지 인지 능력이 약 1/3 정도 겹쳐지며, 그 이유는 주로 유전적인 공유 때문이다. 평균적으로 이러한 특성 중 하나에 영향을 미치는 유전자의 약 2/3가 다른 특성과 공유된다. 이 결과는 일반적 유전자가 개인차와 장애 모두에 대해 매우 유사하게 작용한다는 것을 확인하였다.

S. Hart 등(2010)은 이러한 읽기와 수학에 영향을 주는 공유(일반) 유전자가 ADHD의 증상에도 영향을 미치는지 여부를 검증했다[ADHD 증상과 정상 행동의 강점과 약점 척도(SWAN)로 측정함. 이 척도는 ADHD 등급 척도(ADHD-RS)와 달리 ADHD 증상의 양호한 극단의 분산을 포착함]. ADHD는 읽기장애와 수학장애 둘 다 동반 가능하므로, 세 가지 표현형 모두에서 유전적 영향을 공유할 수 있다는 점이 타당했다. Cholesky 분해에서 공유(일반) 유전자(모델의 A1 인자)는 연속 ADHD 측정(SWAN)에서 .44를, 읽기 요인에서 .63을, 수학 요인에서 .33으로 입력되었다. 또한, 공유(일반) 유전자는 환경적 영향(C1인자)을 공유하는데, 이것은 세 가지 특성(ADHD의 경우 .24, 읽기의 경우 .59, 수학의 경우 .90)에서 영향을 받은 것이다. 그들은 ADHD에 특유한 유전적 영향을 발견했지만, 이 유전적 영향은 읽기나 수학에는 영향을 미치지 않았다. 따라서 유전자와 공유된 환경은 세 가지 특성의 원인에서 모두 겹쳐진다.

Harlaar, Kovas, Dale, Petrill, 그리고 Plomin(2012)은 수학과 읽기 사이의 유전적 일치가 해독보다 읽기 이해에 더 강한지 조사했다. 이것은 수학 계산, 수학 문장제 문제 해결, 읽기 이해가 모두 글자 해독의 자동적인 기술보다는 작업기억 및 언어추론과 관련이 높다는 것을 감안할 때 가능한 가설이다. 그들은 공유(일반) 유전자(A1 인자)가 수학(.78), 해독(.46) 및 읽기 이해력(.61)에 다른 가중치를 부여한다는 것을 발견했다. 이 결과는 글자 해독을 하는 것보다 수학과 읽기 이해력 사이의 유전적 공유 부분이 더 크다는 가설을 확인했다. 이러한 공유(일반) 유전자는 수학에서 모든 유전적 분산과 읽기 이해에서 56%의 유전적 분산을 설명한다. 하지만 글자 해독에서는 유전적 분산의 25%에 불과했다.

근사 수 체계의 유전성

ANS(근사 수 체계: approximate number system)의 유전 가능성을 조사한 연구는 단 한 건이며, 반면 기호 숫자 체계의 유전가능성을 조사한 연구는 없다. Tosto 등

(2014)은 대규모의 TEDS 쌍둥이 표본에서 청소년의 ANS의 파나매스(Panamath) 측정값을 사용했으며 놀랍게도 .32의 유전가능성을 발견했다. ACE(부가적인 유전적, 공통적, 고유한 환경적 변이) 모델의 다른 결과를 살펴보면, 공유된 환경적 영향은 미미하고(C = 0), 가장 큰 분산의 구성 요소는 공유되지 않은 환경 영향(E = .68)이었다. GWAS(전장 유전체 연관 분석: Genomewide Association Studies) 연구 표본의 하위 집단에서 ANS의 유전성에 대한 GWAS 추정치는 0이었다. IQ, 언어와 같은 일반적인 인지 요인의 중간 정도의 유전성과 현저하게 대조되는 ANS의 이 놀랍도록 낮은 (또는 심지어 미미한) 유전성을 설명하기 위해, 이 저자들은 추측성 가설을 제기하였는데, 매우 생존에 중요하기 때문에 팔을 두 개 가지는 것과 같이 보편적인 특성에서 낮은 유전적 변이를 보이게 된다는 것이다.

ANS를 보편적 특성으로 보는 데에는 몇 가지 문제가 있다. 첫째, 이 견해는 ANS가 사실상 유전가능성이 없다는 귀무 가설을 수용해야 한다는 점을 요구한다. 그러나 Tosto 등(2014)은 .32의 작지만 중요한 쌍둥이 유전성을 발견했다. 제2장에서 논의한 바와 같이, 비록 GCTA 유전성은 무효였지만, GCTA 또는 SNP(단일염기 다형성: Single-nucleotide Polymorphism) 기반 유전성은 종종 쌍둥이 유전성을 무효화하지 않아 쌍둥이 유전성보다 낮다. 둘째, 신체적 특성은 개인차 특성과 달리 인구 편차가 거의 없어야 한다. 그러나 ANS는 일부 연구에서 수학 능력의 차이를 예측하는 반복된 발달 및 개인차를 보여 준다. 셋째, 방금 논의했듯이, 수학 기술의 다른 인지 예측 변수와 수학 기술 자체는 공유(일반) 유전자의 영향을 받는다. 따라서 ANS 자체의 유전성을 테스트하는 것뿐만 아니라 ANS의 개인차가 공유(일반) 유전자에 의해 영향을 받는지 여부를 조사하는 것도 중요하다.

ANS 측정의 낮은 유전성에 대한 보다 평범하고 간결한 설명은 ANS 측정의 신뢰성이 없다는 것이다. 일란성 상호 연관에 대한 이변량 분포도를 조사하는 Tosto 등(2014)의 ANS 측정 연구는 천장 효과와 상당한 논란을 모두 제기한다. 여러 연구에서 ANS의 심리 측정 속성과 기호 숫자 시스템 측정값을 조사하고 있다. 이러한 연구에 따르면 ANS 및 기호 숫자 시스템의 서로 다른 버전에 대한 신뢰도는 일반적으로 합의된 한계치(> .65)보다 낮은 경향이 있음을 발견했다(예: Gilmore, Attridge, & Inglis, 2011; Inglis & Gilmore, 2014; Maloney, Risko, Ansari, & Fugelsang, 2010; Price, Palmer, Battista, & Ansari, 2012). 더 중요한 점은, 서로 다른 ANS 작업 버전(Price et al., 2012)

간의 수렴 타당도가 낮다는 것이다. ANS와 기호 숫자 시스템 측정값 사이의 집중도 또한 낮고 일반적으로 중요하지 않다(Gilmore et al., 2011; Maloney et al., 2010). 물론, ANS 학자들의 주요 발달 예측은 ANS가 이후의 정확한 숫자 기술에 대한 중요한 선구자라는 것이다. 따라서 ANS와 기호 숫자 시스템 측정 간의 수렴 타당도 결여는 이러한 학자들에게 중요한 문제다.

대조적으로, IQ, 언어, 작업기억, 처리속도와 같은 수학 기술에 대한 일반적 인지 예측 변수의 검사들은 훨씬 더 높은 신뢰도와 수렴 타당도를 보인다. 또한, 이러한 일반 예측 변수를 조사하는 연구는 종종 잠재 특성이 완전한 신뢰도를 갖는 잠재 특성 모델을 사용한다. ANS 및 기호 숫자 시스템 측정에서 이러한 측정학적 적합성 문제가 해결될 때까지는, 일반적 수학 발달 또는 수학 장애에서 특정한 인지 요인의 역할이 얼마나 큰지 밝혀내기 어려울 것이다.

Tosto 등(2014)의 결과를 반복하고 확장하기 위해, 우리는 두 개의 대규모 쌍둥이 샘플[Western Reserve Reading Project 및 Colorado Learning Disabilities Research Center(CLDRC)]에서 Panamath 측정(ANS 측정)의 유전가능성을 테스트했다(Lukowski et al., 2017). 우리는 또한 더 나아가 일반(공유) 유전자가 ANS에 영향을 미치는지 조사했다. 만약 ANS가 종-전형적, 특정한 인지 특질(trait)이라면, 이는 지능과 유전적 공통성이 거의 없어야 한다. 왜냐하면 지능은 개인 능력 차이에 어느 정도 유전적 영향을 미치는 전형적인 다유전자적(polygenic) 특질이다. Tosto 등(2014)의 결과와 일관되게, 우리는 Panamath 측정에 대해 단일 요인 유전성(Western Reserve 샘플에서 .29, CLDRC 샘플에서 .54)과 상당히 커다란 공유되지 않은 환경적 영향을 발견했다.

ANS가 종-전형적 특질이라는 Tosto 등의 가설과는 달리, 우리는 ANS에 대한 일반(공유) 유전자의 영향이 수학 능력 및 IQ에 대한 유전적 영향과 겹치는 것을 발견했다(Lukowski et al., 2017). 특히, 두 표집에서 ANS에 대한 모든 유전적 영향은 수학 능력과 공유되었으며 그중 상당 부분이 IQ와 공유되었다. 요약하면, 이 증거는 ANS가 진화되고 보편적이며 특정한 인지 모듈이라는 견해를 뒷받침하지 않는다. 그 대신, ANS의 낮은 유전 경향성은 측정 도구의 낮은 신뢰도의 문제로 볼 수 있고, ANS의 신뢰할 만한 유전적 분산은 일반 유전자(수학 능력과 IQ에 영향을 미친다)와 상당히 겹친다.

분자 유전학

쌍둥이 연구법은 유전적 영향에 대한 간접 테스트를 제공하는 반면, 분자 연구법은 일반적으로 SNP(제2장)와 같은 DNA 변이체를 검사하여 직접 테스트를 제공한다. 이러한 수학장애의 유전학에 대한 분자적 접근을 사용하는 몇 가지 연구가 수행되었지만, 수학장애 후보 유전자에 대한 결과는 확인되지 않았다.

Docherty 등(2010)은 수학 기술의 전장 유전체 분석(GWAS)을 수행하기 위해 TEDS 샘플에서 SNP를 사용했다. 그들은 수학과 관련된 10개의 SNP를 발견했다. 이러한 SNP 중 어느 것도 이전에 난독증 또는 LI의 후보로 확인된 유전자 근처에 있지 않았다. 이는 하나의 학문적 특성과 관련된 대부분의 (전부는 아니지만) 유전자가 다른 학문적 및 인지적 특성에 영향을 미칠 가능성이 있다는 공유(일반) 유전자 가설의 증거를 고려할 때 놀라운 결과다. 이 10개의 SNP는 수학 기술 분포의 2.9 %를 차지했으며, 복잡한 특성에 대한 전장 유전체 분석(GWAS)의 매우 전형적인 결과다.

Marino 등(2011)은 2개의 난독증 후보 유전자인 6p 염색체 DCDC2와 염색체 15q의 DYX1C1이 난독증으로 선택된 가족의 언어 및 수학 기술에 대해 다발성인지 여부를 검증하기 위해 표적 SNP 접근법을 사용했다. 그들은 수학 기술에 대한 이 두 가지 난독증 후보 유전자의 다발성 효과를 발견했지만 언어 기술에서는 아니었다.

지금까지 가장 중요한 분자 유전학은 Trzaskowski 등(2013)에 의해서 발견되었다, 이는 공유(일반) 유전자에 대한 강력한 수렴 분자 및 행동 유전적 증거를 발견했다. 공유(일반) 유전자에 대한 직접적인 DNA 증거가 있는지 검증하기 위해 Trzaskowski 등(2013)은 대규모의 TEDS 샘플에서 전장 유전체 분석(GWAS)을 수행했다. 그들은 관련이 없는 개인들 간의 SNP 유사성(GCTA)을 분석하여, 일반 지능, g요인, 및 언어, 읽기 및 수학의 복합 측정 사이의 유전적 상관관계를 계산했다. 그런 다음 이러한 일반적인 상관관계를 전통적인 쌍둥이 연구방법으로 추정한 것과 비교했다. 그들은 유전적 상관관계가 두 가지 방법에서 상당히 강하고 현저하게 수렴한다는 것을 발견했다. g요인과 언어 능력의 경우 GCTA에서는 .81이, 쌍둥이 연구방법에서는 .80이 나타났다. g요인과 수학 능력의 경우, GCTA에서 .74가, 쌍둥이 연구방법에서 .73이었다. g요인과 읽기 능력의 경우 GCTA에서 .89, 쌍둥이 방법에서 .66이었다. 이 결과는 DNA 수준에서 공유(일반) 유전자의 존재를 확인하지만 물론 특정적인 공유(일반)

를 확인하지는 못했다.

요약

요약하면, 우리는 수학장애의 원인이 몇 가지 중요한 측면에서 이 책에서 다루는 다른 학습 장애의 원인과 유사하다는 것을 배웠다. 수학 능력에 대한 전체 분포에서의 개인차나 분포의 낮은 극단(예: 수학장애)에서의 개인차 모두 어느 정도 유전적이고, 다유전적이며, 읽기와 ADHD 및 모든 학습 장애를 예측하는 기본 인지 능력에 대한 유전적인 영향과 상당한 공통성을 지닌다. 다시 말해, 우리는 일반적 수학 발달과 수학장애가 공유(일반) 유전자의 영향을 받는다는 것을 알게 되었다. 신경심리학에 관한 이 장에서 보았듯이, 이러한 유전적 결과는 모든 수준에서 수학장애 및 수학 기술의 인지 분석과 상당히 수렴되며, 각각의 분산의 대부분은 특정 변수보다는 일반적인 인지 변수들로 설명된다.

● ● ●
진단과 치료

진단

수학장애 진단에는 철저한 발달사(수학 부진의 발달 과정을 이해하고 현재 기능장애를 확인하기 위해)와 개인 검사를 통한 수학 성취 측정이 요구된다(〈표 7-1〉 참조). 앞서 논의한 연구를 고려할 때, 수세기 전략의 사용과 기본셈 자동성을 포함하여 아동이 문제를 해결하는 과정을 주의 깊게 관찰하는 것이 도움이 될 것이다. 전체 IQ 검사가 반드시 필요한 것은 아니지만 몇 가지 이유로 도움이 될 수 있다. 가장 일반적으로 사용되는 IQ 검사는 수학장애와 관련된 일반적인 인지 위험 요소(g요인뿐만 아니라 언어, 처리속도, 작업기억)에 대한 측정값을 제공한다. 어떤 경우에는 아이의 수학 부진에 대한 주요 원인으로 지적장애를 배제하기 위해 IQ 검사가 필요할 수도 있다.

수학장애는 자주 언어장애, 읽기장애 및 ADHD와 동반되기 때문에 수학장애가 의심되는 아동에게 이러한 장애들을 고려하는 것이 중요하다. 이는 중재의 강도와 성격, 수학장애 중재를 수정할 수 있기 때문이다. Shalev와 Gross-Tsur(2001)는 또한 간질과 같은 의학적 질병과 유전적 증후군들, 예를 들어 터너증후군이나 여성의 취약 X 증후군 등에 대한 선별검사를 추천한다.

사례 발표

사례 발표 5

열세 살의 8학년인 에반(Evan)은 수학에 대한 어려움으로 학교 상담 교사로부터 의뢰되었다.

에반의 태아기, 출생 및 초기 발달사에서 두드러지는 특징은 없으며, 집에서 부모님과 누이동생과 함께 산다. 에반의 부모 모두 대학 교육을 받았으며 사무직으로 일한다. 그의 어머니는 그가 학교생활 내내 수학에 어려움을 겪었지만, 공식적인 평가나 개입에 참여해 본 적은 없다고 보고했다. 또한, 우울증의 가족력이 있다.

학교생활 기록과 관련하여, 에반은 어린 시절부터 읽기를 잘하고 철자를 배웠지만 수학은 항상 그에게 더 어려웠다. 그는 3학년 때 수학 지원을 제공하는 RTI(중재반응) 계획에 배치되었다. 4학년 때 수학에서 또래보다 뒤처졌고, 그해 개별화 교육 프로그램(IEP)의 평가를 받았다. 학력검사 결과 그의 지적 능력과 언어 능력이 평균 범위 내에 있는 것으로 나타났다. 읽기 정확도와 유창성은 평균 이상, 읽기 이해도는 평균 범위에 있었고, 수학 성취도는 평균보다 낮은 것으로 나타났다. 당시 그는 특수교육 IEP 적격성에는 해당하지 않는 것으로 밝혀졌다.

그의 부모는 에반의 수학 과목에 대해 계속 걱정하고 있었기 때문에 그가 5학년이었을 때 사교육 업체에서 운영하는 튜터링 센터에 비용을 지불하고 튜터링을 시켰다. 튜터링 센터에서는 그가 그룹 환경에 '집중할 수 없기' 때문에 튜터링의 효과가 없었다고 보고했다. 주 표준검사에서 에반의 점수는 읽기 및 쓰기에 대한 숙달 범위에서 지속적으로 멀어졌고, 수학 교과는 부분적인 숙달 이하 범위로 지속적으로 떨어졌다.

에반의 초등학교 시절 내내 교사는 에반이 집중과 준비에 어려움을 겪는다고 기록했다. 그는 문제행동을 줄이고 자신의 과제를 완료하기 위해 자주 지시를 해 주는 것이 필요했다. 에반이 중학교를 시작했을 때 준비의 어려움이 더욱 분명해지고 장애가 되었으며, 중학교 1학년 중반에는 과제를 놓쳐 여러 수업에 실패했다.

그 시점에서 그의 소아과 의사를 통해 주의산만 유형 ADHD 진단을 받았다. 그 이후로 에반은 각성제를 처방받았으며, 학교에서 보충 준비/학업 기술 수업에 참여했다. 현재 성적은 주로 핵심적인 이론 수업에서 B와 C를 받았으며, 대부분의 선택 과목에서 A, 수학에서 D를 받았다. ADHD 관련 지원으로 숙제에 대한 문제가 줄어들었지만 에반은 계속해서 "수학이 싫어"라고 하며, 집에서 수학 과목을 보충하는 것을 거부한다고 보고했다.

에반은 부모와 학교 상담사에 의해 매우 호감이 넘치고 예의 바른 학생으로 묘사되었으며, 그는 여러 스포츠에 참여하고 또래들과 건강한 우정을 보이고 있다. 주말 동안 기분은 대체로 긍정적이지만, 어머니는 에반이 방과 후 자주 피곤해하고 짜증 내는 것을 걱정한다. 그녀는 또한 그가 특히 학교에서 자신감이 부족하다는 점을 걱정한다. 에반의 진단 테스트는 〈표 11-1〉에 요약되어 있다.

〈표 11-1〉 검사 요약, 사례 5

수행 타당성
의학적 증상 타당도 검사

즉각적인 인식	RS = 100
지연된 인식	RS = 5
일관성	RS = 95
짝을 이룬 연관	RS = 70
자유기억	RS = 55
	(유효한)

일반 지능

		유동적 지능	
WISC-V 전체 IQ	SS = 98	WISC-V 유동추론 지표	SS = 97
결정적 지능		행렬추리	ss = 11
		무게비교	
WISC-V 언어이해 지표	SS = 95	WISC-V 시공간 지표	SS = 102
공통성	ss = 12	토막짜기	ss = 10
어휘	ss= 10	퍼즐	ss = 11

작업기억

WISC-V 작업기억 지표	SS = 82
숫자	ss = 6
그림기억	ss=8

처리속도

WISC-V 처리속도 지수	SS = 100
동형찾기	ss = 11
기호쓰기	ss = 9

학업

읽기		수학	
역사		역사	
CLDQ 읽기 척도 25 백분위		CLDQ 수학 척도 97 백분위	
기초 문해력		계산문제 해결	
WIAT-III 단어 읽기	SS = 117	WIAT-III 수치 연산	SS = 73
WIAT-III 철자	SS = 111	수학문제 해결	SS = 69
읽기 유창성		수학 유창성	
TOWRE-2 일견 단어 효율성	SS = 121	WIAT-III 수학 유창성	SS = 88
TOWRE-2 음소 해독 효율성	SS = 113		

구어

CELF-5

문장 기억하기	ss = 12
음성 문단 이해	ss = 10

주의 및 실행 기능

주의력		실행 기능	
밴더빌트 부주의		D-KEFS Trail Making Test	
부모	RS = 6	시각적 스캐닝	ss = 11
교사	RS = 7	숫자 시퀀싱	ss = 9
밴터빌트 과잉행동/충동성		문자 시퀀싱	ss = 10
부모	RS = 1	문자 – 숫자 전환	ss = 6
교사	RS = 2	D-KEFS 언어 유창성	
		문자 유창성	ss = 11
		범주 유창성	ss = 10

주: SS, 평균 = 100 및 *SD* = 15의 표준점수; ss, 평균 = 10 및 *SD* = 3인 척도화된 점수; RS, 원점수; % lie, 백분위 수 순위; WISC-V, 웩슬러 아동용 지능검사-제5판; CLDQ, 콜로라도 학습 어려움 설문지; WIAT-III, 웩슬러 개인용 성취도 검사-제3판; TOWRE-2, 단어 읽기 효율성 검사-제2판; CELF-5, 언어 기초 임상 평가-제5판; Vanderbilt, NICHQ 밴더빌트 평가 척도; D-KEFS: Delis-Kaplan 실행 기능 시스템.

논의

충분한 중재에도 불구하고, 수학 성취에 대한 예반의 현재 표준화 검사 결과 및 지속적인 수학 어려움에 대한 기록들은 수학장애 진단 기준과 일치한다. 이 평가는 또한 ADHD에 대한 지속적인 증거를 제공했지만, 이러한 증상은 의료 및 학교 지원을 통해 이전보다 더 잘 관리되었다. 우리의 경험상, 수학장애만을 보이는 아동이 임상 치료를 받는 것은 다소 드물다. 에반은 수학장애의 일반적인 ADHD 공존장애를 보이기는 했지만, 그와 그의 부모는 오랜 수학 과목의 어려움에 실망하고 더 많은 도움을 원했기 때문에 특수교육 대상자로 의뢰되었다. 그들은 그의 어려움에 대한 설명을 듣고 이미 진단된 ADHD보다 무엇인가 더 있다는 사실을 알고 안심했다.

계산 지식 및 문제 해결 테스트에서 에반의 점수는 그의 연령대에 비해 훨씬 낮았으며 지능, 언어 및 읽기 능력 수준보다 현저하게 떨어졌다. 이전 논의에서 분명히 알 수 있듯 수학장애를 가진 많은 아동은 이러한 종류의 현저한 격차를 보이지 않는다. 에반의 경우, 그의 수학 능력과 대부분의 인지 능력 사이의 분명한 차이는 그의 부모가 신경심리학적 기능에 대해 더 많은 정보를 탐색하게 된 동기가 되었다. 그의 고차원의 수학 능력에서의 약점과는 대조적으로 매우 간단한 연산문제를 빠르게 풀 수 있는 능력은 대체로 정상적인 범위 내에 있었다. 웩슬러 개인용 성취도 검사-3판(Wechsler Individual Achievement Test-Third Edition: WIAT-III)의 연산 유창성에서 상대적으로 더 나은 에반의 성과는 그의 처리속도와 관련이 있을 수 있다. 또한, 그의 수학적 어려움은 기본 연산보다 높은 수준의 기술(예: 문제 해결)에서 더 두드러지는 것으로 보인다. 이러한 불일치는 나이가 들어감에 따라 더 높은 수준의 기술이 점점 강조되기 때문에 표준화 개인 성취검사의 점수가 4학년의 학교 시험에서 얻은 점수보다 낮은 이유를 설명할 수 있다. 에반이 수학 공부를 피했기 때문에 동급생들보다 더 뒤처졌을 수도 있다. 그는 당연히 이 시점에서 수학을 싫어하고 수학에 대한 불안감도 커졌을 것이다.

수학장애와 높은 공존성을 가진 읽기 및 언어문제로 인해, 에반은 읽기와 언어 영역에서도 문제가 있다는 점이 확인되었다. 그러나 그의 이전 기록 및 테스트 결과에서는 이러한 영역에서 어려움이 확인되지 않았다. 사실, 기초적 읽기는 에반에게 강점이 되는 영역으로 보인다.

수학의 어려움과 계속되는 ADHD 증상 외에도 에반의 검사에서 나타난 또 다른 주목할 만한 패턴은 일부 실행 기능 작업(작업 기억 및 심리적 유연성 포함)의 약점이었다. 실행 기능의 약점은 ADHD와 수학장애 모두에 관련되어 있으며, 이러한 공존장애를 설명하는 데 도움이 될 수 있는 공유된 인지 위험 요인으로 볼 수 있다.

교육 및 심리검사 결과에 따른 권고 사항은 에반이 학교에서보다 집중적이고 개별화된 수학 중재에 참여하도록 하는 것이었다. 에반의 수학 능력뿐만 아니라 수학에 대한 태도도 향상하기를 기대하며 재정적으로 지원이 가능하다면 개인 수학 교습을 해 보도록 권고도 하였다. 에반의 학습 장애에 대한 스트레스 반응으로써 충분히 가능한 약한 기분장애도 보였다. 학교에서의 적응문제에 대한 모니터링은 권고되었지만 임상 면접과 심리검사 척도에서도 심각한 우울증이나 정신과적 소견은 따로 발견되지 않았다.

치료

치료에 있어서, 이 책의 2판이 2009년에 출판된 후 상당한 진전이 있었다. 그 당시에는 치료 프로그램이 포함된 파일럿 연구(L. Kaufmann, Handl, & Thony, 2003)가 하나만 존재했다. 앞서 논의한 수 개념의 기본적인 이해에 초점을 맞췄으며, 이는 수학장애를 가진 어린이의 계산 기술에 도움이 된다. 보다 엄격한 실험설계를 사용한 후속연구는 수학장애 치료의 효능을 뒷받침했다. 이 글을 쓰는 시점에 수학장애 중재에 대한 코크란 리뷰(역자 주: 체계적 문헌 고찰의 일종)가 진행 중이고(Furlong, McLoughlin, McGilloway, & Geary, 2016), 초등학교에서 보다 일반적으로 수학 성취도 향상에 대한 캠벨 리뷰(Simms, Gilmore, Sloan, & McKeaveney, 2017)가 진행 중이다. 따라서 머지않아 우리는 어려움을 겪는 학습자들에게 수학을 가르치는 가장 좋은 방법에 대한 체계적인 정보를 얻게 될 것이며, 여기에는 적어도 수학장애 치료에 대한 좋은 증거가 포함될 것이다.

읽기장애 연구 결과를 바탕으로 가장 효과적인 수학 중재가 특정한 수학 기술[예: 수세기 원리, 숫자, 기본셈(Math Fact), 자리 값 이해, 수학문제 해결 전략]에서 직접적이고 명시적인 지침을 제공할 것으로 기대한다. 처리속도 또는 작업기억과 같은 수학 발달에 관련된 일반적인 인지 능력을 목표로 하는 개입이 똑같이 도움이 되어야 하지만, 일반적으로 이는 입증되지 않았다. 그러한 중재 프로그램이 '학습 전이'를 입증하는 것은 어려웠다. 즉, 컴퓨터화된 작업기억 과제 혹은 시간제한이 있는 특정 과제를 반복해서 연습하면 특정한 영역에서 성취를 보이지만, 이러한 성과가 전체 수학, 읽기 또는 다른 교과목의 발달에서 나타난다는 증거는 매우 적다.

수학장애 학생 지원을 위한 여러 상업적 프로그램이 있다. 그것들은 적어도 초창기에 심사를 거쳐 경험적 연구의 지지를 받은 것이다(Kroeger, Brown, & O'Brien, 2012). 모두 수학의 직접 교수, 명시적 교수를 제공한다. 일부는 초등학생에게 적합하고 다른 일부는 고등학생들에게도 사용하도록 설계되었다. 명시적 교육, 기술 모델링, 연습 및 수정 피드백의 핵심 원칙을 강조하는 실험적 교육 프로그램은 수학장애 아동의 수학 문장제 문제 해결에 효과적인 것으로 나타났다(Zheng, Flynn, & Swanson, 2013). 일반적으로 수학 중재 프로그램은 다중 요소 스킬을 다루게 되다 보니 학습 전이에서는 제한성을 보인다. 즉, 기본셈을 향상시키기 위해 아동은 기본셈 개인 교습에서 가장 많은 효과를 본다. 추정 능력을 향상시키기 위해 아이들은 추정 개인 교습으로부터 가장 많은 혜택을 받는다(Fuchs et al., 2008, 2014). 읽기장애 연구 결과와 마찬가지로 수학장애 아동이 일반 아동과 질적으로 다른 교육 접근방식을 요구하지 않는다는 것이다(Fuchs et al., 2008). 모든 아동은 잘 짜여진 명시적 수학 교육을 통하여 잘 배울 수 있다. 수학장애 아동은 단지 일반 또래에 비해 더 많은 학습 기회를 필요로 할 수 있고, 더 세부적인 단계로 나누고, 점검 기회가 더 많이 필요하다.

최근 중재에 대한 신경 영상 연구에서 fMRI를 사용하여 증거 기반 수학 개인 교습이 수학장애 3학년 학생들의 뇌 기능을 변화시킨다는 것을 입증했다(Iuculano et al., 2015). 중재 전에 수학장애 아동은 수학 기술과 관련된 양측 분산 네트워크의 많은 영역(예: 양측 전두엽 피질, 양측 전두엽 피질, 양측 정수리 피질 및 기타 영역)에서 비정상적인 활성화를 보였다. 8주 동안 수학 프로그램(Math Wise) 개인 지도는 수학장애 학생들의 성취를 정상화하고, 뇌 활성화 패턴도 정상적 활성화를 보였다.

최근 연구에는 경두개 직류 자극 또는 경두개 무작위 소음 자극과 같은 비침습적 뇌 자극 기술과 행동 기반 수학 중재를 결합하여 진행되었다. 건강한 청년을 대상으로 한 연구에 따르면 통제조건과 비교하여 수학 과제를 수행하는 중에 수학 인지처리의 특정 뇌 영역(전두엽 피질, 두정엽)을 자극하면 수학 수행이 향상되는 것으로 나타났다(Cohen Kadosh, Soskic, Iuculano, Kanai, & Walch, 2010; Snowball et al., 2013). 또한, 훈련하지 않은 다른 과제에 대한 학습 전이의 증거도 몇 가지 존재한다(Snowball et al., 2013). 연구 문헌에 따르면 뇌 자극은 행동 기반 중재와 같이 이루어져야 효과가 있다. 그러나 비침습적 뇌 자극의 효과는 수학장애 아동에게서 나타나지 않은 연구도 있다(Sarkar & Cohen Kadosh, 2016). 또한, 뇌 자극 기술이 매우 비싸고 복잡하기 때문에 행동적 중재가 당분간 수학장애 처치의 표준이 될 것으로 보인다. 그러나 이 작업은 확실히 더 많은 연구가 필요한 흥미로운 분야다.

이 책의 2판이 출판된 이후, 우리는 또한 수학 불안이 수학학습의 어려움과 그 해결에 미치는 중요한 역할에 대해 많은 것을 알게 되었다(Maloney & Beilick, 2012). 수학 불안(수학 과제에 대한 부정적인 정서 반응)은 초등학교 초기에 시작될 수 있으며 학생들의 수학 성취도에 부정적인 영향을 미친다(Ramirez, Gunderson, Levine, & Beilock, 2013). 수학 불안은 수학 능력과 부적 상관관계가 있다. 수학에 어려움을 겪는 아동들은 수학에 대해 불안해할 가능성이 더 높으며(Rubinsten & Tannock, 2010), 잠재적으로 수학 과제를 피하고 진전도를 보이지 않는다. 따라서 수학에 대하여 더 불안감을 가지고 회피하게 된다. 그러나 수학 불안은 수학 무능(장애)과는 다르며 다른 개인 및 사회적 요인의 영향을 받는다. 후자의 강력한 예는 초등학교 여교사가 자신의 수학 불안을 많은 여학생들에게 전달하고, 수학 불안을 더 많이 보이는 여학생들은 나중에 수학 성취에서 더 좋지 않은 결과를 낸다는 사실이다(Beilock, Gunderson, Ramirez, & Levine, 2010). Maloney, Ramirez, Gunderson, Levine, 그리고 Beilick(2015)은 최근 가족 내에서 수학 불안의 세대 간 전파를 조사했다.

남학생과 여학생 모두, 부모가 수학 불안을 갖는 경우, 수학 불안을 느끼고 수학 성적이 떨어질 가능성이 더 높았다. 그러나 이 관계는 자녀의 숙제를 돕는 데 더 많은 시간을 보낸 부모에게 해당되었다. 집에서 자녀의 수학 성취에 덜 관여하는 부모의 경우, 부모의 수학 불안과 자녀의 수학 과목 태도 또는 성취와는 관계가 없었다. 이러한 조절 효과는 중요하다. 일부 아동이 보이는 수학의 어려움은 수학 불안을 가진 부모와 어린이가 공유하는 세 번째 변수(예: 유전적 위험 요인)가 아닌, 수학에 대한 부정적인 태도의 세대 간 전달에 의해 실제로 발생했을 가능성이 훨씬 더 높기 때문이다(예: 수학장애의 유전적 위험 요인).

아동과 성인 모두, 작업기억이 낮은 개인보다 작업기억이 높은 개인에게서 수학 불안과 수학 수행 사이의 부정적인 관계가 더 강하다. 작업기억이 강한 개인은 작업 기억이 필요한 문제해결 전략에 의존하는 경향이 있으며, 이는 수학 불안에 취약하다(Ramires et al., 2013). fMRI 연구에 따르면 아동의 수학 불안은 부정적인 정서를 처리하는 데 중요한 우측 편도체 영역의 과잉 활성화뿐만 아니라, 수학 추론 및 감정 조절과 관련된 광범위한 피질 영역에서의 활동 감소를 포함하는 신경 신호를 나타냈다(Young, Wu, & Menon, 2012). 중요한 것은 수학에 대한 걱정이 높은 아동과 낮은 아동들이 일반적인 불안 척도에 차이가 없었기 때문에 수학 불안은 단순히 일반 정신장애의 징후가 아니다.

 수학 불안과 이후의 수학 부진 사이의 강한 연관성을 고려할 때, 수학 불안 자체가 중요한 중재의 대상이 될 수 있다. 부정적인 수학 관련 정서 조절, 부정적인 생각 재평가 또는 생리적 반응 재구성과 같은 인지행동 기술에 기반한 교육은 많은 학생들에게 도움이 될 것이다(Jamieson, Mendes, Blackstock, & Schmader, 2010; Maloney & Beilock, 2012; Mattarella-Micke, Mateo, Kozak, Foster, & Beilock, 2011).

 고학년 학생들의 경우, 효과가 입증된 간단한 정서 조절 기법은 학생들이 스트레스가 높은 사건(예: 수학 시험)을 시작하기 전에 10~15분 동안 자신의 감정에 대해 자유롭게 글을 쓰도록 하는 것이다(Ramirez, & Beilock, 2011). 최근 더 어린 아동에게 글쓰기 치료를 적용해 보면, 수학 일지를 작성하는 것이 3학년 학생의 수학 불안을 줄이는 데 도움이 되었다(Emmert, 2015). 앞서 검토한 수학 불안의 사회적 전이에 대한 증거를 바탕으로 우리는 또한 많은 아동의 수학 불안을 해결하고 결과적으로 더 수학 성취를 촉진할 것으로 기대한다.

 〈표 11-2〉는 수학장애에 대한 연구와 증거 기반 실제를 개관한 것이다.

〈표 11-2〉요약 표: 수학장애

정의
- 표준화 검사로 측정한 수학 기술(예: 수 감각, 기본셈 지식, 연산, 문장제 문제 해결) 수준이 연령 기대 수준보다 훨씬 낮음.
- 이러한 어려움은 수학 기능 장애를 유발하고 상대적으로 정규 교육 초기부터 존재함(학업적 요구가 증가함에 따라 더욱 두드러질 수 있음).
- 이러한 어려움이 감각장애, 지적장애, 부적절한 교육, 심리사회적 문제 또는 기타 정신적 또는 신경적 장애로 인한 어려움으로 제대로 설명되지 않음.

유병률과 역학
- 어떻게 절단점을 사용하는가에 따라 다르지만, 기대된 연령과 격차를 중심으로 하는 정의로 하면 약 10% 유병률. 그러나 이들 중 많은 아동은 다른 공존장애가 없을 경우 임상치료를 받지 못할 수 있음. 거의 동등한 성비를 보임.
- 읽기장애, ADHD, LI 공존장애 보임.

병인론
- 터너증후군과 여성의 취약 X 증후군과 같은 유전적 증후군과 관련된 사례가 소수 존재함.

- 대부분의 경우, 중간 정도의 유전적 영향과 중간 정도의 환경적 영향을 포함한 여러 위험 요인으로 인함.
- 유전적 위험 요인은 g요인, 언어, 작업기억, 처리속도와 같은 일반적인 인지 특성과 크게 공유되는 것으로 보임.
- 아직 수학장애에 대한 특정 후보 유전자를 확인하지 못하였음.

뇌 메커니즘
- 좌측 IPS는 수학의 핵심 영역이지만, 이것이 단 하나의 중요한 영역이라고 말할 수는 없음.
- 수학 기술은 두정엽, 언어 영역(좌반구 언어 피질: 실비안 열 아래의 백질 경로), 복측 시각 경로(ventral visual stream: 후두 측두부 영역), 전방 섬상 세포군(anterior insular)을 중심으로 하는 현출성 네트워크(salience network), 대상회(cingulate gyrus), 소뇌 등을 포함하는 널리 분산된 양측 뇌 네트워크의 활동과 관련이 있음
- 수학 기술의 신경 기반은 발달과 지속적인 상호 특성화 모델과 함께 변화됨. 서로 다른 대규모 뇌 네트워크 간의 연결은 나이가 들면서 강화됨.
- 수학장애는 양측 정수리 및 전두엽 부위를 포함하여 많은 영역의 비정상적인 활성화와 관련이 있음.

발달 신경심리학
- g요인, 언어 능력, 작업기억, 처리속도를 포함하여 여러 가지 다른 일반적 인지 요인이 수학 장애와 연결되어 있음.
- 수학장애의 구체적인 위험 요인에는 근사 수 체계(예: 즉시세기) 및 기호 숫자 체계 측정(예: 자리 값 이해)가 있음.
- 상징적인 숫자 체계는 근사 수 체계보다 이후의 수학 능력을 더 강력하게 예측하지만, 이에 대한 연구는 현재 관련 검사의 낮은 측정학적 적합성으로 인하여 제한적임.

진단
- 진단은 주로 수학 학습에 대한 임상적 장애 발달력과 표준화된 수학 검사에서 기대 연령 수준 미만의 성취 결과를 기반으로 함.
- 평가 과정에는 적어도 배제 조건과 일반적인 공존장애(예: 난독증, ADHD, LI)에 대한 선별 검사가 포함되어야 함.

중재
- 수학장애 아동은 자신이 취약한 특정 수학 하위 기술과 문제해결 전략에 대해 직접적이고 명시적인 교육이 필요함. 중재는 점검 및 연습을 위한 충분한 기회를 제공할 뿐만 아니라, 수정 피드백도 제공해야 함.
- 수학장애 아동은 또한 수학 불안을 가지고 있으며, 수학 활동에 대한 태도를 향상시키기 위하여 인지행동치료 접근의 도움을 받을 수 있음. 부모와 교사는 자신이 가지고 있는 불안을 아이들에게 전달하지 않도록 주의해야 함.

제**12**장

주의력결핍 과잉행동장애(ADHD)

요약

　주의력결핍 과잉행동장애(ADHD)와 주의력의 전형적인 발달 그리고 자기통제는 이 책의 전체 주제를 잘 보여 준다. 이는 학습 장애와 학습 기술은 실질적인 일반 요인보다 보통의 특정 요인이 혼합된 발달 과정에서 비롯된다는 것이다. 하지만 ADHD에 대한 우리의 신경심리학적 및 발달적 이해는 이 책에서 다루어진 다른 장애에 비해 낮다.

　ADHD의 신경심리학적 최고 미스터리는, 비록 이것이 자폐증, 조현병, 우울과 같이 행동적으로 정의된 질환에 일반적인 문제지만, ADHD 아동이 ADHD 인지적 예측 변인과 관련된 결함이 없다는 점이다. 종합해 보면, 인지적 예측 변인은 ADHD 분산의 오직 30%만 설명한다. 이 미스터리의 해결책이 될 수 있는 한 가지 가능성은, 정서적 적응성(liability)이 ADHD의 누락된 분산을 설명하는 데 도움이 될 수 있다는 점이다.

　뇌 메커니즘의 수준에서, 도파민과 노르아드레날린 경로가 모두 관련 있다. 뇌 구조와 기능의 측면에서, 중앙 실행 네트워크와 그것과 기저핵의 연결, 뇌의 현출성 네트워크(salience network), 디폴트 모드 네트워크(Default mode network)를 포함한 널리 분포된 네트워크는 ADHD 발현에 기여한다. ADHD 자체를 국지화하는 것보다 ADHD에서 발견된 비특이적 원천적 결함을 국지화하는 데 더 많은 발견이 이루어졌다[예: 우측 하악 전두엽 뇌회(right inferior frontal gyrus)는 반응 억제에 중요한 중추이며, 백질신경로(white matter tract)는 처리속도 및 반응 시간(RT) 변동성(RT, SDRT의 표준편차로 표시됨)에 중요한 관련이 있다.]. 물론, ADHD의 발달에 관여된 이 세 네트워크 각각은 다른 질병과도 연관되어 있어서, 뇌 수준에서 ADHD의 특이성은 네트워크 간의 동적 상호작용으로부터 도출될 수 있다. 또한, 두뇌 행동 발달의 상호작용적 특성화 모델과 일치하게, 이 세 가지 두뇌 네트워크는 각각 발달에 따라 변한다. 따라서 ADHD의 뇌 표현형도 발달에 따라 변하지만, 이 주제에 대한 더 많은 연구가 필요하다.

병인론적 수준에서, ADHD 증상과 ADHD 증상의 개인차에 대해 상당한 유전성이 있다. ADHD를 정의하는 '부주의'와 '과잉행동-충동성' 두 개의 상관 증상의 차원은, 다른 차원과의 상관관계가 제어되면 유전성이 상당히 다르다. 부주의의 유전성은 ADHD 자체의 유전성과 유사하지만, '과잉행동-충동성'의 유전성은 훨씬 낮다. 이 패턴은 신경심리학적 위험과 공존장애의 수준에서 반복되며, 부주의 차원은 ADHD의 신경심리학적 손상과 공존장애에 대한 대부분의 위험을 설명한다. 가장 중요한 것은, ADHD에 대한 유전적 영향은 이 책에서 고려된 다른 모든 학습 장애[말소리장애(isolated speech sound disorder: SSD)는 예외일 수 있음]에 대한 유전적 영향과, 실행기능(EFs), 처리속도 및 RT(SDRT)의 개체 내 변동성을 포함하고, 이러한 다른 장애가 공유하는 인지 위험 요소와 부분적으로 공유된다.

ADHD에 대한 우리의 현재 연구에 대한 이해와 어려움은 진단과 치료에 임상적으로 의미가 있다. 진단 측면에서, ADHD와 관련된 인지 위험 요인은 난독증, 수학장애(그리고 유사하게 인지검사로 정의되는 언어장애 및 지적장애)의 경우보다 ADHD를 진단하는 데 도움이 되지 않는다. 자폐스펙트럼장애(ASD)의 진단과 마찬가지로, ADHD의 진단은 임상 관찰 및 발달 및 학교 생활에서 일관된 증거가 있는지를 평가함으로써 이루어진다. 이렇게 하나의 정보원에만 의존하는 것은 필연적으로 거짓 양성 혹은 거짓 음성으로 이어진다. 비록 DSM-5에서 ADHD의 세 가지 유형에 대해 제시하고 있지만, 취학 전 이후의 '부주의' 또는 혼합된 유형보다 '과잉행동-충동성' 유형의 유효성에 대한 경험적 지지가 훨씬 낮다. 유전성이 높음에도 불구하고, ADHD

는 부분적으로 치료 가능하며, 경험적으로 가장 지지받는 치료법은 각성제다. 학교에서의 환경 조절 및 행동수정 교육도 유용하다. 그럼에도 불구하고 ADHD는 성인기의 이환율과 사망률이 증가하는 만성 질환이다. 따라서 더 효과적인 치료제를 찾기 위한 후속연구가 필요하다.

역사

아동의 과잉행동에 대한 증후군을 다룬 의학적 문서는 1700년대까지 거슬러 올라간다(Crichton, 1789). 150여 년 전, 독일의 의사 Heinrich Hoffman(1845)은 '가만히 못 앉아 있는 Phil(fidgety Phil, who couldn't sit still)'의 익살스러운 행동을 묘사하는 유머러스한 시를 썼다. 나중에, Still(1902)은 이 증후군의 주요 문제를 '의도적 억제' 또는 '도덕적 통제'의 결함으로 설명했다. ADHD를 도덕적 문제로 생각하는 것은 지금 우리에게는 이상하게 보일지 모르지만 ADHD를 가진 아이들은 사회 규범을 위반하며, 그것은 때때로 부모, 교사, 동료와 결국 그들 스스로를 속상하게 한다. 이후에 살펴보겠지만, 자기통제 및 노력 통제의 발달에 관한 발달심리학 연구(Rothbart & Bates, 2006)는 ADHD 이해와 관련이 있다.

Barkely(1996)이 지적하길, Still(1902)는 현대 연구에서 입증된 ADHD과 관련된 여러 요인을 인식하였다. ① ADHD는 품행문제를 포함하기도 한다. ② ADHD는 가족력이 있다. ③ ADHD는 행동문제 및 알코올 중독과 공통 증상을 보이기도 한다. ④ 3:1로 남성에게서 더 많이 발현된다. ⑤ ADHD는 뇌 손상으로 발생할 수도 있다. 나중에 마찬가지로 살펴보겠지만, 이제는 이러한 문제의 두뇌에 대해 훨씬 더 많이 알려져 있지만, 억제와 관련된 문제는 ADHD의 현재 개념에 있어 계속 중심적인 역할을 하고 있다.

ADHD에 뇌 기능 장애가 있는지 여부와 이를 특성화하는 방법은 ADHD 연구의 역사에서 혼란스럽고 논쟁의 여지가 있는 문제였다. 이른 뇌 손상을 입은 아이와의 행동 유사성에 근거해, 아동기 과잉행동성이 뇌 질환이라는 생각은 Strauss와 Lehtinen(1947)에 의해 알려졌다. 불행히도, 이러한 가정은 과잉행동 아동이 '미세 뇌 손상' 또는 '미세 뇌기능 장애'를 갖는 것으로 묘사되는 혼동된 용어의 사용으로 이어졌다. 이러한 용어는 여러 이유로 오해의 소지가 있다. ① ADHD가 있는 대다수의 아동은 뇌 손상이 아닌 신경발달장애를 가지고 있다. ② 이 명칭에 암시된 뇌 손상 또는 기능장애는 직접적으로 질병 기록이 되지 않았고, 다양한 원인에 의해 발현될 수 있는 행동 증상으로부터만 유추되었다. ③ 뇌 손상을 얻은 많은 아동은 과잉행동성을 보이지 않는다(Rutter & Quinton, 1977). ④ 이 용어들은 모호하고 포괄적이었다. 따라서 어린 시절의 학습과 행동에 영향을 미치는 뚜렷한 신경심리학적 증후군을 묘사하는 데 방해가 되었다.

신경 영상의 발전과 함께, 행동 유전학 연구에서 설립된 것과 같이, ADHD는 주로 개인 간의 유전적 차이에 의해 유발되는 특정 종류의 뇌기능 장애라는 강력한 증거가 있다. ADHD의 신경학적 기초에 대한 추가적 지지 기반은 ADHD 증상을 치료하고, 그 기능성 자기공명 영상(fMRI) 표현형(phenotype)을 정상화하기 위한 자극제(Ritalin으로 팔리는 메칠페니데이트) 및 노르에피네프린 작용제(Strattera로 팔리는 아토목세틴)의 효능으로부터 발생한다(비록 우리는 이 약물들이 정확히 어떻게 작용하는지 모르지만). 이 책의 모든 학습 장애군 중에 ADHD는 주요 증상에 대한 효과적인 약리학 치료가 있는 유일한 것이다.

ADHD가 이전보다 더 명확하게 정의되고 더 잘 이해되지만, 다소 넓은 진단으로 남아 있다. 연구자들은 DSM-5에서 공존장애로 정의된 것들을 포함하여 ADHD의 아형의 타당성을 검증하는 데 진전을 보이고 있다. 나중에 논의하겠지만, 이 연구는 ADHD의 세 가지 DSM-5 유형 중 두 가지 유형(부주의와 혼합형)의 타당성을 지지하지만, 과잉행동 유형의 타당성에 의문을 제기한다.

• • •

정의

DSM-IV-TR(American Psychiatric Association, 2000)과 마찬가지로, DSM-5 (American Psychiatric Association, 2013)는 ADHD를 서로 다르지만 상관이 있는 두 가지 차원의 증상으로 정의한다. 그 증상들은 '부주의'(부주의한 실수를 하고 세부 사항에 주의를 기울이지 않고, 건망증, 과제 및 활동 구성에 어려움을 겪고 지속적인 정신적 노력이 필요한 과제를 시작하거나 완료하지 못함)와 '과잉행동–충동성'(과도한 운동, 잠시도 가만히 못 있음 또는 수다; 대화나 게임 및 기타 상황에 끼어들거나 방해하기)이다. 이 두 가지 증상 차원이 인지 신경과학 구인에 깔끔하게 매핑되지 않는다는 점을 명심해야 한다. 인지 신경과학에는 몇 가지 종류의 주의(attention)가 있으며, ADHD에서는 어떤 종류의 주의가 손상되는지가 중요한 연구문제다. 따라서 두 가지 차원에서 ADHD의 논리적으로 가능한 세 가지 유형(presentation)이 있다. '부주의(Inatt)', '과잉행동−충동(H-I)', 그리고 혼합형(C)이다. 단일 차원에 대한 진단 절단점(6 또는 9가지 증상)을 충족하는 사람은 단일 유형에 적합하다. 두 차원에서 이 절단점을 충족하는 사람은 C유형에 적합하다. DSM-IV에서 ADHD의 세 가지 하위 유형 모두의 유효성과 종단 안정성에 대한 연구 근거가 낮기 때문에 DSM-5는 이 세 가지 하위 그룹의 DHD를 '아형(subtype)'이 아니라 '유형(presentation)'이라고 부르기로 결정했다(Tannock, 2013). 이 변화에 대한 연구 근거에는 ADHD 아형의 유효성에 대한 포괄적인 메타분석이 포함된다(Wilcutt et al., 2012). ADHD의 전반적인 진단 지속성은 상당히 높았지만(59%), 아형 안정성은 훨씬 낮았다(35%). 이러한 ADHD 아형의 불안정성은 부분적으로 발달적 변화에 기인한다. H-I 증상은 어린 나이에 더 많이 발생하며 아이가 자라면서 해결될 가능성이 더 높은 반면, Inatt 증상은 연령에 따라 더 안정적이다. 앞에서 논의했듯, 행동 진단의 종단적 불안정성은 일반적인 문제인데, 이러한 진단은 실제 범주가 아니라 연속 분포의 절단점을 기반으로 하기 때문이다. 측정의 신뢰성이 없기 때문에, 진단된 일부 아동은 필연적으로 후속 평가에서 절단점으로 회귀하여 더 이상 진단 기준에 맞지 않게 된다. 물론 다른 종단적 불안정성의 원인은 효과적인 치료 및 실제 발달 변화와 관련될 수 있다. ADHD의 DSM-5 진단을 위한 추가 조건은 다음과 같다. ① 증상이 적응 기능에서 임상적으로 유의한 손상을 유발한다. ② 증상 행동이 현재 발달 수준보다 낮거나 불일치하다(예: 지적장애의 이차적인 증상은 아님). ③ 12세 이전에 일부 증상이 시작되고 있다. ④ 여러 가지 증상이 두 개 이상의 상황에 존재한다. ⑤ 다른 정신장애(기분증, 불안, 해리성 또는 성격장애)로 설명되는 것이 아니다.

DSM-IV-TR과 다르게, DSM-5는 ASD와 다른 만연한 발달적 질환을 ADHD의 배제적 진단 기준에서 제외하였다. 따라서 DSM-5의 기준에 따르면, ASD를 가진 아동이 만약 절단점의 증상에 부합하고 정신연령의 조정이 수반된다면 ADHD로 진단될 수 있다. 이 진단 결정은 임상적 판단에 기초하지만, IQ와 ADHD 등급 사이의 모집단 상관관계에 기반한 회귀 이상치 접근법(regression outlier approach)을 사용하여 조작적으로 정의(operationalize)할 수 있다.

ADHD, ASD, 정신연령에 대한 이 논의는 구체적 진단에 있다. ADHD의 경우 이 구체적 진단을 다루는 두 가지 기준(발달 수준보다 낮음-항목 2, 특정한 다른 정신질환으로 설명되지 않음-항목 5)이 있다. 이 책에서 다루어진 다른 대부분의 학습 장애와 다르게, 항목 2에 포함된 연령 불일치 또는 IQ 불일치를 검증하려는 시도는 없다.

DSM-5에 나온 ADHD의 세 유형과 더불어, 실무자들은 '느린 인지적 속도(sluggish cognitive tempo: SCT)'라는 네 번째 가능한 유형에 대해 주의할 필요가 있다. SCT 증상은 무엇보다 느림, 피로/기면성, 멍함, 백일몽, 안개에 쌓인 듯함, 생각에 빠져 있음, 느린 운동, 느린 생각과 처리과정을 포함한다. Becker 등(2016)은 SCT 연구에 대한 메타분석을 실시하였다. 그들은 SCT 구인의 내적 타당도에 대한 강력한 지지 근거를 찾았다. 예컨대, SCT 항목은 신뢰할 수 있으며, ADHD의 두 가지 증상 차원인 Inatt.와 H-I는 다른 요소를 형성한다. 그럼에도 불구하고, SCT는 Inatt와 적절한 상관을 보인다(아동은 $r = .63$, 성인은 $r = .72$). 다른 여러 손상 측정과 상관이 있다는 점에서 SCT의 외적 타당도에 대한 근거도 존재한다. ADHD 외에 다른 확립된 DSM 장애, 특히 내재화 장애와 진단적으로 구별되는지 여부는 아직 명확하지 않다.

• • •

유병률과 역학

ADHD는 아동기의 가장 흔한 만성적 장애 중 하나이고, 세계적으로 발병률에 대한 역학 조사가 실시되었다. 예를 들어, 세계 21개 지역과 3차의 시간에 걸친 Global Burden or Disease 연구의 데이터를 검사한 Erskine 등(2013)은 남성 평균 유병률 2.2%와 여성 평균 0.7%를 발견하였다. 따라서 남성:여성 비율은 대략 3:1로 다른 연구들과 일치하였다. 그들은 국가마다 유병률이 약간 다르며, 평균 세계 유병률은 미국에서 일반적으로 발견되는 유병률보다 낮음을 발견하였다. 나중에 논의하겠지만, ADHD 비율에서 성별과 국가의 차이에 대한 이유를 조사한 연구들이 있다.

발달사 측면에서 초기의 연구는 발병이 초기 아동기에 이루어지고 3세와 4세 사이가 발병 절정기라고 보았지만(Palfrey, Levine, Walker, & Sullivan, 1985; Report of the

Surgeon General, 1999), DSM-IV는 7세 이전의 발병을 진단 기준으로 요구한다. 이 7세 절단점은 타당도가 떨어지는 것으로 밝혀져, DSM-5에서는 12세로 변경되었다. Vande Voort, He, Jameson, 그리고 Merikangas(2014)는 미국 대표 표본에서 두 연령 절단점을 비교했는데, 7세는 유병률 7.38%, 12세는 10.84%임을 발견했다. 발병 연령이 늦은 아동은 ADHD 증상의 심각성 또는 공존장애의 패턴이 다르지 않았지만, 사회경제적 지위(SES)가 낮거나 다문화 가정 출신일 가능성이 더 높았다.

　ADHD가 생애 전반에 걸쳐 나타나는 만성장애라는 것이 더욱 명확해지고 있으며 (Gittleman, Mannuzza, Shenker, & Gonagura, 1985), 끈기, 계획, 조직화는 성인기에 매우 중요하므로 성인 발달의 많은 과업이 ADHD에 의해 이루어지지 않는다. 하지만 ADHD 성인기 발병에 대한 논란은 존재한다. 예를 들어, Moffitt 등(2015)은 Dunedin 종단연구에서 ADHD의 진단을 받는 성인과 아동 간에 거의 겹치지 않음을 발견했다. Faraone과 Biederman(2016)는 낮은 범주의 범주 진단 중복이 증상 수준에서 더 큰 연속성을 가릴 수 있다고 주장했다. 하나는 영국, 나머지 하나는 브라질에서 실시된 ADHD에 대한 두 개의 거대한 종단적 연구를 살펴보면, Moffitt 등(2015)의 결과와 일치하게 전체 진단 중복이 15%에 불과함에도 불구하고, ADHD를 가진 아동·청소년의 2/3가 성인기에도 ADHD 증상을 지속적으로 나타내었다고 지적했다.

　우리는 ADHD의 인지 예측 요인에서의 성별 차이가 남성의 높은 ADHD 비율을 설명하는 데 도움이 되는지 조사했다(Arnett, Pennington, Willcutt, DeFries, & Olson, 2015). 우리는 처리속도, 억제, 언어적 작업기억이 ADHD의 전체 성차의 14%를 설명한다는 것을 발견했다. ADHD의 나머지 성별 차이는 현재 설명되지 않고 있다.

　ADHD는 여러 사회 계층, 인종, 민족 집단 그리고 국가에서 발견되었지만 다른 유병률을 지닌다. 부모의 교육과 아동의 ADHD 유병률 간 부적 상관이 있다. 즉, 부모가 덜 교육받았을수록 아이는 ADHD를 가질 확률이 높다. 우리는 이 부적 상관의 이유를 알지 못하지만, ADHD의 유전가능성이 교육 감소를 초래하고 결국 소인-스트레스 유전-환경 상호작용을 증가시킴을 알고 있다.

　인종과 관련해서는, 교사에 의해 꾸준하게 유럽계 미국인 아동에 비해 아프리카계 미국인 아동에서 ADHD 증상이 더 높게 보고되고 있다(T. Miller, Nigg, & Miller, 2009). 하지만 역설적이게도, T. Miller 등(2009)에 의하면 유럽계 미국인 아동보다 아프리카계 미국인 아동의 실제 진단 및 치료율이 낮다. 이 역설적 발견은 잘 알려진 성취 격차를 가진 인종-민족 집단은 특수교육 수업에서 과소평가된다는 제8장에서 논의한 결과를 떠올리게 한다. 아프리카계 아동에서 더 높은 ADHD 증상 점수를 보고하지만, 더 낮은 진단율과 치료를 보인다는 이 역설에 대한 설명으로, T. Miller 등(2009)은 우리가 제8장에서 논한 것처럼 자원의 인종적 차이와 건강 관리에 대한 접근이 가능하다고 제안한다. 여러 연구에서 이 두 인종에 걸친 ADHD 등급 척도에 대한 요인 안정성을 발견했지만, 측정학적 구조 비동등성이 평균적인 ADHD 점수의 집단 차이에 기여할 수 있다.

잘 설명되지 않은 ADHD의 국가 간 차이가 반복적으로 측정되기도 하였다. 우리는 호주와 미국에 비해 스칸디나비아에서 ADHD의 유병률이 낮은 것에 대한 가설을 검증했다(MacDonald Wer et al., 2010). 우리는 세 국가에서 측정 동등성이 존재하지 않음을 발견했다. 대신, 스칸디나비아에서는 부모와 교사에 의한 ADHD 관찰 척도의 외적 타당성이 호주와 미국에 비해 엄격하여, 호주와 미국에서 과잉진단 경향을 시사한다.

ADHD의 비율이 상황에 따라 어떻게 달라질 수 있는지에 대한 또 다른 예는 ADHD 진단 위험률은 아동의 초등학교 입학 연령과 관련되어 있다. 유치원에 입학하는 아이의 나이는 대개 60개월에서 72개월 사이다. 두 연구에서 ADHD 진단율과 아동의 유치원 입학 연령 간 역선형 관계(inverse linear relation)를 발견했다(Elder, 2011; R. Morrow et al., 2012). 이 놀라운 결과에 대한 설명은 다음과 같다. 만약 학교의 진단일이 9월 1일인 경우, 그 바로 이전이 생일인 아이의 경우 반에서 가장 어리고, 그 날짜 바로 다음이 생일인 아이는 반에서 가장 나이가 많다. 나이는 사회적 성숙도에 대한 강력한 예측 변수이고 주어진 아동들 사이에서 교사의 사회적 성숙도에 대한 인식은 동급생의 행동과 관련이 있기 때문에, 자신의 학년에서 어린 축에 속하는 아동은 ADHD를 가진 것으로 보일 수 있으나 실제로는 자신의 연령과 일치한 행동을 하는 것이다. 이와 관련된 문제는 이 발견이 실제로 조현병 및 다른 장애에서 나타나는, 겨울/봄에 태어난 아동이 여름/가을에 태어난 아동에 비해 위험이 증가하는 출생의 계절 효과인지의 여부다(예: Davies, Welham, Chant, Torrey, & McGrath, 2003). 하지만 문제는 유치원에 입학하는 시기가 다른(1월 vs. 9월) 나라에서도 이러한 경향성이 발견된다는 것이다. 입학 시 연령의 영향은 ADHD 비율에 대한 문화 및 맥락적 영향에 대한 다른 증거와 일치한다(Fulton et al., 2009; Nigg, 2006). 이러한 발견은 생물학 기반의 신경발달장애의 유병률이 문화적 맥락에서 변하지 않음을 상기시키기 때문에 중요하다. 이 책에서 논의된 다른 학습 장애군(예: ASD, 난독증)에 대해서도 유사한 문화적 영향이 있다.

ADHD 진단에 대한 이러한 환경적 영향에도 불구하고, 기존 연구는 ADHD가 공존 장애 비율(예: 물질 남용) 및 사망률이 높은 장애라는 결론을 뒷받침한다. Dalsgaard, Ostergaard, Leckman, Mortensen, 그리고 Pederson(2015)은 ADHD로 판정받은 32,000명을 추적하기 위해 덴마크 국가 건강기록부를 사용했다. 그들은 ADHD 진단을 받지 않은 사람들에 비해 ADHD 진단받은 사람들의 조기 사망률이 약 2배 증가했음을 발견했다. 그리고 이러한 사망률의 현저한 증가는 동반 반항성 장애(ODD), 행동장애(CD) 및 물질 남용과 관련이 있었다. 사망률 증가의 대부분은 ADHD 환자의 사고로 인한 것으로, ADHD가 있는 사람이 더 위험한 운전 기록를 보인다는 데이터와도 일치한다. 따라서 치료가 ADHD 증상을 경감시킬 수는 있지만, 결국 지속적인 장애로 남을 수 있다.

공존장애

ADHD 진단 기준을 충족하는 아동의 절반 이상이 공존장애 진단을 받을 수 있으며(Biederman et al., 1992), 공존장애는 품행장애, 우울, 불안, 투렛증후군, 난독증, 언어장애, 양극성 장애를 포함한다. 최근 연구에서, Larson 등(2011)은 2007년 전국아동건강조사(National Survey of Children's Health)를 사용하여 ADHD의 공존장애 패턴을 살펴보았다. 미국의 ADHD 발병률은 8.2%였고, 공존장애 비율은 67%였다. 이는 ADHD를 가진 1/3만 '순수한' ADHD를 가진 것을 의미한다. 공존장애의 근거를 이해하고 ADHD의 순수한 아형을 정의하기 위해 더 많은 연구가 필요하다. 추가로, 이렇게 방대한 공존장애 목록은 ADHD가 병인학적으로 다차원적(heterogenous)일 수 있음을 시사하고, '병인학' 부분에서 소개된 연구들의 결과가 타당하다는 것을 알 수 있다.

. . .

발달 신경심리학

앞 장에서 살펴보았듯, 학습 장애군에서 발견되는 다양한 행동 증상의 원인으로 단일한 인지적 결손만을 식별하는 것은 불가능하다(단일 결손 모델을 다룬 Morton & Firth, 1995; Pennington & Welsh, 1995). 단일 인지 결손 모델이 이러한 장애에 충분하지 않다는 것이 분명해졌고(Pennington, 2006), ADHD의 경우에 그렇다. 복합 인지 예측 요인으로도, ADHD의 부주의 분산의 30%만 설명이 가능하고, 과잉행동-충동 (H-I) 증상 차원의 경우는 설명력이 더 적다(McGrath et al., 2011). 이와 대조적으로, 앞서 논의한 바와 같이, 특정학습장애(SLD)에 대한 설명력은 훨씬 더 크다. 이렇게 설명할 수 없는 증상 변화는 ADHD의 신경심리학적 모델을 위한 주요 질문이다. 우리는 이 절에서 질문의 답을 생각해 본다.

이 질문의 한 가지 원인은 주의력과 충동성의 발달 신경심리학이 이 책의 다른 학습 장애군과 관련된 영역의 경우와 마찬가지로 이론적으로나 경험적으로 잘 발달되지 않았기 때문이다. 우리는 주의와 충동의 초기 발달에 대해 알고 있는 것보다 지능, 언어, 언어와 독서의 초기 발달, 수학적 개념, 심지어 사회인지에 대해 훨씬 더 많이 알고 있다. 또한, 다른 학습 장애와는 대조적으로 ADHD 발현 고위험군에 있는 개인에 대한 종단연구가 거의 존재하지 않는다. 따라서 다른 학습 장애에 대한 우리의 이해에 도움이 된 전형적 및 비전형적 발달에 대한 초기 연구는 ADHD 영역에서 이제 시작 단계다. 발달심리학자들은 오랫동안 자기 통제의 초기 발달에 관심을 보였지만, 넓게는 노력 통제(effortful control: EFs)와 만족 지연과 같은 여러 다른 구인의 영향이 있으며, 항상 ADHD에 수렴하지는 않는다. 우리는 ADHD의 신경심리학적 모델을 논의하기 전에 먼저 자기통제와 ADHD의 초기 발달에 대해 알려진 것을 검토한다.

초기 발달

자기 조절은 행동 조절과 정서 조절이라는 두 가지의 상호작용하는 요소로 나눌 수 있다. ADHD에 대한 대부분의 연구는 행동 조절에 초점을 맞추었으며, 정서적 불안의 증가와 내재화 장애의 공존장애가 ADHD의 중요한 임상적 특징임에도 불구하고

ADHD의 정서 조절에 대한 연구는 훨씬 적었다.

발달심리학에서 Mary Rothbart와 동료들(Posner & Rothbart, 2000; Rothbart, Derryberry, & Posner, 1994)은 이른바 의도적 통제(effortful control: EC)라고 불리는 것을 정의하고 연구함으로써 자기 조절의 초기 발달에 대한 연구에 큰 기여를 했다. 이 접근의 새로운 점은 유아기 기질에 대한 연구를 인지 신경과학과 통합하려는 시도다. 그들은 EC를 외향성이나 내향성이 속한 차원의 기질과 구분하는데, EC는 반사적 반응이라기보다는 활성화되는 것이기 때문이다. 그들은 주의가 아동과 성인 모두에게 작용하는 자기통제의 메커니즘이라고 가정한다. 따라서 유아기 주의 발달은 행동(사물에 대한 방향과 도달)과 정서(고통에서의 회복)에 대한 자기통제를 높일 수 있을 것이다.

여러 연구자들에 의한 후속연구는 EC, 주의에 대한 실험실 측정, 그리고 ADHD의 조기 발달에 대한 관련성을 조사하였다. 예를 들어, Kochanska와 동료들은 부모 평가를 보완하기 위한 EC의 행동적 측정 도구 개발을 통해, 다양한 연령의 유치원 아동에 대한 EC 측정에 커다란 기여를 하였다. Koschanska, Murray와 Harlan(2000)은 9개월 유아의 주의 지속력과 22~33개월 아동의 EC 행동과 EC 부모평가 사이의 종적인 관계를 연구했다. 종적인 관계는 존재하였으나 하나의 안정적인 특성이 측정될 것이라 예상할 만큼은 강력하지 않았다. 흥미롭게도, 아동의 성별은(여성은 남성보다 더 나은 EC를 지닌다) 다른 예측 변수보다 EC(행동적 평가와 부모 평가) 측정에서의 분산을 더 잘 설명하지만, 우리는 무엇이 성별의 중재효과를 야기하는지는 알 수 없다. 아동 성별 변수가 통제되고 나서, 9개월 아이의 지속적인 주의는 22개월 아이의 EC의 7%의 분산을 설명할 수 있었지만, 그것은 33개월 아이의 EC에 대해서는 중요한 예측 변수가 아니었다. 아이가 22개월이 되었을 때, 모성 반응성은 22개월 아동(6%의 설명력)과 33개월 아동(5%의 설명력) 모두의 EC에 대해 예측 변수로 작용하였다. 따라서 영유아의 주의는 걸음마 단계의 유아의 EC를 어느 정도 설명하지만, 다른 변수들이 더 중요해졌다. 또한, Kochanska와 동료들은 EC를 측정하는 두 가지 방법(아동 행동과 부모 평가)의 수렴 타당성이 낮다는 것을 발견했다. 같은 지점에서 그들의 상관관계는 고작 .45였고, 종적인 상관관계는 겨우 .22였다.

Papageorgiou 등(2014) 또한 유아 주의력(7.7개월의 시선 고정시간으로 측정됨)과 이후 EC(3.5세 아이의 부모 평가로 측정됨)의 상관관계에 대한 종단연구를 진행하였다.

그들은 작지만 중요한 상관관계를 발견했다. 유아 시선 고정시간은 이후 EC 분산의 2%를 설명했다. 흥미롭게도 유아 주의력은 다른 기질 차원, 외향성(surgency: 새로움에 대한 접근, 자유분방함, 활기 넘침 등), 그리고 ADHD의 강력한 역 예측 변수였다. 관용은 본질적으로 행동 억제의 구성과 반대되는 것으로, 초기 발달에서 Kagan과 Snidman(2009) 등에 의해 연구되었다. Papageorgiou 등(2014)에서는 시선 고정시간이 길어질수록, 분산의 7%를 차지하는 낮은 외향성(surgency)과 분산의 6%를 차지하는 낮은 ADHD를 예측할 수 있다. 유아 주의력은 이후의 외향성(surgency)보다는 EC와 더 강력하게 연관되어 있기 때문에, Posner와 Rothbart(2000)가 예측한 것보다 주의와 EC 관계에 대한 특수성이 더 적다.

여러 연구자들은 유아 주의력의 행동적 측정과 이후 ADHD 증상의 정적 상관관계를 찾아냈다. Lawson과 Ruff(2004)는 도전적인 장난감을 가지고 노는 놀이에서의 유아 주의력을 측정했고, 1~2세 아동의 부정적 정서에 대한 어머니의 평가를 수집하였다. 이후 그들은 3.5세 때 ADHD 증상을 유아 주의력과 부정적인 감정이 얼마나 잘 예측하는지를 실험했다. 부모교육이 자녀 ADHD 등급과 반비례한다는 것을 증명하는 이전의 연구와 일관되게(즉, 부모 교육수준이 높을수록, ADHD가 자녀에게 더 낮게 발생한다고 예측됨) 그들은 어머니 교육수준이 3.5세 ADHD 등급의 분산 중 11%를 차지한다는 것을 발견했다. 이 효과를 고려한 후, 유아 주의력과 부정적인 정서는 각각 이 두 예측 변수의 증분 기여도가 거의 동일하게, 3.5세 ADHD 등급의 분산의 12%를 추가로 설명했다. 예측대로, 유아 주의력 향상은 더 적은 ADHD 증상을, 부정적인 정서는 더 심한 ADHD 증상을 예측했다. 이는 행동 규제와 정서 규제라는 두 가지 측면 모두를 조사한 ADHD 초기 발달에 대한 아주 적은 연구들 중 하나다. 이 두 가지 측면은 모두 후기 ADHD 증상에 동일한 영향을 미쳤다.

Friedman, Watamura와 Robertson(2005)은 생후 1~3개월의 건강한 영아의 활동-주의 연결을 측정한 후, 원 표본의 부분 표집(N = 26)에서 8세 때의 ADHD 증상을 측정했다. 사물을 주시할 때 신체 활동을 덜 억제하는 것(즉, 낮은 주의)이 8세 때 부주의 증상 분산의 큰 비율(대략 40%)을 차지했다. 여기서 검토했던 이전의 유아 연구와는 달리, 아동 성별이나 모성 교육에 대한 수정은 없었다.

Arnett, MacDonald와 Pennington(2013)은 대규모(N > 1,000) 미국 국립아동보건·인간발달연구소(National Institute of Child Health and Human Development: NICHD)

의 유아 종단자료를 사용해 3학년 때 ADHD 증상의 초기 전조를 검사했다. 생후 1년 동안의 기질과 활동 수준의 측정은 후기 ADHD와 관련이 없었다. 이후 ADHD 여아들은 베일리 유아발달검사의 IQ 측정치에서 낮은 점수를 받아 15개월 만에 처음으로 발견되었다. 후기 ADHD를 가진 남아들은 그들의 높은 CBCL(Child Behavior Checklist) 외현화 점수에 의해 24개월에 처음으로 발견되었다. 그러나 이러한 초기 예측 변수의 민감성과 특수성은 여기서 검토한 대부분의 연구 결과와 일치하며 미미한 수준이었다.

언어 능력은 자기 규제(그리고 후기 ADHD)의 또 다른 잠재적 초기 예측 변수인데, 오래전 Luria(1961)와 Vygotsky(1979)가 말했던 것처럼 유치원에서 언어의 내면화는 아이들이 그들의 행동을 규제하는 데 도움이 되기 때문이다. 실제로 ADHD는 언어 장애와 결합되어 있다. 일부 ADHD 학령기 아동들에 대한 눈에 띄는 임상적 관찰점은 그들이 문제 해결을 위해 명시적인 혼잣말을 계속 사용하지만, 일반 아이들은 네 살이나 다섯 살까지 혼잣말을 내면화한다는 것이다. Peterson, Bates와 Staples(2015)는 초기 언어 기술, 행동적으로 측정한 EC, 그리고 후기 ADHD 증상 사이의 관계에 대한 종단적 중재 모델을 세 시점에 걸쳐 상호지연 상관관계를 사용하여 검증했다. 그들은 언어가 후기 자기규제를 예측하지만 그 반대는 아니며, 자기규제는 초기 언어 능력과 후기 ADHD 사이의 관계를 중재한다는 것을 발견했다. 여기서 검토한 대부분의 연구들이 그렇듯이 효과의 크기는 미미했다.

신경발달장애의 초기 전조 증상을 연구하는 또 다른 중요한 방법은 가족 위험 요소 설계인데, 이 설계는 ASD와 난독증 연구에 광범위하게 사용되었으나 ADHD 연구에는 거의 적용되지 않았다. 우리는 ADHD에 적용된 이 접근법의 예시를 단 하나 발견할 수 있었다. E. Sullivan 등(2015)은 ADHD 진단을 위해 임산부를 과대표집한 후, 그들의 6개월 유아에 대한 정서 조절을 검사했다. ADHD 엄마들은 유아에 대한 신체적 구속에 대한 반응으로 더 큰 분노/불만족과 연결되어 ADHD의 정서 조절 문제의 가족성을 지지했다.

요컨대, ADHD의 초기 발달에 관한 연구는 유아의 주의력과 정서 조절에 대한 평가와 후기 ADHD 사이의 보통 정도의 예측 관계를 발견했고, 이는 Daener와 Rothbart(2000)가 제안한 모델의 EC의 두 가지 측면과 일치한다. 따라서 이러한 초기 발달 연구들에서 후기 연령에서 ADHD의 신경심리학을 이해하기 위한 '인지 조절과 정서 통제 모두 ADHD의 중요한 측면이다'라는 중요한 교훈이 나온다. 다음에서 볼 수 있듯이, 후기 연령에서 ADHD의 신경심리학에 대한 연구는 대부분 인지 조절에 중점을 두었고, 정서 조절에 대한 연구는 훨씬 적었다.

EC 모델의 이러한 성공에도 불구하고, 몇 가지 경험적 어려움도 있다. 가장 주된 것은 수렴적 타당성과 차별적 타당성에 관한 문제들이다. 수렴 타당성과 관련하여, EC의 행동 및 질문지 측정은 약하게 관련되어 있을 뿐이다(Samyn, Royers, Bijttebier, Rosseel, & Wiersema, 2015 참조). 이 문제는 EF 연구들에서도 나타나는데, EF의 실험실 측정은 BRIP(Behavior Rating Inventory of Executive Function; Toplak, West, & Stanovich, 2013)와 같은 EF의 설문조사 측정치와 매우 관련이 없다는 것이 발견되었다. 차별적 타당성과 관련하여 Papageorgiou 등(2014)은 유아 주의 측정들이 EC보다 관용에 대한 후기 기질적 측정과 더 강하게 관련되어 있음을 발견했다. 결과적으로, 후기 ADHD에 대해 여아 IQ(Arnett, MacDonald, et al., 2013)와 언어 능력과 같은 보다 일반적인 예측변수가 있고, 이는 다시 후기 자기조절(I. Petersen et al., 2015)의 발달에 영향을 준다. 따라서 후기에 발견되는 ADHD 다중 신경심리학적 위험 요인과 일관되게, 다중결손 모델은 ADHD 초기 발달에도 적용된다.

후기 발달

학령기 아동, 청소년, 성인 ADHD의 신경심리학에 대한 대부분의 연구는 ADHD의 세 가지 경쟁적인 단일 결손 이론, 즉 실행기능 탈억제 이론, 상태 조절장애 이론, 그리고 지연 회피 이론에 의해 지배되어 왔다. 그러나 어떠한 단일 결손도 ADHD와 가까운 다양한 사례들조차 설명하지 못하기 때문에 이제 단일 결손 이론의 옹호자들은 모두 다중 결손 모델을 수용한다.

이 세 가지 이론을 이해하기 위해서, 우리는 그것을 대략적으로 하향식 대 상향식 이론 또는 인지 대 동기 이론으로 나눌 수 있다. 실행기능 탈억제 이론에 따르면, 만약 누군가가 자신의 주의나 행동을 조절하지 못한다면 그것은 하향식(top-down) 인지 통제가 너무 약하기 때문이다. 그러나 지연 회피 이론이나 불규칙한 규제 이론에 따르면, 그것은 그의 상향식(bottom-up) 동기적 충동이 너무 강하기 때문일 수도 있다. ADHD에서 이러한 가능성을 경험적으로 구분하는 것은 불안과 우울증과 같은 정서 조절 장애에서처럼 매우 어렵다. 적응적 행동 선택은 항상 상향식 동기 부여와 하향식 제어 사이의 상호작용을 포함하기 때문에, 이 세 가지 단일 결손 이론 중 어느 것도 ADHD를 설명하는 데 성공하지 못했다는 것은 놀랍지 않은 일이다. 그럼에도 불구하고, 각 이론은 ADHD의 다중 결손 모델이 포함해야 할 일관된 경험적 결과를 만들어 냈다.

이 세 가지 이론 각각은 ADHD에서 발견되는 특정 표식 작업에 대한 결손에 의해 뒷받침된다. Willcutt 등(2012)은 ADHD에 대한 종합적인 검토에서 ADHD와 관련된 인지 결손의 메타분석을 포함했다. 실행기능 탈억제 이론을 지지하면서, 그들은 억제 조치와 ADHD($r=.24$) 사이에 입증된 상관관계가 있다는 것을 발견했다. 이러한 억제 측정은 CPT(Continuous Performance Task)에 대한 정지 신호 작업과 커미션 오류를 포함한다. 그들은 또한 실행기능 탈억제 이론이 잘 재현된 RT의 변동성 증가 발견에 의해 지지된다는 것을 발견했다(더 긴 SDRT, $r=.34$). 지연 기피 이론은 선택 충동성(아이가 더 크고 더 이후의 보상보다 더 적은 즉각적인 보상을 선택하는 경우)에 대한 결손에 의해 뒷받침된다. 우리는 다음에 이 연구를 검토할 것이다.

선택적 충동 작업은 ① 만족 지연 작업(Kochanska et al., 2000; I. Petersen et al., 2015; 미취학 아동에 대한 자기조절 연구), ② 지연 감소 작업, ③ 지연 기피 작업(Sonuga-Barke, Taylor, Sembi, & Smith, 1992)을 포함한다. 그러나 학령기의 ADHD 아이들에 대한 모든 연구에서 기피 작업 지연에 대한 결손이 발견되는 것은 아니다. 예를 들어, Willcutt 등(2012)의 메타분석에서 기피 작업 지연과 ADHD 증상의 평균적인 상관관계는 고작 .13이었다.

최근에 Patros 등(2016)은 ADHD의 선택 충동성 연구 26개를 메타 분석하여 유의한 메타분석 효과지수 평균 0.47을 발견하였다. 이는 ADHD를 가진 집단이 통제 집단보다 선택 충동성 작업에 대한 수행이 0.5 표준편차만큼 낮았다는 것을 의미한다. 이 평균 효과 0.47은 Willcutt 등(2012)에서 발견된 지연 기피 작업에 대한 0.13의 상관관계보다 상당히 크기 때문에, 다른 선택 충동성 작업의 경우 이전 표본의 ADHD 결함에 대한 기피 작업에 대한 민감도가 더 높다는 추론이 가능하다. 또한, 이 효과 크기는 가장 어린 그룹(3~8세)이 더 나이가 많은 그룹(Patros et al., 2016)보다 거의 두 배가 컸으므로, 표본의 나이는 혐오 지연의 결손의 일부 비복제를 부분적으로 설명할 수 있다.

이 세 가지 마커 작업에 대한 복제적 결손 외에 ADHD의 또 다른 중요한 결손은 처리속도($r = .32$)(Willcutt et al., 2012)에 있다. 방금 논의한 결손과는 달리 PS 결손은 이론적 설명을 찾기 위한 경험적 발견이다. 이 네 가지 결손 각각에 대한 평균 상관관계에서 추론할 수 있듯이, ADHD의 모든 증상 분산을 설명할 만큼 큰 것은 없으며, 보편적인 것도 없다.

Nigg, Willcutt, Doyle, 그리고 Sonuga-Barke(2005)는 ADHD의 탈억제 이론과 ADHD의 실행 기능 이론에 대한 문제를 문서화했다. 3개의 대형 표본에 걸쳐, ADHD 아동의 약 절반만이 10%의 대조군에 비해 가장 민감한 억제 조치(정지 신호 반응 시간[SSRT])에 대한 결손이 있는 것으로 나타났다. ADHD 어린이의 거의 80%가 적어도 하나의 EF 척도에 대해 결손이 있지만, 이는 거의 절반에 가까운 대조군에서도 마찬가지였다. 이러한 결과를 고려할 때, Nigg 등은 이 분야는 ADHD의 실행기능 결손 하위 유형을 구별해야 한다고 주장했다. 이 하위 유형은 가족력 있고 실행 기능 장애가 없는 ADHD보다 더 기능 손상적이며, ADHD의 다른 잠재적 하위 유형(예: 지연 하위 유형)과 구별될 수 있다는 증거도 있기 때문이다. 따라서 이 제안은 ADHD의 이질성을 다양한 단일 결손 하위 유형으로 해결할 수 있다고 가정하며, 실행기능-결손 하위 유형은 이중 하나다. 우리가 아는 한, ADHD의 이질성 이론은 엄격하게 검증되지 않았지만, ADHD 아동의 표본이 각각 단 하나의 탈억제, SDRT, 지연 회피, 처리속도의 결손을 포함하는 것을 매우 강하게 예측한다는 점에 주목할 필요가 있다.

이와 정반대의 관점의 지닌 경쟁 이론은 모든 ADHD 아동이 다중 인지적 결손을 가지고 있다는 모델이다. 이보다 조금 더 현실적인 모델은 ADHD 아동의 일부는 다중 결손을 가지고 있지만, 또 다른 일부는 단일 결손을 가지고 있다는 혼합 모델이다. 물론, 아동이 일부 인지 위험 요소에 대하여 결손이 있는지에 대한 결정은 결손이 없다고 증명될 때까지 지속적으로 이루어진다.

우리는 ADHD의 다중 결손 모델의 검증연구를 단 한 편만 찾을 수 있었다. Sjowall, Roth, Lindqvist, 그리고 Thorell(2013)은 ADHD를 가진 102명의 임상군과 연령과 성별을 일치시킨 102명의 대조군에서 ADHD의 다중 예측 변수를 조사했다. 적절하게, 그들은 ADHD 샘플에서 공존을 배제하지 않았지만, 임상군은 ADHD의 모집단 샘플에서 발견되는 것보다 더 높은 CD 또는 ODD 공존장애 비율(46%)을 보였다. 다중 예측 변수에는 인지(EFS, SDRT 및 지연 회피)와 행동(정서 조절의 부모 평가와 아동

정서 인식의 통제 상황 측정) 예측 변수가 모두 포함되었다. 한 가지 주요 발견은 인지적 조치를 통해 ADHD를 정확하게 식별하는 데 민감도는 약하였으나(65%), 구체성은 양호하였다(84%). 더 중요한 것은 정서 측정이 예측 변수로 추가되었을 때 65%에서 92%로 민감도가 눈에 띄게 향상되었다는 것이다. 구체성은 87%로 소폭 증가했으며, 전반적인 정확한 분류율은 90%로 이전 연구보다 상당히 높았다.

　이러한 발견이 반복될 경우, 인지적 측정에 의해 잘 예측되지 않는 ADHD 정서 조절 장애의 하위 유형이 존재할 수 있음을 의미한다. 이러한 가능성은 Lawson과 Ruff(2004) 및 앞서 논의된 E. Sullivan 등(2015)의 결과에 의해 뒷받침된다. 두 연구 모두 유아기의 부정적인 정서와 ADHD 사이의 관계를 발견했고, Posner와 Rothbart(2000)에서 도출한 행동과 정서 규제의 두 가지 측면에 의해 이론적으로 뒷받침된다.

　ADHD에 대한 인지 위험 요인에 대한 중요한 추가 질문은 그것이 실제로 인과관계가 있는가라는 것이다. 인지 위험 요인을 뒷받침하는 거의 모든 증거는 종단 자료가 아닌 횡단 자료다. Arnett 등(2012)은 교차지연 경로 모델을 사용하여 네 개의 시점에 걸쳐 아동($N>1500$)의 종단적 빠른 이름대기 속도 및 ADHD 증상을 검증했다. 이전의 빠른 이름대기에서 이후의 부주의 증상까지의 경로는 모든 시간에 걸쳐 유의한 반면, 그 반대의 경로는 가장 이른 시점에만 유의했다. 이러한 결과는 인과관계를 설정하지는 않지만, 후기 ADHD의 인지 위험 요인이 되는 빠른 이름대기와 일치한다.

　ADHD의 인지 상태에 대한 또 다른 접근방법은 ADHD의 약물치료가 인지 결손도 치료하는지 여부를 묻는 것이다. 비록 이 검증방법이 명확하지는 않더라도 약물치료가 잠재적인 인지 위험 요인과 관련 있는 제3의 변수에 작용할 수 있기 때문이다. 이에 대한 간단한 대답은 이 약이 변수에 작용하긴 하지만, ADHD 증상을 바꾸는 만큼은 아니라는 것이다. Coghill 등(2014)은 ADHD 증상과 ADHD에서 발견된 다양한 인지 위험 요인 모두에 대한 MHP(메틸페니데이트)의 영향에 대한 36개 연구를 메타분석하였다. ADHD 증상의 개선 효과의 크기가 0.8에서 1.0까지인 반면, 위험 요인 개선의 평균적 효과크기는 더 작다는 것을 발견했다(RT의 경우 $d=0.24$, 작업기억력의 경우 $d=0.26$, 억제력의 경우 $d=0.41$, 단기 기억의 경우 $d=0.60$, SDRT의 경우 $d=0.62$). 이후 논의되었듯이, Bedard 등(2015)도 마찬가지로 MPH가 ADHD 증상과 CPT 성능 모두에서 개선되었지만, 이 두 영역의 변화는 상관이 없다는 것을 발견했다. 이 후자의 결과는 ADHD의 원인으로서의 인지 위험 요소의 역할에 의문을 제기한다. 대신에, ADHD에서 발견되는 인지 위험 요인은 단지 병인론 기저의 다면발현성의 징후일 뿐 인과적 매개자(즉, 내포혈중)가 아니라는 것을 시사한다.

이러한 가능성과 일관되게, van Lieshout, Luman, Buitelaar, Rommelse, 그리고 Oosterlaan(2013)은 ADHD 지속성에 대한 인지 위험 인자의 예측값을 조사한 18개 종단연구를 조사하였다. 이 메타분석에서 그들은 ADHD에 대한 인지 위험 요인이 어린 아동을 제외하고 ADHD 지속성을 예측하지 못한다는 것을 발견했다(Arnett et al., 2012).

요컨대, 취학 전 아동과 학령기 아동의 연구는 ADHD의 신경심리학에 대한 몇 가지 결론을 지지한다. ① 다중 결손은 ADHD를 설명하기 위해 필요하다. ② 다중 결손과 더불어, ADHD 증상의 대부분은 여전히 설명되지 않은 채로 남아 있다. ③ ADHD의 정서적 장애 하위 유형이 있을 수 있는데, 이것은 누락된 분산을 설명할 수 있을 것이다. ④ ADHD 발달에 대한 우리의 이론적 모델은 이 책에서 검토한 다른 학습 장애의 이론적 모델(즉, 난독증과 LI)보다 덜 적절하다.

• • •

뇌 메커니즘

2009년 이 책의 2판이 출간된 이후 ADHD에 대한 우리의 이해는 상당히 발전하였으며, 최근의 이러한 진전은 이 책에서 다루는 학습 장애를 포괄하는 신경 영상 연구의 일반적인 경향을 반영한다. 일반적 경향의 첫 번째는 국지적 뇌 메커니즘을 조사하는 것에서 광범위한 뇌 메커니즘을 조사하는 것으로의 패러다임 변화다. 두 번째는 보다 최근의 경향으로서, 뇌 메커니즘의 특성을 나타내는 뇌 기능의 모델의 활용에 있어 정적인 것보다 역동적인 모델을 사용하려는 시도다.

앞서 언급했듯, ADHD는 책에서 다루는 유일한 장애로 주요 증상에 대한 약물치료가 잘 정립되어 있다. 이런 특징 때문에 ADHD의 뇌 메커니즘에 대한 논의를 이 장애와 관련된 신경전달물질에 관한 섹션으로 시작하는 것이 적절할 것이다. 앞으로의 논의를 위해 주요 용어를 정리해 둔다.

MPH	메틸페니데이트(ADHD 치료를 위한 주요 각성제)	PFC	전두엽 피질
DA	도파민	NE	노르에피네프린

신경전달물질

ADHD를 치료하기 위한 주요 자극제는 '메틸페니데이트(Methylphenidate: MPH)'로서, 리탈린(Ritalin)이라는 상품으로 판매된다. MPH는 1944년에 처음 합성되었으며, 이것이 효험을 보였던 수면발작[1]을 포함한 다양한 증세를 치료하기 위해 성인들에게 임상적으로 사용되었다. ADHD를 치료하기 위한 MPH의 활용은 1950년대에 시작되었고 그 효능은 수백 번의 무작위 실험(RCTs)에 의해 입증되어 왔다. ADHD 치료에서의 효력이 잘 정립되어 있지만 리탈린과 다른 흥분성 약물이 정확히 어떻게 뇌 기능을 변화시키는가에 대해서는 이해가 불충분한 상황이다. 일례로 MPH의 치료 효과가 도파민 혹은 노르에피네프린의 증가 중 어디에서 비롯되는지 아니면 둘 모두로부터 기인하는지 여부가 불분명하다. 그 결과 ADHD의 도파민제(Castellanos & Proal, 2012) 이론과 노르아드레날린제(Biederman & Spencer, 1999) 이론이 모두 제안되었다. 더구나 도파민과 노르아드레날린 모두 뇌에서 작용을 일으키는 여러 개의 표적이 있다. 도파민은 선조체나 전두엽 피질(PFC), 또는 둘 모두에서 활성화될 수 있다. 후속연구는 이들 질문에 답하는 데 도움을 주었다. 우리는 이제 MPH가 도파민(DA) 및 노르에피네프린(NE) 작용제임을 안다. MPH는 신경세포에 의한 DA 재흡수에 관여하는 도파민 운반체를 억제함으로써 세포 바깥에 있는 DA의 가용성을 증진시킨다. MPH는 노르에피네프린 운반체(NET)에도 비슷한 영향을 미친다. 사실 MPH는 시험관 내부 및 인간 양전자방출단층촬영(PET) 결합 연구에서 DAT보다 NET에 대한 유사성이 더 높다(Hannestad et al., 2010).

선조체에 MPH의 광범위한 결합이 있다는 점을 감안할 때(Volkow, Fowler, Wang, Ding, & Gatley, 2002), MPH의 약물 효과가 주로 PFC에 미치는 이유를 이해하려면 SN(Substantia Nigra: 흑색질)에서 선조체까지의 DA 경로와 VTA(Ventral Tegmental Area: 배쪽 피개부)에서 PFC와 다른 구조물까지의 DA 경로 사이의 중요한 차이 및 여타 관련

---

1) 따라서 이 증세의 치료를 위하여 현재에도 계속적으로 사용된다(역자가 각주로 설정함).

된 구조들을 이해해야 한다. SN 경로에 있는 뉴런은 DA 레벨을 조절하는 자가수용체를 가지고 있지만, VTA 경로에 있는 뉴런은 그렇지 않다. 따라서 세포 밖 DA의 증가는 PFC에서는 지속되지만 선조체에서는 아닐 것이다. 이러한 자가수용체에서의 차이와 일관되게 Volkow 등(2012)은 신경 영상을 사용하여, 성인 ADHD에 대한 MPH로 장단기 치료 후 선조체에서의 DA 변화와 PFC에서의 DA 변화를 검사했다. 배쪽 선조체에서 DA는 단기적 증가만 있었지만(보상 처리와 관련), PFC에서는 단기 및 장기 DA 증가가 모두 있었다. 선조체 및 PFC DA 증가는 모두 ADHD 증상의 장기적 개선과 관련이 있다.

광범위한 동물 연구를 바탕으로, Berridge와 Devilbiss(2011)는 PFC 내의 DA Dl 수용체가 처방된 정신자극제[2]의 주된 목표 중 하나라는 것을 발견했다. 이러한 정신자극제는 저용량으로도 PFC에서의 DA와 NE의 크고 작은 국부적 증가를 만들어 낸다.

따라서 동물연구와 인간연구 모두 MPH의 장기치료 효과는 선조체가 아닌 주로 PFC에 의해 매개된다는 것을 말해 준다. 이렇게 ADHD는 PD(파킨슨병)와 구별된다. 둘 다 DA 고갈을 수반하는 것으로 보이지만 PD에서의 DA 고갈은 선조체 내부이고, 자가수용체가 보상할 수 없을 정도로 광범위한 SN 경로의 퇴화로 인해 발생한다. PD와 달리 ADHD를 가진 개인은 여전히 DA를 합성하고 자가수용체로 선조체 DA 수치를 조정할 수 있다.

우리는 여전히 자극제가 ADHD 증상을 어떻게 개선하는가에 대한 질문, 달리 말해 DA 증가를 통해서인지, NE 증가를 통해서인지, 혹은 둘 모두의 증가를 통해서인지에 답할 필요가 있다. PFC와 달리 선조체는 NE 수용체가 대부분 부족하다. 따라서 자극제의 노르아드레날린에 활성화된 효과는 PFC에 의해 매개되거나, NE 수용체를 가진 다른 뇌 구조물에 의해 매개되어야 한다.

MPH와 같은 자극제에 대한 해당 질문에 답하기 위해, Overtoom(2003)은 무작위로 NE(Desipramine)에 선택적 효과가 있는 약물로 치료하거나 DA(L-dopa)에 선택적 효과가 있는 약물로 치료한 ADHD 아동을 선정해, MPH로 치료된 집단과 비교했다. 결과 측정의 방법은 정지신호 과제(The stop-signal task: SST)였다. PD에서 발견된 것과 달리 L-Dopa의 치료 효과는 발견되지 않았다. ADHD에 대한 L-Dopa의 효과 없

---

2) 가령, 행동을 차분하게 하고 인지력을 향상시키는 MPH가 있다(역자가 각주로 설정함).

음은 이전의 두 연구와 동일했다. 이와 달리, 선택적 NE 작용제는 수행의 한 구성인 정지 신호 반응시간(Reaction Time: RT)을 개선한 반면, MPH 처리는 수행의 다른 요소들에 대한 개선('Go 신호'의 RTs를 단축시켰고 생략 오류와 실행 오류를 감소시킴)을 보였다. 이전의 연구들은 MPH가 정지 신호 작업의 모든 측면을 개선한다는 것을 발견했기 때문에, 그들은 DA와 NE 증가 간 가산 불가한 조합이 ADHD에서 중요한 약물 반응이라고 결론지었다.

ADHD에서 NE의 역할에 대한 또 다른 중요한 증거는 선택적 NE 재흡수 억제제인 아토목세틴(ATX; Atomoxetine → Straterra 상품으로 판매됨)의 효능에서 나온다. ATX(Atomoxetine)는 ADHD를 위한 RCTs에서 광범위하게 연구되어 왔으며 종종 MPH만큼 효과적이지만, 지속방출 형태의 MPH인 OROS(삼투압 방출 구강 체제 MPH)는 일반적으로 ATX보다 더 큰 치료효과를 가지고 있다.

Bedard 등(2015)은 CPT에서 ADHD 증상과 ADHD의 주요 인지 결손 치료에 있어 OROS MPH와 ATX의 효과를 비교하는 이중 맹 교차 실험을 실시했다. 그들은 ADHD 아동과 청소년($N = 102$)을 대상으로 연구를 진행했다. 이전 연구와 일관되게 두 약 모두 ADHD 증상을 유의미하게 감소시켰으며, OROS MPH의 효과크기($d = 1.80$)는 ATX의 효과크기($d = 1.33$)보다 더 컸다. 그러나 오직 MPH만이 누락(위탁 제외), RT 및 SDRT(the standard deviation of RT)를 포함하여 CPT에서 다양한 차원의 성능을 향상시켰다. 또 다른 이론적으로 중요한 결과는 인지 수행의 변화가 증상의 변화와 상관관계가 없다는 것이었다. 이러한 결과는 ① ADHD 치료에 있어 DA와 NE 모두의 중요성을 지지하고, ② ADHD 증상에 대한 치료 효과가 ADHD의 인지적 결손 감소를 통한 것인지에 대한 의문을 제기한다.

요컨대, PD(파킨슨병)나 조기에 치료된 PKU(페닐케톤뇨증)와 같은 장애와는 달리, DA 고갈과 같은 ADHD의 단일 신경전달물질 부족 가설은 지지되지 않는다. 대신, DA와 NE의 결손은 ADHD와 세로토닌과 같은 다른 신경전달물질에 연관되어 있다. 또한 ADHD의 약물 효과는 뇌 구조의 단일한 부분에 제한되지 않는다. PFC가 MPH와 ATX의 주요 표적이지만 노르아드레날린의 작용 지점은 훨씬 더 널리 분포되어 있다. 결과적으로 이러한 약물 ADHD 증상의 영향은 ADHD에서 발견되는 인지적 결함에 대한 그들의 영향과 연관성이 없는 것으로 보이며, 따라서 ADHD를 유발하는 인지적 결함의 역할에 의문을 제기한다.

신경 영상(뇌 영상)

이 책에서 다루는 다른 학습 장애와 마찬가지로, ADHD에 대한 신경 영상 연구는 초기에는 특정 영역에 대한 설명에만 초점이 맞춰져 있었다. 이러한 설명 중 가장 영향력이 있었던 것은 ADHD의 전두엽 기능장애에 대한 가설인데, 이는 10여 년 동안 다양한 연구자들에 의해 발전되어 왔던 것이다(Gualtieri & Hicks, 1985; Mattes, 1989; Pontius, 1973; Rosenthal & Allen, 1978; Stamm & Kreder, 1979; Zametkin & Rapoport, 1986). 신경 영상법 이전에도 이 가설은 자주 검증이 되었다. ADHD의 전두엽 기능장애 가설은 이전에 논의되던 ADHD를 치료하기 위한 약물 자극제 영향과 전두엽 장애의 행동적 영향을 근거로 삼는다. 전두엽 장애는 동물과 사람을 대상으로 한 실험에서 모두 과잉행동, 산만함, 충동성 중 단일 증상으로 드러나거나 혼합되어 나타났다(Fuster, 1989; Levin, Eisenberg, & Benton, 1991; Stuss & Benson, 1986). 물론 뇌의 다른 부위의 상해 역시 이러한 증상들을 일으키는 것은 가능했다.

전두엽과 기저핵(미상핵과 조가비핵을 포함하며 선조체, 담창구라고도 함) 사이의 밀접한 상호작용이 있기에, ADHD의 전두엽 기능장애는 전두엽-선조체 기능장애 가설로 더 정확하게 설명이 된다. 이 책의 2판에서 보았듯이, 구조적 신경 영상은 ADHD의 전두엽-선조체 가설을 지지한다. Hynd 등(1990)은 MRI를 사용하여 ADHD 아동들에게서 일반적인 우측 > 좌측 전두엽 비대칭이 존재하지 않음을 발견하였다. 이들은 ADHD 참가자들과 난독증 참가자들, 그리고 통제 집단을 비교하였다. 두 임상 집단에서는 전두엽 대칭으로 나타났으며, 난독증 집단은 심지어 ADHD가 아닌 사람들로 구성되었었는데, 이 두 임상 집단 간에 서로 어떤 차이도 보이지 않았다. 이러한 ADHD의 전두엽 비대칭에 대한 부족한 결과는 다른 두 연구에서도 동일하게 나타났다(Castellanos et al., 1996; Filipek et al., 1997). 미상핵 크기의 기형은 ADHD에 대한 많은 연구들에서 발견되었다(Castellanos et al., 1996; Filipek et al., 1997; Hynd et al., 1993; Mataro, Garcia-Sanchez, Junque, Estevez-Gonzalez, & Pujol, 1997). 추가로 담창구 또한 ADHD 집단에서 유의미하게 작은 것으로 나타났다(Aylward et al., 1996; Castellanos et al., 1996; Singer et al., 1993). 이러한 구조적 신경 영상 연구들은 행동선택에서 중요하다고 알려진 전두엽-선조체 구조의 발달적 차이를 지지한다.

행동선택의 손상과 관련된 이 구조적 차이에 대한 가설은 Casey 등(1997)의 연구에서 검증되었다. 이들은 세 가지로 구분되는 행동억제 과제수행 정도와 PFC 값 및 기저핵 크기의 상관관계를 살펴보았다. 이 세 가지 행동억제 과제는 다양한 주의집중처리 단계에서 반응억제를 일으켰고, 통제 집단과 비교하였을 때 ADHD 아동에게서 모두 손상되어 있음을 나타냈다. 게다가, PFC, 미상핵, 담창구의 크기들은 과제수행 정도와 유의미하게 상관이 있는 것으로 나타났다. 물론, 이 상관관계는 원인을 설명하지는 않는다. 이러한 연구 결과는 ADHD로 인한 결과이거나 단순한 상관이 있을 수 있음을 의미한다.

그러나 ADHD에서 뇌의 구조적 차이는 PFC와 기저핵에서만 유일하게 나타나는 것은 아니다. 추가적으로, 뇌량의 다양한 부위에서 크기가 감소되는 영역이 여러 연구에서 관찰되었고(Baumgardner et al., 1996; Castellanos et al., 1996; Giedd et al., 1994; Hynd et al., 1991; Semrud-Clikeman et al., 1994), 전체 대뇌의 크기와 소뇌도 더 작은 것으로 나타났다(Castellanos et al., 1996).

주로 fMRI와 같은 기능적 신경 영상법은, ADHD를 잘 재현시킨 go/no-go 과제와 the Stroop과 같은 신경심리학적 지표 몇몇을 포함한 여러 인지 조절 과제들에 대해 반응하는 ADHD 집단의 뇌활성화 차이를 조사하기 위해 많은 연구에서 사용되어 왔다(Durston & Konrad, 2007). 전두엽-선조체 활성화의 손상이 여러 연구에서 발견되었는데, 이는 이전에 살펴보았던 구조적 연구들과 일치하는 결과다. 예를 들어, 우측하전두피질은 정지신호 과제와 같은 억제 과제 수행을 위한 주요한 구조다(Aron, Robbins, & Poldrack, 2004). 이러한 연구들은 Castellanos 등(1996)이 발견한 소뇌의 구조적 차이와 일치하는 소뇌의 활성화 차이를 발견하였다.

추가로, 전두엽-선조체 순환 경로와 백질 구조로 이루어진 소뇌가 ADHD와 인지 결손에서 나타났다. 예를 들어, ADHD의 주요 인지 결손은 RT(SDRT)에서 개인 내 변산도가 더 크게 나타났다. 잘 알려져 있듯이 RT와 SDRT 모두 나이를 먹을수록 감소한다. Tamnes 등(2012)은 일반적인 아동들의 SDRT에서 발달적 감소가 백질의 발달적 증가와 상관이 있다는 것을 발견하였다.

ADHD에서 백질 차이에 대한 꽤 많은 근거들이 있다(예: Shaw et al., 2015). 이와 관련한 최근의 연구들은 ADHD에서 백질 차이에 대한 이전의 메타분석 연구 결과와 일치한다(Van Ewijk, Heslenfeld, Zwiers, Buitelaar, & Oosterlaan, 2012). 이전 메타

분석 연구들에서는 ADHD 표본에서 전체적인 뇌의 크기가 작은 것으로 나타났는데 (d = 0.3~0.64), 백질의 감소가 뇌 크기의 차이를 설명하였다. 반면에, ADHD 아동의 대뇌 피질 회백질에서 연령통제 집단과 비교하였을 때 더 큰 것으로 나타났으며, 이 는 뇌 가지치기의 지연과도 일치한다(Shaw, Lerch et al., 2006). 이들의 9개 양적 메타 분석에서 Van Ewijk 등(2012)은 5개의 구조들에서 낮은 분획이방성(FA), 꾀 많은 양 의 백질무결성을 발견하였다. 기저핵의 좌우 섬유막, 좌측 소뇌, 우측 대뇌부챗살(위 세로 다발과 겹치는 부위) 뇌량무릎 근처 소겸자, 이 모든 구조들은 ADHD에 대한 이 전 구조적 MRI 결과에서 나타났던 것들이다.

이후에 연구자들은 ADHD에서 또 다른 뇌 연결망의 변형된 활성화를 발견하였 는데, 전두엽-선조체 연결망의 잘 복제된 활동 저하와 함께 디폴트 모드 네트워크 (DMN)가 나타났다. DMN은 다른 뇌 연결망과 반대로 참여자가 '휴식 상태'에서 측정 되는데, 일반적으로 fMRI가 데이터를 수집하는 동안 참여자가 과제에 반응할 때 확 인된다. 1920년대 뇌전도(EEG)의 발견과 1970년대 국소뇌혈류량을 사용하던 당시로 되돌아가 보면 의식이 있는 참가자들이 '휴식 상태'로 보일 때 뇌가 활성화된다고 알 려져 있었다. 그러나 어떤 뇌 구조가 이러한 휴식 상태를 활성화하는지 확인하기 위 해 fMRI 방법을 활용한 더 선명한 공간 해상도를 필요로 했다. fMRI 데이터로 표현되 는 모습으로 인해, DMN에 대한 연구가 폭발적으로 증가하였다.

DMN에는 두 가지 주요 중뇌 구조들이 포함되어 있다. 즉, 내측 전전두피질, 설전 부, 그리고 후측대상피질 인접 영역이 있으며 해마의 구조와 두정엽 구조 일부를 포 함할 수 있다. DMN의 이 두 가지 주요 구조는 어떤 사람이 자신에 대해 생각(사고, 감 정, 그리고 다른 사람들과의 관계)을 할 때 일관되게 활성화되었다. 자기 지향적인 사고 는 과거 기억과 앞으로 일어날 미래의 일을 포함할 수 있는데, 해마의 구조는 DMN의 한 영역으로서 활성화된다. DMN의 활성화는 일반적으로 과제-관련 뇌 연결망의 활 성화와 부적 상관관계를 나타내는데, 이는 과제에 집중하는 것과 자신에 대해 집중 하는 것 사이에서 직관적으로 그럴듯하게 균형을 맞추는 것처럼 보인다. 주요우울장 애의 반추와 조현병의 관계 망상과 같이 자기 지향적인 사고를 통제하지 못하는 것은 적응적 행동을 방해한다. 이런 이유로 ADHD를 포함한 다양한 정신장애에서 DMN 의 역할에 대한 많은 연구가 이루어졌다. 대개 ADHD 아동들은 과제 외적 행동들을 흔하게 보이기 때문에, 아마도 부적절하게 DMN이 활성화되는 것으로 여겨진다.

Castellanos와 Proal(2012)는 ADHD에서 DMN 조절장애에 대한 초기 근거들에 대해 검토하였고, 수십 년 동안 ADHD 분야에서 가장 지배적이었던 전두엽−선조체 모델에 추가적인 설명이 더 필요함을 주장하였다. 몇 개월 뒤, Cortes 등(2012)은 ADHD 아동과 성인을 대상으로 한 55개의 fMRI 연구들을 메타분석한 논문을 게재하였다. 두 연령 집단을 걸쳐 나타난 두 가지 주요 결과는 다음과 같다. ① 전두두정엽 집행연결망에서 활동 저하, ② DMN의 과잉 활동. 이 연구 결과들은 ADHD에서 중앙 집행연결망과 DMN의 활동 사이의 관계가 제대로 기능하지 못하고 있음을 시사한다.

요약하자면, ADHD의 뇌 구조는 자극제에 의해 재조정되는 도파민과 노르아드레날린 신경전달 작용의 변화를 포함하며, 행동선택에서 중요하다고 알려진 전두엽−선조체 연결망 내의 구조적, 기능적인 차이를 포함한다. 그러나 휴식 상태에 있는 다른 연결망과 발생 가능한 상호작용은 말할 것도 없고 이와 함께, 소뇌 및 DMN과 전두엽−선조체 연결망의 상호작용 역시 중요하다. 초기 뇌 발달과 관련하여, 우리는 ADHD가 어디에서 혹은 어떻게 시작하는지 알지 못한다. 다음 단락에서 논의할 유전적 이질성과 거대한 다원적인 작용을 고려할 때, 결과적으로 유사한 기능적 신경영상 표현형으로 이어지는, 여러 시작점이 있을 수 있다.

• • •
병인론

ADHD를 발생시키는 정확한 원인은 아직까지 불분명하며, 우리는 이런 ADHD의 병인론에 대해 아는 것보다는 이 책에서 다루는 다른 학습 장애군의 병인론에 대해 더 알고 있다. 앞서 논의했듯, ADHD의 병인론과 관련한 이해 부족은 분석의 몇 단계에서 보인 커다란 이질성으로부터 기인한다. 이 부분에서는 ADHD의 유전적 · 환경적 영향과 ADHD 병인론의 유전−환경 상호작용 근거들에 대해 살펴보고자 한다. 유전력[3]의 전제인 가족력에 대한 논의에서 시작한다.

---

3) 유전력: 생물집단이 갖는 유전적 변이 중에서 다음 세대에게 전달되는 비율을 말한다.

가족력

ADHD 남성 발단자[4]의 가족에서 ADHD 비율이 비정신장애 통제 집단 가족의 장애 비율보다 7배나 높은 것으로 나타났다(Biederman, Faraone, Keenan, Knee, & Tsuang, 1990); 이후 연구들에서도 여성 발단자들의 가족에게서 비슷하게 위험률이 증가하는 것을 보였다(Faraone et al., 1992; Faraone, Biederman, Keenan, & Tsuang, 1991). 이런 이유로 인해, ADHD 가족력의 값(상대적 위험도 약 7점)은 이 책에서 다루고 있는 다른 학습 장애를 포함한 많은 행동장애 가족력의 값보다 높은 점수를 나타낸다. 물론, 가족 간 전달은 유전자의 관계만큼 충분한 근거가 있지는 않지만, 유전적 형질의 전제조건은 아니다. 가족 간 전달은 공유된 가족환경으로 인한 것일 수 있다(제2장에서 논의한 ACE 모델에서 C에 해당하는 개념). 따라서 가족 간 전달만 원인이 되는 것인지, 아니면 물려받은 유전적 변인의 한 부분으로서의 영향을 주는 것인지 확인하기 위해 쌍둥이 또는 입양 연구와 같은 다양한 연구방법들이 필요하다.

유전력

ADHD에 대한 20개의 쌍둥이 연구를 메타분석한 논문에서 평균 유전력은 공유되지 않은 환경을 설명하는 변수를 함께 투입하였을 때 .76으로 나타났다(Faraone, Spencer, Aleardi, Pagano, & Biederman, 2004). ADHD의 상당한 가족력을 나타내는 이 결과는 거의 모든 것이 유전적 영향의 원인임을 지지하지만, 이후 우리가 논의할 유전-환경 상호작용의 존재를 염두에 두지는 않는다. 이것이 존재하는 경우, 유전-환경 상호작용은 단일 유전 모델에서 유전력으로 여겨질 것이다. 유전력이 .76이라는 의미는 ADHD가 유전력이 높은 복합 행동 장애들 중 하나라는 것이다. 이는 읽기장애 또는 주요우울장애보다 높은 유전력이며, ASD와는 동일한 정도의 유전력이다.

Thapar, Cooper, Eyre, 그리고 Langley(2013)의 연구에서 보았듯이, ADHD의 높은 유전력을 보고한 5개의 입양 연구들이 있었다. 따라서 ADHD의 유전력은 그 근거가 확실하다고 할 수 있지만, 잠깐 언급했듯이 ADHD의 병인론과 관련된 실제 유전자를

---

4) 발단자: 유전학적으로 문제가 된 형질의 혈통을 발견하는 계기가 된 개체를 말한다.

발견하는 것은 더 힘든 일이다.

ADHD의 정의적 차원들인 Inatt.와 HI[5]에서 모두 극단적으로 나온 점수는 중간 정도의 유전력임에도 불구하고, 두 차원 사이의 상관관계가 설명된다면 이는 HI 차원으로 인한 것이 아님을 의미한다(Willcutt & Pennington, 2000a; Willcutt, Pennington, & DeFries, 2000). 이는 Inatt. 차원에서 극단점수가 HI 증상의 수준에 상관없이 중간 정도의 유전력임을 의미한다(예: ADHD의 Inatt.와 C유형은 모두 중간 정도의 유전력임을 의미함). 그러나 HI 차원에서 극단점수는 Inatt. 증상과 상관이 있을 때도 유의미하게 유전력이 없는 것으로 나타났다($h^2{}_g = .08$). 이 결과는 HI 표상의 병인론이 유전력이 크지 않음을 의미하며, 다른 두 표상과 병인론이 다름을 의미한다.

유전자 감식

ADHD에 영향을 주는 유전자에 대한 초기 분자적 근거들은 표현형에서 ADHD를 포함하는 유전적 증후군들로부터 발생하였다. 이 증후군들은 수학장애(예: T. Green et al., 2015)와 관련되어 있는 터너증후군과 구개심장안면증후군 및 조현병(Thaper et al., 2013)과 관련 있는 22번 염색체 장완의 11부분의 미세결실, 그리고 사실상 거의 모든 유전적 지적장애를 포함한다(예: 다운증후군, 취약 X 증후군, 윌리엄스 증후군; 제14장 참고). 그러나 처리 기술 및 주의력이 IQ와 상관이 있다는 것을 고려한다면, 지적장애에서 ADHD 증상은 실상 불가피한 것이다.

어떤 특정 개인에게서 발생하는 ADHD의 높은 유전력을 설명하는 실제 유전자를 찾아내는 것은 좌절스러운 일이기도 하지만 동시에 정신의학 및 행동 유전학 분야에서 지난 10년간 알아낸 몇 교훈들의 좋은 실례를 제공하고 있다. 간단히 말해, 지능, 언어, 자기통제, 사회 기술과 같은 적응행동적 기질은 연속적이며 양적 차원을 가지고 있다. 또한, 이들의 병인론은 다요인적이며 광범위하게 다유전적이다. 다시 말해서, 이러한 기질은 키, 몸무게와 같이 양적인 것이며, 수백, 수천 가지의 유전자변이 또는 발달에 영향을 주는 다형현상이 있을 수 있다는 것이다. 이 각각의 다형현상은 표현형 변이의 작은 부분을 설명한다. 제2장에서 설명했듯이, 적응적 형질에 부정적인 영

5) Inatt: inattentive 부주의 , HI: hyperactive-impulsive. 과잉행동-충동형.

향을 미치는 효과크기를 크게 가지는 어떤 흔한 유전자 변형도 자연선택에 의해 빠르게 제거될 것이다. 따라서 매우 희귀하게 유해한 돌연변이만이 유전자풀에 살아남게 된다. 어떤 희귀돌연변이는 ADHD와 같은 장애를 일으키기에 충분할 수 있지만, 이를 위해서는 매우 희귀한 유전자 유형을 생산하는 것이 필요하다. 따라서 ADHD 증상 차원에서 모집단 분산의 많은 부분을 설명하지는 못한다. 게다가, 큰 효과크기의 이 희귀 돌연변이는 단일염기변이(SNP)를 활용한 전장 유전체 분석(GWAS)에서 잘 발견되지 않는다. 제2장에서 설명하였듯이, 이 유전자 연구방법은 기질과 관련된 공통 변인들을 찾아내는 데 최적화되어 있다. 따라서 ADHD와 같은 양적인 기질의 전장 유전체 분석(GWAS)은 매우 작은 효과크기의 공통 유전적 다형현상을 발견하기 위한 충분한 통계적 검증력을 위해 매우 큰 표본(관련 장애를 가지고 있는 수천~10만 명의 표본)을 필요로 한다.

과거 ADHD의 전장 유전체 분석(GWAS)은 난독증이나 LI에서의 경우와 비슷하게, 유의미하고 반복 가능한 위험 위치를 탐지하기에는 너무 작았다. ADHD와 관련한 모든 전장 유전체 분석(GWAS)을 메타분석을 활용해 결합시켜도, 총 사례는 약 3,000명 정도였고, 필요로 하는 수만 단위 사례에는 훨씬 미치지 못한 수였다(Thapar et al., 2013). 표집은 계속 진행 중이었는데, 이 책을 집필하는 중에 최초의 검증력 있는 ADHD의 GWAS가 biorxiv.org 웹 사이트를 통해 보급되었다(Demontis et al., 2017). 비록 아직 동료 검토가 이루어지지는 않았지만, ADHD에 대한 지금까지의 가장 큰 GWAS 상의 몇몇 결과들은 고려할 가치가 충분히 있다. 이 연구는 ADHD 사례 20,000개와 30,000개 통제군을 포함했다. 저자는 12개 전장 유전체의 유의미한 자리(12 genomewide significant loci)를 보고하였는데, 이는 유전자 FOXP2, DUSP6를 포함하고 있는 부분이다. 우리는 FOXP2에 대해 제9장에서 논의를 하였는데, 이 유전자는 언어 발달과 관련이 있었다. 이 유전자는 2000년대 초기에 가족 구성원 중 중증의 언어장애를 가진 사람의 수가 절반이 되는 3대의 가족을 통해 발견되었다(Lai et al., 2001). 유전자 분석을 통해, FOXP2 유전자 안의 상염색체 우성 돌연변이에서 그 원인을 찾을 수 있었다. FOXP2는 이전 ADHD 병인론에서 나타난 주요 후보 유전자는 아니었는데(Ribases et al., 2012), 언어장애와 ADHD의 공존장애 비율은 높게 나타났다(L. Baker & Cantwell, 1982, 1992; Cantwell & Baker, 1985; Gualtieri, Koriath, Van Bourgondien, & Saleeby, 1983; Love & Thompson, 1988; McGrath et al., 2007). 현재의 결과들로부터 FOXP2가 ADHD와 언어장애에 대한 다면발현성인지, 또는 이 유전적 관계가 ADHD 표본에서 언어장애와 동반하는 질환의 원인인지는 판단할 수 없다.

DUSP6는 ADHD와 관련된 특히 흥미로운 유전자인데, 그 이유는 시냅스에서 도파민 수준을 조절하는 역할을 한다고 이론이 세워졌기 때문이다. FOXP2와 DUSP6 및 GWAS에서 확인된 다른 유전자들은 ADHD 및 그 공존장애와 흥미로운 연관성을 가지고 있지만, DATJ와 DRD4와 같은 잘 연구된 후보 유전자 중 어느 것도 전장 유전체 분석(GWAS) 결과 상단에 나타나지 않았다는 점도 주목해야 한다(Demontis et al., 2017). 대규모 표본에 대한 더 많은 연구가 필요할 것이지만, 이 시점에서 ADHD는 선행 후보 유전자가 데이터 중심 전장 유전체 분석(GWAS) 접근법에서 나타난 유전자와 잘 일치하지 않는 다른 복잡한 장애와 유사할 수 있다(Duncan et al., 2014). 이러한 이유로 정신 유전학 분야는 초기 발견을 위한 값을 도출하는 접근인 전장 유전체 연구에 점점 집중되어 가고 있다.

이러한 발견을 위한 또 다른 전장 유전체 접근은 유전적으로 관련된 장애 그룹을 분석에 함께 포함시키는 것이다. 최근 정신질환 유전체학 컨소시엄(Psychiatric Genomics Consortium: PGC)은 충분히 큰 검증력을 확보하여 다섯 가지 정신장애의 전장 유전체 분석(GWAS)을 수행하였는데 ADHD가 거기에 포함되었고, 다른 네 가지는 조현병(Schz), 양극성장애(BPD), 주요우울장애(수학장애D), 그리고 ASD였다. 네 가지 위험 유전자 자리는 전장 유전체 유의성에 도달하였다(예: SNPs on 3p21 and 10q24, and two L-type, voltage-gated calcium channel subunits, CACNB2, and CACNA1C). 이 위험 유전자 자리들 중 앞쪽 세 유전자 자리들은 다섯 가지 장애들에 모두 동일하게 영향을 미쳤고, 정신병리학에서 다면발현과 공통 유전자에 대한 명확한 예시를 제공하였다. 전장 유전체 복합 기질 분석(GCTA)으로부터 나온 SNP 유전력을 사용하여, ADHD와 MDD 사이에서 .32이란 유전적 상관관계를 발견하였고, 이는 이전 연구 결과들과 일치한다. 또 이전 연구 결과들과 동일하게, Schz와 BPD(.68), Schz와 MDD(.43), BPD와 MDD(.47)에서 ADHD보다 높은 유전적 상관관계가 있는 것으로 나타났다. ASD와 다른 네 장애들은 유전적으로 가장 공통되는 부분이 작은 것으로 나타났는데, ASD와 Schz(.16) 사이에서만 작은 유전적 상관관계가 있는 것으로 나타났다. 이러한 SNP를 근거로 한 이변량 유전력 분석은 두 가지 장애가 공유할 수 있는 희귀 유전자복제변이(CNVs)를 발견할 수 있다. 이후에 논의할, ADHD는

ASD와 Schz와 모두 희귀 CNVs를 공유한다.

다른 두 가지 분자 연구방법은 ADHD에 대한 위험 유전자를 확인하기 위해 활용되고 있다. ① 단일 후보 유전자 관계 연구, 그리고 ② 희귀 CNVs를 확인하기 위한 전장 유전체 분석(GWAS)값을 활용하는 연구다. 첫 번째 방법은 정신 유전학에서 큰 논란을 일으키고 있는데, 그 이유는 제2장에서 논의되었듯이 단일 후보 유전자 관계 연구는 복제에 자주 실패하기 때문이다. Thapar 등(2013)과 Schachar(2014)에 의하면 첫 번째 방법은 ADHD와 관련된 6개의 후보 유전자를 발견하였다. 각각의 유전자가 후보군으로 나타났는데, 그 이유는 ADHD의 병태생리학에서 이미 나타난 특정 신경전달물질에 주로 관여하고 있는 신경전달에 영향을 미쳤기 때문이다. 그러나 후보군이 되기 위한 요구조건이 많은 거짓 양성 결과들을 일으켰다. 따라서 오직 잘 반복검증된 결과들만 여기에 나타냈다. 게다가 각각의 복제된 후보 유전자들은 특히, 이전에 논의한 ADHD의 가족력과 유전력에 대한 큰 효과크기에 비해 상대적으로 매우 작은 효과크기를 가지고 있었다. 이 6가지 후보군들은 세 도파민 신경전달 유전자: DRD4, DRD5, DAT1; 두 세로토닌 유전자: HTR1B, 5-HTT; 그리고 Schz와 관련된 시냅스소포단백질 SNAP-25이다. 이 유전자들이 ADHD에 대한 큰 전장 유전체 분석(GWAS) 연구들에 의해 일관되게 복제되었는지는 여전히 남겨져 있다. 현재 시점에서 이렇게 말하는 것은 조금 이를지도 모르겠지만, 앞에서 언급했듯이, 이러한 유전자들은 ADHD의 가장 큰 전장 유전체 분석(GWAS)에서 높은 후보군으로 나타나지 않았다(Demontis et al., 2017). 여전히, 선험적 후보 유전자를 발견할 수 있는 큰 전장유전체 분석(GWAS)에서 신뢰할 수 있는 표식이 있는지 판단하기 위해서는 더 깊은 수준의 관련 유전자 변이 분석이 요구된다.

효과의 크기가 작기 때문에, 각각의 후보 유전자는 표본 중 ADHD 비율에서 매우 작은 영향을 미친다. 충분히 큰 표본을 활용하여, 이 6가지 후보들은 ADHD의 위험도에 대한 상가효과(additive effect)와 상호작용 효과에 대해 검증될 수 있다. 기대되는 부적 방향의 상호작용 효과는 상가효과와 마찬가지로 상호작용에 포함된 각각의 후보 유전자를 검증할 수 있다. 작은 상가효과는 ADHD의 위험 요인 유전자의 타당도에 문제가 있음을 의미한다.

ADHD에 영향을 주는 CNVs와 관련하여, 몇몇이 발견되었는데 이들은 ASD와 Schz에 영향을 주는 CNVs와 부분적으로 공통된 부분이 있었다(Thapar et al., 2013).

Thapar 등(2013)에 의하면 CNVs와 함께 ADHD 사례에서 나타나는 표현형은 특정 개인에게서 발생하는 ADHD에서 발견된 것과 다르지 않았다. 흥미롭게도, CNVs는 난독증의 병인론에서 어떤 역할도 하지 않는 것으로 보이는데(Gialluisi et al., 2016), 이는 CNVs가 ADHD와 난독증의 잘 정립된 유전적 상관관계를 매개하지는 않는 것을 시사한다. 그 이유는 각각의 특정 CNV는 모집단에서 희귀하게 나타나기 때문에(앞에서 언급한 자연선택으로 인해), ADHD와 관련된 경우에는 모집단에서 작은 부분만 설명할 수 있다.

요약하자면, ADHD 원인에 영향을 주는 특정 유전자에 대한 확실한 근거들[유전자 증훈군 연구, 최근의 큰 전장 유전체 분석(GWAS) 연구, 후보유전자관계 연구, CNVs 연구로부터 확인됨]이 있다. 그러나 이 근거들은 이미 알려진 ADHD 쌍둥이 연구 유전력(.76)에서 매우 작은 부분만을 설명한다. 또한, ADHD SNP 유전력(the Psychiatric Genomic Consortium et al., 2013에서의 교차장애 집단에서 .28; Pappa et al., 2015에서 .40)에서도 매우 작은 부분을 설명한다. ADHD에 영향을 주는 모든 유전자를 확인하는 것은 더 큰 전장 유전체 분석(GWAS)을 필요로 한다. 추가적으로 쌍둥이와 SNP의 ADHD 유전력 비율의 큰 차이가 현재 설명되지 않고 있는데, 이는 앞에서 논의되었던 희귀 유전자 증후군과 CNVs, 그리고 유전자 × 유전자(G × G)와 G × E 상호작용을 포함한 비상가적 유전적 영향으로 인한 것일 수 있다[SNPs를 활용한 전장 유전체 분석(GWAS)에서는 발견되지 않음].

환경적 영향

ADHD의 유전력은 1.0보다 적기 때문에, 병인론의 한 부분인 환경적 위험 요인과 더불어 생물학 또는 사회적 요인이 반드시 존재한다. 그러나 상관관계가 있는 환경적 위험 요인들이 ADHD의 실제적인 원인이라고 하기에는 어려움이 있다. 그리고 ADHD에서 추정되는 환경적 위험 요인들은 정밀한 검사에서 살아남지 못했다. 이는 ADHD가 가족력이 매우 높고, 몇몇 드러난 환경적 위험요인들은 유전-환경의 상관관계로 인한 것일 수 있기 때문이다. 예를 들어, 어머니 자신이 ADHD를 가지고 있어 임신 중에 산모가 약물사용을 하게 될 확률이 높아지기 때문에, 우리는 약물(예: 니코틴, 알코올, 또는 불법 약물)이 실제 태아의 발달에 영향을 주어 이후에 ADHD를 일으키게 되었는지 확인할 직접적인 근거가 필요하다. 산후 환경적, 사회적 위험 요인도 동일한 해석의 문제를 가지고 있다. 임신 중 산모의 흡연, 출생 시 적은 체중, 태아 알 코올 노출 경험, 주변 환경에서 납 노출, 소아의 두부 손상을 포함하는 ADHD와 생물 환경적으로 상관관계가 있다고 알려진 요인들 중 산모 흡연을 제외한 모든 요인들이 ADHD의 실제적인 원인으로 현재 지지되고 있다(Thapar et al., 2013). 이런 이유로, 태 아의 니코틴 노출이 ADHD의 원인인지 확인하기 위한 더 많은 근거들이 필요하다.

　루마니아의 고아들에게서 나타났던 심각한 수준의 초기 사회적 결핍이 있지 않은 이상, 특히 양육방식과 같은 사회적 환경 문제가 직접적으로 ADHD 원인이 되지 않 는다(Thapar et al., 2013). 엄격하거나 비일관적인 양육은 ADHD와 관련이 있다. 하지 만 영향의 방향은 부모로부터가 아닌 ADHD 아동으로부터 부모에게로 향하는 것일 수도 있는데, ADHD 아동은 부모에게 엄격하고 비일관적인 양육방식을 사용하게 만 들 수 있다. 혹은 부모 자신이 ADHD를 가지고 있어서 양육방식이 일관적이지 못한 것일 수도 있다. 우리는 ADHD 아동 스스로가 엄마에게 적개심을 일으킬 수 있다는 것(Thapar et al., 2013)을 알고 있는데, 이는 유전-환경 상관관계일 수 있다. 동시에, 사회적 환경이 ADHD 위험 대립유전자(alleles)와 상호작용을 통해 ADHD 발현에 영 향을 준다는 것은 확실하다.

유전-환경 상호작용

　ADHD의 유전-환경 상호작용에 대한 연구들은 도파민 유전자들의 복제된 위험성 이 큰 대립유전자들이 생물환경학적인 위험 요인들(예: 임신 중 산모의 흡연과 음주)과 상호작용하는 것에 초점을 두어 왔다. 긍정적인 결과를 보고하는 연구들도 존재하기 는 하지만, 지금까지 알려진 바로는 이러한 결과들은 반복된 적이 없다. 만약 위험 대 립유전자의 효과크기가 너무 작아, 개인의 위험성이 큰 대립유전자의 복제가 어렵다 면, 하나의 위험 유전자를 복제하는 것은 더 어려울 것이다.

　우리는 ADHD 연구 중 후보 위험 대립유전자 접근을 사용하여 적절한 크기의 유 전-환경 상호작용을 보고하는 연구를 하나 찾을 수 있었다. Martel 등(2011)은 DRD4 위험 대립유전자와 비일관적인 돌봄 간의 유전-환경 상호작용을 548명의 아동을 대 상으로 검증하였다. 그들은 ADHD의 한 차원인 주의결핍과 ODD를 대상으로 유의한 취약성-스트레스 유전-환경 상호작용을 발견하였다. 각각의 위험 요인들이 독립적으로 작용하는 주 효과가 있으면서도, 유전과 환경적 위험 요소를 모두 가지고 있는 아동은 순수 추가 모델이 예상하는 것보다 유의하게 많은 증상을 보였다. 이 흥미로운 결과는 반복적으로 검증되어야 한다.

쌍둥이 방법 또한 유전-환경 상호작용을 검증할 수 있다. 이 방법은 단독 후보 위험 대립유전자 접근보다 더 효과가 있다. 이는 쌍둥이 디자인에서 유전은 모든 유전적 차이를 포함하기 때문이다. 우리는 큰 쌍둥이 표본에 유전-환경 상호작용을 확인했고, 환경적 위험 요소로서 부모 교육수준을 활용하였다. 왜냐하면 낮은 부모의 교육수준이 아동에서 높은 수준의 ADHD를 예측하기 때문이다(Pennington et al., 2009). Martel 등(2011)과 일치하게 우리는 유의한 유전-환경 상호작용을 발견하였다. ADHD의 유전성은 부모의 교육이 낮아질수록 증가했다. 부모 교육수준은 부모의 SES와 마찬가지로 다양한 위험 및 보호 요인과 상관이 있는 굉장히 포괄적인 변수다. 따라서 우리의 결과가 구체적으로 돌봄에 의해 설명되는 것인지 아니면 부모의 SES와 관련된 다른 변수들 때문인지를 확인하기 위해 추가적인 연구가 요구된다.

* * *

진단과 치료

진단

ADHD의 진단은 쉽지 않다. 제외해야 하는 교란 조건들이 많고, ADHD에 대한 객관적인 검사들이 난독증과 같은 다른 학습 장애에 대한 검사들보다 발전이 더디기 때문이다. 따라서 임상 전문가들도 진단을 내릴 때 충분히 주의를 기울여야 한다. 진단은 발달력과 현재 증상, 그리고 침습적 손상을 밝히기 위한 면담과 관찰을 토대로 한다. ADHD에 대한 객관적인 검사가 충분히 개발되지 않았음에도 불구하고, 검사 결과는 ADHD에 존재할 수 있는 인지적 결함을 밝혀 진단을 내리는 데 도움이 될 수 있다.

증상

진단은 주로 증상을 기반으로 하기 때문에 이에 대한 많은 연구는 주요 증상의 목록를 밝히고, 이러한 증상들을 종합할 수 있는 행동 평가 척도를 개발하는 데 초점을 두어 왔다. DSM-5에 서술된 주요 증상들은 Inatt(부주의)와 HI(과잉행동-충동성)의 2가지 카테고리로 분류된다.

ADHD와 관계는 되지만 주요하게 여겨지지 않는 증상에는 공격적인 행동, 반항성, 학습 장애, 우울증, 불안, 사회적 어려움, 그리고 낮은 자존감 등이 있다.

발달력

ADHD 증상은 삶의 초기 단계에서부터 나타난다. DSM-5는 진단을 내리기 위해 증상들이 12세까지는 관찰되어야 한다고 설명한다. 증상과 관계되는 행동들이 학령기 초기 단계에서부터 나타나지 않는다면 이는 ADHD를 나타내는 것보다 학업문제에 따른 이차적인 것일 수 있다. 따라서 우리는 발달의 초기 단계에서 부주의와 충동성 그리고 과잉행동성의 분명한 예들을 보여 주는 내력에 더 중점을 둘 수 있다. 예외는 ADHD의 하위 유형인 주의력 결핍형 아동에게서 나타날 수 있다. 주의를 유지하는 데 어려움을 보이는 이들은 주의와 집중을 위한 기대가 증가하는 학령기 후기 단계에 이르기 전에는 문제를 나타내지 않을 수 있다. 이러한 아동들은 과잉행동을 보이는 아동들에 비해 보통 늦게 진단에 맡겨진다.

유아기에 증상들은 '어려운 아이'라고 불리는 특징에 해당하는 높은 활동성, 낮은 수면욕, 복통, 잦은 울음, 그리고 진정의 어려움 등을 포함할 수 있다. 걸음마 단계에서 ADHD 아동은 위험을 잘 지각하지 못하고, 보통 이상의 에너지를 나타내며, 한 활동에서 다른 활동으로 굉장히 빨리 전환하는 경향을 나타낸다. 부모는 아동이 다른 아동들에 비해 신발, 옷, 그리고 장난감을 더 빨리 닳게 한다는 것을 알아차릴 수 있다(Cantwell, 1975).

ADHD가 있는 아동은 학교를 다니기 시작하는 시점에 임상적인 관심을 받기 시작한다. 이들은 자주 떠들고, 자기 자리에서 벗어나고, 손을 가만히 두지 못하고, 과제를 끝내는 데 어려움을 보이는 등, 행동관리 문제를 교실에서 보이기 때문이다. 이러한 패턴이 ADHD에서 두드러지긴 하지만 우리는 또한 주의력 결핍 증상을 보이는 아동들이(특히, 여학생들이) 학령기 초기 단계에서 놓쳐질 수 가능성이 크다는 것을 인식하고 있어야 한다. ADHD 아동에게 학령기 후기 단계에서 조직화(organization)는 특히 문제가 된다. 아동은 과제를 시간에 맞춰 제출하는 것이나, 마감 기한을 기억하는 것, 그리고 좋은 학습 전략을 사용하는 데에 어려움을 경험할 수 있다. 이러한 약점들은 아동이 추가적인 구조가 있을 경우, 학업적으로 성취를 보이는 것처럼 나타난다는 사실에도 불구하고 성적에 영향을 미칠 수 있다. 이러한 경우에 좋지 않은 성적은 '게으름'이나 '동기 부족' 등으로 잘못 귀인될 수 있다.

가족력과 관련해서 지금까지 진행되어 온 가족 연구들은 현재 ADHD이거나, ADHD를 경험한 적이 있던 부모의 자녀가 ADHD에 대해 더 큰 위험을 갖는다고 보고한다. 따라서 진단을 내리기 위하여 부모의 심리적인 내력에 대한 정보는 굉장히 중요하다.

행동 관찰

ADHD 아동들은 새롭고 구조화된 환경에서 문제행동을 뚜렷하게 나타내진 않을 수 있기 때문에, 치료실에서 ADHD 증상이 관찰되지 않았다는 것이 반드시 진단을 배제하진 않는다. 그러한 행동들이 나타난다는 것은 중요한 수렴적 증거를 제공한다. 안절부절못함, 부주의, 공상, 충동적 반응 양식, 어려운 과제를 지속하는 것에 대한 어려움, 일을 급하게 처리하는 것, 그리고 부주의한 실수들은 모두 진단 기준과 일치한다고 볼 수 있는 임상적인 환경에서 보이는 행동들이다. 물론, 이러한 모든 행동들은 정상적인 발달 과정 중에 나타나기도 한다. 안절부절못하고, 지속성이 떨어지고, 부주의하는 등의 행동은 어린 아동들에게서 예상되는 행동이다. 문제는 내담자가 이러한 행동들은 내담자의 연령에서 기대되는 것보다 더 높은 수준으로 보이냐는 것이다. 능숙한 임상가는 이 질문에 답을 할 수 있는 '내적인 기준'을 만들어야 한다. 대리 행동 관찰을 위해 내담자의 담임 선생님(내담자의 다양한 행동을 관찰했고, 또 내담자의 행동과 비교할 수 있는 비슷한 나이대의 비교군을 관찰한 경험을 가지고 있음)과 면담하는 것은 굉장히 도움이 된다.

표준화 행동 측정 척도

다양한 ADHD 행동 측정 척도가 임상 장면에서 사용되고 있다. 대부분의 척도들은 DSM의 ADHD 진단 기준에 포함되어 있는 행동들을 평가하고, 평가자에게 이러한 행동들이 일어나는 빈도를 수량화할 것을 요구한다. 이 척도들은 흔한 공존장애인 ODD나 CD, 그리고 학습문제에 대해 확인하는 여부에 따라 정도의 차이를 보인다. 평가 척도들은 ADHD를 진단하는 데 유일한 증거로 사용되어서는 안 된다. 그러나 행동 척도는 발달적 내력, 현재 행동과 손상에 대한 면담, 그리고 인지적 평가와 함께 사용되어 ADHD 진단을 보조할 수 있다. 부모와 교사는 다양한 맥락에서의 영향력을 평가하기 위해 행동 척도에 응답하도록 빈번히 요구된다. 아동 혹은 청소년은 나이를 충분히 먹었다면 자기보고를 할 수도 있다. 흔히 사용되는 표준화된 척도에는 코너즈 부모/교사 평가 척도-3판(Conners, Sitarenios, Parker, & Epstein, 1998), Dupaul의 ADHD 평가 척도(Dupaul, Power, Anastopoulous, & Reid, 1998), Disruptive Behavior Rating Scale(Barkley & Murphy, 2006), ADHD 증상과 정상 행동의 강점과 약점 척도(SWAN; J. Swanson, 2011), 그리고 NICHQ 밴더빌트 평가 척도(www.nichq. org/resource/nichq-vanderbilt-assessment-scales)(Wolraich, Lambert, Baumagertel et al., 2003; wolraich, Lambert, Doffing, et al., 2003) 등이 있다. SWAN은 이러한 차원의 증상적 수준의 변화량 외에도 주의와 통제 스펙트럼의 양극(the positive ends)에서 변화량을 확인할 수 있다는 점에서 다른 척도와 차별화된다.

CBCL의 주의문제 척도와 『아동을 위한 행동 평가 척도』(3판)의 주의문제와 과잉행동 하위 척도와 같은 더 일반적인 심리사회적 평가 도구들은 ADHD와 관련된 증상들을 포함한다. 이러한 척도들은 유용한 선별 도구이지만, ADHD에 특정적인 평가 척도가 권장되는데, DSM-5의 ADHD 진단 기준과 연관된 다양한 범주의 행동들에 대해서 보다 완성된 정보를 제공하기 때문이다.

사례 발표

사례 발표 6

엘리엇(Elliot)은 여덟 살의 3학년 아동이다. 엘리엇의 부모는 엘리엇이 수업에 집중하지 못해 학교에서 어려움을 보인다는 선생님의 조언을 듣고 진단을 의뢰했다. 선생님은 엘리엇의 부모에게 '그것이 행동문제인지, 아니면 엘리엇이 통제할 수 없는 것인지' 구별할 수 없다고 했다. 엘리엇은 학교 과제를 벼락치기하며, 부주의한 실수가 잦고 반쪽짜리 과제를 제출하는 경우가 많았다. 엘리엇은 읽기 능력이 뛰어나지만, 쓰기에 있어서는 글 구성 능력이나 글씨체 면에서 다른 친구들에 비해 부족했다. 게다가 같은 반 친구들보다 수학에서도 뒤처졌다. 엘리엇의 부모는 엘리엇이 학교에서 겪는 이러한 어려움이 자존감과 친구문제로도 이어질까 걱정하고 있다. 부모는 엘리엇이 친구들로부터 놀자는 전화를 거의 받지 못하며, 이웃의 아이들이 엘리엇보다는 그의 남동생에게 더 관심을 보이는 것처럼 보인다고 했다. 짜증이 나는 순간에 엘리엇은 "나는 바보여서 이걸 하지 못해!" 또는 "내가 바보라고 말했잖아."라고 한 적이 있다.

엘리엇의 태아기, 출생, 그리고 발달 초기의 내력에는 특이한 사항이 없다. 엘리엇은 굉장히 활발한 아이였다. 엘리엇의 어머니는 엘리엇이 12개월 때 있었던 일에 대해 이야기했다. 엘리엇이 낮잠에서 깰 무렵 큰 소리가 들려 위층으로 올라가 봤더니 엘리엇이 침대에서 기어 나와 옆에 있는 옷장으로 올라가 옷장에서 침대로 뛰어내리기를 반복하고 있었다고 했다. 엘리엇의 부모는 그가 네 살이 되기 전에는 유치원에 보내지 않으려고 했지만, 어머니는 그를 하루 종일 돌보는 것에 너무 지쳤기 때문에 엘리엇이 세 살이 되었을 무렵 아침 프로그램에 등록시켰다. 엘리엇의 어머니가 유치원을 고를 때 고려한 중요한 기준 중 하나가 엘리엇이 마음껏 뛰어놀 만큼 유치원이 큰지의 여부였다고 한다. 엘리엇은 비교적 덜 구조화된 유치원 환경에서 잘 생활했고, 선생님과 친구들과의 관계도 좋아 보였다. 문제는 엘리엇이 등교 버스에서 가만히 있지 못해 몇 차례 문제에 휩싸이면서 생겨나기 시작했다. 그의 유치원 생활기록부에는 '엘리엇은 여전히 공손하게 경청하는 법을 배우고 있으며, 이야기 나누기 집단 활동(circle time)이 그에게 아직까지는 어렵다'고 보고되어 있다. 비슷한 문제가 1~2학년 때에도 나타났다. 엘리엇은 활동에 참여할 때 다른 아동들로부터 분리된 책상에 앉았으며, 교사들은 엘리엇을 '방해가 되고', '멍청하고', '시끄럽고 움직임이 많다'고 묘사했다. 3학년이 되어 엘리엇의 어려움은 사회적 상호작용 측면에서 분명해지기 시작했다. 그는 놀이터에서 두 차례 싸워서 교장실을 방문해야 했다. 그리고 최근에는 축구 경기에 대해 다른 아이와 말다툼을 하다가 그 아이를 밀었고 귀가 조치를 받았다. 엘리엇의 어머니는 엘리엇이 그 이후 후회하고 반성하고 있다고 이야기했다.

엘리엇의 어머니는 학창 시절 어려움이 없었다. 그녀는 대학을 졸업했으며 현재 그래픽 디자이너로 일하고 있다. 엘리엇의 아버지는 고등학생 시절 몇 개 과목에서 나쁜 점수를 받았지만, 대학에서는 더 좋은 점수를 받았다. 아버지는 "내가 결국 정신을 차렸기 때문"이라고 하였다. 아버지는 현재는 재판 보고관(relator)으로 성공적으로 일하고 있으며, 엘리엇에 대해 그의 아내보다 덜 걱정하고 있다. 아버지는 엘리엇이 어렸을 때의 자신과 같다며, 철이 들어야 한다고 이야기했다.

엘리엇의 진단 검사에 대한 요약은 〈표 12-1〉에 제시되어 있다.

〈표 12-1〉 검사 요약, 사례 6

수행 타당성			
기억 타당도 프로필 총점	RS = 29 (유효한)		
일반 지능		**유동적 지능**	
WISC-V IQ	SS = 107	WISC-V 유동추론 지표	SS = 112
		행렬추리	SS = 11
결정적 지능		무게비교	SS = 13
WISC-V 언어이해 지표	SS = 113	WISC-V 시공간 지표	SS = 97
공통성	SS = 13	토막짜기	SS = 10
어휘	SS = 12	퍼즐	SS = 9
작업기억			
WISC-V 작업기억 지표	SS = 107		
숫자	SS = 11		
그림기억	SS = 11		
처리속도			
WISC-V 처리속도	SS = 92		
기호쓰기	SS = 7		
동형찾기	SS = 10		
학습			
_읽기_		_수학_	
_과거 검사_		_과거 검사_	
CLDQ 읽기 척도 43 백분위		CLDQ 수학 척도 74 백분위	
_기본 읽기 쓰기 능력_		_계산 및 문제 해결_	
WIAT-III 단어 읽기	SS = 119	WIAT-III 수치 연산	SS = 108
WIAT-III 유사 해독	SS = 111	수학문제 해결	SS = 104
WIAT-III 철자	SS = 110		
읽기 유창성		_수학 유창성_	
TOWRE-2 일견 단어 효율성	SS = 110	WIAT-III 수학 유창성	SS = 89
TOWRE-2 음소 해독 효율성	SS = 113		

주의와 실행 기능			
주의		**실행 기능**	
Gordon Vigilance commissions	5 백분위	D-KEFS 기호잇기검사	
Gordon Vigilance Total Correct	54 백분위	시각 스캔	SS = 9
밴더빌트 부주의		숫자 순서화	SS = 8
부모	RS = 9	문자 순서화	SS = 6
교사	RS = 4	문자-숫자 전환	SS = 7
밴더빌트 과잉행동/충동성		D-KEFS 언어 유창성	
부모	RS = 4	문자 유창성	SS = 8
교사	RS = 8	범주 유창성	SS = 11
		D-KEFS 색깔-단어 방해(Interference)	
		색깔 명명	SS = 8
		단어 명명	SS = 12
		억제(Inhibition)	SS = 6
		억제/전환(switching)	SS = 7
시각-운동 기능			
Beery VMI-6	SS = 85		

주: SS, 평균 = 100 SD = 15; ss = 평균 = 10 및 SD = 3; RS, 원점수; %ile, 백분위점수, 백분위; WISC-V, 웩슬러 아동용 지능검사-제5판; CLDQ, 콜로라도 학습 어려움 설문지; WIAT-III, 웩슬러 개인용 성취도 검사-제3판; TOWRE-2, 단어 읽기 효율성 검사-제2판; Vanderbilt, NICHQ 밴더빌트 평가 척도; D-KEFS, Delis-Kaplan 실행 기능 시스템; Beery VMI-6, 시각-운동 통합 검사-제6판.

논의

ADHD 진단은 주로 내력과 현재 증상을 밝히기 위한 정밀한 면담과 관찰에 의해 이루어지지만 심리검사 결과 또한 진단을 뒷받침하기 위해 사용될 수 있다. 엘리엇의 사례는 이러한 진단 형태를 보여 준다. 그의 초기 내력은 ADHD와 관련이 있다. 그는 유아기에도 과잉행동의 징후를 보였다. 과잉행동은 부주의의 증상보다 발달 초기에 눈에 더 잘 띤다. 높은 수준의 주의를 유지하는 것은 학교에 들어가기 전의 아동에게 잘 요구되지 않기 때문이다. 엘리엇의 학교에서의 어려움에 대한 내력은 ADHD의 두 가지 차원을 모두 보여 준다. 교사들은 부주의 차원과 관련하여 엘리엇이 주의집중이 부족하며 과제를 끝내는 것을 어려워한다고 이야기했다. 엘리엇의 행동적인 어려움(소리 지르기, 앉아 있지 못하는 것, 다른 아이를 미는 것)은 충동성에 의한 것으로 이해될 수 있으며, 엘리엇은 행동 수준도 굉장히 높게 유지되었다. 교사는 밴더빌트 ADHD 척도의 두 가지 차원에서 엘리엇이 임상적인 범위(6가지 이상의 증상)에 해당한다고 평가했으며, 부모는 임상적인 수준을 결정하는 절단점 직전으로 엘리엇을 평가했다. 그러나 엘리엇의 행동에 대한 부모의 묘사는 주의 부족과 충동장애에 대한 진단과 일관된다. 엘리엇의 어려움은 학교에서보다 집에서 덜 할 수 있다. 특히, 엘리엇의 아버지는 엘리엇의 행동에 대해 과소보고할 수 있다. 그의 유사 ADHD 내력이 엘리엇의 주의 부족과 과잉행동에 대해 보다 더 높은 용인을 보이게 할 수 있기 때문이다.

ADHD와 관련된 행동이 1:1의 구조화된 환경에서 잘 관찰되지 않을 수 있음에도 불구하고, 엘리엇은 몇 가지 분명한 행동들을 보였다. 그의 연령대의 다른 아동들과 비교했을 때 엘리엇은 어려운 과제에 대한 수행을 지속하는 데 어려움을 보였으며, 더 많은 격려가 필요했다. 어려운 수학 과제를 마주했을 때, 엘리엇은 '다음!'이라고 말했으며, 시도하기도 전에 페이지를 넘기려 했다. 엘리엇은 가만히 있지 못하고 검사 책상 위에 있는 모든 물건으로 장난치려고 했다. 엘리엇은 2시간 동안 3번의 휴식 시간을 요구했다. 매 쉬는 시간마다 그는 보통 복도를 달려 물을 마시고, 다시 뛰어왔다. 마지막 시험 세션에 엘리엇은 시작하기를 꺼렸으며, 그의 엄마가 나오라고 설득하기 전까지 대기실의 탁자 밑에 숨어 있었다. 그는 "저 게임은 너무 어렵고 지루해요."라며 시험을 시작하기 싫어함을 표현했다.

엘리엇의 시험 결과들에 내재한 패턴은 ADHD 진단을 더욱 확고하게 했다. 첫째로, 엘리엇은 Gordon Diagnostic System의 CPT에서 매우 많은 오류를 보였으며, 이는 그의 충동적인 반응 양식을 반영한다고 볼 수 있다. 엘리엇은 많은 오류에 대해 인지하고 있었으며, "어, 제가 또 실수했네요."라고 말하는 등 이에 대해 소리 내어 언급했다. Delis-Kaplan 실행 기능 시스템(Delis-Kaplan Executive Function System: D-KEFS)의 색깔-단어 억제(color-word inhibiton) 영역에서 나타난 그의 낮은 점수는 또한 충동 억제와 관련된 어려움을 암시한다. 둘째로, 여러 검사 점수들(WISC-V의 처리속도 영역과 D-KEFS의 색깔 명명하기와 길 만들기 과제, WIAT-III의 수학 유창성 과제)은 ADHD의 인지적 위험 요인인 처리속도에서의 상대적 약점을 나타냈다. 이 점수들은 평균 이하 범위로 나타났다. 이 중 많은 점수는 정상 범주에 들었지만, 엘리엇의 개념적 추론 능력 또는 시간 제한이 없는 수학 과제에서의 수행과 비교했을 때는 유의하게 낮았다. 셋째로, ADHD를 나타내는 많은 아동과 마찬가지로 엘리엇의 글

씨체는 형편없다. 소근육 운동과 조직화에서의 어려움은 시각 운동 통합 검사-6판
(Visual-Motor Integration: VMI-6)에서의 낮은 점수와 관련되어 있을 것이다.

ADHD를 보이는 많은 아동은 신경심리학적 검사에서 엇갈린 결과를 보이는데,
이는 엘리엇에게도 어느 정도 해당된다. 정상 범위에서 크게 벗어난 점수는 거의 없
었다. 그의 내력, 현재의 기능 수준과 관찰 결과를 모두 고려했을 때, 혼합 형태의
ADHD(ADHD-Combined Type)가 진단된다.

공존장애의 높은 가능성으로 인해 ADHD 아동에게서 난독증이 나타나는지 확
인하는 것은 중요하다. 엘리엇의 경우, 내력과 현재 시험 결과 모두 읽기에서의 문
제를 시사하지 않았다. 사실 읽기 능력은 엘리엇에게 장점으로 나타났다. 엘리엇은
ADHD로 인해 자존감 그리고 사회적 상호작용과 관련된 이차적 문제를 보이는 것으
로 나타났다. 그가 친구들과의 관계에서 보이는 어려움은 충동성과 관련된 것으로
보이며, 학교에서 실패를 보이는 많은 아동이 그러하듯이 자기 개념은 부정적인 것으
로 나타났다. 이러한 문제들은 ADHD에 대한 중재가 진행됨에 따라 모니터링되어야
할 것이다. 이러한 문제들이 지속된다면, 행동적인 중재가 유용할 것으로 보인다.

사례 발표 7

조안(Joan)은 현재 8학년, 열네 살 여학생이며 학교에서의 낮은 수행에 대한 걱정
으로 인해 의뢰되었다. 조안은 숙제를 관리하고 제시간에 과제를 제출하며 과제를
지속하는 데 어려움을 보인다. 이러한 어려움 때문에 성적에도 문제가 생기기 시작
했으며, 조안의 부모는 다가올 고등학교 진학을 걱정하고 있었다.

조안의 출생과 발달 초기의 내력은 복잡하지 않았다. 조안의 어머니는 준학사 과
정을 따고 의료기사로 일하고 있었으며, 아버지는 고등학교를 졸업하고 기계공으로
일하고 있었다. 삼촌과 사촌은 ADHD로 진단된 바가 있으며, 조안의 부모는 초등학
교 초기 시절부터 조안의 학업적 진전에 대해 걱정하기 시작했다. 조안의 선생님들
은 조안이 공부하는 속도가 느리고, 공상을 하거나 창문 밖을 멍하니 쳐다보고 있는
경우가 많아 과제를 끝내도록 자주 재촉해야 한다고 했다. 선생님들은 조안의 주의
를 촉진하기 위해 그녀를 앞자리에 자주 앉히고 있었으며, 그녀의 읽기 능력은 또래
에 비해 뒤처지고 있었다. 3학년 때, 조안은 구조화된 파닉스를 기반으로 한 읽기 프
로그램에서 읽기와 관련된 추가적인 도움을 받았다. 이 프로그램은 그녀의 읽기 정

확도를 향상시켰다고 보고되었지만, 조안의 읽기속도는 여전히 느렸다. 중학교에 진학함에 따라 과제의 양은 늘어났고, 조안의 학업적인 어려움은 더 문제가 되었다. 그녀의 부모는 조안이 또래 친구들보다 훨씬 더 많은 시간을 과제에 투자한다고 이야기했다. 이러한 추가적인 노력에도 불구하고 조안은 완성한 과제를 제출하는 것을 종종 까먹었다. 현재 조안의 조직화 기술은 여전히 부족하며, 그녀는 과제를 기억하고 기한에 맞춰 제출하는 데 어려움을 보인다. 그녀의 선생님은 조안이 현재 수업에 주의를 집중하는 데 어려움을 보이고 읽기속도는 계속해서 느리며, 쓰기 과제에서 어려움이 있다고 했다.

학교 밖에서 조안은 예술과 공예, 음악 듣기, 친구들과 어울리기, 그리고 자전거 타기를 즐긴다. 조안의 어머니는 매주 지역 도서관을 가는 열렬한 독자임에도 불구하고, 조안은 읽기를 전혀 즐기지 않는다고 부모는 말했다.

조안의 진단 검사 결과는 〈표 12-2〉의 표에 정리되어 있다.

〈표 12-2〉 검사 요약, 사례 7

수행 타당성
의학적 증상 타당성 검사

즉시 인식	RS = 100		
지연 인식	RS = 100		
항상성	RS = 100		
쌍연상(Paired Associates)	RS = 80		
자유 연상	RS = 60		
	(유효한)		

일반 지능		**유동적 지능**	
WISC-V 전체 IQ	SS = 91	WISC-V 유동추론 지표	SS = 97
결정적 지능		행렬추리	ss = 11
		무게비교	ss = 8
WISC-V 언어이해 지표	SS = 98	WISC-V 시공간 지표	SS = 105
공통성	ss = 11	토막짜기	ss = 10
어휘	ss = 8	퍼즐	ss = 12

작업기억	
WISC-V 작업기억 지표	SS = 94
숫자	ss = 8
그림기억	ss = 10

처리속도

WISC-V 처리속도 지표	SS = 83
기호쓰기	ss = 5
동형찾기	ss = 9

학습

읽기

과거 검사
  CLDQ 읽기 척도 92 백분위

기본 읽기 쓰기 능력
WIAT-Ⅲ 단어 읽기	SS = 99
WIAT-Ⅲ 유사 해독	SS = 95
WIAT-Ⅲ 철자	SS = 91

읽기 유창성
TOWRE-2 일견 단어 효율성	SS = 83
TOWRE-2 음소 해독 효율성	SS = 81
GORT-5 유창성	ss = 6

읽기 이해
GORT-5 이해	ss = 9

수학

과거 검사
  CLDQ 수학 척도 66 백분위

계산 및 문제 해결
WIAT-Ⅲ 수 연산	SS = 94
수학문제 해결	SS = 102

수학 유창성
WIAT-Ⅲ 수학 유창성	SS = 80

구어

음운론
CTOPP-2 발음 생략	ss = 9
CTOPP-2 음소 격리	ss = 7

언어 처리속도
CTOPP-2 빠른 상징 명명	SS = 88

언어 기억력
CTOPP-2 비언어 반복	ss = 8
WRAML-2 문장기억	ss = 9
WRAML-2 이야기 기억	ss = 10
WRAML-2 이야기 기억 지연	ss = 11

주의 및 실행 기능

주의

Gordon Vigilance commissions 42 백분위
Gordon Vigilance Total Correct 65 백분위
Gordon Distractibility Commissions 18백분위
Gordon Distractibility Total Correct 9 백분위

밴더빌트 부주의	RS = 9
부모	RS = 8
교사	
밴더빌트 과잉행동/충동성	RS = 1
부모	RS = 2
교사	

실행 기능

D-KEFS 기호잇기검사
시각 스캔	ss = 7
숫자 순서화	ss = 9
문자 순서화	ss = 7
문자-숫자 전환	ss = 9

D-KEFS 언어 유창성
문자 유창성	ss = 5
범주 유창성	ss = 8

주: GORT-5, Gray 구어 읽기 검사-5판. 기타 약어는 〈표 12-1〉을 참조.

논의

주의를 집중하고 조직화하는 데에서 보이는 조안의 어려움은 ADHD 진단, 특히 부주의 하위 유형과 일치한다. 읽기 습득에서 나타난 초기의 어려움과 지속되는 유창성에서의 약점은 읽기장애를 시사한다. 내력 측면에서는 ADHD 가족력이 있다. 학습과 행동 질문지(Learning and Behavior Questionnaire)의 읽기 관련 문항들은 조안의 읽기와 관련된 어려움을 나타낸다.

검사하는 동안 조안은 잘하고자 의욕을 가지고 집중하는 듯했으며, 객관적인 수행 타당도에서 절단점 이상의 점수를 받았다. 그러나 부주의 관련 문제는 다른 상황에서 임상적으로 유의하더라도 1:1의 검사 상황에서는 잘 드러나지 않는다. 따라서 조안의 선생님과 진행한 면담을 통해 조안이 학교에서 주의 유지 및 조직화와 관련하여 어려움을 밝혔으며, 이는 조안 부모의 보고와 일관되었다. 조안의 부모와 선생님이 보고한 NICHQ 밴더빌트 평가 척도(DSM-5에서 이야기하는 ADHD의 증상 목록)의 결과는 ADHD의 부주의 하위 유형 진단 기준에 해당하였다. 검사 결과 또한 이러한 진단과 일치했다. Gordon 진단 시스템의 쉬운 경계(Vigilance) 하위 검사에서 조안은 평균 범위의 수행을 보였다. 그러나 좀 더 어려운 주의산만(Distractibility) 하위 검사에서 그녀의 점수는 평균 이하 범위로 나타났다. Gordon 진단 시스템은, 대부분의 CPT 검사가 그러하듯, 청소년 대상으로는 민감하지 않기 때문에 평균 점수를 받았다고 ADHD 가능성을 배제하지는 않지만, 낮은 점수를 받은 경우에는 주의 깊게 보아야 한다. 엘리엇과 같이 조안의 검사 결과(WISC-V의 처리속도, CTOPP-2의 빠른 이름대기, WIAT-III의 수학 유창성, D-KEFS의 길 만들기, 시간제한된 읽기검사)는 처리속도 영역에서의 약점을 보고했다. 끝으로 조안은 D-KEFS의 언어 유창성 검사에서 두드러지는 어려움을 보고했다. 이 검사는 다양한 반응을 제시하기 위해 상당한 조직화 능력을 요구한다. 조안은 음운론적 · 의미론적으로 관련이 없는 단어들을 이야기했다. 온전한 언어 개념적인 맥락에서 조안이 언어 유창성 검사에서 낮은 수행을 보인 것은 조작화의 어려움을 반영한다고 할 수 있다. 상대적으로 낮은 음운 및 철자 관련 기술 역시 낮은 수행에 영향을 미쳤을 수 있다.

시험 중 관찰된 또 다른 중요한 행동 특징은 조안이 정확하게 읽을 수는 있지만, 눈에 띄게 느리다는 것이었다. 그녀의 과거력과 시험 결과, 그리고 관찰 결과에 따르면, 그녀는 어느 정도 보완된 가벼운 난독증을 가지고 있다는 것을 알 수 있다. 비록 읽기 유창성, 알 수 없는 단어 발음, 철자법, 교정의 약점이 지속될 수 있지만, 효과적인 조기 개입을 받은 사람은 제약적이지 않은 상황에서에서 견고한 읽기 정확성과 이해력을 기를 수 있다. 조안의 시험 결과에서 이러한 패턴이 분명하게 나타난다. 특히, 조안의 시험 결과에서 이러한 패턴이 분명하게 나타난다. 특히, 조안의 시간제한 읽기 검사[단어 읽기 효율성 검사-2판(TOWRE-2)과 Gray 구어 읽기 검사-5판(GORT-5) 유창성] 점수는 시간제한이 없는 검사 점수에 비해 훨씬 낮다. 이러한 패턴은 앞에서 설명한 것처럼 그녀의 처리속도 약점과도 일치한다. 처리속도는 난독증과 ADHD의 공통된 약점이며, 두 질환의 공존성을 설명하는 데 도움이 된다. 조안은 이 패턴을 잘 보여 준다. 그녀는 음운 처리 기술에서 약간의 취약성(예: CTOPP-2 Phoneme Elision)을 보이지만, 그 패턴은 특별히 두드러지거나 일관적이지 않다. 조안이 어렸을 때, 특히 그녀가 증거 기반 읽기 중재에 참여하기 전에는 좀 더 분명한 음운학적 약점이 나타났을 수도 있다.

종합해 보면, 조안의 ADHD 부주의형 진단은 주의력과 조직화의 어려움으로 인한 의뢰 문제를 설명한다. 대중매체에서는 ADHD가 주로 과잉행동 행동과 연관되어 있기에, 부주의 증상을 가진 아이들의 부모들은 ADHD가 그들의 자녀에게는 적용된다고 생각하지 못한다. 이러한 경우 ADHD의 하위 유형에 대한 설명과 교육이 필요한 경우가 많다. 또한, 조안은 난독증의 영향이 남아 있는데, 이는 그녀의 읽기 유창성에 계속 영향을 미치고 학업성취에 어려움을 가중시킨다.

치료

미국 아동청소년 정신건강의학협회(Pliszka, 2007)와 미국 소아정신학회(Wolraich et al., 2011)는 이용 가능한 과학적 근거 및 임상적 합의에 기초한 ADHD 치료에 대한 실천 가이드라인을 발표했다. 우리는 ADHD를 가진 미취학 아동을 위한 권장 사항들을 언급하고, ADHD를 가진 학령기 아동 및 청소년을 위한 권장 사항들의 주요한 특징들을 요약하고자 한다.

ADHD를 가진 아동·청소년을 대상으로 한 1차 치료는 미국 식품의약국(FDA)에 승인된 ADHD 치료를 위한 각성제다(Pliszka, 2007; Wolraich et al., 2011). 각성제에는 다양한 형태의 메틸페니데이트(methylphenidate)나 암페타민(amphetamine)이

들어 있다. 이 치료는 하루 종일 복용해야 하는 속효성 약물(예: Adder-all, Dexedrin, Focusin, Ritalin) 또는 장기 작용 형태(즉, Concerta, Focalin XR [extended release], Adderall XR, Daytrana 패치)로 이용할 수 있다. ADHD를 치료하기 위해 각성제를 사용하는 것은 아동 정신의학에서 정신건강의학이 가장 철저하게 연구된 중재 프로그램이다. ADHD 치료에 있어 이들 약물의 단기적 효능과 안전성은 이제 잘 확립되었다. ADHD 아동의 약 65~75%가 각성제 치료에 좋은 반응을 나타내며, 각성제는 정신의학 분야에서 사용되는 항정신성 의약품들 중 가장 큰 효과가 있는 약 중 하나다 (Pliszka, 2007).

각성제의 부작용은 다른 정신약리학 치료와 비교했을 때 가벼운 편이며, 보통 시간과 투여량의 변화에 따라 완화된다. 가장 흔한 부작용으로는 수면과 식욕 감소, 체중 감소, 신경과민, 복통, 두통 등이 있다. 임상적으로 유의한 성장 지연, 틱 장애의 빈도 증가, 공격성 증가, 심혈관 문제 증가, 약물 남용 위험 증가 등에 대한 우려는 뒷받침하는 근거가 없다(Pliszka, 2007). 그럼에도 불구하고 ADHD의 오진에 대한 우려는 타당하다. ADHD를 위해 각성제를 처방하는 모든 의사들이 이 까다로운 감별진단을 정확하게 할 시간이나 훈련을 받는 것은 아니다.

FDA는 또한 ADHD의 치료에 있어 Strattera(atomoxetine), Intuniv(guanfacine), Kapvay(Clonidine) 등 3가지의 각성제를 승인했다. 이 약들은 효과가 임상적으로 유의미하기는 하지만, 일반적으로 각성제보다는 효과크기가 작다. 이러한 대안적 약물은 각성제를 견디지 못하는 아동이나 공존장애가 있는 아동에게 유용할 수 있다.

약물치료 외에도 ADHD를 위한 심리사회적 치료법도 있다(Pliszka, 2007). ADHD에 대한 심리사회적 치료는 주로 부모와 교사가 가정과 학교에서 행동을 더 잘 관리하도록 돕는 행동 중재 기법으로 구성된다. 부모 치료는 ADHD의 성격에 대한 교육, 강화와 타임아웃을 포함한 행동계획을 가정에서 실행하기 위한 학습, 그리고 유사한 행동계획(즉, 일일 기록표)을 실행하기 위해 학교와 협력하는 것으로 구성된다. 행동치료만으로도 ADHD 증상은 개선될 수 있지만, 효과는 일반적으로 학령기 아동 및 청소년을 대상으로 한 약물치료에 비해 작다(Pliszka, 2007). 그럼에도 불구하고 이러한 치료는 약물에 반응하지 않거나 부모가 약물을 사용하지 않는 것을 선호하는 어린 이들에게 특히 중요하다.

미취학 아동의 경우 행동치료가 행동을 개선하는 데 효과적이고(효과크기 ~0.6),

어린 아동에게 각성제의 효과와 부작용에 대한 정보가 더 적기 때문에, 행동치료가 일차적으로 권장된다(Charach et al., 2013; Mulqueen, Bartley, & Bloch, 2015; Sonuga-Barke, Daley, Thompson, Laver-Bradbury, & Weeks, 2001; Sonuga-Barke, Thompson, Abikoff, Klein, & Brotman, 2006). 따라서 어린 아동에게 약물이 금지되지는 않지만, 많은 증거들이 미취학 아동을 위한 1차적 치료로 행동치료를 지지한다(Charach et al., 2013; Greenhill et al., 2006).

각성제와 행동 중재를 병행하는 것이 학령기 아동·청소년에게 각각의 치료법을 단독으로 사용하는 것보다 더 효과적일지에 대한 의문이 자연스럽게 생긴다. 국립 정신건강연구소(NIMH)가 후원한 대규모 연구는 복합형 ADHD을 가진 7~9세의 학령기 아동을 대상으로 이 질문을 다루었다. 이 3년에 걸친 다중 ADHD 치료법 연구(MTA[Multimodal Treatment Study of Children with ADHD] Cooperative Group, 1999)는 네 가지 치료 조건(약물 단독, 행동 중재 단독, 둘의 결합, 그리고 지역사회에서 일반적으로 제공되는 것 이상의 치료를 하지 않는 것)을 비교했다. 행동 중재는 부모 훈련, 학교 중재, 그리고 여름 캠프 환경에서의 치료를 포함하는 집중적인 것이었다. 약물치료는 일반적으로 지역 사회에서 일반적으로 제공되는 것보다 더 집중적이었다. 피험자는 네 가지 조건 중 하나에 무작위로 배정되어 14개월 동안 치료를 받았다(MTA Cooperative Group, 1999). 실험 결과, ADHD 증상에 대한 약물치료의 주 효과는 컸으나, 행동치료 중재의 추가는 ADHD의 핵심 증상에 대한 추가적인 효과를 발생시키지 못했다. 약물치료에 행동 중재를 추가한다고 해서 ADHD의 핵심 증상이 개선되지는 않았지만 다른 중요한 분야(예: 반항성, 내면화 증상, 교사의 사회적 기술 평정, 부모-자녀 관계 및 읽기 성취)에는 상당한 효과가 있었다(MTA Cooperative Group, 1999).

다른 연구들에서도 역시 비교적 복잡하지 않은 ADHD 아동에 대해 약물-행동치료가 결합된 형태가 약물치료를 단독으로 활용했을 때와 비교했을 때, 추가적인 이득이 없다는 것을 보여 주었으며, 이는 MTA의 결과와 일치한다. 그러나 아동이 약물치료에 대한 최적 반응이 없거나, 공존장애가 있거나, 가족 스트레스 요인이 추가로 발생할 경우에는 부가적인 행동치료를 권고한다(Pliszka, 2007).

MTA 연구 참여 아동들은 치료 조건이 이후의 ADHD와 기능적 결과에 미치는 영향을 확인하기 위해 종단 추적 조사되었다(Jensen et al., 2007; Molina et al., 2009). 약물 및 약물 + 행동치료 그룹(행동 중재 단독 그룹과 지역사회 중재만 제공한 그룹에 비해)의 치료 효과는 실험 종료 10개월 이후에 약 절반이 사라졌다(MTA Cooperative Group, 2004). 이 그룹들의 치료 효과는 치료 3년 이후에는 완전히 소멸되었으며 (Molina et al., 2009), 이러한 치료 효과의 부족은 치료 후 6~8년 동안 안정되게 유지되었다(Molina et al., 2009). 4가지 치료 조건 모두 기준치보다 개선된 모습을 보였지만, 치료 후 3년이 지나면 더 이상 치료 효과의 차이가 없었다는 것은 매우 중요하다. 즉 집중적인 MTA 치료의 효과는 시간이 지남에 따라 약화된다. 약물 및 그 적정성에 대한 지속적이고 집중적인 모니터링이 약물의 효과를 더 지속시킬 수도 있지만 이는 추측일 뿐이다(Molina et al., 2009). 실험에서 종단연구 기간에는 아동과 가족이 평상시처럼 치료와 제공자를 자유롭게 선택하게 하였으므로 선택 효과를 고려해야 한다. 한 가지 중요한 패턴은 약을 복용하는 청소년들이 약을 복용하지 않은 청소년들에 비해 더 나은 결과를 보여 주지 못했다는 것이다. 이 연구 결과는 각성제 약물의 장기적 효능에 대한 현장에서의 지속적인 의문을 보여 준다. 결과를 고려해 볼 때, MTA 저자들은 장기간의 약물 사용에 대한 결정은 개별 기준에 따라 이루어져야 하며, 약물의 현재 효과를 경험적으로 확인하기 위해 약물 중단 등의 방법으로 약물의 효과에 대한 지속적인 모니터링이 필요하다고 권고한다(Molina et al., 2009). 그들은 약물이 지속적으로 도움이 되고 있다는 기본 가정을 피하기 위해 약물 사용의 중단이 필요할 수 있다고 경고했다. 가능성에 대해 활발한 논의가 진행되는 또 다른 분야는 ADHD 증상을 줄이기 위한 인지 훈련이다. 인지치료의 전제는 인지 위험 요인이 ADHD의 원인이라는 생각에 기초하고 있지만, 앞서 우리가 논의했듯, 이 가정에 대한 증거는 여전히 혼재되어 있다. ADHD에 대한 인지 훈련은 작업기억 훈련에 집중되어 있다. 작업기억 훈련에 대한 초기 연구는 이를 유망한 것으로 보았지만(Klingberg et al., 2005), 최근 이 분야에 대한 메타연구 및 문헌 고찰에서는 그다지 긍정적이지 않았다(Kofler et al., 2013; Melby-Lervåg & Hulme, 2013; Simons et al., 2016).

일부 예외를 제외하고, 일반적인 패턴은 작업기억(근거리 전이) 향상을 위하여 컴퓨터를 이용한 작업기억 훈련이며, 다른 복잡한 인지, 학습, 행동 영역(원거리 전이)의 향상은 다루지 않는다(Kofler et al., 2013; Melby-Lervåg & Hulme, 2013; Melby-Lervåg, Redick, & Hulme, 2016). 원거리 전이 효과는 입증하기가 가장 어려우면서도 삶의 질 향상에도 가장 관련성이 높기 때문에, 현재는 인지 훈련의 가치에 대한 회의적인 태도가 이 책의 제2판을 출간했을 때보다 더 많다. 발달장애 연구에서의 이러한 회의론은 노화에 관한 연구의 연구자들에 의해 반향되었으며, 70명의 심리학자와 신경과학자들이 인지 훈련이 인지 저하를 예방하거나 역전시킬 수 있다는 주장을 뒷받침하는 과학적 증거가 부족하다는 주장에 대한 공개 서한을 공표했다(Stanford Center on Longevity, 2014). 하지만 이에 대해 133명의 과학자와 치료자 집단이 반박 공개 서한(www.cognitive-trainingdata.org)으로 대응함으로써, 이 분야에 대한 논쟁을 지속시켰다.

Simons 등(2016)은 인지 훈련 영역에 대한 이러한 서로 다른 인식은 인지 훈련 연구에서 연구의 양과 질 모두에 초점을 맞춘다면 해결될 수 있다고 했다. 그들은 많은 연구가 인과관계를 검증할 수 없는 설계나 분석에서 방법론적 문제를 가지고 있다는 것을 발견했다. 실제로, 출판된 연구물 중 어느 것도 중재연구에 대한 모범 사례의 모든 기준을 충족하지 못했다. 선행 리뷰 연구들과 마찬가지로, Simons 등(2016)은 인지 훈련 개입의 근거리 전이는 가능하지만 원거리 전이는 가능하다는 증거가 충분하지 않다고 결론지었다. 이러한 논의는 미국 연방무역위원회(U.S. Federal Trade Commission)가 인지 훈련 제품인 Lumos Labs의 주요 상업 마케팅 담당자를 '기만적인 광고'로 고발하면서 정책 영역으로 넘어갔다. 5천만 달러 판결은 벌금 2백만 달러와 마케팅 방식에 대한 변경을 합의하면서 해결됐다(Associated Press, 2016). 종합해 보면, 엄격한 연구를 통해 얻은 과학적 증거는 인지 훈련이 훈련된 과제에 대한 근거리 전이 효과는 낼 수 있다는 것은 뒷받침하지만, 실생활에서의 인지적 요구(원거리 전이)로는 일반화되지 않는다. 이러한 결론은 발달장애와 노화 분야 전반에 걸쳐 같은 것으로 나타났다.

ADHD에 대한 또 다른 '첨단 기술'이지만 아직 검증되지 않는 치료법으로 신경 피드백(EEG 바이오피드백이라고도 함)이 있다. ADHD 증상을 주의 깊게 맹검하지 않았거나, 활성/허위 상태를 포함하지 않는 일부 개별연구에서 긍정적인 효과가 보고된 바 있지만, 보다 엄격한 연구설계에서는 현재 이러한 중재의 효과를 지지하지 않는다(Cortese et al. 2016). 바이오피드백은 다른 장애에 긍정적인 효과를 보였으며, 이는 여전히 활발한 연구 분야로 남아 있기 때문에 이러한 결론이 미래에 바뀔 가능성도 있다. 그러나 현재로서는 이러한 치료법이 일반적으로 비용과 시간이 많이 소요되고 실질적인 임상적 이점이 없다는 것으로 보이기 때문에 권고하지 않는다.

이 책의 이전 판이 출판된 이후, ADHD의 증상을 완화하고 전반적인 기능을 개선하는 데 도움이 될 수 있는 여러 가지 생활 방식의 변화에 대한 지지가 증가하고 있다. 이는 주로 부모와 일반 대중을 대상으로 하지만 실무자들에게도 많은 지침을 제공하는 Nigg(2017)의 책에서 최근 검토되었다. 우리는 다음에서 운동, 수면, 영양과 관련된 요점을 간략하게 정리한다. 이 모든 것들은 일반적으로 위험이 낮은 생활 방식 지원이며, 신체적·심리적 건강을 위한 다양한 이점이 있을 가능성이 높기 때문에, 비록 ADHD 핵심 증상에 대한 효과는 작을지라도, 종합적인 ADHD 치료 계획의 일환으로 추천하는 것이 합리적으로 보인다.

모든 아동(그리고 성인)은 규칙적인 중간 강도의 유산소 운동을 통해 신체적 이점을 얻을 뿐만 아니라, 실행 기능과 학습 및 기분에 긍정적인 영향을 얻는다. 이러한 주요 효과 외에도, 운동은 스트레스의 해로운 영향으로부터 보호하는 것으로 보인다(뇌의 후생유전학적 변화를 통해 가능한 양; Kashimoto et al., 2016). 운동이 ADHD 아동에게 특히 중요할 것으로 예상할 만한 충분한 이유가 있으며, 최근 연구에 따르면 유산소 운동이 ADHD 증상에 대한 자극제 약물의 효과의 50% 정도인 큰 긍정적인 효과를 나타냈다고 한다(Vysniauske, Verberg, Oosterlaan, & Molendik, 2016). 이러한 발견을 확인하고 확장하기 위해서는 보다 높은 수준의 작업이 필요하지만, 이것은 분명히 매우 유망한 분야다.

여러 측면에서 수면에 대한 논의도 이와 비슷하다. 모든 사람은 주의력, 기분 및 행동의 조절뿐만 아니라 최적의 학습을 위해 충분한 수면이 필요하다. 그러나 우리 문화권의 대부분의 어린이와 성인은 권장 수면량(미취학 아동은 11.5시간, 초등학교 아동은 10시간, 청소년은 9시간, 성인 8시간)을 충족하지 못하고 있다. ADHD는 학업 및 통제문제가 있으므로, 적절한 수면은 일반적으로 발달한 또래보다 장애가 있는 아동에게 훨씬 더 중요할 수 있지만, ADHD 아동은 특히 수면 부족의 위험이 높다. ADHD와 수면문제 사이에는 강력한 상관관계가 있으며, 이러한 상관관계는 행동문제 때문에 발생하는 경우가 많다(ADHD 증상으로 인해 아동이 야간 일과를 따르고 잠드는 것이 어려움). ADHD를 보이는 소수의 아동은 실제로 적절한 치료를 받지 못한 1차 수면장애(예: 수면무호흡증 또는 하지불안증후군)를 가지고 있다. ADHD를 진단하거나 치료하는 임상의는 수면장애를 정기적으로 검사해야 한다. 1차 수면장애 증상이 있는 경우 추가 의료진에게 검사를 의뢰해야 한다. 또한, 모든 아동, 특히 ADHD에 걸린 아동은 충분한 수면 기회를 제공하는 취침 시간을 설정하고 자극적인 활동을 피하는 규칙적인 취침 일과를 실천하는(화면에서 푸른 빛을 보는 것을 포함) 좋은 **수면 위생**을 실천해야 한다. 행동적 수면문제가 고착되면 ADHD 아동과 그들의 부모는 이를 해결하기 위해 정신건강 서비스 제공자의 단기적인 지원이 필요할 수 있다.

영양과 ADHD에 관한 질문은 오랜 논란의 여지가 있다. ADHD는 과도한 설탕 또는 식품 첨가물에 의해 발생했으며, 따라서 (Feingold 식단과 같이) 제한적인 식단으로 치료해야 한다는 초기 주장은 일반적으로 입증되지 못했다(Sonuga-Barke et al., 2013). Nigg(2017)는 이러한 초기의 강력한 주장으로 인해 시계추가 반대 방향으로 너무 많이 가 버렸으며, 오히려 많은 과학자들과 임상의들은 식이요법이 ADHD 증상에 영향을 미칠 수 있는 여러 가지 방법이 있다는 것을 인식하지 못하고 있다고 주장한다. 첫째, 오메가-3 지방산을 충분히 섭취하면(식단이나 고품질 보충제를 통해) ADHD 증상을 적지만 의미 있는 정도로 감소시킬 수 있다(Hawkey & Nigg, 2014). 둘째, 신선한 농산물, 단백질, 통곡물을 강조하고 설탕, 카페인, 가공식품, 첨가제, 농약 등을 제한하는 건강한 식단을 섭취하는 것은 집단 차원에서 ADHD 증상이 약간 개선될 수 있다. 이러한 소그룹 효과는 또한 음식에 민감하거나 알레르기가 있을 수 있는 일부 아동에게 큰 영향을 미친다(Nigg & Holton, 2014). 셋째, ADHD 아동 중 소수는 철분, 아연 또는 비타민 D와 같은 특정한 영양소에 결핍이 있을 수 있다(모두 수면장애와도 관련이 있음). 이러한 아동의 경우, 의사의 관리하에 적절한 영양이 보충되는 것이 ADHD 증상을 포함한 다양한 결과에 긍정적인 영향을 미칠 수 있다. 그러나 대부분의 ADHD 아동은 이러한 영양소 보충이 필요하지 않다(Hariri & Azadbakht, 2015).

요약하자면, ADHD의 각성제 치료는 학령기 아동과 청소년을 위한 '표준(gold standard)'이다. ADHD의 심리사회적 치료의 효과크기는 크지 않지만, 이러한 치료들은 아동이 정신질환에 반응하지 않을 때, 공존장애가 있을 때, 또는 추가적인 환경 스트레스 요인이 있을 때 도움이 될 수 있다. 미취학 아동에게 심리사회적 치료는 효과가 있는 것으로 밝혀졌고, 현재 각성제 사용이 금지된 건 아니지만, 어린 아동에 대한 각성제 효과와 부작용에 대한 정보가 제한적이기 때문에 심리사회적 치료가 최선이다. 모든 아동은 건강한 식단을 섭취하고 적당한 운동과 잠을 자야 하며, 이러한 생활습관 요인들은 ADHD 아동에게 특히 중요할 수 있다. 생활습관 변화는 ADHD의 핵심적인 증상에 대한 '표준' 치료보다는 효과가 작지만, 임상적으로 의미가 있으며, 종합적인 ADHD 치료 계획의 일부가 되어야 한다는 증거가 증가하고 있다.

〈표 12-3〉은 ADHD에 대한 현재 연구 및 증거 기반 실천을 개관한 것이다.

〈표 12-3〉 요약 표: 주의력결핍 과잉행동장애

정의

- DSM-5는 상호 구별되지만 상관관계가 있는 두 가지 증상 차원으로 ADHD를 정의하는데, 주의력 결핍과 과잉행동-충동성이다.
- 두 가지의 구분되는 차원을 바탕으로, ADHD에 대한 가능한 표현형은 주의력 결핍, 과잉행동-충동성, 복합형의 세 가지가 있다.
- 과잉행동-충동성 증상은 나이가 들수록 나아질 가능성이 높은 반면, 부주의 증상은 발달 전반에 걸쳐 꾸준히 나타난다.
- 과잉행동-충동성 하위 유형보다 주의력 결핍 및 복합형 하위 유형의 구인 타당성을 연구에서 더 지지하고 있다.
- ADHD의 4번째 표현형으로 느린 인지 속도형이 있을 수 있다. 이것은 주의력 결핍 증상과 관련이 있지만 부분적으로 구별된다.

유병률과 역학

- ADHD는 유년기의 가장 흔한 만성장애 중 하나다. 전 세계 유병률 추정치는 남성 2.2%, 여성 0.7%이다. 이러한 추정치는 미국에서 일반적으로 발견되는 추정치보다 낮다.
- 모집단 표본의 성별 비율은 남성 3:1이다.
- ADHD는 평생에 걸친 만성적인 장애로, ADHD를 아동 3명 중 2명이 성인기에 계속해서 손상된 증상을 나타낸다.
- ADHD는 사회 계층, 인종 및 민족 집단, 그리고 국가들 전반에 걸쳐 발견되지만 유병률은 다르다.
- ADHD의 공존장애 비율은 67%에 달하며 이는 3명 중 1명만이 '순수한' ADHD를 가지고 있음을 의미한다.

발달 신경심리학

- ADHD를 설명하기 위해서는 다중 인지 결손 모델이 필요하다.
- 여러 가지 결손에도 불구하고 ADHD의 증상 다양성의 대부분은 여전히 설명되지 않고 있다.
- 신경심리학 이론은 세 개의 경쟁적인 단일 결손 이론, 즉 '실행기능 탈억제', '상태 조절장애', '지연 회피'가 주요 이론이었으나, 대부분의 ADHD는 단일 결손으로 설명되지 않았기 때문에 단일 결손 이론 지지자들은 다중 결손 이론을 수용하게 되었다.
- 아직 탐색되지 않은 ADHD의 정서 조절 장애 하위 유형이 존재할 수 있다.
- ADHD의 인지 결손은 장애의 결과일 수도 있고, 단지 장애의 상관관계가 있는 징후일 수도 있기 때문에 인과관계 여부를 결정하기 위해 더 많은 연구가 필요하다.

뇌 메커니즘

- ADHD의 신경 영상 연구는 다른 많은 발달장애와 마찬가지로 분산된 뇌 메커니즘과 뇌 기능의 역동 모델에 점점 더 초점을 맞추고 있다.
- ADHD의 뇌 메커니즘은 각성제 약물에 의해 영향받는 도파민, 노르아드레날린 신경전달물질의 변화를 포함한다.
- 전두-선조체 장애(frontal-striatal dysfunction) 가설은 구조 및 기능적 신경 영상에 의해 뒷받침된다.
- 현재 영상 연구는 ADHD의 디폴트 모드 네트워크와 다른 인지 네트워크 사이의 관계를 탐구하고 있으며 이러한 역동적인 네트워크 부적응적 연계를 제안하고 있다.

병인론

- ADHD는 가족력이 있고 유전적이다. ADHD의 20개 이상의 쌍둥이 연구에 대한 메타분석 결과 평균 유전성은 .76이었다. 이 큰 유전성 추정치는 ADHD가 유전성 복합 행동 장애 중 하나임을 나타낸다.
- ADHD에 대한 분자 유전학 연구는 후보 유전자의 비복제, ADHD와 통제군에서 수만 명의 참여자를 포함하는 전장 유전체 분석(GWAS)에 초점을 맞추는 등 정신의학 유전학의 광범위한 추세를 반영해 왔다.
- ADHD의 첫 번째 대규모 전장 유전체 분석(GWAS)은 현재 발간 중이며, FOXP2와 DUSP6 유전자를 포함하는 12개의 중요한 위치를 보고했다. 두 유전자는 ADHD와 공존장애에 흥미 있는 결합 가능성을 보인다.
- 유전체 영역의 크고 희귀한 복제 및 삭제[복사 번호 변형(CNVS)라고도 함]가 ADHD에 관련되어 있다. ADHD와 관련된 CNV 위치 중 몇몇은 ASD, Schz, 그리고 ID와 연관되어 이들 간의 교차 장애 효과를 시사한다.
- ADHD에는 몇 가지 알려진 생물학적 환경적 상관관계가 있다. 잠재적 유전-환경 상관관계 때문에 인과관계 성립이 어렵다.
- 저체중, 태아 알코올 노출, 환경 납, 소아 뇌 손상이 ADHD의 원인이 될 수 있다는 증거가 있다. 니코틴에 대한 태아의 노출이 ADHD의 원인인지를 판단하기 위해서는 더 많은 증거가 필요하다.
- 가혹하거나 일관성이 없는 육아와 같은 사회적 환경이 의심할 여지없이 ADHD의 발현에 영향을 미치지만, 사회적 환경이 ADHD의 원인이라는 강력한 증거는 없다.
- 분자 및 행동 유전학 연구 모두에서 체질-스트레스 유전-환경 상호작용에 대한 예비 증거가 있지만, 이러한 발견을 확고하게 하기 위해서는 재검증 작업이 필요하다.

진단

- 진단은 주로 발달사, 다양한 평가자에 의한 현재 관찰 및 증상 보고서, 그리고 손상의 만연성을 확립하기 위한 인터뷰에 기초한다.
- 증상은 주로 학년 초기에 나타나지만, 증상을 가진 아이들이 주의력을 발현해야 하는 과제가 생기기 전까지는 장애를 경험하지 못할 수도 있다.

- 증상은 시간이 지남에 따라, 그리고 과제 요구와 함께 발전할 수 있는데, 학령기 초기에는 말이 많고 잦은 자리 이탈이 문제가 될 수 있지만, 이후에는 학교의 성적과 학습 기술(습득)이 문제가 될 수 있다.
- ADHD 행동은 고도로 구조화된 친숙하지 않은 새로운 치료실에서는 관찰되기 어려울 수 있다.
- 일반적으로 사용되는 행동 척도는 Conners Rating Scales, the DuPaul ADHD rating scale, the Disruptive Behavior Rating Scale, the Strengths and Weaknesses of ADHD Symptoms and Normal Behavior Rating Scale(SWAN), NICHQ Vanderbilt Assessment Scales 등이다.

중재

- 학령기 어린이와 청소년을 위한 일차적 중재는 FDA가 ADHD 치료를 승인한 각성제다. 이러한 약의 단기 효능과 안전성이 잘 확립되어 있으며, ADHD 아동의 65~75%가 치료 반응이 좋다.
- FDA는 ADHD 치료를 위한 세 가지 비각성제 의약품을 승인했다. 이 약들은 각성제보다 효과 크기가 작지만, 그 효과는 여전히 임상적으로 유의미하다.
- 심리사회적 중재는 ADHD 증상을 감소시킬 수 있지만, 일반적으로 학령기 아동과 청소년들이 약물을 복용하는 것에 비해 효과가 작다.
- 학령기 아동과 청소년의 경우, ADHD의 핵심 증상에 대해 심리사회적 중재와 약물치료의 결합이 약물치료에 비해 추가적으로 더 큰 효과를 보이는 것은 아니지만, 결합치료는 다양한 학업성취나 행동적 기술에 대한 이점을 보여 준다.
- 미취학 아동에게는 심리사회적 중재가 1차적 치료로 권장된다. 이는 미취학 아동에게 심리사회적 치료의 효과가 확인되었으며, 아동 집단에서는 각성제의 효능과 부작용에 대한 정보가 더 제한되어 있기 때문이다.
- ADHD에 대한 인지 훈련은 기술의 근거리 전이는 가능하다는 것을 보여 주지만, 원거리 전이에서 한계가 보여 이 접근법의 효용성에 대한 의문도 제기되고 있다.
- 운동, 수면, 영양을 포함하는 생활 방식의 변화는 ADHD 증상에 작지만 의미 있는 영향을 미칠 수 있다.

자폐스펙트럼장애

요약

이 책의 3판이 출판된 이후로 자폐스펙트럼장애(ASD)에 대한 우리의 이해에 주목할 만한 진전이 있었는데, 여기에는 DSM-5의 주요 진단 개편과 다양한 수준의(신경심리학적 · 신경학적 · 유전학적) 발전이 포함된다. 어떤 분야가 매우 빠르게 성장할 때 새롭게 출현하는 주제들을 추출하는 게 어려울 수 있지만, 우리는 여러 분석 수준 사이의 일관된 부분을 강조하고자 노력할 것이다. 이러한 연구의 일관된 주제 중 하나는 연구설계가 대규모의 표본, 종단설계, 반복설계에 강조를 두며 더욱 정교화되었다는 점이다. 엄격한 연구설계에 대한 이러한 노력은 숨겨진 결손을 발견하여 최선의 평가 및 중재에 대한 더욱 강력한 결론을 뒷받침할 수 있을 것이다.

신경심리학적 분석 수준에서 사회적 의사소통의 장애, 그리고 상동적이고 제한적인 행동들을 모두 설명할 수 있는 ASD의 일관된 인지 이론을 발전시키는 것은 어려웠다. 현존하는 이론들이 종합적이지 못하다는 일반적인 합의를 바탕으로, 다른 학습 장애의 이론적 변화와 같이 다중 결손 이론(multiple-deficit theories)으로 나아가고 있다. 한 가지 이론인 '자폐증의 부분적 삼중 가설(fractional autism triad hypothesis)'은

ASD의 증상 차원들이 서로 독립적인 원인론을 가지고 있고, 그러므로 통일된 신경생물학적 이론이 타당하지 않다고 주장한다. 이것이 사실이라면, 비록 다중 결손 모델에 대한 경험적 평가들이 ASD 연구에서 이제 막 시작되었기는 하지만, 이 이론으로 ASD의 특성을 설명하기 위해서는 다중 결손 모델이 필수적이다.

ASD의 신경심리학에서의 다른 주요한 발전은 높은 위험군을 대상으로 하는 종단 연구설계에서 나타난 발견이다. 자주 사용되는 연구설계 중 하나는 연구를 위해 ASD 아동의 유아기 동생들을 대상으로 선정하는 것으로, ASD 위험이 있는 이러한 유아들을 유아기 때부터 종단적으로 추적하는 것이다. ASD를 나중에 보이는 아동에게, 이러한 연구는 장애의 첫 행동적 발현을 민감하게 확인할 수 있다. 이를 통해 두 가지 놀라운 발견이 있었다. 첫째, ASD를 나중에 보이는 아동의 경우 6개월에는 통제 집단으로부터 구분해 내기 어렵지만, 12개월부터 행동적 차이가 발생한다. 둘째, ASD의 퇴행적 패턴은 이전에 생각했던 것보다 더욱 흔하다. 이러한 퇴행적 패턴은 일반적으로 파악하기 어렵고, 종단적으로 진행되는 정교한 관찰을 통해서만 발견될 수 있다. 반대로, 부모 보고 척도는 연구가 밝히는 사회적 의사소통 능력에서의 미세한 퇴행을 감지하는 데 어려움이 있다. 종합하여, 이러한 발견들은 자폐증의 퇴행 효과에 대한 새로운 시각을 제안하고, 앞으로 신경심리학적 이론을 형성하는 데 중요한 역할을 할 것이다.

ASD에 대한 뇌 영상 연구에서의 일관된 발견은 오랫동안 찾기 힘들었다(단, 몇몇 예외는 있다). 이러한 비일관적 패턴이 지속됐지만, 발전에 대한 몇 가지 중요한 지표들은 있다. 현재 이 분야는 초기 두뇌 과잉 성장 가설과 불연속성 이론과 같이 ASD에서 가장 잘 알려진 몇 가지 이론들을 재평가하고 조정하는 과정에 있다. 이것이 마치 한 단계 후퇴하는 것처럼 보일지 모르지만, 우리는 이것이 발전의 지표라고 믿는데, 이전 연구의 발견으로부터 차이가 있는 발견을 드러내는 기술적·방법론적 진보를 가져오기 때문이다. 이러한 다양한 패턴의 조정은 이 분야에서 이론적 재조정을 위해 중요할 것이다. 시간이 흐름에 따라 연구들이 어떻게 통합될 것인지 이야기하기에는 너무 이르지만, 향후 몇 년 이내로 합의된 결과가 나타날 것이라고 낙관한다. 최근 예비 연구 결과에 따르면, 다양한 뇌 영역들의 역동적 연결에서의 교란, 특히 대뇌 피질 간, 그리고 피질과 피질 하부 간 연결에서의 교란에 대해 밝혀질 가능성이 있다.

ASD의 뇌 영상 연구에서 발달상의 질문과 표본의 측면에서 범위를 확장해야 한다는 요구들도 있다. 예를 들어, 연결성에 대한 연구들은 주로 발달에 관심을 가지지 않았지만, 시간이 흐름에 따라 연결성에 역동적인 변화가 있을 가능성이 있다. 발달은 또한 이러한 연구에서도 중요한데, 왜냐하면 관찰된 뇌 관련 변인이 장애의 원인인지 결과인지 여부가 중요한 질문이기 때문이다. 표본에 관하여는, 현존하는 ASD 연구의 대부분이 더 높은 인지적·언어적 능력을 가진 남성 표본에 집중하고, 더 낮은 인지적·언어적 능력을 가진 여성이나 개인들이 주로 연구에서 배제되어 왔다. ASD를 가진 개인의 포괄적인 스펙트럼을 포함하는 것은 미래의 신경 영상 연구에 중요할 것이다.

ASD의 유전적 수준의 분석은 지난 10년 동안 가장 많은 진전을 보였다. ASD가 신경발달장애 중 가장 높은 유전성을 가지는 장애 중 하나로 오랫동안 알려져 왔지만, 최초의 관련 유전자와 경로 중 몇 가지가 지난 몇 년간의 최신의 유전 방법에 의해 밝혀졌다. 놀랄 것 없이, ASD에서 병인학적(etiological: 서로 다른 유전적 원인이 유사한 ASD 표현형으로 이어짐)이면서 동시에 표현형적(phenotypic: 동일한 유전적 위험이 서로 다른 표현형으로 이어짐)인 이질성(heterogeneity)에 관한 증거가 있다. ASD에 숨겨진 유전적 구조는 수백 개에서 수천 개의 유전자를 포함하는 것으로 보인다. 물려받거나 새롭게 발생한 유전적 변형을 포함한 유전적 변형의 다양한 유형들과 흔하거나 흔치 않은 변형들이 제기되어 왔다. 지난 몇 년간 가장 흥미로운 성과 중 하나는 제기된 유전적 위험 요소들을 자폐증 위험을 높일 수 있는 일관된 생물학적 경로로 합친 것인데, 여기에는 WNT와 MAPK의 신호, 시냅스의 신호, 크로마틴 재배치 인자(chromatin remodeling), 취약 X의 경로를 포함한다.

유전적 요소들이 자폐증의 원인론에 있어 분명히 중요하지만, 환경적 위험들 역시 존재한다. 부모의 연령, 자궁 내막의 발프로이드 노출(valproate exposure), 산모 감염, 조산 합병증, 극심한 환경적 결핍 등 태아기와 출산 전후기의 환경적 요소들이 활발하게 연구되고 있다. 이러한 요소들이 인과적인지 상관적인지를 밝히기 위해 강력한 연구설계가 요구된다. 지금까지 제기된 환경적 위험들 중, 홍역, 볼거리, 풍진(MMR) 백신이나 티메로살(thimerosal)을 포함하는 백신이 ASD를 일으킨다는 가설을 반박하는 엄격한 과학적 증거를 강조할 필요가 있다.

역사

ASD는 가장 최근에 발견된 학습 장애군 중의 하나다. 난독증이나 주의력결핍 과잉행동장애(ADHD)와 같은 다른 아동기 장애들은 100년이 넘는 기간 동안 과학적 연구가 진행되어 왔던 반면, 이 증후군에 대한 첫 번째 언급(Asperger, 1994; 1991; Kanner, 1943)은 70년 전에 발간되었다. 이러한 뒤늦은 임상적 연구 결과는 우리에게 수수께끼가 된다. 이전 세대들은 ASD를 어떻게 대했고, ASD를 겪는 사람들은 어떤 치료를 받았는가? 아마 이러한 수수께끼에 대한 답변 중 일부는 자폐증이나 지적장애와 같이 심각한 발달장애를 가진 사람들에 대한 사회적 태도가 매우 최근에야 바뀌었다는 데 있다. 얼마 전까지만 해도 그런 사람들은 본질적으로 치료가 불가능하다고 여겨졌고, 매우 어린 나이에 보호시설로 보내졌다. 높은 지적 능력을 가진 ASD 개인들에 대하여, 우리는 그들이 임상적인 발굴 단계에 이르지 않았고 아마 지원서비스를 받지 못했을 것으로 추측할 수 있다.

자폐증에 대한 대중의 관심은 지난 몇십 년 동안 폭발적으로 증가했다. ASD에 대한 초기의 미디어 묘사는 협소한 부분에 초점을 두었지만(예: ⟨Rain Man⟩), 보다 최근의 묘사는 모든 스펙트럼에 대하여 개인들의 강약점을 다루고 있다(예: 자전적 영화 ⟨Temple Grandin⟩, TV 시리즈 'Max'의 ⟨Parenthood⟩, ⟨Autism: The Musical⟩, ⟨Life, Animated⟩). 이렇듯 자폐 스펙트럼 전체에 대한 더욱 균형 잡힌 묘사는 ASD의 이질성에 대한 공교육에 중요한 영향을 미쳤다. 이러한 미디어의 묘사 외에도 공교육에 도움을 주고 ASD를 가진 개인들의 적극적인 자기 옹호 운동에 기여한 자서전들이 많이 있다(예: Temple Grandin의 『Thinking in Pictures: My Life with Autism』, John elder Robison의 『Look Me in the Eye: My Life with Asperger's』, David Finch의 『The Journal of Best Practices』, Naoki Higashida의 『The Reason I Jump: The Inner Voice of a Thirteen-Year-Old boy with Autism』).

이 책에서 다루어진 다른 장애들과 마찬가지로, ASD는 인지 이론가들에게 마치 투사검사(projective test)와도 같았다. 정신병리학의 본질에 관한 보다 일반적인 관념들이 변하였고, 이러한 변화가 세부적인 장애에 대한 이해의 변화에 반영되었다. 이 장의 뒷부분에서 보겠지만, 자폐증은 여전히 가장 제대로 이해되지 않은 학습 장애군

중 하나다. 그러므로 자폐증을 통해 우리는 우리의 개념적 틀이 지닌 오류에 대해 많은 것을 깨달을 수 있을 것이다. '자폐증(autism)'이라는 용어['자기(self)'를 의미하는 그리스어 autos에서 유래됨]는 Bleuler(1911; 1950)에 의해 조현병의 증상, 다시 말해, 극단적인 자기몰두(self-absorption)로 인해 외부 현실과의 연결을 잃어버리는 증상을 묘사하기 위해 도입되었다. 부분적으로는 조현병 증상을 위한 Bleuler의 용어 '자폐증'이 이 새로운 증후군의 명칭으로 선정되었기 때문에, 이 두 장애에 혼동이 있었다. 자폐증은 본래 아동기 조현병의 또 다른 형태에 불과한 것으로 생각되었으나 이제는 몇 가지 증상이 겹침에도 불구하고 이들이 서로 다른 발달적 경과를 가지는 원인론적으로 구별되는 장애라는 점이 명확하다.

Kanner(1943)와 Asperger(1944; 1991) 모두 그들이 묘사하고 있던 아이들의 극심한 사회적 지각 부족, 즉 언어적 상호작용이 부재한 극한적 사회적 고립('껍데기 속에서 사는') 혹은 타인에 대한 배려나 관심이 없이 애매한 주제(예: 진공 청소기나 주차장)에 대해 가르치려 하거나, 전혀 관련이 없는 말을 계속하는 언어적 특성을 나타내기 위해 Bleuler의 용어 '자폐증'을 선택했다. Kanner의 논문 제목은 「정동적 교류의 자폐적 장애(Austistic Disturbances of Affective Contact)」였고, 그는 "극심한 자폐적 고립(p. 242)"에 대해서도 언급했다. Asperger(1944; 1991)의 논문 제목은 「아동기의 '자폐적 정신병리'('Autistic Psychopathy' in Childhood)」였다. Kanner(1943)에서 언급된 증후군의 다른 특징은 다음과 같다. ① '동일성을 유지하고자 하는 강박적인 욕구(p. 245),' ② 사물에 대한 집착, ③ 함구증, 반향어와 같은 기타 언어적 이상, ④ 정상적인 외모, ⑤ 우수한 기계적 암기력 혹은 공간적 과제에서의 우수한 수행과 같은 보존된 지적 능력에 대한 증거 등이 이에 포함되었다. 끝으로, 훌륭한 임상가였던 Kanner는 그의 11명의 환자들에게서 머리둘레가 높은 발생 빈도로 나타나는 것을 확인하였다. 이후에 우리가 논의하겠지만, 비록 대두증에 대한 발견들이 새로운 검토 하에 있긴 하지만(아래 뇌 영상 기법 부분 참고), 대두증은 ASD가 있는 아동들에게서 일관적으로 보고되어 왔기에, Kanner는 선견지명이 있었을지도 모른다.

Asperger(1944/1991)는 그의 다른 사례 표본에 대한 독립적인 묘사에서 동일한 특성을 다수 발견하였는데, 주된 차이점은 상대적으로 높은 언어 능력, 비정상적으로 전문화된 관심, 그리고 Asperger의 연구의 경우 상대적으로 높은 사회적 인식을 가지고 있었다(Wing, 1991 논의 참고). 실제로, 많은 연구자들은 이 두 사람에 의해 기술된 증후군을 동일한 연속선 혹은 스펙트럼상의 두 지점으로 이해한다. 몇몇 다른 전문가들은 이들을 두 개의 별개의 증후군으로 믿기도 한다. 이러한 논의는 현재까지 지속되고 있고, DSM-5는 전자의 설명을 선호한다. 우리는 아래에서 이 결정을 뒷받침하는 근거에 대해 다룰 것이다.

비록 Kanner(1943)와 Asperger(1944; 1991) 모두 그들의 증후군들이 구조적인 기원이 있다고 믿었지만(Apserger는 명시적으로 유전적 전달을 가정함), 정신분석 이론가들(예: Bettlehem, 1967; Mahler, 1952)은 자폐증에 대하여 심리사회적 원인론을 가정한다. 심지어 Kanner 자신조차도 이 관점을 이후에 수용하였다. 정신분석적 관점에서는 '차갑고 냉정한' 엄마를 거부하려고 하는 것이 아이들에게 사회적 상호작용에서의 거절로 나타났고, 치료는 양육방식을 바꾸는 것에 초점을 두었다. 비록 이것이 자폐증의 많은 증상을 야기하는 매우 극심한 환경적 결손일 경우에 가능하지만(Rutter et al., 2007), 부모의 냉정함이 그렇게 해로운 발달적 결과를 가져올 수 있다고 보기는 어렵다. 실제로, 자폐증에 대한 심리사회적 이론은 체계적인 연구가 아니라 임상적 관찰에만 의존하고 있다. 잇따른 연구에 의하면, 평균적으로 자폐증 아동의 엄마들은 정상 발달 아동의 엄마들만큼이나, 혹은 더 긴밀하게 아동과 상호작용을 하는데, 이는 엄마가 자녀와 관계를 맺고자 노력하기 때문이다(예: Kasari, Sigman, Mundy, & Yirmiya, 1988; Watson, 1988). 비정상적인 발달을 보이는 아동의 부모들은 문제에 대하여 불가피하게 그들 스스로를 자책하기 때문에, 이러한 오류가 있는 이론들은 분명히 그들의 죄의식과 고통을 증가시켰다. 이는 임상적 무지가 어떻게 히포크라테스의 선서 "환자에게 해를 끼치지 않는다." 위반으로 이어지는지에 대한 분명한 예다.

자폐증 아동의 부모였던 과학자 Rimland(1964)는 이 장애의 기원이 심리사회적이기 보다는 신경학적이라는 것을 처음 주장한 사람들 중 하나다. 신경학적 원인론은 자폐증과 후기 발병 발작(Schain & Yannet, 1960), 그리고 치료되지 않는 페닐케톤뇨증과 같은 특정 유전적 상태 간의 연관성을 통해 지지받았다. 1970년대 자폐증의 첫 쌍둥이 연구의 발간 역시 이러한 환경적인 '냉장고 엄마' 이론에 대항하여 대세를 역전하는 데 도움을 주었다. Folstein과 Rutter(1977)은 이란성 쌍둥이에 비해 일란성 쌍둥이에게 자폐증의 일치가 더 높다고 밝히는 첫 쌍둥이 연구를 발간하였다. 이 연구와 다른 초기의 자폐증 쌍둥이 연구들은 환경적 이론이 만연했을 때 발간되었고, 따라서 그들은 자폐증의 병인론에 대하여 당시 무시되었던 유전적 요인들을 포함시켜야 한다고 지적함으로써 중요한 공헌을 하였다. 이러한 발견은 그 후 다른 표본과 유전적 방법을 통해 반복 검증되어 왔다(Ronald & Hoekstra, 2011; Tick, Bolton, Happé, Rutter, & Rijsdijk, 2016). 자폐증은 가장 유전성이 높은 학습 장애군 중 하나로 드러났고, 그 수치는 조현병이나 ADHD와 일치한다. 물론 이러한 추정치가 100%는 아니므로 환경적 영향은 여전히 존재한다.

자폐증에 대한 현대의 관점은 생물학적 원인을 강조한다. 현재의 연구는 유전적 위험 요인, 신경학적 표현형, 그리고 신경심리학적 발달에서 초래되는 변화에 초점을 두고 있다. 동시에 심리사회적 환경은 자폐증을 가진 개인의 발달에 있어 매우 중요한 것으로 남겨졌다. 조기 중재는 자폐증에서 발견되는 사회적 행동에서의 결손이 이전에 생각했던 것보다 훨씬 더 변화 가능한 것이고, 비록 소수의 사례에서만 발생하긴 하지만 그러한 중재가 '최선의 결과'(즉, 자폐 스펙트럼에서 벗어나는 것)를 이끌 수 있음을 보여 주었다(Anderson, Liang, & Lod, 2014; Moulton, Barton, Robins, Abrams, & Fein, 2016). 우리는 중재 연구에 대해서 이 장의 마지막 부분인 '진단과 치료'에서 추후 논의할 것이다.

• • •
정의

DSM-IV(American Psychiatric Association, 1994)에서 자폐증과 아스퍼거 증후군은 전반적 발달장애(pervasive developmental disorder: PDD)의 넓은 범주에 해당하였는데, 여기에는 레트증후군, 소아기 붕괴성 장애, 분류되지 않는 발달장애(PDD-NOS)도 포함되어 있었다. 이 분류는 DSM-5(American Psychiatric Association, 2013)에서 중대하게 수정되었다. 최근의 검토에서 Lord와 Bishop(2014)는 ASD의 중대한 조직적·진단적 변화 각각을 뒷받침하는 증거를 검토하였고, 이후의 서술은 그들의 분석에 기반한다. 첫 번째 중요한 변화는 포괄적 용어인 PDD가 ASD로 바뀌었고, PDD 하의 진단적 분류들이 ASD의 단일한 진단으로 합쳐졌다는 것이다. 논쟁의 여지가 있지만, 이러한 변화는 하위 진단 분류들의 신뢰성에 의문을 제기하는 데이터에 기초한 것이다(Lord et al., 2012). 아스퍼거 증후군 분류의 삭제는 특히 논쟁의 여지가 있는데, 왜냐하면 개인이 이 진단을 통해 관련 집단을 이루어 공감대를 형성하게 되기 때문이다. 그럼에도 불구하고, 경험 연구 증거에 의하면 아스퍼거 증후군 진단을 받은 대부분의 개인들이 DSM-IV에서 자폐증의 기준에도 충족되지만, 아스퍼거 증후군으로 진단 받는 것이 더 높은 인지적 · 언어적 능력을 함축하기 때문에 더 선호되었다고 볼 수 있다. 사실, 연구가들은 고기능 자폐증을 가진 개인들과 아스퍼거를 가진 개인들을 구분하는 데 어려움을 가진다(Bennet et al., 2008; Kamp-Becker et al., 2010; South, Ozonoff, & McMahon, 2005; Woodbury-Smith, Klin, & Volkmar, 2005). 이는 이러한 진단 분류들을 합치는 것이 평균 이상의 인지적 · 언어적 능력을 가진 ASD 개인들에 대한 연구를 촉진하는 데 도움이 될 것임을 시사한다.

이러한 결정은 ASD에 대한 연구 의제를 가장 잘 뒷받침하지만, 아스퍼거 증후군에 대한 구분되는 진단명은 지역사회 기반에서 계속 사용되고 있고, 이 용어는 John Elder Robison(즉, Robison, 2007)과 같은 사람들이 이끄는 중요한 '신경다양성(neurodiversity)' 운동에 있어 여전히 중요하다. 신경다양성 운동은 지역사회에 중대한 공헌을 할 수 있는 역량을 키우기 위해서 포괄적인 접근을 할 것을 앞장서서 주장해 왔고, '손상(impairment)'에만 배타적으로 초점을 두는 것에 반대했다. 신경다양성 운동의 '차이 이해'에 대한 강조는 장애인들의 인권 측면에서 강력한 메시지를 주며, 정신건강 및 교육단체, 그리고 그 외 영역에서 상당한 영향력을 발휘해 왔다.

DSM-5 진단 준거의 두 번째 변화는 세 개의 증상 영역(즉, 사회적, 의사소통, 그리고 제한된 상동 행동[RRBs])에서 사회적 증상과 의사소통 증상을 합침으로써 두 개의 영역(즉, 사회적-의사소통, 그리고 제한적이고 반복적인 행동으로 바뀐 것을 포함한다. 이러한 변화는 사회적 증상과 의사소통 증상이 일관되게 하나의 요인을 생성한다는 요인 분석으로부터 정당화되었다(Constantino et al., 2004; Frazier, Youngstrom, Kubu, Sinclair, & Rezai, 2008; Mandy, Charman, & Skuse, 2012). 또 DSM-5는 구체적인 증상으로부터 손상의 더 넓은 범주로의 변화를 포함한다. 사회적-의사소통 내에 사회적-정서적 상호성, 비언어적 의사소통, 관계의 발달, 유지 및 이해 등이 포함된다. RRBs 내에는 정형화되거나 반복적인 운동 움직임, 똑같은 것에 대한 집착, 제한적이고 고정된 흥미, 그리고 감각 입력에 대한 과다 혹은 과소 활동이나 특이한 감각적 흥미 등이 포함된다. 각각의 넓은 손상 영역들은 두 가지 예외를 제외하고 DSM-IV의 증상들과 직결된다(Lord & Bishop, 2014). 첫째, 감각적 반응과 감각적 흥미가 RRBs의 한 영역으로 추가되었다. 둘째, 지연된 언어 습득과 구어 사용의 실패가 더 이상 ASD의 증상이 아닌

데, 그 이유는 아래에서 우리가 더 논의할 것이다. 이러한 변화 외에, 증상 목록이 아니라 손상의 영역을 구체화하는 것으로의 조직적 변화는 성, 문화, 나이, 발달 단계를 포함하여 사회적 행동의 발현에 영향을 주는 상황적 변수들에 임상적인 판단을 가능하게 한다.

세 번째 변화는 발현 연령이 완전히 삭제되었다는 것이다. 이전에 DSM-IV에서 자폐증 진단은 3세 이전의 발현 연령을 필요로 하였고, 그보다 늦은 발현 연령은 분류되지 않는 발달장애(PDD-NOS)로 진단받을 수 있도록 하였다. 이러한 변화는 부분적으로 자폐증 아동의 유아 형제들에 대한 유망한 종단연구에 기반을 두는데, 이 연구들은 ASD 진단을 받게 될 아동의 행동적 발달 경로를 추적하는 데 도움을 주었다(Ozonoff et al., 2010). 인지되는 발현 연령이 인종, 민족성, 성, 사회경제적 지위(SES)와 같은 상황적이고 환경적인 요인들에 의존한다는 사실, 그리고 발달상의 중요한 과업에 대한 부모의 보고가 정확하지 않을 수 있다는 사실(Hus, Taylor, & Lord, 2011; Jones, Gliga, Bedford, Charman, & Johnson, 2014; Ozonoff, Iosif, et al., 2011)과 함께, 이러한 구분은 발현 연령에 기초하여 ASD의 하위 유형을 진단하는 것이 확실하지 않다.

DSM-IV로부터의 네 번째 변화는 ASD의 가장 흔한 공존장애를 반영하는 진단명의 추가다. 첫째, DSM-5는 ASD와 함께 ADHD의 진단을 허용한다. 예를 들어, DSM-IV의 아스퍼거 증후군 진단은 이제 지적 혹은 언어적 장애가 동반되지 않는 ASD로 구체화될 것이다. 이렇듯 지적·언어적 장애에 대한 특정 진단명들은 특히 중요한데, 이는 예후에 대한 가장 강력한 예측 변인이기 때문이다(Howlin, Goode, Hutton, & Rutter, 2004; Sallows & Graupner, 2005). 마지막으로, DSM-IV으로부터의 다섯 번째 변화는 레트증후군이 삭제되었다는 것인데, 레트증후군은 이제 유전적으로 탐지될 수 있으므로 진단에 있어 더 이상 행동적 기준에 의존할 필요가 없기 때문이다.

ASD 진단이 이제는 최소 두 개의 RRBs를 요구하기 때문에, 이전에는 PPD-NOS(상세 불명의 전반적 발달장애)로 진단받았던 아동에 대한 우려가 있었는데, 그들은 보통 사회적 손상과 의사소통의 손상이 있으나 RRBs는 없었기 때문이다. 이러한 아동은 DSM-5에서 어떠한 진단 기준에도 충족되지 않는가? 기존 데이터에서 보면 PDD-NOS 진단을 받은 대부분의 아동이 적어도 RRB의 병력을 가지고 있기 때문에 이 문제가 많은 아동에게 영향을 미치지 않을 것임을 시사한다(Lord, Petkova, et al., 2012; Lord et al., 2006). 그럼에도 불구하고, '사회적(화용적) 의사소통장애(SCD)'라는 새로운 진단이 이 문제를 해결하기 위해 만들어졌고, 언어장애에 함께 포함되어 분류된다. 이 새로운 진단은 측정 도구의 신뢰도와 타당도에 대한 연구, 잘 통제된 중재 방법에 대한 연구, ASD를 포함한 신경발달장애의 전체 범주와의 진단 중복에 대한 연구를 포함하여 더 많은 연구가 필요하다(Gibson et al., 2013). 우리는 제9장에서 SCD에 대해서도 다룬다.

DSM-5의 변화에 대한 한 가지 질문은 그것이 ASD의 유병률에 어떤 영향을 미칠 것인지다. 이 질문은 논쟁의 여지가 남아 있는데, 몇몇 연구들은 유병률이 상당히 안정적일 것이라고 보고(Frazier et al., 2012; Huerta, Bishop, Duncan, Hus, & Lord, 2012), 다른 연구들은 특히 더 높은 지적 능력이나 더 양호한 정도를 가진 개인들에게 있어 잠재적인 감소를 가져올 것이라고 본다(Maenner et al., 2014; Mcpartland, Reichow, & Volkmar, 2012).

· · ·

유병률과 역학

증가하는 자폐증의 유병률은 이제 과학적 연구는 물론 대중매체에서도 주기적으로 논의되고 있다. 질병 관리 및 예방 센터(Centers for Disease Control and Prevention: CDC, 2009, 2012, 2014; Baio et al., 2018; D. Christensen et al., 2016)에서 8세 아동을 대상으로 2006년에 110명 아동 중 1명, 2008년에 88명 중 1명, 2010년과 2012년에 68명 중 1명, 2014년에 59명 중 1명 유병률을 발표하였다. 이러한 CDC 연구들은 ASD의 진단 사례를 확인하기 위하여 자폐증 진단 면담지−개정판(Autism Diagnostic Interview-Revised: ADI-R), 자폐증 진단 관찰 스케줄−제2판(Autism Diagnostic Observation Schedule-Second Edition: ADOS-2)을 사용한 '표준 준거(Gold Standard)'에 근거하기보다는 여러 개 주의 교육과 건강 기록에 기반을 두고 있다(검사에 대한 더 많은 정보를 원한다면 '진단과 치료' 부분 참고). 이러한 CDC 연구들이 무작위 모집단 표본을 직접적으로 진단하지 않았기 때문에, 다양한 주들의 교육 및 아동 건강에 대한 관행에 따라 비율이 달라질 것으로 예측할 수 있고, 실제로 그러하였다. 가장 최근 CDC 보고에서의 가장 높은 비율은 뉴저지주(1,000명 아동 중 29.3%)에서 확인되었고, 가장 낮은 비율은 아칸소주(1,000명 아동 중 13.1%)에서 확인되었다. 비록 생물환경적 위험 요인들이 주마다 다를 수 있지만, 주 마다의 차이가 실제 차이보다는 탐지 차이를 반영할 가능성이 훨씬 더 높아 보인다. 게다가, 특정 주들에서는 그들의 자폐증 지원 서비스가 잘 알려져 있어, 가족들이 지원을 얻고자 모여 들었을 수도 있다.

　대중 미디어와 과학적 연구 둘 다에서의 공통된 질문은 비율이 '실제로' 증가하고 있는지, 혹은 진단의 기준 혹은 진단의 대체에 따른 더 나은 탐지가 이러한 증가를 설명하는지에 관한 것이다. 진단 기준의 확장을 뒷받침하기 위해 이전 연구에서는 유병률 증가의 상당 부분이 지적장애가 없는 ASD 아동에 의해 설명된다는 것을 통해 (D. CHristensen et al., 2016; King & Bearman, 2009), 이 아동들이 더 높은 비율로 감별되고 있음을 암시한다. 더불어 진단의 대체와 관련하여, 과거였다면 지적장애(King & Bearman, 2009; Polyak, Kubina, & Girirajan, 2015; Shattuck, 2006), 혹은 발달적 언어장애(Bishop, Whitehouse, Watt, & Line, 2008)로 진단받았을 아동에게 자폐증 진단이 이루어지고 있을 수도 있다.

　더 나은 탐지에 대한 설득력 있는 증거도 있다. 예를 들어, Lundstrom, Reichenberg, Anckarsater, Lichtenstein, 그리고 Gillberg(2015)는 스웨덴의 국가 환자 기록부에서 백만 명 이상의 대상자에 대한 연구를 수행했다. 연구자들은 자폐증 진단의 비율이 1993년부터 2002년의 10년 이상 동안 꾸준히 증가했음을 보여 주었다. 그러나 같은 기간 동안 추적되었던 거의 20,000명의 쌍둥이들로 구성된 인구 기반 표본을 활용함으로써, 연구자들은 평균적으로 쌍둥이들의 자폐증 증상이 10년간 증가하지 않았음을 보여 주었다. 따라서 해당 10년 동안 자폐증 진단이 증가했지만 인구에서 자폐증 증상의 유병률은 변하지 않았다(Lundstrom et al., 2015). 이러한 결과의 패턴은 인구에서 자폐증 증상학의 실제적인 증가보다는 진단 실제에서의 변화를 설득력 있게 주장한다.

　그러므로 더 나은 탐지, 확장된 진단 기준, 그리고 진단의 대체가 이러한 유병률에 모두 기여한다는 경험적 증거가 존재한다. 결론적으로 알려지지 않은 것은 이 현상이 진단의 증가 전체를 설명할 수 있는지, 혹은 이러한 요소들을 고려하고 나서도 유병률에 있어 여전히 증가가 있는지 여부다.

　이러한 진단의 증가에도 불구하고 진단의 격차가 지속되는 경우가 존재할 가능성이 여전히 있다. 예를 들어, ASD가 있는 여성은 진단에서 빗겨 나갈 가능성이 더 높고(Frazier, Georgiades, Bishop, & Hardan, 2014; Giarelli et al., 2010), 흑인과 히스패닉계 아동, 그리고 낮은 경제적 배경의 아동 또한 과소 진단받고 있다(D. Christensen et al., 2016; Mandell & Palmer, 2005; Mandell et al., 2009). 이러한 격차는 치료와 서비스에 대한 감소와 지연의 결과로 보인다(D. Christensen et al., 2016).

자폐증의 성비는 3~4.5:1(남성:여성)의 범위에 있는 것으로 보고된다(Christensen et al., 2016). 이러한 성차의 이유는 알려져 있지 않지만, 가능한 '여성의 보호 요인 효과'가 보고되었다(Robinson, Lichtenstein, Anckarsater, Happé, & Ronald, 2013).

공존장애

ASD가 있는 아동은 다수의 공존장애들, 특히 지적장애, 언어적 손상, ADHD, 불안장애의 위험이 있다. ASD가 있는 개인들의 약 1/3이 지적장애를 공존장애로 가지고 있다(Christensen et al., 2016). 과거에는 이러한 공존이 50~75%로 추정되었는데, 이는 ASD의 넓어진 진단적 정의, 그리고 현재 이루어지고 있는 조기 변별과 치료에 대한 조기 의뢰에 대하여 시사하는 바가 있다. 언어적 손상과의 공존 역시 매우 흔하다(Kjelgaard & Tager-Flusberg, 2001). ASD 아동의 언어적 표현형은 또한 매우 다양하고, 화용론적 어려움은 보편적이긴 하지만, 최소한의 말을 하는 아동부터(Tager-Flusberg & Kasari, 2013) 구조적인 언어의 어려움이 전혀 없는 아동까지 다양하다. ASD가 있는 개인들의 약 30%는 최소한 언어 능력을 지니고 있다(Tager-Flusberg & Kasari, 2013). 수많은 연구에서 일관된 발견은 IQ가 높고 5세 이전에 의사소통이 가능한 언어의 존재 여부가 더 유리한 예후를 조기에 예측하는 가장 좋은 변수라는 점이다(Eaves & Ho, 2008; Howlin et al., 2004; Howlin & Moss, 2012).

DSM-5 이전에는, ASD에서 흔한 부주의 및 과잉 활동 증상에 대한 대중적인 인식이 있었음에도 불구하고, ASD의 진단이 ADHD의 동시 진단을 불가능하게 하였다. 이제 DSM-5에서는 ASD와 ADHD의 공존 진단을 허용하고, 이러한 공존은 현재 활발한 연구 영역이다. 이러한 변화는 최근의 공존장애 비율을 반영한다(ASD 아동의 약 1/3은 ADHD도 가지고 있다는 지역 표본 추정치; Leitner, 2014; Leyfer, Woodruff-Borden, Klein-Tasman, Fricke, & Mervis, 2006; Simonoff et al., 2008 참조).

마지막으로, 불안장애는 ASD에서 매우 흔하고, 이 추정치가 지역기반 표본 및 임상적으로 의뢰된 표본의 혼합에 기초하고 있기는 하지만, 불안장애와의 공존에 대한 추정치는 약 40~50%에 달한다(MacNeil, Lopes, & Minnes, 2009; van Steensel, Bögels, & Perrin, 2011; S. White, Oswald, Ollendick, & Scahill, 2009 참조). 비록 ASD의 RRBs 특성 때문에, 그리고 동반되는 강박이 존재하는지에 대한 이해가 제한적이기 때문에, 차별적인 진단이 어려울 수 있기는 하지만, 강박장애(Obsessive-compulsive disorder: OCD) 역시 ASD에게 흔하다.

자폐증의 고위험 원인이 되는 몇 가지 의학적 유전 장애 역시 존재한다. 이런 두 가지는 결절성 경화증(tuberous sclerosis)과 취약 X 증후군이 있는 경우다(Bailey, Phillips, & Rutter, 1996). 이러한 관련들 모두 ASD의 원인론적 경로를 밝힐 수 있다. 예를 들어, 취약 X 증후군의 경우, 최근 보고에 따르면 자폐증 관련 유전적 지표와 취약 X 정신지체 단백질(FMRP)과 FMRP와 상호작용하는 것으로 알려진 800개 이상의 유전자 간의 상당한 중복을 나타낸다(Iossifov et al., 2012; Samocha et al., 2014). 이러한 결과들은 취약 X 증후군과 자폐증의 공존에 대한 구체적인 원인론적 설명을 제시한다.

● ● ●

발달 신경심리학

이 책의 제2부에 있는 여러 학습 장애군에 대해 앞 장에서 우리는 장애와 관련된 손상된 영역의 전반적인 발달에 대해 검토하였다. ASD의 경우, 손상된 특정 영역이 무엇인지 명확하지 않기 때문에 우리는 이러한 전형적인 발달에 대한 검토를 생략하기로 결정하였다. 그러나 제9장은 자폐증의 발달을 이해하는 데 관련된 비언어적 및 언어적 의사소통의 전형적인 발달에 대한 검토를 제공한다. ASD는 초기 사회적 발달에 손상이 있지만, 정확히 어떤 측면에 영향이 있는지는 불분명하다. 이 책에서 논의된 여러 다른 학습 장애에 비해 ASD의 신경심리학 이론이 덜 정교하기 때문에, 우리는 더 나은 이론적 개선으로 이끄는 현재의 이론과 새로운 아이디어, 그리고 연구 설계를 위한 도전에 초점을 맞추고 있다. ASD의 신경심리학 이론에서 한 가지 두드러진 시도는 사회적 의사소통과 RRBs라는 두 가지 증상 차원이 있다는 것이다. 현재까지 ASD의 두 증상 영역을 모두 설명할 수 있는 합의된 인지 이론은 없다(Happé, Ronald, & Plomin, 2006). 그 결과, ASD의 신경심리학 이론은 이 책에서 논의된 다른 학습 장애처럼 더 많은 다중 결손 개념화(multiple-deficit conceptualization; Happé & Ronald, 2008; Happé et al., 2006; Mandy & Skuse, 2008)를 포함하기 시작하였다. 읽기 장애와 ADHD의 경우보다 ASD의 다중 결손 모델 검증이 아직 많이 이루어지지 않고 있다. 그러한 접근방식에 대한 요구가 있었지만(예: Best, Moffat, Power, Owens, & Johnstone, 2008) 소수의 연구만이 경험적으로 다중 결손 모델(예: Best, Moffat, Power, Owens, & Johnstone, 2008)을 검증했다(예: Brunsdon & Happé, 2014). 다음에 이어지는 신경심리학적 검토에서는 역사적으로 중요한 신경심리학 이론의 몇 가지를 논의하고, 다중 결손의 틀에 부합하고 자폐증의 부분 삼중 가설인 ASD의 새로운 개념화에 대한 논의를 계속한다. 우리는 ASD 신경심리학 이론의 발전에 중요한 기여를 한 고위험 종단설계(high-risk longitudinal designs)에 대한 논의로 끝을 맺는다.

자폐증의 신경심리학적 이론

자폐증에 대한 성공적인 신경심리학적 이론은 장애를 정의하는 사회적 표현형과 제한된 반복적 행동과 관심뿐만 아니라 언어장애와 지적장애를 동시에 갖는 공존장애, 인지 능력의 불균일한 프로파일과 같은 장애의 다른 특징들을 모두 설명해야 한다. 신경심리학적 주된 결손의 가설은, ① 장애가 시작되기 전에 존재하여 발달 초기에 나타나며, ② 장애가 있는 개인들 사이에 만연하며, ③ 자폐증에 특징적이어야 한다. 이것은 충족시키기 어려운 조건이며, 자폐증 연구자들은 자폐증에 대한 최근 신경심리학 이론은 이 모든 기준을 충족시키지 못하는 것으로 의견을 모은다(Bailey et al., 1996; Brunsdon & Happé, 2014). 현존하는 대부분의 이론은 단일 결손의 관점에서, 단일 결손이 자폐증의 완전한 표현형을 설명하는 것으로 가정하여 문제에 접근해 왔고, 각 이론은 그렇게 하는 과정에서 어려움을 겪어 왔다. ASD에 대한 유전 및 두뇌 수준 분석에서 돌파구를 만들어 가고 있는 가운데, 신경심리학적 수준의 분석에서 관찰된 가장 두드러진 것 중 하나는 그 분야가 과거 ASD를 개념화하는 데 중요한 단일 이론에서 멀어지고 있다는 점이다. 그 이유는 과거의 이론들이 방금 언급된 요구 조건 중 하나 또는 그 이상을 충족시키지 못하고 실패했기 때문이다.

역사적으로 ASD의 신경심리학 이론은 '사회적' 이론과 '비사회적' 이론으로 분류될 수 있다. 가장 두드러지고 오래 지속된 사회적 이론은 마음 이론에 초점을 맞추었다(Baron-Cohen, Leslie, & Frith, 1985, 1986; BaronCohen et al., 2000). 마음 이론 외에도 다른 사회적 이론들은 사회적 동기, 사회적 지향, 공동 관심, 모방, 얼굴 처리(face processing), 공감, 정서 표현 측면에 초점을 맞추었다. 사회적 지향과 공동 관심 같은 일부 결손은 장애의 발달 초기에 나타나지만(Dawson, Webb, Carver, Panagiotides, & McPartland, 2004; Osterling & Dawson, 1994), 다른 것(즉, 마음 이론)은 발달 후기까지 측정할 수 없다. 사회 이론 학자들은 사회적 결손이 일차적이고 ASD의 다른 징후는 후속효과라고 접근하였다. 인간 발달의 상당한 부분이 사회적 전이에 의존하기 때문에, 사회적 장애가 있는 아동은 전형적인 발달에 필요한 투입(input)에서 많은 부분을 놓치게 될 것이다. 자폐증이 갖는 결손 중 일부(예: 언어와 지능)는 이 투입을 놓치는 데서 오는 부차적인 것으로 보일 수 있다. 이러한 전형적인 투입은 놓치지만, 자폐증이 있는 일부 사람들은 환경에 대한 다른 점들을 배우는 것에서 특수화할 수 있는데, 이것은 때때로 이 장애에서 발견되는 서번트 증상과 강렬하고 독특한 관심사를 설명할 수 있다.

'비사회적' 이론들은 ASD에서 흔히 볼 수 있는 제한된 반복적인 상동 행동과 독특한 인지적 프로파일에 대해 설명하는 데 초점을 맞추었다. 가장 연구가 많이 이루어지고 오래 지속된 비사회적인 이론은 실행 기능 장애 이론이었다(Landry & Bryson, 2004; Ozonoff, Pennington, & Rogers, 1991; Russell, 1997; Russell, Jarrold, & Henry, 1996; Wallace et al., 2016). 이러한 이론에서 특정한 인지 능력, 특히 주의력과 실행 기능의 한계는 이후의 사회적 발달에 후속효과를 미칠 규범적인 사회적 상호작용을 방해하는 것으로 가정되었다. 한 아이가 지닌 인지적 유연성의 어려움이 사회적 참여와 다른 아이들과 상호작용하는 능력을 방해하는 사례가 있을 것이다. 아마도 이것은 지나친 '규칙 준수'나 전환의 어려움 때문일 것이다.

대부분의 경우 사회적 및 비사회적 이론은 장애의 사회적, 그리고 제한된 반복 행동과 관심 차원을 모두 설명하는 데 한계에 부딪혔거나, ASD의 신경심리학적 이론에 대한 기준을 충족하지 못한 ASD에 대한 단일 결손 개념화였다(앞에서 논의). 이 이론들은 ASD을 지닌 아동들에게서 보이는 사회적·인지적 기술의 손상에 대한 묘사는 종종 정확했지만, 장애에 대한 포괄적인 신경심리학적 설명을 제공할 수는 없었다.

그러므로 앞서 제4장에서 논의한 바와 같이 ASD의 행동 발달에서 일어나는 모든 변화에 대한 통일된 설명을 제공하려면, 신경심리학을 넘어 이 장애의 뇌 메커니즘과 더욱 밀접하게 연결된 신경 컴퓨터 분석의 수준으로 이동해야 할 것으로 보인다. 제14장에서 논의하듯이, 우리는 지적장애를 설명하려고 노력하는 데 있어서 비슷한 신경심리학적 문제에 직면해 있다.

자폐증의 부분 삼중 가설

최근 몇 년 동안 유전학에서 뇌까지, 인지 및 행동 분석 수준 전반에 걸쳐 추적할 수 있는 ASD 증상 차원에 대한 하나의 통일된 설명이 있을 것이라는 가정에 대한 재검토가 있었다. 대안 가설로, Happé와 Ronald(2008)는 '자폐증의 부분 삼중 가설 (fractional autism triad hypothesis)'을 제시하면서 DSM-IV에 제시된 '사회화, 의사소통, RRBs'의 3가지 증상 차원이 별개의 원인론을 가지고 있을 수 있으므로, 단일한 신경생물학적 이론은 없을 것이라고 주장하였다. 자폐증의 부분 삼중 가설과 관련하여 탐구해야 할 첫 번째 증거는 행동 수준으로, 전집 표본에서 자폐증의 증상 차원이 함께 군집되어 나타나는지의 여부다. 만약 전집 표본 내 개인이 다른 영역 말고 하나의 영역과 관련된 증상을 보이는 것이 일반적이라면, 이 발견은 자폐증에 대한 통일된 신경생물학적 원인이 있다는 것에 의문을 제기할 것이다. 이 점을 다루는 관련 데이터 중 하나는 영국의 TEDS(Twins Early Development Study: 쌍둥이 초기 발달 연구)에서 가져온 것이다(Oliver & Plomin, 2007). 이것은 자폐증의 증상 영역을 아동기 아스퍼거 증후군 테스트(Childhood Asperger Syndrom Test: CAST)로 측정한 쌍둥이의 종단적 전집 표본이다. 놀랍게도, 3개의 핵심 영역 간 상관관계는 상당히 낮았다 (r's = .1~4; Ronald, Happé, Bolton, et al., 2006; Ronald, Happé, & Plomin, 2005; Ronald, Happé, Price, Barron-Cohen, & Plomin, 2006). 이후 '병인론'에서 검토할 3가지 차원의 유전적 상관관계 역시 예상외로 낮다는 점이 이러한 낮은 행동적 상관관계를 뒷받침해 왔다(Happé & Ronald, 2008).

자폐증의 부분 삼중 가설에서 떠오르는 주요 통찰은 자폐증 증상 차원의 일치도가 지난 수십 년간의 ASD 연구에서 추정되었던 것보다 약할 수 있다는 것이다(Happé & Ronald, 2008). 만약 그렇다면, 이 가설은 신경심리학적 이론이 왜 ASD에서 사회성 손상과 RRBs가 함께 나타나는지, 그리고 이러한 차원들이 왜 전집 표본에서 상대적으로 독립적인지 설명해야 한다고 요구한다.

종단적 고위험 연구

ASD에 대한 포괄적인 신경심리학 이론 개발 과정에 내재하는 과제들은 ASD 증상의 발달적 전개에 대한 이해에 큰 도움이 되었다. 과거에는 1차 및 2차적 결함을 파악하기 어려운 ASD 아동의 학령기 표본을 사용하는 것이 일반적이었다(Elsabbagh & Johnson, 2016). 이후, 자폐증 위험이 높은 유아에 대한 종단연구로 변화되었다. 비록 이것이 ASD 분야에서 새로운 진전이지만, 이미 중요한 통찰이 있었고, 자폐증에 대한 완전한 신경심리학적 설명은 여전히 규정되지 않은 것으로 남아 있다.

가장 많이 사용되는 고위험 설계는 ASD 아동의 유아기 동생들을 모집하는 연구였다(Jones et al., 2014; Yirmiya & Charman, 2010; Zwaigenbaum, Bryson, & Garon, 2013 참조). 이 ASD 아동의 형제들이 빠르면 생후 6개월에 시작하여 유아기를 걸쳐 그 이후까지 추적되었다(Landa & Garrett-Mayer, 2006; Landa, Gross, Stuart, & Faherty, 2013; Ozonoff et al., 2010; M. Sullivan et al., 2007; Zwaigenbaum et al., 2005). 여러 고위험 표본에 걸쳐서 나타나는 중요한 통찰 중 하나는 생후 6개월 시점에서 ASD로 발달하는 유아와 그렇지 않은 유아 집단 간 차이가 아주 작거나 없다는 것이다. 물론, 이 결과는 사회적 지향과 사회적 의사소통 능력, 운동 능력, 초기 언어 능력, 기질, 상동 행동 등 생후 6개월에 측정할 수 있는 행동으로 한정되어 있지만, 해당 시기에 집단 간 행동 차이를 발견하기 어렵다는 점은 여전히 주목할 만하다(Jones et al., 2014; Zwaigenbaum et al., 2013). 이러한 생후 첫 6개월 동안의 차이가 없는 결과는 모방 및 정서 이론을 포함한 일부 자폐증의 사회적 이론과 부딪치는데, 제9장에서 검토한 바와 같이 전형적인 유아 발달에서는 모방과 정서 교류가 매우 일찍 나타나기 때문이다.

집단 간 차이는 측정된 행동 영역 전반에서 12개월부터 나타나기 시작한다. Ozonoff 등(2010)은 사회적 지향과 사회적 의사소통 행동을 예로 들면서, 얼굴 응시하기, 지시적 발성(directed vocalizations), 사회적 미소는 모두 ASD 집단에서 감소하는 궤적을 보인 반면, 일반 아동 집단은 6개월에서 36개월까지 이러한 행동이 안정적이거나 증가하는 궤적을 보인다는 것을 발견했다. 이렇게 나뉘는 패턴은 집단 간에 상당한 차이를 가져왔는데, 얼굴 응시하기와 지시적 발성에서의 발달은 12개월, 사회적 미소에 대한 발달은 18개월에 차이가 나타났다. 그리고 집단 간의 불일치는 시간이 지남에 따라 계속 확대되었다(Ozonoff et al., 2010). 이러한 관찰은 ASD의 행동 징후는 태어나는 시점부터 나타난다는 주장(Canner, 1943에 의해 처음 발전된)에 의문을 제기한다. 조기 판별에 있어서, 이와 같은 결과는 ASD를 지닌 유아가 전형적인 발달을 보이거나 발달 지연을 보이는 유아와 두 살경에 더 쉽게 구별될 것임을 시사한다(Zwaigenbaum et al., 2013).

이러한 전향적 연구를 통해 발달 궤적을 조사함에 따라 발병 시 하위 유형에 대한 의문이 제기되었다. 전통적으로, 초기 발병 패턴은 대표적인 하위 유형으로 생각되어 왔으며 퇴행 패턴의 발병은 약 20%의 아동에게서 나타난다고 보았다(Fombonne, 2001; Lingam et al., 2003). 관찰된 세 번째 패턴은 '발달의 고원기(developmental plateau)'로 알려진 패턴으로 자폐증의 초기 징후나 퇴행의 징후가 나타나지 않는다(Hansen et al., 2008; Ozonoff, Hung, Bird, Hansen, & Herz-Picciotto, 2008). 이러한 과거 연구들은 주로 부모 회상에 의한 보고서에 의존해 왔는데, 이것은 몇 가지 한계가 있다. 유망한 연구는 발달 궤적의 전개를 조사하기 위한 훨씬 더 강력한 설계를 제공한다. Ozonoff 등(2010)은 최근 종단적 고위험 설계에서 전형적인 발달을 보이는 표본과 36개월까지 ASD 발달을 보이는 유아를 비교하였을 때, 이 중 놀랍게도 86%가 예상보다 사회적 의사소통 능력이 감소하는 것으로 나타난다고 보고하였다. 이러한 높은 비율은 약 20%의 부모만이 사회적 의사소통 퇴행을 보고했다는 사실과 대조되었다(Ozonoff et al., 2010). 이러한 패턴은 이전의 인식보다 ASD에서 퇴행이 더 흔하게 나타나지만, 퇴행은 '실시간'으로 감지되기 어렵기 때문에 부모가 보고한 내용은 전체적인 양상을 보여 주지 못한다는 것을 암시한다. ASD를 지닌 자녀가 있는 부모들은 ASD 관련 행동에 대한 정보를 얻을 가능성이 높다는 점을 감안할 때, 퇴행과 전망에 대한 부모 관찰 보고서가 그렇게 극단적으로 다르다는 점이 놀랍다(Ozonoff et al., 2010). 이러한 불일치의 이유 중 일부는 사회적 의사소통 능력의 손실이 상대적으로 미묘하고 점진적이어서, ASD 전문가들로부터 종단적 관찰에 대한 지원이 없다면 부모들이 탐지하기 어려웠을 것이라는 점이다(Ozonoff et al., 2010). 이러한 결과는 퇴행 분석에 대한 부모 보고의 타당성에 의문을 제기하고, ASD의 퇴행 효과가 이전에 생각했던 것보다 훨씬 더 보편적일 수 있음을 시사한다.

Ozonoff 등(2010)은 이러한 유망한 연구에서 제시된 새로운 데이터를 고려하여 기존에 있던 발생 패턴의 분류에 대한 개정이 필요하다고 제안한다. 그들은 발생에 대한 범주적 정의(categorical definitions)에서 연속적 정의(continuous definitions)로의 전환을 제안한다. 이 모델에서 연속선상의 한쪽 끝에는 너무 일찍 퇴행을 경험하여 증상이 안정되게 나타나는 아동들이 있으며, 다른 한쪽 끝에는 퇴행을 늦게 경험하여 잃어버릴 기술들이 더 많아서 기술 손실이 특히 두드러지게 나타나는 아동들이 있다. ASD 표현형에서 중요한 이질성의 차원을 이해하기 위해서는 ASD의 퇴행적 패턴에 대한 더 많은 연구가 필요할 것이며, 이 연구는 동질적 내적 표현형(homogeneous endophenotypes)에 의존하는 유전학 및 신경생물학의 추후연구에 중요할 것이다.

종합하면, ASD의 고위험 설계는 이미 ASD 행동이 처음 나타나는 연령과 전형적인 발달 궤적을 이해하는 연구에 발전을 가져왔다. ASD를 지닌 어린 아동들에게 나타나는 사회적 의사소통 능력상의 전반적인 퇴행에서의 발견은 이 장애에 대해 신경심리학적 이론들이 설명해야 할 추가적인 과제다. 전체적인 ASD 표현형으로 이어지는 결손의 조기 발견과 발달적 전개를 이해하기 위해서는 신경심리학적 차원에서의 추가 연구가 필요할 것이다. 그러한 연구는 가장 초기에 나타나는 약점을 목표로 하는 조기 중재 접근법에 대해 알려 줄 수 있으며 ASD로 이어지는 발달적 연속 단계를 차단할 수 있다.

· · ·

뇌 메커니즘

앞서 신경심리학을 다룬 장에서 보았듯이, 사회적 의사소통과 제한적이고 반복적인 행동을 포함하는 ASD 장애의 전체 증상에 대한 프로파일을 설명할 수 있는 단일한 인지 관련 변인을 찾기 어렵다.

우리는 유사하게 ASD의 두 증상 영역을 설명할 수 있는 뇌 관련 변수가 존재하지 않는 뇌 메커니즘을 이번 절에서 다루고 있다. 그럼에도 여전히 지난 10년 동안 문헌들은 상당히 진보해 왔으며, 이는 표본의 확대와 반복연구가 더욱 중요하다. 여러 인정받은 연구들, 초기 두뇌 과잉성장 가설(the early brain overgrowth hypothesis), 그리고 저연관성 이론(underconnectivity theories)은 기술적 · 방법론적 진보에 비추어 재평가와 정교화의 과정을 거치고 있는데, 이는 이 분야에서의 진전을 보여 주는 유망한 지표다.

이 장에서는 ASD의 뇌 구조와 기능 및 연결성에 대한 연구를 포함한다. 신경 영상 촬영 기법에서 집단 간 차이가 발견되었지만, 잘 이루어진 반복연구는 매우 적다 (Pua, Bowden, & Seal, 2017). 원인론적 이질성이 신경 영상학 문헌에서의 혼합적 연구결과에 영향을 미친 것으로 제안되었다. 한 주요 연구 분야는 특정 신경생물학적 상관관계를 정확히 파악하기 위해 ASD가 있는 개인을 보다 동질적인 표현형 하위 집단군을 정의하는 데 초점을 맞추고 있다(예: Ecker, 2017). 이질성에 관한 원인론적 자료 외에도 연령과 IQ 측면에서 나타나는 표본의 차이는 물론 신경 영상 촬영 장비, 방법론, 분석에서의 변화도 반복연구에 어려움을 가중시키고 있는 것으로 보인다(Pua et al., 2017).

이렇게 중요한 변이의 원인들을 고려할 때, 메타분석과 다양한 타당성 검증, 그리고 반복연구는 ASD 영역 발전에 매우 중요하다. 이 장에서는 몇 가지 핵심적인 발견을 강조하기 위해 이를 다양한 신경 영상 방식(구조, 기능 및 연결성) 연구에 걸쳐 최근에 이루어진 메타분석과 체계적 문헌 고찰로부터 도출할 것이다. 포괄적인 검토는 이 장의 범위를 벗어나지만, 보다 자세한 논의를 위해 최근 몇 가지 문헌연구를 참조하길 바란다(Ecker, 2017; Ecker & Murphy, 2014; Elsabbagh & Johnson, 2016; Hull et al., 2017; Li, Karnath & Xu, 2017; Mohammad-Rezazadeh, Frohlich, Loo, & Jeste, 2016; Picci, Gotts, & Scherf, 2016; Pua et al., 2017; Rane et al., 2015; Sacco, Gabriele, & Persico, 2015; Yerys & Herrington, 2014). 또한, 기존의 신경 영상 연구는 지적 능력이 우세한 남성 표본에 초점을 맞추는 경향이 있는 반면에, 여성의 경우 ASD와 지적장애를 동반하거나 최소한의 언어 능력을 가지고 있는 개인에게 초점을 맞추는 것으로서, 관련 연구가 현저히 부족하였다. 최근 들어 ASD의 전체 스펙트럼에 해당하는 개인을 더 많이 포함시키는 연구에 대한 요구가 있다는 점을 유의할 필요가 있다(Ecker, 2017; Jack & Pelphrey, 2017).

두뇌 구조에 대한 연구 결과

역사적으로, 가장 잘 반복 검증된 구조적 발견 중 하나는 ASD 사례의 약 15~20% 에서 나타나는 대두증이었다(Herbert, 2005; Sacco et al., 2015). 앞서 언급하였듯이, Kanner(1943)가 최초로 제시한 사례 보고서는 11명의 아동들 중 5명의 머리둘레가 커졌다는 점에 대해 언급하였다. 이 임상적 관찰은 ASD가 있는 개인의 머리둘레와 뇌 크기에 대한 메타분석을 통해 확인되었다(Redcay & Courchesne, 2005; Sacco et al., 2015). 두뇌 발달상 어떠한 변화가 대두증을 발생시키고 그것이 뇌 기능과 어떻게 연관되는지는 현재까지 알려지지 않았지만, 최근 유전자 연구를 통해 WNT 신호 경로가 연관이 있음이 드러났다(아래 '병인론'에서 설명). 과잉 성장은 회백질과 백질의 결합에 기인하는 것처럼 보이지만, 회백질 또는 백질 중 어느 것이 우세한지, 그리고 어떤 연령대 나타나는지에 대한 질문이 계속되어 왔다(예: Hazlett et al., 2005: Redcay & Courchesne, 2005; Sparks et al., 2002).

대두증의 출현은 독특한 발달 궤적으로 인해 주목받는다. ASD의 뇌 크기를 메타분석한 결과, ASD가 있는 개인의 뇌는 평균적으로 출생 시에 약간 작지만, 생후 1년 동안 극적으로 과잉 성장하고 이후 안정기를 겪는다(Redcay & Courchesne, 2005). 그 결과, ASD가 있는 대부분의 개인의 뇌 크기는 성인기까지 정상 범위 내에 있게 되는데, 그 이유는 전형적으로 발달한 개인들이 '따라잡았기' 때문이다(Redcay & Courchesne, 2005). 이는 뇌 성장에 관한 규준적 궤적과는 상당히 다르다는 것을 보여 준다(Lenroot & Giedd, 2006).

ASD 표본이 보이는 궤적은 초기 두뇌 과잉성장(early brain overgrowth: EBO) 가설로 알려지게 되었다. 비록 이 발달 패턴이 두 번의 메타분석으로 반복 수행되었지만, 최근 논문은 일반 아동들의 머리둘레를 규준화하는 것과 관련하여 중요한 방법론적 문제를 제기하면서 EBO 가설에도 의문을 던지고 있다(Raznahan et al., 2013). 저자들은 규준에서의 편향성이 앞서 언급한 발달 궤적에 대한 원인이 될 수 있음을 새로운 데이터에 대한 체계적인 검토와 분석을 통하여 입증하고 있다. 가장 설득력 있는 두 가지 증거는, ① 일반 아동 중 많은 비율이 문제가 제기된 규준을 사용할 때 EBO 패턴을 보인다는 것과 ② 규준에 근거하지 않는 종단적, 사례 조절 설계 연구를 사용한 가장 엄격한 연구가 EBO 가설에 부합하지 않는 증거를 밝혀냈다는 것이다. 정적인 상관을 발견한 연구들은 이전 문헌보다 훨씬 더 작은 효과크기를 가지고 있으며, 생후 2년째 되는 해에 과잉성장이 발생한다고 여기는, 즉 더 늦은 발생 시기를 제시하고 있다(Raznahan et al., 2013). 종합하면, 최근 몇 년 사이 ASD에서 나타나는 대두증의 효과크기와 발생 시기를 다룬 문헌에 대해 문제가 제기되고 있다. 이러한 상반된 결과를 조정하기 위해 역학 표본의 종단적 사례 통제연구가 필요할 것이다(Raznahan et al., 2013). 만약 두뇌가 과잉성장하는 시기가 실제로 존재한다면, 이를 정의하는 것은 방해받는 신경 발달 메커니즘을 밝혀낼 수 있으므로 관련 연구는 중요할 것이다.

신경심리학 문헌과 같이, ASD에서 두뇌 성장의 발달 궤적을 더 잘 이해하기 위해 현재 채택되고 있는 유용한 연구설계 중 하나는 고위험 가족설계다. 최근 '고위험' 유아 형제자매에 대한 연구 결과, 24개월에 ASD 진단을 받은 유아와 진단받지 않은 고위험 형제자매, 저위험 통제 집단을 비교하였을 때 6~12개월까지 피질 표면적에서 '과팽창(Hyperexpansion)'을 보였으나 피질 두께의 확장은 없는 것으로 나타났다(Hazlett et al., 2017). 피질 표면적과 피질 두께는 세포와 유전적 메커니즘이 구별되는 것으로 생각되기 때문에, 피질 표면적 및 두께가 구별되어 나타난다는 사실은 그리 놀랍지 않다(Panizon et al., 2009; Rakic, 1995). 고위험 ASD 형제자매의 피질 표면적 확장은 이후 생후 2년 차에 나타나는 두뇌 과잉 성장과 사회적 결손과 관련이 있었다(Hazlett et al., 2017).

저자들은 구조적인 두뇌 측정 방법을 사용하는 기계 학습 알고리즘을 개발하는 데 있어 한 걸음 나아갔다. 특히, 6개월 및 12개월령의 피질 표면적을 이용하여 24개월에 이루어지는 ASD 진단을 예측하는데, 여기에서 88%의 민감도와 95%의 특이도를 보인다(Hazlett et al., 2017). 초기 뇌 영상에 기초한 이 예측 모델은 기존의 행동 알고리즘의 예측력을 초과하고(Chawarska et al., 2014), 초기 뇌 영상이 조기 발견 노력에 임상적으로 유용할 수 있음을 시사한다(Hazlett et al., 2017). 그럼에도 불구하고 가족력이 복잡하거나 알려지지 않은, 공존장애가 만연해 있는 실제 임상 환경에서 예측 알고리즘에 대한 체계적인 반복연구와 한계 검사를 필요로 할 것이다.

ASD의 구조적 뇌 영상 연구에서도 대조군과 비교하여 ASD에서 뇌의 특정 영역에서 구조적 차이가 있는지의 여부를 조사하였다. 이 논의는 ASD를 특징짓는 사회적 의사소통 결함 및 반복적 행동과 관련이 있는 변연계 및 전두-선조체 회로(frontal-striatal circuity)에 초점을 맞춘다(Ecker, 2017). 그러나 ASD의 뇌 특정 영역의 부피 변화가 다수 보고되었지만, 다른 뇌 영상 문헌에서와 마찬가지로 연구 결과는 보통 혼합되어 있으며, 패턴을 식별하기 어렵다(Ecker, 2017; Sacco et al., 2015). 변연계와 관련이 있는 편도체의 부피 분석은 편도체가 모든 대상이 아닌 일부 대조군과 비교하였을 때 확대되었음을 보여 준다(Aylward et al., 1999; Nordahl et al., 2012; Schumann et al., 2004). 그리고 더 큰 부피 증가는 더 많은 사회적 의사소통 능력 손상과 관련이 있다는 것을 보여 준다(Schumannes, Barnes, Lord, & Lord, 2009). ASD가 있는 어린 아동들만이 부피 확대를 보이기 때문에 나이는 편도체 연구 결과의 중요한 요소 중 하나로 여겨진다(Sacco et al., 2015).

전두-선조체 체계에서 ASD가 있는 개인은 꼬리핵에서 확대가 나타나며, 이 확대는 반복 행동의 심각성과 관련이 있는 것으로 나타났다(Langen et al., 2014; Langen, Durston, Staal, Palmen, 2007). 이러한 확대와 증상 차원을 연결하는 것은 ASD 증상의 신경학적 근거에 대한 중요한 통찰력을 제공한다. 변연계와 전두-선조체 체계에서의 교란이 결코 자폐증만의 문제가 아니라는 점도 유의할 필요가 있다(Ecker, 2017). 예를 들어, 불안장애가 있는 사람들 역시 확대된 편도체를 가진 것으로 보고되었고(De Bellis et al., 2000), 전두-선조체 체계가 다른 정신질환들 중에서도 ADHD와 OCD(Cubillo, Halari, Smith, Taylor, & Rubia, 2012; Marsh, Maia, & Peterson, 2009)에 관련된 것으로 나타났다. 따라서 이 문헌의 중요한 장기 목표는 일반적인 발달 정신병리학과 ASD에 특정한 신경 영상에서의 상관관계를 구별하는 것이다.

뇌 기능에 대한 연구 결과

과제 기반 기능적 자기공명 영상(fMRI) 연구는 보통 두 개로 구별되는 ASD 증상 영역을 별도로 연구하였다. 사회적 의사소통 증상 영역은 사회적 인식을 대상으로 하는 과제들로 탐구되어 왔다. RRBs의 경우, 일반적으로 직접 연구하지는 않았지만, 실행 기능과의 연관성 때문에 특히 인지 조절 또는 기타 실행 기술을 대상으로 하는 과제 수행이 이 증상 영역과 관련이 있다고 가정하였다(Pennington & Ozonoff, 1996). 또한, 일부 fMRI 연구에서는 운동, 시각, 언어 처리를 활용하는 과제를 사용해 왔다. 현재까지 모든 핵심 증상을 설명할 수 있는 ASD의 단일 기능적 뇌 상관관계가 없기 때문에(Dichter, 2012), 다음 논의는 사회적 처리와 인지 조절을 위한 가장 두드러진 연구 결과에 별도로 초점을 맞추고 있다.

사회-인지적 영역에서는 얼굴 처리 과제가 가장 많은 관심을 받았고, 특히 얼굴 처리에 중요한 역할을 하는 방추상회(fusiform gyrus)에 초점을 맞추었다. 가장 일관성 있는 연구 결과 중 하나는 얼굴과 표정을 볼 때 방추상회가 덜 활성화되었다는 것이다. 최근 3개의 메타연구에서 좌방추피질회전(left fusiform gyrus)의 클러스터(및 일부 연구에서 양쪽 부위)가 확인되었는데, 기능적 영상 연구에서 대조군에 비하여 ASD

집단이 얼굴 처리 과제를 수행할 때 이 영역에서 낮은 활성화를 나타냈다(Di Martino et al., 2009; Nickl-Jockshat et al., 2015; Nusslock et al., 2012). 이러한 메타분석은 연구 결과의 견고함을 보여 주지만, 참가자가 친숙한 얼굴을 보는 경우(예: Pierce, Haist, Sedaghat, & Courchesne, 2004; Pierce & Redcay, 2008), 또는 얼굴에 관심이 집중될 때 (예: Hadjikhani et al., 2004)와 같이 이 효과를 반복연구하는 과정에서 이론적으로 유의미한 몇 번의 실패가 있었다.

이러한 연구 결과는 모순된 것처럼 보이지만, 특정 실험 패러다임, 특히 시각적 주의를 요구하는 것에 대해 조정될 수 있다(Dichter, 2012). 낯선 사람의 경우, 특히 얼굴에 주의를 기울이는 것이 중요할 수 있지만, 얼굴이 익숙하거나 대상이 주의를 끌 때는 그렇지 않다. 이 경우, 낯선 사람의 얼굴을 볼 때 ASD 집단에서 개인의 방추상회는 비활성화될 수 있지만, 친숙한 얼굴을 볼 때 또는 그의 주의가 분명하게 얼굴로 향할 때는 비활성화되지 않을 수 있다. 이 설명은 방추형 저활성화가 ASD의 사회적 결함에 대한 기계론적 원인이 아닌 새로운 얼굴을 어떻게 보느냐에 따른 결과일 수 있음을 시사한다. 이 가설을 더 밝히기 위해서는 얼굴 처리에 대한 주의 깊고, 종단적인 기능적 영상 연구가 필요할 것이다. 그러나 이 가설은 모든 신경 영상 기법에 중요한 의견을 제시하고 있다. 즉, 뇌에서 관찰된 상관관계가 그 장애의 원인인지 아니면 결과인지의 문제다. 이 문제는 ASD가 나타난 시점부터 누적된 경험과 뇌 발달에 영향을 미칠 수 있는 사회적 경험 감소와 관련이 있으므로, ASD의 사회적 인식에 대한 기능 연구에서 특히 중요하다. 종단적 기능 영상 연구만이 해당 분야가 ASD에서 두 뇌-행동 관계의 시간적 선행관계를 분리하기 시작할 수 있다.

뇌 기능 영상에 관한 문헌은 ASD의 제한적 반복 행동과 관심과 연관되어 있기 때문에, 실행 기능 과제에 초점을 맞추고 있다(Pennington & Ozonoff, 1996). 일반적인 과제는 작업기억, 억제, 간섭 조절 및 전환 능력(모든 기술이 실행 기능의 하위 유형에 포함되어야 함)이 필요하다. ASD 집단을 대조군과 비교한 결과, 전형적으로 발달을 보이는 개인에게서 실행 기능의 중요한 신경 기질인 전두엽(특히, 배측면 전전두피질 및 배측 전방 대상피질)과 전두-선조체 영역(Di Martino et al., 2009; Dichter, 2012)의 기능적 차이가 확인되었다. 그러나 일부 연구자들은 높은 활성화를 보고하는 반면, 다른 연구자들은 낮은 활성화를 보고하는 등 효과의 방향성은 혼재되어 있다. 특정 실행 기능 차원에 대한 고유한 패턴을 식별하고 제한적 반복 행동과 관심의 행동적 징후와 관련이 있는 전두엽과 전두-선조체 영역의 기능 이상을 조사하기 위해 더 많은 연구가 이루어져야 할 필요성이 있다.

ASD의 fMRI 연구 결과에 대한 마지막 항목은 표본 선택에 관한 것이다. 앞에서 논의한 구조적 연구와 앞으로 논의할 뇌의 휴지기 연결성 연구를 fMRI로 비교하려면 스캐너를 이용한 작업 수행이 요구된다. fMRI 연구 참가자들은 스캐너에 있는 동안 최소한의 움직임만 가지고 있어야 하며, 얼굴 및 정서 식별, 실행 기능 과제 수행 등, 작업이 복잡할 수 있기 때문에 fMRI 연구에 포함된 표본은 주로 지적 능력이 우세한 성인들을 대표하였다(Nusslock et al., 2012). 또한, 많은 연구가 모두 남성으로 구성되거나 남성이 대다수인 표본을 모집하였으므로 성별에 대한 편향성이 있다(Nusslock et al., 2012). 따라서 ASD에 대한 fMRI 연구는 개인의 전체 스펙트럼을 대표하는 것이 아니라는 점을 기억해야 한다. 앞으로, 나이와 능력 수준에 걸쳐 일반화할 수 있는 과제 패러다임을 개발하기 위한 연구가 필요하다. 최근 몇몇 저자들은 특히 발달에 관한 쟁점이 간과되고 있다고 지적하였다(Di Martino et al., 2009; Dickstein et al., 2013). ASD 아동과 성인을 비교하기 위한 최초의 메타분석은 사회적 과제와 비사회적 과제 모두와 관련된 영역에서 발달 차이를 보였으므로, 추후 ASD에 관한 신경 영상 연구에서는 발달 궤적을 더 강조할 필요가 있음을 더욱 강조하였다(Dickstein et al., 2013).

연결성(connectivity)

일찍이 학습했던 ASD의 구조상과 기능상의 연관성에 더해, 뇌 신경계의 역학에 대한 인식과 ASD가 국부적인 뇌 장애가 아니고 오히려 복합적인 뇌 망들의 장애라는 의식이 높아지고 있다(Gepner & Féron, 2009). 이 견해를 뒷받침해 줄 만한 한 줄의 증거는 ASD에서 아마도 방해받는 하나의 생물학적 과정으로서 시냅스 회로에 모이는 아래에 논의된 분자 유전학 연구들로부터 왔다(Mohammad-Rezazadeh et al., 2016). 지난 10년 동안, 이러한 통찰력들이 ASD의 뇌 네트워크의 연결성에 관한 관심의 증가를 이끌어 왔다(이에 관한 리뷰는 Maximo, Cadena, & Kana, 2014; Mohammad-Rezazadeh et al., 2016; Müller et al., 2011; Picci et al., 2016; Rane et al., 2015; Vasa, Mostofsky, & Ewen, 2016; Vissers, Cohen, & Geurts, 2012를 참고할 것).

2004년에 ASD에서 비전형적인 연결성을 설명하기 위해 2개의 가설이 발전했다.

'과소 연결성 이론(underconnectivity theory)'은 언어 이해 과제 중에 ASD에서 덜 동기화된 기능 활성화를 기반으로 Just, Cherkassky, Keller, 그리고 Minshew(2004)에 의해 제안되었다. Belmonte 등(2004)에 의해서 작성된 두 번째 개념적 논문은 Just 등(2004)에 의해 관찰된 원거리의 과소 연결성 이론으로 국지적 과잉 연결성과 연관이 되어 있을 것이라고 제안했다. 다시 말해, 국지 수준의 초연결성은 먼 영역들을 효과적으로 연결하고 차별화시킬 수 있는 신경 영역의 능력을 손상시킬 것이다. 이 두 이론은 모두 원거리 연결성들이 과소 연결성을 보여야만 한다고 상정했고, 대규모의 연구는 이러한 주장에 초점을 맞춰 왔다.

과소 연결성 이론을 지지해 주는 증거들이 축적되어 왔고, 심지어 ASD에 있어 "첫번째 확실한 발견이다"라고 제안을 이끌기도 했다(Hughes, 2007). ASD를 가지고 있는 개인들의 뇌 속에서 연결성 감소를 발견하는 연구들은 기능적(휴식 상태와 작업 기반)이고 해부학적(백질) 방법을 모두 사용해 왔다. 그러나 최근 검토에 의하면, Müller 등(2011)과 Mohammad-Rezazadeh 등(2016)은 이러한 문헌연구들이 과소 연결성 이론을 완전하게 지지해 주고 있지는 못한다고 지적했다. 심지어 ASD에서 혼합 효과들과 오히려 과잉 연결성까지 보고하는 많은 연구가 있다. Müller 등(2011)은 여러 연구에서 분석과 방법론상 차이의 결과로 나타나는 증거에서의 부합하지 않는 점들이 있는지 없는지 조사를 착수했다. 이 발견들은 연구에서 과소 연결성이 발견되는지 아닌지에 대한 높은 예측률을 보이는 구체적인 방법론적인 결정들을 보여 주는데 꽤 인상적이었다(예: 전체 뇌 vs 관심 뇌 영역 분석, 저주파통과 여과기, 작업 회기). 그들은 방법론적인 변화에 비추어 과소 연결성 이론에 찬성하는 새로운 합의가 검토되어야 할 필요가 있다고 주장했다. 저자들은 이러한 방법론의 선택이 본질적으로 맞거나 틀린 것이 아니라, 각각의 접근방식에 대한 강점과 약점에 대한 이해가 높아지면 과소 연결성 이론에 대한 증거의 가중치를 더 잘 이해할 수 있을 것이라고 지적했다(Müller et al., 2011).

Müller 등(2011)의 검토 이래로, 기능적 연결성 연구들을 위한 방법론적인 엄격함에 진전이 있었다. Picci 등(2016)은 가장 최근의 강력한, 방법적으로 발달한 연구들을 고찰하였다. 휴지기의 기능적인 연결성 문헌에 대한 검토에서, ASD 연결성의 모습은 Just 등(2004)과 Belmonte 등(2004)에서 제시된 기존의 이론들보다 훨씬 더 복잡하다. Picci 등(2016)은 대뇌피질-대뇌피질 연결에서 연결 부족이 일어나지만, 피

질하-대뇌피질 연결에서 과잉 연결성이 일어나는 새로운 패턴을 설명했다. Picci 등 (2016)은 또한 작업 기반 기능 연결성을 검토하고 그들이 고려한(언어, 사회, 실행 기능, 시각-공간) 영역 내 그리고 전체 영역에서 더 강력하고 더 과소 연결성에 대한 혼합 증거를 발견했다.

요약하면, 최근의 가장 방법론적으로 우수한 연구들은 가장 잘 알려진 Just 등 (2004)의 과소 연결성 이론 또는 Belmonte 등(2004)의 근거리 과잉 연결성/원거리 과소 연결성 이론에 대하여 전폭적인 지지를 보내지 않는다. 오히려 뇌 영역 간 역동적인 상호작용은 자폐증에서 꽤 복잡하며, 이러한 관계 속에서 철저히 검토되지 않은 변이들(특별하게 나이, 성별 그리고 표현형 특징)이 있을 것으로 본다(Picci et al., 2016; Rane et al., 2015; Uddin, Supekar, & Menon, 2013). 현존하는 많은 ASD 연구가 아동에서부터 어른까지 넓은 나이 범주의 폭으로부터 참가자들을 모집하였고, 개발 전반에서 연결성의 패턴 변경에 대한 고려가 거의 없었기 때문에 이 문헌에서 개발의 문제는 특히 중요한 핵심이다(Picci et al., 2016; Uddin et al., 2013). 어떻게 ASD에서 연결성 차이들이 행동적 표현형들과 연관이 있는지에 대한 문제 또한 중요하다. 최근 검토에서, Rane 등(2015)은 휴지기의 기능적 연결성 연구들 중에 오직 21%와 확산 텐서 영상(DTI) 연구 중 오직 28%가 연결성 조사 결과들과 행동적 표현형들 사이의 연관성을 조사했다고 보고했다.

비록 기능적인 연결성 연구들이 ASD 뇌의 역학들의 단순한 그림들을 제공하고 있진 않지만, 연결성(즉, DTI)의 구조적인 연구들 사이에는 더 많은 일관성이 있다. 여기에 보편적으로 합의가 이루어진 부분은 백질 붕괴에 대한 것과 ASD에서 더 강력한 구조적인 연결성에 대한 지지는 사실상 없다는 점이다(Picci et al., 2016). 이러한 연구들에서 측두엽의 백질관이 특히 취약한 것으로 보였다(Picci et al., 2016).

종합해 보면, 연결성 문헌들은 재평가되고 개선되는 중이다. Just 등(2004)의 과소 연결성 이론 또는 Belmonte 등(2004)의 국부 과잉 연결성/원거리의 과소 연결성 이론 모두 충분히 지지받고 있지 못한 것으로 보인다. 오히려 대뇌피질-대뇌피질 연결에서 연결성 감소가 일어나거나 피질하-대뇌피질 연결에서 과잉 연결성이 일어나는 것에 대한 새로운 합의가 있다(Picci et al., 2016; Rane et al., 2015). 문헌의 재평가와 개선되는 유사한 패턴들이 우리가 전에 논의했었던 초기 뇌 과성장 가설에서도 보인다. 방법론적인 분열이 새로운 합의에 대해 의심을 불러일으킬 때 이 문헌 또한 허용된 결과에 의견이 모여지는 것으로 보인다. 이런 문헌들이 시간이 지나면서 어떻게 합쳐질 것이라고 말하는 것은 시기상조지만, ASD 영상 문헌들 전반에 걸쳐 복제 패턴에 대해 증가하는 관심뿐만 아니라 방법론적 일관성에 대해 점점 강조하는 것이 이 분야에서 진전에 대한 중요한 지표다. 반복연구에서의 문제점과 대규모 기술 문제에 역시 직면했던, 정신 유전학 분야에서 전환점이 된 중요한 단계인 자료 공유를 통해서, 표본 크기를 증가시키기 위한 공동의 노력 또한 기울이고 있다.

• • • •

병인론

역사적으로, 정신역동 이론가들과 유전학자들 모두 자폐증에 대한 유전적 영향들을 오랫동안 의심해 왔지만, 그 이유는 달랐다. 정신역학 이론가들은 자폐증이 모성의 환경에 의해서 원인이 된다고 가정했다. 유전학자들은 수직 전파뿐만 아니라 관련된 염색체 이상 등이 나타나지 않는 것에 대해 놀랐다(Rutter, 2000). 역설적으로, 최근 연구는 염색체 이상 또는 알려진 유전학적 증후군들로 연관된 소수의 사례를 보고하면서, 자폐증은 가장 가족력이 있고 유전적인 정신의학의 진단 중의 하나라고 보고했다. 앞으로 우리는 어떻게 연구 결과들이 '자폐증은 유전이 아니다'라는 견해를 바꿔 놓는지 살펴보겠다.

가족력

진단의 범위가 넓어지고 연구의 방법론적 엄격성이 강조되면서 형제자매 사이에서 자폐증의 비율에 초기 추정치(2~3%)들은 증가해 왔다. 일반적으로, 연구에서 형제자매에게 영향을 미친 ASD의 발현 비율이 10~15%의 범위에 있는 것으로 보았다(Wood et al., 2015). Sandin 외(2014)에 의해 시행된 주목할 만한 가족력 연구는 가장 오래되고, 인구에 기반한, 종단적인 ASD 가족력에 대한 연구다. 연구자들은 스웨덴에서 1982년과 2006년 사이에 모든 출생자들을 표본화했다(N>2백만). 그들은 다른 출생연도 참가자들을 위한 후속기간에서의 변수와 잠재적인 코호트 효과들을 조정하고 형제자매 ASD 발현 위험을 추정하기 위해서 모든 형제자매[일란성(MZ)과 이란성(DZ) 쌍둥이들을 포함], 의붓형제자매, 그리고 사촌들을 사용했다. 진단들은 국가 질환 등록 명부로부터 얻었다. 스웨덴에 있는 아동은 4세에 의무적인 발달평가를 포함한 주기적인 의료적 검사와 발달 검사들을 받았다. 발달상 위험 요소를 가진 아동은 전문화된 팀에게 진단평가에 의뢰되고, 평가의 결과들을 국가 질환 등록 명부로 보고되었다. 그 결과, ASD 아동의 형제자매는 ASD 진단을 받을 누적 확률이 12.9%인 반면, 영향을 받은 가족 구성원이 없는 형제자매는 1.2%였다. 그 결과 형제자매 발현 위험은 10.3으로 나타났다(Sandin et al., 2014). 규모, 전향적 추적조사, 표본추출, 그리고 보편적 선별검사에서 이 표본의 강점은 기존 가족력 연구들의 방법론적인 한계를 개선한다는 점이다.

그럼에도 불구하고, Sandin 등(2014)의 연구와 같은 전집 기반 표집의 문제는 부모들이 ASD 아동을 낳은 후 자녀를 더 이상 갖지 않으려고 한다는 점이다. 고위험 종단 설계는 이 문제를 다룰 수 있지만, 이러한 연구들은 더 적은 참가자들과 마찬가지로 가능한 표본 선택 효과에 의해서도 제한된다. 따라서 다른 연구설계를 통해 추정치들을 모으는 것이 중요하다. 이전에 언급했듯이, 보통의 고위험 설계는 ASD로 진단받은 아동들의 더 어린 유아기 형제자매를 연구하는 것이다(Ozonoff et al., 2010). 이 설계에 의하면, 이러한 연구들은 중단(stoppage)을 배제할 수 있었다. 최근 공동의 아기 형제자매 연구 컨소시엄의 연구에 의하면, Ozonoff 등(2011)은 18.7%의 형제자매 발현 비율이 이전 다른 연구 결과에 비해서 더 높다고 밝혔다. 영아 성별과 복합적인 영향을 받은 ASD를 가진 형제자매의 존재는 ASD 결과에 가장 좋은 예측 요인이었다. 종합해 보면, 가족력을 추정하기 위한 가장 강력한 두 연구설계로 형제자매 발현 위험이 13~19%의 범위에 있다는 추정치를 얻을 수 있었다. 이 비율의 상당한 근접 정렬이 ASD 아동의 형제자매에 대한 위험이 적어도 10배 이상 증가하는 발견에 대한 견고함을 보여 준다. 이것은 확실히 주목할 만한 증가인 반면, 그 위험성이 실제로 매우 커진다고 다수가 믿기 때문에 실제적인 위험성을 가족력과 연관 지어 말하는 것이 중요하다(Selkirk, Veach, Lian, Schimmenti, & LeRoy, 2009; Whitelaw, Flett, & Amor, 2007).

자폐증의 가족 구성원에 대한 연구는 또한 가족에게 전해지는 행동적 표현형이 진단 그 자체보다 폭넓게 나타난다고 확신하고 있다(예: Piven, 1999). 따라서 가족성의 표현형은 범주형보다는 차원형으로 존재할 수 있다. 자폐증을 가진 발단자들의 일차적 친족은 자폐증, 소심함과 무관심, 그리고 다른 친척들과 비교했을 때 활용상의 언어 문제 증상들의 비율이 증가하였다(Rutter, 2000). 몇몇 연구들은 또한 자폐증이 있는 발달자들 사이에서 불안장애와 우울장애를 보이는 비율이 더 높아지는 것을 발견했다. 그러나 이런 장애들이 더 넓은 자폐증 표현형(BAP, 사회적 인지적 결함으로 정의됨)과 연관되지는 않았다. 그리고 그들의 비율이 BAP와는 달리 발달자들에서 자폐증의 심각성의 비율이 증가되지 않았다(Rutter, 2000). 비록 BAP를 가진 개인이 읽기와 철자문제들에 더 높은 비율을 가지고 있을지라도, 아마 다른 인지와 언어적 문제들 때문에, 특정한 읽기와 철자문제(즉, 난독증)가 이러한 가족력에서는 더 흔하게 나타나지 않고 지적장애 또는 발달장애에서도 나타나지 않지만 발달자들 사이에서는 증가한다. 비록 BAP를 정의하는 데 있어 더 많은 작업(특히, 신경심리학적 표시들을 사용한 작업)이 필요하지만, 이러한 연구는 어떤 표현형들이 분자연구들에 사용되었는지에 대한 결과들을 명확하게 보여 준다.

친족에서 발견된 더 흔한 정신의학적이고 인지적인 문제들뿐만 아니라, 자폐증 아동의 가족 구성원 역시 조현병과 양극성 장애를 포함한 심각한 정신의학적인 장애로 진단받을 확률이 높다는 사실이 명확해졌다(P. Sullivan et al., 2012). 전장 유전체 연관 연구(GWAS)로부터 파생된 최근의 교차장애 유전학 방법들은 교차장애의 유전적 공유 또한 확인했다. 예를 들어, 비록 이 장애들이 별개로 여겨지더라도, ASD와 조현병 사이에 유전적 결합이 중요하다(r_g = .20; Demontis et al., 2017). 이 결과는 정신의학 스펙트럼에서 교차장애의 유전적 공유에 대한 폭넓은 새로운 연구 주제와 일치한다(Smoller, 2013b). 이러한 연구 결과는 적어도 ASD 위험 유전자의 일부가 '일반' 패턴을 따르고 있고(Plomin & Kovas, 2005), 복잡한 정신과 장애 위험성을 증가시키고 있다는 점을 시사한다. 이런 '일반 유전자'가 아동의 표현형을 형성하도록 어떻게 결합하는지 결정하는 것은 남은 주제다. 이때 일반 유전자와 결합되는 유전인자와 환경이 특정한 장애를 설명하는 것도 같이 연구되어야 한다.

유전적 영향

자폐증의 입양 연구가 실현 가능성이 더 낮기 때문에, ASD의 유전성(유전적 영향)을 조사하는 연구들이 일반적으로 쌍둥이 연구에 의존했다. 첫 번째로, 지금은 고전적인 자폐증의 쌍둥이 연구는 Folstein과 Rutter(1977)에 의해서 실시되었다. MZ쌍

(36%)의 일치율이 DZ쌍(0%)에서 발견된 것보다 훨씬 더 증가했다. 만약 표현형이 인지적 또는 언어적 손상을 포함하도록 확대된 경우, 일치율은 각각 82%와 10%가 되었다. 그래서 이 연구는 자폐증이 유전적임을 보이고, 유전적 표현형이 자폐증 진단 그 자체보다 더 폭넓다는 것을 밝히며, 가족력 연구들과 일관성이 있다. 이러한 초기 쌍둥이 연구들은 ASD의 주요 원인인 환경 영향과 '냉장고 엄마(refrigerator mothers)' (Bettelheim, 1967)의 개념을 현장으로 옮기는 데 중요한 역할을 했다. 현재까지 유전성 추정치가 .7~.9 범위까지 나타난 ASD에 대한 10가지 이상의 쌍둥이 연구가 강하게 재확인되었다(Ronald & Hoekstra, 2011; Tick et al., 2016). 그러나 지난 몇 년 동안 두 개의 쌍둥이 연구는 이전에 ASD에서 보고된 것보다 더 큰 공유 환경 효과와 유전적 영향의 감소를 보고했다. 그래서 ASD에 대한 유전적 및 환경적 영향에 대한 논쟁이 다시 시작되었다(Frazier, Thompson, et al., 2014; Hallmayer et al., 2011).

Ronald와 Hoekstra(2011), 그리고 Tick 등(2016)은 ASD에서 기존 쌍둥이 연구에 대한 검토를 수행했다. 공유 환경 논쟁이 나타나기 전에 나온 Ronald와 Hoekstra(2011)의 검토는 유전성 추정치가 강력하고, 그 당시에 검토된 연구 전반에 일관적인 것으로 나타났다(유전성 .7~.9). 그들은 또한 진단 기준이 확대되어 단지 자폐성 장애가 아닌 전체 스펙트럼을 포함할 때, 이러한 강력한 유전 추정치가 남아 있음을 발견했다(Ronald & Hoekstra, 2011).

이 검토 이후에 출현한 쌍둥이 연구는 이전의 쌍둥이 연구과 비교했을 때 동종의 유전 추정치로부터 현저한 편차를 보였다. Hallmayer 등(2011)과 Frazier, Thompson 등(2014)은 유전적 영향이 전체 분산의 가장 큰 비율을 차지한다는 것을 보여 주는 이전 결과들에 의문을 제기하고, 공유 환경의 상당한 영향력을 발표한 최초의 연구자들이다. Hallmayer 등(2011)은 공유된 환경적인 영향들이 분산의 58%를 차지하고, 유전자 영향이 분산의 38%를 차지한다고 보고했다. Frazier, Thompson 등(2014)은 공유된 환경의 영향이 더 크다는 것을 발견했다(64~78%). 이러한 결과와 달리, 다른 쌍둥이 연구는 강한 유전적 영향들과 공유된 환경에 큰 영향을 미치지 않는 것을 찾기 위해 계속되었다(Colvert et al., 2015; Nordenbæk, Jørgensen, Kyvik, & Bilenberg, 2014). 사용된 근본적인 다형질 임계 모델(the underlying liability threshold model)에 따라서 측정 및 표본 확인 차이들은 이러한 혼합 결과를 설명하기 위한 주요 가설 중 하나다 (Colvert et al., 2015).

　　연구 결과에서 이질성을 더 잘 이해하기 위해, Tick 등(2016)은 현재 쌍둥이 문헌의 메타분석을 발표했다. Tick과 동료들은 선택과 확인을 위해 적절한 수정과 다른 다형질 임계 모델(liability threshold model)을 가정하여 개별연구를 재분석했다. 서로 다른 분석 모델에서 유전성 추정은 64~91%, 공유 환경 추정은 7~35% 범위에 있었다. 임계 모델의 함수로서 이러한 추정치의 변동성에도 불구하고, 유전성 추정치는 강하게 유지되었고, ASD 표현형이 보이는 대부분의 변이를 설명하였다. 심지어 공유된 환경적 영향이 상당할 때, 유전성 추정치를 초과하지 않았다(Tick et al., 2016). 쌍둥이 메타분석 결과는 또한 약 200만 명의 참가자를 포함한 가장 큰 확대 가족 인구조사와 일치하는데, 이는 중간 정도의 유전성(54%)을 보였으며 공유된 환경에 큰 영향을 미치지 않는 것으로 나타났다(Sandin et al., 2014). 전체적으로 행동 유전적 증거는 ASD에서 가장 두드러진 병인론적 요인인 유전적 영향을 계속해서 지지하고, 선택된 다형질 임계 모델(liability threshold model)의 함수로서 공유된 환경적 영향에 대한 변수로써 증거를 갖는다. 유전성에 대한 최근의 메타분석 추정치는 ASD를 가장 유전적인 정신 및 발달장애 중 하나로 놓고 있다.

　　유전성 추정의 한 가지 한계는 ASD에 대한 개개인의 위험에 대한 정보를 제공하지 않는다는 것이다. 이러한 추정을 위해서는 이전 장에서 논의한 것과 같은 가족력 연구가 필요하다. 따라서 쌍둥이 및 가족 연구를 병행하여 유용한 측정 지표인 집단 및 개인 수준의 위험에 대한 정보를 제공할 수 있었다(Sandin et al., 2014).

　　ASD의 진단 범주에 대한 쌍둥이 연구 외에도, 전집 표본들에서 차원적 자폐 특성 측정에 대한 몇 가지 연구가 있었다(Ronald & Hoekstra, 2011). 이러한 차원적인 특성이 임상 극단에서 어떠한 불연속 없이 매끄러운 분포를 나타낸다는 사실은 ASD가 정규분포상에서 극단치에 있음을 지지하고(Constantino & Todd, 2003; Skuse, Mandy, & Scourfield, 2005), 이 책에서 논의된 대부분의 다른 학습 장애들과 일치한다. 결과적으로, 연구자들은 완전한 차원 특성 분포에서 병인론적 영향을 이해하는 것이 ASD에 대해 우리가 이해하는 것에 기여할 것이라고 주장했다. Ronald 등(2011)은 당시에 수행된 자폐성 특성들에 대한 11개의 쌍둥이 연구에서 유전성 추정치가 일반적으로 7~18세 아동에 대한 부모 및 교사 보고서에 대해 60~90% 범위에 있다고 보고했다(Ronald & Hoekstra, 2011). 따라서 전체 분포에 걸친 자폐성 특징들의 유전성 추정치들은 실제 ASD 진단을 받은 극단적인 집단의 유전성 추정과 매우 유사했다.

유전성을 추정하는 것 이상으로, 다변량 쌍둥이 연구는 ASD(사회적 의사소통, 제한된 반복적 행동과 관심)의 증상 차원 사이의 유전적 공유 정도에 대한 통찰력을 제공할 수 있었다. 일관되고 흥미로운 발견은 각각의 ASD 증상 차원이 유전적 분야에서 기여한 바가 상당히 크다는 것이지만, 이러한 유전적 영향은 공유된 환경보다 차원에서 크게 명확해진다. 이러한 다변량 쌍둥이 연구는 자폐증 증상의 지속적인 측정과 함께 일반 모집단 표본을 사용했다(Hallett, Ronald, Rijsdijk, & Happé, 2010; Robinson et al., 2012; Ronald, Happé, Bolton et al., 2006; Ronald et al., 2003, 2011; Ronald, Happé, Price et al., 2006). 예를 들어, 큰 쌍둥이 표본에서 7~12세에 걸쳐, ASD 차원들은 20~50% 범위의 유전적 상관관계를 보였으며, 이는 대부분의 유전적 영향이 공유된 환경보다 각 차원에 고유하다는 것을 나타낸다(Hallett et al., 2010; Robinson et al., 2012; Ronald, Happé, Bolton et al., 2006; Ronald et al., 2005, 2011; Ronald, Happé, Price et al., 2006). 이러한 결과를 더 살펴보면, 임상적 표집들에서 사회적 의사소통과 제한된 반복적 행동 사이의 더 강한 유전적 관계가 발견되었으므로(Frazier, Thompson, et al., 2014), 이러한 불일치를 조정하기 위해 더 많은 연구가 필요하다는 점에 유의해야 한다.

유전적 영향이 자폐증 차원에 대하여 어떠한 특정성을 보인다는 사실은 학습과 정신병리 전반에 걸쳐 '일반 유전자'의 개념을 뒷받침하는 연구와는 다른 것으로 보인다. 따라서 단일 장애의 증상이 상대적으로 낮은 유전적 상관관계를 보여 준다는 사실은 ASD 유전적 구성의 독특한 측면을 시사하고 있다. 이러한 유전적 발견들은 신경정신학에 대한 영역에서 앞서 논의한 모델인 '자폐증의 부분적 삼중 가설(fractional autism triad hypothesis)'(Happé & Ronald, 2008; Happé et al., 2006)을 이끌어 냈다. 이 모델은 유전자 연구의 설계에 영향을 미쳤다. 이 모델에서 연구자들은 ASD에 영향을 미치는 유전자를 찾는 것이 아니라 특정 표현형 차원들에 대한 유전자 찾기에 중점을 두어야 한다.

유전적 관점에서 분류 가능한 자폐증 삼중 요인의 발견은 교차-장애 유전적 공유의 더 일반적인 발견들과 상충된다. 예를 들어, ASD에 대한 하나의 큰 다변량 쌍둥이 연구, 투렛증후군, ADHD, 그리고 발달성 운동조절장애는 이들 장애에 걸쳐 상당한 유전적 공유를 발견하였다(Lichtenstein et al., 2009). 자폐증의 부분적 삼중 가설(fractional autism triad hypothesis)과 함께 결합하여, 이러한 결과는 (아마도 뚜렷한 유전적 이유 때문에) 사회적 의사소통과 제한된 반복적 행동과 관심이 같은 아동에서 발생했을 때 이 증후군은 다른 정신과적 장애와 공존할 수 있음을 시사했다(Lichtenstein et al., 2009). 의사소통 또는 제한된 반복적 행동에 대한 뚜렷한 유전적 위험 요소가 다른 정신병리와 발생되는 경우, 이러한 패턴을 관찰할 수 있을 것이다. 혹은 이런 패턴은 사회적 의사소통을 통해 공유되는 상대적으로 작은 비율의 유전적 위험 요소 및 정신병리와 공유되는 제한된 반복적 행동에 의해 설명될 수 있을 것이다. 이러한 발견들은 다양한 정신병리에 걸쳐 상당한 유전적 공유를 발견하고, 분류 가능한 자폐증 삼중 가설을 검토하기 위해 자폐증 연구에 대한 질문을 제시하며, 더 나아가 다변량 쌍둥이 연구를 지지했다. 종합해 보면, 더 많은 연구들이 ASD의 유전성에 대한 기본적인 질문을 넘어 확장되었다. 연구자들은 현재 ASD의 차원들에 대한 공유되고 특정한 유전적 위험 요소에 관한 중요한 이론적 문제를 해결하기 위해 혁신적인 방식으로 쌍둥이 설계(twin design)를 사용하고 있다.

유전자 발견

이 책의 2판이 출판된 이후, ASD에서의 분자 유전학 연구가 발전했다. 이 책에서 논의된 학습 장애 중에서, ASD는 유전자 연구 분야 및 다른 발달장애들에 대한 방법론적 규준을 설정하는 분야를 분명히 이끌고 있다. 자폐증의 유전학에 대한 몇몇 훌륭한 문헌 고찰과 메타분석이 출간되었으며, 이 장은 그 연구의 결론에 근거한다 (Robinson, Neale, & Hyman, 2015; Betancur, 2011; Bourgeron, 2015; de la Torre-Ubieta, Won, Stein, & Geschwind, 2016; De Rubeis & Buxbaum, 2015; Geschwind & State, 2015; Ronald & Hoekstra, 2011; Vorstman et al., 2017; Willsey & State, 2015).

이들 연구는 현재 연관된 생물학적 경로에 대한 가설을 이끌어 내는 최초의 관련 유전자를 신빙성 있게 식별한다. 이러한 생물학적 통찰력이 향후 치료 목표를 달성할 수 있기를 희망한다. 행동 관찰에 명확하게 연관되는 유전자 연구에서 얻은 통찰은 ASD가 복잡하고 이질적인 병인학을 가지고 있다는 것이다. 이러한 복잡성은 병인 이질성(즉, 다른 유전적 위험 요소가 유사한 ASD 표현형을 유발할 수 있음) 및 표현형 이질성(즉, 같은 유전자 위험 요소가 다른 발달적 표현형에서 나타날 수 있고 어떤 경우에는 영향을 받지 않는 대조군에 존재할 수 있음)을 포함한다.

ASD는 흔하거나 희귀 변이, 유전되거나 신생(de novo) 변이로 자손에서 자연적으로 발생하는 변이 및 단일 염기쌍[즉, 단일-뉴클레오티드 다형성(SNP)]에서부터 복제 또는 삭제된 수천, 내지 수백만 개의 염기쌍을 포함하는 큰 유전자 복제수 변이(CNVs; 즉, 복제되거나 삭제된 DNA의 큰 부분)까지 다양한 유형의 유전적 변이와 관련되어 왔다(Robinson et al., 2015 리뷰). ASD에 대한 유전 위험 요소의 복잡성을 감안할 때, 시뮬레이션에서 600~1,200개의 ASD 위험 유전자가 있다고 추정한 것은 놀랍지 않다(De Rubeis & Buxbaum, 2015). 이러한 시뮬레이션은 몇 개의 후보 유전자를 가정한 기존의 발달장애의 유전적 모델과 완전히 대조된다. 그러나 유전자 기술이 발전하고 표본크기가 증가함에 따라 이러한 추정이 매우 과소평가되었다는 것이 분명해졌다. 2017년 12월 현재, ASD 분자 유전학에서 가장 최근의 발견을 추적하는 자료인 자폐증 데이터베이스(AutDB; http://autism.mindspec.org/autdb/welcome.do)에 970개 이상의 자폐와 관련된 유전자가 포함되어 있다. 이 작업은 인상 깊지만, 어떤 개별 유전자를 뒷받침하는 증거는 꽤 변할 수 있다는 것에 주의를 기울이는 것이 중요하다(Vorstman et al., 2017).

이후 우리는 ① 일반적인 유전적 위험 변이와 ② 희귀한 유전적 위험 변이에 대한 최근 연구의 고려할 점을 나누어서 논의할 것이다.

일반적인 다인자적 위험은 ASD 유전적 영향에 20~50%를 차지하는 것으로 추정된다(Robinson et al., 2015). 이 값은 현재 쌍생아 유전성 추정치인 70~90%에 미치지 못했고, 그래서 그들은 일반적인 유전적 변이가 ASD에 대한 모든 유전적 위험을 설명할 수 없다고 제안했다. ASD와 공통 유전자 변이(즉, SNPs) 사이의 중요한 연관성을 보고한 최초의 전장 유전체 분석(GWAS)은 현재 출판되었다(Demontis et al., 2017). 이 연구는 약 18,000건의 사례와 28,000건의 통제 사례를 포함하였으며, ASD와 관련된 5개의 새로운 유전자를 밝혔다. 추가 연구에서는 이들 유전자 변이와 연관된 유전자를 연결 짓는 것이 필요하다. 공통 변이체의 효과크기가 일반적으로 매우 작기 때문에(즉, 분산의 1%보다 작음), 이러한 대규모 표본크기가 필요하다.

더 강력하지만 희귀한 유전자 변이체를 발견하려는 연구도 성과를 거두었다. 희귀 유전자 변이체는 종종 유전 또는 신생(de novo: 유전적 변이가 자연적으로 일어나고 현재 부모에게서 존재하지 않음)로 분류된다. ASD 연구 표집들은 다른 정신장애와 비교했을 때 트리오 콜렉션(trio collections: 부모와 자식 모두)을 강조할 수 있었고, 이를 통해 보다 잘 통제된 전형적 사례로 이루어진 표집을 수집할 수 있었다.

트리오들을 모으기 위한 추가적인 노력으로, 자폐와 관련된 유전적 변이체의 신생 (de novo) 상태에 대한 중요한 통찰력을 얻을 수 있었다(즉, 부모 DNA가 없는 경우, 유전적 변이체가 유전되는지 또는 새로 발생하는지를 판단할 수 없음).

우리가 논의하는 첫 번째 희귀 변이체는 CNVs이다. 이 책의 이전 판에, 우리는 산발적으로 발생한 자폐증이 있는 아동들(즉, 부모는 아동의 영향을 받지만, 부모의 영향을 받지 않는 아동)에서 드노보 CNVs의 증가율을 강조한 초기 연구에 주목했다(Sebat et al., 2007). CNV에 대한 이 연구는 당시 새롭게 나타났다. 이제는 희귀한 CNVs(유전과 드노보 모두)가 자폐증 위험에 기여한다는 점은 분명하다(Vorstman et al., 2017). 드노보 CNV는 영향을 받지 않은 형제자매와 비교하여 자폐증이 있는 아동들에서 약 3~4배 정도 더 자주 발생한다(Ronemus, Lossifov, Levy, & Wigler, 2014). 흥미롭게도, 이러한 CNV는 하나의 장애에만 국한되지는 않고 조현병, 양극성장애, ADHD, 지적장애 그리고 간질을 포함한 발달 및 정신병리 표현형들에도 영향을 미친다(Malhotra & Sebat, 2012; Morrow, 2010). 이러한 CNV가 교차장애 유전자에 영향을 미친다는 사실은 다양한 결과를 초래하고, '공유(일반) 유전자'의 개념을 강화하는 추가적인 유전 및 환경적 요인에 대한 중요한 질문들을 제기하고 있다(Plomin & Kovas, 2005).

흥미로운 CNV의 부분은 7q11.23이다. 이 부분의 결함은 윌리엄스 증후군(WS)을 야기하는 것으로 오랫동안 알려져 있었다. WS를 가진 아동들은 때때로 ASD와는 대조적으로 초사회적 표현형으로 연구된 것으로 알려져 있다. WS를 가진 아동들은 일반적으로 지적 능력의 결손, 눈에 띄는 공간적 약점, 그리고 다른 인지 기술들과 관련하여 언어 기술에서 상대적으로 부족함을 보였다(Mervis & John, 2010; Pober, 2010). 몇 년 전에는, 7q11.23의 동일한 부분의 복제는 자폐증과의 연관이 있는 것으로 나타났고, 언어 결손과 같은 다른 표현형들도 발견됐다. 전형적인 7q11.23 결실은 항상 WS로 이어지지만, 7q11.23 복제는 많은 가능한 징후 중 하나인 ASD가 더 많은 표현형 이질성 안에서 나타내고 있음을 제시하고 있다. 이러한 복잡성에도 불구하고, 초사회적 표현형과 관련된 7q11.23 결실이 ASD에 원인임을 나타내는 7q11.23 복제와 대조하는 것은 매우 흥미롭다. 이 패턴은 사회성에 원인이 되는 게놈의 용량-민감(dosage-sensitive) 영역을 제시하고, 이 영역에서 유전자의 기능을 보다 심도 있게 보도록 유도할 것이다(Malenfant et al., 2012; Schweiger & C. Mever-Lindenberg, 2017;

Van Hagen et al., 2007). 지금까지 GTF21 및 GTF2IRD1과 같은 해당 영역의 유전자가 관심 대상으로 등장했지만, 복제 및 초기 발견들을 해석하려면 훨씬 더 많은 작업이 필요할 것이다.

전장 엑솜 분석(Whole-exome sequencing: DNA의 모든 단백질-코딩 조각의 기초 시퀸싱)은 자폐증 분야에서 매우 고무적이었다(Lossifov et al., 2012; B. Neale et al., 2012; O'Roak et al., 2012; Sanders et al., 2012). 유전자의 기능을 방해할 것으로 예상된 신생(de novo) 돌연변이(기능소실 돌연변이)는 영향을 받지 않은 형제자매와 비교하여 자폐증이 있는 아동들에게서 발생할 가능성이 대략 2배였다(Ronemus et al., 2014). 방해된 유전자들은 현재 약리학적 및 행동적 중재에 대한 새로운 통찰을 위해 동물 모델에서 연구되고 있다.

자폐증의 전장 엑솜 분석(Whole-exome sequencing) 연구로부터 나오는 유전자들 중 하나는 *CHD8*(Chromodomain helicase DNA binding protein 8)이다(De Rubeis et al., 2014; B. Neale et al., 2012; O'Roak et al., 2012), 염색체 14q11.2에 있는 이 유전자는 WNT 신호 전달 경로에 관여하고 다른 생물학적 과정에 더해 배아 중추신경계 발달에 중요하다(Vorstman et al., 2017). ASD에서 이 유전자 경로의 중요성에 대한 추가 증거는 *CHD8*의 결합 파트너가 또한 ASD에 관여한다는 사실에서 왔다. ASD에 대한 관심 유전자로서 *CHD8*의 확인은 동물 및 생체 외(in vitro) 작업이 이 유전자를 ASD 표현형에 연결하는 메커니즘을 추가로 이해할 수 있도록 촉발시켰다. 동물 연구에서 한 가지 흥미로운 발견은 *CHD8*을 ASD의 강한 신경 영상 발견들과 관련시켰으며, 이는 일부 ASD 사례에서 관찰된 대두증('뇌 메커니즘' 절에서 더 논의될 예정)이다. 이 동물 연구는 제브라피시(zebrafish)에서 *chd8*의 손상이 대두증을 초래한다는 것을 발견했고, 이는 *CHD8* 돌연변이를 가진 ASD 사례들에서 표현형 결과와 일치한다(Bernier et al., 2014).

체외에서 진행된(in vitro) 연구(Wang et al., 2015)는 CRISPR/Cas9 다른 유형들의 세포들과 차별화되도록 유도된 유도만능줄기세포(iPSC)에서 *CHD8*의 하나의 복사본을 떼어내는 기술을 사용했다. 이 연구에서 Wang 등(2015)은 iPSC를 신경 전구 세포 및 뉴런으로 분화시켰다. 그들은 떼어 낸 뉴런에서 유전자 발현의 변화로 인해 *CHD8*에 의해서 조절되는 유전자를 확인하였다. 이러한 하류 유전자는 뇌 발달에 중요한 기능적 경로(세포 사이의 통신, 세포 외 매트릭스 형성, 신경 발생)로 모였다(Wang et al.,

2015). 이들 CHD8 유전자 표적은 또한 ASD 및 조현병 이전에 관련된 유전자들을 위해 강화되었고(Wang et al., 2015), 이는 해당 장애 간의 유전적 오버랩을 나타내는 이전 분자 유전학적 발견들과 일치한다. 마지막으로, 저자들은 머리 크기와 뇌 부피와 관련된 유전자가 표적들 사이에서 강화되었다고 보고 했다. 마지막으로, 저자들은 동물 모델과 머리 크기와 뇌 부피와 관련된 유전자가 CHD8의 표적들 사이에서 또한 강화되었다고 보고했고, 이는 동물 모델과 ASD 돌연변이에서 발견된 것과 일치했다(Bernier et al., 2014).

CHD8에 대한 생체 외(in vitro) 실험은 어떻게 유전적 연구들이 특정한 경로에 수렴을 통해 병리생리학적 표적에 대한 새로운 통찰을 설명할 수 있는지 분명히 보여 주고 있다. 중요한 것은, 유전적 수준의 분석에서 볼 수 있는 이질성에도 불구하고, 생물학적 경로 수준에서 더 많은 수렴이 있을 수 있다. 따라서 CHD8과 같은 단일 유전자가 ASD 사례에서 아주 적은 부분을 차지할지라도, ASD가 있는 사례에서 훨씬 더 많은 비율이 동일한 경로를 방해할 수 있다. 위넨 CHD8의 원인이 되는 WNT 신호 전달 경로와 같은 것들이 그 예다.

지금까지 다른 단백질과의 기능적 연결을 하고 흥미로운 유전자를 확인하는 유사한 방법은 시냅스 신호 전달 중단, 크로마틴 리모델링, MAPK 신호 전달 그리고 취약 X 유전자와의 상호작용 등 ASD와 관련된 추가적인 생물학적 과정에 집중했다(예: FMRI; Vorstman et al., 2017). 이 연구의 가능성은 ASD에서 손상된 생물학적 과정에 대한 더 큰 통찰로 새로운 치료적 목표 달성이라는 것이다.

종합해 보면, 연구자들은 자폐증의 10~30%가 희귀 유전이나 신생(de novo) 변이를 가질 것으로 예측한다(Vorstman et al., 2017). 이러한 발견으로 인해 ASD를 가진 모든 아동은 유전자 검사를 받아야 한다는 미국 아동청소년정신의학회(American Academy of Child and Adolescent Psychiatry)와 미국 소아과학회(American Academy of Pediatrics)의 임상적 권고를 이끌어 냈다(Committee on Bioethics, Committee on Genetics, & American College of Medical Genetics and Genomics Social, Ethical, and Legal Issues Committee, 2013; D. Miller et al., 2010; Volkmar et al., 2014). 이러한 권고에도 불구하고, 임상 시행이 지연되고 있다는 증거가 있다(Cuccaro et al., 2014). 낮은 의뢰율과 비용 및 타당성에 대한 우려와 같은 몇몇 이유로 소수의 가족만이 유전자 검사를 받는다. 여전히 ASD 아동의 부모 대부분은 추가 유전 정보(약 86%)에 관심이

있다(Cuccaro et al., 2014). 그러나 일부 부모는 유전자 검사 결과로 치료할 수 있는 게 있는지 혹은 이 결과가 타당한지에 대한 의문 때문에, 추가적인 유전자 검사의 기회를 거절한다는 점도 알아야 한다(Cuccaro et al., 2014).

환경적 영향

이전 부분에서 유전의 영향에 대해 많은 강조점을 두고 살펴보았지만, ASD의 100% 유전적으로만 강조할 수 없으며, 환경적 영향의 역할에 대해서도 고려해야 한다. ASD의 발달상 궤적을 살펴보면, 대부분의 환경적 요인은 주로 출산 전후처럼 매우 이른 시기에 위험 요소로 작용하며 '냉정한 엄마'와 같이 양육적 유대관계의 영향은 미미하다는 점이 공인된 정신분석 이론이다.

Mandi와 Lai(2016)는 ASD의 환경적 영향을 알아보기 위해 선행연구를 고찰했는데, 그들의 결론은 이러한 논의를 이끌었다. 물론 추정할 수 있는 모든 환경적 요인은 다루지 않고, 현재 주목받고 있는 몇 가지 중요한 환경적 요인들에 대해서 먼저 고찰하겠다. 우리는 이 장에서 ASD 위험 요소로써 유전과 환경 사이의 전이를 설명하기 위해 부모의 연령적 특성에 대해 살필 것이며, 유전과 환경의 상호작용을 설명하는 복합 모델을 소개할 것이다. 예를 들어, 부모의 연령은 아동에게 외부 요소이기에 환경적 요인이라고 여겨지지만, 그들 부모의 연령은 유전 매커니즘을 통해 아이에게 영향을 미친다.

메타분석에서 Hutman, Sandin, Levine, Lichtenstein, 그리고 Reichenberg(2011)은 아버지의 연령과 ASD 관계의 상관관계를 분석했다. 29세 이하 아버지와 비교하여 50세 이상의 아버지는 ASD 자녀를 가질 확률이 2.21배 높았다. 이렇게 높은 상관관계에도 불구하고, 인구학적 관점에서 높은 연령이라는 환경적 요소가 자폐아 인구 증가에 미치는 영향은 미미하다. 예를 들어, 연령에 따른 자폐아 출생에 대한 통계학적 의미가 큰 것 같지만(자폐아가 태어날 확률이 2배 이상) ASD의 유병률은 낮기에 자폐 인구 수가 많이 증가하지는 않는다. ASD 유병률이 1%라고 가정했을 때 아버지의 나이가 50세 이상인 경우, 자폐아가 태어날 확률이 2%이기 때문에, 대부분 가정에서 자폐아가 태어날 확률은 미미하다. 따라서 부모의 나이와 ASD의 연관성은 있지만, 이러한 영향이 매우 큰 것으로 잘못 이해하기 쉽다. 예를 들어, 지난 수십 년 동안 아버지의 고령화는 전체 자폐 인구 수 증가에 미미한 영향을 주었다.

메타분석에서 Hultman 등(2011)은 자폐스펙트럼장애 아동과 부모의 나이 사이의 연관성을 밝힐 때 어머니의 나이, 아버지의 정신병리 기록, 분만기의 합병증, 사회경제적 수준 등 몇 가지 중요한 변인들을 통제했다. 이 공변량은 아버지의 나이와 자녀의 ASD의 상관관계를 설명할 수 있는 상당수의 다른 가설을 배제한다. 남아 있는 가능성은 아버지 나이가 폭넓은 자폐증 표현형(phenotype; Mandy & Lai, 2016)의 지표인 점이다. 따라서 아버지 나이와 ASD의 연관성은 아버지로부터 자녀에게 전달되는 유전적 위험 요소에 기인한다. 하지만 가족 내 관계도를 살펴보면, 한 가족 내 여러 자녀가 있고 한 자녀가 자폐증을 앓을 때, 그 자녀는 평균적으로 막내다(출산아 수와 어머니의 나이가 통제되었을 때). 이 결과는 아버지로부터 자녀에게 더 광범위한 자폐증 표현형의 유전적 전달이 아버지 나이의 영향을 설명하는 주된 유전적 작동 원리는 아니라는 점을 나타낸다. 또 다른 가능성은 남성이 나이가 많을수록 정자에 더 많은 비율의 신생(de novo) 변이를 가진다는 점이다(Kong et al., 2012; Michael et al., 2012). 앞서 이야기했듯이 신생 변이는 자폐증 위험 증가와 연관되어 있다. 따라서 이 유전 모델은 현재의 가설을 이끌고 있다.

앞서 논의는 아버지의 나이에 초점을 두었지만, 연구자들이 아버지의 나이를 통제했을 때, 자폐스펙트럼장애와 어머니의 나이에도 상관관계가 나타났다. 메타분석에서 Sandin과 동료들(2012)은 25~29세와 비교했을 때, 35세 이상 어머니는 상대적 위험이 1.52배 크다고 발표했다. 이때 많은 연구에서, 아버지의 나이, 사회경제적 지위, 출산 전후 요소 조산 합병증 등 중요한 공변량은 통제된다. 현재 가설들은 이 메커니즘이 부모의 연령에 관련이 있다고 가정한다. 어머니의 나이와 관련해서 주요한 가설은 염색체 이상 또는 후천적 과정의 위험성 증가에 초점을 맞춘다(Sandin et al., 2012).

최근 자궁 내외 약물 노출 증가에 따른 ASD 증가의 연관성이 밝혀지고 있다. 가장 설득력 있는 연구는 간질, 양극성 기분장애, 편두통에 사용되는 발프로산염 약물이 자궁에 노출되는 것과 ASD 증가와의 연관성이다(Bromley et al., 2013; Christensen et al., 2013; Williams et al., 2001). 임신 중 이 약물에 노출되면 치명적인 '태아 발프로 증후군(fetal valproate syndrome)'을 초래할 수 있는데, 이는 ASD 증가를 포함하는 전반적 발달 지연과 연관된다(Shallcross et al., 2011; Tomson et al., 2011). 부모의 고령화와 ASD의 연관성처럼 자궁 내외 발프로산염 노출 ASD 위험성 증가의 관련성은 교란 요인을 신중하게 통제해야 한다. 예를 들어, 어머니의 간질은 ASD를 일으키는 유전적 위험 증가의 지표이며 하나의 변수다. J. Christensen(2013)은 발프로산염에 노출된 500명의 아동과 더불어 덴마크의 전수조사(N > 600,000)를 진행했다. 그 결과, 어머니의 간질을 포함한 중요한 교란변수들이 통제되었을 때, 2~3배의 위험성이 있는 것으로 밝혀졌다. 표본이 간질이 있는 어머니에게 제한되었을 때도 연관성은 유효했다. 이 연구들은 다른 신경발달장애에도 발프로산염이 영향을 주지만 발프로산염과 ASD 위험성 증가의 설득력 있는 연관성을 보여 준다. 흥미롭게도, 동물 모델에서 발프로산염 노출에 관한 추가 연구들은 이 연관성을 뒷받침하며, ASD를 발현하는 유전적 위험 요소인 WNT 신호 전달 경로의 역학적 조정을 보여 준다. 같은 생물학적 전달경로를 가지는, 생물학적 · 환경적 위험의 수렴은 ASD와 다른 신경발달장애의 역학적 중요성이 있음을 설득력 있게 제시한다.

초기 연구에서 ASD의 병인으로 어머니의 루벨라 감염 같은 태내 감염이 추정되었지만(Chess, 1971), 후속연구들은 예상 외로 많은 수의 아이들이 자폐적 증상들에서 회복될 수 있음을 보여 준다(Chess, 1977). 그럼에도 불구하고, 어머니 감염이 ASD를 포함한(Mandy & Lai, 2016) 신경발달장애에 일반적인 위험 요소인 점에는 많은 증거가 있다. 조산 합병증 또한 ASD 위험과 관계가 있는 것으로 측정된다. 최근 메타분석에서 Gardener, Spiegelman과 Buka(2011)는 태아와 신생아의 건강과 관련된 여러 요소를 찾았다(예: 태내 고통, 출산 손상, 다자 출산, 저체중아, 산모 출혈, 여름 출생, 낮은 5분 APGER 점수, 태변 흡인 등과 같은 위험 요소). 이들은 ASD 위험과 상당한 관련이 있다. 하지만 많은 경우에 이 요소들이 ASD의 직접적 원인일 가능성은 적다. 오히려 이 증거들은 조산 합병증이 선천적 기형 혹은 ASD의 가족력을 가진 비정형적 태아 발달의 결과임을 보여 준다(Bailey et al., 1966; Bolton & Griffiths, 1997).

비록 '냉장고 엄마'의 개념이 자폐증의 원인으로 부적절하다는 의견이 많지만, 사회적 자극의 감소와 같은 극단적인 환경 결손은 ASD의 표현형을 증가시킨다는 연구 결과가 있었다(Mandy & Lai, 2016). 이러한 표현형 형질은 선천적 시각장애인(R. Brown, Hobson, Lee, & Stevenson, 1997; Roger & Pennington, 1991)과 같이 상대적으로 적은 자극에 노출된 보호기관의 고아(11~16%)에게서 나타난다(Hoksbergen, TerLaak, Rijk, van Dijkum, & Stoutjesdijk, 2005; A. Levin, Fox, Zeanah, & Nelson, 2015; Rutter et al., 1999, 2007). 보육원 아동의 경우, 이 증후군을 '유사 자폐증'이라 칭한다

(Rutter et al., 1999). 그 이유는 이 '유사 자폐증'은 '병리적 자폐증'과 비교했을 때 표현형 형태, 발달상 궤적, 남녀 비율(1:1) 등 몇 가지 측면에서 차이가 있기 때문이다. 표현형 형태에서, 유사 자폐증은 병리학적 자폐증보다 유연한 의사소통과 사회적 행동을 보여 준다. 발달 궤적을 살펴보면 약 50%의 유사 자폐증을 앓는 아동이 더 풍부한 자극의 환경에 놓이면, 상당한 회복을 보여 주었다(Mandy & Lai, 2016). 선천적 시각장애를 앓는 아동은 청소년기에 ASD 판정에서 제외될 만큼 고아보다 더 나은 예후를 보여 준다. 이 표현 형질은 사회적 관련성이 선천적인 것이 아니라 양육자와의 상호작용에 달려 있다는 것을 밝히기에 이론적으로 매우 중요하다. 환경적 요인이든 유전적 요인이든 상호작용을 강하게 제한하는 요소들은 ASD 증상을 발현시킨다. 최근 연구의 중요한 질문은, ASD로 이끄는 영아의 초기 심리적 결핍은 그들의 양육자와의 사회적 상호작용에 참여하는 능력을 강하게 제한시킨다는 것이다.

자폐증의 환경적 연관성에 관해서 되짚고 넘어가자면, ASD의 높은 위험성을 가진 아동이라 할지라도(Jain et al., 2015) MMR 백신(Madsen et al., 2012) 혹은 티메로살(thimerosal)을 함유한 백신(Parker, Schwartz, Todd, & Pickering, 2004; Stratton, Gable, McCormick & Institute of Medicine Immunization Safety Review Committee, 2001)과 자폐증의 관계성은 없다고 이 연구는 밝힌다. 최근 5가지 사례 통제 연구와 5가지 코호트 조사에 관한 메타분석은 MMR 백신과 ASD 위험성 증가의 관련성을 찾지 못했다. 오히려 MMR이 ASD 위험성 증가를 막는다는 연구 결과도 있다(Taylor, Swerdfeger, & Eslick, 2014). 따라서 비록 약 25%의 부모가 MMR 백신이 ASD를 유발한다고 믿는 등 근거 없는 정보가 만연하지만, 과학적 결론은 MMR 백신과 ASD의 연관성을 배제한다(Freed, Clark, Butchart, Singer, & Davis, 2010). 저널리스트 Seth Mnookin(2011)의 최근 저서 『The panic Virus』는 가족에게 이런 논란과 증거에 관한 도움이 될 만한 자료를 제시한다.

진단과 치료

진단

선별과 초기 판별

많은 부모가 18~24개월에서 처음 우려를 보고하는 데 반해 미국에서 진단이 이루어지는 평균 나이는 4~5세다(Zwaigenbaum, 2015). 많은 부모가 아이들이 ASD 진단을 받기 전 다른 여러 진단을 받게 되는 '긴 진단 여정'에 고충을 털어놓는다. 첫 우려에 대한 진단의 지연은 ASD에 대한 증거 기반 개별화 중재에 대한 지연을 의미하기 때문에, 초기 진단과 판별을 위한 노력이 이루어지고 있다. 여러 학문에 걸친 임상치료사와 연구가들은 최근 초기 판별에 대한 공동 성명을 발표했다(Zwaigenbaum, 2015). 한 중요한 합의 내용은 다음과 같다. "어떤 특징적인 행동이나 진단 지표가 12개월 미만 영아에게서는 나타나지 않는다." 이 합의 내용은 앞장에서 살펴보았던 12개월 전에는 ASD 고위험군 및 저위험군 영아의 판별이 어렵다는 신뢰성 있는 연구와도 일치한다. 비록 12개월 이전 영아에 대한 진단이 현재까지는 불가능하지만, 2세 이하의 영유아에게도 진단은 가능하며, 이는 안정적이다(Ozonoff et al., 2015). 하지만 24개월에서 36개월까지 ASD의 징후가 나타나지 않는 경우가 있으므로, 반복적인 선별은 필수적이다(Ozonoff et al., 2015). 소아과 의사는 부모의 첫 번째 연결점이다. 이 중요한 역할로 인해, 미국 소아과학회는 18개월에서 24개월을 대상으로 증거 기반 선별 도구를 사용하여 ASD를 위한 보편적인 선별이 필요하다고 권고한다. 이후 선별 결과는 종합적인 발달 평가를 위해 사용되어야 한다.

미국 예방 서비스 위원회는 2015년에 18개월에서 30개월 아동의 부모나 다른 양육자가 우려하지 않는 아동을 ASD로 선별하는 것은 증거 불충분이라는 논란이 될 수 있는 권고를 발표했다. 이 권고는 부모의 판단은 진단적 민감성이 떨어진다는 강력한 반발에 부딪혀 오고 있다(예: Coury, 2015). 이와 관련 예방 서비스 위원회는 저위험군 아동을 선별하는 데 증거가 불충분한 경우가 많기에, 증거를 제시할 수 있는 추가적인 연구설계를 권고했다. 이 권고는 선별이 유용하지 않다는 의미가 아니라 증거가 충분치 않다는 것을 의미한다. 그럼에도 불구하고, ASD와 관련된 많은 사람은 이 결론에 강하게 반대하며, 보편적 선별을 지지한다(Coury, 2015). 나와 이 책의 저자들 또한 보편적 선별을 지지하는데, 그 이유는 보편적 선별이 낮은 비용과 낮은 위험성을 가지면서 부모나 양육 제공자의 판단에만 맡겼을 때 배제될 수 있는 아동에게 중요한 이득을 제공하기 때문이다.

보편적으로 사용되는 자폐증 선별 도구는 M-CHAT(Modified Checklist for Autism in Toddlers)으로 최근 지속해서 개정되고 있으며, 초기 질문에 높은 점수를 받은 아동을 위한 추후 요소를 제공한다(M-CHAT-R/F; www.mchatscreen.com; D. Robins, Casagrande, et al., 2014). M-CHART-R/F의 강한 민감성과 구체성(>9)은 18~24개월의 저위험군 영유아의 큰 표본에서 증명되었다. 내과 의사만의 민감성은 .24이다. 이 표본의 검사 결과를 보면 두 선별검사를 통해 영유아의 47.5%가 ASD로, 94.6%가 발달지연으로 선별되었다. 따라서 대부분 선별-양성의 사례가 초기 중재를 위한 후속 평가와 의뢰를 보장한다. 중요한 점은, 국제적인 선별 절차인 M-CHART-R/F을 활용한 보편적 선별이 ASD 진단을 2년 앞당긴다는 점이다(D. Robins, Casagrande et al., 2014).

진단 과정

현재 ASD 진단은 주로 행동 관찰과 아동의 발달력에 기반한다. 지금까지 완벽한 신경심리학적 프로파일은 존재하지 않는다. 그 이유는 전형적인 신경심리학적 검사는 사회인지를 구체적으로 측정하지 않기 때문이다. ASD에 일관된 인지검사 프로파일이 존재하지만, 인지검사는 낮은 수행 능력으로 인해 혼란스러운 일상을 보낼 아동의 강점과 약점을 파악하기 위해 중요하다.

발현 증상

아동들은 학령전기의 언어와 운동 능력상 중요한 발달 목표를 달성하는 데 종종 실패한다. 비록 급진적인 퇴행은 드물지만, 발화나 발달적 성취의 손실이 강하게 나타난다. 보다 미세한 퇴행은 흔히 보인다(고위험군 아동의 86%에서 나타남). 이 증상이 너무 이른 시기에 나타나거나 서서히 나타나기 때문에 치료적 필요성을 감지하기 어렵다(Ozonoff et al., 2010). 또한, 제한된 사회적 참여, 놀이 행동의 감소 혹은 비전형적 놀이 행동, 비사회적 애착(예: 몇 가지 줄에 대한 애착), 비정상적인 의사소통(예: 따라 말하기, 새로운 단어를 만듦, 글자 섞기), 운동적 의식(예: 흔들기, 회전하기, 손뼉치기),

비이상적이고 반복된 관심(예: 시간표, 달력, 기상학, 천문학), 물체의 비정형적 사용(회전시키기, 줄 세우기, 세세한 관찰), 감각 자극에 대한 비이상적 반응하거나 발달한 영역(조숙한 읽기, 뛰어난 암기 능력) 등의 증상도 나타난다.

발달력

자폐증의 증상은 보통 발달 초기인 영유아기에 구별되며, 강한 지적 능력을 가진 아동은 학령기에나 이 부분이 다른 사람에게 인지된다. 한 살 정도에 지속적으로 이름에 반응하는 공동주의의 시작은 ASD를 가진 아동을 그렇지 않은 아동과 구분할 수 있게 해 주는 전형적 발달이다. 영유아기 동안에, 부모는 대게 아이들이 사회적 놀이와 상호작용에 참여하도록 많은 노력을 기울인다고 보고한다. 아동은 적은 눈맞춤, 부적절한 표정 변화, 낮은 빈도의 몸짓 사용 등 제한된 혹은 비전형적인 언어 및 비언어 커뮤니케이션을 보여 준다. 보편적이진 않지만, 이들의 언어 발달은 지연되며, 아동이 사용하는 언어는 기이하거나 반복적인 특성을 보여 준다. 생활습관을 바꾸거나 다른 행동으로 전환하고자 할 때 행동 폭발을 보이는 경우는 흔하다. 유년기에 아동들은 같은 연령대의 아동들과 상호작용할 기회가 많아지면서 사회적 상호작용의 어려움이 보다 명백하게 드러난다. 아동은 제한된 가상놀이 기술을 가지고 있으며, 협동적 놀이보다는 평행놀이나 독립놀이를 선호한다. 자폐증 아동은 다른 아동과 함께 어울리기보다 특정 장난감, 활동, 관심 분야에 집착하는데, 이는 그들이 상호적이지 않기 때문에 이들의 또래 상호 관계를 방해하며 관계 맺기를 어렵게 한다. 학령기 이후 사회적 어려움은 지속적인 약점이 되며, 상호적인 대화, 친구를 사귀고 관계를 유지하기, 유머, 비꼬기, 비유, 청소년 또래와 연인관계의 뉘앙스를 이해하는 데 어려움을 겪는다.

행동 관찰

ASD 아동을 평가하는 것은 굉장히 어려운 일인데 그 이유는 장애의 타고난 특성이 검사자와의 관계를 크게 방해할 수 있어 검사자에게 매우 큰 부담이 생기기 때문이다. 따라서 어떠한 형식적 절차를 진행하는 것이 어렵기에 행동 관찰은 진단에 중요한 역할을 한다. ASD 아동의 행동은 임상학적으로 충분히 가치가 있다. 아동과의 눈맞춤, 언어 및 비언어적 소통(몸짓과 운율 사용), 사회적 관심 및 개입이 진단적으로 유용하다. 검사자는 세션 동안 아동이 제한된 관심이나 반복적인 행동을 하는지, 자신의 관심 집중을 새로운 방향으로 얼마나 빠르게 전환할 수 있는지 주목한다. 검사자는 또한 사회적 인식 부족이나 사회적 상황의 이해 부족을 나타내는 비전형적 행동에 주목한다. 예를 들어, 우리의 치료실에서 만난 한 아동은 평가자의 인사를 인지하지 못하고 방 2-5-2호에서 다시 만날 수 있는지 물었다. 이 아동은 답변을 기다리지 않고, 평가자가 부모와 인사하고 있는 동안 복도에 혼자 걸어갔다. 검사자는 ASD를 가진 아동이 새로운 환경에 적응하는 데 어려움을 겪기에, 검사 과정 자체가 아동에서 특정 스트레스와 비정상적 행동을 유발한다는 사실을 염두에 두어야 한다. 우리는 두려움에 대한 반응으로 시야에 있는 모든 것을 읽으려 한다거나, 연필심이나 매직을 코에 대고 킁킁대는 아동을 보아 왔다. 검사 환경은 아동이 경직되고 의식적 행동을 하도록 유발하는데 예를 들어, 특정 스케줄을 고집하거나 검사자과 부모가 어디 않을지 지시하거나 검사자가 언제 검사지를 넘길 수 있을지 지시하기도 한다. 신경심리학적 측정 동안 행동 관찰은 ASD 아동의 특징인 인지적 비유연성, 과도하게 구체적인 해석, 시공간적 세부 사항이나 다른 과제에 지나친 집착 등 인지적 특성이나 실행 결점을 파악함으로써 일관성 있는 자료를 제공한다.

자폐증 평가 도구

ASD의 두 가지 주요 평가 도구는 자폐증 진단 관찰 스케줄-제2판(Autism Diagnostic Observation Schedule-Second Edition; ADOS-2; Lord Rutter et al., 2012)과 자폐증 진단 면담지-개정판(Autism Diagnostic Interview-Revised; ADI-R; Lord, Rutter, & Le Couteur, 1994)이 있다. 이 표준화된 측정 도구는 ASD의 황금률이다. ADI-R과 AODS-2 모두 신뢰성 있는 기준에 도달하기 위해 엄격한 훈련 과정이 존재한다.

ADOS-2는 개별적 평가로 반구조화 놀이 기반 평가이며, 평가시간은 45분에서 1시간이 소요된다. ADOS-2는 5가지 모듈은 나이, 언어 수준에 따라 다르게 디자인되었고, 구체적인 사회적 매체 및 활동을 포함한다. 검사자는 구체적인 사회적 의사소통 기술과 행동을 놀이 세션 동안 살펴보고 이 행동을 정상을 의미하는 척도 0에서 보통에서 심각한 이상을 의미하는 3까지 부호화한다. 여기에 최적의 민감성과 구체성을 가진 절단점을 설정하기 위해 특별한 알고리즘이 설계되었다(Gotham, Pickles, & Lord, 2009; Gotham, Risi, Pickles, & Lord, 2007). 과거 알고리즘에서는 RRB는 이 평가 도구에 포함되지 않았는데 최근 최신 개정판에서 이들을 포함하였다. 그 이유는 이 도구의 진단적 안정성이 많이 향상되었기 때문이다. 최신 개정판은 사회성 영역과 의사소통 영역을 결합한다. 왜냐하면 이전 연구에서 이러한 점수가 단일 요인을 형성하고 이러한 영역을 함께 묶는 현재 DSM-5 진단과 일치하기 때문이다. 큰 여러 표집단의 검토 결과를 보면, 모듈 1~3에서 ASD 아동을 정상 아동과 구별하는 민감성과 구체성이 .80을 초과한다. ADOS-2는 또한 ADI-R을 뛰어넘어서 ASD 진단을 추가로 예측할 수 있게 한다. 이러한 이유로 ADOS-2와 ADI-R이 종종 같이 사용되곤 한다.

ADI-R은 표준화되고, 반구조화된 부모 인터뷰로 평가하는 데 몇 시간이 소요된다. 이는 90% 이상의 평정자 간 신뢰성을 가지고 있으며, 민감성과 구체성 모두 90%를 초과한다(Lord et al., 1994). ADI-R은 현재 아동의 행동과 아동이 4~5세 때 보인 행동을 대상으로 부모로부터 인터뷰한다. 여기서 후반기는 지적 수준이 우수하고 과거에 전형적인 ASD 행동을 보여 준, 연령이 높은 아동을 평가하는 데 유용하다. ADI-R의 진단적 특성은 매우 강하지만, 시간과 비용은 현재 임상 및 연구 맥락에서 제한점이 된다. 이 문제를 해결하려는 여러 작업이 진행되고 있는데, 예를 들어 ADI-R의 질문을 기반으로 한 새로운 측정 도구인 자폐증 증상 인터뷰(Autism Symptom Interview: ASI)가 개발 중이다(Bishop et al., 2017). ASI는 부모 인터뷰로 전화로 15~20분가량 진행된다. 초기 타당도 연구에서 ASI는 유망한 정신적 측정 속성을 보여 주었는데, 특히 ADOS를 사용한 대면적 아동 평가와 결합했을 때 드러난다(Bishop et al., 2017). 연구 적용을 위한 측정이 현재 개발되고 있지만, 타당도가 더 증가한다면 임상 활용도 할 수 있을 것이라 기대한다. ADOS-2와 ADI-R 훈련을 받지 못한 임상가는 자격이 되는 전문가와 우려 사항이 있어서 의뢰된 아동의 종합적인 ASD 진단평가를 위해 표준된 선별 도구를 사용하기 원할지도 모른다. 황금률 측정을 훈련받은 임상가도 초기에 더 집중적인 ASD 구체성 평가를 위해 선별 도구를 사용하기도 한다. 양호한 심리측정적 속성을 지니며 흔히 사용되는 부모보고 선별측정 도구는 사회적 의사소통 설문지(Social Communication Questionnaire: SCQ; Berument, Rutter, Lord, Pickles, & Bailey, 1999; Rutter, Balley, Berument, Lord, & Pickles, 2003)이다. SCQ는 ADI-R의 질문들로 구성된다. 여러 논문이 SCQ의 심리측정 속성을 긍정적으로 평가하지만, 연구마다 진단적 정확성의 차이로 이 측정의 타당성에 의문이 제기되어 왔다. 최근 메타연구는 특정한 측정 도구를 평가 문맥에 일치시키는 것을 강조하면서, SCQ의 심리측정 속성이 4세 이상 아동의 평생 버전에서 더 양호하다는 사실을 밝혔다(Chesnut, Wei, Barnard-Brak, & Richman, 2016). 이보다 어린 아동에게는 M-CHAT이 선별 도구로써 더 양호한 심리측정 속성을 가지고 있다.

또 다른 척도인 사회적 반응 척도-제2판(Social Responsiveness Scale-Second Edition; SRS-2; Constantino et al. 2003; Frazier, Ratliff, et al., 2014)은 양적 척도에서 자폐적 특성의 심각성을 평가하기 위해 고안된, 부모와 교사를 위한 간략한 보고형 척도다. SRS-2는 강한 심리측정 속성을 가지고 있다. 이 척도는 ASD의 특성의 차원적 개념화에 의존하는데, 여기서 ASD가 지속적인 분배에 있어 극단적인 절단점으로 나타난다(Constantino & Todd, 2003). 그 결과, SRS-2는 모든 인구에서 모든 범위의 사회적 의사소통과 RRBs를 평가할 수 있도록 고안되었다. 또한, SRS-2는 치료 결과로 시간이 지나서 자폐적 증상의 변화를 측정하는 데 적합하다.

종합적 평가

앞서, 우리는 ASD를 평가하기 위해 심리학자가 사용하는 검사 도구들을 기술하였다. 하지만 적절한 개입을 위해서 심리학, 언어치료, 작업치료, 물리치료와 관련된 다양한 전문가와 의학적 전문가로부터 종합적 평가를 받게 하는 데 있다(Volkmar et al., 2014). 종합평가의 일부로서, 미국 소아과학회(American Academy of Pediatrics)와 미국 아동청소년정신의학회(American Academy of Child and Adolescent Psychiatry)의 치료적 기준은 10%에서 30%의 ASD 아동이 확인 가능한 일반적 유전적 변이를 가지고 있다고 보기에(생명윤리 위원회, 유전학 위원회, 의학 유전학 미국 단과대 유전적 사회적ㆍ윤리적 법적 이슈; Miller et al., 2010; Volkmar et al., 2014) 유전적 정밀검사를 받아야 함을 제안한다.

사례 발표

사례 발표 8

로건(Logan)은 현재 일곱 살인 2학년 소년이다. 로건은 언어 지연, 사회적 어려움과 강력한 행동 폭발을 포함한 행동문제를 보인다. 언어 지연과 사회적 어려움에는 가족력이 존재한다. 로건의 아버지는 본인도 친구를 사귀는 데 어려움을 겪고 큰 사회적 모임을 회피한다고 밝혔다. 로건의 아버지는 컴퓨터 프로그래머다. 로건의 아버지의 조카 또한 언어 지연을 보이지만 추가적인 발달지연은 보이지 않는다. 로건의 출생 전후 이력은 복잡하지 않다. 로건의 부모는 로건이 걸음마기일 때 운동 및 언어 발달에서 지연을 보였기에 그의 발달에 대해 걱정했다. 로건은 18개월까지 혼자 걷지 못했다. 로건은 한 살 때 첫 단어를 말했지만, 30개월까지 한 단어 수준에 머물렀다. 이번에 로건의 부모는 주(state)의 조기 중재 프로그램을 통해 평가를 받기 원했다. 이 평가에서 로건의 언어, 인지, 운동신경, 사회정서적, 일상적 기술에서 지연을 보였다. 로건은 집에서 언어치료와 작업치료를 받기 시작했다. 세 살이 되었을 때, 로건은 통합유치원에 등록해 특수교육의 도움을 받았다. 이후, 언어치료와 작업치료 서비스를 제공하는 독립된 특수교육 교실에 등록했다. 또한, 로건은 사설 언어치료와 작업치료를 받는다.

로건의 부모는 로건이 걸음마기일 때 로건이 요청하는 장난감이 무엇인지 알기 힘들었다고 말하며, 자신이 원하는 장난감을 받지 못하면 자제력을 잃기 시작했다고 보고했다. 이 문제를 해결하기 위해, 로건의 부모는 로건이 한 살 때 원하는 물건을 손가락으로 지목하도록 가르쳤다. 그후 로건이 자신이 원하는 것을 암시하기 위해 손가락으로 지목하는 것 같았지만 이는 굉장히 드물었다. 로건의 언어 지연에도 불구하고, 로건의 부모는 의사소통을 위해 지목하는 것 이외에 어떤 제스처도 사용하는 것을 보지 못했다. 부모의 관심을 끌기 위해 로건은 부모에게 흥미로운 물건들을 가져다주었지만, 사회적 의사소통보다는 물체에 집중하려는 경향을 보였다. 로건의 부모는 로건의 언어가 때때로 비정상적이라고 묘사했다. 유치원생 때 로건은 "Help me"를 의미할 때, "Help you"라고 말하며 대명사를 섞어 쓰곤 했다. 로건은 또한 자신이 좋아하는 영화나 문장이나 구절을 과도하게 반복하여 따라 하곤 했다.

로건의 부모는 로건이 여동생보다 사회적 관심이 적었다고 회상하며 로건의 사회적 기술이 유치원 때까지도 나타나지 않았음을 염려했다. 로건의 부모는 로건이 신생아였을 때 로건을 웃게 하는 데에 굉장히 힘들었음을 회상한다. 로건이 걸음마기일 때 로건의 부모는 로건이 자기 이름을 부르는 것에 반응하지 않기에 로건이 자신의 이름을 모른다고 느꼈다. 로건의 부모는 그가 걸음마기일 때 눈맞춤을 하려고 노력을 많이 했고 이것이 향상됨을 느꼈다. 로건이 무엇인가에 흥분했을 때, 로건은 깔깔 웃으며 손을 흔들었다. 부모는 이 행동이 이상하다고 느꼈다.

로건은 친구를 사귀고 관계를 유지하는 데 큰 어려움을 보였다. 로건은 특히 다른 아동과 협동해서 노는 데 어려움을 겪는다. 로건은 혼자 놀기나 평행놀이를 선호한다. 로건은 자신의 장난감을 줄 세우는 것을 좋아하고 누군가 이걸 방해했을 때 매우 화를 낸다. 이 경직성은 로건이 다른 아동과 어울리기 힘들게 만든다. 자신의 장난감을 가지고 가장놀이를 하는 것을 좋아하지 않으며 대신에 자신이 좋아하는 장난감이나 기차들을 서로 충돌시키는 것을 좋아한다.

행동적으로 로건은 유아기 때부터 격렬한 분노 폭발을 보이기 시작했다. 로건의 분노 폭발은 로건의 규칙이나 목적을 바꾸거나 방해하면 시작됐다. 로건의 부모는 로건이 한 생각이나 활동에 너무 몰두하고, 심지어 경고를 주었어도 다른 활동으로 전환하기 매우 어려웠다고 보고했다. 현재 로건은 자신의 계획을 변경하거나 방해받는 데 지속적인 어려움을 보인다. 현재, 로건은 그의 루틴이 바뀌거나 방해받는 것에 매우 어려움을 겪고 있다. 로건은 일상의 루틴들이 특정한 순서로 끝마쳐지길 원한다. 만약 자신의 일과나 일정이 방해받으면 공격적인 행동을 보이는 경우가 많다. 로건의 부모는 또한 그를 물건에 집착하는 아동으로 묘사한다. 현재 그는 다른 장난감은 관심 없고, 기차만 가지고 논다.

로건의 진단적 검사는 〈표 13-1〉과 같이 요약된다.

〈표 13-1〉 검사 요약, 사례 8

수행 타당성			
기억 타당도 프로파일	RS= 11 (유효한)		
일반 지능		유동적 지능	
WISC 전체 IQ	SS = 53	WISC V 유동추론 지표	SS = 58
		행렬추리	ss = 2
		무게비교	ss = 3
결정적 지능		WISC-V 시공간 지표	SS = 75
WISC-V 언어이해 지표	SS = 55		
공통성	ss = 1	토막짜기	ss = 5
어휘	ss = 3	퍼즐	ss = 6
작업기억			
WISC-V 작업기억 지표	SS = 72		
숫자	ss = 6		

그림기억	ss = 4

처리속도

WISC-V 처리속도 지표	SS = 45
기호쓰기	ss = 1
동형찾기	ss = 1

적응 행동

Vineland III 적응행동 평가	SS = 68

학업

읽기

기본 읽기 쓰기 능력

WJ 문자 단어 지적장애	SS = 70
Wj 단어 활용	SS = 72

읽기 유창성 · SS = 70

TOWER-2 일견 단어 효율성	SS = 72
TOWER-2 음소 해독 효율성	

수학

WJ-IV 수학 유창성

WJ-IV 계산

WJ-IV 응용문제

스펠링

WJ-IV 스펠링	SS = 60

구두 언어

의미론과 통사론

PPVT-4	SS = 59
CELF-5 핵심 언어	SS = 61
문장 이해	ss = 2
단어 구조	ss = 3
형성 문장	ss = 3
회상 문장	ss = 5

언어기억

WRAML-2 이야기 기억	ss = 5
WRAML-2 이야기 기억 지연	ss = 4
CTOPP-2 비어(non word) 반복	ss = 5

주의 및 실행 기능

실행 기능

TOLDX	수행되지 않음
NEPSY-II 단어 생성 의미론	수행되지 않음

주의

밴더빌트 부주의

부모	4/9
교사	5/9

밴더빌트 과잉행동/충동성

부모	2/9
교사	3/9

시공간 기술		사회적 의사소통	
Beery VMI - 6	SS = 46		
		SCQ	28/40
			(절단점 =15)
		ADOS-2—모듈 2	
		사회적 정서 점수	12
		반복적이고 제한된 행동	6
		총합	18
		ADOS-2 분류	자폐증
			(자폐증 기준 절단점 = 9 ; 자폐증 스펙트럼 기준 절단점 = 8)

주: SS, 평균 = 100 *SD* = 15; ss = 평균 = 10 및 *SD* = 3; RS, 원점수; %ile, 백분위점수, 백분위; WISC-V, 웩슬러 아동용 지능검사-제5판; WJ-IV, 우드콕 존슨 학업성취도 검사-제4판; TOWRE-2, 단어 읽기 효율성 검사-제2판; PPVT-4, 피바디 그림 어휘력 검사-제4판; CELF-5, 언어 기초 임상 평가-제5판; CTOPP-2, 음운 처리 종합 시험-제2판; WRAML-2, 기억 및 학습의 광범위한 평가-제2판; Vanderbilt, NICHQ 밴더빌트 평가 척도; ADOS-2, 자폐증 진단 관찰 스케줄-제2판); SCQ, 사회적 의사소통 설문지; Beery VMI-6, 시각-운동 통합 검사-제6판; ToLDX-2, Tower of London DX-제2판; NEPSY-II, NEPSY-제2판.

논의

로건의 사회적 상호작용에서의 지속적인 어려움, 언어 및 비언어적 의사소통의 결여, 행동적 경직성은 모두 ASD 증상을 나타낸다. 부모 보고에 따른 몇몇 행동적 특징도 ASD 증상을 나타낸다. 우선, 로건은 스스로 가리키는 행동을 배우지 못했다. 일단 로건의 부모가 가리키는 행동을 가르치면, 그는 공동 관심을 시작하기 위하여 함께 가리키는 행동을 하지 않았다. 로건은 또한 그의 이름에 비일관적인 반응을 보였으며, 로건의 부모는 로건이 자기 이름을 모른다고 생각하였다. 이 두 증상은 ASD를 매우 의심하게 만든다.

검사자가 로건을 처음 만났을 때, 로건은 검사자의 인사에 반응하지 않고 사물에 대해 관심을 가지는 것처럼 보였다. 검사 회기 동안, 로건은 종종 자신이 시작한 방식으로 활동을 지속하고자 고집했다. 그러한 행동이 저지되면, 로건은 눈에 띌 정도로 크게 화를 냈다. 검사자는 많은 경고와 시각 스케줄로 구조화하며 활동 과제 전환을 할 수 있었다. 검사 속 사물에 대한 로건의 조작 능력은 미세-운동 통제에 있어서 상당히 어려움이 있었다.

다양한 범위의 사회적이고 의사소통 행동이 일어나도록 설계된 일련의 사회적인 상황을 제공하는 ADOS-2에서 Module 2의 반구조화된 놀이 기반 인터뷰를 하면서 추가적인 행동 관찰도 얻었다. Module 2는 구절을 사용하지만 발화가 유창하지 않은 모든 연령대의 아동에게 적합하기 때문에 선택되었다(예: 생각을 모으기 위해서 복잡한 문장을 사용하기). ADOS를 진행하는 동안 로건은 사회적 상호작용을 유지하는 데 상당한 어려움이 있었다. 그는 검사자가 개시한 기능적 놀이 상황에 자발적으로 참여하지 않았다. 로건은 ADOS-2의 활동에 흥미를 가지고 있는 것처럼 보였지만, 그는 검사자와 이러한 흥미를 나누지 않았다. 그는 ADOS-2 활동 동안 즐거운 것처럼 보였음에도 불구하고, 검사자와 즐거움을 공유하지는 않았다. 로건은 제한적인 제스처와 눈맞춤을 보였다. 로건은 자발적인 발화를 보였지만, 그의 언어 또한 검사자의 언어에 있어서 즉각적 반향어와 로건이 좋아하는 영화와 관련된 지연된 반향어를 보였다. ADOS-2 검사 시, 로건의 사회적-의사소통에서의 어려움은 그의 부모 SCQ에서 보고된 바와 일치했다. 부모 SCQ는 사회적 행동, 의사소통 행동, 그리고 놀이 행동 및 특별한 흥미에 대해서 평가하는데, 이는 한 개인의 발육사가 ASD와 일치하는지 결정하는 데 도움을 준다.

　로건의 전체 IQ 점수와 적응행동 점수는 지적장애와 일치했다. 로건의 적응행동 지수가 IQ 평가점수보다 상당히 높다는 것은 아마 학교 및 개인적으로 받은 중재 및 지원에 긍정적 영향을 받았기 때문인 것으로 사료된다. 웩슬러 아동용 지능검사 5판(WISC-V)에서 로건은 지표점수 내에 편차가 있었다. 그의 강점은 작업기억과 시공간 지표였다. 이전에 언급하였듯이, 로건은 말을 따라 하는 것을 좋아했기 때문에 CELF-5의 문장 회상하기 등 말 글자 그대로 반복하는 시험에 능숙할 것이다. 로건은 숫자 외우기 검사의 하위 검사인 거꾸로 외우기와 순서대로 외우기 검사에서 더 많은 어려움을 보였는데, 이는 로건이 처음부터 모든 숫자를 순차적으로 따라서 말했고, 이후 그는 모든 숫자를 순서대로 말하거나 거꾸로 말하도록 요구받았기 때문이다. 그는 물건 다시 말하기에 고착되어 있었으며, 이러한 표준검사 절차의 위반은 그의 즉각적인 수행을 더욱더 정확하게 측정하도록 만들었다. 로건의 고착 행동은 동형 찾기와 행렬추리 검사에서도 극명하게 보였는데, 그는 페이지의 왼쪽에 있는 세트에만 반응하였다. 로건의 고착 행동은 실행 기능 장애를 나타내는데, 실행 기능 평가 결과는 그의 또래에 비하여 낮았고, 특히 낮은 개념화와 언어 기술을 보였다.

　WISC-V의 언어 이해와 유동추론 하위 검사에서 다른 패턴은 로건이 추상적 추론에 특별히 더 어려움을 보이면서, 지적장애와 일관되는 결과를 보였다. 예를 들어, 유사성 하위 검사에서는 언어 하위 검사보다 높은 수준의 추상검사 점수를 요구한다. 로건은 유사성을 찾는 하위 검사의 질문에 모두 정확하게 대답하지 못하였다.

작업치료 중재에도 불구하고, 로건은 심각한 미세-운동 기능에서의 지체를 지속적으로 보였다. 이러한 미세-운동 지체는 시간 제한된 쓰기 검사(예: 속도처리 검사의 하위 검사, Woodcock-Jackson IV 수학 유창성)와 정확한 시각-운동 통합 검사(예: Beery-Buktenica Test of Visual-Motor Integration)에 영향을 주었다. 이러한 미세-운동 기능의 손상보다도 로건은 너무 작은 것에 과도하게 집중하는 경향을 보였으며, 게슈탈트 시-공간 검사에서도 손상을 보였다. 그는 WRAML-2의 이야기 기억 하위 검사에서도 동일한 특징을 보였다.

전반적으로 로건의 학업적 능력은 그의 인지적 능력과 일치했다. 그는 통합적이고 추상적인 과제보다는 단어 해독과 단순한 수학 계산과 같은 암기 기술이 필요한 과제에 상대적으로 강점을 보였다.

Vanderbilt NICHQ의 로건의 부모와 교사의 평점 척도 결과 ADHD 진단에 부합하지만, 부주의에 있어 약간의 어려움을 보였다. 추후 면담의 결과, 이러한 경향은 로건의 융통성이 없는 행동과 밀접한 관련이 있는데, 이러한 경향은 그가 산만하고 지시에 따르는 데 어려움을 야기하였다.

요약하자면, 로건은 지적장애를 가지고 있는 학생이지만, 그의 사회적 어려움과 융통성 없는 행동은 지적장애로 설명할 수 없다. 또한, ADOS-2 검사에서 임상가의 관찰과 검사 결과, ASD의 기준에 일치하였다. 로건의 경우, 지능 손상을 동반한 ASD의 진단이 적합하다.

사례 발표 9

아홉 살 샘(Sam)은 현재 4학년이며, 사회적인 발달과 일상의 전환과 변화에 적응하는 것이 어려워 의뢰되었다.

샘의 가족에게는 불안장애와 우울장애의 이력이 있다. 임신 중, 출생 시에는 큰 문제가 없었다. 그의 부모에 의하면 유아 초기에 그는 전형적으로 발달하였으며, 언어와 운동 발달은 정상적이었다. 18개월 무렵 그의 어휘 능력이 꽤 크게 발달하였기 때문에, 샘의 부모는 샘의 언어가 특히 발달한 것으로 관찰하였다. 걸음마기에 샘의 부모는 그의 눈맞춤이 제한되었고 보고하였으며, 그의 표정이 항상 상황에 적절하지 않았다고 보고하였다. 예를 들어, 샘의 부모는 그가 매우 애정이 많다고 하였지만, 가족 중 누군가가 다치거나 슬퍼할 때, 샘은 알아차리지 못하고 걱정을 보이기보다는 웃었다. 샘은 매우 그의 주변에 대해 관심이 많았는데, 그는 부모에게 사물을 가리켰지만, 그와 함께 사물을 보고 있는지 여부를 확인하지 않았다. 그는 까꿍 놀이와 같은 사회적 게임을 했지만, 그는 쉽게 이러한 게임에 지겨워하였고, 스스로 혼자 놀기 위해 다른 곳으로 혼자 돌아다녔다. 걸음마기 때, 자신의 이름에 대한 샘의 반응은 일관적이지 않았다. 특정 활동에 샘이 몰두하였다면, 부모는 그의 관심을 얻기 위해서 가서 노력해야 했지만, 다른 경우에는 즉시 반응하였다.

샘이 2세경에 부모는 처음으로 걱정을 하였다. 그는 거의 매일 30분 이상을 지속하는 심각한 분노 폭발을 보이기 시작하였다. 샘의 일상에 있어서 변화가 있을 때이거나 그가 원하는 것을 갖지 못할 때 분노 폭발을 보였다. 심지어 걸음마기 때, 샘은 특정 일상적인 활동을 고수하고, 그의 부모가 이러한 루틴을 따라 주기를 고집하였다. 예를 들어, 취침 시간에 그는 똑같은 2개의 책을 읽어 달라고 하였다. 만일 그의 부모가 그의 레퍼토리를 확장하려 한다면, 그는 아주 화를 내곤 했다. 현재 샘은 그의 루틴의 변화에 있어서 여전히 어려움이 있다. 비록 그는 6개월에 1번 정도로 분노 폭발은 거의 보이지 않지만, 그의 부모는 예기치 못한 상황에서 그가 자제력을 잃는다고 하였다.

샘의 학업에 있어서, 학령기 전과 유치원 교사는 그가 학업에 있어서는 뛰어났지만, 그의 사회성 발달과 융통성이 없는 것에 우려를 나타냈다. 그는 다른 아이들에게 많은 관심을 보이지 않았고, 대개 혼자 놀았다. 그가 주도자가 되고 싶어 했기 때문에, 또래와 함께 노는 데 어려움이 있었다. 예를 들어, 그는 차를 일렬로 줄 세우는 것을 좋아했고, 그 후 친구들에게 무슨 차를 좋아하는지, 어느 도로에서 놀기를 바라는지 등을 물어보았다. 현재, 샘은 학업적으로 여전히 뛰어나지만, 그의 사회적 어려움과 융통성이 없는 것은 초등학교에서도 지속된다. 그의 부모는 그가 친구를 만들고 교우관계를 유지하고 싶어 애를 쓴다고 말한다. 그러나 현재 샘의 관심사는 스타워즈고, 샘은 친구들이 그의 규칙에 따라서 스타워즈 놀이를 하지 않으면 매우 좌절한다. 그는 액션 피겨로 영화 장면과 똑같이 하면서 놀고 싶어 했다. 그는 다른 친구들이 그의 생각에 있는 영화 장면에서 더하거나 역할놀이를 하면 좋아하지 않았다.

친구와의 대화에서 샘은 종종 다른 친구의 대화 시도에 반응하지 않고 그는 다른 친구들에게 질문하지 않았다. 샘은 종종 사회적으로 부적절한 말을 친구들에게 했는데 이것이 더 친구들과 멀어지게 만들었다. 예를 들어, 한 학생이 교실에서 대답을 틀리게 했을 때, 샘은 "모두가 다 아는 건데."라고 말하곤 했다. 샘이 다른 상황에서는 친구들에게 못되거나 건방지게 굴지 않았기 때문에, 그의 부모는 이러한 언행에 당황하곤 했다. 어른들과 있을 때, 샘은 힘의 위계에 대해서 이해하지 못하였다. 어른들과 샘의 대화는 또래에 비해 덜 부자연스러웠는데, 특히 그가 관심이 있어 하는 스타워즈에 대해서 이야기하도록 허락받았을 때는 덜 부자연스러웠다. 그럼에도 그의 부모는 샘의 대화가 이미 샘이 부모에게 말한 내용을 반복하는 것과 같이 종종 일방적이라고 말하였다. 부모는 샘이 스타워즈에 대해 이야기하고 있을 때, 다른 이야기로 전환하거나 방해하는 것이 불가능하다고 알게 되었다. 그들은 단지 몇 분 정도 그 주제에서 벗어날 수 있었지만 다시 그는 그 주제를 언급하였다. 만일 부모가 샘이 관심이 없는 대화를 시작하면, 부모는 샘이 그 대화에 참여하고 싶지 않아 하는 것을 알았다.

스타워즈가 샘의 현재 관심사지만, 그는 공룡, 자동차, 그리고 기차와 같이 제한된 사물에 대해서 관심사를 계속 가졌다. 그의 부모는 비록 나이에 적절할지라도 이러한 관심사가 매우 강하다고 말한다. 예를 들어, 스타워즈에 관해서는 샘은 스타워즈에 관한 책만 읽고, 심지어 스타워즈 액션 피겨만 가지고 놀며, 반복적으로 스타워즈 영화만 보며, 스타워즈에 관해서만 이야기하는 것을 좋아한다. 그의 부모는 그의 관심이 스타워즈에만 있는 것이 그의 또래 연령에 적합한 주제와 장난감에 노출되는 것을 제한한다고 생각한다.

샘의 진단 검사는 〈표 13-2〉에 요약되어 있다.

〈표 13-2〉 검사 요약, 사례 9

수행 타당성	
의학적 증상 타당성 검사	
즉시 회상	RS = 100
지연된 회상	RS = 100
짝지어 연상하기	RS = 100
자유로운 회상	RS = 100
	(유효한)

일반 지능

WISC-V 전체 IQ	SS = 129

결정적 지능

WISC-V 언어 이해 지표	SS = 124
공통성	ss = 13
어휘	ss =16

작업기억

WISC-V 작업기억 지표	SS = 103
숫자	ss = 12
그림기억	ss = 9

처리속도

WISC-V 처리속도 지표	SS = 115
기호쓰기	ss = 12
동형찾기	ss = 13

적응 행동

SIB-R	SS = 105

학습

읽기

과거 검사
CLDQ 읽기 척도	43 백분위

기본 읽기 쓰기 능력
WJ-IV 글자 단어 지적장애	SS = 112
WJ-IV 단어 공략	SS = 111
WJ-IV 철자	SS = 122

읽기 유창성
TOWRE-2 일견 단어 효율성	SS = 115
TOWRE-2 음소 해독 효율성	SS = 117
GORT-5 유창성	ss = 15

읽기 이해
GORT-5 이해	ss = 13

구어

언어적 기억력
WRAML-2 문장 기억	ss = 10
WRAML-2 이야기 기억	ss = 11
WRAML-2 이야기 기억 지연	ss = 12
CTOPP-2 비단어 반복	ss = 10

유동적 지능

WISC-V 유동추론 지표	SS = 126
행렬추리	ss = 13
무게비교	ss = 16

WISC-V 시공간 지표	SS = 122
토막짜기	ss = 17
퍼즐	ss = 11

수학

과거 검사
CLDQ 수학 척도	44 백분위

기초 수학/유창성
WJ-IV 수학 유창성	SS = 110
WJ-IV 계산 능력	SS = 121

수학문제 해결
WJ-IV 적용문제	SS = 116

주의와 실행 기능		실행 기능	
주의집중		**실행 기능**	
Gordon Vigiliance Commissions	63 백분위	D-KEFS Trail Making Test	
Gordon Vigiliance Total Correct	79 백분위	시각 스캐닝	ss = 13
밴더빌트 부주의		숫자 순서	ss = 14
부모		글자 순서	ss = 12
교사		글자-숫자 바꾸기	ss = 13
밴더빌트 과잉행동/충동	RS = 3	D-KEFS 구어 유창성	
부모	RS = 2	글자 유창성	ss = 13
교사		범주 유창성	ss = 11
	RS = 1	WCST	
	RS = 1	범주 완성하기	T = 30
		지속적인 오류	T = 28
비구어적 기술과 기억		**사회적 의사소통**	
RCFT Copy	2~5백분위	SCQ	40 중 18
즉각 회상	T = 25		(절단점 = 15)
지연 회상	T = 37	ADOS-2 Module 3	
Beery VMI-6	SS = 85	사회적 영향 점수	8
		제한되고 반복적인 행동	2
		전체 점수	10
		ADOS-2 분류	자폐
			(자폐 절단점 = 9; 자폐 스펙트럼 절단점 = 7)

주: T점수 평균 = 50과 SD = 15; SIB-R, 개별 행동 점수-수정; TOWL-4, 문어 평가-제4판; GORT-5, Grey 구어 읽기 검사-제5판; D-KEFS, Delis-Kaplan 실행 기능 시스템; WCST, 위스콘신 카드 분류 검사; RCFT, Rey Complex Figure 검사. 기타 약어는 〈표 13-1〉을 참조.

논의

샘의 사회적 상호작용과 놀이 상호작용에서의 지속적인 어려움, 전환의 어려움, 그리고 그의 제한되고 특별한 관심사는 모두 ASD를 나타낸다. 샘은 인지적으로나 언어적으로 발달지체가 없기 때문에 지적 혹은 언어적 손상이 없는 ASD 진단이 DSM-5의 틀에서는 가장 적합하다. 이진에는, 아스퍼거 진단(DSM-IV)이 샘의 현상을 적절하게 설명할 수 있었다. 비록 샘이 구조적이고 의미적인 언어 발달에 있어서 지연이 없지만, 그는 화용론적으로 어려움이 있다. 샘과 같이 인지와 언어에 있어 강점이 있는 학생은 학업 상황에서는 매우 잘 수행하기 때문에 평가에 의뢰되지 않는다. 어른들은 일반적으로 아이의 특별한 관심사를 '꼬마 교수님'으로 칭찬하며, 일방적인 대화에서 더 참을성이 있기 때문에, 이러한 아이들은 전형적으로 또래보다는 성인과 상호작용을 더 잘한다. 게다가 아이가 ASD로 진단을 받는다면, 종종 아동과 만나는 가족 중 한 사람이나 교사는 그 진단을 믿지 못한다. 이들이 경험했던 ASD는 오직 가장 낮은 기능을 하는 개인들이기 때문이다. 이러한 이유에서, 가족과 아이들은 학생의 최선의 발달을 위한 중재를 실행하는 것에 있어 지지받지 못한다는 기분을 가질 수도 있다.

샘을 처음 만난 후, 샘의 인사는 어딘가 모르게 이상했다. 그는 대기실에서 시계를 보며 기다리고 있었고, 검사자가 그의 어머니를 만나 인사할 때에도 바라보지 않았다. 그는 큰 소리로 검사자가 그의 이름을 불렀을 때에도 쳐다보지 않았다. 다른 상황에서 검사자와 그의 어머니와 대화하고 있었지만, 그는 같은 방에서 활동하는지 물었고 그다음 스스로 그 방으로 걸어갔다. 추가적인 행동 관찰은 ADOS-2에서 Module 3에서 이루어졌고, 사회적 의사소통이 발생하도록 구성된 반구조화된 놀이 인터뷰에서 얻었다. Module 3은 언어적으로 유창한 어린 청소년이나 아동들에게 적합하다. ADOS-2 도중에, 샘은 비언어적이고 언어적 사회적 의사소통 행동에서 결함을 보였다. 비언어적 영역에서 그의 눈맞춤과 그가 보이는 얼굴 표정의 레퍼토리는 제한적이었다. 그는 가끔 웃었다. 웃지 않으면, 그의 애착은 눈에 띄게 제한적이었다. 그가 몸짓을 보이는 상황 역시 제한적이었다(예: "보여 주세요", "말해 주세요").

샘의 구어적 의사소통 방식에 있어서, 목소리는 크고 높았다. 그의 언어 또한 그의 반복적으로 사용하는 단어(예: 사실은) 때문에 지나치게 규칙적인 특징을 가지고 있었다. 사실 샘과 말하는 것은 친구와 같이 검사자를 대하거나(예: 검사의 효율성을 높이는 방법을 제시한다) 구어 표현 및 이해도에 있어서 높은 수준을 보였기 때문에 '꼬마 교수님'과 이야기하는 것 같았다. 하지만 그의 높은 언어적 능력에도 불구하고, 샘은 상호적인 대화에 있어서 어려움을 겪었다. 그는 스타워즈에 관해서 이야기하는 것에 매우 흥미를 보였지만, 검사자가 다른 주제로 대화를 강요하면, 그는 반응하지 않았다. 그러나 샘의 강점은 비록 샘 혼자만의 주제일지라도 대화에 참여하고자 하는 사회적 동기가 높다는 것이다. 또한, 검사자의 관심을 끌기 위한 사회적 표식(예: "봐요")을 사용하였지만, 이러한 발화는 눈맞춤이나 얼굴 표정과 통합되지 않았다.

샘의 놀이 상호작용 수준은 그의 높은 인지 점수에도 불구하고, 눈에 띌 만큼 형편 없이 낮았다. 예를 들어, 주머니에 물건을 넣는 것과 같이 기능만 반복하고 있었다. 검사자가 그를 상호작용적인 놀이를 하도록 하더라도 그는 이를 거부하고 원래 관심 사였던 놀이로 다시 돌아갔다.

샘은 또한 일반적인 사회적 상호작용과 감정에 있어서 제한된 통찰력을 보였다. 어떤 느낌을 느끼는지 물었을 때, 그는 비디오 게임을 이야기했다(예: 그는 그 단계를 마치지 못했을 때 슬픔을 느껴요). 우정에 대한 이해도 역시 제한되었다. 그의 친구에 대해서 물어봤을 때, 그는 그 남자아이와 친구였는지를 기억하지 못한다고 대답하였다. 사람들은 왜 나이가 들면 결혼하는지 물어봤더니, 그는 그들이 케이크를 먹을 수 있기 때문이라고 답하였다.

샘의 WISC-Ⅴ에서 전반적 지능검사는 매우 높은 수준에 있었고, 학업에 있어서 뛰어난 아이라는 교사들의 보고와 일치한다. 하위 지표 가운데, 샘은 편차를 보였다. 언어 이해, 유동추론, 그리고 시공간 요소 모두 매우 높은 범주에 속했지만, 처리속도는 높은 범주에 속했고, 작업기억 요소는 평균점수에 속하였다. 이러한 점수들은 언어적 암기기억이 샘에게 상대적으로 낮은 영역이라는 것을 보여 준다. 유사성과 토막짜기 하위 검사에서 샘의 수행 중 행동 관찰이 진행됐다. 유사성 검사 하위 검사에서 샘은 두 사물을 함께 연결하는 전반적인 규칙을 이끌어 내는 것에 어려움을 보였다. 그는 더 세분화된 전략에서 전반적인 규칙으로 전환하는 것에 어려움을 보였으나, 일단 전환에 성공하면, 더 복잡한 것을 올바르게 답하였다. 토막짜기 하위 검사에서 그는 그의 패턴을 다르게 만들 것이라고 하였는데, 종종 그 자신만의 목적을 추구하는 그의 행동 관찰과 일치했다. 이러한 목적에서 그를 벗어나게 하는 것은 어려웠지만, 일단 검사자들은 하였고, 그는 가장 어려운 패턴 중 몇몇을 완수했다. 이 두 가지의 관찰에서 종종 ASD의 특성으로 나타나는 인지적으로 융통성 없는 특성을 보여 주었다. 이러한 약점은 위스콘신 카드 분류 검사(Wisconsin Card Sorting Test: WCST)에서도 나타났는데, 샘은 색과 그림이 있는 분류에서는 완수했지만, 순서에 따라 분류하는 것에는 전환하지 못하였다. 검사에서 나타나는 그의 반복되는 오류로, 샘은 하위 1%에 위치하였다. 샘의 유동추론과 위스콘신 카드 분류 검사에서 보이는 그의 심한 불일치에 주목해야 한다. 비록 그의 추상적 문제해결 능력은 평균보다 위에 있지만, 문제 풀이에 있어 사회적 피드백이 필요한 상황이 포함된 비구조화된 과제에서 추론 능력을 사용하는 것에는 어려움이 있었다. 이러한 패턴은 샘의 융통성 없고 사회적인 어려움이 몇몇 상황에서 추상적 문제해결 능력을 방해함을 보여 준다.

WRAML-2 이야기 기억, 시각−운동 통합 검사(Beery-Buktenica Test of Visual-Motor Integration: Beery VMI), 그리고 Rey-Osterrieth 복합도형(Rey-Osterrieth Complex Figure) 검사에서 이차원적 인지 능력이 분명히 나타났다. 각각의 검사에서, 샘은 세부 사항에 지나치게 초점을 맞추었다. Beery VMI 검사와 Rey 검사에서는 그의 다시 말하기는 세부 사항에 초점이 맞춰져 있지만, 중심 내용은 생략되었다. Rey 검사에서 그의 회상은 굉장히 파편적이고, 독립된 조각에서 디자인을 해독하는 것을 의미했으나, 반복해서 정보를 놓치는 불균형의 증거가 나타나지 않았다. WRAML-2 이야기 기억에서도 똑같은 양상을 보였다. 시간이 지연된 회상에서 샘은 이야기에 있어 중요한 정보를 기억해 냈지만, 그는 전반적인 주제 요소를 기억하지는 못했다. 이러한 경향은 세부 사항에 과도하게 집중하는 경향은 일부 ASD 아동의 인지적 특징이다.

샘의 학업능력 검사 점수는 학교에서 보이는 높은 학업 수행과 일치한다. 발달력에서, 그는 종종 다소 긴 쓰기 숙제에서 애를 먹곤 하였는데, 신경심리학적 분석에 의하면 놀랍지 않다. 아동이 에세이를 구성하는 것은 하나의 주제를 유지하면서 관련된 세부 사항을 제시해야 한다. 샘에게는 마치 그의 특별한 관심 밖에 있는 주제에 대해서 말하기 어렵듯이 그의 관심사가 아닌 주제에 대해 작성하는 것이 어려웠을 것이다.

이러한 수많은 측정은 ASD 아동에게 종종 나타나는 부주의성과 과잉−충동 증상도 포함하였다. 샘이 임상적으로 유의미한 ADHD 증상을 보이지는 않았다. 내면화 장애의 이차적 특징으로서 사회정서적 선별을 포함하는 것이 중요하다. 예를 들어, ASD 아동은 친구를 만들고 괴롭힘을 당하는 것에 불안을 느낀다. 이러한 아이들이 청소년기에 들어서면서, 특히 그들이 더 사회적으로 '맞지 않은' 예민함을 보이며, 정서와 불안에 있어서 문제의 위험성이 높아진다. 샘은 이차적인 정서와 불안에서의 어려움을 보이지 않았지만, 이러한 증상은 꾸준히 관찰되어야 한다.

요약하자면, 샘의 지속적인 사회적 어려움, 제한된 관심사, 그리고 변화와 전환에 있어 보이는 어려움은 언어나 지적인 손상 없는 ASD의 진단과 일치하였다. 신경심리학적 검사에서도 얻은 수렴하는 증거도 있었지만, 검사를 진행하는 도중 보이는 사회적−의사소통 행동의 관찰과 발달력에 의해 일차적으로 진단되었다. 샘은 거의 모든 검사에서 뛰어났지만, 몇몇 인지적으로 융통성이 없고 경직되어 있으며 세부 사항에 집착하는 경향을 보였고, 이는 ASD와 일치한다.

치료

ASD는 아동의 발달 궤도를 바꾼다. 언어, 인지, 그리고 사회적 발달 모두 수천 시간의 학습에 기인하고, 이는 관련된 신경학적 연결을 강화한다. ASD 학생은 이러한 자연적인 학습의 대다수를 놓치는 경우가 많기 때문에, 신경화학적 중재가 자폐 증상을 바꾼다면 매우 놀라울 것이다. 그러나 이러한 발달 영역에 있어서 집중적인 조기 중재에 초점을 맞추는 것이 더욱 자폐 증상을 바꾸는 데 성공적이다.

약리학적 관점에서, 미국 식품의약국(FDA)은 ASD와 관련된 과민성을 치료하기 위해, 리스페리돈(risperidone)과 아리피프라졸(aripiprazole), 두 항정신병제를 승인하였다. 다른 약물치료는 증상을 치료하기 위해 사용되곤 하는데, 예를 들어 집중에서 문제에 각성제를, 발작에는 항경련제를 투여한다. ASD의 주 증상을 치료하기 위해 승인된 약물은 지금까지 없다.

집중적인 조기 중재를 포함하여 심리사회적 치료가 가장 효과적이다. 집중적 조기 중재의 단기 목표는 사회성, 언어, 그리고 인지적 기술을 높이고, 학습에 방해가 될 만한 행동을 줄이는 것이다. 장기 목표는 적응과 직업적 기술을 촉진하는 것이다.

지난 10년 동안, ASD 행동 중재의 효과성을 나타내는 무작위 대조군 연구(randomized controlled trials)를 통해 ASD 중재에 관한 연구 문헌은 크게 발전하였다. 조기 진단에서 발달은 2~3세 이전의 아동에 대한 조기 중재를 가능하게 하였다(Zwaigenbaum et al., 2015). Zwaigenbaum 등(2015)의 연구는 ASD 분야의 중요한 합의로 발전했다. 우선 그들은 2~3세 ASD 아동에게 치료들의 효과성을 무작위 대조군을 기반으로 강력한 증거를 발견하였다. 연구 집단은 조기 중재가 긍정적인 영향을 높일 수 있기 때문에 ASD 진단 시 최대한 빠른 치료를 "진지하게 고려해야 한다"라고 주장한다. 연구 집단은 발달적 관점과 행동적 관점이 통합된 방식의 치료을 추천하였다. 이들은 자연적인 발달적 행동 중재 아래 부합하는 다양한 범주의 치료 모델을 포함하였다(NDBIs; Schreibman et al., 2015). ASD를 위한 중재는 통합적이거나 특정 행동적으로 구분할 수 있다. 통합적인 치료 모델은 다양한 기술과 능력들을 제안하고, 구성 요소의 조직화된 패키지로 제공된다. 무작위 대조군의 지지를 받은 통합적인 치료 모델은 Early Start Denver 모델과 UCLA/Lovaas 모델을 포함한다. 특정 행동 중재는 ASD로 인해 영향을 받은 핵심적인 발달영역에서 보이는 약점에 대한 더 선별적인 중재를 제안한다. 특정화된 구체적 사회적-의사소통 중재는(예: 공동 개입), 놀이, 또는 모방 기술 역시 향상을 높이는 데 효과적이라고 한다. 예를 들어, 공동 주의, 상징 놀이, 참여 규제(JASPER; Joint Attention, symbolic play, engagement, and regulation) 중재는 특정 중재의 한 예시로 걸음마기의 무작위 대조군에게 진행되었고, 부모-개입 중재는 공동 주의와 기능적 놀이에 향상에 있어서 단기간에 향상을 보였다고 검증되었다(Kasari, Gulsrud, Wong, Kwon, & Licke, 2010). 연구 집단은 또한 3세 아동의 치료에서 부모/양육자가 관리자의 역할을 함께하도록 제안하는 '공동치료사' 모델을 제안했다. 이러한 모델은 일상적인 생활 속에서 목표를 통합하고 여러 맥락에서 기술의 일반화를 촉진하는 일상에서 '교육할 수 있는 순간'을 활용한다는 점에서 장점이 있다.

다음은 여러 조기 중재에 관한 미래 연구 영역에 대한 제안이다. 우선, 무작위 대조군에서 두 가지 치료를 비교하는 접근이 필요하다. 추가적으로 다요인 치료 접근에서 무엇이 '주요인'인지 더 잘 이해하는 것이 중재의 효과성을 높일 수 있다. 어떤 아이들에게 어떤 조건하의 중재 접근이 최고의 중재 접근일지 결정할 수 있도록, 더 많은 연구에서 중재에 반응하는 개인차에 대한 연구를 지속해야 한다.

아동이 학교로 진학하면서, 명시적 교수와 함께 치료 모델은 구조화된 학교 접근에 초점을 맞춘다. 다학제 팀과 가족의 참여는 다양한 영역에서의 약점을 파악하고 다양한 맥락에서 기술의 일반화하기 위해 중요하다. The Treatment and Education of Autism and Related Communication Handicapped Children(TEACCH) 프로그램은 결과 평가에 따라 작은 범위에서 넓은 범위까지 포함하는 증거 기반의 구조화된 교수법이다. 그럼에도 치료적 효과는 제한된 연구 맥락에서 고려되어야 한다(Virues-Ortega, Julio, & Pastor-Barriuso, 2013). TEACCH 프로그램은 통합적으로 구조화된 교수 시스템이지만, 특정 행동의 중재에 초점을 맞추기 위한 증거 기반의 측면도 있다. ASD에 관한 The National Professional Development Center(NDPC)는 연구 결과를 검토하고, 충분한 증거에 기반하여 24가지 실제를 밝혔다(Odom, Collect-Klingenberg, Rogers, & Hatton, 2010). 응용 행동 분석과 긍정적 행동 지원, 시각적 자료로 구조화된 교수법으로 구성된 행동 전략들이 증거 기반 실제로 볼 수 있다(Odom et al., 2010). 연구자들의 인터뷰에 따르면, Odom 등(2010)은 증거 기반 실제를 바탕으로 개별화 교육 프로그램(IEP)을 지원하기 위해 증거 기반 실제와 아동의 학업, 행동, 의사소통, 사회성, 여가, 전환 영역에서의 학습 요구를 연결 지었다. NDPC는 더 나아가 순서에 따른 가이드라인을 개발하고, 교사와 임상가를 위한 체크리스트를 개발하였다. 중요한 것은, 이러한 분야에서 교수자는 다양한 학교 환경에서 현실적인 실행을 위한 가이드라인 또한 검토하였다(Odom, 2010; http://autismpdc.fpg.unc.edu/evidence-based-practices). 이러한 자료들은 학습목표를 위한 최적의 진전을 보장하는 학교 차원의 중재를 개발하는 현장 전문가에게 매우 중요한 자원이 된다.

사회적 기술은 학령기 ASD 아동에게 매우 중요한 목표다. 사회적 기술의 치료는 최소한 2가지 기준으로 나눌 수 있다. ① 치료를 받는 아동의 연령대으로 구분하는 방법과 ② 치료 방법의 전달 방법(부모중재, 교사/임상가, 기술, 또래, 혼합형)으로 구분하는 법이다(Reichow & Volkmar, 2010). Reichow와 Volkmar(2010)는 2001년부터 2008년까지의 활발한 연구에서 검증된 사회적 기술 중재의 증거 기반 실제를 통합하였다. 무작위 대조군은 아직도 상대적으로 문헌에서는 드물지만, 무작위 대조군을 포함한 경우 실험 집단 비교 또는 단일대상 설계를 사용하였다. 그 연구는 513명의 ASD가 포함된 66개의 연구를 포함한다. 학령기 아동을 위한 비디오 모델링은 '기대되는 증거 기반의 실제'로 고려되는 반면, 학령기 아동을 위한 사회적 기술 중재는 충분한 증거가 있으며 "증거 기반 실제를 수립하였다"(Reichow & Volkmar, 2010). 다른 기대되는 방법인 사회적 이야기 전략은 다른 중재 방법과 결합하여 사용되었기 때문에 독립적으로 검증되지 않았다. 저자는 이러한 기술을 지지하는 증거의 부족이라기보다는 좁은 범위의 문헌 고찰에서 오는 한계라고 말하였다. Reichow와 Volkmar(2010)는 또한 인지와 언어 기술이 약한 모든 연령대의 개인과 청소년 및 성인을 위한 사회적 기술 중재 연구의 부족 또한 강조하였다.

또 다른 공통된 치료 목표는 ASD 아동에게 자주 관찰되는 실행 기능의 결손이다(Wallace et al., 2016 참조). 우리는 Unstuck and on Target!(UOT) 프로그램의 최근 무작위 대조실험을 살펴보고자 한다(Cannon, Kenworthy et al., 2014). UOT는 소그룹 집단 형식에서 유연성, 조직화, 계획하기 기술을 가르치기 위해 자기조절 기술을 사용한다. 아동 그룹에 적용하고, 모델링과 유연성 및 계획하기를 지지하기 위해서 가정 환경에서 아동 집단과 함께 부모들은 일반화 교수를 받는다. 이 프로그램은 또한 사회적 상호작용에서의 유연성의 중요하다고 시사한다. 무작위 대조군의 결과는 꽤 긍정적이었다(Kenworthy et al., 2014). 3학년에서 5학년의 ASD 아동은 무작위로 수준에 적합한 UOT(N = 47) 혹은 사회적 기술 중재(N = 20)에 배정되었다. 각 집단의 아동은 동등한 수준으로 사회적 기술이 향상되었다. 각각의 집단은 또한 실행 기능(규칙 지키기, 전환하기, 유연성 유지하기)이 향상되었는데, UOT 그룹의 아동의 습득이 더 컸다. UOT 프로그램이 ASD 아동 중 어떤 특성을 지닌 아동에게 가장 효과적인지 대한 더 많은 연구가 필요하다. 그러나 이러한 예비 결과는 맥락상 실행 기능 훈련이 ASD 아동에게 효과적인 중재 접근이 될 수 있다는 원리에 대한 증거를 제공한다.

　ASD 아동의 치료는 종종 언어치료, 작업치료, 물리치료, 그리고 공존장애에 대한 관리, 특히 ADHD와 불안을 포함하는 추가적인 치료와 접근을 포함한다. 이러한 치료에 대한 종합적 접근은 이번 장의 범위를 넘어서지만, 우리는 학령기 ASD 아동에게 효과가 기대되는 불안치료인 Facing your Fears를 언급하고자 한다(Reaven, Blakeley-Smith, Culhane-Shelburne, & Hepburn, 2012). 이 프로그램은 집단 기반의 인지-행동치료(CBT)다. 무작위 대조실험으로 불안 증상에서 Reaven과 그의 동료는 50%의 CBT 그룹에서 효과를 보였지만, 단 9%의 치료-일상 그룹에서 임상적으로 유의미한 진전도를 나타냈다. 치료 효과는 유지되었으며, 3개월과 6개월 추적 관찰에서 향상되었다(Reaven et al., 2012). Facing Your Fears 프로그램은 ASD 아동에게 자주 동반하여 나타나는 불안에 대한 증거 기반 실제로서 수용할 수 있다.

　불행히도, ASD 아동에게 제공되는 많은 치료는 증거 기반 실제가 아니지만, 치료 효과를 과장하여 주장한다. FDA에서는 이러한 부적절한 주장을 하는 몇몇 기업에 대해 법적 조치를 취했으며, 최근에는 몇몇 유통되는 치료법에 대해 부모들에게 경고하였고 그들에게 어떻게 타당한 치료법에 접근할 수 있는지 지침을 제공했다(www.fda.gov/forconsumers/consumerupdates). FDA는 구체적으로 중금속 제거 치료법, 고압산소 치료, 해독 진흙 목욕, 다양한 제품(에센셜 오일, 낙타 생우유)는 증거가 부족하다고 언급하였으며, 이외에도 근거가 낮은 치료법이 매우 많다고 언급하였다. 비슷하게 미국 아동청소년정신의학회(American Academy of Child and Adolescent psychiatry: AACAP; Volkmar et al., 2014)는 중금속 해독 치료법이 ASD에게 효과가 없고 오히려 위험하다고 언급하였다. 또한, 소장호르몬 정맥주사법, 구강 비타민 B6와 마그네슘; 글루텐-프리, 카제인프리 식이요법, 오메가-3 지방산과 구강 면역 글로 불린 등 많은 치료법이 효과적이지 않다고 언급하였다(Volkmar et al., 2014). FDA는 부모들이 잘 알려지지 않고 증명되지 않은 치료법을 사용하기 전에 의료 전문가에게 조언을 구하도록 권고하였다. 좋은 충고일지라도, 근거가 없는 치료가 지속되면, 효과적이라고 증명된 치료법에 전념할 수 있는 기회와 자원을 빼앗을 수 있기 되기 때문이다.

최적의 성과

ASD는 대개 일생 동안 지속되지만, 최근 연구에서 극소수의 ASD 아동은 그 증상이 사라지고, 그들의 나이에 보이는 정상적인 수준 내에서 사회적-의사소통 기술을 보인다고 보고한다(Anderson et al., 2014; Fein et al., 2013). 이러한 아동들은 '최적의 성과(optimal outcome)'로 불리는데, 이러한 집단에 대하여 여전히 해결되지 않은 질문이 많다. 이러한 조사를 주도한 Deborah Fein 박사는 비교적 최근 연구에서 몇몇 중요한 질문과 논쟁을 언급하였다. "이러한 현상의 존재와 더불어 그 빈도와 해석은 여전히 논쟁이 많다. 처음부터 잘못 진단된 것인지, 드문 사건인지, 전체 진단에서 누락되었는지도 모른다. 또한, 여전히 상당한 사회적 의사소통에서의 손상을 보일 수 있으며, 정상적인 범주 내에 사회적인 기술만을 보이는지 등도 파악할 필요가 있다"(Fein et al., 2013, p. 197). 과거에는 정말 아동이 시간이 지나면서 ASD 진단에 배제되었다는 것은 현실적이지 않고, 이러한 아동은 독립적인 집단으로 보고되고(Anderson et al., 2014; Fein et al., 2013), 전반적인 면밀한 검토와 고려가 필요하다고 생각했다. 최적의 성과는 여전히 드물지만, 치료에 있어서의 주요 예측 변인의 반응과 효과적인 치료에의 통찰을 제공할 것이다.

Fein 등(2013)은 처음에 모든 ASD 진단 기준에 부합하였지만 나중에는 주요한 자폐증상을 보이지 않고 정상적인 지능 범위 내 기능을 하는 아동을 '최적의 성과'라 정의하였다. 최적의 성과인 사람들은 실행 기능, 집중력, 불안/우울의 증상에서의 약점을 배제한다. 지금까지의 연구 결과는 다음과 같다. ① 소수의 개인(약 3~10%)은 초반부터 ASD로 진단되고 나중에는 진단에서 제외될 수 있고(Anderson et al, 2014; Helt et al., 2008; Moulton et al., 2016), 최소한 이들의 하위 범주는 초기의 오진으로 설명될 수 없다. ② 지적 기능이 높은 아이들과 초기에 경미한 증상을 보이는 아동은 최적의 성과 집단에 포함될 수 있다(Fein et al., 2013). ③ ASD 집단에 비하여 최적의 성과 집단 아동은 조기의 부모 염려와 조기의 전문가 소개, 그리고 조기의 집중적인 중재(예: 응용 행동 분석 치료)를 받았다(Orinstein et al., 2014). 특별한 보호 요인(몇몇은 무엇인지 아직은 확인되지 않았지만)을 가지고 있는 아동에 대한 함의는 조기 판별과 집중적인 중재가 최적의 성과를 낳는다는 것이다. 최적의 성과 범주에 잠정적으로 아이들이 속할 수 있는 비율을 더 정확하게 알기 위해 추가적인 역학 조사가 필요하다. ASD 진단과 동시에 조기 중재를 제공하는 것이 ASD 치료에서 현재 매우 강력하게 지지된다(Zwaigenbaum et al., 2015). 그러나 몇몇 주의 사항이 있다. 우선, 중재의 결과는 과거 회상을 통해 축적되기 때문에 인과성을 증명할 수 없다. 따라서 향후 연구는 좀 더 분명한 예측이 가능한 형태로 설계되어야 할 것이다. 둘째, 대부분의 ASD 아동은 비록 그들이 조기에 판별되고 집중적인 조기 중재를 받았다고 하더라도 최적의 결과를 보이지 않는다. 따라서 치료자는 특정 개인에게 중재 '치료'를 할 것이라고 약속해서는 안 된다. 반면에, 이전에 다루었던 중재 문헌에 대한 메타분석은 ASD 치료에 더욱 긍정적인 전망을 제공할 것이다.

〈표 13-3〉은 현재의 연구와 ASD 증거 기반 실제의 개관을 제공한다.

〈표 13-3〉 요약 표: 자폐범주성장애

정의
- DSM-5에서 ASD를 주요 진단으로 재조직하였다.
- ASD 용어는 이전 DSM-IV에서 자폐, 아스퍼거장애, 그리고 PPD-NOS로 진단된 것을 포괄한다.
- ASD는 2영역(사회적-의사소통과 RRB)에서의 손상으로 정의한다.
- DSM-5는 ASD와 흔한 공존장애를 포함한다. 수정 사항은 아동이 지적장애를 가지고 있는지/또는 언어장애를 가지고 있는지를 구체적으로 나타낸다. ADHD는 ASD와 함께 진단될 수 있다.

유병률과 역학
- 현재 ASD 출현율은 59명의 아동 중 1명으로 나타난다.
- 지난 몇 년간 전반적으로 출현율이 증가하였다.
- 더 나은 감별, 진단 기준의 확장, 그리고 진단적 하위 구성 요소는 유병률의 증가에 영향을 미친다. 이러한 요소가 ASD 출현율의 증가를 설명하는지, 혹은 정말 작지만 진정한 증가 추세가 있었는지는 확실하지 않다.
- 성비는 남아 3~4.5 : 여아 1이다.

발달 신경심리학

- 중다 요인 결손이 전반적인 ASD 유전형을 설명하는 것으로 연구자들 사이에 합의가 이루어지고 있다.
- '자폐증의 부분적 삼중 가설(fractional autism triad hypothesis)'은 ASD 각각의 병인론이 가지고 있는 증상의 차원을 제공한다. 그러므로 ASD에 대한 단일한 신경생물학적 이론은 존재하기 어렵다.
- ASD 신경심리학적 이론은 사회적(마음 이론)과 비사회적 이론(실행 기능 손상, 낮은 중앙 응집성)으로 나누어진다. ASD의 사회적·비사회적 특징 모두를 만족시킬 만한 설명을 제시하는 이론은 현재 존재하지 않는다.
- 고위험군 종단연구에서 ASD 유아는 6개월에 일반 유아와 구분하기 어렵지만, 특징적인 행동 패턴은 12개월부터 나타난다.
- 발달에서 퇴행적 패턴은 이전보다 더 자주 보이지만, 부모 보고 척도로는 확인되지 않는다.

뇌 메커니즘

- ASD에 있어서 신경학적 이미지 관련 연구에서 반복되는 결과를 도출하기 어려운 혼재된 결과가 보고되고 있다.
- 핵심 증상과 영역을 동시에 설명할 수 있는 ASD와 관련된 단일 구조나 뇌 기능은 없다.
- 대두증은 역사적으로 ASD의 의미 있는 구조적 발견 중 하나이며, 이는 뇌 성장에 있어서 시간과 효과크기와 같은 정밀검사를 인지하는 '조기 뇌 과성장 가설'을 이끌었다.
- 사회적 의사소통과 RRB에 영향을 미치는 전두엽-구체적 구조 차이, 특히 대뇌 변연계와 전두엽 회로는 ASD에 영향을 미친다.
- 뇌 기능 연구는 주로 사회적 과정과 인지적 통제에 초점을 맞추었다. 얼굴을 바라볼 때, 방추 모양의 뇌 회전은 과잉 활동을 보인다. 실행 과제를 하는 동안 전두엽과 전두-선조체 영역의 비정상성이 종종 관찰된다. 그러나 방향성(인과성)은 연구에 따라 혼재되어 있다.
- ASD의 뇌 역동(dynamics)을 강조하고, 특히 뇌 연결성이 중요하다. 광역 저연결성에 대한 이론은 연구방법의 발달로 재평가받고 있다. 피질-피질 연결에서의 저연결성과 피질 하부-피질 연결에서의 과연결성을 보여 주는 보다 복잡한 이론적 가설이 나타나고 있다.
- 구조적 연결성 연구는 저하된 뇌의 백색질의 통합과 특별히 취약한 측두엽과의 연관성을 지속적으로 시사한다.

병인론

- ASD는 학습 장애군 중에서 가장 높은 유전성을 보인다.
- 형제간 발생 위험률은 10~20%이다.
- 사회적·인지적 결함을 특징으로 하는 자폐의 표현형 유전자는 가족력이다.
- 환경적 영향을 공유하는 변인의 증거로 제시할 수 있는 쌍생아 연구에서 유전적 영향은 가장 두드러진 ASD의 병인이다.
- ASD의 사회적 의사소통과 RRB에서 유전적 영향은 매우 눈에 띄며, '부분 자폐 삼요인 가설'을 지지한다.

- ASD 분자생물학 연구가 활발하게 진행되었다. 유전 공학의 진전은 공통성과 특이성, 유전된 자폐증과 부모에겐 나타나지 않지만 자녀에게서는 나타나는 신생 자폐증, ASD와 관련된 작은 유전적 위험 요인(단일 기초 쌍변화-SNP 혹은 SNV)과 광범위한 유전적 요인(결실과 복제-CNV)을 구분하는 것을 가능하게 했다.
- 예상한 것보다 더 복잡한 유전적 양상을 보여 주면서, 시뮬레이션에 의하여 800~1,200의 ASD 위험 유전자가 나타났다.
- ASD에 내재된 유전자는 WNT와 MAPK 신호, 시냅스 신호, 염색질(Chromatin) 재배치와 취약 X 요인을 포함한 특정 생물학적 경로에서 조기 징후를 보인다.
- 유전적 평가는 ASD 진단을 받은 모든 아동에게 권고된다.
- 부모의 나이, 자궁 내의 간질약 노출, 모계 간염, 조산 복합 요인, 그리고 극심한 환경 결핍을 포함하여 임신 전, 임신 중 환경학적 요인은 또한 ASD 진단과 연관이 있다.
- MMR 백신 혹은 thimerosal(혈청 소독)-제한 백신이 ASD를 유발했다는 증거는 없다.

진단
- 미국 소아과학회는 18~24개월 아동 대상으로 임상적 선별 도구를 사용한 ASD의 광범위한 선별을 권고한다.
- M-CHAT은 3~24개월 유아를 위해 사용할 수 있도록 특수화된, 적절한 민감성을 가지고 있는 선별 도구다.
- ADI-R과 ADOS-2는 ASD에 있어서 '표준 준거(Gold Standard)' 진단 도구다. 두 도구 모두 엄격한 훈련 절차를 통하여 신뢰도를 획득할 수 있다.

중재
- ASD 핵심 증상 치료와 관련하여 FDA 승인을 받은 의약품은 없지만, 두 개의 항정신성 약물은 관련된 증상 관리에 승인을 받았다(예: 과민성)
- 조기 중재가 더 효과적이라는 증거를 기반으로, ASD 유아를 위한 행동 중재의 효능을 밝히기 위해 통제집단의 다중 무작위 실험연구가 있었다.
- ASD 유아를 위해, 발달과 행동 접근을 통합한 치료 지원을 권고한다.
- 아동이 학교를 다니게 되면서, 치료 모델은 명시적 교수로 구조화된 교수적 접근에 더 초점을 맞추어야 한다.
- 학령기 아동의 사회적 기술 중재는 증거 기반 실제에 해당한다.
- 예비적 연구에서 내재화된 실행 기능 훈련이 사회적 기술과 실행 기능을 높일 것이라고 제안했다.
- FDA와 미국 아동청소년정신의학회(The American Academy of Child and Adolescent Psychiatry)는 증명되지 않은 치료가 넘쳐나는 것에 대하여 부모들에게 경고하였다.
- 자폐스펙트럼에서 벗어나게 되는 '최적의 성과'에 대한 연구는 진행 중이다. 최적의 성과를 보인 소수의 아동들의 사례에 대하여 여전히 다양한 연구가 필요하다.

지적장애

요약

이 책에서 다루는 학습 장애군에 관한 다섯 장과는 달리, 지적장애에 관한 이 장에서는 중등도 지적장애를 유발하는 3가지 유전적 증후군(다운증후군[DS], 취약 X 증후군[FXS], 윌리엄스 증후군[WS])에 초점을 맞춘다. 경도 지적장애에 비해 중등도 지적장애를 유발하는 유전적 증후군을 식별해 내는 연구가 훨씬 더 많이 이루어졌기 때문이다. 이 3가지 중등도 지적장애 증후군(다운증후군, 취약 X 증후군, 윌리엄스 증후군)은 신경심리학적, 뇌 표현형이 다소 뚜렷하다. 따라서 유전적 병인에서 초기 뇌 발달까지 이어지는 경로를 추적하고, 신경심리적 특성과 행동을 추적하는 것은 다른 학습 장애보다 중등도 지적장애의 경우에 훨씬 더 쉽다. 이는 각각의 증후군이 구별되는 원인, 즉 증후군을 유발하는 유전적 원인이 병인론적으로 정의되었기 때문이다. 이 유전적 동질성은 이 책에서 다룬 대부분의 학습 장애와 비교했을 때 독특하다. 수백에서 수천 개의 단일 유전적 변이는 대량의 다유전자적 방식에 기여할 것으로 예상된다. 명확한 유전적 병인론으로 인해, 이 증후군들은 다양한 분석 수준에 걸친 발달 경로를 연결하는 것이 다른 장애들보다 쉬웠다.

우리는 지적장애의 역사와 정의, 그리고 경도 지적장애의 병인론에 대해 논의한 후, 3가지 중도 지적장애 증후군(다운증후군, 취약 X 증후군, 윌리엄스 증후군)에 대해 알려진 것들을 각각 검토한다. 이 3가지 증후군은 지적장애의 신경과학적 이해를 향한 진보를 보여 준다. 앞으로 논의하겠지만, 각각은 독특한 인지적ㆍ사회적 표현형을 가지고 있다. 이 세 가지 장애에서 보이는 대조적인 사회적 표현형은 사교성, 공감, 사회적 불안과 같은 성격 차원을 포함하며, 이는 다른 행동장애를 이해하는 것과 큰 관련이 있다. 뇌의 발달을 통한 유전적 변화에서 이러한 독특한 인지적ㆍ사회적 표현형까지 이어지는 복잡한 두뇌 발달 경로를 추적함으로써, 우리는 전형적인 인지적ㆍ사회적 발달의 기초가 되는 뇌 메커니즘에 대해 연구하고 있다. 이처럼 지적장애 증후군은 발달 이론에 매우 중요한, 보편적 평가를 제공할 수 있다. 각각의 증후군에 대한 검토는 유전적 병인론에서 시작하고, 그다음 뇌 메커니즘과 신경심리학을 살펴볼 것이다. 이 장의 마지막 임상 부분에서는 증후군과 비증후군 모두를 포함하는 지적장애의 진단과 치료를 다룬다.

· · ·

역사

이전에는 정신지체라고 불리던 지적장애는 고대부터 장애로 인식되었으며, 이성을 잃은 사람(정신이상자)과 이성이 발달한 적이 없는 사람(백치)이라고 불렸다. 그러나 일찍이 지적장애인은 방치되거나 보호소에 수용되었다. 지적장애인을 가르치고, 인간적으로 대하고, 그들의 요구를 과학적으로 이해하려는 노력은 훨씬 최근의 일이고 계몽주의로부터 시작되었지만, 이러한 세 가지 목표를 모두 달성하기 위해 해야 할 일이 아직 많이 남아 있다.

799년 프랑스의 Jean Itard는 숲에서 지적장애를 지니고 있고 자폐증을 지닌 소년을 발견하고(Victor, Averyon의 야생 소년), 이미 청각장애인에게 사용되고 있었던 교육 방법을 사용하여 그를 훈련시키려 했다(Achenbach, 1982). Victor와 함께한 Itard의 작업은 트뤼포 감독의 영화 〈L'Enfant Souvage(the Wild Child)〉로 각색되었다. Itard는 지적장애인에게 훈련이 도움이 될 수 있다는 것을 보여 주면서 어느 정도 성공했지만, 결국 Itard는 Victor가 관리 보호 안에서 외로운 나날을 보내도록 방치되었다.

Edward Seguin(1812~1880)은 프랑스와 미국에서 지적장애인을 양성하기 위한 체계적인 노력을 추진했다(Achenbach, 1982). 19세기 중반까지 지적장애가 있는 개인을 위한 여러 훈련학교가 설립되었고, 1876년 이 학교의 이사들이 훗날 미국 정신지체협회(AAMR; Hodapp & Dykens, 1996)가 되는 모임을 결성하였다.

Binet와 Simon(1916)이 처음 IQ 검사를 개발한 동기는 당시 3단계로 구분된 지적장애(즉, 대략적으로 경도, 중등도, 중증도 및 최중도 지적장애에 해당하는 바보, 얼간이, 백치)를 포함하여, 지적장애 진단에 대한 신뢰도를 높이기 위해서였다. 1916년 저서에서 그들은 주로 지적장애가 있는 사람들을 위해 주정부 지원 기관에서 일하던 의사들이 사용하던 이전의 임상 진단방법으로 진행한 정신 측정의 문제를 상세히 논했다. 이러한 초기 진단방법은 비공식적이며 임상적 판단에 의존한다. 그 결과, 이러한 진단 결정이 개인에게 큰 영향을 미침에도 불구하고, 의사들 사이에서 종종 환자가 지적장애를 지니고 있는지, 만약 그렇다면 그 환자가 어떤 수준의 지적장애를 지니고 있는지에 대한 합의는 잘 이루어지지 않았다.

Binet와 Simon, AAMR(미국 정신지체협회)의 설립자들의 좋은 의도에도 불구하고, 지적장애인들을 위한 훈련학교는 종종 파행적으로 운영되었다. 19세기 말 우생학의 '과학'을 널리 수용하면서 지적장애가 있는 사람들에 대한 적대적 태도는 훨씬 더 늘어났다. 우생학은 가족적 지적장애를 유전자에 대한 위협으로 묘사했다. 그러한 위협은 Jukes 가족(Dugdale, 1877)과 Kallikak 가족(Goddard, 1912)과 같은 지적장애 가족에 대한 과학적 설명으로 극화되었다. 이러한 우려는 지적장애가 있는 사람들을 강제로 불임으로 만드는 만행으로 이어진다.

예를 들어, 1924년의 버지니아 불임법은 지적장애로 추정되었던 17세 여성인 Buck vs. Bell 사건으로 1927년 미국 대법원에 의해 판결되었다. 법원 판결에 이르기까지, Carrie Buck의 양부모는 그의 조카에 의해 Buck이 강간을 당하고 임신을 하자, 그녀를 버지니아 간질 정신박약 시설(Virginia Colony for Epileptics & Feeble-Minded)에 보냈다. 그곳에서 그녀는 버지니아주의 새로운 불임법을 적용받게 되었다. Oliver Wendell Holmes 대법원장은 이 불임법을 지지하는 의견을 썼으며, "정신박약은 3세대면 충분하다."라는 문장으로 결론을 내렸다. 3대는 Carrie의 어머니, Carrie, 그리고 그녀의 갓 태어난 딸이었지만 실제로 세 사람 중 어느 누가 지적장애가 있었는지 확실하지 않다. 더구나 당시 지적장애의 원인에 대해 실제로 알려진 것은 거의 없었기 때문에 이러한 강제불임 행위는 윤리적 · 과학적으로도 의심의 여지가 있었다.

지적장애인의 처우에 대한 현대적 시각은 부분적으로 이러한 과거 학대의 역사에 대한 인도적인 반응이며, 장애인의 권리를 강조한다. 중요한 강조점은 가족, 학교, 지역사회의 일반적인 생활 활동에 포함시키고 통합하는 것이다. 미국 지적장애 및 발달장애협회(AAIDD)로 이름을 바꾼 AAMR은 이러한 노력을 촉진한다. AAIDD는 지적장애 분야의 주요 전문 기관으로, 두 개의 학술지를 발행하고 이 분야의 연구, 개입, 사회 정책적 노력을 지원한다. 우리는 이 장의 뒷부분에서 치료를 주제로 되돌아간다.

지적장애의 원인에 대한 과학적 이해는 사실 꽤 최근의 일이다. 지적장애의 원인으로는 유전적 증후군, 초기 신경학적 손상, 다세대 유전, 환경적 박탈 등이 있다. 자신의 이름을 딴 증후군이 있는 Down(1866)에 대해 묘사된 지 140년 이상 지났지만, 다운증후군의 유전적 근거는 약 60년 전(Lejeune, Gautier, & Turpin, 1959)에야 발견되었다. 지적장애의 또 다른 일반적인 유전적 원인인 취약 X 증후군에 대한 분자 기반의 이해는 훨씬 더 최근에 이루어졌다. 지적장애의 원인이라 알려진 유전적 원인의 수는 20년 전에 100개를 넘어섰고(Plomin, DeFries, McClearn, & Rutter, 1997), 더 많은 원인들이 전장 유전체 분석(Whole genome sequencing)과 같은 최첨단 유전적 방법을 사용함으로써 더 최근에 발견되었다. 지적장애의 원인이라 알려진 다른 유전적 원인으로는 페닐케톤뇨증(PKU), 레쉬-니한 증후군, 결절성 경화증, 프라더-윌리, 엔젤만 증후군 등이 있다.

$\bullet\ \bullet\ \bullet$

정의

지적장애의 정의는 장애의 차원 대 범주적 개념에 관련된 문제뿐만 아니라, 생물학 대 행동적 정의에 관련된 문제에 대한 좋은 예시를 제공한다. 우리가 지적장애(특히, 경도 지적장애)라고 부르는 것의 일부는 지능과 적응 기능의 연속체에 있으며, 이는 지적장애의 정의에 사용되는 두 가지 구성 요소다. 따라서 IQ와 적응행동은 지적장애의 하위 유형(즉, 경도, 중등도, 중증도, 최중도)뿐만 아니라 절단점(cutoff)이 되며, 불가피하게 다소 임의적일 수밖에 없고 몇 년에 걸쳐 변화해 왔다.

반면, 이 책에서 고찰한 대부분의 증상 차원과 달리, IQ 분포의 하단 꼬리에 분명한 이원 양상을 보이고, 중도 또는 더 중증인 지적장애의 많은 경우는 구별되는 별개의 분포 및 병인이 있는데, 이는 나중에 논의하기로 한다. 따라서 이 책에서 설명한 다른 어떤 학습 장애보다 더 많이 알려진 증후군이 지적장애 내에 많다. 증후군을 증후군으로 만드는 것은 그들이 독특한 신체적 · 행동적 표현형을 만들어 내는 뚜렷한 병인론을 가지고 있다는 것이다. 그럼에도 불구하고, 유전적 진보로 이 숫자가 계속 줄어들고 있지만, 지적장애의 대다수는 비증후군성(nonsyndromal)이다.

얼핏 보면, 우리는 가능하면 지적장애의 생물학적 정의를 선호해야 하는 것처럼 보일 수도 있다. 그러나 병인론(예: 21번 삼염색체, 다운증후군의 원인)을 공유하더라도 인지적 및 적응적 기능의 수준이 다를 수 있다. 따라서 병인론적 정의가 행동적 정의를 대체해야 한다는 것은 특히 대부분의 치료 목적에서 전혀 명확하지 않다. 분명하게 지적장애가 없지만 다운증후군이 있는 사람은 중등도, 중도, 최중도 지적장애와 함께 다운증후군이 있는 사람과는 다른 서비스가 필요하다. 어떤 장애에 대해서도, 생물학적 정의가 연구와 의학적인 개입에 초점을 맞추는 데 도움이 된다는 것은 의심의 여지가 없지만, 의학적인 치료법이 부족하므로 우리는 치료를 유도할 수 있는 행동적 정의가 계속해서 필요하다.

지적장애에 대한 대부분의 현행 정의(예: DSM-5에 기반한 정의)에는 지적 결함, 적응행동 결함, 발달 기간 내 발생의 3가지 조건이 필요하다. 더 구체적으로, 지능지수는 개별 시행되는 IQ 검사의 평균보다 약 2 표준편차 이상 낮아야 한다(예: 웩슬러 IQ 척도에서 70±5의 IQ, 신뢰 구간이 측정오차를 반영함). 따라서 다른 두 가지 기준을 만족하며 IQ가 75인 개인[평균 100, 표준편차 15, 평균의 표준오차(SEM) ±5인 IQ 검사는 DSM-5에 따라 지적장애로 진단할 수 있다. 반대로, 18세 미만인 개인은 IQ가 65 이하지만 적응행동 점수가 대략 80인 경우 지적장애에 대한 진단 기준을 충족시키지 못할 수도 있다. 이렇게 모호한 사례는 적절한 중재 후에 진단이 바뀌는지 여부를 지켜볼 필요가 있다.

IQ의 범주를 사용하여 4가지 지적장애 수준(즉, 경도, 중등도, 중증도, 최고도)을 정의했던 DSM-IV와 달리 DSM-5는 적응 기능 수준을 기준으로 이 4가지 수준의 심각도를 정의한다. 이러한 변화의 이유는 적응 기능의 수준이 IQ보다 지적장애를 지닌 개인이 필요로 하는 환경적 지원을 더 잘 결정하기 때문이다.

일부 초기 DSM 정의는 IQ 절단점(1 표준편차 이하)이 높았고, 적응행동 결함을 요구하지 않았다. 그 결과, 인구의 약 16%가 지적장애 기준을 충족했다. 그 조건을 충족하는 많은 개인은 성인으로서 중요한 사회적 · 직업적 문제를 가지고 있지 않았기 때문에, 이 진단적 정의의 타당성은 의심스러웠다. 2 표준편차 이하의 낮은 IQ 절단점과 적응행동 결함은 앞서 파악한 16%와 비교했을 때 일반 인구의 약 1~3%만을 식별한다. 낮은 지능지수를 지닌 개인들은 일상의 요구를 충족시키는 데 훨씬 더 많은 문제를 가질 가능성이 높긴 하지만, 지능지수가 낮더라도, 불가피하게 일부는 거짓 양성 진단이 있을 수밖에 없다. 이러한 가능성은 교육 기회 감소, 열악한 의료 서비스 및 기타 만연한 사회적 불평등 때문에 평균 IQ가 인구 평균인 100보다 낮은 일부 소수 민족 및 낮은 사회경제적 지위(SES)를 가진 집단에서 특히 문제가 된다(제8장에서 설명).

이 문제를 설명하기 위해 정규분포에서 평균 IQ 85, 그리고 일반 모집단에서 발견된 것과 유사한 크기의 표준편차(즉, 15)를 가진 가상의 집단을 고려해 보자. 이 경우, 하위 인구의 약 16%가 IQ 절단점인 70 이하로 떨어질 것이고, 다시 한번 정의의 타당성에 대한 의문이 제기될 것이다. 일부 민족과 SES 집단에서 나타나는 거짓 양성 반응 문제를 없애기 위해 1970년대 지적장애의 정의에 적응행동 결함 기준을 추가했다. IQ 2 표준편차 이하와 동등한 수준의 적응행동 결함이라는 두 기준을 조합하면, 지능이 낮아서 일상생활에서 상당한 문제를 겪고 있는 개인을 훨씬 더 잘 식별할 수 있다.

요약하자면, 지적장애 정의에서 IQ 절단점이 이동하는 것은 연속체에 절단점을 부여하는 것이 다소 임의적임을 보여 준다. 모든 절단점은 외적 타당도, 개인에 대한 임상적 이익, 사회적 결과 측면에서 비용과 편익이 혼합되어 있다. 더욱이 이러한 진단 방법의 서로 다른 용도는 최선의 절단점에 대해 일치할 것 같지 않다. 세계 경제가 점점 더 기술자들에게 기술적인 정교함을 요구함에 따라 지적장애에 대한 IQ 절단점을 높여야 한다는 주장이 다시 일반화될 수 있다.

지적장애에 대한 3가지 진단 기준 중 가장 잘 정의되지 않는 것은 적응행동의 결함이다. DSM-5는 적응기능의 3가지 영역 중 적어도 하나, 즉 개념적 · 사회적 또는 실제 영역에서 상당한 결함이 있어야 한다고 요구한다. 이러한 영역은 Adaptive Behavior Assessment System III(ABAS-3, Harrison & Oakland, 2015), Vineland Adaptive Behavior Scales-Third Edition(Vineland-3; Sparrow et al., 2016)과 같은 표준화된 방법으로 평가할 수 있다. 이 평가 도구들은 양호한 심리측정적 속성을 지닌다. 예를 들어, ABAS-3는 .82~.89의 우수한 검사-재검사 신뢰도를 가지고 있다. 적응행동 평가가 IQ 이외에 어떤 것을 명확하게 측정하고 있다는 것을 보여 주는 것도 중요하다. ABAS-3와 항목 유사도(item similarity)가 높은 ABAS-2의 경우 IQ와의 상관관계는 중간 범위(.41~58)다(ABAS-3에서는 데이터를 사용할 수 없음). 수렴 타당도의 측면에서, 적응행동평가 시스템-3판(ABAS-3)과 Vineland-2의 상관관계는 .80이다. 이것은 수렴 타당도에 대한 강력한 증거지만, 이 일치도는 완벽하지 않기 때문에, 지적장애에 대한 진단 결정은 어떠한 적응행동 척도를 사용했는지에 따라 어느 정도 달라질 것이다. 이러한 진단의 불확실성은 IQ 및 적응행동에서 더 가벼운 결함을 지닌 개인(즉, IQ가 70에 가까운 사람)에게 더 클 것이다. 이러한 불확실성에도 불구하고 지적장애의 진단에 대한 신뢰도는 다른 많은 장애에 비해 높은데, 이는 각각 높은 신뢰도를 가진 IQ와 적응행동이라는 두 가지 별개의 행동 기준의 수렴을 요구하기 때문이다.

유병률과 역학

앞서 논의한 바와 같이 분명하게 지적장애의 유병률은 어떤 절단점을 사용하는가에 따라 달라진다. 이전 정의(평균보다 2SD 낮은 IQ, 적응행동 결핍, 18세 이전에 발생)를 사용하면 유병률은 1~3% 정도이며(Hodapp & Dykens, 1996), 대다수는 경도 지적장애를 갖는다. 중등도, 중증도, 최중도 지적장애의 유병률 합계는 0.4%, 즉 1,000명 중 4명 꼴이다(Hodapp & Dykens, 1996). 따라서 어떤 전체 유병률 추정치(즉 1% 또는 3%)를 사용하느냐에 따라 지적장애를 지닌 전체 모집단의 60~87%가 경도 지적장애가 된다.

지적장애는 여성보다 남성에게 더 흔하다. 성비는 경도 지적장애의 경우 여성 1명당 남성 1.6명, 중증 지적장애의 경우 약 1.2/1.0이다. 이러한 남성 우위성은 부분적으로 X 염색체 관련 지적장애 증후군의 수가 많기 때문인데, 그중 가장 흔한 것이 취약 X 증후군으로, 이 증후군은 다음에서 더 자세히 논의할 것이다. 남성은 X 염색체가 하나인 데 비해 여성은 두 개를 가지고 있기 때문에 X 염색체에 비정상적인 유전자에 의해 발생하는 표현형을 나타낼 것이고, 반면에 같은 비정상적인 유전자를 가진 여성의 표현형은 두 번째 X 염색체에 그 유전자의 정상적인 복제본을 가지고 있기 때문에 증상이 더 가벼워 질 것이다(또는 나타나지 않을 것이다).

공존장애

다른 정신의학적 진단과 공존하는 것은 지적장애의 공통적인 측면이다. 따라서 많은 지적장애인이 '이중 진단'을 가지고 있고, 지적장애와 공존장애에 대한 적절한 치료를 받는 것이 중요하다. 주의력결핍 과잉행동장애의 증상(ADHD)은 대부분의 지적장애 형태에서 매우 흔하다.

• • •

병인론

비증후군(Nonsyndromal)[1] 지적장애

유전자와 환경 모두 비증후군성 지적장애의 병인론에 기여한다. 예를 들어, 가장 빈번한 환경적 원인 중 하나는 태아 알코올 증후군이다. 직접적 · 간접적 증거 모두 중도 또는 최중도 지적장애의 병인론은 경도 지적장애의 병인론과는 실질적으로 구별된다는 결론을 뒷받침한다. 우리는 중도 또는 최중도 지적장애의 병인 중 일부가 비가족특유성(nonfamilial)(예: 다운증후군)이라는 것을 이미 보았다. 기형 유발 물질, 경막 합병증, 산후 신경학적 손상(예: 뇌수막염 및 뇌손상)과 같은 다른 비가족특유성 유기체 병인론(nonfamilial organic etiology)도 중도 또는 최중도 지적장애에서 훨씬 더 흔하다(Hodapp & Dykens, 1996).

더욱이, 앞에서 언급한 바와 같이, IQ 분포의 하단 꼬리는 양봉 분포(Dingman & Tarjan, 1960)를 띠며, 이것은 또한 두 번째, 더 작은 분포에서 지적장애의 뚜렷한 비가족특유성(nonfamilial) 병인론을 제시한다. 따라서 이 두 번째 작은 분포에서 발단자

---

1) 어떤 장애가 2가지 이상의 증후를 나타내는 특징이 있을 때, 이런 몇 가지 증후의 집합을 증후군이라고 하며, 비증후군성은 이러한 증후군으로 분류되지 않는 것을 지칭한다.

로부터 도출된 형제자매가 지적장애의 위험이 없어야 한다는 것을 예측할 수 있다. 이러한 예측과 일치하게, 중도 또는 최중도 지적장애 발단자의 형제자매는 평균 103의 IQ를 가진다(Nichols, 1984). 그들은 모집단 평균에 회귀하였고, 발단자의 극도로 낮은 IQ 점수의 병인론이 비가족특유성(nonfamilial)임을 나타냈다. 즉, 가족 구성원들이 공유하는 유전자나 환경 때문이 아니다.

이와는 대조적으로, 경도 지적장애는 IQ 분포의 하단 꼬리에 속하며 분명하게 가족특유성(familial)이 있다. 지적장애에 대한 고전적인 가족 연구(Reed & Reed, 1965)에서는, 289명의 경도 지적장애 발단자 및 그 친척들을 조사했다. 경도 지적장애가 가족특유성(familial)이라면, 경도 지적장애를 지닌 발단자 형제자매의 평균 IQ는 중도 지적장애 또는 최중도 지적장애의 경우와 달리 모집단 평균으로 회귀해서는 안 된다. Reed와 Reed(1965)에서 형제자매의 평균 IQ(즉, 약 85)는 모집단 평균보다 약 1표준편차 낮았기 때문에 가족특유성(familial)을 뒷받침한다. 가족특유성(familial)에 대한 두 번째 테스트는 부모에서 자식으로의 전달을 포함한다. Reed와 Reed(1965)는 한 부모에게 경도 지적장애가 있을 경우 자녀의 지적장애 위험이 20%인 반면, 두 부모 모두 경도 지적장애가 있을 경우 자녀 위험이 50%로 높아져 다시 가족특유성(familial)이 유지된다는 사실을 발견했다. 경도 지적장애와 최중도 지적장애 사이의 분포 및 생물학적 차이 때문에 '유기체성(organic)'과 '문화-가족특유성(cultural-familial)'으로 지적장애의 구분이 이루어졌는데, 이를 두 집단 접근법이라고 한다(Hodapp & Dykens, 1996). Pennington(2002)은 일부 장애에 대해 '유기체성'이라 표시하고, 다른 장애는 그렇지 않다고 표시하는 암묵적 이원론(implicit dualism)을 주장한다. 현재의 맥락에서, 이러한 구별의 또 다른 문제는 가족특유성(familial)이 경도 지적장애에 미치는 영향이 모두 환경적이라고 가정하도록 유도할 수 있다는 것이다. 비록 경도 지적장애를 가진 발단자의 쌍둥이 또는 입양 연구는 없지만, 우리는 IQ의 전반적인 유전성이 약 50%라는 것을 알고 있으며 평균 IQ 이하의 개인에 대한 쌍둥이 연구는 유사한 값으로 발견된다는 것을 알고 있다(Plomin et al., 1997). 3,000쌍 이상의 유아 쌍둥이를 대상으로 한 연구에서, Eley 등(1999)은 하위 5%에서 IQ 유전성이 나머지 샘플에서와 유사하다는 것을 발견했다. 따라서 IQ는 IQ 점수의 전체 분포에 걸쳐 유사하게 유전되는 것으로 보이며, 이는 약 50%의 경도 지적장애가 유전될 수 있음을 의미한다(앞서 논의한 바와 같이 중등도, 중중도, 최고도 지적장애는 유전성이 떨어지지만, 강하게 유전될 수도 있다).

그러나 IQ가 낮은 부모의 자녀들은 더 열악한 의료, 영양, 학교를 포함한, 더 광범위한 환경적 문제에 노출될 것이기 때문에, 환경적 영향이 IQ 분포의 낮은 끝에서 더 강해질 수도 있다. 이러한 가능성은 우리가 그러한 열악한 환경에 노출될 위험이 더 큰 소수 집단을 고려할 때 훨씬 더 두드러지게 된다. 실제로, 두 개의 초기 쌍둥이 연구에서 연구자들은 교육 수준이 낮은 부모의 자녀에게서 IQ의 유전성이 더 낮다는 것을 발견했다(즉, SES와 유전성의 상호작용; Rowe, Jacobson, & Van Den Oord, 1999; Turkheimer, Haley, Waldron, D'Onofriofrio, & Gottesman, 2003). 보다 최근에는 이러한 발견에 대한 지지가 엇갈리고 있으며, 일부 연구에서는 조절 효과가 없거나 반대 방향의 추세를 보고하고 있다(Hanscombe et al., 2012). 영국의 대규모 쌍둥이 연구 ($N = 8,000$쌍)에서 Hanscombe 등(2012)은 SES와 유전성의 상호작용에 대한 증거가 없다고 보고했지만, SES와 공유 환경의 상호작용에 대한 일관된 증거를 발견했다. 이 결과는 형제자매 간의 공유된 경험이 상위 SES 가족에서 자란 아이들보다 하위 SES 가족에서 자란 아이들의 IQ의 분산을 더 많이 설명한다는 것을 암시한다. 따라서 IQ에 미치는 환경의 영향은 환경적 상황(즉, 환경과 환경의 상호작용)에 따라 다를 수 있다.

우리는 다음으로 다운증후군, 취약 X 증후군, 윌리엄스 증후군에 작용하는 특정 유전적 메커니즘을 고려하고 각 증후군의 신경심리학 및 신경학을 검토한다.

증후군성(Syndromal) 지적장애

각 증후군에 대한 설명을 시작하기 전에 지적장애 증후군의 각 특징에 대한 간략한 검토를 제시한다. 이러한 행동적 표현형에 대한 서술은 장애를 이해하는 데 유용하다. 우리는 또한 각 장애 내에 개인차가 있다는 것을 인식해야 한다. 그러므로 모든 치료가 모든 아동에게 동일하게 적용되는 것은 아니다.

다운증후군
독특한 행동 특성
다운증후군의 행동적 표현형은 주로 우리가 아래의 신경심리학에서 설명하는 인지적 특성에 의해 특징지어지는데, 가장 두드러지게 언어 및 언어 기술의 상대적 약점과 시각−공간 처리에서의 상대적 강점을 보인다(윌리엄스 증후군과 반대의 패턴; Chapman & Hesketh, 2000; Fidler, 2005). 사회적 기술과 사회 참여 또한 상대적인 강점 영역이다. 다운증후군이 다른 인지장애를 가진 개인에 비해 적응 능력에서 상대적인 강점을 보인다는 증거가 있다(Chapman Hesketh, 2000). 다운증후군의 고유한 특징은 이들에게 나타나는 조기 치매다(아래의 논의 참조).

유전적 메커니즘과 병인론

다운증후군은 유전적 병인론(21번 염색체 비분리)으로 알려진 지적장애의 가장 보편적인 형태(신생아 1,000명 중 약 1~1.5명)다. 비분리는 산발적으로 발생하기 때문에 다운증후군의 대다수(94%)가 비가족특유성(nonfamilial)이며, 다운증후군에 대해 가장 잘 기록된 위험 요소는 산모의 높은 연령이다. 다운증후군의 유전적 병인론은 전체 여분의 염색체(즉, 모든 유전자로부터의 유전적 생산물의 여분의 양)를 포함하므로, 유전형에서 표현형으로의 발달 경로를 추적하는 것은, 보다 제약적인 유전자 집합이 관여하는 취약 X 증후군이나 윌리엄스 증후군보다 다운증후군이 훨씬 더 어렵다. 더욱이 다운증후군에 대한 유전적 영향이 21번 염색체의 엑손(즉, 단백질 코딩 영역(protein coding regions)을 넘어 확장되며, 후생유전학적 영향의 변화뿐만 아니라 다른 염색체에 대한 많은 유전적 조절장애(dysregulation)도 포함한다는 것이 분명해졌다(Dierssen, 2012).

그럼에도 불구하고 21번 염색체의 다운증후군 영역을 통제하고, 해당 영역의 특정 유전자를 특정 다운증후군 표현형과 연관시키는 데 진전이 있었다. 이러한 진전은 다운증후군을 지닌 쥐 모델(Dierssen, 2012)과 21번 염색체의 부분 삼염색체를 가진 환자를 대상으로 한 검사(Korbel et al., 2009)로부터 이루어졌다. 여기서 두 가지 발견이 특히 중요한데, 다운증후군의 일부 물리적 표현형에 대한 사실과 달리 21번 염색체에는 하나 이상의 지적장애 영역이 있고, 아밀로이드 전구체 단백질(APP) 유전자는 지적장애 영역에 있지 않다는 것이다.

아밀로이드 전구체 단백질(APP)의 여분의 양은 다운증후군을 지닌 성인에게서 조기 발병하는 알츠하이머병(AD)과 높은 비율의 원인으로 강하게 관련되어 있다. 아밀로이드반은 알츠하이머의 특징적인 신경병리학의 일부로서 다운증후군을 지닌 성인의 뇌에서 발견된다. 따라서 다운증후군을 지닌 대부분의 사람들은 두 가지 발달적으로 구별되는 형태의 정신적 손상을 보이는데, 이는 아직 밝혀지지 않은 여러 유전자에 의해 야기된 조기 발병과 아밀로이드 전구체 단백질에 의해 야기된 후기 발병 치매다. 따라서 다운증후군은 치매에 대한 연구와 신경 발달 지적장애가 어떻게 서로를 보완할 수 있는지를 보여 주는 가장 확실한 최근 사례다. 최근 취약 X 증후군의 발견은 우리가 아래에서 논의하는 바와 같이 유사한 연관성을 지적하고 있다.

신경심리학과 신경학

다운증후군의 신경심리학적 표현형에는 낮은 IQ 외에도 언어적 단기 기억력(STM)과 언어 능력(예: 구문 및 조음), 언어적 및 시각–공간적 일화 장기 기억력(LTM), 특정 실행 기능(EF) 과제[예: Zelazo의 차원적 변화 카드 분류–전전두피질(PFC) 병변을 가진 환자에게 끈기 있는 반응을 이끌어 내는 위스콘신 카드 분류 과제(Zelazo, 2006)]에서 정신 연령 수준보다 낮은 수행이 포함된다. 더욱이 다운증후군 아동의 인지 발달 특성은 초기 IQ 수준에 근거한 원점수의 성장 속도가 예상보다 느려지고, 연령에 따라 IQ 표준점수가 감소한다는 점이다.

비록 전전두피질이 전체 뇌 크기와 항상 상관이 있는 것은 아니지만, 다운증후군을 지닌 아동과 성인의 신경학적 표현형에는, ① 소두증과 ② 소뇌, 해마, 전전두피질의 별도로 작은 부피가 포함된다. 이러한 특징들은 모두 초기와 후기의 신경학적 표현형들이 서로 다른 유전적 원인을 가지고 있다는 사실과 일치하여 다운증후군에서 알츠하이머의 후기 발달을 앞당긴다. 다운증후군의 실제 뇌 발달에 대해서는 거의 알려져 있지 않은데, 그 이유는 종단연구가 없기 때문이다.

소두증을 낮은 IQ에 연관시키고, 해마의 부피 감소를 일화 장기기억 결함에 관련시키며, 줄어든 전전두피질을 실행 기능 결함에 관련시키는 등 신경해부학적 표현형과 신경심리학적 표현형 사이의 그럴듯한 뇌–행동 관계를 제안할 수 있지만, 이러한 연관성은 체계적으로 검증되지 않았다. Dierssen(2012)은 ① 다운증후군의 해마이랑(parahippocampal gyrus) 크기가 IQ와 언어를 예측하고, ② 다운증후군과 윌리엄스 증후군이 기저핵(basal ganglia) 대 소뇌 형태학(cerebellar morphology)에서 서로 반대되는 프로파일을 가지고 있다는 증거를 검토한다(즉, 기저핵은 윌리엄스 증후군에서 비정상적인 반면, 소뇌는 정상이고, 다운증후군은 이와 반대다). ③ 다운증후군 쥐 모델과 다운증후군을 지닌 인간 환자에서 나타나는 수상돌기의 비정상은 장기강화작용 (Long-term potentiation: LTP)을 감소시키고 장기저하(Long-term depression: LTD)를 증가시킨다.

이러한 장기강화작용 감소와 장기저하 증가의 마지막 발견은 특히 중요하다. 이후에 검토하듯, 윌리엄스 증후군(Todorovski et al., 2015)과 취약 X 증후군에서도 시냅스 가소성(Synaptic Plasticity)과 항상성의 유사한 불균형이 발견되기 때문이다. 또한, 이들 세 증후군은 모두 장기강화작용(Raitano-Lee, Pennington, & Kinnan, 2010)의 손상을 보인다. 따라서 장기강화작용과 장기저하 사이의 불균형이 명시적 장기기억을 손상사키고 학습을 느리게 한다는 지적장애의 통합된 신경생리학적 설명이 등장하고 있다(Fernandez & Garner, 2007). 제4장에서 논의한 바와 같이, 명시적 장기기억 결함은 이 책에서 지적장애를 다른 학습 장애와 구별하는데, 이 장애는 온전한 명시적 장기기억을 가지고 있지만 암묵적 장기기억(특히 절차적·통계적 학습에서)의 결함을 가지고 있다.

취약 X 증후군
독특한 행동 특성
취약 X 증후군의 행동 표현형은 다운증후군과 윌리엄스 증후군의 행동 표현형, 특히 사회적 기술과 관련하여 현저하게 다르다. 취약 X 증후군을 지니고 있는 대부분의 남성은 현저한 눈맞춤 결여, 사회적 참여 감소, 반복적인 행동 등의 자폐 성향을 보인다. 취약 X 증후군을 지니고 있는 남학생의 약 30%가 자폐스펙트럼장애(ASD)의 진단 기준을 완전히 충족한다(Hagen et al., 2009). ASD 기준을 완전히 충족하지 못하는 사람들에게 수줍음과 사회적 불안은 매우 흔하다. 언어 지연과 ADHD 증상도 취약 X 증후군에서 흔히 볼 수 있는 특징이다.

유전적 메커니즘과 병인론
취약 X 증후군은 가장 보편적인 지적장애의 유전 형태여서 다운증후군과는 달리 유전적, 가족특유성(familial) 모두 해당한다. X염색체 장완의 말단 부위에 있는 FMR1 유전자가 메틸화를 통해 비활성화되는 단일 유전자 장애이기 때문에, 이 3가지 지적장애 증후군 중에서 가장 단순한 유전적 병인론을 가지고 있다.

FMR1이 X염색체에 있기 때문에 취약 X 증후군은 X-연관 유전성을 보여 주는데, 이를 통해 남성은 여성보다 더 자주 그리고 심한 영향을 받는다(여성은 X염색체가 두 개 있는 반면, 남성은 한 개뿐이기 때문이다). 단일 유전자 장애임에도 불구하고 취약 X 증후군의 병인론은 페닐케톤뇨증과 같은 멘델 상염색체 유전 장애(Mendelian autosomal single-geng disorder)처럼 그리 간단하지 않다. 취약 X 증후군은 멘델의 법칙을 따르지 않는(non-Mendelian) 두 가지 중요한 특징이 있는데, 이는 유전자의 작용 방식에 대한 이해의 변화에 기여한다. FMR1 유전자의 코딩 부분(엑손)은 비정상적 유전자 발현에서 기인하기 때문에 후성유전 질환이다. 이러한 유전자 발현 변화는 FMR1 유전자의 비코딩 부분에서 트리뉴클레오티드의 반복(CGG의 경우)이 세대에 걸쳐 거듭되는 축적에서 비롯된다. CGG 반복 횟수가 약 200회의 결정적인 임계값(threshold)에 도달하면 전체 FMR1 유전자는 메틸화되며(CH_3 분자를 DNA에 부착함으로써) 유전자 비활성화가 발생한다. 따라서 정상적인 뇌와 신체 발달에 중요한 FMRP(FXS mental retardation protein)라고 불리는 유전자에 의해 생성된 단백질을 사용할 수 없다. FMRP는 RNA 결합 단백질로 뇌에서 단백질 합성에 폭넓은 역할을 하며, 수상돌기 소극 성숙(dendritic spine maturation), 시냅스 형성(synaptogenesis), 그리고 수상돌기와 시냅스 가지치기(pruning of dendrites and synapses)에 영향을 미친다. 이 세 가지 과정은 산후 초기 뇌 발달, 즉 경험-기대적 시냅스 형성(experience-expectant synaptogenesis)의 생성 과정과 장기강화작용과 장기저하 사이의 균형에 매우 중요하다.

취약 X 증후군의 유전학에서 멘델의 법칙을 따르지 않는 두 번째 특징은 각인(imprinting)이라고 하는 것에 의해 매개되는 부모 기원 효과(parent-of-origin effect)로, 유전자 발현에도 영향을 미친다. 취약 X 증후군의 경우, 이미 확장되었지만 임계값 이하의 FMR1 유전자를 아버지보다 어머니로부터 물려받을 때 CGG 반복 수의 확대가 더 크다. 이러한 멘델의 법칙을 따르지 않는 특징들 때문에 취약 X 증후군은 한 가족에서 갑자기 나타나 산발적인 돌연변이로 나타날 수 있다.

FMRP는 단백질 합성을 낮추기 위해 수상돌기 소극(dendritic spine)의 특정 전령 RNA(mRNA)에 결합하므로, FMRP의 부재는 이러한 단백질의 과잉으로 이어져 수상돌기 소극(dendritic spine)의 성숙에 영향을 미치고, 따라서 시냅스 형성과 가지치기, 그리고 장기강화작용과 장기저하 사이의 균형에 영향을 미친다. 특히, 대사형 글루

탐산수용체(metabotropic glutamate receptor: mGluR)의 신호는 FMRP의 부족으로 과도하게 활성화되어 AMPA 수용체(Garber, Visootsak, & Warren, 2008)를 초과하게 된다. mGluR 길항제 사용은 조직 배양 및 동물 임상실험에 취약 X 증후군의 영향을 일부 역전시켰기 때문에 인간에게 효과적일 수 있는 약리학적 물질이 존재하며, 이것이 활발하게 연구되고 있다. 그러나 현재까지 인간 환자를 대상으로 한 임상실험 중 어느 것도 성공하지 못했다(Erickson et al, 2017). 요약하면, 유전적 돌연변이가 취약 X 증후군의 뇌 발달을 어떻게 변화시키는지, 그리고 이러한 변화를 어떻게 막을 수 있는지를 이해하는 데 상당한 진전이 있었다.

신경심리학 및 신경학

다운증후군 및 윌리엄스 증후군과 달리, 취약 X 증후군의 신경해부학적 표현형은 작은 뇌 구조(소뇌충부)와 큰 뇌 구조(선조체 전두엽)를 모두 포함한다. 후자는 감소된 시냅스 가지치기와 같다.

최근에 Hoeft 등(2010)은 초기 뇌 발달을 검사하기 위해, 취약 X 증후군을 가진 1~3세인 남아들에 대한 종단적 신경 촬영 연구를 수행했다. 이전의 연구 결과들과 일관적으로, 소뇌충부 크기의 지속적인 감소를 발견했으며, 그와 반대로 회백질 및 백질 모두에서 더 넓은 패턴이 증가하는 양상을 찾았다. 구체적으로, 초기(미상핵, 방추상회)와 후기(안와전두피질, 기부전뇌) 모두 회백질이 증가하는 양상을 발견했으며, 선조체 전두엽 부분에서 2배 넘게 백질이 증가했음을 밝혀냈다. 현미경 관찰 결과, 수지상극이 미성숙하며, 빽빽하다는 점을 발견했으며(Garber et al., 2008), 이전에 기술했던 분자 구조와 일치하였다.

취약 X 증후군의 신경심리학적 표현형은, ① 다운증후군에서 설명한 것과 같이 유사한 연령에 따라 IQ가 감소하고, ② 취약 X 증후군을 가진 여성의 X염색체 비활성화 정도와 정적 상관이 있는 현전한 실행 기능 결함이 있으며, ③ 장기기억에서 결함이 있다(Raitano-Lee et al., 2010). 실행 기능 결함은 선조체 전두엽에서의 차이와 같은 신경해부학적 표현형의 양상과 일치한다. 하지만 이와 같은 신경심리학적 이론은 체계적으로 검증되지 않았다. 외견상으로 문제가 없어 보이는 남성 취약 X 증후군들이 나이가 들면(50세 이상일 때), 파킨슨병과 비슷한 새로운 치매 증후군이 발견된다. 이 치매는 취약 X 연관 떨림/실조증후군(Hagerman & Hagerman, 2013)으로 불린다. 이 발견은 다운증후군과 AD 간의 관계와 비슷하며, 아동기의 전반적인 장애와 노화 간 병적 관련성을 증명한다.

요약하면, 20년 전의 FMR1 유전자를 발견함으로써 유전자 표현, 뇌 발달, 신경심리학, 행동의 수준에서 취약 X 증후군을 설명하는 것에 극적인 발전을 이루었다. 게다가 취약 X 증후군에서의 시냅스 가소성의 변화에 대한 발견은 다운증후군과 윌리엄스 증후군에서의 유사한 발견을 야기했으며, 이에 지적장애 증후군 전반에 걸친 장기강화작용－장기저하 불균형에 대한 새로운 이론이 등장했다(Fernandez & Garner, 2007). 따라서 취약 X 증후군은 조기에 다루어진 PKU를 제외하고 가장 잘 이해된 지적장애 증후군이며, 틀림없이 가장 잘 이해된 신경발달적 장애라고 주장할 수 있다.

윌리엄스 증후군

독특한 행동적 특징

윌리엄스 증후군의 행동적 표현형은 지적장애 증후군 중에서 꽤 독특하다. 윌리엄스 증후군은 친한 사람들과 낯선 사람들 모두에게 높은 수준의 사회적 접근 행동을 하는 '초사회적' 성격을 가진 것으로 묘사된다. 이러한 사회적 표현형은 자폐증과 반대이지만, 윌리엄스 증후군은 지속적인 우정을 만드는 능력을 방해하는 체계적 결함들을 가지고 있다. 윌리엄스 증후군이 강화된 사회적 접근을 보여 주는 반면, 그들은 또한 일반화된 다른 비사회적 불안장애를 보이는 비율이 높다(Leyfer, Woodruff-Borden, & Mervis, 2009; Leyfer et al., 2006). 윌리엄스 증후군 아동들은 또한 시각적·공간적 처리에서 뚜렷한 어려움을 보인다. 반면에, 언어적 기술들은 정신연령에 기초한 기대치에 상응하거나 그 이상의 수준을 보이며, 이는 다운증후군의 양상과 정반대이다(Mervis & John, 2010; Pober, 2010).

유전적 구조 및 병인론

이 부분에서 우리는 Mervis와 John(2010)의 윌리엄스 증후군에 대한 최신 검토를 살펴볼 것이다. 윌리엄스 증후군은 7,500명 중 1명에게 발생하며, 다운증후군이나 취약 X 증후군에 비해 유병률이 낮다. 그리고 다운증후군과 마찬가지로 대부분 비가족성을 갖는다. 대개 아동의 유전형에서 7번 염색체의 두 개의 복제본 중 하나에 대한 염색체 영역 7q11.23의 산발적이고 연속적인 미세결실에 의해 발생한다(두 복제본 모두에 결손이 있으면 태아에 치명적이다). 그래서 다운증후군과 마찬가지로, 윌리엄스 증후군은 비정상적인 유전자가 아니라, 일반적인 유전물질들의 비정상적인 양에 기인한다(윌리엄스 증후군에서는 결손, 다운증후군에서는 과잉이 원인이 된다). 이와 같은 비정상적인 양은 최소 25개의 유전자에 영향을 주는데, 이는 다운증후군보다는 적다(다운증후군이 있는 21번 염색체는 100개의 유전자를 가지고 있다). 하지만 한 개의 유전물질만이 부재하거나(남성의 경우), 감소된 경우(여성의 경우)가 취약 X 증후군보다는 많다.

25개 정도의 유전자들로 구성된 일부분이 여러 개인에게 일관되게 결실되었는지가 궁금할 수 있다. 그 이유는 바로 결실된 부분이 반복적인 순서로 배치되어 감수분열에서의 교차오류에 더 취약하기 때문이다. 이러한 오류로 인해 하나의 염색체에서 이 영역의 복제물이 추가되거나 누락(즉, 삭제) 또는 반전된다. 반전은 전체 인구 중 7%에게 발생하며, 이들은 문제가 없지만, 결실을 5배 더 전달할 수 있어, 그들의 자녀가 윌리엄스 증후군을 겪게 된다. 그래서 소수의 경우, 윌리엄스 증후군은 가족 내 유전이 된다.

또한, 결실 영역의 특정 유전자를 윌리엄스 증후군 표현형의 특정 측면과 관련시키는 작업을 돕는 영역의 부분적인 결실이 가끔 있다. 결실 영역의 거의 모든 유전자가 발견되었고, 그로부터 유전형과 표현형 관계들이 성립되었다. 예를 들어, ELN 유전자는 엘라스틴을 만드는데, 이는 연결조직에서 중요한 단백질이다. 그리고 이 단백질의 감소는 윌리엄스 증후군에서 심장 및 다른 연결조직 이상과 관련되어 있다. 윌리엄스 증후군의 인지 표현형에 포함된 LIMK1, CYLN2, GTF21, GTF2IRD1과 같은 다른 유전자에 대해서는 추후에 논의할 것이다. 다른 부분적 결실을 통해 심장 및 인지의 두 가지 표현형들이 서로 구분될 수 있다.

게다가 염색체 7q의 같은 부분들이 추가로 있는 극소과잉 증후군이 최근 설명되었다. 이는 7q복제증후군(7q11.23dup)이라고 불린다. 이 증후군은 윌리엄스 증후군과 유전적으로 반대다(윌리엄스 증후군에서는 7q11.23의 25개 유전자의 양이 50%인 반면, 7q복제증후군은 150%이다). 흥미롭게도, 이 증후군을 가진 사람들은 자폐증 및 심각한 말하기 장애의 비율이 높은 행동적 표현형을 보이며, 이는 윌리엄스 증후군과 정반대인데, 윌리엄스 증후군은 초사회성과 말하기의 유창함을 특징으로 하기 때문이다(Sanders et al., 2011; Velleman & Mervis, 2011).

신경심리학 및 신경학

뇌 수준에서, 다운증후군과 마찬가지로, 윌리엄스 증후군은 소두증이 특징으로 나타난다. 하지만 다운증후군과 영향을 받은 구조는 다르다. 윌리엄스 증후군에서는 정소엽, 두정간구, 후두엽에서의 감소가 일어나며, 소뇌는 감소되지 않는다(다운증후군에서는 소뇌의 부피 감소가 일어난다). 윌리엄스 증후군에서 해마회의 크기가 별도로 감소되지 않음에도 불구하고(다운증후군처럼), 신경 촬영 스캔에서 해마는 뚜렷한 혈류량 감소를 보인다. 또 다른 주요한 신경촬영 결과는, ① 두정엽에서의 배측 경로의 감소, ② 분노하거나 두려워하는 사람에 대한 편도체 활동의 감소(위협적이거나 두려운 상황은 해당하지 않음)를 포함한다. 이러한 구조적·기능적 신경 촬영 결과물들은 윌리엄스 증후군의 신경심리학적 표현형에 대한 두 가지 측면들과 관련될 수 있다. 두 가지 측면은, ① 시간적·공간적 처리에 대한 장애(복측 시각 흐름에 의해 조정되는 얼굴 및 사물 처리는 해당하지 않음), ② 낯선 사람에게 접근하려는 경향이 증가하는 것을 포함한 사회적 탈억제다.

Fan 등(2016)은 최근 대조군과 LI 및 ASD, 국소 장애가 있는 개인 모두에 비해 높은 민감성과 특이성을 가진 윌리엄스 증후군의 신경해부학적 표현형을 확인하고 복제했다. 이 표현형은 이전 연구들에서 발견된 윌리엄스 증후군의 구조적 MRI 특징을 잘 복제했다. 이는 두정엽과 대뇌피질의 비정상적인 대뇌회전 양상, 기저핵과 같은 피질 하부 구조의 감소를 포함한다. 다운증후군과 취약 X 증후군을 가진 표본들을 검사함으로써, 윌리엄스 증후군의 신경해부학적 표현형에 대한 변별 타당도를 검증하는 것이 유용할 것이다.

윌리엄스 증후군의 신경심리학적 표현형의 다른 특징들은 다음과 같다. 다운증후군에서는 상대적 강점인 시각적·공간적 처리와 사회적 탈억제에서의 극적인 결핍 이외에, 윌리엄스 증후군의 신경심리학적 표현형의 다른 측면들은 ① 다운증후군과 취약 X 증후군에서 평균 IQ가 감소되어 낮은 반면, 평균 IQ가 약 60으로 안정적이다. ② 정신연령 수준에 맞는 전반적인 언어 능력과 구체적인 단어의 사용(PPVT로 측정되었으며, 다운증후군과 달리, 구어적 STM이 정신연령 수준 이상이었다), ③ 언어 및 공간 장기기억의 결함(Edgin, Pennington, & Mervis, 2010), ④ 언어 및 공간 작업기억의 결함(Edgin et al., 2010)이다. 장기기억 결함은 이전에 논의되었던 해마의 과소활동과 일치한다. 사회적·정서적 표현형은 사회성 및 공감과 과장된 비사회적 불안 사이의 역설적 대조를 특징으로 하며, 비사회적 불안은 앞서 논의한 편도체 소견과 일치한다. 이 표현형은 역설적인데, 왜냐하면 불안 기질이 대개 사회적 접근의 감소를 야기하기 때문이다.

일반 결함 대 특정 결함 재고

세 가지 지적장애 증후군에 대한 소개를 마치면서 예외적 발달에서의 일반 결함 대 특정 결함의 이슈로 돌아가 보자. IQ 점수가 70 미만이라는 정의에 의해, 모든 세 가지 지적장애 증후군들은 스피어만의 일반적 지능(g)에서의 일반적인 결함이 존재한다. 그래서 모든 인지 능력들이 g와 어느 정도 상관관계가 있기 때문에 어느 정도는 저하되었을 것을 예상할 수 있다. 증명했듯, 각각의 지적 증후군은 특정한 기술이 실제 연령이 아닌, 정신연령 수준보다 낮거나 높으면서 인지적 기술에서 일반적인 저하를 보인다. 따라서 지적장애 증후군 사이의 이와 같은 대조적인 인지적 프로파일은 각 증후군의 병인과 관련한 특수성에 대한 증거를 제공한다. 그러나 이는 독립적인 인지적 모듈에 대한 증거는 아니다.

예를 들어, 언어 대 공간 기술과 관련해, 윌리엄스 증후군과 다운증후군의 이중 해리는 뇌에서 독립적인 언어 모듈을 지원한다고 주장한다(Bellugi, Marks, Bihrle, & Sabo, 1988). 하지만 각 증후군의 '나머지' 기술은 연령 일반적인 수행수준과 비슷하지 않다. 그래서 이전에 여러 번 설명했듯이, 해리는 피질에서의 특화 정도에 대한 증거를 제공하지만, 독립적인 과정이 아니다. Edgin 등(2010)에 따르면, 윌리엄스 증후군에서 발견되는 구어적·공간적 장기기억과 작업기억 결함이 다운증후군 집단에서도 발견된다. 인지 작업에 대한 인지적 부하량(혹은 g요인에 대한 부하량)이 증가할수록, 다운증후군과 윌리엄스 증후군 간의 언어적 대 공간적 해리가 감소함(즉, 분리가 어려움)을 보여 준다. 그 결과는 Bellugi 등(1988)이 제안한 윌리엄스 증후군에 대한 모듈적 관점과 반대다. 또한, 그 견해와 반대되는 사실은 윌리엄스 증후군에서 전반적인 언어 능력은 생활연령이 아닌 정신연령 수준이고, 그럼에도 불구하고 언어와 공간 기술에 대한 대비는 약 .50의 상관을 가진다.

모든 지적장애 증후군들이 모든 인지적 기술뿐만 아니라, 운동 및 사회적 기술 등 다른 발달 측면에서도 일반적인 지연을 보인다는 점을 고려할 때, 지적장애에 대해 설명을 제공하기 위한 신경심리학 수준의 분석은 얼마나 유용한가? 제13장에서 보았듯이, 자폐스펙트럼장애에 대해서도 같은 질문이 등장한다. 지적장애에서 장기기억의 명시적 및 암시적 결함 모두 장기강화작용와 장기저하의 불균형과 관련이 있다는 새로운 증거는 지적장애에 대한 통합적인 신경심리학적 설명을 제공한다. 하지만 이는 추후 검증이 요구된다. 우리는 그러한 자폐스펙트럼장애에 대한 통합된 신경심리학적 분석이 부족했다. 제4장에서 논의했듯이 뇌 발달에서의 변화가 신경발달장애(특히, 자폐스펙트럼장애나 지적장애와 같이 발달에 더 전반적인 영향을 미치는 신경발달장애)를 정의하는 행동 발달의 변화로 이어지는 방식을 완전히 이해하기 위해 신경심리학 수준에서 신경컴퓨팅 수준의 분석으로 발전할 필요가 있다.

요약

요약하면, 이러한 세 가지 유전적 지적장애는 특정 유전자의 발현 변화와 뇌 발달의 변화를 연결하고, 이는 차례로 신경심리학 및 행동의 발달을 변화시키는 행동장애에 대한 다층적인 설명을 제공할 수 있는 방법을 보여 준다. 이 세 가지 증후군들은 지적장애를 유발하는 1,000여 개의 유전적 증후군 중 일부다. 지적장애를 유발하는 유전 요인의 다양성은, ① IQ의 정상적 변동 현상에 대한 다유전자적 병인과 ② IQ에 영향을 미치는 다양한 뇌 영역(제3장)으로 이해할 수 있다.

• • •

진단과 치료

진단

이 장에서 설명한 바와 같이, 많은 유전자에 기초한 지적장애 증후군은 지적장애로 인한 일반적인 유사성의 맥락 내에서, 행동 표현에 독특한 특징을 가지고 있다. 이 절에서 병인과 상관없이, 지적장애 아동에게서 예상되는 증상 표현, 개인력, 행동 관찰의 유사성에 초점을 맞추고자 한다.

증상 표현

초기의 지적장애 아동의 증상은 종종 말하기 지연으로 표현된다. 언어 기술은 초기 인지 발달에서 가장 쉽게 관찰 가능한 측면 중 하나이기 때문이다. 반면에 비언어적 추론은 측정하기에 더 어렵다. 이러한 아동들은 지적장애에 대한 광범위한 진단을 받기 전에 종종 말하기 지연으로 식별되고 치료받는다. 걷기, 화장실 가기, 옷 입는 법 배우기와 같은 발달 단계를 성취하는 전반적인 지연들 또한 흔하다. 학교 입학 전에 진단받지 못한 아동은 학습 지연으로 관심을 촉구할 가능성이 높다. 부모와 교사는 아동이 정규학년 수준의 학업으로 어려움을 겪고 있음을, 즉 또래보다 늦게 배우는 것처럼 보이거나 새로운 개념을 숙지하는 데 어려움을 겪고 있다는 것을 알아차릴 수 있다. 부모들은 종종 자녀가 학습 장애나 특별한 학습 방식이 있는지 질문할 것이다. 질문에 대한 답변을 통해 특정학습장애와 지적장애 간 유사성과 차별성에 대한 교육심리학적 지식을 알려 주면, 부모들이 낙관적으로 자녀의 학습을 지원하는 것에 도움이 된다.

지적장애 아동의 주요한 표현적 특성은 정서 혹은 행동에서도 볼 수 있다. 아동은 감정을 분출하거나, 성질을 부릴 수 있고 심지어 공격적인 행동을 보일 수 있다. 주의집중에 대한 어려움도 흔하다. 사회적 · 정서적 미성숙과 사회적 어려움은 또래 관계에 영향을 주고, 부모의 걱정거리가 될 수 있다.

개인력

지적장애 아동은 종종 영아기부터 일반적인 발달 지연을 보인다. 영아의 첫 번째 발달 과제 중 하나는 먹이 주기인데, 이는 운동 동작을 필요로 하기 때문에 지적장애 아동은 수유에 어려움을 겪는 경우가 많다. 운동과 언어 발달의 중요한 단계도 종종 지연되는데 이는 부모가 평가 혹은 치료 서비스를 찾게 되는 첫 번째 계기가 된다. 영아기 이후에 아이는 지연된 정서 조절 능력이 지연될 수 있고 강렬한 분노와 성질을 부리기 쉬워진다. 유아기의 놀이 행동은 전형적으로 발달된 아동보다 더 단순하고 구체적일 수 있다. 게다가 이 시기에 지연된 적응행동도 관찰되기 시작할 수 있다. 예를 들어, 화장실 가기, 먹기, 옷 입기, 씻기와 같은 과제들을 독립적으로 수행하는 것을 어려워할 수 있다.

아동이 유치원과 초등학교에 입학하면 학교생활의 어려움이 더욱 뚜렷해질 수 있다. 아동의 성숙도와 학업성취도에 대한 우려가 제기될 수 있는데 추상적인 추론을 요구하는 학술적 과제들(예를 들어, 암기 학습과 달리 높은 수준의 문제 해결을 강조하는 과제)에서 특별히 어려움을 겪을 수 있다. 부모와 교사는 아동이 새로운 정보를 배우기 위해 많은 반복이 필요하다는 것을 관찰할 수 있다. 그리고 한 맥락에서 정보를 학습한 뒤, 아동은 다른 맥락들에서 일반화하는 데 어려움을 느낄 수 있다. 부모와 교사는 아동이 어느 날은 특정한 문제를 해결할 수 있지만, 다음 날 같은 문제를 해결할 수 없을 때 좌절을 경험한다. 이러한 유지와 일반화에 대한 어려움은 지적장애 아동의 특징이다. 따라서 지적장애 아동이 새로운 것을 배울 수 있더라도, 많은 반복이 필요할 것이고, 이는 아동에게 좌절감을 줄 수 있다. 이런 맥락에서 지적장애의 모든 주의력 문제를 설명할 수는 없지만, 지적장애에서 주의력 어려움이 흔하다는 것은 놀라운 일이 아니다. 학교에서의 지속적인 실패는 불안과 우울 등 동반된 정신병리학을 촉발시키는 중요한 계기도 될 수 있다.

지적장애 아동은 교실에서 자신의 어려움을 이해로 가릴 수 있는 보상 전략을 발달시키는 경우가 많다는 점도 유의할 필요가 있다. 예를 들어, 교사가 아동이 이해했는지 확인할 수 있고, 아동이 열정적으로 "네, 정말 흥미로워요!"라고 대답할 수 있다. 불행하게도, 이런 보상 전략은 아동의 학업 능력을 훨씬 뛰어넘는 과제를 아동이 받게 되는 결과로 이어질 수 있다.

아동이 학교에 입학하면서, 사회적 어려움이 확연히 드러나는 경우가 많다. 이러한 사회적 어려움은 아동의 인지적 한계보다 부차적인데, 아동은 종종 다른 아동에게 관심을 갖고 상호작용을 하기 때문이다. 하지만 아동이 다른 발달 수준에 있기에, 진정한 우정을 유지하는 것은 어려울 수 있다. 아동의 언어 기반 어려움은 또한 사회적 관계에도 영향을 미칠 수 있다. 예를 들어, 언어 이해 및 표현의 어려움은 대화를 어렵게 만들 수 있다. 아동은 대화를 따라가는 것에 어려움을 겪을 수 있으며, 부적절해 보이는 것들을 말할 수 있다. 게다가, 집단 활동은 특히 문제가 될 수 있는데, 아동이 빠른 구어적 농담을 따라가는 것, 게임의 구조/규칙을 이해하는 것과 같이 집단 환경에 대응하는 데에 어려움을 겪을 수 있기 때문이다.

행동 관찰

지적장애가 의심되는 아동을 관찰할 때, 잘 알려진 유전에 의한 지적장애 증후군에 상응하는 기형적 증거를 찾는 것이 중요하다.

검사할 동안, 아동은 추상적인 추론과 문제해결(행렬) 과제를 수행하는 것에 과도

한 어려움을 보일 수 있지만, 보다 구체적인 과제(단일 단어 읽기, 철자 쓰기, 간단한 수학 계산)에서는 더 잘 수행할 수 있다. 아동이 비유적 언어 해석(예를 들어, 흥분부터 하지 말라는 의미인, "말을 잡아라")를 문자 그대로 해석할 때도, 이러한 구체적인 양식이 명백할 수 있다. 유사성 과제에서 아동은 추상적 유사성에 대해 어려움을 느낄 수 있고, 항목별 차이점을 말하기 위해 보다 구체적인 전략으로 되돌아갈 수 있다.

대화를 할 동안, 아동의 언어는 짧고 간단한 표현들로 특징지을 수 있다. 아동은 또한 혼잣말을 속으로 하는 것에 지연을 보일 수 있는데, 과제를 수행하는 동안 행동을 조절하기 위해 크게 말하는 행동을 할 수도 있다. 임상적인 부분에서, 정보가 혼란스럽거나 너무 어렵거나 혹은 너무 빠를 때, 아동의 언어가 느려지는 것, 지시 사항을 간소화하는 것, 행동적 신호에 대해 지시 사항을 되풀이하는 것을 관찰할 수 있다. 아동은 또한 메타인지에서 지연을 보일 수 있다. 예를 들면, 아동이 지시 사항을 이해하지 못했을 때, 설명을 요구하지 않는 것이다.

사례 발표

사례 발표 10

여덟 살 소녀 토리(Tori)는 몇 주 안에 2학년으로 진급할 예정이며, 그녀의 학년에 비해 나이가 많다. 부모와 교사가 그녀가 '미성숙'하고 기대된 진전을 만들지 못한 점을 염려하여 유치원을 다시 다녔기 때문이다. 그녀는 '말-언어 장애'라는 진단하에 특수교육 서비스를 제공받았다. 그리고 1학년 때, 문해와 수학에서 추가적인 도움을 받았다. 그녀의 부모는 '토리의 학습방식과 그녀를 도울 방법'에 대한 정보를 더 얻고자 이 평가를 요청했다.

토리는 별다른 합병증 없이 임신되었고 출산되었으며, APGAR 점수가 양호했다. 토리는 출산 전후의 수유에서 문제를 겪었으며, 그녀의 어머니가 모유만 먹이고자 계획했으나, 적절하게 성장하기 위해 그녀의 식단은 유동식으로 보충되어야 했다. 부모는 그녀를 행복하고 느긋한 아기로 묘사했으나, 그녀가 그녀의 오빠보다 모든 발달 단계에 느리게 도달했다고 언급했다. 토리는 9개월에 도움 없이 앉았고, 기어 다니지 않았으며, 17개월에 도움 없이 걸었다. 언어 발달은 꽤 지연되었다. 부모는 그녀가 세 살이 되기 직전까지 겨우 10개의 단어만을 알았고, 세 살 때 2~3개의 어구를 사용했으며, 네 살이 되기 전까지 문장으로 말하지 않았다고 보고한다. 이러한 지연 때문에 그녀는 두 살 반 때, 주정부의 조기 중재 프로그램에 의해 평가되었고, 언어장애로 진단받으며, 이로 인해 정기적인 말-언어 치료를 받았다.

토리의 부모는 언어 발달과 학업 진전 이외에 몇 가지 염려를 하고 있었다. 그녀의 아버지는 그녀를 "협응되지 않는다"고 묘사했고, 그녀가 이륜 자전거를 탈 수 없으며 발레 수업에서 루틴을 배우는 것에 어려움을 겪었다고 말했다. 그녀의 어머니는 토리의 1학년 수업에서 일주일에 한 번씩 자원봉사를 했고 사회적 발달에 대해 염려했다. 어머니의 묘사에 따르면, "토리는 모두가 그녀의 친구라고 생각하고, 다른 아이들이 못되게 굴 때 이를 알지 못했다." 학교 밖에서 토리는 디즈니 영화를 시청하고, 장면을 재연하는 것을 즐겼다. 그녀는 또한 음악을 듣고, 봉제완구를 갖고 노는 것을 좋아했다.

토리의 부모는 학습이나 학업문제가 없었다고 보고한다. 그녀의 어머니는 준학사를 마쳤고, 치과 조수로 일한다. 그녀의 아버지는 4년제 대학을 졸업하여 은행원으로 일한다. 토리는 장애를 가지지 않은 열한 살 된 오빠가 있다.

토리의 진단검사는 〈표 14-1〉에 요약되어 있다.

논의

토리가 부딪힌 언어 지연이 언어장애로 진단될 수 있음에도 불구하고, 그녀의 과거력은 인지적 제한이 비언어적 영역으로 확장되고 있으며, 지적장애가 적절한 진단일 가능성이 높다는 것을 분명히 한다. 토리의 언어는 그녀의 나이에 비해 여전히 서툴고, 확실히 이 영역에 대한 중재 및 지원으로부터 혜택을 지속적으로 받을 수 있다. 하지만 그녀의 언어 능력이 다른 지적 능력과 모순되지 않는다는 점에서 그녀의 언어장애는 특정한 것이 아니다.

초기에 토리는 발달에 대한 기대에 크게 못 미쳤다. 신생아일 때 수유에 어려움을 겪었다. 일반적인 발달 지연은 운동 및 언어 단계에서 더 명백하다. 반면에 초기 사회적 발달은 상대적 강점을 나타내고 있다. 부모의 보고에 의하면, 토리는 초기부터 다른 사람들에게 관심이 있으며, 상호작용을 했다. 최근의 사회적 어려움은 아마도 인지적 제한에 비해 부차적일 것이다. 전형적으로 발달하는 또래들과 인지 발달의 수준이 달라서, 토리가 진정한 우정을 진전시키기 어렵기 때문이다. 만약에 토리가 보통의 학급에 남아 있었다면, 부모와 교사는 토리가 그녀와 같은 발달 수준에 있는 다른 아동들에게 노출될 수 있는 대안적인 방법(예를 들어, 특수 올림픽 혹은 특수 활동)을 고려해야 할 것이다.

　토리의 검사 점수에서 가장 놀라운 점은 그녀의 어려움이 매우 많다는 것이다. 그녀는 거의 모든 검사에서 장애 수준의 수행을 보였다. 그녀의 전체 IQ, 적응 기술 측정값은 경도 지적장애의 진단을 적합하게 한다. 대부분의 지적장애 아동과 같이 토리는 추상적인 추론이나 문제 해결을 요구하는 과제들을 수행하는 것에 큰 어려움을 겪는다. 이 어려움은 WISC의 하위 검사인 공통성 및 행렬추리와 ToLDX 검사 등의 점수에서 명백하게 드러난다. 공통성 하위 검사에서 토리의 응답은 여덟 살이라 하더라도 매우 구체적이다. 예를 들어, 셔츠와 신발이 어떻게 비슷한지를 물을 때, 그녀는 그녀의 옷을 보고 "둘 다 노란색이에요."라고 말한다. 반면에, 토리는 웩슬러 개인용 성취도 검사-3판(WIAT-II)의 기초 학업 과제 같은 암기검사의 경우, 더 잘 수행했다. 또한, CELF-5의 단어 구조 하위 검사에서 형태적으로 올바른 표현을 했다. 그녀의 최고 점수는 PPVT에서 얻어졌으며, 낮은 평균 범위에 속했다. 이 검사는 종종 환경적 언어 지원(예를 들어, 말·언어 치료, 풍부한 가정환경)을 많이 받은 아동들에게 상대적인 강점을 드러낸다.

〈표 14-1〉 검사 요약, 사례 10

수행 타당성			
기억 타당도 프로파일			
시각 하위 검사	RS = 12		
	(유효한)		
일반 지능		**유동적 지능**	
WISC-V 전체 IQ SS = 61		WISC-V 유동추론 지표	SS = 64
결정적 지능		행렬추리	ss = 3
		무게비교	ss = 4
WISC-V 언어이해 지표	SS = 68	WISC-V 시공간적 지표	SS = 72
공통성	ss = 3	토막짜기	ss = 6
어휘	ss = 5	퍼즐	ss = 4
작업기억			
WISC-V 작업기억 지표	SS = 67		
숫자	ss = 3		
그림기억	ss = 6		

처리속도

WISC-V 처리속도 지수	SS = 69
기호쓰기	ss = 3
동형찾기	ss = 6

적응행동

ABAS-2

일반적 적응(부모)	SS = 62
일반적 적응(교사)	SS = 69

학습

읽기

기본 읽기 쓰기 능력

WIAT-III 단어 읽기	SS = 82
WIAT-III 유사 비단어 해독	SS = 73
WIAT-III 철자	SS = 81

읽기 유창성

TOWRE-2 일견 단어 효율성	SS = 72
TOWRE-2 음소 해독 효율성	SS = 71
GORT-5 유창성	ss = 4

읽기 이해

GORT-5 이해	ss = 4

수학

연산과 문제 해결

WIAT-III 수치 연산	SS = 74
수학문제 해결	SS = 66

수학 유창성

WIAT-III 수학 유창성	SS = 79

구어

음운적 처리/이름대기 속도

CTOPP-2 발음 생략	ss = 4
CTOPP-2 음소 격리	ss = 3
CTOPP-2 비단어 반복	ss = 5
CTOPP-2 빠른 기호 이름화	SS = 75

구문론과 의미론

CELF-5 핵심 언어	SS = 75
문장 이해	ss = 5
단어 구조	ss = 7
공식화된 문장	ss = 6
문장 기억하기	ss = 4
PPVT-4	SS = 85

구어기억

WRAML-2 구어 학습	ss = 4
WRAML-2 구어 학습 지연	ss = 4
WRAML-2 구어 학습 인지	ss = 6
WRAML-2 이야기 기억	ss = 5
WRAML-2 이야기 기억 지연	ss = 4
WRAML-2 이야기 기억 인지	ss = 5

시각–동작 기술

Beery VMI-6	SS = 61

주의 및 실행 기능			
주의		*실행 기능*	
밴더빌트 부주의		ToLDX-2	
부모	RS = 4	전체 동작	SS = 64
교사	RS = 5	규칙 위반	SS ≤ 60
밴더빌트 과잉행동/충동성		전체 문제해결 시간	SS = 74
부모	RS = 3		
교사	RS = 4		

주: SS, 평균 = 100 *SD* = 15; ss = 평균 = 10 및 *SD* = 3; RS, 원점수; %ile, 백분위점수, 백분위; WISC-V, 웩슬러 아동용 지능검사-제5판; CLDQ, 콜로라도 학습 어려움 설문지; WIAT-III, 웩슬러 개인용 성취도 검사-제3판; TOWRE-2, 단어 읽기 효율성 검사-제2판; GORT-5, Grey 구어 읽기 검사-제5판; CELF-5, 언어 기초 임상 평가-제5판; EVT-2, 표현 어휘력 검사-제2판; PPVT-4, 피바디 그림 어휘력 검사-제4판; CTOPP-2, 음운 처리 종합 시험-제2판; WRAML-2, 기억 및 학습의 광범위한 평가-제2판; Vanderbilt, NICHQ 밴더빌트 평가 척도.

많은 지적장애 아동은 주의집중력이 매우 떨어진다. 지지적인 일대일 검사 환경에서 토리의 주의집중은 적절했다. 그러나 부모와 교사의 평가는 임상적인 수준에는 못 미치더라도, 최소한 토리가 이 영역에서 어려움이 있음을 나타낸다. 주로 그녀가 맞닥뜨리는 정보가 혼란스럽거나 너무 과도하기 때문에 주의를 기울이는 것에 어려움을 겪는 것으로 보인다. 그러나 지적장애 아동은 때때로 ADHD 아동에게 사용되는 의학 및 행동적 중재로부터 효과를 얻을 수 있다. 그래서 부모와 교사는 이 문제를 주의 깊게 관찰해야 한다.

토리가 겪는 어려움의 원인은 불분명하다. 그녀의 신체적 외형은 정상이다(즉, 이형성은 아니다). 산소 결핍, 뇌 부상과 같은 지연에 대한 명백한 환경적 원인이 없고, 관련된 가족력도 없다. 부모의 직업과 교육 수준에 근거할 때 토리의 IQ는 그들보다 훨씬 낮은 것으로 보인다. 우리는 원인이 알려지지 않은 모든 지적장애 아동에게 유전적 평가를 받아 볼 것을 추천한다. 때때로 그러한 평가는 기저 유전적 증후군을 밝혀낼 수 있으며, 이 정보는 유전에 대한 상담의 관점에서 가족에게 유용할 수 있다. 게다가 몇몇 지적장애와 연관된 유전적 증후군들은 이후 아동이 겪을 수 있는 특정한 의학적 문제와 상관이 있다. 드물게도, 유전적 평가는 (대사증후군의 경우처럼) 의학적 치료법이 있는 기저 장애를 밝혀낼 수 있다.

사례 발표 11

현재 2학년에 재학 중인 7세 소년 윌(Will)은 학습지연, 과잉행동, 불안감, 부족한 사회적 기술 등의 이유로 평가 의뢰를 받았다.

윌의 가족력은 분명하지 않다. 그의 어머니는 임신과 분만 과정에서 특별한 일이 없었다고 했다. 윌의 발달 과업 수행은 지연되었는데, 특히 언어 발달이 지연되었다. 그는 15개월부터 걷기 시작했는데 걸음이 매우 서툴렀다. 윌은 세 살이 되어서야 몇 마디 말을 하기 시작했다. 그의 병력에는 2세 때 압력 균등화(PE) 관으로 치료한 삼출액이 있는 재발성 중이염이 포함되어 있다. 윌이 걸음마를 배우던 시기에, 그의 부모는 아들의 불안감에 대해 점점 더 걱정하게 되었다. 윌은 새로운 환경과 새로운 사람들을 마주했을 때 매우 불안해했다. 그는 이런 새로운 환경에서 소리를 지르거나 짜증을 부리곤 했는데, 그를 달래는 것은 어려웠다. 윌은 세 살 때 유치원에 입학했다. 이때 그의 선생님들은 손을 흔들거나 콧방귀 뀌는 것과 같은 몇 가지 특이한 반복 행동에 주목했다. 교사들은 또한 윌을 지나치게 활동적이고 산만하다고 묘사했다. 그는 과도하게 각성되었을 때(overstimulated) 짜증을 잘 내고 분노를 폭발시켰다. 윌의 부모는 윌이 어떻게 다른 아이들과 연락을 하려고 애쓰는지 묘사했다. 그가 다른 아이들에게 관심을 보이고 다가가고 싶어 하였음에도, 다른 아이들에게 접근하였을 때 어떻게 행동해야 하는지에 대해 모르는 것처럼 보였다. 그는 특히 눈맞춤을 하는 것에 어려움이 있었다.

윌이 초등학교에 진학하면서 이러한 행동적·사회적 우려는 계속되었다. 그는 지속적으로 또래 관계에서 어려움을 겪고 있으며, 특히 사회적 상황에서 매우 불안하고 수줍음을 많이 탄다. 그의 선생님들은 그가 과잉행동이 있으며, 주의력은 매우 짧다고 보고하였다. 올해부터 윌은 산만함과 과잉행동을 개선하기 위해 메틸페니데이트를 복용하기 시작했다. 윌의 부모와 교사들은 약물 복용을 통해 이러한 증상들이 개선되는 것을 보았다고 보고한다. 이런 개선에도 불구하고, 그의 부모는 윌이 학업에 어려움을 겪고 있고 또래들보다 더 느리게 배우고 있는 것 같다고 매우 우려하고 있다. 그는 현재 모든 과목에서의 학습을 지원받기 위해 특수학급에서 특수교육을 받고 있다.

〈표 14-2〉에 윌의 진단 검사가 요약되어 있다.

〈표 14-2〉 검사 요약, 사례 11

수행 타당성			
사병(꾀병) 검사			
시도 1	RS = 42		
시도 2	RS = 47		
	(유효한)		

일반 지능		유동적 지능	
WISC-Ⅴ 전체 IQ	SS = 63	WISC-Ⅴ 유동추론 지표	SS = 69
		행렬추리	ss = 6
결정적 지능		무게비교	ss = 3
WISC-Ⅴ 언어이해 지표	SS = 76	WISC-Ⅴ 시공간적 지표	SS = 64
공통성	ss = 5	토막짜기	ss = 6
어휘	ss = 6	퍼즐	ss = 3

작업기억	
WISC-Ⅴ 작업기억 지표	SS = 67
숫자	ss = 3
그림기억	ss = 5

처리속도	
WISC-Ⅴ 처리속도 지수	SS = 60
기호쓰기	ss = 2
동형찾기	ss = 4

적응행동	
ABAS-2	SS = 60
일반적 적응(부모)	ss = 2
일반적 적응(교사)	ss = 4

학습

읽기		*수학*	
기본 읽기 쓰기 능력		*연산과 문제 해결*	
WIAT-Ⅲ 단어 읽기	SS = 85	WIAT-Ⅲ 수치 연산	SS = 65
WIAT-Ⅲ 유사 비단어 해독	SS = 80	수학문제 해결	SS = 68
WIAT-Ⅲ 철자	SS = 75		
읽기 유창성		*수학 유창성*	SS = 58
TOWRE-2 일견 단어 효율성	SS = 74	WIAT-Ⅲ 수학 유창성	
TOWRE-2 음소 해독 효율성	SS = 72		
GORT-5 유창성	ss = 3		
읽기 이해			
GORT-5 이해	ss = 4		

구어

음운적 처리/이름대기 속도		구어기억	
CTOPP-2 발음 생략	ss = 5	WRAML-2 구어 학습	ss = 5
CTOPP-2 비언어 반복	ss = 3	WRAML-2 구어 학습 지연	ss = 6
CTOPP-2 빠른 기호 이름화	SS = 65	WRAML-2 이야기 기억	ss = 7
		WRAML-2 이야기 기억 지연	ss = 7

구문론과 의미론

CELF-5 핵심 언어	SS = 68
문장 이해	ss = 4
단어 구조	ss = 5
공식화된 문장	ss = 6
문장 기억하기	ss = 2
PPVT-4	SS = 80

시각-운동 기술

Beery VMI-6	SS = 58

주의와 실행 기능

실행 기능

		주의	
밴더빌트 부주의	RS = 7	Gordon 진단 체계	
부모	RS = 6	경계 총계 수정(Vigilance	z = -0.8
교사		Total Correct)	
밴더빌트 과잉행동/충동성	RS = 8	경계 총계 의뢰(Vigilance	z = -3.6
부모	RS = 8	Total Commissions)	
교사		ToLDX-2	
BRIEF-2(부모)	T = 80	전체 동작	SS = 62
Global Executive Composite		규칙 위반	SS = 62
		전체 문제해결 시간	SS ≤ 60

사회적 의사소통

SCQ RS = 10

주: SCQ, 사회적 의사소통 설문지. 기타 약어는 〈표 14-1〉을 참조.

논의

이 평가의 권고 사항 중 하나는 윌에게 유전자 검사를 받게 하는 것이었는데, 그의 행동 표현형과 신체적 특성이 취약 X 증후군의 특징이었기 때문이다. 특징적인 행동 표현형에는 언어 지연, 과잉행동, 무관심, 자폐 같은 특징(예: 눈맞춤에 어려움이 있는 것, 손과 관련된 상동 행동, 반복적인 행동), 수줍음과 사회적 불안, 자극에 대한 과민성

등이 있다. 기술한 바와 같이 윌의 이력은 이러한 특징들을 많이 포함하고 있었다. 윌은 또한 긴 얼굴, 두드러진 귀, 두드러진 턱, 과도하게 확장 가능한 손가락 관절 등 취약 X 증후군과 일치하는 신체적인 특징을 보였다. 유전자 검사 결과 취약 X 증후군으로의 진단이 확인됐다. 윌은 모자이크(mosaic) 패턴을 보이는데, 그의 세포 중 일부는 전돌연변이(premutation)를 가지고 있고 나머지 세포들은 돌연변이를 가지고 있다. 따라서 그의 세포 일부는 FMRP를 생성할 수 있다. 그 결과, 메틸화(methylation)에 의해 비활성화된, 완전한 돌연변이를 가진 전형적인 남아처럼 심각하게 영향을 받지는 않았다. 가장 영향을 많이 받은 집단의 평균 IQ는 일반적으로 중도 지적장애의 범위에 속하는 반면, 모자이크 패턴이 있는 남자들의 평균 IQ는 일반적으로 경도 지적장애의 범위에 속한다.

윌은 사회적 의사소통 기술에 어려움을 보이기에, 이 사례의 중요한 배제 조건은 자폐스펙트럼장애였다. 윌이 자폐스펙트럼장애의 몇몇 특징을 보이긴 하지만, 그의 사회적 의사소통 설문지(Social Communication Questionnaire) 점수는 자폐 선별검사의 절단값 아래였다. 이 결과는 그가 다른 아이들과 관계를 맺고 눈맞춤을 하는 데 어려움을 보이지만, 다른 아이들에게 관심을 보이고 그들과 교류하고 싶은 동기가 있는 것 같다는 그의 부모의 보고와 일치한다.

윌의 지능 전체 점수와 적응행동 점수는 경도 지적장애와 일치한다. 검사 배터리의 한 검사 안에서 그리고 다른 검사 간에는 어느 정도의 변동성이 있지만, 일반적으로 결과는 언어, 시공간 기술, 유동추론, 처리속도, 주의력, 실행 기능에 영향을 미치는 광범위한 신경심리 기능장애를 볼 수 있다.

비록 점수의 패턴이 몇 가지 강점과 약점을 나타내긴 했지만, 윌의 학업 능력은 전반적으로 그의 인지 능력과 일치했다. 취약 X 증후군은 수학에서 빈번하게 어려움을 겪는데, 윌의 점수에서도 이러한 패턴이 뚜렷이 나타난다. 이와는 대조적으로, 윌은 한 단어 읽기와 철자 쓰기에서 상대적인 강점을 보인다.

윌은 말-언어 지연의 이력이 있고, 언어 기초 임상 평가-5판(CELF-5)에서 언어의 구조와 내용을 이해하는 데에 지속적인 어려움을 보인다. 행동 관찰에서도 윌이 언어의 화용론에 약점이 있다는 것을 보여 준다. 그는 단어, 구절, 주제를 집요하게 반복하며, 주제를 유지하는 데 서투르다. 전형적인 취약 X 증후군의 신경심리학적 프로파일과 동일하게, 윌은 이야기와 같이 더 의미 있는 정보를 기억할 수 있는 것에 비해 단기 청각 기억력[예: WISC-IV Digit Span, 음운 처리 종합 시험-2판(Comprehensive Test of Phonological Processing, second Edition: CTOPP-2), Nonword Repetition, 언어 기초 임상 평가-5판(CELF-5 Recalling Sentences)]에 어려움을 보인다. 또한, 윌은 한 단어 수용 어휘 검사인 피바디 그림 어휘력 검사-4판(PPVT-4)에서 상대적인 강점을 보였다.

취약 X 증후군은 종종 실행기능 결손을 보이는데 이는 부주의, 과잉행동, 충동성, 전환의 어려움과 같은 취약 X 증후군의 몇몇 행동 문제 특성과 일치한다. 이러한 행동 특성이 ADHD의 증상과 상당히 중복되기에, ADHD 설문지에 대한 윌의 부모와 교사들의 평가가 ADHD 진단에 대한 증상 임계값을 충족했다는 것은 놀라운 일이 아니다. 사실 윌은 ADHD 약물을 복용하기 시작했고, 그 효과가 있었다. 윌의 실행 기능 검사 수행 결과, 계획하기, 행동 억제하기, 정신적 유연성에 결함이 있는 것으로 나타났다(ToLDX, Gordon Diagnostic System). 또한, 매일의 환경에서의 실행 기능에 대한 부모 설문지에서(Behavior Rating Inventory of Executive Function-Second Edition: BRIEF-2), 부모는 모든 하위 척도에서 임상적인 상승을 보고했다.

결론적으로 윌은 경도 지적장애가 있는 취약 X증후군 아동이다. 그는 모자이크 유전 패턴을 보이기 때문에, 취약 X 증후군을 가진 일부 남자아이들처럼 심각하게 영향을 받지 않았다. 그는 취약 X 증후군의 특징인 몇 가지 행동적·신체적·신경심리적 특징을 보인다.

예방

원인론에 따라 어떤 형태의 지적장애는 예방이 가능하다. 물론 태아 시기의 알코올 노출로 인한 모든 지적장애 사례(다른 테라토균도 포함)도 다양한 이유로 그 실현 가능성이 낮지만, 이론적으로는 예방이 가능하다. 가장 인상적인 예방 연구 중 하나는 1972년부터 시작된 집중적인 초기 중재 서비스의 무작위로 통제된 시도인(randomized controlled trial: RCT) 에이비시데리언 프로젝트(Abecedarian Project)다. 신생아들은 빈곤과 부모의 낮은 교육수준 등 여러 환경 위험 요인을 바탕으로 연구에 등록되었지만, 알려진 유전적 지적장애 증후군이나 잘 알려진 신경발달장애를 가진 아동은 없었다. 치료 집단은 조기 교육, 소아과에서의 돌봄, 가족의 사회적 지원 등 수준 높고 조정된 서비스를 받았다. 비교 집단은 영양 보충제, 사회적인 서비스, 저렴한 소아과 치료를 받았다. 치료 집단의 아이들은 18개월부터 시작하여 21세까지 훨씬 더 높은 IQ 점수를 보였다. IQ 차이는 거의 1 표준편차에 가까웠는데, 이는 치료 집단의 아이들은 거의 지적장애의 절단점 아래에 위치하지 않았다는 것을 의미한다. 따라서 최상의 조기 중재는 주로 환경적인 원인론으로 인한 지적장애의 일부 사례를 예방할 수 있다(Ramey, Ramey, & Lanzi, 2007).

몇 가지 유전적 형태를 기반으로 하는 지적장애, 특히 신진대사 장애는 적절한 의학적 치료법을 통해 예방될 수 있다. 아마도 가장 좋은 예는 페닐케톤뇨증일 것이다. 페닐케톤뇨증 유전자를 가진 아이들은 페닐알라닌을 대사시킬 효소가 부족하다. 만약 그들이 일반적인 식단을 따른다면, 이로 인한 뇌의 손상은 필연적으로 지적장애로 이어진다. 하지만 유아일 때 일찍 발견되고 제한된 식단을 먹이면, 정상인 IQ를 가질 수 있다. 현재 미국에서 태어난 모든 신생아들은 페닐케톤뇨증 검사를 받으며, 수천 건의 지적장애가 예방된 것으로 추정된다(국립보건원, 2000).

치료

일반적으로 지적장애 치료는 핵심적인 기저의 지적 결손을 해결하는 것이 아니라, 관련된 문제를 줄이고 적응 기능을 개선함으로써 삶의 질을 향상시키는 것을 목표로 한다(Hartley, Horrell, & Maclean, 2007). 지적장애의 치료에서 조기에 발견한 중요한 점은 시설화의 실패를 우려한 것이다. 자신의 집에서 양육된 지적으로 장애가 있는 사람들과 비교할 때, 시설에서 자란 사람들은 기대수명 단축을 포함하여 저조한 결과를 보였다(Centerwall & Centerwall, 1960; Dupont, Vaeth, & Videbech, 1986; Shotwell & Shipe, 1964). 이러한 발견은 따라서 지적장애인이 현재 개인 주택이나 지역사회 기반의 그룹홈에서 생활할 확률이 높을 정도로 실천적인 변화를 가져왔다. 이러한 지역사회 기반의 그룹홈은 대부분 대규모 시설보다는 훨씬 나은 환경을 제공하지만, 그룹홈에서 생활하는 것이 반독립적인(semi-independent) 생활보다 선호된다는 증거는 거의 없다. 예를 들어, 한 연구에서는 반독립적으로 사는 성인들과 그룹홈에 거주하는 성인들을 비교했을 때 결과의 차이가 거의 없다는 것을 발견했다. 연구자들이 기존 능력의 차이를 통제한 후에도 그들은 반독립적으로 사는 것을 선호했다(Stancliffe & Keane, 2000). 그러한 발견은 그룹홈이 더 높은 비용이 들기 때문에 상당한 대중적인 정책적 시사점을 가지고 있다.

연방의 권한에 의해, 생애 첫 5년 동안 전반적인 발달지체를 보이는 아동은 조기 중재 서비스를 이용할 수 있다. 일단 아동이 식별되면, 세 살까지는 집에서(가족에게 무상으로), 다섯 살까지는 공립학교의 지역구(public school district)를 통해서 서비스를 받을 수 있다. 비록 결과가 제공자나 부모들이 바라는 것처럼 극적이거나 오래 지속되지 않은 경우도 있지만, 조기 중재는 일반적으로 긍정적인 결과와 관련이 있다. 효과적인 치료로서 조기 중재에 대한 증거는 빈곤이나 미성숙과 같은 환경적 요인으로 인해 지적장애의 위험에 처한 아이들일 때 가장 강력하다(Ramey et al., 2007). 유전적인 지적장애 증후군을 가진 아이들에게도 조기 중재는 긍정적인 효과를 가져올 수 있지만, 이는 오래 유지되는 지능의 변화라기보다는 학습의 결과나 폭넓은 가족 기능과 관련 있을 가능성이 더 높다(Hinees & Bennett, 1996).

취약 X 증후군이나 다운증후군과 같은 지적장애 증후군에서 유전적 경로에 대한 더 나은 이해는 취약 X 증후군에서 글루타메이트(glutamate) 신호를 표적으로 하는 약이나 다운증후군에서 콜린성(cholinegic) 신호를 표적으로 하는 약과 같은 합리적인 약물치료로 이어질 수 있다는 희망이 있었다. 초기 동물 임상실험에서의 유망한 결과에도 불구하고, 사람을 대상으로 한 임상실험은 지금까지 성공하지 못했다 (Erickson et al., 2017; Fernandez & Edgin, 2016 참조).

지적장애 아동은 일반적으로 작업치료와 물리치료, 말-언어 서비스, 특수교육, 행동 중재를 포함한 다양한 지지적 행동 중재를 받는다. 지난 10년 동안, 지적장애에서 이러한 행동 중재에 대한 증거기반실제가 확장되었지만, 난독증이나 ADHD와 같은 학습 장애군에 비해 치료의 RCT가 적다는 것에 주목할 필요가 있다. 예를 들어, 지적장애를 가진 성인의 정신건강 문제에 대한 중재를 체계적으로 검토하는 과정에서, Koslowski 등(2016)은 전체 문헌 중 정신건강, 행동 문제, 삶의 질에 대한 생물학적, 시스템 및 심리치료를 다루는 통제된 연구를 단 12편만 발견했다. 지적장애와 다른 학습 장애 치료 문헌 간의 이러한 불일치는 향후 지적장애 치료 연구를 위해 더 노력해야 함을 시사한다. 다음부터 우리는 정신건강, 인지, 말-언어, 신체 활동과 같은 여러 기능 영역에서 수행된 RCT의 샘플링을 검토하였다.

정신건강

지적장애인은 불안이나 우울 같은 내재화 장애와 ADHD 같은 외현화 장애를 포함한 정신병리적 위험이 더 높다. 유병률 추정치는 매우 다양하지만, 지적장애 아동은 아마도 정상 범주의 지적 능력을 가진 아동보다 정신질환을 가질 가능성이 4~5배 더 높다(Matson & Laud, 2007). 이러한 이중 진단(dual diagnosis)을 위해서는 지적장애인들을 사정하고 치료하는 것이 중요하다.

과거에는 지적장애인들을 대상으로 하는 대화 요법(talk therapies)의 효과성에 대해 회의적인 시각이 있었고, 이러한 우려는 생각과 감정을 연결하는 데 있어서 추상화 수준이 필요한 인지행동(CBT) 기반의 치료로 확대되었다. 최근에는 CBT를 지적장애인의 발달 수준에 맞게 조정할 수 있다는 증거가 등장하고 있다. 예를 들어, 기분장애가 있는 성인 지적장애인을 대상으로 하는 매뉴얼화된 CBT 프로토콜은 최근의 RCT 실현 가능성에 대해 고무적인 성과를 보여 주었다(Hassiotis et al., 2011, 2013). 치료집단과 통제 집단에서 전반적인 집단 간의 차이가 없었던 반면에, 치료는 우울이 있다고 선별된 참가자들에게서 긍정적인 경향을 나타냈다(Hassiotis et al., 2013). 이러한 결과는 CBT를 지적장애인에게 맞게 조정할 수 있고, 특히 우울증을 목표로 하는 대규모의 RCT를 추후 더 연구해야 한다고 제안한다.

또한, ADHD는 지적장애와 공존한다. 선행연구에서는 ADHD만 있는 아동보다 지적장애 아동이 자극제에 대한 약물 반응이 더 나쁠 수 있다고 제안했다(Aman, Buican, & Arnold, 2003). 이러한 발견은 최근 지적장애 아동들에게 메틸페니데이트의 무작위화(randomized), 위약 제어(placebo-controlled), 이중맹검법의(double-blind) 시험을 한 것으로부터 의문을 불러일으켰다(Simonoff et al., 2013). 이 시험에서 저자들은 더 큰 표본(N = 122명)을 포함하여 더 오랜 기간(16주) 동안 최적의 투여 요법을 확립함으로써, 선행연구 설계상의 많은 한계를 지적했다(Simonoff et al., 2013). 결과는 위약(placebo)에 비해 메틸페니데이트가 유의한 효과를 나타내었으며, 효과는 중간 크기인 0.39~0.52였다. IQ는 IQ 30에서 69까지의 표본에서 치료 효과를 완화시키지는 않았다. 따라서 이 연구에서는 표본에서 IQ 범위를 제한했기 때문일 수 있지만, 낮은 IQ가 낮은 치료 반응을 나타낼 것이라는 증거를 찾을 수 없었다. 이 지적장애 모집단(0.39~0.52)과 전형적인 발달을 보이는 ADHD(0.8~0.9) 아이들을 포함한 ADHD 아이들의 복합치료 연구(MTA)에서의 각성제(stimulants)의 효과크기를 비교했을 때, 각성제가 지적장애 집단에 다소 덜 효과적일 수 있다는 점을 확인하였다. 전반적으로, Simonoff 등(2013)은 적절한 양의 각성제를 투여받을 때 임상적으로 지적장애 집단에 유의미한 영향을 미친다는 것을 보여 주며, 따라서 ADHD가 동시에 나타나는 경우 치료를 위해 지속적으로 권고되어야 한다.

지적장애는 공격이나 자해 같은 도전적인 문제행동을 동반하는 경우가 많다. 미국 심리학회는 고도로 구조화된 행동치료인 응용행동분석(ABA)이 지적장애의 문제행동을 실증적으로 지원하는 중재임을 확인했다. 이러한 권고 사항은 영국에서 지적장애에 대한 표준 커뮤니티(standard community) 치료와 표준치료 전문가 행동팀을 비교하는 RCT의 지원을 받는다(Hassiotis et al., 2009). 전문가 행동팀은 ABA를 이용한 치료와 긍정적인 행동 지원을 제공했다. 그 결과, 전문가 행동팀을 추가한 것은 도전적인 행동을 현저하게 감소시켰다(Hassiotis et al., 2009). 이러한 결과는 행동 관리 전략이 도전적인 행동을 가진 지적장애들을 위한 치료 계획을 세우는 것만큼이나 중요하다는 것을 지속적으로 지지한다.

주의-실행 기능

다양한 행동 기법(예: 연산 교수, 명시적 모델링과 작업기억 전략 연습)은 지적장애와 동반된 주의집중이나 실행기능 문제의 잠재적인 치료법으로 연구되었다. 결과는 우리가 이 책의 두 번째 부분인 앞 장에서 연산 교수에 대해 논의했던 것과 상당히 비슷했다. 이러한 기법이 훈련된 작업이나 제한된 작업[예: 근전이(near transfer)]을 약간 개선한다는 증거가 일부 있지만, 이러한 이득이 '실제 세계'의 기능으로 전이된다는 증거는 거의 없다(원전이; F. Conners, Rosenquist, Arnett, Moore, & Hume, 2008; Kirk, Gray, Ellis, Taffe, & Cornish, 2016, 2017; Söderqvist, Nutley, Ottersen, Grill, & Klingberg, 2012).

말-언어

말-언어 발달 연구가 활발하게 이루어진 분야는 일반적인 발달 지연과 제한된 표현 어휘를 보이는 아동을 위한 '환경 의사소통 치료법(MCTs)' 실험이었다(Fey, Yoder, Warren, & Bredin-Oja, 2013; Yoder & Warren, 2002; Yoder, Woynaroski, Fey, & Warren, 2014). 엄격하게 평가된 한 가지 치료 접근방식은 세 가지 요소로 구성된다. 바로 부모를 위한 반응 교육, 전언어적 환경 교육, 그리고 환경 교육이다. 부모와 함께하는 반응 교육은, ① 아이의 놀이나 의사소통 선언(bids)에 반응할 수 있는 기회를 이용하고, ② 아이의 비언어적 의사소통을 언어화하며, ③ 아이가 이끄는 대로 주제를 의미론적으로 확장하고, ④ 아이의 발성을 복사하고 구조를 덧붙이도록 장려한다(즉, 아이가 "개"라고 말하면, 부모는 "그래, 그건 개야"라고 반응하는 것이다; Fey et al., 2013). 전언어적 환경 교육은 임상의가 아이와 상호작용하며 전달한다. 이는 아이의 비언어적 의사소통을 장려하기 위해 설계되었는데, 조정된 시선, 발성, 또는 제스처와 같은 의사소통 선언을 강요하기 위해 환경을 정비하고 일과를 개발하는 방식으로 이루어진다. 일단 아이가 충분한 비언어적 의사소통 기술을 기르고 나면, 치료는 전언어적 의사소통에서 언어적 의사소통으로 초점을 옮기는 환경 교육으로 옮겨 간다. 이 치료법은 5개에서 10개의 단어가 어휘 목표로 선택되는 초기 단계부터 시작하여 다단어 의미관계로 진행된다(Fey et al., 2013).

최근 한 무작위대조연구(RCT)는 다운증후군이 없는 지적장애 영유아를 대상으로 고강도 대 저강도 MCT의 효과를 검증했다(Fey et al., 2013; Yoder et al., 2014). 훈련 효과는 다운증후군 집단에서만 유의했다. 고강도 훈련 집단은 저강도 훈련 집단이 5개의 단어를 생성한 것과 비교하여 평균적으로 17개의 단어를 생성하며 중간 크기의 효과를 보였다(Yoder et al., 2014). 다운증후군 아이들이 심각하고 지속적인 언어 지체를 보인다는 것을 감안하면, 중재의 강도가 높아질수록 어휘 발달이 더 잘 되었다는 사실은 이 집단의 아동들에게 중요한 발견이다. 흥미롭게도, 다운증후군이 아닌 집단에서는 중재 강도의 유의미한 효과가 없었다(Yoder et al., 2014). 저자들은 이러한 결과가 이 지적장애 집단의 영유아들이 이질적 원인을 갖고 있기 때문이라고 추측했다. 저자들은 또한 언어 기반 중재의 복잡성을 보다 광범위하게 지적하였는데, 이는 강도를 높이는 것이 항상 더 나은 결과를 도출하지는 않음을 의미한다(Denton et al., 2011; Ukrainetz, Ross, & Harm, 2009). 따라서 이 연구는 모든 경우에 "더 많은 것이 더 낫다"는 가정에 의문을 제기하였으며, 서로 다른 집단에서 다른 강도의 중재 효과를 경험적으로 검증하는 것이 필요하다고 거듭 강조한다. 두 집단에 걸친 일관되고 흥미로운 발견은 기능적이고 상징적인 놀이를 더 잘하는 영유아들일수록 중재의 강도를 높였을 때 혜택을 더 많이 보았다는 것인데, 이는 아마도 치료에 더 몰입했거나 특정한 언어 기술을 배우는 데 더 '준비'되었기 때문일 것이다.

최근 MCT 접근법의 무작위대조연구(RCT)를 강조하고 있지만, 지적장애를 가진 아동들을 대상으로 하는 초기의 말-언어 중재 관련 연구는 빠르게 발전하고 있다. 예를 들어, 지적장애 아동을 위한 MCT의 유망한 변형과 MCT와 사회-의사소통 중재를 결합한 치료적 접근의 혁신적인 결합이 있으며(Kaiser & Roberts, 2013), 이는 제13장에서 다루었던 JASPER(공동 주의, 상징 놀이, 참여, 규제)이다(Wright, Kaiser, Reikowsky, & Robert, 2013). 또한, 지적장애 아동들의 언어 프로파일이 분명하게 구분되기 때문에, 지적장애 아동들의 원인론적인 하위 집단[즉, 다운증후군 vs. 취약 X 증후군 vs. 윌리엄스 증후군(WS)]의 특정한 요구를 다루는 말-언어 중재의 필요성이 대두되고 있다.

신체적 활동

지적장애 아동들의 신체 발달을 지원하는 연구도 출현하고 있다. 예를 들어, 가정용 러닝머신 훈련 프로그램은 다운증후군 유아들의 대근육 운동 발달을 촉진하는 물리치료에 도움이 되는 도구로 보인다(Ulrich, Lloyd, Tiernan, Looper, & Angulo-Barroso, 2008; Wu, Looper, Ulrich, Ulrich, & Angulo-Barroso, 2007). 부모들은 러닝머신 위를 걸을 때 걸음마 전의 유아들을 지원하는 방법에 대해 교육 받았다. 저강도 집단에 비해 더 높은 강도의 러닝머신 훈련을 받은 유아들은 훈련된 작업을 더 잘 수행했을 뿐만 아니라 대근육 발달(예: 독립적인 걷기) 시기도 빨라졌다.

요약

지적장애의 치료 접근에 대한 증거 기반 실제는 지난 10년간 분명히 발전했으며 임상 실무를 지도할 수 있는 보다 엄격한 연구설계를 포함시켰다. 그러나 지적장애 치료 문헌은 다른 학습상의 장애 문헌에 비해 뒤떨어지고 있으며, 지적장애인의 다양한 요구를 충족시키기 위한 최선의 치료 접근법과 관련하여 근본적인 질문에 답하기 위해, 엄격한 대규모 실험설계를 지원하는 추가적인 자금을 후원받을 수 있다.

〈표 14-3〉은 지적장애에 대한 현재 연구와 증거 기반 실제를 요약한 것이다.

〈표 14-3〉 요약 표: 지적장애

정의
- DSM-5에는 3개의 진단 기준이 있음: 지적 기능상의 어려움(70 ± 5), 적응행동상의 어려움, 발달 기간 중에 발생함.
- DSM-5는 적응 기능의 심각성을 정의하였음.
- 적응행동상의 어려움은 DSM-5 정의에서 가장 잘 정의되지 않았음.

유병률과 역학
- IQ(2 표준편차 이하), 적응행동, 발달상의 기준을 함께 고려하였을 때 일반 인구의 약 1~3%를 차지하며, 대부분은 경도 지적장애를 가지고 있음.
- 지적장애는 남성에게 더 흔함: 경도 지적장애의 경우 ~1.6/1이고 중도 지적장애의 경우 ~1.2/1 정도임.
- 지적장애가 남성에게 더 흔한 것은 부분적으로 X와 관련된 지적장애 증후군 때문이며 이것은 남성에게 차별적으로 영향을 미침. 취약 X 증후군이 X와 관련된 가장 흔한 지적장애 증후군에 해당함.
- 이중 진단(dual diagnosis)이 흔하며, 특히 ADHD의 경우 지적장애와 자주 동반됨.

비증후군성(nonsyndromal) 지적장애의 병인론
- IQ 분포의 낮은 꼬리는 다봉분포의 형태이며, 경도 지적장애는 가족의 유전적인 영향과 환경적 영향을 크게 받고, 중등도 및 중도 지적장애는 비가족적인 영향을 크게 받음.
- IQ의 유전력은 대략적으로 .50임. IQ 유전성은 전체 점수의 분포에서 일정하게 나타나며, 중등도 및 중도 지적장애에서는 예외임.
- 선행연구에서 IQ는 SES가 낮은 가구에서 유전력이 낮다는 것이 밝혀졌지만(SES-유전 상호작용), 대규모로 실시한 연구에서 이러한 점을 찾지 못했으며, SES가 낮은 가구에서는 공유된 환경적 영향을 더 많이 받는다는 것을 밝혔다(SES-공유된 환경 상호작용).

다운증후군의 병인론
- 다운증후군은 지적장애의 가장 흔한 형태이며 유전적인 원인이 있다고 알려져 있음.
- 다운증후군의 표현형에 연루된 염색체 21번의 부위를 조사하는 작업에서 성과가 있었음. 염색체 21번에서 지적장애와 관련된 하나 이상의 부위를 발견했고, APP 유전자는 치매 초기 발현형과 연루됨.
- 다운증후군의 인지적 능력(언어적 단기기억과 언어, 일화적 장기기억, 실행 기능)은 정신연령에 비해 낮음.
- 인지 발달 속도가 지체되며, 성장에 따른 IQ 표준점수에서의 하락으로 나타남.
- 다운증후군의 신경학적 표현형은, ① 소두증, ② 차별적으로 적은 소뇌, 해마, 전액골 피질(PFC) 용량이며, PFC는 뇌에서 차지하는 용량이 정확하게 정해진 것은 아니기는 함.
- 다운증후군, 취약 X 증후군, 윌리엄스 증후군(WS)은 시냅스 가소성이 원활하지 않다는 증거가 있으며, 특히 장기강화작용과 장기우울증(장기저하) 간의 불균형이 존재함. 이는 지적장애에서 장기기억과 학습상의 결손에 대한 신경생리학적 설명을 제공할 수 있음.

취약 X 증후군의 병인론

- 취약 X 증후군이 있는 사람들은 종종 자폐와 사회불안 증상을 보임.
- 취약 X 증후군은 지적장애의 가장 흔한 유전적인 형태임.
- 취약 X 증후군은 X염색체의 FMR1 유전자의 붕괴로 인한 단일유전자질환임.
- 취약 X 증후군가 X염색체와 관련되어 있기 때문에, 남성들이 여성에 비해 더 빈번하고 심각하게 영향을 받음.
- FMR1의 유전자 산물은 FMRP라고 불리며 가지돌기 가시(dendritic spine)의 성숙, 시냅스 생성(synaptogenesis), 수상돌기와 시냅스의 가지치기에 포함되어 있음.
- 단지 단일 유전자가 영향을 받음에도 불구하고, 장애의 유전적 메커니즘은 복잡하며 후생유전(epigenetic)과 부모의 기원 효과(origin effects)를 포함함.
- 취약 X 증후군의 신경해부학적 표현형은 작은 [소뇌충부(cerebellar vermis)]와 큰 뇌 구조[선조체(striatal-frontal)] 모두를 포함.
- 취약 X 증후군의 신경심리학적 표현형은 연령에 따른 IQ의 하락, 실행 기능에서의 명백한 결손, 장기기억에서의 결손을 포함.

윌리엄스 증후군의 병인론

- 윌리엄스 증후군은 '과도하게 사회적'이라고 묘사됨. 이들은 상대적으로 언어 처리에 강점을 보이고 시공간 처리에 약점을 보이는 경향이 있음.
- 윌리엄스 증후군은 다운증후군나 취약 X 증후군에 비해 낮은 유병률을 보이며(7,500명당 1명) 주로 가족력이 없음.
- 윌리엄스 증후군은 간헐적이고, 지속적인 7번 염색체(7q11.23)의 미세결실에 의해 발생하며, 이는 약 25개의 유전자를 포함함.
- 표현형에 영향을 받은 유전자들을 매핑(mapping)하는 작업에서 성과가 있었음. ELN은 심장 표현형에 연루되고 LIMK1, CYLN2, GTF2I, GTF2IRD1은 인지 표현형에 가장 빈번하게 연루됨.
- 정수리 소엽, 정수리 내 고랑, 후두엽에서의 구체적인 감소와 함께 전반적인 소두증을 포함하는 뇌의 구조적인 변형이 윌리엄스 증후군에서 관찰됨.
- 화를 내거나 두려운 표정일 때 해마 활동, 두정엽에서의 배측 경로 활동(등쪽, dorsal stream activity), 편도체 활성화에서의 감소를 포함하는 뇌의 기능적인 변형도 관찰됨. 후자의 두 연구 결과는 윌리엄스 증후군의 일반적인 특징인 시공간 처리 결함과 사회적 억제에 매핑됨.
- 신경심리학적 표현형은 평균이고 안정적인 IQ가 ~60이고, 시공간 처리에 결함이 있으며, 언어는 전반적으로 정신연령과 일치한다는 특성을 보이는데, 구체 어휘(concrete vocabulary)와 언어적 단기기억에 상대적인 강점을 보이고, 작업기억과 언어적 및 공간적 장기기억에 결함이 있음.

진단

- 말-언어와 학습 지연의 문제로 주로 의뢰됨.
- 초기의 발달사는 지연된 발달 지표, 유아기에서의 정서적인 조절장애, 추상적 놀이의 지연, 적응 지연을 포함할 가능성이 높음.

- 면밀한 발달사 검토 외에도 진단 시 개인 지능 표준화 검사 결과(IQ)와 적응행동의 측정을 필요로 함.

예방
- 양질의 조기 중재가 주로 환경적인 원인으로 인한 지적장애의 사례를 예방할 수 있음.
- 일부 유전적인 형태에 기반한 지적장애는 신진대사 장애이며, 적절한 의료적 처치로 예방할 수 있음.

중재
- 지적장애에서의 증거 기반 중재는 지난 10년간 발전하였음.
- 지적장애 보호시설 거주는 효과적인 처치가 아닐 수 있으며 일반적으로 더 부정적 결과를 나타냄.
- 지적장애 증후군에 포함된 유전적 경로에 대한 지식의 증가는 약물치료의 발달로 이어졌음. 그러나 현재까지 사람을 대상으로 한 임상 시도는 성공적이지 못했음.
- CBT는 발달 수준에 맞게 조정될 수 있으며 우울증에 긍정적인 결과를 보임.
- 지적장애 공존 집단에서도 각성제는 ADHD 치료에 긍정적인 효과를 보임. 효과크기는 ADHD만 있는 아동에 비해 상대적으로 작을 수 있지만, 여전히 의미 있는 임상 효과를 보임.
- 응용행동분석(ABA)은 고도로 구조화된 행동치료이며 지적장애의 문제행동을 경험과학적으로 지원하는 중재임.
- 환경(Milieu) 의사소통 치료는 지적장애 아동의 언어 기술을 증진하기 위해 만들어짐. 최근의 무작위대조실험(RCT)에서 다운증후군 유아들에게 긍정적인 효과를 보임.

결론

이 책의 목표는 학습 장애에 대한 현재 과학적 지식을 검토하고, 어떻게 이러한 지식을 최상의 실천으로 이끌어 낼 수 있는가에 대한 설명을 하는 것이다. 이러한 전환은 새로운 과학적 질문으로 이어지게 되고, 이 책에 서문에서 밝힌 선순환적 지식 체계가 된다. 이러한 목표를 잘 달성한다면, 현재 과학적 지식과 학습 장애 연구와 실제의 가장 중요한 미래 방향에 대하여 어떤 결론을 얻을 수 있을까? 이러한 질문에 답하기 위하여 다음 주제에 대하여 논의하고자 한다. ① 다층 프레임(Multilevel Framework), ② 4가지 분석 수준에 미래 연구 방향, ③ 과학적 연구를 실천으로 전환할 때 우선순위 정하기

● ● ●

다층 프레임(모델)의 타당성

제1장에서 설명한 바와 같이, 학습 장애 발현 과정을 설명하기 위하여, 네 개의 분석 수준(① 병인론, ② 뇌 메커니즘, ③ 신경심리학, ④ 증상을 포함하는 다층 프레임)을 활용하였다. 이러한 프레임은 학습 장애에만 국한되어 적용되는 것은 아니다. 오히려 이 프레임은 정신과 질환과 신경학적 장애를 포함하는 다양한 행동장애 영역에서 타

당하게 적용된다(Pennington, 2014). 실제로 이 프레임은 약간의 수정을 하게 되면 다양한 의료적 장애 영역에 타당하게 적용이 가능하다. 예를 들면, 암과 같은 행동장애가 아닌 것에는 ②수준에서 뇌 메커니즘을 해부학적 신체 구조로 바꾸고, ③수준에서 신경심리학을 병리생리학으로 바꾸면 적용이 가능하다. 그러므로 우리는 다학제 접근을 수용하고 소위 '의학적 모델'로 학습 장애 발현과 발달을 이해하고자 한다. 이와 같은 4개의 분석 수준을 포함하여야 다양한 장애뿐만 아니라 일반적인 신체 및 심리 발달에 대한 과학적 지식을 얻을 수 있을 것이다.

이러한 다학제 접근을 이해하려면 이 책의 독자나 연구자는 자신의 기존 프레임에서 벗어나야 할 것이다. 어느 개별 연구자도 이러한 4개의 모든 수준에서 전문가가 되지 못하는 것도 사실이다. 예를 들면, 어떤 행동과학 연구자도 어떻게 뇌 신경세포의 섬모(cilia)가 언어 및 읽기 발달에 영향을 미치는지 잘 알기 어렵다. 두 개의 수준을 연결하려고 해도, 각각 수준의 핵심 구성 요소가 직접적으로 서로 비교 가능하지 않고 어울리지 않기 때문에 우리는 이러한 두 개의 수준 사이를 연결할 수 있는 중간 단계의 이론적 구성 요소가 필요하다.

이렇게 각각 분석 수준에 핵심 구성 요소가 따로 있다는 것을 인식하고, 우리는 분석 수준을 연결하려는 시도를 하고자 한다. 제4장에서 언급한 바와 같이, 신경 망(neural network) 모델이 뇌 메커니즘과 신경심리학을 연결하는 구인으로 제시된다. 우리는 또한 원인론(유전, 환경, 상호작용)과 뇌 발달을 연결하기 위한 구인이 필요한데 이는 발달 생물학에서 제시될 수 있다. 급증하는 유전학 분야도 타당하다. 학습 및 행동장애에 대한 다학제 연구로 점차 진행되려면, 각 분석 수준의 연구자가 자신의 기존 프레임과 구인을 재정의하거나 심지어 버릴 준비가 되어야 한다. 특정한 행동 장애의 발달을 이해하려면 각 수준에서 발견된 많은 세부 사항 중에서 일부를 추상화하여야 한다. 우리는 모든 뉴런과 시냅스를 맵핑하고 파악할 수 있어도 현재의 지식 수준으로는 어떻게 그들 간의 상호작용이 행동으로 나타나는지 알 수 없다. 우리는 특정한 유전자, 신경전달물질, 시냅스 집단, 뉴런 등을 실험적으로 조작할 수 있고 그러한 조작으로 이상 행동이 발현된다는 것을 알아내더라도 여전히 특정한 이상 행동에 대한 완전한 이해와 설명을 할 수 없다. Krakuer와 동료들(2017)은 이러한 쟁점을 논의하였고 생물학적 원인에서 행동까지 완벽하게 이해하기 위하여 자세한 심리학적 분석이 왜 필요한지를 설명하였다.

그러므로 이 책에서 제시한 네 가지 수준의 분석 프레임이 전반적으로 타당하지만 각 수준을 연결하는 방법이 없다면 어떤 행동장애에 대해서도 완전한 설명을 하기 어려운 것도 사실이다. 이러한 방법은 특정한 분석 수준에서 연구의 발전으로 인하여 새로운 연구 초점을 다른 수준에까지 확장하는 반복적인 과정을 촉진할 것이다.

각 분석 수준에서의 미래 발전 방향

원인론

학제간 접근의 좋은 실례는 학습 장애군과 다른 행동장애군에서 광범위하게 관찰되는 공존장애 연구에서 발견될 수 있다. 증상과 신경심리학 분석 수준에서의 연구는 공존장애에 대항 우리의 이해를 높였으며, 행동 및 분자 유전학 연구를 통하여 공존장애를 유발하는 데 공유 유전자(공통 일반 'generalist' 유전자)가 가장 주도적인 역할을 한다는 것을 알게 되었다. 그러므로 향후 연구는 이러한 공유 유전자를 확인하는 데 우선적으로 진행하게 된다.

이 책을 읽어 본 이들 중에서 회의적 시각을 가진 독자는 다음과 같은 질문을 할 수 있다. "행동장애에 대한 분자 유전학 연구를 왜 계속하는가? 행동장애군이 워낙 다원 발생적이기에 특정한 장애의 분산 설명량 중에서도 아주 작은 부분을 설명할 수 있는 단일한 위험 인자를 판별하는 데에도 쓸데없이 매우 많은 표집이 필요하게 된다." 이러한 질문은 일견 타당하다. 그러나 단일한 유전자 판별이 전집의 전체 분산에 대해서 매우 작은 설명량을 가지더라도 혹은 매우 적은 사례에서 주로 효과를 보이더라도 여전히 중대한 통찰을 제공할 수 있다. 이러한 통찰은 바로 특정 장애의 생물학적 경로가 되거나 새로운 유전자 발견으로 이르게 된다. 한 가지 사례는 유전자 판별이 시냅스 가소성을 포함하여 특정한 경로로 합쳐지는 자폐성장애 영역에서 나타난다. 단일 유전자 판별이 특정한 행동장애의 유전자 프로파일에 어느 정도 기여하는 것과 동시에 각각 유전자는 특정한 행동장애와 관련되어 문제가 생긴 생물학적 경로를 이해하는 단서가 된다.

뇌 메커니즘

뇌 메커니즘 분석 수준에서 매우 상반된 연구 결과들이 나타났으며, 이 혼란에는 다음과 같은 세 가지 이유가 있다. 첫째, 연구의 질이 보장되지 않는 초기 유전학 상관관계 연구에서 많은 상반된 결과를 제시하였다. 같은 맥락에서 학습 장애를 비롯한 임상 집단을 연구한 초기 신경 영상 연구도 부족하였다. 그리하여 우리는 최근 메타분석 연구와 대규모 표집 연구에 주목하였다. 둘째 유전학 상관관계 연구들에서 나타난 문제로서, 탐색적 연구 결과와 확인적 연구 결과를 구분하지 않았다. 이는 뇌-행동 인과관계에 대한 강력한 이론이 개발되지 않았다는 커다란 문제와 같은 맥락이다. 특정한 가설을 설정하기 위하여 이론이 필요하다. 셋째, 신경 영상 기법이 매우 빠르게 발달하고 있다. 유전학 분야와 마찬가지로 신경 영상 분야도 대규모 협동 연구로 나아가고 있고, 연구 결과를 반복검증할 수 있도록 발전할 것이다.

이러한 이유들과 더불어, 유전학 연구가 공유 유전자를 검증하는 것을 통하여 발전한 것과 같이 신경 영상 연구도 공존장애를 공유하는 신경 영상 표현형을 검증하는 것을 통하여 발전할 것이다.

신경심리학

신경심리학 수준에서 사용되는 방법론은 이 책이 출판된 이후에도 변화하고 있고, 이 분야는 보다 발전하여 학습 장애군의 각 장애의 핵심 연구 결과가 점차 수렴하고 있다. 그럼에도 불구하고 아직도 많은 의문점이 해결되지 않고 남아 있다. 학습 장애에 대한 단일한 인지-결손 모델이 적합하지 않은 것은 확실하지만, 우리는 이 책에서 다룬 여러 가지 학습 장애 중에서 매우 작은 영역에서만 적합한 중다-결손 모델을 가지고 있다. 이론적 진전이 가장 많이 이루어진 영역은 아마도 난독증이며 이에 대하여 비교적 적합한 중다-결손 모델을 가지고 있다. 이와는 대조적으로 중다-결손 모델은 자폐증 영역에서는 거의 검증이 이루어지지 않고 있으며, 자폐증에 대한 신경심리학도 여전히 모호하다. 제13장에서 자폐스펙트럼장애(ASD)를 다룰 때, Brunsdon과 Happé(2013)은 중다-결손 모델을 제안하였다. 왜냐하면 이 장애를 정의하는 사회적 특징과 상동 행동 증상은 다른 분리된 원인론을 가지고 있을 수 있다는 것이다. 주의력결핍 과잉행동장애(ADHD)는 신경심리학적 이해 수준으로 본다면 난독증과 자폐증 중간 정도에 해당한다. 즉, 억제의 결손(deficit in inhibition)과 같이 핵심 신경심리학 구인에 대한 합의가 이루어졌지만 ADHD 증상의 다양한 측면에 대한 정리된 신경심리학적 구인들은 여전히 필요하다. 이외에 정서 조절의 결손(deficit in emotion reguluation)이라는 핵심 구인에 대한 합의가 나타나고 있지만 여전히 ADHD의 중다-결손 모델 안에서 억제와 정서조절을 같이 검증하는 시도는 거의 없다.

자폐증과 ADHD에 대한 적합한 신경심리학적 모델을 제공하는 것이 더딘 이유로는 정신의학의 기본적 정의 문제에서 비롯된 것으로 보인다. 즉, 이러한 장애는 인지검사 결과(예를 들면 난독증의 경우)보다는 행동 증상들로 정의하게 되기 때문에, 인지심리학적 원인이나 생물학적 원인보다는 훨씬 이질적인 특징들을 지니게 된다. 이러한 문제의식에 근거하여, Insel과 동료들(2010)은 연구 진단 준거(Research Diagnostic Criteria: RDoC) 프레임을 제안하였는데, 이는 DSM-5이나 이전 버전에서 보이는 증상 수준 분석 대신 생물학적 지표(biomarker) 연구에 근거한 것이다.

그러나 제13장과 제14장에서 논의하였듯이 신경심리학적 분석 수준에서 매우 커다란 난점은 지적장애와 자폐스펙트럼장애와 같은 전반적 장애(pervasive disorders)로서 전반적으로 인지 영역뿐만 아니라 사회, 운동, 적응 행동상의 결손이 나타나는 것이다. 다양한 결손으로 인하여 이러한 전반적 장애를 설명할 수 있는 간결한 신경심리학 모델을 개발하는 것이 매우 어렵다. 제4장에 제시하였듯이 이러한 장애들은 신경심리학을 넘어서 뇌 메커니즘을 행동으로 연결하는 신경컴퓨팅 분석 수준까지 필요할 것이다. 장기상승작용(long-term potentiation)과 장기 우울(long-term depression) 사이의 부조화 같이 지적장애에 대한 통합적 뇌 설명 모델이 제14장에 제시되었다. 그러나 자폐스펙트럼장애에 대하여서는 여전히 통합적 뇌 설명 모델이 제안된 바 없다.

증상

학습 장애군에 대한 진단 정의가 여전히 지속적으로 진화하고 있지만, 우리는 이 책에 제시된 각 학습 장애와 이들의 공존장애에 대하여 현재 제시된 진단의 신뢰도와 타당도에 대한 충분한 근거를 가지고 있다. 그럼에도 불구하고 앞으로 기저 메커니즘을 더 발견하게 되면, 진단 정의들이 더 합쳐지거나 분리되어 정리될 것이다. 합쳐지는 영역의 예로는 철자 장애가 난독증으로 편입될 수 있고, 쓰기장애로 독립적인 장애 영역으로서 변별 타당도를 확보하지 못하고 있다는 것을 제6장에서 제시한 바 있다. 분리하는 장애 영역을 지지하기 위하여 이 책에 제시된 각 학습 장애의 신뢰도와 타당도가 확보된 하위 유형이 있는지 검증해야 한다. 지금까지 우리의 검증하에서는 어느 것도 하위 유형을 타당하게 제시하지 못하고 있다. 이 하위 유형 연구는 난독증 영역에서 가장 많이 이루어졌음에도 불구하고, 난독증의 타당한 하위 유형으로 발달적 난독증과 음성학적 난독증으로 정하는 것도 여전히 수용하기 어렵다(Peterson, Pennington, & Olsen, 2012). 이와 마찬가지로 ADHD 하위 유형(주의산만, 과잉행동 및 충동, 혼합형)의 타당성도 심각하게 의심받고 있다(Willcutt et al., 2012).

언어장애(LI)의 경우에도, 여전히 의심스런 브로카/베르니케 영역 차이의 후천성 실어증에서 비롯되어 제시된 수용 언어 장해, 표현 언어 장해라는 기존의 하위 유형도 타당하지 않은 것으로 밝혀졌다. 또한, 자폐스펙트럼장애와 아스퍼거 증후군의 하위 유형 간의 차이도 타당하지 않았으며, 사회적-의사소통장애(Socio-Communication Disorder)와 자폐스펙트럼장애 간에도 타당한 차이가 있는지에 다양한 의문을 제기하고 있다. 그러므로 각 장애 안에 존재하는 이질성이 신경심리학 분석 수준에서의 난점을 설명하고 있다고 볼 수 있지만, 여전히 타당한 하위 유형을 발견하지 못하고 있는 것은 이러한 설명의 설득력을 낮추고 있다.

각 장애 영역을 타당하게 분리하여 설명하지 못하면, 오히려 합치는 것이 더 나은 방향인가? 단순하게 이야기 하면 합치는 것이 나을 수 있다. 이는 장애 영역들 간에 존재하는 높은 공존장애 비율을 고려하면 그렇다는 것이다. 제5장에서와 같이 공존장애의 기저에 존재하는 메커니즘에 대하여 여전히 더 많은 연구가 더 필요하지만, 장애 영역을 합치는 것이 다양한 학습 장애군에서 공통적으로 발견되는 공유된 위험 요인을 판별하는 설명력을 높이는 데 도움이 될 수 있을 것이다.

• • •

과학에서 최고의 실천으로 이끌어 내기 위한 전망

이 책에서 6개의 장을 통해 6가지 학습 장애에 대한 깊은 논의를 하면서 확인해 본

바에 따르면 여전히 이론(과학)과 실천 사이에는 커다란 차이가 있다는 것을 알 수 있다. 미국 소아과학회(American Academy of Pediatrics: AAP) 웹 사이트에서 임상 소아과의사를 위한 발달 스크리닝 검사 지침을 명시적으로 제공하고 있지만, 여전히 대다수의 소아과의사들이 타당화된 스크리닝 검사보다는 임상적 인상에 의존하고 있음이 밝혀졌다(Pinto-Martin et al., 2005). 더욱이 소아과 의사들이 간과했던 학습 장애가 학교에 입학한 후에도 발견되지 않는 경우가 많다. 만일 소아과 의사들과 교사들이 우리가 이미 알고 있는 타당화된 선별 도구를 적용하였더라면, 현재 판별되지 않았던 더 많은 아동들이 조기 판별되어 적절한 예방적 중재를 제공받을 수 있었을 것이다. 그러므로 학습 장애 아동을 다루는 교사와 의사를 제대로 가르치려면 꽤 많은 시간이 필요할 수 있다.

이 책의 2판(Pennington, 2009)에서도 다루었다시피, 학습 장애에 대한 논란이 있는 치료법이 여전히 창궐하고 있어서 학습 장애로 진단된 많은 아동들이 그릇된 치료법에 노출되어 있다. 그리하여 미국 식약청(FDA)에서도 최근 자폐증 치료 중에서 타당성이 낮을 뿐만 아니라 오히려 위험한 의료 치료(예: 킬레이션 치료, Chelation)들에 대하여 적극적으로 경고하고 있지만, 행동 중재류에 대해서는 규제하지 않고 있다. 연방거래위원회(Federal Trade Commission: FTC)에서는 근거가 확실하지 않은 행동 중재(예: Lumocity-두뇌 게임 앱, CogMed-주의력 훈련 앱)에 대하여 경고하였다. 미국 소아과학회(AAP) 웹 사이트에서는 주기적으로 학습 장애에 대한 논란의 여지가 있는 행동 중재들에 대한 검토의견을 제시하고 있다. 식약청(FDA), 질병통제센터(CDC), 연방거래위원회(FTC)와 여러 전문가협회[미국 소아과학회(AAP), 미국 심리학회(APA), 미국 정신의학회(APA)]들이 학습 장애 이해 당사자들의 시간과 비용을 낭비할 수 있고 논란의 중심에 있는 여러 행동 중재를 적극적으로 경고해야 한다. 물론 정신건강 현장 전문가들과 교사들은 양질의 근거 기반 행동중재에 대하여 훈련을 더 받아야 할 것이다.

요약하면, 2판이 출판된 후 약 10년 이후 지금까지 많은 과학적 지식과 실천의 진보가 이루어졌지만, 학습 장애를 이해하고 치료하고 궁극적으로 예방하기 위하여 더욱 많은 작업이 이루어지길 기대한다.

참고문헌

Achenbach, T. M. (1982). *Developmental psychopathology*. New York: Wiley.

Achenbach, T. M. (1991). *Manual of the Child Behavior Checklist/4-18 and 1991 Profile*. Burlington: University of Vermont Department of Psychiatry.

Adolphs, R. (2003). Cognitive neuroscience of human social behaviour. *Nature Reviews Neuroscience, 4*(3), 165-178.

Alexander, A. W., & Slinger-Constant, A.-M. (2004). Current status of treatments for dyslexia: Critical review. *Journal of Child Neurology, 19*(10), 744-758.

Ali, N., Pitson, D., & Stradling, J. (1996). Sleep disordered breathing: Effects of adenotonsillectomy on behaviour and psychological functioning. *European Journal of Pediatrics, 155*(1), 56-62.

Aman, M. G., Buican, B., & Arnold, L. E. (2003). Methylphenidate treatment in children with borderline IQ and mental retardation: Analysis of three aggregated studies. *Journal of Child and Adolescent Psychopharmacology, 13*(1), 29-40.

American Psychiatric Association. (1994). *Diagnostic and statistical manual of mental disorders* (4th ed.). Washington, DC: Author.

American Psychiatric Association. (2000). *Diagnostic and statistical manual of mental disorders* (4th ed., text rev.). Washington, DC: Author.

American Psychiatric Association. (2013). *Diagnostic and statistical manual of mental disorders* (5th ed.). Arlington, VA: Author.

Amir, R. E., Van den Veyver, I. B., Wan, M., Tran, C. Q., Francke, U., & Zoghbi, H. Y. (1999). Rett syndrome is caused by mutations in X-linked MECP2, encoding methyl-CpG-binding protein 2. *Nature Genetics, 23*(2), 185-188.

Anderson, D. K., Liang, J. W., & Lord, C. (2014). Predicting young adult outcome among more and less cognitively able individuals with autism spectrum disorders. *Journal of Child Psychology and Psychiatry and Allied Disciplines, 55*, 485-494.

Angold, A., Costello, E. J., & Erkanli, A. (1999). Comorbidity. *Journal of Child Psychology and Psychiatry, 40*(1), 57-87.

Ansari, D. (2010). Neurocognitive approaches to developmental disorders of numerical and mathematical cognition: The perils of neglecting the role of development. *Learning and Individual Differences, 20*(2), 123-129.

Aram, D. M., & Nation, J. E. (1980). Preschool language disorders and subsequent language and academic difficulties. *Journal of Communication Disorders, 13*(2), 159-170.

Aravena, S., Snellings, P., Tijms, J., & van der Molen, M. W. (2013). A lab-controlled simulation of a letter-speech sound binding deficit in dyslexia. *Journal of Experimental Child Psychology, 115*(4), 691-707.

Arnett, A. B., MacDonald, B., & Pennington, B. F. (2013). Cognitive and behavioral indicators of ADHD symptoms prior to school age. *Journal of Learning Disabilities, 46*(6), 500-516.

Arnett, A. B., Pennington, B. F., Friend, A., Willcutt, E. G., Byrne, B., Samuelsson, S., & Olson, R. K. (2013). The SWAN captures variance at the negative and positive ends of the ADHD symptom dimension. *Journal of Attention Disorders, 17*(2), 152-162.

Arnett, A. B., Pennington, B. F., Peterson, R. L., Willcutt, E. G., DeFries, J. C., & Olson, R. K. (2017). Explaining the sex difference in dyslexia. *Journal of Child Psychology and Psychiatry, 58*(6), 719-727.

Arnett, A. B., Pennington, B. F., Willcutt, E. G., DeFries, J. C., & Olson, R. K. (2015). Sex differences in ADHD symptom severity. Journal of Child Psychology and Psychiatry, 56(6), 632-639.

Arnett, A. B., Pennington, B. F., Willcutt, E., Dmitrieva, J., Byrne, B., Samuelsson, S., & Olson, R. K. (2012). A cross-lagged model of the development of ADHD Inattention symptoms and rapid naming speed. *Journal of Abnormal Child Psychology, 40*(8), 1313-1326.

Aro, T., Ahonen, T., Tolvanen, A., Lyytinen, H., & de Barra, H. T. (1999). Contribution of ADHD characteristics to the academic treatment outcome of children with learning difficulties. *Developmental Neuropsychology, 15*(2), 291-305.

Aron, A. R., Robbins, T. W., & Poldrack, R. A. (2004). Inhibition and the right inferior frontal cortex. *Trends in Cognitive Sciences, 8*(4), 170-177.

Arsalidou, M., & Taylor, M. J. (2011). Is 2 + 2 = 4?: Meta-analyses of brain areas needed for numbers and calculations. *NeuroImage, 54*(3), 2382-2393.

Asperger, H. (1991). "Autistic psychopathy" in childhood (U. Frith, Trans.). In U. Frith (Ed.), *Autism and Asperger syndrome* (pp. 37-92). Cambridge, UK: Cambridge University Press. (Original work published 1944)

Associated Press. (2016, January 6). Lumosity game developer agrees to $2 million settlement. *The New York Times*, p. B2. Retrieved from www.nytimes.com/ 2016/01/06/ business/ lumosity-game-developeragrees-to-2-million-settlement.html ?mcubz=1.

Aylward, E. H., Minshew, N. J., Goldstein, G., Honeycutt, N. A., Augustine, A. M., Yates, K. O., . . . Pearlson, G. D. (1999). MRI volumes of amygdala and hippocampus in non-mentally retarded autistic adolescents and adults. *Neurology, 53*(9), 2145-2150.

Aylward, E. H., Reiss, A. L., Reader, M. J., Singer, H. S., Brown, J. E., & Denckla, M. B. (1996). Basal ganglia volumes in children with attention-deficit hyperactivity disorder. *Journal of Child Neurology, 11*(2), 112-115.

Bachevalier, J. (2008). Nonhuman primate models of memory development. In C. A. Nelson & M. Luciana (Eds.), *Handbook of developmental cognitive neuroscience* (2nd ed., pp. 499-508). Cambridge, MA: MIT Press.

Baddeley, A., Gathercole, S., & Papagno, C. (1998). The phonological loop as a language learning device. *Psychological Review, 105*(1), 158-173.

Badian, N. A. (1983). Arithmetic and nonverbal learning. In H. R. Myklebust (Ed.), *Progress in learning disabilities* (Vol. 5, pp. 235-264). New York: Grune & Stratton.

Badian, N. A. (1999). Persistent arithmetic, reading, or arithmetic and reading disability. *Annals of Dyslexia,*

49(1), 43-70.

Bailey, A., Phillips, W., & Rutter, M. (1996). Autism: Towards an integration of clinical, genetic, neuropsychological, and neurobiological perspectives. *Journal of Child Psychology and Psychiatry, 37*(1), 89-126.

Baio, J., Wiggins, L., Christensen, D. L., Maenner, M. J., Daniels, J., Warren, Z., Kurzius-Spencer, M., . . . Dowling, N. F. (2018). Prevalence of autism spectrum disorder among children aged 8 years-Autism and developmental disabilities monitoring network, 11 sites, United States, 2014. *Surveillance Summaries, 67*(6), 1-23.

Baker, E., & McLeod, S. (2011). Evidence-based practice for children with speech sound disorders: Part 1. Narrative review. *Language, Speech, and Hearing Services in Schools, 42*(2), 102-139.

Baker, L., & Cantwell, D. (1982). Developmental, social and behavioral characteristics of speech and language disordered children. *Child Psychiatry and Human Development, 12*(4), 195-206.

Baker, L., & Cantwell, D. (1992). Attention deficit disorder and speech/language disorders. *Comprehensive Mental Health Care, 2*(1), 3-16.

Barkley, R. A. (1996). Attention-deficit/hyperactivity disorder. In E. J. Mash & R. A. Barkley (Eds.), *Child psychopathology* (pp. 63-112). New York: Guilford Press.

Barkley, R. A., & Murphy, K. (2006). *Attention-deficit/hyperactivity disorder: A clinical workbook* (3rd ed.). New York: Guilford Press.

Baron-Cohen, S., Leslie, A. M., & Frith, U. (1985). Does the autistic child have a "theory of mind"? *Cognition, 21*(1), 37-46.

Baron-Cohen, S., Leslie, A. M., & Frith, U. (1986). Mechanical, behavioral and intentional understanding of picture stories in autistic children. *British Journal of Developmental Psychology, 4*, 113-125.

Baron-Cohen, S., Ring, H. A., Bullmore, E. T., Wheelwright, S., Ashwin, C., & Williams, S. C. R. (2000). The amygdala theory of autism. *Neuroscience and Biobehavioral Reviews, 24*, 355-364.

Barquero, L. A., Davis, N., & Cutting, L. E. (2014). Neuroimaging of reading intervention: A systematic review and activation likelihood estimate meta-analysis. *PLOS ONE, 9*(1), e83668.

Bartholomew, D. J., Deary, I. J., & Lawn, M. (2009). A new lease of life for Thomson's bonds model of intelligence. *Psychological Review, 116*(3), 567-579.

Bartlett, C. W., Flax, J. F., Logue, M. W., Vieland, V. J., Bassett, A. S., Tallal, P., & Brzustowicz, L. M. (2002). A major susceptibility locus for specific language impairment is located on 13q21. *American Journal of Human Genetics, 71*(1), 45-55.

Bates, E. A. (1998). Construction grammar and its implications for child language research. *Journal of Child Language, 25*, 462-466.

Bates, E., & Goodman, J. C. (1997). On the inseparability of grammar and the lexicon: Evidence from acquisition, aphasia and real-time processing. *Language and Cognitive Processes, 12*(5-6), 507-584.

Bates, E. A., & MacWhinney, B. (1988). "What is functionalism?" *Papers and Reports on Child Language Development, 27*, 137-152.

Bates, E. A., & Roe, K. (2001). Language development in children with unilateral brain injury. In C. A. Nelson & M. Luciana (Eds.), *Handbook of developmental cognitive neuroscience* (pp. 281-307). Cambridge, MA: MIT Press.

Baumgardner, T. L., Singer, H. S., Denckla, M. B., Rubin, M. A., Abrams, M. T., Colli, M. J., & Reiss, A. L. (1996). Corpus callosum morphology in children with Tourette syndrome and attention deficit hyperactivity disorder. *Neurology, 47*(2), 477-482.

Bavelier, D., & Neville, H. J. (2002). Cross-modal plasticity: Where and how? *National Review of Neuroscience, 3*(6), 443-452.

Beauchamp, M. H., Brooks, B. L., Barrowman, N., Aglipay, M., Keightley, M., Anderson, P., . . . Zemek, R. (2015). Empirical derivation and validation of a clinical case definition for neuropsychological impairment in children and adolescents. *Journal of the International Neuropsychological Society, 21*(8), 596-609.

Becker, S. P., Leopold, D. R., Burns, G. L., Jarrett, M. A., Langberg, J. M., Marshall, S. A., . . . Willcutt, E. G. (2016). The internal, external, and diagnostic validity of sluggish cognitive tempo: A metaanalysis and critical review. *Journal of the American Academy of Child and Adolescent Psychiatry, 55*(3), 163-178.

Bedard, A. C., Stein, M. A., Halperin, J. M., Krone, B., Rajwan, E., & Newcorn, J. H. (2015). Differential impact of methylphenidate and atomoxetine on sustained attention in youth with attention-deficit/hyperactivity disorder. *Journal of Child Psychology and Psychiatry, 56*(1), 40-48.

Bedny, M., & Saxe, R. (2012). Insights into the origins of knowledge from the cognitive neuroscience of blindness. *Cognitive Neuropsychology, 29*(1-2), 56-84.

Beilock, S. L., Gunderson, E. A., Ramirez, G., & Levine, S. C. (2010). Female teachers' math anxiety affects girls' math achievement. *Proceedings of the National Academy of Sciences of the USA, 107*(5), 1860-1863.

Beitchman, J. H., Hood, J., & Inglis, A. (1990). Psychiatric risk in children with speech and language disorders. *Journal of Abnormal Child Psychology, 18*(3), 283-296.

Bellugi, U., Marks, S., Bihrle, A., & Sabo, H. (1988). Dissociations between language and cognitive functions in Williams syndrome. In D. V. M. Bishop & K. Mogford (Eds.), *Language development in exceptional circumstances* (pp. 177-189). Edinburgh, Scotland: Churchill Livingstone.

Belmonte, M. K., Allen, G., Beckel-Mitchener, A., Boulanger, L. M., Carper, R. A., & Webb, S. J. (2004). Autism and abnormal development of brain connectivity. *Journal of Neuroscience, 24*(42), 9228-9231.

Belsky, J., & Pluess, M. (2009). Beyond diathesis stress: Differential susceptibility to environmental influences. *Psychological Bulletin, 135*(6), 885-908.

Bennett, T., Szatmari, P., Bryson, S., Volden, J., Zwaigenbaum, L., Vaccarella, L., . . . Boyle, M. (2008). Differentiating autism and Asperger syndrome on the basis of language delay or impairment. *Journal of Autism and Developmental Disorders, 38*(4), 616-625.

Berger, H. (1926). Ueber Rechenstörungen bei Herderkrankungen des Brosshirns. *Archiv für Psychiatrie und Nervenkrankheiten, 78*, 238-263. Bernier, R., Golzio, C., Xiong, B., Stessman, H. A., Coe, B. P., Penn, O., . . . Vulto-van Silfhout, A. T. (2014). Disruptive CHD8 mutations define a subtype of autism early in development. *Cell, 158*(2), 263-276.

Berninger, V. W., Vaughan, K., Abbott, R. D., Begay, K., Coleman, K. B., Curtin, G., . . . Graham, S. (2002). Teaching spelling and composition alone and together: Implications for simple view of writing. *Journal of Educational Psychology, 94*(2), 291-304.

Bernstein, J. H., & Waber, D. P. (1990). Developmental neuropsychological assessment: The systemic approach. In *Neuropsychology: Vol. 17. Neuromethods* (pp. 311-371). Totowa, NJ: Humana Press.

Bernstein, J. H., & Weiler, M. (2000). "Pediatric neuropsychological assessment" examined. In G. Goldstein & M. Hersen (Eds.), *Handbook of psychological assessment* (3rd ed., pp. 263-300). New York: Pergamon.

Berridge, C. W., & Devilbiss, D. M. (2011). Psychostimulants as cognitive enhancers: The prefrontal cortex, catecholamines, and attention-deficit/hyperactivity disorder. *Biological Psychiatry, 69*(12), e101-e111.

Berument, S. K., Rutter, M., Lord, C., Pickles, A., & Bailey, A. (1999). Autism screening questionnaire: Diagnostic validity. *British Journal of Psychiatry, 175*, 444-451.

Best, C. S., Moffat, V. J., Power, M. J., Owens, D. G., & Johnstone, E. C. (2008). The boundaries of the cognitive phenotype of autism: Theory of mind, central coherence and ambiguous figure perception in young people with autistic traits. *Journal of Autism and Developmental Disorders, 38*(5), 840-847.

Best, C. T., McRoberts, G. W., & Goodell, E. (2001). Discrimination of non-native consonant contrasts varying in perceptual assimilation to the listener's native phonological system. *Journal of the Acoustic Society of America, 109*, 775-794.

Betancur, C. (2011). Etiological heterogeneity in autism spectrum disorders: More than 100 genetic and genomic disorders and still counting. *Brain Research, 1380*, 42-77.

Bettelheim, B. (1967). *The empty fortress*. New York: Free Press.

Biederman, J., Faraone, S., Keenan, K., Benjamin, J., Krifcher, B., Moore, C., . . . Steingard, R. (1992). Further evidence for family-genetic risk factors in attention deficit hyperactivity disorder. Patterns of comorbidity in probands and relatives psychiatrically and pediatrically referred samples. *Archives of General Psychiatry, 49*(9), 728-738.

Biederman, J., Faraone, S., Keenan, K., Knee, D., & Tsuang, M. T. (1990). Family-genetic and psychosocial risk factors in DSM-III attention deficit disorder. *Journal of the American Academy of Child and Adolescent Psychiatry, 29*(4), 526-533.

Biederman, J., & Spencer, T. (1999). Attention-deficit/ hyperactivity disorder (ADHD) as a noradrenergic disorder. *Biological Psychiatry, 46*(9), 1234-1242.

Binet, A., & Simon, T. (1916). New methods for the diagnosis of the intellectual level of subnormals. In A. Binet & T. Simon (Eds.), *The development of intelligence in children* (pp. 37-90). Baltimore: Williams & Wilkins.

Bishop, D. V. M. (1997). *Uncommon understanding: Development and disorders of language comprehension in children*. Hove, UK: Psychology Press.

Bishop, D. V. M. (2002). Cerebellar abnormalities in developmental dyslexia: Cause, correlate or consequence? *Cortex, 38*(4), 491-498.

Bishop, D. V. M., & Adams, C. (1990). A prospective study of the relationship between specific language impairment, phonological disorders and reading retardation. *Journal of Child Psychology and Psychiatry, 31*(7), 1027-1050.

Bishop, D. V. M., Bishop, S. J., Bright, P., James, C., Delaney, T., & Tallal, P. (1999). Different origin of auditory and phonological processing problems in children with language impairment: Evidence from a twin study. *Journal of Speech, Language and Hearing Research, 42*(1), 155-168.

Bishop, D. V. M., & Edmundson, A. (1987). Languageimpaired 4-year-olds: Distinguishing transient from persistent impairment. *Journal of Speech and Hearing Disorders, 52*(2), 156-173.

Bishop, D. V. M., & Hayiou-Thomas, M. E. (2008). Heritability of specific language impairment depends on diagnostic criteria. *Genes, Brain and Behavior, 7*, 365-372.

Bishop, D. V. M., McDonald, D., Bird, S., & Hayiou- Thomas, M. E. (2009). Children who read words accurately despite language impairment: Who are they and how do they do it? *Child Development, 80*, 593-605.

Bishop, D. V. M., Whitehouse, A. J. O., Watt, H. J., & Line, E. A. (2008). Autism and diagnostic substitution: Evidence from a study of adults with a history of developmental language disorder. *Developmental Medicine and Child Neurology, 50*, 341-345.

Bishop, S. L., Huerta, M., Gotham, K., Alexandra Havdahl, K., Pickles, A., Duncan, A., . . . Lord, C. (2017). The Autism Symptom Interview, School-Age: A brief telephone interview to identify autism spectrum disorders in 5- to 12-year-old children. *Autism Research, 10*(1), 78-88.

Bleuler, E. (1950). *Dementia praecox or a group within the schizophrenias* (J. Zinkin, Trans.). New York: International Universities Press. (Original work published 1911)

Blumstein, S. E., & Amso, D. (2013). Dynamic functional organization of language: Insights from functional neuroimaging. *Perspectives on Psychologyical Science, 8*(1), 44-48.

Bolton, P. F., & Griffiths, P. D. (1997). Association of tuberous sclerosis of temporal lobes with autism and atypical autism. *Lancet, 349*(9049), 392-395.

Boucher, J., Mayes, A., & Bigham, S. (2012). Memory in autistic spectrum disorder. *Psychological Bulletin, 138*(3), 458-496.

Bourgeron, T. (2015). From the genetic architecture to synaptic plasticity in autism spectrum disorder. *Nature Reviews Neuroscience, 16*(9), 551-563.

Bradley, L., & Bryant, P. E. (1983). Categorizing sounds and learning to read: A causal connection. *Nature, 301*(5899), 419-421.

Breaux, K. C. (2009). *Wechsler Individual Achievement Test-Third Edition (WIAT-III): Technical manual.* San Antonio, TX: Pearson.

Breslin, J., Spano, G., Bootzin, R., Anand, P., Nadel, L., & Edgin, J. (2014). Obstructive sleep apnea syndrome and cognition in Down syndrome. *Developmental Medicine and Child Neurology, 56*(7), 657-664.

Bromley, R. L., Mawer, G. E., Briggs, M., Cheyne, C., Clayton-Smith, J., García-Fiñana, M., . . . Baker, G. A. (2013). The prevalence of neurodevelopmental disorders in children prenatally exposed to antiepileptic drugs. *Journal of Neurology, Neurosurgery, and Psychiatry, 84*(6), 637-643.

Bronfenbrenner, U., & Ceci, S. J. (1994). Nature-nurture reconceptualized in developmental perspective: A bioecological model. *Psychological Review, 101*(4), 568-586.

Brooks, B. L. (2010). Seeing the forest for the trees: Prevalence of low scores on the Wechsler Intelligence Scale for Children (WISC-IV). *Psychological Assessment, 22*(3), 650-656.

Brooks, B. L., & Iverson, G. L. (2012). Improving accuracy when identifying cognitive impairment in pediatric neuropsychological assessments. In E. M. S. Sherman & B. L. Brooks (Eds.), *Pediatric forensic neuropsychology* (pp. 66-88). New York: Oxford University Press.

Brown, I. S., & Felton, R. H. (1990). Effects of instruction on beginning reading skills in children at risk for reading disability. *Reading and Writing, 2*, 223-241.

Brown, J. I., Fishco, V. V., & Hanna, G. (1993). *Nelson-Denny reading test: Manual for scoring and interpretation.* Itasca, IL: Riverside.

Brown, R. (1973). *The first language.* Cambridge, MA: Harvard University Press.

Brown, R., Hobson, R. P., Lee, A., & Stevenson, J. (1997). Are there "autistic-like" features in congenitally blind children? *Journal of Child Psychology and Psychiatry, 38*(6), 693-703.

Brown, T. T., Kuperman, J. M., Chung, Y., Erhart, M., McCabe, C., Hagler, D. J., Jr., . . . Dale, A. M. (2012). Neuroanatomical assessment of biological maturity. *Current Biology, 22*(18), 1693-1698.

Bruck, M. (1992). Persistence of dyslexics' phonological deficits. *Developmental Psychology, 28*, 874-886.

Bruner, J. (1981). *Human growth and development.* London: Oxford University Press.

Brunsdon, V. E., & Happé, F. (2014). Exploring the "fractionation" of autism at the cognitive level. *Autism, 18*(1), 17-30.

Buck v. Bell, 274 U.S. 200 (1927). Butterworth, B. (2005). Developmental dyscalculia. In J. I. D. Campbell (Ed.), *Handbook of mathematical cognition* (pp. 455-469). New York: Psychology Press.

Byrne, B., Coventry, W. L., Olson, R. K., Samuelsson, S., Corley, R., Willcutt, E. G., . . . Defries, J. C. (2009). Genetic and environmental influences on aspects of literacy and language in early childhood: Continuity and change from preschool to grade 2. *Journal of Neurolinguistics, 22*, 219-236.

Byrne, B., Fielding-Barnsley, R., & Ashley, L. (2000). Effects of preschool phoneme identity training after six years: Outcome level distinguished from rate of response. *Journal of Educational Psychology, 92*(4), 659-667.

Cain, K., Oakhill, J., & Lemmon, K. (2004). Individual differences in the inference of word meanings from context. *Journal of Educational Psychology, 96*, 671-681.

Canivez, G. L., Watkins, M. W., & Dombrowski, S. C. (2016). Factor structure of the Wechsler Intelligence Scale for Children-Fifth Edition: Exploratory factor analyses with the 16 primary and secondary subtests. *Psychological Assessment, 28*(8), 975-986.

Canivez, G. L., Watkins, M. W., & Dombrowski, S. C. (2017). Structural validity of the Wechsler Intelligence Scale for Children-Fifth Edition: Confirmatory factor analyses with the 16 primary and secondary subtests. *Psychological Assessment, 29*(4), 458-472.

Cannizzaro, L. A., Chen, Y. Q., Rafi, M. A., & Wenger, D. A. (1994). Regional mapping of the human galactocerebrosidase gene (GALC) to 14q31 by in situ hybridization. *Cytogenetic Cell Genetics, 66*(4), 244-245.

Cannon, L., Kenworthy, L., Alexander, K. C., Werner, M. A., & Anthony, L. (2011). *Unstuck and on Target!: An executive function curriculum to improve flexibility for children with autism spectrum disorders* (research ed.). Baltimore: Brookes.

Cantwell, D. P. (1975). Genetics of hyperactivity. *Journal of Child Psychology and Psychiatry, 16*(3), 261-264.

Cantwell, D., & Baker, L. (1985). Psychiatric and learning disorders in children with speech and language disorders: A descriptive analysis. *Advances in Learning and Behavioral Disabilities, 4*, 29-47.

Capano, L., Minden, D., Chen, S. X., Schachar, R. J., & Ickowicz, A. (2008). Mathematical learning disorder in school-age children with attention-deficit hyperactivity disorder. *Canadian Journal of Psychiatry, 53*(6), 392-399.

Capron, C., & Duyme, M. (1989). Assessment of effects of socio-economic status on IQ in a full cross-fostering study. *Nature, 340*, 552-554.

Caravolas, M., Volín, J., & Hulme, C. (2005). Phoneme awareness is a key component of alphabetic literacy skills in consistent and inconsistent orthographies: Evidence from Czech and English children. *Journal of Experimental Child Psychology, 92*, 107-139.

Caron, C., & Rutter, M. (1991). Comorbidity in child psychopathology: Concepts, issues and research strategies. *Journal of Child Psychology and Psychiatry, 32*(7), 1063-1080.

Carone, D. A., Iverson, G. L., & Bush, S. S. (2010). A model to approaching and providing feedback to patients regarding invalid test performance in clinical neuropsychological evaluations. *Clinical Neuropsychologist, 24*(5), 759-778.

Carrion-Castillo, A., Franke, B., & Fisher, S. E. (2013). Molecular genetics of dyslexia: An overview. *Dyslexia, 19*(4), 214-240.

Carrion-Castillo, A., van Bergen, E., Vino, A., van Zuijen, T., de Jong, P. F., Francks, C., & Fisher, S. E. (2016). Evaluation of results from genome-wide studies of language and reading in a novel independent dataset. *Genes, Brain and Behavior, 15*(6), 531-541.

Carroll, J. B. (1993). *Human cognitive abilities: A survey of factor analytic studies.* Cambridge, UK: Press Syndicate of the University of Cambridge.

Casey, B. J., Castellanos, F. X., Giedd, J. N., Marsh, W. L., Hamburger, S. D., Schubert, A. B., . . . Rapoport, J. L. (1997). Implication of right frontostriatal circuitry in response inhibition and attention-deficit/hyperactivity disorder. *Journal of the American Academy of Child and Adolescent Psychiatry, 36*(3), 374-383.

Caspi, A., Sugden, K., Moffitt, T. E., Taylor, A., Craig, I. W., Harrington, H., . . . Poulton, R. (2003). Influence of life stress on depression: Moderation by a polymorphism in the 5-HTT gene. *Science, 301*(5631), 386-389.

Castellanos, F. X., Giedd, J. N., Marsh, W. L., Hamburger, S. D., Vaituzis, A. C., Dickstein, D. P., . . . Rapoport, J. L. (1996). Quantitative brain magnetic resonance imaging in attention-deficit hyperactivity disorder. *Archives of General Psychiatry, 53*(7), 607-616.

Castellanos, F. X., & Proal, E. (2012). Large-scale brain systems in ADHD: Beyond the prefrontal-striatal model. *Trends in Cognitive Science, 16*(1), 17-26.

Castles, A., Wilson, K., & Coltheart, M. (2011). Early orthographic influences on phonemic awareness tasks: Evidence from a preschool training study. *Journal of Experimental Child Psychology, 108*, 203-210.

Castro-Caldas, A., Petersson, K. M., Reis, A., Stone-Elander, S., & Ingvar, M. (1998). The illiterate brain: Learning to read and write during childhood influences the functional organization of the adult brain. *Brain, 121*, 1053-1063.

Cattell, R. B. (1943). The measurement of adult intelligence. *Psychological Bulletin, 40*, 153-193.

Cattell, R. B. (1963). Theory of fluid and crystallized intelligence: A critical experiment. *Journal of Educational Psychology, 54*, 1-22.

Cattell, R. B., & Horn, J. L. (1978). A check on the theory of fluid and crystallized intelligence with description of new subtest designs. *Journal of Educational Measurement, 15*(3), 139-164.

Catts, H. W., Compton, D., Tomblin, J. B., & Bridges, M. S. (2012). Prevalence and nature of late-emerging poor readers. *Journal of Educational Psychology, 104*(1), 166-181.

Catts, H. W., Gillispie, M., Leonard, L. B., Kail, R. V., & Miller, C. A. (2002). The role of speed of processing, rapid naming, and phonological awareness in reading achievement. *Journal of Learning Disabilities, 35*(6), 509-524.

Centanni, T. M., Booker, A. B., Chen, F., Sloan, A. M., Carraway, R. S., Rennaker, R. L., . . . Kilgard, M. P. (2016). Knockdown of dyslexia-gene Dcdc2 interferes with speech sound discrimination in continuous streams. *Journal of Neuroscience, 36*(17), 4895-4906.

Centanni, T. M., Booker, A. B., Sloan, A. M., Chen, F., Maher, B., Carraway, R., . . . Kilgard, M. (2013). Knockdown of the dyslexia-associated gene Kiaa0319 impairs temporal responses to speech stimuli in rat primary auditory cortex. *Cerebral Cortex, 24*(7), 1753-1766.

Centanni, T. M., Chen, F., Booker, A. M., Engineer, C. T., Sloan, A. M., Rennaker, R. L., . . . Kilgard, M. P. (2014). Speech sound processing deficits and training-induced neural plasticity in rats with dyslexia gene knockdown. *PLOS ONE, 9*(5), e98439.

Centers for Disease Control and Prevention. (2009). Prevalence of autism spectrum disorders-Autism and Developmental Disabilities Monitoring Network, United States, 2006. *Morbidity and Mortality Weekly Report, Surveillance Summaries, 58*(10), 1-20.

Centers for Disease Control and Prevention. (2012). Prevalence of autism spectrum disorders-Autism and Developmental Disabilities Monitoring Network, 14 Sites, United States, 2008. *Morbidity and Mortality Weekly Report Surveillance Summaries, 61*(3), 1-19.

Centers for Disease Control and Prevention. (2014). Prevalence of autism spectrum disorder among children aged 8 years-Autism and Developmental Disabilities Monitoring Network, 11 Sites, United States, 2010. *Morbidity and Mortality Weekly Report Surveillance Summaries, 63*(2), 1-21.

Centerwall, S. A., & Centerwall, W. R. (1960). A study of children with mongolism reared in the home compared to those reared away from home. *Pediatrics, 25*, 678-685.

Chabris, C. F., Hebert, B. M., Benjamin, D. J., Beauchamp, J., Cesarini, D., van der Loos, M., . . . Laibson, D. (2012). Most reported genetic associations with general intelligence are probably false positives. *Psychological Science, 23*, 1314-1323.

Chafetz, M. D. (2008). Malingering on the social security disability consultative exam: Predictors and base rates. *Clinical Neuropsychologist, 22*(3), 529-546.

Chailangkarn, T., Trujillo, C. A., Freitas, B. C., Hrvoj-Mihic, B., Herai, R. H., Yu, D. X., . . . Muotri, A. R. (2016). A human neurodevelopmental model for Williams syndrome. *Nature, 536*(7616), 338-343.

Chandrasekaran, B., Yi, H. G., Blanco, N. J., McGeary, J. E., & Maddox, W. T. (2015). Enhanced procedural learning of speech sound categories in a genetic variant of FOXP2. *Journal of Neuroscience, 35*(20), 7808-7812.

Chang, B. S., Ly, J., Appignani, B., Bodell, A., Apse, K. A., Ravenscroft, R. S., . . . Walsh, C. A. (2005). Reading impairment in the neuronal migration disorder of periventricular nodular heterotopia. *Neurology, 64*(5), 799-803.

Chapman, R. S., & Hesketh, L. J. (2000). Behavioral phenotype of individuals with Down syndrome. *Developmental Disabilities Research Reviews, 6*(2), 84-95.

Charach, A., Carson, P., Fox, S., Ali, M. U., Beckett, J., & Lim, C. G. (2013). Interventions for preschool children at high risk for ADHD: A comparative effectiveness review. *Pediatrics, 131*, e1584-e1604.

Chawarska, K., Shic, F., Macari, S., Campbell, D. J., Brian, J., Landa, R. J., . . . Bryson, S. (2014). 18-month predictors of later outcomes in younger siblings of children with autism spectrum disorder: A baby siblings research consortium study. *Journal of the American Academy of Child and Adolescent Psychiatry, 53*, 1317-1327.

Chazan-Cohen, R., Raikes, H., Brooks-Gunn, J., Ayoub, C., Pan, B. A., Kisker, E. E., . . . Fuligni, A. S. (2009). Low-income children's school readiness: Parent contributions over the first five years. *Early Education and Development, 20*(6), 958-977.

Chesnut, S. R., Wei, T., Barnard-Brak, L., & Richman, D. M. (2017). A meta-analysis of the social communication questionnaire: Screening for autism spectrum disorder. *Autism, 21*(8), 920-928.

Chess, S. (1971). Autism in children with congenital rubella. *Journal of Autism and Developmental Disorders, 1*(1), 33-47.

Chess, S. (1977). Follow-up report on autism in congenital rubella. *Journal of Autism and Childhood Schizophrenia, 7*, 69-81.

Cheung, C. H. M., Fazier-Wood, A. C., Asherson, P., Rijsdijk, F., Kuntsi, J., Ho, C., . . . Interest, C. (2014). Shared cognitive impairments and aetiology in ADHD symptoms and reading difficulties. *PLOS ONE, 9*, e98590.

Chomsky, N. (1959). Review of Skinner's verbal behavior. *Language, 35*, 26-58.

Christensen, D. L., Baio, J., Braun, K. V. N., Bilder, D., Charles, J., Constantino, J. N., . . . Yeargin-Allsopp, M. (2016). Prevalence and characteristics of autism spectrum disorder among children aged 8 years-Autism and Developmental Disabilities Monitoring Network, 11 Sites, United States, 2012. *Morbidity and Mortality Weekly Report, Surveillance Summaries, 65*, 1-23.

Christensen, J., Grønborg, T. K., Sørensen, M. J., Schendel, D., Parner, E. T., Pedersen, L. H., & Vestergaard, M. (2013). Prenatal valproate exposure and risk of autism spectrum disorders and childhood autism. *Journal of the American Medical Association, 309*(16), 1696-1703.

Christopher, M. E., Hulslander, J., Byrne, B., Samuelsson, S., Keenan, J. M., Pennington, B. F., . . . Olson, R. K. (2013). Modeling the etiology of individual differences in early reading development: Evidence for strong genetic influences. *Scientific Studies of Reading, 17*(5), 350-368.

Clark, C., Klonoff, H., & Hayden, M. (1990). Regional cerebral glucose metabolism in Turner syndrome. *Canadian Journal of Neurological Science, 17*, 140-144.

Coghill, D. R., Seth, S., Pedroso, S., Usala, T., Currie, J., & Gagliano, A. (2014). Effects of methylphenidate on cognitive functions in children and adolescents with attention-deficit/hyperactivity disorder: Evidence from a systematic review and a meta-analysis. *Biological Psychiatry, 76,* 603-615.

Cohen Kadosh, R., Soskic, S., Iuculano, T., Kanai, R., & Walsh, V. (2010). Modulating neuronal activity produces specific and long-lasting changes in numerical competence. *Current Biology, 20*(22), 2016-2020.

Colvert, E., Tick, B., McEwen, F., Stewart, C., Curran, S. R., Woodhouse, E., . . . Garnett, T. (2015). Heritability of autism spectrum disorder in a UK population-based twin sample. *JAMA Psychiatry, 72*(5), 415-423.

Committee on Bioethics, Committee on Genetics, & the American College of Medical Genetics and Genomics Social, Ethical, and Legal Issues Committee. (2013). Ethical and policy issues in genetic testing and screening of children. *Pediatrics, 131*(3), 620-622.

Conners, C. K. (2008). *Conners 3rd edition: Manual.* North Tonawanda, NY: Multi-Health Systems.

Conners, C. K. (2014a). *Conners Continuous Performance Test Third Edition (Conners CPT 3).* North Tonawanda, NY: Multi-Health Systems.

Conners, C. K. (2014b). *Conners Kiddie Continuous Performance Test 2nd Edition (K-CPT 2).* North Tonawanda, NY: Multi-Health Systems.

Conners, C. K., Sitarenios, G., Parker, J. D., & Epstein, J. N. (1998). The revised Conners' Parent Rating Scale (CPRS-R): Factor structure, reliability, and criterion validity. *Journal of Abnormal Child Psychology, 26*(4), 257-268.

Conners, F., Rosenquist, C., Arnett, L., Moore, M., & Hume, L. (2008). Improving memory span in children with Down syndrome. *Journal of Intellectual Disability Research, 52*(3), 244-255.

Connery, A. K., Peterson, R. L., Baker, D. A., & Kirkwood, M. W. (2016). The impact of pediatric neuropsychological consultation in mild traumatic brain injury: A model for providing feedback after invalid performance. *Clinical Neuropsychologist, 30*(4), 579-598.

Connery, A. K., & Suchy, Y. (2015). Managing noncredible performance in pediatric clinical assessment. In M. W. Kirkwood (Ed.), *Validity testing in child and adolescent assessment: Evaluating exaggeration, feigning, and noncredible effort* (pp. 145-163). New York: Guilford Press.

Connor, D. F., Steeber, J., & McBurnett, K. (2010). A review of attention-deficit/hyperactivity disorder complicated by symptoms of oppositional defiant disorder or conduct disorder. *Journal of Developmental and Behavioral Pediatrics, 31*(5), 427-440.

Constantino, J. N., Davis, S. A., Todd, R. D., Schindler, M. K., Gross, M. M., Brophy, S. L., . . . Reich, W. (2003). Validation of a brief quantitative measure of autistic traits: Comparison of the social responsiveness scale with the Autism Diagnostic Interview-Revised. *Journal of Autism and Developmental Disorders, 33,* 427-433.

Constantino, J. N., & Gruber, C. P. (2012). *Social Responsiveness Scale-Second Edition (SRS-2).* Torrance, CA: Western Psychological Services.

Constantino, J. N., Gruber, C. P., Davis, S., Hayes, S., Passanante, N., & Przybeck, T. (2004). The factor structure of autistic traits. *Journal of Child Psychology and Psychiatry, 45*(4), 719-726.

Constantino, J. N., & Todd, R. D. (2003). Autistic traits in the general population: A twin study. *Archives of General Psychiatry, 60*(5), 524-530.

Conti-Ramsden, G., Ullman, M. T., & Lum, J. A. (2015). The relation between receptive grammar and procedural, declarative, and working memory in specific language impairment. *Frontiers in Psychology, 6,* 1090.

Cope, N. A., Harold, D., Hill, G., Moskvina, V., Stevenson, J., Holmans, P., . . . Williams, J. (2005). Strong evidence that KIAA0319 on chromosome 6p is a susceptibility gene for developmental dyslexia. *American Journal of Human Genetics, 76*(4), 581-591.

Cortese, S., Ferrin, M., Brandeis, D., Holtmann, M., Aggensteiner, P., Daley, D., . . . Stringaris, A. (2016). Neurofeedback for attention-deficit/ hyperactivity disorder: Meta-analysis of clinical and neuropsychological outcomes from randomized controlled trials. *Journal of the American Academy of Child and Adolescent Psychiatry, 55*(6), 444-455.

Cortese, S., Kelly, C., Chabernaud, C., Proal, E., Di Martino, A., Milham, M. P., & Castellanos, F. X. (2012). Toward systems neuroscience of ADHD: A meta-analysis of 55 fMRI studies. *American Journal of Psychiatry, 169*(10), 1038-1055.

Costello, E. J., Angold, A., Burns, B. J., Stangl, D. K., Tweed, D. L., Erkanli, A., & Worthman, C. M. (1996). The Great Smoky Mountains Study of Youth: Goals, design, methods, and the prevalence of DSM-III-R disorders. *Archives of General Psychiatry, 53*(12), 1129-1136.

Coury, D. L. (2015). Babies, bathwater, and screening for autism spectrum disorder: Comments on the USPSTF recommendations for autism spectrum disorder screening. *Journal of Developmental and Behavioral Pediatrics, 36*(9), 661-663.

Crichton, A. (1798). *An inquiry into the nature and origin of mental derangement* (Vol. 2). London: T. Cadell & W. Davies.

Cross-Disorder Group of the Psychiatric Genomic Consortium, Lee, S. H., Ripke, S., Neale, B. M., Faraone, S. V., Purcell, F. M., . . . International Inflammatory Bowel Disease Genetics Consortium. (2013). Genetic relationship between five psyciatric disorders estimated from genome-wide SNPs. *Nature Genetics, 45*, 984-994.

Cubillo, A., Halari, R., Smith, A., Taylor, E., & Rubia, K. (2012). A review of fronto-striatal and frontocortical brain abnormalities in children and adults with attention deficit hyperactivity disorder (ADHD) and new evidence for dysfunction in adults with ADHD during motivation and attention. *Cortex, 48*(2), 194-215.

Cuccaro, M. L., Czape, K., Alessandri, M., Lee, J., Deppen, A. R., Bendik, E., . . . Hahn, S. (2014). Genetic testing and corresponding services among individuals with autism spectrum disorder (ASD). *American Journal of Medical Genetics A, 164*(10), 2592-2600.

Culbertson, W., & Zillmer, E. (2005). *Tower of London-Drexel University-Second Edition (ToLDX-2).* Chicago: Multi-Health Systems.

Cunningham, A. E. (1990). Explicit versus implicit instruction in phonemic awareness. *Journal of Experimental Child Psychology, 50*(3), 429-444.

Cunningham, A. E., & Stanovich, K. E. (1998). The impact of print exposure on word recognition. In J. L. Metsala & L. C. Ehri (Eds.), *Word recognition in beginning literacy* (pp. 235-262). Mahwah, NJ: Erlbaum.

Dalmau, J., Tuzun, E., Wu, H. Y., Masjuan, J., Rossi, J. E., Voloschin, A., . . . Lynch, D. R. (2007). Paraneoplastic anti-N-methyl-D-aspartate receptor encephalitis associated with ovarian teratoma. *Annals of Neurology, 61*(1), 25-36.

Dalsgaard, S., Østergaard, S. D., Leckman, J. F., Mortensen, P. B., & Pedersen, M. G. (2015). Mortality in children, adolescents, and adults with attention deficit hyperactivity disorder: A nationwide cohort study. *Lancet, 385*(9983), 2190-2196.

Darki, F., Peyrard-Janvid, M., Matsson, H., Kere, J., & Klingberg, T. (2012). Three dyslexia susceptibility genes, DYX1C1, DCDC2, and KIAA0319, affect temporo-parietal white matter structure. *Biological Psychiatry, 72*(8), 671-676.

Davies, G., Tenesa, A., Payton, A., Yang, J., Harris, S. E., Liewald, D., . . . Deary, I. J. (2011). Genomewide association studies establish that human intelligence is highly heritable and polygenic. *Molecular Psychiatry, 16*, 996-1005.

Davies, G., Welham, J., Chant, D., Torrey, E. F., & McGrath, J. (2003). A systematic review and metaanalysis of Northern Hemisphere season of birth studies in schizophrenia. *Schizophrenia Bulletin, 29*(3), 587-593.

Dawson, G., Webb, S. J., Carver, L., Panagiotides, H., & McPartland, J. (2004). Young children with autism show atypical brain responses to fearful versus neutral facial expressions of emotion. *Developmental Science, 7,* 340-359.

De Bellis, M. D., Casey, B., Dahl, R. E., Birmaher, B., Williamson, D. E., Thomas, K. M., . . . Hall, J. (2000). A pilot study of amygdala volumes in pediatric generalized anxiety disorder. *Biological Psychiatry, 48*(1), 51-57.

de Jong, C. G., Van De Voorde, S., Roeyers, H., Raymaekers, R., Oosterlaan, J., & Sergeant, J. A. (2009). How distinctive are ADHD and RD?: Results of a double dissociation study. *Journal of Abnormal Child Psychology, 37*(7), 1007-1017.

de la Torre-Ubieta, L., Won, H., Stein, J. L., & Geschwind, D. H. (2016). Advancing the understanding of autism disease mechanisms through genetics. *Nature Medicine, 22*(4), 345-361.

De Rubeis, S., & Buxbaum, J. D. (2015). Recent advances in the genetics of autism spectrum disorder. *Current Neurology and Neuroscience Reports, 15*(6), 36.

De Rubeis, S., He, X., Goldberg, A. P., Poultney, C. S., Samocha, K., Cicek, A. E., . . . Walker, S. (2014). Synaptic, transcriptional and chromatin genes disrupted in autism. *Nature, 515*(7526), 209-215.

De Smedt, B., Noël, M. P., Gilmore, C., & Ansari, D. (2013). How do symbolic and non-symbolic numerical magnitude processing skills relate to individual differences in children's mathematical skills?: A review of evidence from brain and behavior. *Trends in Neuroscience and Education, 2*(2), 48-55.

De Smedt, B., Taylor, J., Archibald, L., & Ansari, D. (2010). How is phonological processing related to individual differences in children's arithmetic skills? *Developmental Science, 13*(3), 508-520.

Deary, I. J., Strand, S., Smith, P., & Fernandes, C. (2007). Intelligence and educational achievement. *Intelligence, 35*(1), 13-21.

DeFries, J. C., Corley, R. P., Johnson, R. C., Vandenberg, S. G., & Wilson, J. R. (1982). Sex-by-generation and ethnic group-by-generation interactions in the Hawaii family study of cognition. *Behavior Genetics, 12*(2), 223-230.

DeFries, J. C., Olson, R. K., Pennington, R. F., & Smith, S. D. (1991). Colorado Reading Project: An update. In D. D. Duane & D. B. Gray (Eds.), *The reading brain: The biological basis of dyslexia* (pp. 53-87). Parkton, MD: York Press.

Dehaene, S. (2003). Acalculia and number processing disorders. In T. E. Feinberg & M. J. Farah (Eds.), *Behavioral neurology and neuropsychology* (2nd ed., pp. 207-215). New York: McGraw-Hill.

Delis, D. C., Kaplan, E., & Kramer, J. H. (2001). *Delis-Kaplan Executive Function System.* San Antonio, TX: Psychological Corporation.

Demonet, J. F., Taylor, M. J., & Chaix, Y. (2004). Developmental dyslexia. *Lancet, 363,* 1451-1460.

Demontis, D., Walters, R. K., Martin, J., Mattheisen, M., Als, T. D., Agerbo, E., . . . Neale, B. M. (2017). Discovery of the first genome-wide significant risk loci for ADHD. Retrieved from www.biorxiv.org/content/early/ 2017/06/03/ 145581.

Dennis, M. (2010). Margaret Kennard (1899-1975): Not a "principle" of brain plasticity but a founding mother of developmental neuropsychology. *Cortex, 46,* 1043-1059.

Denton, C. A., Cirino, P. T., Barth, A. E., Romain, M., Vaughn, S., Wexler, J., . . . Fletcher, J. M. (2011). An experimental study of scheduling and duration of "Tier 2" first-grade reading intervention. *Journal of Research on Educational Effectiveness, 4*(3), 208-230.

Deutsch, G. K., Dougherty, R. F., Bammer, R., Siok, W. T., Gabrieli, J. D., & Wandell, B. (2005). Children's reading performance is correlated with white matter structure measured by diffusion tensor imaging. *Cortex, 41*, 354-363.

Di Martino, A., Ross, K., Uddin, L. Q., Sklar, A. B., Castellanos, F. X., & Milham, M. P. (2009). Functional brain correlates of social and nonsocial processes in autism spectrum disorders: An activation likelihood estimation meta-analysis. *Biological Psychiatry, 65*(1), 63-74.

Dichter, G. S. (2012). Functional magnetic resonance imaging of autism spectrum disorders. *Dialogues in Clinical Neuroscience, 14*(3), 319-351.

Dickstein, D. P., Pescosolido, M. F., Reidy, B. L., Galvan, T., Kim, K. L., Seymour, K. E., . . . Barrett, R. P. (2013). Developmental meta-analysis of the functional neural correlates of autism spectrum disorders. *Journal of the American Academy of Child and Adolescent Psychiatry, 52*(3), 279-289.

Dierssen, M. (2012). Down syndrome: The brain in trisomic mode. *National Review of Neuroscience, 13*(12), 844-858.

Dingman, H. F., & Tarjan, G. (1960). Mental retardation and the normal distribution curve. *American Journal of Mental Deficiency, 64*, 991-994.

Docherty, S. J., Davis, O. S. P., Kovas, Y., Meaburn, E. L., Dale, P. S., Petrill, S. A., . . . Plomin, R. (2010). A genome-wide association study identifies mulitiple loci associated with mathematics ability and disability. *Genes, Brain and Behavior, 9*, 234-247.

Dodd, B., Holm, A., Hua, Z., & Crosbie, S. (2003). A normative study of British-speaking children. *Clinical Linguistic Phonology, 17*(8), 617-643.

Donlan, C., Cowan, R., Newton, E. J., & Lloyd, D. (2007). The role of language in mathematical development: Evidence from children with specific language impairments. *Cognition, 103*(1), 23-33.

Dosenbach, N. U., Nardos, B., Cohen, A. L., Fair, D. A., Power, J. D., Church, J. A., . . . Schlaggar, B. L. (2010). Prediction of individual brain maturity using fMRI. *Science, 329*(5997), 1358-1361.

Down, J. L. N. (1866). Observations on ethnic classification of idiots. *Mental Science, 13*, 121-128.

Duchaine, B. C. (2000). Developmental prosopagnosia with normal configural processing. *NeuroReport, 11*(1), 79-83.

Duda, T. A., Casey, J. E., & McNevin, N. (2015). Development of graphomotor fluency in adults with ADHD: Evidence of attenuated procedural learning. *Human Movement Science, 44*, 1-10.

Dugdale, R. L. (1877). *The Jukes*. New York: Putnam.

Duncan, L. E., Pollastri, A. R., & Smoller, J. W. (2014). Mind the gap: Why many geneticists and psychological scientists have discrepant views about gene-environment interaction (GxE) research. *American Psychologist, 69*(3), 249-268.

Dunn, L. M., & Dunn, D. M. (2007). *Peabody Picture Vocabulary Test-Fourth Edition (PPVT 4)*. Circle Pines, MN: American Guidance Service.

DuPaul, G. J., Gormley, M. J., & Laracy, S. D. (2013). Comorbidity of LD and ADHD: Implications of DSM-5 for assessment and treatment. *Journal of Learning Disabilities, 46*(1), 43-51.

DuPaul, G. J., Power, T. J., Anastopoulos, A. D., & Reid, R. (1998). *ADHD Rating Scale-IV: Checklists, norms, and clinical interpretation*. New York: Guilford Press.

DuPaul, G. J., Power, T. J., Anastopoulos, A. D., & Reid, R. (2016). *ADHD Rating Scale-5 for Children and Adolescents: Checklists, norms, and clinical interpretation*. New York: Guilford Press.

Dupont, A., Vaeth, M., & Videbech, P. (1986). Mortality and life expectancy of Down's syndrome in Denmark. *Journal of Mental Deficiency Research, 30*(2), 111-120.

Durston, S., & Konrad, K. (2007). Integrating genetic, psychopharmacological and neuroimaging studies: A converging methods approach to understanding the neurobiology of ADHD. *Developmental Review, 27*(3), 374-395.

Eadie, P., Morgan, A., Ukoumunne, O. C., Ttofari Eecen, K., Wake, M., & Reilly, S. (2015). Speech sound disorder at 4 years: Prevalence, comorbidities, and predictors in a community cohort of children. *Developmental Medicine and Child Neurology, 57*(6), 578-584.

Eaves, L. C., & Ho, H. H. (2008). Young adult outcome of autism spectrum disorders. *Journal of Autism and Developmental Disorders, 38*(4), 739-747.

Ebejer, J. L., Coventry, W. L., Byrne, B., Willcutt, E. G., Olson, R. K., Corley, R., & Samuelsson, S. (2010). Genetic and environmental influences on inattention, hyperactivity-impulsivity, and reading: Kindergarten to grade 2. *Scientific Studies of Reading, 14*(4), 293-316.

Ecker, C. (2017). The neuroanatomy of autism spectrum disorder: An overview of structural neuroimaging findings and their translatability to the clinical setting. *Autism, 21*(1), 18-28.

Ecker, C., & Murphy, D. (2014). Neuroimaging in autism-from basic science to translational research. *Nature Reviews Neurology, 10*, 82-91.

Edelman, G. M. (1987). *Neural Darwinism*. New York: Basic Books.

Edgin, J. O., Pennington, B. F., & Mervis, C. B. (2010). Neuropsychological components of intellectual disability: The contributions of immediate, working, and associative memory. *Journal of Intellectual Disability Research, 54*(5), 406-417.

Ehri, L. C. (2015). How children learn to read words. In A. Pollatsek & R. Treiman (Eds.), *The Oxford handbook of reading* (pp. 293-310). New York: Oxford University Press.

Eicher, J. D., Powers, N. R., Miller, L. L., Akshoomoff, N., Amaral, D. G., Bloss, C. S., . . . Casey, B. (2013). Genome-wide association study of shared components of reading disability and language impairment. *Genes, Brain and Behavior, 12*(8), 792-801.

Elder, T. E. (2011). The importance of relative standards in ADHD diagnoses: Evidence based on exact birth dates. *Journal of Health Economics, 29*, 641-656.

Eley, T. C., Bishop, D. V., Dale, P. S., Oliver, B., Petrill, S. A., Price, T. S., . . . Plomin, R. (1999). Genetic and environmental origins of verbal and performance components of cognitive delay in 2-year olds. *Developmental Psychology, 35*(4), 1122-1131.

Elliott, C. (2007). *Differential Ability Scales* (2nd ed.). San Antonio, TX: Harcourt Assessment.

Elman, J. L., Bates, E. A., Johnson, M. H., Karmiloff-Smith, A., Parisi, D., & Plunkett, K. (1996). *Rethinking innateness: Connectionist perspectives on development*. Cambridge, MA: MIT Press.

Elsabbagh, M., & Johnson, M. H. (2016). Autism and the social brain: The first-year puzzle. *Biological Psychiatry, 80*, 94-99.

Emmert, T. N. (2015). *Examining the effects of mathematics journals on elementary students' mathematics anxiety levels*. Doctoral dissertation, Ohio University, Athens, OH.

Enard, W. (2011). FOXP2 and the role of cortico-basal ganglia circuits in speech and language evolution. *Current Opinion in Neurobiology, 21*, 415-424.

Eppig, C., Fincher, C. L., & Thornhill, R. (2010). Parasite prevalence and the worldwide distribution of cognitive ability. *Proceedings of the Royal Society B: Biological Sciences, 277*(1701), 3801-3808.

Eppig, C., Fincher, C. L., & Thornhill, R. (2011). Parasite prevalence and the distribution of intelligence among the states of the USA. *Intelligence, 39*, 155-160.

Erickson, C. A., Davenport, M. H., Schaefer, T. L., Wink, L. K., Pedapati, E. V., Sweeney, J. A., . . . Hagerman, R. J. (2017). Fragile X targeted pharmacotherapy: Lessons learned and future directions. *Journal of*

Neurodevelopmental Disorders, 9(1), 7.

Erskine, H. E., Ferrari, A. J., Nelson, P., Polanczyk, G. V., Flaxman, A. D., Vos, T., . . . Scott, J. G. (2013). Epidemiological modelling of attention-deficit/hyperactivity disorder and conduct disorder for the Global Burden of Disease Study 2010. *Journal of Child Psychology and Psychiatry, 54*(12), 1263-1274.

Evans, T. M., Kochalka, J., Ngoon, T. J., Wu, S. S., Qin, S., Battista, C., & Menon, V. (2015). Brain structural integrity and intrinsic functional connectivity forecast 6 year longitudinal growth in children's numerical abilities. *Journal of Neuroscience, 35*(33), 11743-11750.

Facoetti, A., Corradi, N., Ruffino, M., Gori, S., & Zorzi, M. (2010). Visual spatial attention and speech segmentation are both impaired in preschoolers at familial risk for developmental dyslexia. *Dyslexia, 16,* 226-239.

Fan, C. C., Brown, T. T., Bartsch, H., Kuperman, J. M., Hagler, D. J., Schork, A., . . . Dale, A. (2016). Williams syndrome-specific neuroarchitectural profile and its associations with cognitive features. Retrieved from www.biorxiv.org/content/early/2016/06/26/060764. [Epub ahead of print]

Farah, M. J. (2003). Computational modeling in behavioral neurology and neuropsychology. In T. E. Feinberg & J. J. Farah (Eds.), *Behavioral neurology and neuropsychology* (pp. 135-143). New York: McGraw-Hill.

Faraone, S., & Biederman, J. (2016). Can attentiondeficit/hyperactivity disorder onset occur in adulthood? *Journal of American Medical Association, 73*(7), 655-656.

Faraone, S., Biederman, J., Chen, W. J., Kricher, B., Moore, C., Sprich, S., & Tsuang, M. T. (1992). Segregation analysis of attention deficit hyperactivity disorder: Evidence for single major gene transmission. *Psychiatric Genetics, 2,* 257-275.

Faraone, S., Biederman, J., Keenan, K., & Tsuang, M. T. (1991). A family-genetic study of girls with DSM-III attention deficit disorder. *American Journal of Psychiatry, 148*(1), 112-117.

Faraone, S., Spencer, T., Aleardi, M., Pagano, C., & Biederman, J. (2004). Meta-analysis of the efficacy of methylphenidate for treating adult attentiondeficit/hyperactivity disorder. *Journal of Clinical Psychopharmacology, 24*(1), 24-29.

Farkas, G., & Beron, K. (2004). The detailed age trajectory of oral vocabulary knowledge: Differences by class and race. *Social Science Research, 33*(3), 464-497.

Feigenson, L., Dehaene, S., & Spelke, E. (2004). Core systems of number. *Trends in Cognitive Sciences, 8*(7), 307-314.

Fein, D., Barton, M., Eigsti, I. M., Kelley, E., Naigles, L., Schultz, R. T., . . . Rosenthal, M. (2013). Optimal outcome in individuals with a history of autism. *Journal of Child Psychology and Psychiatry, 54*(2), 195-205.

Fernald, A., Marchman, V. A., & Weisleder, A. (2013). SES differences in language processing skill and vocabulary are evident at 18 months. *Developmental Science, 16*(2), 234-248.

Fernald, A., & Weisleder, A. (2015). Twenty years after "Meaningful Differences," it's time to reframe the "deficit" debate about the importance of children's early language experience. *Human Development, 58*(1), 1-4.

Fernandez, F., & Edgin, J. O. (2016). Pharmacotherapy in Down's syndrome: Which way forward? *Lancet Neurology, 15*(8), 776-777.

Fernandez, F., & Garner, C. C. (2007). Over-inhibition: A model for developmental intellectual disability. *Trends in Neurosciences, 30*(10), 497-503.

Fey, M. E., Yoder, P. J., Warren, S. F., & Bredin-Oja, S. L. (2013). Is more better?: Milieu communication teaching in toddlers with intellectual disabilities. *Journal of Speech, Language, and Hearing Research, 56*(2), 679-693.

Fias, W., Menon, V., & Szucs, D. (2013). Multiple components of developmental dyscalculia. *Trends in Neuroscience and Education, 2*(2), 43-47.

Fidler, D. J. (2005). The emerging Down syndrome behavioral phenotype in early childhood: Implications for practice. *Infants and Young Children, 18*(2), 86-103.

Field, L. L., Shumansky, K., Ryan, J., Truong, D., Swiergala, E., & Kaplan, B. J. (2013). Dense-map genome scan for dyslexia supports loci at 4q13, 16p12, 17q22; suggests novel locus at 7q36. *Genes, Brain and Behavior, 12*(1), 56-69.

Filipek, P. A., Semrud-Clikeman, M., Steingard, R. J., Renshaw, P. F., Kennedy, D. N., & Biederman, J. (1997). Volumetric MRI analysis comparing subjects having attention-deficit hyperactivity disorder with normal controls. *Neurology, 48*(3), 589-601.

Filley, C. M., Heaton, R. K., & Rosenberg, N. L. (1990). White matter dementia in chronic toluene abuse. *Neurology, 40*(1), 532-540.

Fisher, S. E., & DeFries, J. C. (2002). Developmental dyslexia: Genetic dissection of a complex cognitive trait. *Nature Reviews Neuroscience, 3,* 767-780.

Fisher, S. E., Vargha-Khadem, F., Watkins, K. E., Monaco, A. P., & Pembrey, M. E. (1998). Localization of a gene implicated in a severe speech and language disorder. *Nature Genetics, 18,* 168-170.

Fletcher, J. M., Stuebing, K. K., Barth, A. E., Denton, C. A., Cirino, P. T., Francis, D. J., & Vaughn, S. (2011). Cognitive correlates of inadequate response to reading intervention. *School Psychology Review, 40*(1), 3-22.

Fodor, J. A. (1983). *The modularity of mind.* Cambridge, MA: MIT Press.

Folstein, S., & Rutter, M. (1977). Genetic influences and infantile autism. *Nature, 265*(5596), 726-728.

Fombonne, E. (2001). Is there an epidemic of autism? *Pediatrics, 107,* 411-412.

Foti, F., De Crescenzo, F., Vivanti, G., Menghini, D., & Vicari, S. (2015). Implicit learning in individuals with autism spectrum disorders: A meta-analysis. *Psychological Medicine, 45*(5), 897-910.

Fox, J. W., Lamperti, E. D., Eksioglu, Y. Z., Hong, S. E., Feng, Y., Graham, D. A., . . . Walsh, C. A. (1998). Mutations in filamin 1 prevent migration of cerebral cortical neurons in human periventricular heterotopia. *Neuron, 21*(6), 1315-1325.

Franceschini, S., Gori, S., Ruffino, M., Pedroll, K., & Facoetti, A. (2012). A causal link between spatial attention and reading acquisition. *Current Biology, 22*(9), 814-819.

Francis, D. J., Shaywitz, S. E., Stuebing, K. K., Shaywitz, B. A., & Fletcher, J. M. (1996). Developmental lag versus deficit models of reading disability: A longitudinal, individual growth curves analysis. *Journal of Educational Psychology, 88*(1), 3-17.

Frank, M. J., Seeberger, L. C., & O'Reilly R, C. (2004). By carrot or by stick: Cognitive reinforcement learning in parkinsonism. *Science, 306*(5703), 1940-1943.

Frazier, T. W., Georgiades, S., Bishop, S. L., & Hardan, A. Y. (2014). Behavioral and cognitive characteristics of females and males with autism in the Simons Simplex Collection. *Journal of the American Academy of Child and Adolescent Psychiatry, 53*(3), 329-340.

Frazier, T. W., Ratliff, K. R., Gruber, C., Zhang, Y., Law, P. a., & Constantino, J. N. (2014). Confirmatory factor analytic structure and measurement invariance of quantitative autistic traits measured by the Social Responsiveness Scale-2. *Autism, 18,* 31-44.

Frazier, T. W., Thompson, L., Youngstrom, E. A., Law, P., Hardan, A. Y., Eng, C., & Morris, N. (2014). A twin study of heritable and shared environmental contributions to autism. *Journal of Autism and Developmental Disorders, 44*(8), 2013-2025.

Frazier, T. W., Youngstrom, E. A., Kubu, C. S., Sinclair, L., & Rezai, A. (2008). Exploratory and confirmatory factor analysis of the autism diagnostic interview-revised. *Journal of Autism and Developmental Disorders, 38*(3), 474-480.

Frazier, T. W., Youngstrom, E. A., Speer, L., Embacher, R., Law, P., Constantino, J. N., . . . Eng, C. (2012). Validation of proposed DSM-5 criteria for autism spectrum disorder. *Journal of the American Academy of Child and Adolescent Psychiatry, 51*(1), 28-40.

Freed, G. L., Clark, S. J., Butchart, A. T., Singer, D. C., & Davis, M. M. (2010). Parental vaccine safety concerns in 2009. *Pediatrics, 125*(4), 654-659.

Friedman, A. H., Watamura, S. E., & Robertson, S. S. (2005). Movement-attention coupling in infancy and attention problems in childhood. *Developmental Medicine and Child Neurology, 47*(10), 660-665.

Friend, A., DeFries, J. C., Olson, R. K., Pennington, B. F., Harlaar, N., Byrne, B., . . . Keenan, J. M. (2009). Heritability of high reading ability and its interaction with parental education. *Behavioral Genetics, 39*, 427-436.

Fry, A. F., & Hale, S. (1996). Processing speed, working memory, and fluid intelligence. *Psychological Science, 7*(4), 237-241.

Fryer, R. G., & Levitt, S. D. (2013). Testing for racial differences in the mental ability of young children. *American Economic Review, 103*(2), 981-1005.

Fuchs, L. S., Geary, D. C., Compton, D. L., Fuchs, D., Hamlett, C. L., Seethaler, P. M., . . . Schatschneider, C. (2010). Do different types of school mathematics development depend on different constellations of numerical versus general cognitive abilities? *Developmental Psychology, 46*(6), 1731-1746.

Fuchs, L. S., Powell, S. R., Cirino, P. T., Schumacher, R. F., Marrin, S., Hamlett, C. L., . . . Changas, P. C. (2014). Does calculation or word-problem instruction provide a stronger route to prealgebraic knowledge? *Journal of Educational Psychology, 106*(4), 990-1006.

Fuchs, L. S., Powell, S. R., Hamlett, C. L., Fuchs, D., Cirino, P. T., & Fletcher, J. M. (2008). Remediating computational deficits at third grade: A randomized field trial. *Journal of Research on Educational Effectiveness, 1*(1), 2-32.

Fulton, H., Scheffler, R., Hinshaw, S., Levine, P., Stone, S., Brown, T., & Modrek, S. (2009). National variation of ADHD diagnostic prevalence and medication use: Health care providers and education policies. *Psychiatric Services, 60*(8), 1075-1083.

Furlong, M., McLoughlin, F., McGilloway, S., & Geary, D. (2016). Interventions to improve mathematical performance for children with mathematical learning difficulties (MLD). *Cochrane Database of Systematic Reviews, 4*, CD012130.

Fuster, J. M. (1989). *The prefrontal cortex: Anatomy, physiology and neuropsycholgy of the frontal lobe* (2nd ed.). New York: Raven.

Gabay, Y., Thiessen, E. D., & Holt, L. L. (2015). Impaired statistical learning in developmental dyslexia. *Journal of Speech, Language, and Hearing Research, 58*(3), 934-945.

Gabrieli, J. D. (2009). Dyslexia: A new synergy between education and cognitive neuroscience. *Science, 325*(5938), 280-283.

Galaburda, A., & Pascual-Leone, A. (2003). Mechanisms of plasticity and behavior. In T. E. Feinberg & M. J. Farah (Eds.), *Behavioral neurology and neuropsychology* (pp. 57-70). New York: McGraw-Hill.

Galaburda, A. M., Sherman, G. F., Rosen, G. D., Aboitiz, F., & Geschwind, N. (1985). Developmental dyslexia: Four consecutive patients with cortical anomalies. *Annals of Neurology, 18*(2), 222-233.

Gall, F. J. (1835). *On the origin of the moral qualities and intellectual faculties of man, and the conditions of their manifestation.* Boston: Marsh, Capen, and Lyon.

Garber, K. B., Visootsak, J., & Warren, S. T. (2008). Fragile X syndrome. *European Journal of Human Genetics, 16*(6), 666-672.

García, J. R., & Cain, K. (2014). Decoding and reading comprehension. *Review of Educational Research, 84*(1), 74-111.

Gardener, H., Spiegelman, D., & Buka, S. L. (2011). Perinatal and neonatal risk factors for autism: A comprehensive meta-analysis. *Pediatrics, 128*(2), 344-355.

Gargaro, B. A., Rinehart, N. J., Bradshaw, J. L., Tonge, B. J., & Sheppard, D. M. (2011). Autism and ADHD: How far have we come in the comorbidity debate? *Neuroscience and Biobehavioral Reviews, 35*(5), 1081-1088.

Gathercole, S. E., & Baddeley, A. D. (1990). Phonological memory deficits in language disordered children: Is there a causal connection? *Journal of Memory and Language, 29*(3), 336-360.

Gauthier, I., Tarr, M. J., Anderson, A. W., Skudlarski, P., & Gore, J. C. (1999). Activation of the middle fusiform "face area" increases with expertise in recognizing novel objects. *Nature Neuroscience, 2*(6), 568-573.

Geary, D. C. (1994). *Children's mathematical development: Research and practical applications.* Washington, DC: American Psychological Association.

Geary, D. C., Bailey, D. H., & Hoard, M. K. (2009). Predicting mathematical achievement and mathematical learning disability with a simple screening tool: The Number Sets Test. *Journal of Psychoeducational Assessment, 27*(3), 265-279.

Geary, D. C., Hamson, C. O., & Hoard, M. K. (2000). Numerical and arithmetical cognition: A longitudinal study of process and concept deficits in children with learning disability. *Journal of Experimental Child Psychology, 77*, 236-263.

Geary, D. C., Hoard, M. K., Byrd-Craven, J., & DeSoto, M. C. (2004). Strategy choices in simple and complex addition: Contributions of working memory and counting knowledge for children with mathematical disability. *Journal of Experimental Child Psychology, 88*(2), 121-151.

Gelman, R., & Gallistel, C. R. (1986). *The child's understanding of number.* Cambridge, MA: Harvard University Press. (Original work published 1978)

Gepner, B., & Féron, F. (2009). Autism: A world changing too fast for a mis-wired brain? *Neuroscience and Biobehavioral Reviews, 33*(8), 1227-1242.

Gerber, S., Brice, A., Capone, N., Fujiki, M., & Timler, G. (2012). Language use in social interactions of school-age children with language impairments: An evidence-based systematic review of treatment. *Language, Speech, and Hearing Services in Schools, 43*(2), 235-249.

Germano, E., Gagliano, A., & Curatolo, P. (2010). Comorbidity of ADHD and dyslexia. *Developmental Neuropsychology, 35*(5), 475-493.

Geschwind, D. H., & State, M. W. (2015). Gene hunting in autism spectrum disorder: On the path to precision medicine. *Lancet Neurology, 14*(11), 1109-1120.

Gialluisi, A., Newbury, D. F., Wilcutt, E. G., Olson, R. K., DeFries, J. C., Brandler, W. M., . . . Simpson, N. H. (2014). Genome-wide screening for DNA variants associated with reading and language traits. *Genes, Brain and Behavior, 13*(7), 686-701.

Gialluisi, A., Visconti, A., Willcutt, E. G., Smith, S. D., Pennington, B. F., Falchi, M., . . . Fisher, S. E. (2016). Investigating the effects of copy number variants on reading and language performance. *Journal of Neurodevelopmental Disorders, 8*, 17.

Giarelli, E., Wiggins, L. D., Rice, C. E., Levy, S. E., Kirby, R. S., Pinto-Martin, J., & Mandell, D. (2010). Sex differences in the evaluation and diagnosis of autism spectrum disorders among children. *Disability and Health Journal, 3*(2), 107-116.

Gibson, J., Adams, C., Lockton, E., & Green, J. (2013). Social communication disorder outside autism?: A diagnostic classification approach to delineating pragmatic language impairment, high functioning autism and specific language impairment. *Journal of Child Psychology and Psychiatry, 54*(11), 1186-1197.

Giedd, J. N., Castellanos, F. X., Casey, B. J., Kozuch, P., King, A. C., Hamburger, S. D., & Rapoport, J. L. (1994). Quantitative morphology of the corpus callosum in attention deficit hyperactivity disorder. *American Journal of Psychiatry, 151*(5), 665-669.

Giedd, J. N., Shaw, P., Wallace, G. L., Gogtay, N., & Lenroot, K. K. (2006). Anatomic brain imaging studies of normal and abnormal brain development in children and adolescents. In D. Cicchetti & D. J. Cohen (Eds.), *Developmental psychopathology* (Vol. 2, pp. 127-196). Hoboken, NJ: Wiley.

Gillberg, C. (2010). The ESSENCE in child psychiatry: Early symptomatic syndromes eliciting neurodevelopmental clinical examinations. *Research in Developmental Disabilities, 31*(6), 1543-1551.

Gilmore, C., Attridge, N., & Inglis, M. (2011). Measuring the approximate number system. *Quarterly Journal of Experimental Psychology, 64*(11), 2099-2109.

Gioia, G., Isquith, P., Guy, S., & Kenworthy, L. (2015). *Behavior Rating Inventory of Executive Function, Second Edition (BRIEF-2)*. Lutz, FL: Professional Assessment Resources.

Gittleman, R., Mannuzza, S., Shenker, R., & Gonagura, N. (1985). Hyperactive boys almost grown up. *Archives of General Psychiatry, 42*, 937-947.

Göbel, S. M., Watson, S. E., Lervåg, A., & Hulme, C. (2014). Children's arithmetic development: It is number knowledge, not the approximate number sense, that counts. *Psychological Science, 25*(3), 789-798.

Goddard, H. H. (1912). *The Kallihak family: A study in the heredity of feeble-mindedness*. New York: Macmillan.

Golding, J., Pembrey, M., & Jones, R. (2001). ALSPAC-the Avon Longitudinal Study of Parents and Children: I. Study methodology. *Paediatric and Perinatal Epidemiology, 15*(1), 74-87.

Goldinger, S. D., & Azuma, T. (2003). Puzzle-solving science: The quixotic quest for units in speech perception. *Journal of Phonetics, 31*(3), 305-320.

González, G. F., Zaric, G., Tijms, J., Bonte, M., Blomert, L., & van der Molen, M. W. (2015). A randomized controlled trial on the beneficial effects of training letter-speech sound integration on reading fluency in children with dyslexia. *PLOS ONE, 10*(12), e0143914.

Goodkind, M., Eickhoff, S. B., Oathes, D. J., Jiang, Y., Chang, A., Jones-Hagata, L. B., . . . Korgaonkar, M. S. (2015). Identification of a common neurobiological substrate for mental illness. *JAMA Psychiatry, 72*(4), 305-315.

Gordon, M., McClure, F., & Aylward, G. (1996). *The Gordon Diagnostic System: Instruction manual and interpretive guide*. DeWitt, NY: Gordon Systems.

Gotham, K., Pickles, A., & Lord, C. (2009). Standardizing ADOS scores for a measure of severity in autism spectrum disorders. *Journal of Autism and Developmental Disorders, 39*, 693-705.

Gotham, K., Risi, S., Pickles, A., & Lord, C. (2007). The autism diagnostic observation schedule: Revised algorithms for improved diagnostic validity. *Journal of Autism and Developmental Disorders, 37*(4), 613-627.

Gottlieb, G. (1991). Experimental canalization of behavioral development: Theory. *Developmental Psychology, 27*(1), 4-13.

Gough, P. B., & Tunmer, W. E. (1986). Decoding, reading, and reading disability. *RASE: Remedial and Special Education, 7*(1), 6-10.

Grant, D. A., & Berg, E. (1948). A behavioral analysis of degree of reinforcement and ease of shifting to new responses in a Weigl-type card-sorting problem. *Journal of Experimental Psychology, 38*(4), 404-411.

Grasby, K. L., Coventry, W. L., Byrne, B., & Olson, R. K. (2017). Little evidence that socioeconomic status modifies heritability of literacy and numeracy in Australia. *Child Development*. [Epub ahead of print]

Grattan, L. M., & Eslinger, P. J. (1991). Frontal lobe damage in children and adults: A comparative review. *Developmental Neuropsychology, 7*, 283-326.

Green, P. (2003). *Manual for the Word Memory Test for Windows*. Edmonton, AB, Canada: Green's. Green, P. (2004). *Medical Symptom Validity Test (MSVT) for Microsoft Windows: User's manual*. Edmonton, AB, Canada: Green's.

Green, T., Bade Shrestha, S., Chromik, L. C., Rutledge, K., Pennington, B. F., Hong, D. S., & Reiss, A. L. (2015). Elucidating X chromosome influences on attention deficit hyperactivity disorder and executive function. *Journal of Psychiatric Research, 68*, 217-225.

Greenberg, S. (2004). *A multi-tier framework for understanding spoken language*. Mahwah, NJ: Erlbaum.

Greenhill, L. L., Muniz, R., Ball, R. R., Levine, A., Pestreich, L., & Jiang, H. (2006). Efficacy and safety of dexmethylphenidate extended-release capsules in children with attention-deficit/hyperactivity disorder. *Journal of the American Academy of Child and Adolescent Psychiatry, 45*, 817-823.

Greenough, W. T., Black, J. E., & Wallace, C. S. (1987). Experience and brain development. *Child Development, 58*(3), 539-559.

Greven, C. U., Rijsdijk, F. V., Asherson, P., & Plomin, R. (2012). A longitudinal twin study on the association between ADHD symptoms and reading. *Journal of Child Psychology and Psychiatry, 53*(3), 234-242.

Gross-Tsur, V., Manor, O., & Shalev, R. S. (1996). Developmental dyscalculia: Prevalence and demographic features. *Devvelopmental Medicine and Child Neurology, 38*(1), 25-33.

Grove, J., Ripke, S., Als, T. D., Mattheisen, M., Walters, R., Won, H., . . . Anney, R. (2017). Common risk variants identified in autism spectrum disorder. Retrieved from www.biorxiv.org/content/early/2017/11/27/224774.

Gualtieri, C. T., & Hicks, R. E. (1985). Neuropharmacology of methylphenidate and a neural substrate for childhood hyperactivity. *Psychiatric Clinics of North America, 8*(4), 875-892.

Gualtieri, C. T., Koriath, U., Van Bourgondien, M., & Saleeby, N. (1983). Language disorders in children referred for psychiatric services. *Journal of the American Academy of Child and Adolescent Psychiatry, 22*(2), 165-171.

Guenther, F. H. (1995). Speech sound acquisition, coarticulation, and rate effects in a neural network model of speech production. *Psychology Review, 102*(3), 594-621.

Hadjikhani, N., Joseph, R. M., Snyder, J., Chabris, C. F., Clark, J., Steele, S., . . . Tager-Flusberg, H. (2004). Activation of the fusiform gyrus when individuals with autism spectrum disorder view faces. *NeuroImage, 22*(3), 1141-1150.

Hagerman, R. J., Berry-Kravis, E., Kaufmann, W. E., Ono, M. Y., Tartaglia, N., Lachiewicz, A., . . . Visootsak, J. (2009). Advances in the treatment of fragile X syndrome. *Pediatrics, 123*(1), 378-390.

Hagerman, R. J., & Hagerman, P. (2013). Advances in clinical and molecular understanding of the FMR1 premutation and fragile X-associated tremor/ataxia syndrome. *Lancet Neurology, 12*(8), 786-798.

Halberda, J., & Feigenson, L. (2008). Developmental change in the acuity of the "Number Sense": The Approximate Number System in 3-, 4-, 5-, and 6-year-olds and adults. *Developmental Psychology, 44*(5), 1457-1465.

Hallett, V., Ronald, A., Rijsdijk, F., & Happé, F. (2010). Association of autistic-like and internalizing traits during childhood: A longitudinal twin study. *American Journal of Psychiatry, 167*, 809-817.

Hallgren, B. (1950). Specific dyslexia: A clinical and genetic study. *Acta Psychiatrica et Neurologica Scandinavica, 65*(Suppl.), 1-287.

Hallmayer, J., Cleveland, S., Torres, a., Phillips, J., Cohen, B., Torigoe, T., . . . Risch, N. (2011). Genetic heritability and shared environmental factors among twin pairs with autism. *Archives of General Psychiatry, 68*, 1095-1102.

Halpern, D. F. (2012). *Sex differences in cognitive abilities* (4th ed.). New York: Psychology Press.

Hampshire, A., Highfield, R. R., Parkin, B. L., & Owen, A. M. (2012). Fractionating human intelligence. *Neuron, 76*(6), 1225-1237.

Hannestad, J., Gallezot, J. D., Planeta-Wilson, B., Lin, S. F., Williams, W. A., van Dyck, C. H., . . . Ding, Y. S. (2010). Clinically relevant doses of methylphenidate significantly occupy norepinephrine transporters in humans in vivo. *Biological Psychiatry, 68*(9), 854-860.

Hanscombe, K. B., Trzaskowski, M., Haworth, C. M., Davis, O. S., Dale, P. S., & Plomin, R. (2012). Socioeconomic status (SES) and children's intelligence(IQ): In a UK-representative sample SES moderates the environmental, not genetic, effect on IQ. *PLOS ONE, 7*(2), e30320.

Hansen, R. L., Ozonoff, S., Krakowiak, P., Angkustsiri, K., Jones, C., Deprey, L. J., . . . Hertz-Picciotto, I. (2008). Regression in autism: Prevalence and associated factors in the CHARGE Study. *Ambulatory Pediatrics, 8*(1), 25-31.

Happé, F., & Ronald, A. (2008). The "fractionable autism triad": A review of evidence from behavioural, genetic, cognitive and neural research. *Neuropsychology Review, 18*(4), 287-304.

Happé, F., Ronald, A., & Plomin, R. (2006). Time to give up on a single explanation for autism. *Nature Neuroscience, 9*, 1218-1220.

Hariri, M., & Azadbakht, L. (2015). Magnesium, iron, and zinc supplementation for the treatment of attention deficit hyperactivity disorder: A systematic review on the recent literature. *International Journal of Preventive Medicine, 6*, 83.

Harlaar, N., Butcher, L. M., Meaburn, E., Sham, P., Craig, I. W., & Plomin, R. (2005). A behavioural genomic analysis of DNA markers associated with general cognitive ability in 7-year-olds. *Journal of Child Psychology and Psychiatry, 46*, 1097-1107.

Harlaar, N., Kovas, Y., Dale, P. S., Petrill, S. A., & Plomin, R. (2012). Mathematics is differentially related to reading comprehension and word decoding: Evidence from a genetically sensitive design. *Journal of Educational Psychology, 104*(3), 622-635.

Harrison, A. G., Flaro, L., & Armstrong, I. (2015). Rates of effort test failure in children with ADHD: An exploratory study. *Applied Neuropsychology: Child, 4*(3), 197-210.

Harrison, P., & Oakland, T. (2015). *Adaptive Behavior Assessment System, Third Edition (ABAS-3)*. Torrance, CA: Western Psychological Services.

Hart, B., & Risley, T. R. (1995). *Meaningful differences in the everyday experience of young American children*. Baltimore: Brookes.

Hart, S. A., Petrill, S. A., Thompson, L. A., & Plomin, R. (2009). The ABC's of math: A genetic analysis of mathematics and its links with reading ability and general cognitive ability. *Journal of Educational Psychology, 101*(2), 388-402.

Hart, S. A., Petrill, S. A., Willcutt, E., Thompson, L. A., Schatschneider, C., Deater-Deckard, K., & Cutting, L. E. (2010). Exploring how symptoms of attention-deficit/hyperactivity disorder are related to reading and mathematics performance: General genes, general environments. *Psychological Science, 21*(11), 1708-

1715.

Hartley, S. L., Horrell, S. V., & Maclean, W. E. (2007). Science to practice in intellectual disability: The role of empirically supported treatments. In J. W. Jacobson, J. A. Mulick, & J. Rojahn (Eds.), *Handbook of intellectual and developmental disabilities* (pp. 425-443). New York: Springer.

Hassiotis, A., Robotham, D., Canagasabey, A., Romeo, R., Langridge, D., Blizard, R., . . . King, M. (2009). Randomized, single-blind, controlled trial of a specialist behavior therapy team for challenging behavior in adults with intellectual disabilities. *American Journal of Psychiatry, 166*(11), 1278-1285.

Hassiotis, A., Serfaty, M., Azam, K., Strydom, A., Blizard, R., Romeo, R., . . . King, M. (2013). Manualised individual cognitive behavioural therapy for mood disorders in people with mild to moderate intellectual disability: A feasibility randomised controlled trial. *Journal of Affective Disorders, 151*(1), 186-195.

Hassiotis, A., Serfaty, M., Azam, K., Strydom, A., Martin, S., Parkes, C., . . . King, M. (2011). Cognitive behaviour therapy (CBT) for anxiety and depression in adults with mild intellectual disabilities(ID): A pilot randomised controlled trial. *Trials, 12*(1), 95.

Hatcher, J., Snowling, M. J., & Griffiths, Y. M. (2002). Cognitive assessment of dyslexic students in higher education. *British Journal of Educational Psychology, 72*(Pt. 1), 119-133.

Hatcher, P. J., Hulme, C., & Snowling, M. J. (2004). Explicit phoneme training combined with phonic reading instruction helps young children at risk of reading failure. *Journal of Child Psychology and Psychiatry, 45*(2), 338-358.

Hawkey, E., & Nigg, J. T. (2014). Omega-3 fatty acid and ADHD: Blood level analysis and meta-analytic extension of supplementation trials. *Clinical Psychology Review, 34*, 496-505.

Haworth, C. M., Kovas, Y., Harlaar, N., Hayiou-Thomas, M. E., Petrill, S. A., Dale, P. S., & Plomin, R. (2009). Generalist genes and learning disabilities: A multivariate genetic analysis of low performance in reading, mathematics, language and general cognitive ability in a sample of 8000 12-year-old twins. *Journal of Child Psychology and Psychiatry, 50*(10), 1318-1325.

Haworth, C. M., Kovas, Y., Petrill, S. A., & Plomin, R. (2007). Developmental origins of low mathematics performance and normal variation in twins from 7 to 9 years. *Twin Research and Human Genetics, 10*(1), 106-117.

Hayiou-Thomas, M. E., Dale, P. S., & Plomin, R. (2012). The etiology of variation in language skills changes with development: A longitudinal twin study of language from 2 to 12 years. *Developmental Science, 15*, 233-249.

Hazlett, H. C., Gu, H., Munsell, B. C., Kim, S. H., Styner, M., Wolff, J. J., . . . Botteron, K. N. (2017). Early brain development in infants at high risk for autism spectrum disorder. *Nature, 542*(7641), 348-351.

Hazlett, H. C., Poe, M., Gerig, G., Smith, R. G., Provenzale, J., Ross, A., . . . Piven, J. (2005). Magnetic resonance imaging and head circumference study of brain size in autism: Birth through age 2years. *Archives of General Psychiatry, 62*(12), 1366-1376.

Heath, S. B. (1982). What no bedtime story means: Narrative skills at home and school. *Language in Society, 11*(1), 49-76.

Heaton, R. K., Chelune, G. J., Talley, J. L., Kay, G. G., & Curtiss, G. (1981). *Wisconsin Card Sorting Test manual*. Odessa, FL: Psychological Assessment Resources.

Hebb, D. O. (1949). *The organization of behavior*. New York: Wiley.

Hecaen, H., Angelergues, R., & Houillier, S. (1961). Les varietes cliniques des acalculies au cours des lesions retro-rolandiques: Approache statistique du probleme [The clinical varieties of acalculia with retrorplandic lesions: A statistical approach to the problem]. *Revue Neurologique, 105*, 85-103.

Hecht, S. A., Burgess, S. R., Torgesen, J. K., Wagner, R. K., & Rashotte, C. A. (2000). Explaining social class differences in growth of reading skills from beginning kindergarten through fourth-grade: The role of phonological awareness, rate of access, and print knowledge. *Reading and Writing, 12*(1), 99-128.

Helt, M., Kelley, E., Kinsbourne, M., Pandey, J., Boorstein, H., Herbert, M., & Fein, D. (2008). Can children with autism recover?: If so, how? *Neuropsychology Review, 18*, 339-366.

Henschen, S. E. (1925). Clinical and anatomical contributions on brain pathology. *Archives of Neurology and Psychiatry, 13*, 226-249. (Original work published 1919)

Hensler, B. S., Schatschneider, C., Taylor, J., & Wagner, R. K. (2010). Behavioral genetic approach to the study of dyslexia. *Journal of Developmental and Behavioral Pediatrics, 31*, 525-532.

Herbert, M. R. (2005). Large brains in autism: The challenge of pervasive abnormality. *The Neuroscientist, 11*(5), 417-440.

Hickok, G., & Poeppel, D. (2007). The cortical organization of speech processing. *Nature Reviews Neuroscience, 8*(5), 393-402.

Hines, S., & Bennett, F. (1996). Effectiveness of early intervention for children with Down syndrome. *Mental Retardation and Developmental Disabilities Research Reviews, 2*(2), 96-101.

Hiniker, A., Rosenberg-Lee, M., & Menon, V. (2016). Distinctive role of symbolic number sense in mediating the mathematical abilities of children with autism. *Journal of Autism and Developmental Disorders, 46*(4), 1268-1281.

Hinshaw, S. P. (2007). Moderators and mediators of treatment outcome for youth with ADHD: Understanding for whom and how interventions work. *Ambulatory Pediatrics, 7*(1), 91-100.

Hodapp, R. M., & Dykens, E. M. (1996). Mental retardation. In R. J. Mash & R. A. Barkley (Eds.), *Child psychopathology* (pp. 362-389). New York: Guilford Press.

Hoeft, F., Carter, J. C., Lightbody, A. A., Cody Hazlett, H., Piven, J., & Reiss, A. L. (2010). Region-specific alterations in brain development in one- to threeyear-old boys with fragile X syndrome. *Proceedings of the National Academy of Science USA, 107*(20), 9335-9339.

Hoff, E. (2003). The specificity of environmental influence: Socioeconomic status affects early vocabulary development via maternal speech. *Child Development, 74*(5), 1368-1378.

Hoffmann, H. (1845). *Der Struwwelpeler: Oder lustige Geschichlen unddrollige Bilder* [Shock-headed Peter: Or pretty stories and funny pictures]. Leipzig, Germany: Insel-Verdag.

Hoksbergen, R., Ter Laak, J., Rijk, K., van Dijkum, C., & Stoutjesdijk, F. (2005). Post-institutional autistic syndrome in Romanian adoptees. *Journal of Autism and Developmental Disorders, 35*(5), 615-623.

Hong, S. E., Shugart, Y. Y., Huang, D. T., Shahwan, S. A., Grant, P. E., Hourihane, J. O., . . . Walsh, C. A. (2000). Autosomal recessive lissencephaly with cerebellar hypoplasia is associated with human RELN mutations. *Nature Genetics, 26*(1), 93-96.

Horn, J. L., & McArdle, J. J. (1992). A practical and theoretical guide to measurement invariance in aging research. *Experimental Aging Research, 18*(3), 117-144.

Horn, J. L., & Noll, J. (1997). Human cognitive capabilities: Gf-Gc theory. In D. P. Flanagan, J. L. Genshaft, & P. L. Harrison (Eds.), *Contemporary intellectual assessment: Theories, tests, and issues* (pp. 53-91). New York: Guilford Press.

Hoskyn, M., & Swanson, H. L. (2000). Cognitive processing of low achievers and children with reading disabilities: A selective meta-analytic review of the published literature. *School Psychology Review, 29*(1), 102-119.

Howlin, P., Goode, S., Hutton, J., & Rutter, M. (2004). Adult outcome for children with autism. *Journal of Child

Psychology and Psychiatry, 45(2), 212-229.

Howlin, P., & Moss, P. (2012). Adults with autism spectrum disorders. Canadian Journal of Psychiatry, 57(5), 275-283.

Hu, W., Lee, H. L., Zhang, Q., Liu, T., Geng, L. B., Seghier, M. L., . . . Price, C. J. (2010). Developmental dyslexia in Chinese and English populations: Dissociating the effect of dyslexia from language differences. Brain, 133(Pt. 6), 1694-1706.

Huerta, M., Bishop, S. L., Duncan, A., Hus, V., & Lord, C. (2012). Application of DSM-5 criteria for autism spectrum disorder to three samples of children with DSM-IV diagnoses of pervasive developmental disorders. American Journal of Psychiatry, 169, 1056-1064.

Hughes, J. R. (2007). Autism: The first firm finding = underconnectivity? Epilepsy and Behavior, 11(1), 20-24.

Hull, J. V., Jacokes, Z. J., Torgerson, C. M., Irimia, A., Van Horn, J. D., Aylward, E., . . . Webb, S. J. (2017). Resting-state functional connectivity in autism spectrum disorders: A review. Frontiers in Psychiatry, 7, 205.

Hulme, C., Bowyer-Crane, C., Carroll, J. M., Duff, F. J., & Snowling, M. J. (2012). The causal role of phoneme awareness and letter-sound knowledge in learning to read: Combining intervention studies with mediation analyses. Psychological Science, 23(6), 572-577.

Hultman, C., Sandin, S., Levine, S., Lichtenstein, P., & Reichenberg, A. (2011). Advancing paternal age and risk of autism: New evidence from a population-based study and a meta-analysis of epidemiological studies. Molecular Psychiatry, 16(12), 1203-1212.

Hunt, E. (2011). Human intelligence. New York: Cambridge University Press.

Hus, V., Taylor, A., & Lord, C. (2011). Telescoping of caregiver report on the Autism Diagnostic Interview-Revised. Journal of Child Psychology and Psychiatry, 52(7), 753-760.

Huttenlocher, P. R., & Dabholchar, A. S. (1997). Regional differences in synaptogenesis in human cerebral cortex. Journal of Comparative Neurology, 387(2), 167-178.

Hynd, G. W., Hern, K. L., Novey, E. S., Eliopulos, D., Marshall, R., Gonzalez, J. J., & Voeller, K. K. (1993). Attention deficit-hyperactivity disorder and asymmetry of the caudate nucleus. Journal of Child Neurology, 8(4), 339-347.

Hynd, G. W., Semrud-Clikeman, M., Lorys, A. R., Novey, E. S., & Eliopulos, D. (1990). Brain morphology in developmental dyslexia and attention deficit disorder/hyperactivity. Archives of Neurology, 47(8), 919-926.

Hynd, G. W., Semrud-Clikeman, M., Lorys, A. R., Novey, E. S., Eliopulos, D., & Lyytinen, H. (1991). Corpus callosum morphology in attention deficithyperactivity disorder: Morphometric analysis of MRI. Journal of Learning Disabilities, 24(3), 141-146.

Individuals With Disabilities Education Act, 20 U.S.C. § 1400 (2004).

Inglis, M., & Gilmore, C. (2014). Indexing the approximate number system. Acta Psychologica, 145, 147-155.

Insel, T., Cuthbert, B., Garvey, M., Heinssen, R., Pine, D. S., Quinn, K., . . . Wang, P. (2010). Research domain criteria (RDoC): Toward a new classification framework for research on mental disorders. American Journal of Psychiatry, 167(7), 748-751.

Iossifov, I., Ronemus, M., Levy, D., Wang, Z., Hakker, I., Rosenbaum, J., . . . Leotta, A. (2012). De novo gene disruptions in children on the autistic spectrum. Neuron, 74(2), 285-299.

Iuculano, T., Rosenberg-Lee, M., Richardson, J., Tenison, C., Fuchs, L., Supekar, K., & Menon, V. (2015). Cognitive tutoring induces widespread neuroplasticity and remediates brain function in children with mathematical learning disabilities. Nature Communications, 6, 8453.

Jack, A., & Pelphrey, K. (2017). Annual Research Review: Understudied populations within the autism spectrum-current trends and future directions in neuroimaging research. Journal of Child Psychology and Psychiatry *and Allied Disciplines, 58*(4), 411-435.

Jackson, A. P., Eastwood, H., Bell, S. M., Adu, J., Toomes, C., Carr, I. M., . . . Woods, C. G. (2002). Identification of microcephalin, a protein implicated in determining the size of the human brain. *American Journal of Human Genetics, 71*(1), 136-142.

Jacobs, R., Harvey, A. S., & Anderson, V. (2007). Executive function following focal frontal lobe lesions: Impact of timing of lesion on outcome. *Cortex, 43,* 792-805.

Jain, A., Marshall, J., Buikema, A., Bancroft, T., Kelly, J. P., & Newschaffer, C. J. (2015). Autism occurrence by MMR vaccine status among US children with older siblings with and without autism. *Journal of the American Medical Association, 313*(15), 1534-1540.

Jakobson, R. (1941). *Kindersprache, aphasie, und allgermeine* [Child language, aphasia, and phonological universals]. Uppsala, Sweden: Almqvist & Wiksell.

Jamieson, J. P., Mendes, W. B., Blackstock, E., & Schmader, T. (2010). Turning the knots in your stomach into bows: Reappraising arousal improves performance on the GRE. *Journal of Experimental Social Psychology, 46*(1), 208-212.

Jensen, P. S., Arnold, L. E., Swanson, J. M., Vitiello, B., Abikoff, H. B., Greenhill, L. L., . . . Hur, K. (2007). 3-year follow-up of the NIMH MTA study. *Journal of the American Academy of Child and Adolescent Psychiatry, 46,* 989-1002.

Jiménez, J. E., Siegel, L. S., O'Shanahan, I., & Ford, L. (2009). The relative roles of IQ and cognitive processes in reading disability. *Educational Psychology, 29*(1), 27-43.

Joanisse, M. F. (2000). *Connectionist phonology.* Doctoral dissertation, University of Southern California, Los Angeles, CA.

Joanisse, M. F. (2004). Specific language impairments in children: Phonology, semantics, and the English past tense. *Current Directions in Psychological Science, 13*(4), 156-160.

Joanisse, M. F. (2007). Phonological deficits and developmental language impairments: Evidence from connectionist models. In D. Mareschal, S. Sirois, G. Westermann, & M. H. Johnson (Eds.), *Neuroconstructionism: Perspectives and prospects* (Vol. 2, pp. 205-229). Oxford, UK: Oxford University Press.

Joanisse, M. F., & Seidenberg, M. S. (2003). Phonology and syntax in specific language impairment: Evidence from a connectionist model. *Brain and Language, 86*(1), 40-56.

Johnson, M. H., & de Haan, M. (2011). *Developmental cognitive neuroscience.* Oxford, UK: Blackwell.

Jones, E. J., Gliga, T., Bedford, R., Charman, T., & Johnson, M. H. (2014). Developmental pathways to autism: A review of prospective studies of infants at risk. *Neuroscience and Biobehavioral Reviews, 39,* 1-33.

Just, M. A., Cherkassky, V. L., Keller, T. A., & Minshew, N. J. (2004). Cortical activation and synchronization during sentence comprehension in high-functioning autism: Evidence of underconnectivity. *Brain, 127*(8), 1811-1821.

Kagan, J., & Snidman, N. (2009). *The long shadow of temperament.* Cambridge, MA: Harvard University Press.

Kail, R. (1991). Development of processing speed in childhood and adolescence. *Advances in Child Development and Behavior, 23,* 151-185.

Kail, R. (1994). A method of studying the generalized slowing hypothesis in children with specific language impairment. *Journal of Speech and Hearing Research, 37,* 418-421.

Kail, R., & Hall, L. K. (1994). Processing speed, naming speed, and reading. *Developmental Psychology, 30*(6), 949-954.

Kaiser, A. P., & Roberts, M. Y. (2013). Parents as communication partners: An evidence-based strategy for improving parent support for language and communication in everyday settings. *Perspectives on Language*

Learning and Education, 20(3), 96-111.

Kalff, A. C., De Sonneville, L. M. J., Hurks, P. P. M., Hendriksen, J. G. M., Kroes, M., Feron, F. J. M., . . . Jolles, J. (2005). Speed, speed variability, and accuracy of information processing in 5- to 6-yearold children at risk of ADHD. *Journal of the International Neuropsychological Society, 11*(2), 173-183.

Kamp-Becker, I., Smidt, J., Ghahreman, M., Heinzel-Gutenbrunner, M., Becker, K., & Remschmidt, H. (2010). Categorical and dimensional structure of autism spectrum disorders: The nosologic validity of Asperger syndrome. *Journal of Autism and Developmental Disorders, 40*(8), 921-929.

Kanner, L. (1943). Autistic disturbances of affective contact. *Nervous Child, 2*, 217-250.

Kanwisher, N. (2010). Functional specificity in the human brain: A window into the functional architecture of the mind. *Proceeding of the National Academy of Sciences of the USA, 107*(25), 11163-11170.

Karmiloff-Smith, A., & Thomas, M. S. (2003). What can developmental disorders tell us about the neurocomputational constraints that shape development?: The case of Williams syndrome. *Development and Psychopathology, 15*(4), 969-990.

Kasari, C., Gulsrud, A. C., Wong, C., Kwon, S., & Locke, J. (2010). Randomized controlled caregiver mediated joint engagement intervention for toddlers with autism. *Journal of Autism and Developmental Disorders, 40*, 1045-1056.

Kasari, C., Sigman, M., Mundy, P., & Yirmiya, N. (1988). Caregiver interactions with autistic children. *Journal of Abnormal Child Psychology, 16*, 45-56.

Kashimoto, R., Toffoli, L., Manfredo, M., Volpini, V., Martins-Pinge, M., Pelosi, G., & Gomes, M. (2016). Physical exercise affects the epigenetic programming of rat brain and modulates the adaptive response evoked by repeated restraint stress. *Behavioural Brain Research, 296*, 286-289.

Katusic, S. K., Colligan, R. C., Weaver, A. L., & Barbaresi, W. J. (2009). The forgotten learning disability: Epidemiology of written-language disorder in a population-based birth cohort (1976-1982), Rochester, Minnesota. *Pediatrics, 123*(5), 1306-1313.

Kaufman, A. S., & Kaufman, N. L. (2014). *Kaufman Test of Educational Achievement-Third Edition(KTEA-3) technical and interpretive manual.* Bloomington, MN: Pearson.

Kaufman, S. B., Reynolds, M. R., Liu, X., Kaufman, A. S., & McGrew, K. S. (2012). Are cognitive g and academic achievement g one and the same g?: An exploration on the Woodcock-Johnson and Kaufman tests. *Intelligence, 40*(2), 123-138.

Kaufmann, L., Handl, P., & Thony, B. (2003). Evaluation of a numeracy intervention program focusing on basic numerical knowledge and conceptual knowledge: A pilot study. *Journal of Learning Disabilities, 36*(6), 564-573.

Kaufmann, L., Wood, G., Rubinsten, O., & Henik, A. (2011). Meta-analyses of developmental fMRI studies investigating typical and atypical trajectories of number processing and calculation. *Developmental Neuropsychology, 36*(6), 763-787.

Keller, M. C. (2008). The evolutionary persistence of genes that increase mental disorders risk. *Current Directions in Psychological Science, 17*, 395-399.

Kennard, M. A. (1936). Age and other factors in motor recovery from precentral lesions in monkeys. *American Journal of Physiology, 115*, 138-146.

Kenworthy, L., Anthony, L. G., Naiman, D. Q., Cannon, L., Wills, M. C., Luong-Tran, C., . . . Wallace, G. L. (2014). Randomized controlled effectiveness trial of executive function intervention for children on the autism spectrum. *Journal of Child Psychology and Psychiatry and Allied Disciplines, 55*, 374-383.

Kere, J. (2011). Molecular genetics and molecular biology of dyslexia. *Wiley Interdisciplinary Reviews: Cognitive*

Science, 4, 441-448.

Kerr, J. (1897). School hygiene, in its mental, moral, and physical aspects (Howard Medical Prize Essay). *Journal of the Royal Statistical Society, 60*, 613-680.

Kessler, R. C., Avenevoli, S., McLaughlin, K. A., Green, J. G., Lakoma, M. D., Petukhova, M., . . . Merikangas, K. R. (2012). Lifetime co-morbidity of DSM-IV disorders in the US National Comorbidity Survey Replication Adolescent Supplement(NCS-A). *Psychological Medicine, 42*, 1997-2010.

Ketelaars, M. P., Cuperus, J., Jansonius, K., & Verhoeven, L. (2010). Pragmatic language impairment and associated behavioural problems. *International Journal of Language and Communcation Disorders, 45*(2), 204-214.

Kibar, Z., Torban, E., McDearmid, J. R., Reynolds, A., Berghout, J., Mathieu, M., . . . Gros, P. (2007). Mutations in VANGL1 associated with neuraltube defects. *New England Journal of Medicine, 356*(14), 1432-1437.

Kibby, M. Y., Kroese, J. M., Krebbs, H., Hill, C. E., & Hynd, G. W. (2009). The pars triangularis in dyslexia and ADHD: A comprehensive approach. *Brain and Language, 111*(1), 46-54.

King, M., & Bearman, P. (2009). Diagnostic change and the increased prevalence of autism. *International Journal of Epidemiology, 38*, 1224-1234.

Kintsch, W. (1994). The psychology of discourse processing. In A. M. Gernsbacher (Ed.), *Handbook of psycholinguistics* (pp. 721-739). San Diego, CA: Academic Press.

Kirk, H. E., Gray, K. M., Ellis, K., Taffe, J., & Cornish, K. M. (2016). Computerised attention training for children with intellectual and developmental disabilities: A randomised controlled trial. *Journal of Child Psychology and Psychiatry, 57*(12), 1380-1389.

Kirk, H. E., Gray, K., Ellis, K., Taffe, J., & Cornish, K. (2017). Impact of attention training on academic achievement, executive functioning, and behavio: A randomized controlled trial. *American Journal on Intellectual and Developmental Disabilities, 122*(2), 97-117.

Kirkwood, M. W. (2015). *Validity testing in child and adolescent assessment: Evaluating exaggeration, feigning, and noncredible effort*. New York: Guilford Press.

Kirkwood, M. W., Yeates, K. O., Randolph, C., & Kirk, J. W. (2012). The implications of symptom validity test failure for ability-based test performance in a pediatric sample. *Psychological Assessment, 24*(1), 36-45.

Kjelgaard, M. M., & Tager-Flusberg, H. (2001). An investigation of language impairment in autism: Implications for genetic subgroups. *Language and Cognitive Processes, 16*(2), 287-308.

Klingberg, T., Fernell, E., Olesen, P. J., Johnson, M., Gustafsson, P., Dahlstrom, K., . . . Westerberg, H. (2005). Computerized training of working memory in children with ADHD-a randomized, controlled trial. *Journal of the American Academy of Child and Adolescent Psychiatry, 44*(2), 177-186.

Klingberg, T., Hedehus, M., Temple, E., Salz, T., Gabrieli, J. D., Moseley, M. E., & Poldrack, R. A. (2000). Microstructure of temporo-parietal white matter as a basis for reading ability: Evidence from diffusion tensor magnetic resonance imaging. *Neuron, 25*, 493-500.

Knopik, V. S., & DeFries, J. C. (1999). Etiology of covariation between reading and mathematics performance: A twin study. *Twin Research and Human Genetics, 2*(3), 226-234.

Knopik, V. S., Neiderhiser, J. M., DeFries, J. C., & Plomin, R. (2017). *Behavioral genetics* (7th ed.). New York: Worth.

Kochanska, G., Murray, K. T., & Harlan, E. T. (2000). Effortful control in early childhood: Continuity and change, antecedents, and implications for social development. *Developmental Psychology, 36*(2), 220-232.

Kofler, M. J., Rapport, M. D., Sarver, D. E., Raiker, J. S., Orban, S. A., Friedman, L. M., & Kolomeyer, E. G. (2013). Reaction time variability in ADHD: A meta-analytic review of 319 studies. *Clinical Psychology*

Review, 33, 795-811.

Kolb, B., Gibb, R., & Gorny, G. (2000). Cortical plasticity and the development of behavior after early frontal cortical injury. *Developmental Neuropsychology, 18*(3), 423-444.

Kolb, B., & Whishaw, I. Q. (1990). *Fundamentals of human neuropsychology* (3rd ed.). New York: Freeman.

Kong, A., Frigge, M. L., Masson, G., Besenbacher, S., Sulem, P., Magnusson, G.,... Stefansson, K. (2012). Rate of de novo mutations and the importance of father's age to disease risk. *Nature, 488,* 471-475.

Konopka, G., & Roberts, T. F. (2016). Insights into the neural and genetic basis of vocal communication. *Cell, 164*(6), 1269-1276.

Koontz, K. L., & Berch, D. B. (1996). Identifying simple numerical stimuli: Processing inefficiencies exhibited by arithmetic learning disabled children. *Mathematical Cognition, 2*(1), 1-23.

Korbel, J. O., Tirosh-Wagner, T., Urban, A. E., Chen, X. N., Kasowski, M., Dai, L.,... Korenberg, J. R. (2009). The genetic architecture of Down syndrome phenotypes revealed by high-resolution analysis of human segmental trisomies. *Proceedings of the National Academy of Sciences of the USA, 106*(29), 12031-12036.

Korkman, M., Kirk, U., & Kemp, S. (2007). *NEPSY-Second Edition (NEPSY-II).* San Antonio, TX: Psychological Corporation.

Kosc, L. (1974). Developmental of dyscalculia. *Journal of Learning Disabilities, 7,* 159-162.

Koslowski, N., Klein, K., Arnold, K., Kösters, M., Schützwohl, M., Salize, H. J., & Puschner, B. (2016). Effectiveness of interventions for adults with mild to moderate intellectual disabilities and mental health problems: Systematic review and meta-analysis. *British Journal of Psychiatry, 209*(6), 469-474.

Kovas, Y., & Plomin, R. (2006). Generalist genes: Implications for the cognitive sciences. *Trends in cognitive sciences, 10*(5), 198-203.

Kovas, Y., & Plomin, R. (2007). Learning abilities and disabilities: Generalist genes, specialist environments. *Current Directions in Psychological Science, 16*(5), 284-288.

Krakauer, J. W., Ghazanfar, A. A., Gomez-Marin, A., MacIver, M. A., & Poeppel, D. (2017). Neuroscience needs behavior: Correcting a reductionist bias. *Neuron, 93*(3), 480-490.

Krishnan, S., Watkins, K. E., & Bishop, D. V. M. (2016). Neurobiological basis of language learning difficulties. *Trends in Cognitive Sciences, 20*(9), 701-714.

Kroeger, L. A., Brown, R. D., & O'Brien, B. A. (2012). Connecting neuroscience, cognitive, and educational theories and research to practice: A review of mathematics intervention programs. *Early Education and Development, 23*(1), 37-58.

Kröger, B. J., Kannampuzha, J., & Neuschaefer-Rube, C. (2009). Towards a neurocomputational model of speech production and perception. *Speech Communication, 51*(9), 793-809.

Kuhl, P. K. (1991). Human adults and human infants show a "perceptual magnet effect" for the prototypes of speech categories, monkeys do not. *Perception and Psychophysics, 50*(2), 93-107.

Kuhl, P. K., & Meltzoff, A. N. (1996). Infant vocalization in response to speech: Vocal imitation and developmental change. *Journal of the Acoustical Society of America, 100,* 2425-2438.

Lai, C. L. E., Fisher, S. E., Hurst, J. A., Vargha-Khadem, F., & Monaco, A. P. (2001). A forkheaddomain gene is mutated in a severe speech and language disorder. *Nature, 413,* 519-523.

Lai, C. L. E., Gerrelli, D., Monaco, A. P., Fisher, S. E., & Copp, A. J. (2003). FOXP2 expression during brain development coincides with adult sites of pathology in a severe speech and language disorder. *Brain, 126,* 2455-2462.

Landa, R. J., & Garrett-Mayer, E. (2006). Development in infants with autism spectrum disorders: A prospective study. *Journal of Child Psychology and Psychiatry, 47*(6), 629-638.

Landa, R. J., Gross, A. L., Stuart, E. A., & Faherty, A. (2013). Developmental trajectories in children with and without autism spectrum disorders: The first 3 years. *Child Development, 84*, 429-442.

Landerl, K., Bevan, A., & Butterworth, B. (2004). Developmental dyscalculia and basic numerical capacities: A study of 8-9-year-old students. *Cognition, 93*(2), 99-125.

Landerl, K., & Moll, K. (2010). Comorbidity of learning disorders: Prevalence and familial transmission. *Journal of Child Psychology and Psychiatry, 51*(3), 287-294.

Landerl, K., Wimmer, H., & Frith, U. (1997). The impact of orthographic consistency on dyslexia: A German-English comparison. *Cognition, 63*, 315-334.

Landry, R., & Bryson, S. E. (2004). Impaired disengagement of attention in young children with autism. *Journal of Child Psychology and Psychiatry, 45*(6), 1115-1122.

Langen, M., Bos, D., Noordermeer, S. D., Nederveen, H., van Engeland, H., & Durston, S. (2014). Changes in the development of striatum are involved in repetitive behavior in autism. *Biological Psychiatry, 76*(5), 405-411.

Langen, M., Durston, S., Staal, W. G., Palmen, S. J., & van Engeland, H. (2007). Caudate nucleus is enlarged in high-functioning medication-naive subjects with autism. *Biological Psychiatry, 62*(3), 262-266.

Larson, K., Russ, S. A., Kahn, R. S., & Halfon, N. (2011). Patterns of comorbidity, functioning, and service use for US children with ADHD, 2007. *Pediatrics, 127*(3), 462-470.

Law, J., Garrett, Z., & Nye, C. (2003). Speech and language therapy interventions for children with primary speech and language delay or disorder. *Cochrane Database of Systematic Reviews, 3*, CD004110.

Lawson, K. R., & Ruff, H. A. (2004). Early attention and negative memotionality predict later cognitive and behavioral function. *International Journal of Behavioral Development, 28*(2), 157-165.

Lee, N. R., Maiman, M., & Godfrey, M. (2016). What can neuropsychology teach us about intellectual disability?: Searching for commonalities in the memory and executive function profiles associated with Down, Williams and fragile X syndromes. In R. M. Hodapp & D. J. Fidler (Eds.), *International review of research in developmental disabilities* (Vol. 51, pp. 1-40). New York: Academic Press.

Leitner, Y. (2014). The co-occurrence of autism and attention deficit hyperactivity disorder in children-what do we know? *Frontiers in Human Neuroscience, 8*, 268.

Lejeune, J., Gauthier, M., & Turpin, R. (1959). [Human chromosomes in tissue cultures.] *Comptes Rendus Hebdomadaires des Seances de l'Académie des Sciences, 248*(4), 602-603.

Lenneberg, E. H. (1967). *Biological foundations of language*. New York: Wiley.

Lenroot, R. K., & Giedd, J. N. (2006). Brain development in children and adolescents: Insights from anatomical magnetic resonance imaging. *Neuroscience and Biobehavioral Reviews, 30*, 718-729.

Leonard, L. B. (2000). *Children with specific language impairment*. Cambridge, MA: MIT Press.

Leonard, L. B. (2014). *Children with specific language impairment* (2nd ed.). Cambridge, MA: MIT Press.

Levin, A. R., Fox, N. A., Zeanah, C. H., & Nelson, C. A. (2015). Social communication difficulties and autism in previously institutionalized children. *Journal of the American Academy of Child and Adolescent Psychiatry, 54*(2), 108-115.

Levin, H. S. (1979). The acalculias. In K. M. Heilman & E. Valenstein (Eds.), *Clinical neuropsychology* (pp. 128-140). New York: Oxford University Press.

Levin, H. S., Eisenberg, H. M., & Benton, A. L. (1991). *Frontal lobe function and dysfunction*. New York: Oxford University Press.

Levy, L. M., Levy, R. I., & Grafman, J. (1999). Metabolic abnormalities detected by 1H-MRS in dyscalculia and dysgraphia. *Neurology, 53*, 639-641.

Lewis, B. A., & Freebairn, L. (1992). Residual effects of preschool phonology disorders in grade school, adolescence, and adulthood. *Journal of Speech and Hearing Research, 35*(4), 819-831.

Lewis, B. A., Freebairn, L. A., Hansen, A., Gerry Taylor, H., Iyengar, S., & Shriberg, L. D. (2004). Family pedigrees of children with suspected childhood apraxia of speech. *Journal of Communication Disorders, 37*(2), 157-175.

Lewis, B. A., Freebairn, L. A., Hansen, A. J., Stein, C. M., Shriberg, L. D., Iyengar, S. K., & Taylor, H. G. (2006). Dimensions of early speech sound disorders: A factor analytic study. *Journal of Communication Disorders, 39*(2), 139-157.

Lewis, B. A., & Thompson, L. A. (1992). A study of developmental speech and language disorders in twins. *Journal of Speech and Hearing Research, 35*(5), 1086-1094.

Lewis, C., Hitch, G. J., & Walker, P. (1994). The prevalence of specific arithmetic difficulties and specific reading difficulties in 9- to 10-year-old boys and girls. *Journal of Child Psychology and Psychiatry, 35*(2), 283-292.

Leyfer, O. T., Woodruff-Borden, J., Klein-Tasman, B. P., Fricke, J. S., & Mervis, C. B. (2006). Prevalence of psychiatric disorders in 4-16-year-olds with Williams syndrome. *American Journal of Medical Genetics B: Neuropsychiatric Genetics, 141*(6), 615-622.

Leyfer, O. T., Woodruff-Borden, J., & Mervis, C. B. (2009). Anxiety disorders in children with Williams syndrome, their mothers, and their siblings: Implications for the etiology of anxiety disorders. *Journal of Neurodevelopmental Disorders, 1*(1), 4-14.

Li, D., Karnath, H.-O., & Xu, X. (2017). Candidate biomarkers in children with autism spectrum disorder: A review of MRI studies. *Neuroscience Bulletin, 33,* 219-237.

Liberman, I. Y., Shankweiler, D., Orlando, C., Harris, K. S., & Berti, F. B. (1971). Letter confusions and reversals of sequence in the beginning reader: Implications for Orton's theory of developmental dyslexia. *Cortex, 7*(2), 127-142.

Libertus, M. E., Feigenson, L., & Halberda, J. (2011). Preschool acuity of the approximate number system correlates with school math ability. *Developmental Science, 14*(6), 1292-1300.

Lichtenstein, P., Carlstrom, E., Rastam, M., Gillberg, C., & Anckarsater, H. (2010). The genetics of autism spectrum disorders and related neuropsychiatric disorders in childhood. *American Journal of Psychiatry, 167,* 1357-1363.

Lichtenstein, P., Yip, B. H., Bjork, C., Pawitan, Y., Cannon, T. D., Sullivan, P. F., & Hultman, C. M. (2009). Common genetic determinants of schizophrenia and bipolar disorder in Swedish families: A population-based study. *Lancet, 373,* 234-239.

Light, J. G., & DeFries, J. C. (1995). Comorbidity of reading and mathematics disabilities: Genetic and environmental etiologies. *Journal of Learning Disabilities, 28*(2), 96-106.

Light, J. G., DeFries, J. C., & Olson, R. K. (1998). Multivariate behavioral genetic analysis of achievement and cognitive measures in reading-disabled and control twin pairs. *Human Biology, 70*(2), 215-237.

Lingam, R., Simmons, A., Andrews, N., Miller, E., Stowe, J., & Taylor, B. (2003). Prevalence of autism and parentally reported triggers in a north east London population. *Archives of Disease in Childhood, 88*(8), 666-670.

Lobier, M., Dubois, M., & Valdois, S. (2013). The role of visual processing speed in reading speed development. *PLOS ONE, 8*(4), e58097.

Loehlin, J. C. (2000). Group differences in intelligence. In R. Sternberg (Ed.), *Handbook of intelligence* (pp. 176-193). New York: Cambridge University Press.

Logan, J. A. R., Cutting, L., Schatschneider, C., Hart, S. A., Deater-Deckard, K., & Peterill, S. (2013). Reading development in young children: Genetic and environmental influence *Child Development, 84,* 2131-2144.

Lonigan, C. J., & Whitehurst, G. J. (1998). Relative efficacy of parent and teacher involvement in a shared-reading intervention for preschool children from low-income backgrounds. *Early Childhood Research Quarterly, 13,* 263-290.

Lord, C., & Bishop, S. L. (2014). Recent advances in autism research as reflected in DSM-5 criteria for autism spectrum disorder. *Annual Review of Clinical Psychology, 11,* 53-70.

Lord, C., Petkova, E., Hus, V., Gan, W., Lu, F., Martin, D. M., . . . Gerdts, J. (2012). A multisite study of the clinical diagnosis of different autism spectrum disorders. *Archives of General Psychiatry, 69*(3), 306-313.

Lord, C., Risi, S., DiLavore, P. S., Shulman, C., Thurm, A., & Pickles, A. (2006). Autism from 2 to 9 years of age. *Archives of General Psychiatry, 63*(6), 694-701.

Lord, C., Rutter, M., DiLavore, P. C., Risi, S., Gotham, K., & Bishop, S. (2012). *Autism Diagnostic Observation Schedule, Second Edition (ADOS-2).* Los Angeles: Western Psychological Services.

Lord, C., Rutter, M., & Le Couteur, A. (1994). Autism Diagnostic Interview-Revised: A revised version of a diagnostic interview for caregivers of individuals with possible pervasive developmental disorders. *Journal of Autism and Developmental Disorders, 24*(5), 659-685.

Losen, D. J., & Orfield, G. (2002). *Racial inequity in special education.* Cambridge, MA: Harvard Education Press.

Love, A. J., & Thompson, M. G. (1988). Language disorders and attention deficit disorders in young children referred for psychiatric services: Analysis of prevalence and a conceptual synthesis. *American Journal of Orthopsychiatry, 58*(1), 52-64.

Lubin, A., Simon, G., Noude, O., & De Neys, W. (2015). Inhibition, conflict detection, and number conservation. *Mathematics Education, 47,* 793-800.

Luciano, M., Evans, D., Hansell, N., Medland, S., Montgomery, G., Martin, N., . . . Bates, T. (2013). A genome-wide association study for reading and language abilities in two population cohorts. *Genes, Brain and Behavior, 12*(6), 645-652.

Ludwig, K. U., Roeske, D., Schumacher, J., Schulte-Korne, G., Konig, I. R., Warnke, A., . . . Hoffmann, P. (2008). Investigation of interaction between DCDC2 and KIAA0319 in a large German dyslexia sample. *Journal of Neural Transmission, 115,* 1587-1589.

Lukowski, S. L., Rosenberg-Lee, M., Thompson, L. A., Hart, S. A., Willcutt, E. G., Olson, R. K., . . . Pennington, B. F. (2017). Approximate number sense shares etiological overlap with mathematics and general cognitive ability. *Intelligence, 65,* 67-74.

Lum, J. A. G., Conti-Ramsden, G., Morgan, A. T., & Ullman, M. T. (2014). Procedural learning deficits in specific language impairment (SLI): A metaanalysis of serial reaction time task performance. *Cortex, 51,* 1-10.

Lum, J. A. G., Ullman, M. T., & Conti-Ramsden, G. (2013). Procedural learning is impaired in dyslexia: Evidence from a meta-analysis of serial reaction time studies. *Research in Developmental Disabilities, 34*(10), 3460-3476.

Lundstrom, S., Reichenberg, A., Anckarsäter, H., Lichtenstein, P., & Gillberg, C. (2015). Autism phenotype versus registered diagnosis in Swedish children: Prevalence trends over 10 years in general population samples. *British Medical Journal, 350,* h1961.

Luria, A. (1961). *The role of speech in the regulation of normal and abnormal behavior.* New York: Pergamon Press.

Luria, A. (1966). *Higher cortical functions in man.* New York: Basic Books.

Lynn, R., & Hampson, S. (1986). The rise of national intelligence: Evidence from Britain, Japan and the USA. *Personality and Individual Differences, 7*(1), 23-32.

Lynn, R., & Vanhanen, T. (2006). *IQ and global inequality*. Augusta, GA: Washington Summit.

Lyon, G. R., Shaywitz, S. E., & Shaywitz, B. A. (2003). A definition of dyslexia. *Annals of Dyslexia, 53*, 1-14.

Lyytinen, H., Guttorm, T. K., Huttunen, T., Hämäläinen, J., Leppänen, P. H., & Vesterinen, M. (2005). Psychophysiology of developmental dyslexia: A review of findings including studies of children at risk for dyslexia. *Journal of Neurolinguistics, 18*(2), 167-195.

MacDermot, K. D., Bonora, E., Sykes, N., Coupe, A. M., Lai, C. S., Vernes, S. C., . . . Fisher, S. E. (2005). Identification of FOXP2 truncation as a novel cause of developmental speech and language deficits. *American Journal of Human Genetics, 76*(6), 1074-1080.

MacDonald, B. (2014). *Comparison of reading development across socioeconomic status in the United States.* Unpublished doctoral dissertation, University of Denver, Denver, CO.

MacDonald, B., Pennington, B. F., Dmitrieva, J., Willcutt, E. G., Samuelsson, S., Byrne, B., & Olson, R. K. (2010). *Understanding cross-cultural difference in rates of ADHD*. Unpublished master's thesis, University of Denver, Denver, CO.

MacNeil, B. M., Lopes, V. A., & Minnes, P. M. (2009). Anxiety in children and adolescents with autism spectrum disorders. *Research in Autism Spectrum Disorders, 3*(1), 1-21.

Maddox, W. T., & Chandrasekaran, B. (2014). Tests of a dual-systems model of speech category learning. *Bilingualism (Cambridge, England), 17*(4), 709-728.

Madsen, K. M., Hviid, A., Vestergaard, M., Schendel, D., Wohlfahrt, J., Thorsen, P., . . . Melbye, M. (2002). [MMR vaccination and autism-a population-based follow-up study] [Article in Danish]. *New England Journal of Medicine, 347*, 1477-1482.

Maenner, M. J., Rice, C. E., Arneson, C. L., Cunniff, C., Schieve, L. A., Carpenter, L. A., . . . Durkin, M. S. (2014). Potential impact of DSM-5 criteria on autism spectrum disorder prevalence estimates. *JAMA Psychiatry, 71*(3), 292-300.

Mahler, M. (1952). On child psychosis and schizophrenia: Autistic and symbiotic infantile psychosis. *Psychoanalytic Study of the Child, 7*, 286-305.

Malenfant, P., Liu, X., Hudson, M. L., Qiao, Y., Hrynchak, M., Riendeau, N., . . . Forster-Gibson, C. (2012). Association of GTF2i in the Williams-Beuren syndrome critical region with autism spectrum disorders. *Journal of Autism and Developmental Disorders, 42*(7), 1459-1469.

Malhotra, D., & Sebat, J. (2012). CNVs: Harbingers of a rare variant revolution in psychiatric genetics. *Cell, 148*, 1223-1241.

Maloney, E. A., & Beilock, S. L. (2012). Math anxiety: Who has it, why it develops, and how to guard against it. *Trends in Cognitive Sciences, 16*(8), 404-406.

Maloney, E. A., Ramirez, G., Gunderson, E. A., Levine, S. C., & Beilock, S. L. (2015). Intergenerational effects of parents' math anxiety on children's math achievement and anxiety. *Psychological Science, 26*(9), 1480-1488.

Maloney, E. A., Risko, E. F., Ansari, D., & Fugelsang, J. (2010). Mathematics anxiety affects counting but not subitizing during visual enumeration. *Cognition, 114*(2), 293-297.

Mampe, B., Friederici, A. D., Christophe, A., & Wermke, K. (2009). Newborns' cry melody is shaped by their native language. *Current Biology, 19*(23), 1994-1997.

Mandell, D. S., & Palmer, R. (2005). Differences among states in the identification of autistic spectrum disorders. *Archives of Pediatrics and Adolescent Medicine, 159*(3), 266-269.

Mandell, D. S., Wiggins, L. D., Carpenter, L. A., Daniels, J., DiGuiseppi, C., Durkin, M. S., . . . Pinto-Martin, J. A. (2009). Racial/ethnic disparities in the identification of children with autism spectrum disorders. *American*

Journal of Public Health, 99(3), 493-498.

Mandy, W. P. L., Charman, T., & Skuse, D. H. (2012). Testing the construct validity of proposed criteria for DSM-5 autism spectrum disorder. *Journal of the American Academy of Child and Adolescent Psychiatry, 51*(1), 41-50.

Mandy, W. P. L., & Lai, M.-C. (2016). Annual Research Review: The role of the environment in the developmental psychopathology of autism spectrum condition. *Journal of Child Psychology and Psychiatry and Allied Disciplines, 57*, 271-292.

Mandy, W. P. L., & Skuse, D. H. (2008). Research Review: What is the association between the social-communication element of autism and repetitive interests, behaviours and activities? *Journal of Child Psychology and Psychiatry, 49*(8), 795-808.

Manly, T., Anderson, V., Crawford, J., George, M., & Robertson, I. (2016). *Test of Everyday Attention for Children, Second Edition (TEA-Ch2)*. San Antonio, TX: Pearson.

Manolio, T. A., Collins, F. S., Cox, N. J., Goldstein, D. B., Hindorff, L. A., Hunter, D. J., . . . Visscher, P. M. (2009). Finding the missing heritability of complex diseases. *Nature, 461*, 747-753.

Manor, O., Shalev, R. S., Joseph, A., & Gross-Tsur, V. (2001). Arithmetic skills in kindergarten children with developmental language disorders. *European Journal of Pediatric Neurology, 5*(2), 71-77.

Marchman, V. A., Plunkett, K., & Goodman, J. (1997). Overregularization in English plural and past tense inflectional morphology: A response to Marcus (1995). *Journal of Child Language, 24*(3), 767-779.

Mareschal, D., Johnson, M. H., Sirois, S., Spratling, M. W., Thomas, M. S. C., & Westermann, G. (2007). *Neuroconstructivism: I. How the brain constructs cognition*. New York: Oxford University Press.

Marino, C., Mascheretti, S., Riva, V., Cattaneo, F., Rigoletto, C., Rusconi, M., . . . Molteni, M. (2011). Pleiotropic effects of DCDC2 and DYX1C1 genes on language and mathematics traits in nuclear families of developmental dyslexia. *Behavior Genetics, 41*(1), 67-76.

Markey, K. L. (1994). *The sensorimotor foundations of phonology: A computational model of early childhood articulatory and phonetic development*. Doctoral dissertation, University of Colorado, Boulder, CO.

Marsh, R., Maia, T. V., & Peterson, B. S. (2009). Functional disturbances within frontostriatal circuits across multiple childhood psychopathologies. *American Journal of Psychiatry, 166*(6), 664-674.

Martel, M. M., Nikolas, M., Jernigan, K., Friderici, K., Waldman, I., & Nigg, J. T. (2011). The dopamine receptor D4 gene (DRD4) moderates family environmental effects on ADHD. *Journal of Abnormal Child Psychology, 39*(1), 1-10.

Martin, R. H. (2008). Meiotic errors in human oogenesis and spermatogenesis. *Reproductive Biomedicine Online, 16*(4), 523-531.

Martinussen, R., Hayden, J., Hogg-Johnson, S., & Tannock, R. (2005). A meta-analysis of working memory impairments in children with attention-deficit/hyperactivity disorder. *Journal of the American Academy of Child and Adolescent Psychiatry, 44*(4), 377-384.

Mascheretti, S., Trezzi, V., Giorda, R., Boivin, M., Plourde, V., Vitaro, F., . . . Marino, C. (2017). Complex effects of dyslexia risk factors account for ADHD traits: Evidence from two independent samples. *Journal of Child Psychology and Psychiatry, 58*(1), 75-82.

Mataro, M., Garcia-Sanchez, C., Junque, C., Estevez-Gonzalez, A., & Pujol, J. (1997). Magnetic resonance imaging measurement of the caudate nucleus in adolescents with attention-deficit hyperactivity disorder and its relationship with neuropsychological and behavioral measures. *Archives of Neurology, 54*(8), 963-968.

Matson, J. L., & Laud, R. B. (2007). Assessment and treatment psychopathology among people with developmental delays. In J. W. Jacobson, J. A. Mulick, & J. Rojahn (Eds.), *Handbook of intellectual and developmental disabilities* (pp. 507-539). New York: Springer.

Mattarella-Micke, A., Mateo, J., Kozak, M. N., Foster, K., & Beilock, S. L. (2011). Choke or thrive?: The relation between salivary cortisol and math performance depends on individual differences in working memory and math-anxiety. *Emotion, 11*(4), 1000-1005.

Mattes, J. A. (1989). The role of frontal lobe dysfunction in childhood hyperkinesis. *Comprehensive Psychiatry, 21,* 358-369.

Maximo, J. O., Cadena, E. J., & Kana, R. K. (2014). The implications of brain connectivity in the neuropsychology of autism. *Neuropsychology Review, 24,* 16-31.

Mayes, A. K., Reilly, S., & Morgan, A. T. (2015). Neural correlates of childhood language disorder: A systematic review. *Devvelopmental Medicine and Child Neurology, 57*(8), 706-717.

McArthur, G., Eve, P. M., Jones, K., Banales, E., Kohnen, S., Anandakumar, T., . . . Castles, A. (2012). Phonics training for English-speaking poor readers. *Cochrane Database of Systematic Reviews, 12,* CD009115.

McBride-Chang, C., Cho, J.-R., Liu, H., Wagner, R. K., Shu, H., Zhou, A., . . . Muse, A. (2005). Changing models across cultures: Associations of phonological awareness and morphological structure awareness with vocabulary and word recognition in second graders from Beijing, Hong Kong, Korea, and the United States. *Journal of Experimental Child Psychology, 92*(2), 140-160.

McGrath, L. M., Braaten, E. B., Doty, N. D., Willoughby, B. L., Wilson, H. K., O'Donnell, E. H., . . . Hill, E. N. (2016). Extending the "cross-disorder" relevance of executive functions to dimensional neuropsychiatric traits in youth. *Journal of Child Psychology and Psychiatry, 57*(4), 462-471.

McGrath, L. M., Hutaff-Lee, C., Scott, A., Boada, R., Shriberg, L. D., & Pennington, B. F. (2007). Children with comorbid speech sound disorder and specific language impairment have increased rates of attention deficit/ hyperactivity disorder. *Journal of Abnormal Child Psychology, 36,* 151-163.

McGrath, L. M., Pennington, B. F., Shanahan, M. A., Santerre-Lemmon, L. E., Barnard, H. D., Willcutt, E. G., . . . Olson, R. K. (2011). A multiple deficit model of reading disability and attention-deficit/hyperactivity disorder: Searching for shared cognitive deficits. *Journal of Child Psychology and Psychiatry, 52*(5), 547-557.

McGrath, L. M., Smith, S. D., & Pennington, B. F. (2006). Breakthroughs in the search for dyslexia candidate genes. *Trends in Molecular Medicine, 12,* 333-341.

McGrath, L. M., Yu, D., Marshall, C., Davis, L. K., Thiruvahindrapuram, B., Li, B., . . . Schroeder, F. A. (2014). Copy number variation in obsessive-compulsive disorder and Tourette syndrome: A cross-disorder study. *Journal of the American Academy of Child and Adolescent Psychiatry, 53*(8), 910-919.

McGrew, K. S., Laforte, E. M., & Schrank, F. A. (2014). *WJ IV Technical Manual.* New York: Houghton Mifflin Harcourt.

McGrew, K. S., & Woodcock, R. W. (2001). *Woodcock-Johnson III technical manual.* Itasca, IL: Riverside.

McKinnon, D. H., McLeod, S., & Reilly, S. (2007). The prevalence of stuttering, voice, and speech-sound disorders in primary school students in Australia. *Language, Speech, and Hearing Services in Schools, 38*(1), 5-15.

McPartland, J. C., Reichow, B., & Volkmar, F. R. (2012). Sensitivity and specificity of proposed DSM-5 diagnostic criteria for autism spectrum disorder. *Journal of the American Academy of Child and Adolescent Psychiatry, 51*(4), 368-383.

Meaburn, E. L., Harlaar, N., Craig, I. W., Schalkwyk, L. C., & Plomin, R. (2008). Quantitative trait locus association scan of early reading disability and ability using pooled DNA and 100K SNP microarrays in a sample of 5760 children. *Molecular Psychiatry, 13,* 729-740.

Melby-Lervåg, M., & Hulme, C. (2013). Is working memory training effective?: A meta-analytic review.

Developmental Psychology, 49(2), 270-291.

Melby-Lervåg, M., Redick, T. S., & Hulme, C. (2016). Working memory training does not improve performance on measures of intelligence or other measures of "far transfer" evidence from a metaanalytic review. *Perspectives on Psychological Science, 11*(4), 512-534.

Meltzoff, A. N., & Moore, M. K. (1977). Imitation of facial and manual gestures by human neonates. *Science, 198*(4312), 75-78.

Menn, L., Markey, K. L., Mozer, M., & Lewis, C. (1993). Connectionist modeling and the microstructure of phonological development: A progress report. In B. DeBoysson-Bardies (Ed.), *Developmental neurocognition: Speech and face processing in the first year of life* (pp. 421-433). Dordrecht, the Netherlands: Kluwer Academic.

Mervis, C. B., & John, A. E. (2010). Cognitive and behavioral characteristics of children with Williams syndrome: Implications for intervention approaches. *American Journal of Medical Genetics C: Seminars in Medical Genetics, 154,* 229-248.

Mervis, C. B., Klein-Tasman, B. P., Huffman, M. J., Velleman, S. L., Pitts, C. H., Henderson, D. R., Woodruff-Borden, J., . . ., & Osborne, L. R. (2015). Children with 7q11.23 duplication syndrome: psychological characteristics. *American Journal of Medical Genetics Part A, 167*(7), 1436-1450.

Mesulam, M. (1997). Anatomic principles in behavioral neurology and neuropsychology. In T. E. Feinberg & M. J. Farah (Eds.), *Behavioral neurology and neuropsychology* (pp. 55-67). New York: McGraw-Hill.

Meyers, J. E., & Meyers, K. R. (1995). *Rey Complex Figure Test and Recognition Trial professional manual.* Odessa, FL: Psychological Assessment Resources.

Michaelson, J. J., Shi, Y., Gujral, M., Zheng, H., Malhotra, D., Jin, X., . . . Bhandari, A. (2012). Wholegenome sequencing in autism identifies hot spots for de novo germline mutation. *Cell, 151*(7), 1431-1442.

Miciak, J., Fletcher, J. M., Stuebing, K. K., Vaughn, S., & Tolar, T. D. (2014). Patterns of cognitive strengths and weaknesses: Identification rates, agreement, and validity for learning disabilities identification. *School Psychology Quarterly, 29*(1), 21-37.

Miller, A. C., Fuchs, D., Fuchs, L. S., Compton, D. L., Kearns, D., Zhang, W., . . . Kirchner, D. (2014). Behavioral attention: A longitudinal study of whether and how it influences the development of word reading and reading comprehension among at-risk readers. *Journal of Research on Educational Effectiveness, 7,* 232-249.

Miller, D. T., Adam, M. P., Aradhya, S., Biesecker, L. G., Brothman, A. R., Carter, N. P., . . . Ledbetter, D. H. (2010). Consensus statement: Chromosomal microarray is a first-tier clinical diagnostic test for individuals with developmental disabilities or congenital anomalies. *American Journal of Human Genetics, 86,* 749-764.

Miller, G. A. (1963). *Language and communication.* New York: McGraw-Hill.

Miller, T. W., Nigg, J. T., & Miller, R. L. (2009). Attention deficit hyperactivity disorder in African American children: What can be concluded from the past ten years? *Clinical Psychology Review, 29*(1), 77-86.

Mnookin, S. (2011). *The panic virus: A true story of medicine, science, and fear.* New York: Simon & Schuster.

Moeller, K., Pixner, S., Zuber, J., Kaufmann, L., & Nuerk, H.-C. (2011). Early place-value understanding as a precursor for later arithmetic performance-a longitudinal study on numerical development. *Research in Developmental Disabilities, 32*(5), 1837-1851.

Moffitt, T. E., Houts, R., Asherson, P., Belsky, D. W., Corcoran, D. L., Hammerle, M., . . . Caspi, A. (2015). Is adult ADHD a childhood-onset neurodevelopmental disorder?: Evidence from a fourdecade longitudinal cohort study. *American Journal of Psychiatry, 172*(10), 967-977.

Mohammad-Rezazadeh, I., Frohlich, J., Loo, S. K., & Jeste, S. S. (2016). Brain connectivity in autism spectrum disorder. *Current Opinion in Neurology, 29*(2), 137-147.

Molenaar, P. C., Boomsma, D. I., & Dolan, C. V. (1993). A third source of developmental differences. *Behavior Genetics, 23,* 519-524.

Molina, B. S. G., Hinshaw, S. P., Swanson, J. M., Arnold, L. E., Vitiello, B., Jensen, P. S., . . . Houck, P. R. (2009). The MTA at 8 years: Prospective follow-up of children treated for combined-type ADHD in a multisite study. *Journal of the American Academy of Child and Adolescent Psychiatry, 48,* 484-500.

Moll, K., Göbel, S. M., Gooch, D., Landerl, K., & Snowling, M. J. (2014). Cognitive risk factors for specific learning disorder: Processing speed, temporal processing, and working memory. *Journal of Learning Disabilities, 49*(3), 272-281.

Morais, J., Cary, L., Alegria, J., & Bertelson, P. (1979). Does awareness of speech as a sequence of phones arise spontaneously? *Cognition, 7*(4), 323-331.

Morgan, P. L., Farkas, G., Hillemeier, M. M., Mattison, R., Maczuga, S., Li, H., & Cook, M. (2015). Minorities are disproportionately underrepresented in special education: Longitudinal evidence across five disability conditions. *Educational Researcher, 44*(5), 278-292.

Morris, R. (1984). *Multivariate methods for neuropsychology-Techniques for classification, identification, and prediction research.* Paper presented at the International Neuropsychological Society Meeting, Houston.

Morrow, E. M. (2010). Genomic copy number variation in disorders of cognitive development. *Journal of the American Academy of Child and Adolescent Psychiatry, 49,* 1091-1104.

Morrow, R. L., Garland, E. J., Wright, J. M., Maclure, M., Taylor, S., & Dormuth, C. R. (2012). Influence of relative age on diagnosis and treatment of attention-deficit/hyperactivity disorder in children. *Canadian Medical Association Journal, 184*(7), 755-762.

Morton, J. (2004). *Understanding developmental disorders: A causal modeling approach.* Oxford, UK: Blackwell.

Morton, J., & Frith, U. (1995). Causal modeling: A structural approach to developmental psychopathology. In D. Cicchetti & D. J. Cohen (Eds.), *Developmental psychopathology* (Vol. 1, pp. 357-390). New York: Wiley.

Moulton, E., Barton, M., Robins, D. L., Abrams, D. N., & Fein, D. (2016). Early characteristics of children with ASD who demonstrate optimal progress between age two and four. *Journal of Autism and Developmental Disorders, 46,* 2160-2173.

Moura, O., Pereira, M., Alfaiate, C., Fernandes, E., Fernandes, B., Nogueira, S., . . . Simões, M. R. (2017). Neurocognitive functioning in children with developmental dyslexia and attention-deficit/hyperactivity disorder: Multiple deficits and diagnostic accuracy. *Journal of Clinical and Experimental Neuropsychology, 39*(3), 296-312.

MTA Cooperative Group. (1999). A 14-month randomized clinical trial of treatment strategies for attention-deficit/hyperactivity disorder. *Archives of General Psychiatry, 56,* 1073-1086.

MTA Cooperative Group. (2004). National Institute of Mental Health Multimodal Treatment Study of ADHD follow-up: 24-month outcomes of treatment strategies for attention-deficit/hyperactivity disorder. *Pediatrics, 113*(4), 754-761.

Müller, R. A., Shih, P., Keehn, B., Deyoe, J. R., Leyden, K. M., & Shukla, D. K. (2011). Underconnected, but how?: A survey of functional connectivity MRI studies in autism spectrum disorders. *Cerebral Cortex, 21,* 2233-2243.

Mulqueen, J. M., Bartley, C. A., & Bloch, M. H. (2015). Meta-analysis: Parental interventions for preschool ADHD. *Journal of Attention Disorders, 19,* 118-124.

Murphy, D. G., DeCarli, C., & Daly, E. M. (1993). X-chromosome effects on female brain: A magnetic resonance imaging study of Turner's syndrome. *Lancet, 342*(8881), 1197-1200.

Nation, K. (2005). Children's reading comprehension difficulties. In M. J. Snowling & C. Hulme (Eds.), *The *science of reading* (pp. 248-265). Oxford, UK: Blackwell.

National Center for Education Statistics. (2011). *The Nation's Report Card: Reading 2011.* Washington, DC: Author.

National Institute for Children's Health Quality. (2002). NICHQ Vanderbilt Assessment. Retrieved from www.nichq.org/ resource/ nichq-vanderbilt-assessment-scales.

National Institutes of Health. (2000, October). Phenylketonuria: Screening and management. *NIH Consensus Statement, 17,* 1-27.

National Reading Panel. (2000). Teaching children to read: An evidence-based assessment of the scientific research literature on reading and its implications for reading instruction. Retrieved from www1.nichd.nih.gov/publications/pubs/nrp/pages/smallbook.aspx.

Neale, B. M., Kou, Y., Liu, L., Ma'ayan, A., Samocha, K. E., Sabo, A., . . . Daly, M. J. (2012). Patterns and rates of exonic de novo mutations in autism spectrum disorders. *Nature, 485,* 242-245.

Neale, M. C., & Kendler, K. S. (1995). Models of comorbidity for multifactorial disorders. *American Journal of Human Genetics, 57*(4), 935-953.

Nelson, M., & Denny, E. (1929). *The Nelson-Denny Reading Test for Colleges and Senior High Schools.* New York: Houghton Mifflin.

Nelson, R. J., Benner, G. J., & Gonzalez, J. (2003). Learner characteristics that influence the treatment effectiveness of early literacy interventions: A meta-analytic review. *Learning Disabilities Research and Practice, 18,* 255-267.

Neville, H. J., & Bavelier, D. (2002). Specificity and placticity in neurocogntive development in humans. In M. H. Johnson, Y. Munakata, & R. Gilmore (Eds.), *Brain development and cognition: A reader* (2nd ed., pp. 251-270). Oxford, UK: Blackwell.

Newbury, D. F., Bonora, E., Lamb, J. A., Fisher, S. E., Lai, C. S., Baird, G., . . . Monaco, A. P. (2002). International Molecular Genetic Study of Autism Consortium: FOXP2 is not a major susceptibility gene for autism or specific language impairment. *American Journal of Human Genetics, 70,* 1318-1327.

Newcomer, P. L., & Hammill, D. D. (2008). *Test of Language Development: Primary (TOLD-P:4).* Austin, TX: PRO-ED.

Nichols, P. L. (1984). Twin studies of ability, personality, and interests. *Behavior Genetics, 14,* 161-170.

Nickl-Jockschat, T., Rottschy, C., Thommes, J., Schneider, F., Laird, A. R., Fox, P. T., & Eickhoff, S. B. (2015). Neural networks related to dysfunctional face processing in autism spectrum disorder. *Brain Structure and Function, 220,* 2355-2371.

Nigg, J. T. (2006). *What causes ADHD?: Understanding what goes wrong and why.* New York: Guilford Press.

Nigg, J. T. (2017). *Getting ahead of ADHD: What nextgeneration science says about treatments that work-and how you can make them work for your child.* New York: Guilford Press.

Nigg, J. T., & Holton, K. (2014). Restriction and elimination diets in ADHD treatment. *Child and Adolescent Psychiatric Clinics of North America, 23*(4), 937-953.

Nigg, J. T., Willcutt, E. G., Doyle, A. E., & Sonuga-Barke, E. J. (2005). Causal heterogeneity in attention-deficit/hyperactivity disorder: Do we need neuropsychologically impaired subtypes? *Biological Psychiatry, 57*(11), 1224-1230.

Nisbett, R. E. (2009). *Intelligence and how to get it.* New York: Norton.

Nittrouer, S. (1996). Discriminability and perceptual weighting of some acoustic cues to speech perception by 3-year-olds. *Journal of Speech and Hearing Research, 39*(2), 278-297.

Nittrouer, S., & Pennington, B. F. (2010). New approaches to the study of childhood language disorders. *Current*

Directions in Psychology Science, 19(5), 308-313.

Norbury, C. F., Gooch, D., Wray, C., Baird, G., Charman, T., Simonoff, E., . . . Pickles, A. (2016). The impact of nonverbal ability on prevalence and clinical presentation of language disorder: Evidence from a population study. Journal of Child Psychology and Psychiatry, 57(11), 1247-1257.

Nordahl, C. W., Scholz, R., Yang, X., Buonocore, M. H., Simon, T., Rogers, S., & Amaral, D. G. (2012). Increased rate of amygdala growth in children aged 2 to 4 years with autism spectrum disorders: A longitudinal study. Archives of General Psychiatry, 69(1), 53-61.

Nordenbæk, C., Jørgensen, M., Kyvik, K. O., & Bilenberg, N. (2014). A Danish population-based twin study on autism spectrum disorders. European Child and Adolescent Psychiatry, 23(1), 35-43.

Nordin, V., & Gillberg, C. (1998). The long-term course of autistic disorders: Update on follow-up studies. Acta Psychiatrica Scandinavica, 97(2), 99-108.

Norton, E. S., & Wolf, M. (2012). Rapid automatized naming (RAN) and reading fluency: Implications for understanding and treatment of reading disabilities. Annual Review of Psychology, 63, 427-452.

Nusslock, R., Almeida, J. R., Forbes, E. E., Versace, A., Frank, E., Labarbara, E. J., . . . Phillips, M. L. (2012). Waiting to win: Elevated striatal and orbitofrontal cortical activity during reward anticipation in euthymic bipolar disorder adults. Bipolar Disorders, 14(3), 249-260.

Nye, C., Foster, S. H., & Seaman, D. (1987). Effectiveness of language intervention with the language/learning disabled. Journal of Speech and Hearing Disorders, 52(4), 348-357.

Odom, S. L., Collet-Klingenberg, L., Rogers, S. J., & Hatton, D. D. (2010). Evidence-based practices in interventions for children and youth with autism spectrum disorders. Preventing School Failure: Alternative Education for Children and Youth, 54, 275-282.

Oliver, B. R., & Plomin, R. (2007). Twins' Early Development Study (TEDS): A multivariate, longitudinal genetic investigation of language, cognition and behavior problems from childhood through adolescence. Twin Research and Human Genetics, 10(1), 96-105.

O'Reilly, R. C., & Munakata, Y. (2000). Computational explorations in cognitive neuroscience. Cambridge, MA: MIT Press.

Orinstein, A. J., Helt, M., Troyb, E., Tyson, K. E., Barton, M. L., Eigsti, I.-M., . . . Fein, D. A. (2014). Intervention for optimal outcome in children and adolescents with a history of autism. Journal of Developmental and Behavioral Pediatrics, 35, 247-256.

O'Roak, B. J., Vives, L., Girirajan, S., Karakoc, E., Krumm, N., Coe, B. P., . . . Eichler, E. E. (2012). Sporadic autism exomes reveal a highly interconnected protein network of de novo mutations. Nature, 485, 246-250.

Orton, S. T. (1925). "Word-blindness" in school children. Archives of Neurology and Psychiatry, 14, 582-615.

Orton, S. T. (1937). Reading, writing, and speech problems in children. New York: Norton.

Osterling, J., & Dawson, G. (1994). Early recognition of children with autism: A study of first birthday home videotapes. Journal of Autism and Developmental Disorders, 24(3), 247-257.

Osterrieth, P. A. (1944). Le test d'une figure complexe: Contribution à l'étude de la perception et de la mémoire [Test of copying a complex figure: Contribution to the study of perception and memory]. Archives de Psychologie, 30, 206-356.

Overtoom, C. C., Verbaten, M. N., Kemner, C., Kenemans, J. L., van Engeland, H., Buitelaar, J. K., . . . Koelega, H. S. (2003). Effects of methylphenidate, desipramine, and L-dopa on attention and inhibition in children with attention deficit hyperactivity disorder. Behavioral Brain Research, 145(1-2), 7-15.

Oyama, S. (1985). The ontogeny of information. Cambridge, UK: Cambridge University Press.

Ozonoff, S., Heung, K., Byrd, R., Hansen, R., & Hertz-Picciotto, I. (2008). The onset of autism: Patterns of symptom emergence in the first years of life. *Autism Research, 1*(6), 320-328.

Ozonoff, S., Iosif, A.-M., Baguio, F., Cook, I. C., Hill, M. M., Hutman, T., . . . Young, G. S. (2010). A prospective study of the emergence of early behavioral signs of autism. *Journal of the American Academy of Child and Adolescent Psychiatry, 49*, 256-266.

Ozonoff, S., Iosif, A. M., Young, G. S., Hepburn, S., Thompson, M., Colombi, C., . . . Rogers, S. J. (2011). Onset patterns in autism: Correspondence between home video and parent report. *Journal of the American Academy of Child and Adolescent Psychiatry, 50*, 796-806.

Ozonoff, S., Pennington, B. F., & Rogers, S. J. (1991). Executive function deficits in high-functioning autistic individuals: Relationship to theory of mind. *Journal of Child Psychology and Psychiatry, 32*(7), 1081-1105.

Ozonoff, S., Young, G. S., Carter, A., Messinger, D., Yirmiya, N., Zwaigenbaum, L., . . . Stone, W. L. (2011). Recurrence risk for autism spectrum disorders: A Baby Siblings Research Consortium study. *Pediatrics, 128*, e488-e495.

Ozonoff, S., Young, G. S., Landa, R. J., Brian, J., Bryson, S., Charman, T., . . . Stone, W. L. (2015). Diagnostic stability in young children at risk for autism spectrum disorder: A Baby Siblings Research Consortium study. *Journal of Child Psychology and Psychiatry, 56*(9), 988-998.

Palfrey, J. S., Levine, M. D., Walker, D. K., & Sullivan, M. (1985). The emergence of attention deficits in early childhood: A prospective study. *Journal of Developmental and Behavioral Pediatrics, 6*(6), 339-348.

Panizzon, M. S., Fennema-Notestine, C., Eyler, L. T., Jernigan, T. L., Prom-Wormley, E., Neale, M., . . . Franz, C. E. (2009). Distinct genetic influences on cortical surface area and cortical thickness. *Cerebral Cortex, 19*(11), 2728-2735.

Papageorgiou, K. A., Smith, T. J., Wu, R., Johnson, M. H., Kirkham, N. Z., & Ronald, A. (2014). Individual differences in infant fixation duration relate to attention and behavioral control in childhood. *Psychological Science, 25*(7), 1371-1379.

Pappa, I., Fedko, I. O., Mileva-Seitz, V. R., Hottenga, J. J., Bakermans-Kranenburg, M. J., Bartels, M., . . . Boomsma, D. I. (2015). Single nucleotide polymorphism heritability of behavior problems in childhood: Genome-wide complex trait analysis. *Journal of the American Academy of Child and Adolescent Psychiatry, 54*(9), 737-744.

Paracchini, S., Thomas, A., Castro, S., Lai, C., Paramasivam, M., Wang, Y., . . . Monaco, A. P. (2006). The chromosome 6p22 haplotype associated with dyslexia reduces the expression of KIAA0319, a novel gene involved in neuronal migration. *Human Molecular Genetics, 15*(10), 1659-1666.

Park, C. Y., Halevy, T., Lee, D. R., Sung, J. J., Lee, J. S., Yanuka, O., . . . Kim, D. W. (2015). Reversion of FMR1 methylation and silencing by editing the triplet repeats in fragile X iPSC-derived neurons. *Cell, 13*, 234-241.

Parker, S. K., Schwartz, B., Todd, J., & Pickering, L. K. (2004). Thimerosal-containing vaccines and autistic spectrum disorder: A critical review of published original data. *Pediatrics, 114*(3), 793-804.

Patros, C. H., Alderson, R. M., Kasper, L. J., Tarle, S. J., Lea, S. E., & Hudec, K. L. (2016). Choiceimpulsivity in children and adolescents with attention-deficit/hyperactivity disorder (ADHD): A meta-analytic review. *Clinical Psychology Review, 43*, 162-174.

Patten, E., Belardi, K., Baranek, G. T., Watson, L. R., Labban, J. D., & Oller, D. K. (2014). Vocal patterns in infants with autism spectrum disorder: Canonical babbling status and vocalization frequency. *Journal of Autism and Developmental Disorders, 44*(10), 2413-2428.

Pattison, L., Crow, Y. J., Deeble, V. J., Jackson, A. P., Jafri, H., Rashid, Y., . . . Woods, C. G. (2000). A fifth locus for primary autosomal recessive microcephaly maps to chromosome 1q31. *American Journal of Human Genetics, 67*(6), 1578-1580.

Paulesu, E., Demonet, J. F., Fazio, F., McCrory, E., Chanoine, V., Brunswick, N., . . . Frith, U. (2001). Dyslexia: Cultural diversity and biological unity. *Science, 291,* 2165-2167.

Pennington, B. F. (1991). *Diagnosing learning disorders: A neuropsychological framework.* New York: Guilford Press.

Pennington, B. F. (2002). *The development of psychopathology: Nature and nurture.* New York: Guilford Press.

Pennington, B. F. (2006). From single to multiple deficit models of developmental disorders. *Cognition, 101*(2), 385-413.

Pennington, B. F. (2009). *Diagnosing learning disorders, second edition: A neuropsychological framework.* New York: Guilford Press.

Pennington, B. F. (2011, Winter). Controversial therapies for dyslexia. *Perspectives on Language and Literacy,* pp. 7-8.

Pennington, B. F. (2014). *Explaining abnormal behavior: A cognitive neuroscience perspective..* New York: Guilford Press.

Pennington, B. F. (2015). Atypical cognitive development. In L. S. Liben & U. M. Muller (Eds.), *Handbook of child psychology and developmental science* (7th ed., Vol. 2, pp. 995-1042). Hoboken, NJ: Wiley.

Pennington, B. F., & Bishop, D. V. M. (2009). Relations among speech, language, and reading disorders. *Annual Review of Psychology, 60,* 283-306.

Pennington, B. F., & Lefly, D. L. (2001). Early reading development in children at family risk for dyslexia. *Child Development, 72,* 816-833.

Pennington, B. F., Lefly, D. L., Van Orden, G. C., Bookman, M. O., & Smith, S. D. (1987). Is phonology bypassed in normal or dyslexic development? *Annals of Dyslexia, 37,* 62-89.

Pennington, B. F., McGrath, L. M., Rosenberg, J., Barnard, H., Smith, S. D., Willcutt, E. G., . . . Olson, R. K. (2009). Gene × environment interactions in reading disability and attention-deficit/hyperactivity disorder. *Developmental Psychology, 45*(1), 77-89.

Pennington, B. F., & Olson, R. K. (2005). Genetics of dyslexia. In M. J. Snowling & C. Hulme (Eds.), *The science of reading: A handbook* (pp. 453-472). Oxford, UK: Blackwell.

Pennington, B. F., & Ozonoff, S. (1996). Executive functions and developmental psychopathology. *Journal of Child Psychology and Psychiatry, 37*(1), 51-87.

Pennington, B. F., & Peterson, R. L. (2015). Development of dyslexia. In A. Pollatsek & R. Treiman (Eds.), *The Oxford handbook of reading* (pp. 361-376). New York: Oxford University Press.

Pennington, B. F., Santerre-Lemmon, L., Rosenberg, J., MacDonald, B., Boada, R., Friend, A., . . . Olson, R. K. (2012). Individual prediction of dyslexia by single versus multiple deficit models. *Journal of Abnormal Psychology, 121,* 212-224.

Pennington, B. F., Wallach, L., & Wallach, M. (1980). Non-conserver use and understanding of number and arithmetic. *Genetic Psychology Monographs, 101,* 231-243.

Pennington, B. F., & Welsh, M. C. (1995). Neuropsychology and developmental psychopathology. In D. Cicchetti & D. Cohen (Eds.), *Developmental psychopathology* (Vol. 1, pp. 254-290). New York: Wiley.

Pennington, B. F., Willcutt, E., & Rhee, S. H. (2005). Analyzing comorbidity. *Advances in Child Development and Behavior, 33,* 263-304.

Perfetti, C. A. (1998). Learning to read. In P. Reitsma & L. Verhoeven (Eds.), *Literacy problems and interventions* (pp. 15-48). Dordrect, the Netherlands: Kluwer.

Perrachione, T. K., Del Tufo, S. N., Winter, R., Murtagh, J., Cyr, A., Chang, P., . . . Gabrieli, J. D. (2016). Dysfunction of rapid neural adaptation in dyslexia. *Neuron, 92*(6), 1383-1397.

Peters, S. K., Dunlop, K., & Downar, J. (2016). Cortico-striatal-thalamic loop circuits of the salience network: A central pathway in psychiatric disease and treatment. *Frontiers in Systems Neuroscience, 10,* 104.

Petersen, I. T., Bates, J. E., & Staples, A. D. (2015). The role of language ability and self-regulation in the development of inattentive-hyperactive behavior problems. *Developmental Psychopathology, 27*(1), 221-237.

Peterson, R. L., Boada, R., McGrath, L. M., Willcutt, E. G., Olson, R. K., & Pennington, B. F. (2017). Cognitive prediction of reading, math, and attention: Shared and unique influences. *Journal of Learning Disabilities, 50*(4), 408-421.

Peterson, R. L., McGrath, L. M., Willcutt, E. G., Keenan, J. M., Olson, R. K., & Pennington, B. F. (2018). *Exploring academic g: What does a bifactor modeling approach tell us about the structure of academic skills?* Unpublished manuscript.

Peterson, R. L., Pennington, B. F., & Olson, R. K. (2013). Subtypes of developmental dyslexia: Testing the predictions of the dual-route and connectionist frameworks. *Cognition, 126*(1), 20-38.

Peterson, R. L., Pennington, B. F., Shriberg, L. D., & Boada, R. (2009). What influences literacy outcome in children with speech sound disorder? *Journal of Speech, Language, and Hearing Research, 52,* 1175-1188.

Petrill, S. A., Deater-Deckard, K., Schatschneider, C., & Davis, C. (2005). Measured environmental influences on early reading: Evidence from an adoption study [Special issue]. *Scientific Studies of Reading, 9*(3), 237-259.

Phillips, B. M., & Lonigan, C. J. (2009). Variations in the home literacy environment of preschool children: A cluster analytic approach. *Scientific Studies of Reading, 13*(2), 146-174.

Piaget, J. (1952). *The child's conception of number.* London: Routledge & Kegan Paul.

Picci, G., Gotts, S. J., & Scherf, K. S. (2016). A theoretical rut: Revisiting and critically evaluating the generalized under/over-connectivity hypothesis of autism. *Developmental Science, 19,* 524-549.

Pierce, K., Haist, F., Sedaghat, F., & Courchesne, E. (2004). The brain response to personally familiar faces in autism: Findings of fusiform activity and beyond. *Brain, 127*(12), 2703-2716.

Pierce, K., & Redcay, E. (2008). Fusiform function in children with an autism spectrum disorder is a matter of "who." *Biological Psychiatry, 64*(7), 552-560.

Pinker, S. (1994). *The language instinct.* New York: Morrow.

Pinto-Martin, J. A., Dunkle, M., Earls, M., Fliedner, D., & Landes, C. (2005). Developmental stages of developmental screening: Steps to implementation of a successful program. *American Journal of Public Health, 95*(11), 1928-1932.

Piven, J. (1999). Genetic liability for autism: The behavioural expression in relatives. *International Review of Psychiatry, 11*(4), 299-308.

Piven, J. (2001). The broad autism phenotype: A complementary strategy for molecular genetic studies of autism. *American Journal of Medical Genetics, 105*(1), 34-35.

Platt, M., Adler, W., Mehlhorn, A., Johnson, G., Wright, K., Choi, R., . . . Waye, M. (2013). Embryonic disruption of the candidate dyslexia susceptibility gene homolog Kiaa0319-like results in neuronal migration disorders. *Neuroscience, 248,* 585-593.

Plaut, D. C., & Kello, C. T. (1999). The emergence of phonology from the interplay of speech comprehension and production: A distributed connectionist approach. In B. MacWhinney (Ed.), *The emergence of language* (pp. 381-416). Mahwah, NJ: Erlbaum.

Pliszka, S. (2007). Practice parameter for the assessment and treatment of children and adolescents with attention-deficit/hyperactivity disorder. *Journal of the American Academy of Child and Adolescent Psychiatry, 46,* 894-921.

Plomin, R., DeFries, J. C., Knopik, V. S., & Neiderhiser, J. M. (2013). *Behavioral genetics* (6th ed.). New York:

Worth.

Plomin, R., DeFries, J. C., McClearn, G. E., & Rutter, M. (1997). *Behavioral genetics* (3rd ed.). New York: Freeman.

Plomin, R., Haworth, C. M., Meaburn, E. L., Price, T. S., & Davis, O. S. (2013). Common DNA markers can account for more than half of the genetic influence on cognitive abilities. *Psychological Science, 24,* 562-568.

Plomin, R., & Kovas, Y. (2005). Generalist genes and learning disabilities. *Psychological Bulletin, 131*(4), 592-617.

Pober, B. R. (2010). Williams-Beuren syndrome. *New England Journal of Medicine, 362,* 239-252.

Poeppel, D., Emmorey, K., Hickok, G., & Pylkkanen, L. (2012). Towards a new neurobiology of language. *Journal of Neuroscience, 32*(41), 14125-14131.

Pollatsek, A. (2015). The role of sound in silent reading. In A. Pollatsek & R. Treiman (Eds.), *The Oxford handbook of reading* (pp. 185-201). New York: Oxford University Press.

Polyak, A., Kubina, R. M., & Girirajan, S. (2015). Comorbidity of intellectual disability confounds ascertainment of autism: Implications for genetic diagnosis. *American Journal of Medical Genetics B: Neuropsychiatric Genetics, 168*(7), 600-608.

Pontius, A. A. (1973). Dysfunction patterns analogous to frontal lobe system and caudate nucleus syndromes in some groups of minimal brain dysfunction. *Journal of the American Medical Women's Association, 28*(6), 285-292.

Port, R. (2007). How are words stored in memory?: Beyond phones and phonemes. *New Ideas In Psychology, 25,* 143-170.

Posner, M. I., & Rothbart, M. K. (2000). Developing mechanisms of self-regulation. *Development and Psychopathology, 12*(3), 427-441.

Preston, J. L., Felsenfeld, S., Frost, S. J., Mencl, W. E., Fulbright, R. K., Grigorenko, E. L., . . . Pugh, K. R. (2012). Functional brain activation differences in school-age children with speech sound errors: Speech and print processing. *Journal of Speech, Language, and Hearing Research, 55*(4), 1068-1082.

Preston, J. L., Molfese, P. J., Mencl, W. E., Frost, S. J., Hoeft, F., Fulbright, R. K., . . . Pugh, K. R. (2014). Structural brain differences in school-age children with residual speech sound errors. *Brain and Language, 128*(1), 25-33.

Price, G. R., Palmer, D., Battista, C., & Ansari, D. (2012). Nonsymbolic numerical magnitude comparison: Reliability and validity of different task variants and outcome measures, and their relationship to arithmetic achievement in adults. *Acta Psychologica, 140*(1), 50-57.

Pringle-Morgan, W. (1896). A case of congenital word blindness. *British Medical Journal, 2*(1871), 1378.

Pritchard, A. E., Nigro, C. A., Jacobson, L. A., & Mahone, E. M. (2012). The role of neuropsychological assessment in the functional outcomes of children with ADHD. *Neuropsychology Review, 22*(1), 54-68.

Psychiatric GWAS Consortium Bipolar Disorder Working Group. (2011). Large-scale genome-wide association analysis of bipolar disorder identifies a new susceptibility locus near ODZ4. *Nature Genetics, 43*(10), 977-983.

Pua, E. P. K., Bowden, S. C., & Seal, M. L. (2017). Autism spectrum disorders: Neuroimaging findings from systematic reviews. *Research in Autism Spectrum Disorders, 34,* 28-33.

Puolakanaho, A., Ahonen, T., Aro, M., Eklund, K., Leppanen, P. H., Poikkeus, A. M., . . . Lyytinen, H. (2008). Developmental links of very early phonological and language skills to second grade reading outcomes: Strong to accuracy but only minor to fluency. *Journal of Learning Disabilities, 41,* 353-370.

Purvis, K. L., & Tannock, R. (2000). Phonological processing, not inhibitory control, differentiates ADHD and reading disability. *Journal of the American Academy of Child and Adolescent Psychiatry, 39*, 485-494.

Rabiner, D. L., Malone, P. S., & Conduct Problems Prevention Research Group. (2004). The impact of tutoring on early reading achievement for children with and without attention problems. *Journal of Abnormal Child Psychology, 32*(3), 273-284.

Raichle, M. E., MacLeod, A. M., Snyder, A. Z., Powers, W. J., Gusnard, D. A., & Shulman, G. L. (2001). A default mode of brain function. *Proceedings of the National Academy of Sciences of the USA, 98*(2), 676-682.

Raitano-Lee, N., Pennington, B. F., & Keenan, J. M. (2010). Verbal short-term memory deficits in Down syndrome: Phonological semantic, or both? *Journal of Neurodevelopmental Disorders, 2*, 9-25.

Rakic, P. (1995). A small step for the cell, a giant leap for mankind: A hypothesis of neocortical expansion during evolution. *Trends in Neurosciences, 18*(9), 383-388.

Ramey, S. L., Ramey, C. T., & Lanzi, R. G. (2007). Early intervention: Background, research findings, and future directions. In J. W. Jacobson, J. A. Mulick, & J. Rojahn (Eds.), *Handbook of intellectual and developmental disabilities* (pp. 445-463). New York: Springer.

Ramirez, G., & Beilock, S. L. (2011). Writing about testing worries boosts exam performance in the classroom. *Science, 331*(6014), 211-213.

Ramirez, G., Gunderson, E. A., Levine, S. C., & Beilock, S. L. (2013). Math anxiety, working memory, and math achievement in early elementary school. *Journal of Cognition and Development, 14*(2), 187-202.

Ramus, F. (2003). Developmental dyslexia: Specific phonological deficit or general sensorimotor *13*(2), 212-218.

Rane, P., Cochran, D., Hodge, S. M., Haselgrove, C., Kennedy, D., & Frazier, J. A. (2015). Connectivity in autism: A review of MRI connectivity studies. *Harvard Review of Psychiatry, 23*(4), 223-244.

Raschle, N. M., Chang, M., & Gaab, N. (2011). Structural brain alterations associated with dyslexia predate reading onset. *NeuroImage, 57*, 742-749.

Raschle, N. M., Zuk, J., & Gaab, N. (2012). Functional characteristics of developmental dyslexia in lefthemispheric posterior brain regions predate reading onset. *Proceedings of the National Academy of Sciences of the USA, 109*(6), 2156-2161.

Raznahan, A., Wallace, G. L., Antezana, L., Greenstein, D., Lenroot, R., Thurm, A., . . . Swedo, S. E. (2013). Compared to what?: Early brain overgrowth in autism and the perils of population norms. *Biological Psychiatry, 74*(8), 563-575.

Reardon, S. F., & Portilla, X. A. (2016). Recent trends in income, racial, and ethnic school readiness gaps at kindergarten entry. *AERA Open, 2*(3), 1-18.

Reaven, J., Blakeley-Smith, A., Culhane-Shelburne, K., & Hepburn, S. (2012). Group cognitive behavior therapy for children with high-functioning autism spectrum disorders and anxiety: A randomized trial. *Journal of Child Psychology and Psychiatry and Allied Disciplines, 53*, 410-419.

Redcay, E., & Courchesne, E. (2005). When is the brain enlarged in autism?: A meta-analysis of all brain size reports. *Biological Psychiatry, 58*(1), 1-9.

Redcay, E., Haist, F., & Courchesne, E. (2008). Functional neuroimaging of speech perception during a pivotal period in language acquisition. *Developmental Science, 11*(2), 237-252.

Reed, E. W., & Reed, S. C. (1965). *Mental retardation: A family study*. Philadelphia: Saunders.

Reichow, B., & Volkmar, F. R. (2010). Social skills interventions for individuals with autism: Evaluation for evidence-based practices within a best evidence synthesis framework. *Journal of Autism and Developmental Disorders, 40*(2), 149-166.

Reise, S. P., Widaman, K. F., & Pugh, R. H. (1993). Confirmatory factor analysis and item response theory: Two approaches for exploring measurement invariance. *Psychological Bulletin, 114*(3), 552-566.

Reiss, A. L., Freund, L., Plotnick, L., Baumgardner, T., Green, K., Sozer, A. C., . . . Denckla, M. B. (1993). The effects of X monosomy on brain development: Monozygotic twins discordant for Turner's syndrome. *Annals of Neurology, 34*(1), 95-107.

Reiss, A. L., Mazzocco, M. M., Greenlaw, R., Freund, L. S., & Ross, J. L. (1995). Neurodevelopmental effects of X monosomy: A volumetric imaging study. *Annals of Neurology, 38*(5), 731-738.

Report of the Surgeon General. (1999). Children and mental health. *Mental Health,* pp. 124-194. Available at https://profiles.nlm.nih.gov/ps/retrieve/Resource Metadata/NNBBHS.

Rey, A. (1941). L'examen psychologique dans les cas d'encéphalopathie traumatique: Les problems [The psychological examination in cases of traumatic encepholopathy: Problems]. *Archives de Psychologie, 28,* 215-285.

Reynolds, C. R., & Kamphaus, R. W. (2015). *Behavior Assessment System for Children, Third Edition (BASC-3).* Toronto, ON, Canada: PscyhCorp.

Rhee, S. H., Hewitt, J. K., Corley, R. P., Willcutt, E. G., & Pennington, B. F. (2005). Testing hypotheses regarding the causes of comorbidity: Examining the underlying deficits of comorbid disorders. *Journal of Abnormal Psychology, 114*(3), 346-362.

Ribasés, M., Sánchez-Mora, C., Ramos-Quiroga, J. A., Bosch, R., Gómez, N., Nogueira, M., . . . Gross-Lesch, S. (2012). An association study of sequence variants in the forkhead box P2 (FOXP2) gene and adulthood attention-deficit/hyperactivity disorder in two European samples. *Psychiatric Genetics, 22*(4), 155-160.

Rice, M. L., Wexler, K., & Cleave, P. L. (1995). Specific language impairment as a period of extended optional infinitive. *Journal of Speech and Hearing Research, 38*(4), 850-863.

Richlan, F., Kronbichler, M., & Wimmer, H. (2009). Functional abnormalities in the dyslexic brain: A quantitative meta-analysis of neuroimaging studies. *Human Brain Mapping, 30*(10), 3299-3308.

Rimland, B. (1964). *Infantile autism.* New York: Meredith. Rimrodt, S. L., Peterson, D. J., Denckla, M. B., Kaufmann, W. E., & Cutting, L. E. (2010). White matter microstructural differences linked to left perisylvian language network in children with dyslexia. *Cortex, 46,* 739-749.

Rindermann, H. (2007). The big G-factor of national cognitive ability. *European Journal of Personality, 21,* 767-787.

Ripke, S., Neale, B. M., Corvin, A., Walters, J. T., Farh, K.-H., Holmans, P. A., . . . Huang, H. (2014). Biological insights from 108 schizophrenia-associated genetic loci. *Nature, 511*(7510), 421-427.

Rippon, G., Brock, J., Brown, C., & Boucher, J. (2007). Disordered connectivity in the autistic brain: Challenges for the "new psychophysiology." *International Journal of Psychophysiology, 63*(2), 164-172.

Roberts, J. E., Rosenfeld, R. M., & Zeisel, S. A. (2004). Otitis media and speech and language: A metaanalysis of prospective studies. *Pediatrics, 113*(3), e238-e248.

Robins, D. L., Casagrande, K., Barton, M., Chen, C.-M. A., Dumont-Mathieu, T., & Fein, D. (2014). Validation of the Modified Checklist for Autism in Toddlers, Revised With Follow-up (M-CHATR/F). *Pediatrics, 133,* 37-45.

Robins, S., Ghosh, D., Rosales, N., & Treiman, R. (2014). Letter knowledge in parent-child conversations: Differences between families differing in socio-economic status. *Frontiers in Psychology, 5,* 632.

Robinson, E. B., Koenen, K. C., McCormick, M. C., Munir, K., Hallett, V., Happé, F., . . . Ronald, A. (2012). A multivariate twin study of autistic traits in 12-year-olds: Testing the fractionable autism triad hypothesis. *Behavior Genetics, 42,* 245-255.

Robinson, E. B., Lichtenstein, P., Anckarsäter, H., Happé, F., & Ronald, A. (2013). Examining and interpreting the female protective effect against autistic behavior. *Proceedings of the National Academy of Sciences of the USA, 110,* 5258-5262.

Robinson, E. B., Neale, B. M., & Hyman, S. E. (2015). Genetic research in autism spectrum disorders. *Current Opinion in Pediatrics, 27*(6), 685-691.

Robison, J. E. (2007). *Look me in the eye: My life with Asperger's syndrome.* New York: Crown.

Rodgers, B. (1983). The identification and prevalence of specific reading retardation. *British Journal of Educational Psychology, 53,* 369-373.

Rogers, S. J., & Pennington, B. F. (1991). A theoretical approach to the deficits in infantile autism. *Development and Psychopathology, 27,* 137-163.

Rommelse, N. N., Franke, B., Geurts, H. M., Hartman, C. A., & Buitelaar, J. K. (2010). Shared heritability of attention-deficit/hyperactivity disorder and autism spectrum disorder. *European Child and Adolescent Psychiatry, 19*(3), 281-295.

Ronald, A., Happé, F., Bolton, P., Butcher, L. M., Price, T. S., Wheelwright, S., . . . Plomin, R. (2006). Genetic heterogeneity between the three components of the autism spectrum: A twin study. *Journal of the American Academy of Child and Adolescent Psychiatry, 45*(6), 691-699.

Ronald, A., Happé, F., & Plomin, R. (2005). The genetic relationship between individual differences in social and nonsocial behaviours characteristic of autism. *Developmental Science, 8*(5), 444-458.

Ronald, A., Happé, F., Price, T. S., Baron-Cohen, S., & Plomin, R. (2006). Phenotypic and genetic overlap between autistic traits at the extremes of the general population. *Journal of the American Academy of Child and Adolescent Psychiatry, 45*(10), 1206-1214.

Ronald, A., & Hoekstra, R. A. (2011). Autism spectrum disorders and autistic traits: A decade of new twin studies. *American Journal of Medical Genetics B: Neuropsychiatric Genetics, 156,* 255-274.

Ronald, A., Larsson, H., Anckarsäter, H., & Lichtenstein, P. (2011). A twin study of autism symptoms in Sweden. *Molecular Psychiatry, 16,* 1039-1047.

Ronemus, M., Iossifov, I., Levy, D., & Wigler, M. (2014). The role of de novo mutations in the genetics of autism spectrum disorders. *Nature Reviews Genetics, 15*(2), 133-141.

Roodenrys, S., Koloski, N., & Grainger, J. (2001). Working memory function in attention deficit hyperactivity disordered and reading disabled children. *British Journal of Developmental Psychology, 19,* 325-337.

Rosenthal, R. H., & Allen, T. W. (1978). An examination of attention, arousal, and learning dysfunctions of hyperkinetic children. *Psychological Bulletin, 85*(4), 689-715.

Rothbart, M. K., & Bates, J. E. (2006). Temperment. In N. Eisenberg (Ed.), *Handbook of child psychology: Vol. 3. Social, emotional, and personality development* (6th ed., pp. 99-166). New York: Wiley.

Rothbart, M. K., Derryberry, D., & Posner, M. I. (1994). A psychobiological approach to the development of temperment. In J. E. Bates & T. D. Wachs (Eds.), *Temperament: Individual differences at the interface of biology and behavior* (pp. 83-116). Washington, DC: American Psychological Association.

Rowe, D. C., Jacobson, K. C., & Van den Oord, E. J. (1999). Genetic and environmental influences on vocabulary IQ: Parental education level as moderator. *Child Development, 70*(5), 1151-1162.

Rubinsten, O., & Tannock, R. (2010). Mathematics anxiety in children with developmental dyscalculia. *Behavioral and Brain Functions, 6*(1), 46.

Rucklidge, J. J., & Tannock, R. (2002). Neuropsychological profiles of adolescents with ADHD: Effects of reading difficulties and gender. *Journal of Child Psychology and Psychiatry, 43*(8), 988-1003.

Ruffino, M., Gori, S., Boccardi, D., Molteni, M., & Facoetti, A. (2014). Spatial and temporal attention in developmental dyslexia. *Frontiers in Human Neuroscience, 8,* 331.

Russell, J. (1997). *Autism as an executive disorder.* New York: Oxford University Press.

Russell, J., Jarrold, C., & Henry, L. (1996). Working memory in children with autism and with moderate learning difficulties. *Journal of Child Psychology and Psychiatry, 37*(6), 673-686.

Rutter, M. (2000). Genetic studies of autism: From the 1970s into the millennium. *Journal of Abnormal Child Psychiatry, 28*(1), 3-14.

Rutter, M. (2006). *Genes and behavior: Nature-nurture interplay explained.* Oxford, UK: Blackwell.

Rutter, M., Andersen-Wood, L., Beckett, C., Bredenkamp, D., Castle, J., Groothues, C., . . . O'Connor, T. G. (1999). Quasi-autistic patterns following severe early global privation: English and Romanian Adoptees (ERA) Study Team. *Journal of Child Psychology and Psychiatry, 40*(4), 537-549.

Rutter, M., Bailey, A., Berument, S. K., Lord, C., & Pickles, A. (2003). *Social Communication Questionnaire(SCQ).* Los Angeles: Western Psychological Services.

Rutter, M., Bailey, A., & Lord, C. (2003). *The social communication questionnaire: Manual.* Los Angeles: Western Psychological Services.

Rutter, M., Beckett, C., Castle, J., Colvert, E., Kreppner, J., Mehta, M., . . . Sonuga-Barke, E. (2007). Effects of profound early institutional deprivation: An overview of findings from a UK longitudinal study of Romanian adoptees. *European Journal of Developmental Psychology, 4*(3), 332-350.

Rutter, M., Caspi, A., Fergusson, D., Horwood, L. J., Goodman, R., Maughan, B., . . . Carroll, J. (2004). Sex differences in developmental reading disability: New findings from 4 epidemiological studies. *Journal of the American Medical Association, 291*(16), 2007-2012.

Rutter, M., & Le Couteur, A. (2003). *The Autism Diagnostic Interview-Revised (ADI-R).* Los Angeles: Western Psychological Services.

Rutter, M., & Mahwood, L. (1991). The long-term psychosocial sequelae of specific developmental disorders of speech and language. In M. Rutter & P. Casaer (Eds.), *Biological risk factors for psychosocial disorders* (pp. 233-259). Cambridge, UK: Cambridge University Press.

Rutter, M., & Quinton, D. (1977). Psychiatric disorders: Ecological factors and concepts of causation. In H. McGurk (Ed.), *Ecological factors in human development* (pp. 173-187). Amsterdam: North-Holland.

Rutter, M., Thorpe, K., Greenwood, R., Northstone, K., & Golding, J. (2003). Twins as a natural experiment to study the causes of mild language delay: I: Design; twin-singleton differences in language, and obstetric risks. *Journal of Child Psychology and Psychiatry, 44*(3), 326-341.

Sacco, R., Gabriele, S., & Persico, A. M. (2015). Head circumference and brain size in autism spectrum disorder: A systematic review and meta-analysis. *Psychiatry Research: Neuroimaging, 234*(2), 239-251.

Saffran, J. R., Aslin, R. N., & Newport, E. L. (1996). Statistical learning by 8-month-old infants. *Science, 274*(5294), 1926-1928.

Saffran, J. R., Johnson, E. K., Aslin, R. N., & Newport, E. L. (1999). Statistical learning of tone sequences by human infants and adults. *Cognition, 70*(1), 27-52.

Sallows, G. O., & Graupner, T. D. (2005). Intensive behavioral treatment for children with autism: Four-year outcome and predictors. *American Journal of Mental Retardation, 110*(6), 417-438.

Salthouse, T. A. (1991). Age and experience effects on the interpretation of orthographic drawings of three-dimensional objects. *Psychology of Aging, 6*(3), 426-433.

Samocha, K. E., Robinson, E. B., Sanders, S. J., Stevens, C., Sabo, A., McGrath, L. M., . . . Daly, M. J. (2014). A framework for the interpretation of de novo mutation in human disease. *Nature Genetics, 46*, 944-950.

Samyn, V., Roeyers, H., Bijttebier, P., Rosseel, Y., & Wiersema, J. R. (2015). Assessing effortful control in typical and atypical development: Are questionnaires and neuropsychological measures interchangeable?: A latent-variable analysis. *Research in Developmental Disabilities, 36*, 587-599.

Sanders, S. J., Ercan-Sencicek, A. G., Hus, V., Luo, R., Murtha, M. T., Moreno-De-Luca, D., . . . State, M. W. (2011). Multiple recurrent de novo CNVs, including duplications of the 7q11.23 Williams syndrome region, are strongly associated with autism. *Neuron, 70*(5), 863-885.

Sanders, S. J., Murtha, M. T., Gupta, A. R., Murdoch, J. D., Raubeson, M. J., Willsey, A. J., . . . State, M. W. (2012). De novo mutations revealed by wholeexome sequencing are strongly associated with autism. *Nature, 485,* 237-241.

Sandin, S., Hultman, C. M., Kolevzon, A., Gross, R., MacCabe, J. H., & Reichenberg, A. (2012). Advancing maternal age is associated with increasing risk for autism: A review and meta-analysis. *Journal of the American Academy of Child and Adolescent Psychiatry, 51*(5), 477-486.

Sandin, S., Lichtenstein, P., Kuja-Halkola, R., Larsson, H., Hultman, C. M., & Reichenberg, A. (2014). The familial risk of autism. *Journal of the American Medical Association, 311,* 1770-1777.

Sarkar, A., & Cohen Kadosh, R. (2016). Transcranial electrical stimulation and numerical cognition. *Canadian Journal of Experimental Psychology, 70*(1), 41-58.

Scammacca, N., Roberts, G., Vaughn, S., & Stuebing, K. K. (2015). A meta-analysis of interventions for struggling readers in grades 4-12: 1980-2011. *Journal of Learning Disabilities, 48*(4), 369-390.

Scammacca, N., Vaughn, S., Roberts, G., Wanzek, J., & Torgeson, J. K. (2007). *Extensive reading interventions in grades K-3 from research to practice.* Portsmouth, NH: Research Corporation, Center on Instruction.

Scarborough, H. S. (1990). Very early language deficits in dyslexic children. *Child Development, 61,* 1728-1743.

Scarborough, H. S. (1991a). Antecedents to reading disability: Preschool language development and literacy experiences of children from dyslexic families. *Reading and Writing, 3*(3), 219-233.

Scarborough, H. S. (1991b). Early syntactic development of dyslexic children. *Annals of Dyslexia, 41,* 207-220.

Scarborough, H. S. (1998). Early identification of children at risk for reading disabilities: Phonological awareness and some other promising predictors. In B. K. Shapiro, P. J. Accardo, & A. J. Capute (Eds.), *Specific reading disability: A view of the spectrum* (pp. 75-119). Timonium, MD: York Press.

Scarborough, H. S., & Dobrich, W. (1994). On the efficacy of reading to preschoolers. *Developmental Review, 14*(3), 245-302.

Scarborough, H. S., Dobrich, W., & Hager, M. (1991). Preschool literacy experience and later reading achievement. *Journal of Learning Disabilities, 24,* 508-511.

Scarr, S., & McCartney, K. (1983). How people make their own environments: A theory of genotype greater than environment effects. *Child Development, 54,* 424-435.

Scerri, T. S., Macpherson, E., Martinelli, A., Wa, W. C., Monaco, A. P., Stein, J., . . . Snowling, M. J. (2017). The DCDC2 deletion is not a risk factor for dyslexia. *Translational Psychiatry, 7*(7), e1182.

Schachar, R. (2014). Genetics of attention deficit hyperactivity disorder (ADHD): Recent updates and future prospects. *Current Developmental Disorders Reports, 1*(1), 41-49.

Schain, R. J., & Yannet, H. (1960). Infantile autism: An analysis of 50 cases and a consideration of certain relevant neurophysiologic concepts. *Journal of Pediatrics, 57,* 560-567.

Scharff, C., & Haesler, S. (2005). An evolutionary perspective on FoxP2: Strictly for the birds? *Current Opinion in Neurobiology, 15,* 694-703.

Schizophrenia Working Group of the Psychiatric Genomics Consortium. (2014). Biological insights from 108 schizophrenia-associated genetic loci. *Nature, 511*(7510), 421-427.

Schrank, F. A., McGrew, K. S., & Mather, N. (2014a). *Woodcock-Johnson IV Tests of Achievement.* Rolling Meadows, IL: Riverside.

Schrank, F. A., McGrew, K. S., & Mather, N. (2014b). *Woodcock-Johnson IV Tests of Oral Language.* Rolling

Meadows, IL: Riverside.

Schrank, F. A., McGrew, K. S., & Mather, N. (2014c). *Woodcock-Johnson IV Tests of Cognitive Abilities*. Rolling Meadows, IL: Riverside.

Schreibman, L., Dawson, G., Stahmer, A. C., Landa, R. J., Rogers, S. J., McGee, G. G., . . . Halladay, A. (2015). Naturalistic developmental behavioral interventions: Empirically validated treatments for autism spectrum disorder. *Journal of Autism and Developmental Disorders, 45*, 2411-2428.

Schumann, C. M., Barnes, C. C., Lord, C., & Courchesne, E. (2009). Amygdala enlargement in toddlers with autism related to severity of social and communication impairments. *Biological Psychiatry, 66*(10), 942-949.

Schumann, C. M., Hamstra, J., Goodlin-Jones, B. L., Lotspeich, L. J., Kwon, H., Buonocore, M. H., . . . Amaral, D. G. (2004). The amygdala is enlarged in children but not adolescents with autism: The hippocampus is enlarged at all ages. *Journal of Neuroscience, 24*(28), 6392-6401.

Schweiger, J. I., & Meyer-Lindenberg, A. (2017). Common variation in the GTF2I gene: A promising neurogenetic mechanism for affiliative drive and social anxiety. *Biological Psychiatry, 81*(3), 175-176.

Sebat, J., Lakshmi, B., Malhotra, D., Troge, J., Lese-Martin, C., Walsh, T., . . . Wigler, M. (2007). Strong association of de novo copy number mutations with autism. *Science, 316*(5823), 445-449.

Sekar, A., Bialas, A. R., de Rivera, H., Davis, A., Hammond, T. R., Kamitaki, N., . . . McCarroll, S. A. (2016). Schizophrenia risk from complex variation of complement component 4. *Nature, 530*(7589), 177-183.

Selkirk, C. G., Veach, P. M., Lian, F., Schimmenti, L., & LeRoy, B. S. (2009). Parents' perceptions of autism spectrum disorder etiology and recurrence risk and effects of their perceptions on family planning: Recommendations for genetic counselors. *Journal of Genetic Counseling, 18*(5), 507-519.

Semel, E., Wiig, E. H., & Secord, W. A. (2003). *Clinical Evaluation of Language Fundamentals-Fourth Edition*. San Antonio, TX: Psychological Corporation.

Semrud-Clikeman, M., Biederman, J., Sprich-Buckminster, S., Lehman, B. K., Faraone, S. V., & Norman, D. (1992). Comorbidity between attention deficit hyperactivity disorder and learning disability: A review and report in a clinically referred sample. *Journal of the American Academy of Child and Adolescent Psychiatry, 31*(3), 439-448.

Semrud-Clikeman, M., Filipek, P. A., Biederman, J., Steingard, R., Kennedy, D., Renshaw, P., & Bekken, K. (1994). Attention-deficit hyperactivity disorder: Magnetic resonance imaging morphometric analysis of the corpus callosum. *Journal of the American Academy of Child and Adolescent Psychiatry, 33*(6), 875-881.

Sénéchal, M. (2015). Young children's home literacy. In A. Pollatsek & R. Treiman (Eds.), *The Oxford handbook of reading* (pp. 397-414). New York: Oxford University Press.

Sexton, C. C., Gelhorn, H. L., Bell, J. A., & Classi, P. M. (2012). The co-occurrence of reading disorder and ADHD: Epidemiology, treatment, psychosocial impact, and economic burden. *Journal of Learning Disabilities, 45*(6), 538-564.

Shalev, R. S., & Gross-Tsur, V. (2001). Developmental dyscalculia. *Pediatric Neurology, 24*(5), 337-342.

Shallcross, R., Bromley, R. L., Irwin, B., Bonnett, L., Morrow, J., & Baker, G. (2011). Child development following in utero exposure: Levetiracetam vs sodium valproate. *Neurology, 76*(4), 383-389.

Shallice, T. (1988). *From neuropsychology to mental structure*. New York: Cambridge University Press.

Shanahan, M. A., Pennington, B. F., Yerys, B. E., Scott, A., Boada, R., Willcutt, E. G., . . . DeFries, J. C. (2006). Processing speed deficits in attention deficit/hyperactivity disorder and reading disability. *Journal of Abnormal Child Psychology, 34*(5), 585-602.

Shattuck, P. T. (2006). The contribution of diagnostic substitution to the growing administrative prevalence of autism in US special education. *Pediatrics, 117*, 1028-1037.

Shatz, C. J. (1992). The developing brain. *Scientific American, 267*(3), 60-67.

Shaw, P., Eckstrand, K., Sharp, W., Blumenthal, J., Lerch, J. P., Greenstein, D., . . . Rapoport, J. L. (2007). Attention-deficit/hyperactivity disorder is characterized by a delay in cortical maturation. *Proceedings of the National Academy of Sciences of the USA, 104*, 19649-19654.

Shaw, P., Greenstein, D., Lerch, J., Clasen, L., Lenroot, R., Gogtay, N., . . . Giedd, J. (2006). Intellectual ability and cortical development in children and adolescents. *Nature, 440*(7084), 676-679.

Shaw, P., Lerch, J., Greenstein, D., Sharp, W., Clasen, L., Evans, A., . . . Rapoport, J. (2006). Longitudinal mapping of cortical thickness and clinical outcome in children and adolescents with attentiondeficit/ hyperactivity disorder. *Archives of General Psychiatry, 63*(5), 540-549.

Shaw, P., Sudre, G., Wahton, A., Weingart, D., Sharp, W., & Sarlis, J. (2015). White matter microstructure and the variable adult outcome of childhood attention deficit hypteractivity disorder. *Neuropharmacology, 40*(3), 746-754.

Shaywitz, S. (2003). *Overcoming dyslexia: A new and complete science-based program for reading problems at any level.* New York: Knopf.

Shaywitz, S. E., Escobar, M. D., Shaywitz, B. A., Fletcher, J. M., & Makuch, R. (1992). Evidence that dyslexia may represent the lower tail of a normal distribution of reading ability. *New England Journal of Medicine, 326*, 145-150.

Shaywitz, S. E., Shaywitz, B. A., Fletcher, J. M., & Escobar, M. D. (1990). Prevalence of reading disability in boys and girls: Results of the Connecticut Longitudinal Study. *Journal of the American Medical Association, 264*(8), 998-1002.

Sherman, E., & Brooks, B. (2015). *Memory Validity Profile (MVP).* Lutz, FL: Psychological Assessment Resources.

Shneidman, L. A., Arroyo, M. E., Levine, S. C., & Goldin-Meadow, S. (2013). What counts as effective input for word learning? *Journal of Child Language, 40*(3), 672-686.

Shneidman, L. A., & Goldin-Meadow, S. (2012). Language input and acquisition in a Mayan village: How important is directed speech? *Developmental Science, 15*(5), 659-673.

Shotwell, A. M., & Shipe, D. (1964). Effect of out-of home care on the intellectual and social development of mongoloid children. *American Journal of Mental Deficiency, 90*, 693-699.

Shrank, F. A., McGrew, K. S., & Mather, N. (2014). *Woodcock-Johnson IV.* Rolling Meadows, IL: Riverside.

Shriberg, L. D., Aram, D. M., & Kwiatkowski, J. (1997). Developmental apraxia of speech: I. Descriptive and theoretical perspectives. *Journal of Speech, Language, and Hearing Research, 40*(2), 273-285.

Shriberg, L. D., Tomblin, J. B., & McSweeny, J. L. (1999). Prevalence of speech delay in 6-year-old children and comorbidity with language impairment. *Journal of Speech Language and Hearing Research, 42*(6), 1461-1481.

Siegel, L. S. (1992). An evaluation of the discrepancy definition of dyslexia. *Journal of Learning Disabilities, 25*(10), 618-629.

Siegler, R. S., & Booth, J. L. (2004). Development of numerical estimation in young children. *Child Development, 75*, 428-444.

Silani, G., Frith, U., Demonet, J. F., Fazio, F., Perani, D., Price, C., . . . Paulesu, E. (2005). Brain abnormalities underlying altered activation in dyslexia: A voxel based morphometry study. *Brain, 128*, 2453-2461.

Simms, V., Gilmore, C., Sloan, S., & McKeaveney, C. (2017). Interventions to improve mathematics achievement in primary school-aged children: A systematic review. Retrieved from https://campbellcollaboration.org/ library/improving-mathematicsachievement-primary-school-children.html.

Simonoff, E., Pickles, A., Charman, T., Chandler, S., Loucas, T., & Baird, G. (2008). Psychiatric disorders in children with autism spectrum disorders: Prevalence, comorbidity, and associated factors in a populationderived sample. *Journal of the American Academy of Child and Adolescent Psychiatry, 47*(8), 921-929.

Simonoff, E., Taylor, E., Baird, G., Bernard, S., Chadwick, O., Liang, H., . . . Sharma, S. P. (2013). Randomized controlled double-blind trial of optimal dose methylphenidate in children and adolescents with severe attention deficit hyperactivity disorder and intellectual disability. *Journal of Child Psychology and Psychiatry, 54*(5), 527-535.

Simons, D. J., Boot, W. R., Charness, N., Gathercole, S. E., Chabris, C. F., Hambrick, D. Z., & Stine-Morrow, E. A. (2016). Do "brain-training" programs work? *Psychological Science in the Public Interest, 17*(3), 103-186.

Sims, D. M., & Lonigan, C. J. (2013). Inattention, hyperactivity, and emergent literacy: Different facets of inattention relate uniquely to preschoolers' reading-related skills. *Journal of Clinical Child and Adolescent Psychology, 53*(42), 208-219.

Sing, C. F., & Reilly, S. L. (1993). Genetics of common diseases that aggregate, but do not segregate in families. In C. F. Sing & C. L. Hanis (Eds.), *Genetics of cellular, individual, family and population variability* (pp. 140-161). New York: Oxford University Press.

Singer, H. S., Reiss, A. L., Brown, J. E., Aylward, E. H., Shih, B., Chee, E., . . . et al. (1993). Volumetric MRI changes in basal ganglia of children with Tourette's syndrome. *Neurology, 43*(5), 950-956.

Sirin, S. R. (2005). Socioeconomic status and academic achievement: A meta-analytic review of research. *Review of Educational Research, 75*(3), 417-453.

Sjowall, D., Roth, L., Lindqvist, S., & Thorell, L. B. (2013). Multiple deficits in ADHD: Executive dysfunction, delay aversion, reaction time variability, and emotional deficits. *Journal of Child Psychology and Psychiatry, 54*(6), 619-627.

Skinner, B. F. (1957). *Verbal behavior.* New York: Appleton- Century-Crofts.

Skuse, D. H., Mandy, W. P. L., & Scourfield, J. (2005). Measuring autistic traits: Heritability, reliability and validity of the Social and Communication Disorders Checklist. *British Journal of Psychiatry, 187*(6), 568-572.

Slot, E. M., van Viersen, S., de Bree, E. H., & Kroesbergen, E. H. (2016). Shared and unique risk factors underlying mathematical disability and reading and spelling disability. *Frontiers in Psychology, 7*, 803.

Smith, L. S., Roberts, J. A., Locke, J. L., & Tozer, R. (2010). An exploratory study of the development of early syllable structure in reading impaired children. *Journal of Learning Disabilities, 43*(4), 294-307.

Smith, S. D., Gilger, J. W., & Pennington, B. F. (2001). Dyslexia and other specific learning disorders. In D. L. Rimoin, J. M. Conner, & R. E. Pyeritz (Eds.), *Emery and Rimoin's principles and practice of medical genetics* (pp. 2827-2865). New York: Churchill Livingstone.

Smith, S. D., Pennington, B. F., Boada, R., & Shriberg, L. D. (2005). Linkage of speech sound disorder to reading disability loci. *Journal of Child Psychology and Psychiatry, 46*(10), 1057-1066.

Smoller, J. W. (2013a). Disorders and borders: Psychiatric genetics and nosology. *American Journal of Medical Genetics B: Neuropsychiatric Genetics, 162*(7), 559-578.

Smoller, J. W. (2013b). Identification of risk loci with shared effects on five major psychiatric disorders: A genome-wide analysis. *Lancet, 381*, 1371-1379.

Snow, C. E., Burns, M. S., & Griffin, P. (1998). *Preventing reading difficulties in young children.* Washington, DC: National Academy Press.

Snowball, A., Tachtsidis, I., Popescu, T., Thompson, J., Delazer, M., Zamarian, L., . . . Kadosh, R. C. (2013). Long-term enhancement of brain function and cognition using cognitive training and brain stimulation. *Current Biology, 23*(11), 987-992.

Snowling, M. J., Bishop, D. V. M., & Stothard, S. E. (2000). Is preschool language impairment a risk factor for dyslexia in adolescence? *Journal of Child Psychology and Psychiatry, 41*(5), 587-600.

Snowling, M. J., Gallagher, A., & Frith, U. (2003). Family risk of dyslexia is continuous: Individual differences in the precursors of reading skill. *Child Development, 74*, 358-373.

Snowling, M. J., & Hulme, C. (2011). Evidence-based interventions for reading and language difficulites: Creating a virtuous circle. *British Journal of Educational Psychology, 81*, 1-23.

Snowling, M. J., & Melby-Lervåg, M. (2016). Oral language deficits in familial dyslexia: A meta-analysis and review. *Psychological Bulletin, 142*(5), 498-545.

Söderqvist, S., Nutley, S. B., Ottersen, J., Grill, K. M., & Klingberg, T. (2012). Computerized training of non-verbal reasoning and working memory in children with intellectual disability. *Frontiers in Human Neuroscience, 6*, 271.

Sonuga-Barke, E. J., Brandeis, D., Cortese, S., Daley, D., Ferrin, M., Holtmann, M., . . . Döpfner, M. (2013). Nonpharmacological interventions for ADHD: Systematic review and meta-analyses of randomized controlled trials of dietary and psychological treatments. *American Journal of Psychiatry, 170*(3), 275-289.

Sonuga-Barke, E. J., Daley, D., Thompson, M., Laver-Bradbury, C., & Weeks, A. (2001). Parent-based therapies for preschool attention-deficit/hyperactivity disorder: A randomized, controlled trial with a community sample. *Journal of the American Academy of Child and Adolescent Psychiatry, 40*, 402-408.

Sonuga-Barke, E. J., Taylor, E., Sembi, S., & Smith, J. (1992). Hyperactivity and delay aversion-I. The effect of delay on choice. *Journal of Child Psychology and Psychiatry, 33*(2), 387-398.

Sonuga-Barke, E. J., Thompson, M., Abikoff, H., Klein, R., & Brotman, L. M. (2006). Nonpharmacological interventions for preschoolers with ADHD: The case for specialized parent training. *Infants and Young Children, 19*, 142-153.

South, M., Ozonoff, S., & McMahon, W. M. (2005). Repetitive behavior profiles in Asperger syndrome and high-functioning autism. *Journal of Autism and Developmental Disorders, 35*(2), 145-158.

Sparks, B., Friedman, S., Shaw, D., Aylward, E., Echelard, D., Artru, A., . . . Dawson, G. (2002). Brain structural abnormalities in young children with autism spectrum disorder. *Neurology, 59*(2), 184-192.

Sparrow, S. S., Cicchetti, D. V., & Saulnier, C. A. (2016). *Vineland Adaptive Behavior Scales-Third Edition (Vineland-3).* Toronto, ON, Canada: PsychCorp.

Specific Language Impairment Consortium. (2002). A genomewide scan identifies two novel loci involved in specific language impairment. *American Journal of Human Genetics, 70*(2), 384-398.

Specific Language Impairment Consortium. (2004). Highly significant linkage to the SLI1 locus in an expanded sample of individuals affected by specific language impairment. *American Journal of Human Genetics, 74*(6), 1225-1238.

Sporns, O., & Zwi, J. D. (2004). The small world of the cerebral cortex. *Neuroinformatics, 2*(2), 145-162.

Squire, L. R. (1987). *Memory and brain.* New York: Oxford University Press.

Stamm, J. S., & Kreder, S. V. (1979). Minimal brain dysfunction: Psychological and neuropsychological disorders in hyperkinetic children. In M. S. Gazzaniga (Ed.), *Handbook of behavioral neurology: Vol. 2. Neuropsychology* (pp. 119-150). New York: Plenum Press.

Stancliffe, R. J., & Keane, S. (2000). Outcomes and costs of community living: A matched comparison of group homes and semi-independent living. *Journal of Intellectual and Developmental Disability, 25*(4), 281-305.

Stanford Center on Longevity. (2014). A consensus on the brain training industry from the scientific community. Retrieved from http://longevity3.stanford.edu/blog/ 2014/10/15/the-consensus-onthe-brain-training-industry-from-the-scientific-community.

Stanovich, K. E. (1986). Matthew effects in reading: Some consequences of individual differences in the acquisition of literacy. *Reading Research Quarterly, 21*, 360-406.

Stanovich, K. E. (2005). The future of a mistake: Will discrepancy measurement continue to make the learning disabilities field a pseudoscience? *Learning Disability Quarterly, 28*(2), 103-106.

Starkey, G. S., & McCandliss, B. D. (2014). The emergence of "groupitizing" in children's numerical cognition. *Journal of Experimental Child Psychology, 126,* 120-137.

Starkey, P., & Cooper, R. G. (1980). Perception of numbers by human infants. *Science, 210*(4473), 1033-1035.

Starkey, P., & Cooper, R. G. (1995). The development of subitizing in young children. *British Journal of Developmental Psychology, 13*(4), 399-420.

Stein, C. M., Millard, C., Kluge, A., Miscimarra, L. E., Cartier, K. C., Freebairn, L. A., . . . Iyengar, S. K. (2006). Speech sound disorder influenced by a locus in 15q14 region. *Behavior Genetics, 36*(6), 858-868.

Stein, C. M., Schick, J. H., Taylor, H., Shriberg, L. D., Millard, C., Kundtz-Kluge, A., . . . Iyengar, S. K. (2004). Pleiotropic effects of a chromosome 3 locus on speech-sound disorder and reading. *American Journal of Human Genetics, 74*(2), 283-297.

Stern, D. N. (1985). *The interpersonal world of the infant: A view from psychoanalysis and developmental psychology.* New York: Basic Books.

Stiles, J., Brown, T. T., Haist, F., & Jernigan, T. L. (2015). Brain and cognitive development. In L. S. Liben & R. M. Lerner (Eds.), *Handbook of child psychology and developmental science* (pp. 9-62). Hoboken, NJ: Wiley.

Stiles, J., Reilly, J. S., Levine, S. C., & Trauner, D. A. (2012). *Neural plasticity and cognitive development: Insights from children with perinatal brain injury.* New York: Oxford University Press.

Still, G. F. (1902). Some abnormal psychical conditions in children. *Lancet, 1,* 1008-1012, 1077-1082, 1163-1168.

Stoodley, C. J. (2015). The role of the cerebellum in developmental dyslexia. In P. Mariën & M. Manto (Eds.), *The linguistic cerebellum* (pp. 199-222). London: Academic Press.

Stothard, S. E., Snowling, M. J., Bishop, D. V. M., Chipchase, B. B., & Kaplan, C. A. (1998). Languageimpaired preschoolers: A follow-up into adolescence. *Journal of Speech, Language, and Hearing Research, 41*(2), 407-418.

Stratton, K., Gable, A., McCormick, M. C., & Institute of Medicine Immunization Safety Review Committee. (2001). *Immunization Safety Review: Thimerosal-containing vaccines and neurodevelopmental disorders.* Washington, DC: National Academies Press.

Strauss, A., & Lehtinen, L. (1947). *Psychopathology and education of the brain-injured child.* New York: Grune & Stratton.

Stuebing, K. K., Barth, A. E., Molfese, P. J., Weiss, B., & Fletcher, J. M. (2009). IQ is not strongly related to response to reading instruction: A meta-analytic interpretation. *Exceptional Child, 76,* 31-51.

Stuebing, K. K., Barth, A. E., Trahan, L. H., Reddy, R. R., Miciak, J., & Fletcher, J. M. (2015). Are child cognitive characteristics strong predictors of responses to intervention?: A meta-analysis. *Review of Educational Research, 85*(3), 395-429.

Stuebing, K. K., Fletcher, J. M., Branum-Martin, L., & Francis, D. J. (2012). Evaluation of the technical adequacy of three methods for identifying specific learning disabilities based on cognitive discrepancies. *School Psychology Review, 41*(1), 3-22.

Stuebing, K. K., Fletcher, J. M., LeDoux, J. M., Lyon, G. R., Shaywitz, S. E., & Shaywitz, B. A. (2002). Validity of IQ-discrepancy classifications of reading disabilities: A meta-analysis. *American Educational Research Journal, 39*(2), 469-518.

Stuss, D. T., & Benson, D. F. (1986). *The frontal lobes.* New York: Raven Press.

Sullivan, E. L., Holton, K. F., Nousen, E. K., Barling, A. N., Sullivan, C. A., Propper, C. B., & Nigg, J. T. (2015). Early identification of ADHD risk via infant temperament and emotion regulation: A pilot study. *Journal of*

Child Psychology and Psychiatry, 56(9), 949-957.

Sullivan, M., Finelli, J., Marvin, A., Garrett-Mayer, E., Bauman, M., & Landa, R. J. (2007). Response to joint attention in toddlers at risk for autism spectrum disorder: A prospective study. *Journal of Autism and Developmental Disorders, 37*(1), 37-48.

Sullivan, P. F., Daly, M. J., & O'Donovan, M. (2012). Genetic architectures of psychiatric disorders: The emerging picture and its implications. *Nature Reviews Genetics, 13*(8), 537-551.

Sullivan, P. F., Magnusson, C., Reichenberg, A., Boman, M., Dalman, C., Davidson, M., . . . Långström, N. (2012). Family history of schizophrenia and bipolar disorder as risk factors for autism. *Archives of General Psychiatry, 69*(11), 1099-1103.

Supekar, K., Iuculano, T., Chen, L., & Menon, V. (2015). Remediation of childhood math anxiety and associated neural circuits through cognitive tutoring. *Journal of Neuroscience, 35*(36), 12574-12583.

Sur, M., & Rubenstein, J. L. (2005). Patterning and plasticity of the cerebral cortex. *Science, 310*(5749), 805-810.

Suskind, D. L., Leffel, K. R., Graf, E., Hernandez, M. W., Gunderson, E. A., Sapolich, S. G., . . . Levine, S. C. (2016). A parent-directed language intervention for children of low socioeconomic status: A randomized controlled pilot study. *Journal of Child Language, 43*(2), 366-406.

Swanson, H., Mink, J., & Bocian, K. (1999). Cognitive processing deficits in poor readers with symptoms of reading disabilities and ADHD: More alike than different? *Journal of Educational Psychology, 91*, 321-333.

Swanson, J. (2011). Strengths and Weaknesses of ADHD-Symptoms and Normal-Behavior Rating Scale(SWAN). Retrieved from www.attentionpoint.com/x_upload/ media/images/swan-description-questions.pdf.

Sylva, K., Scott, S., Totsika, V., Ereky-Stevens, K., & Crook, C. (2008). Training parents to help their children read: A randomized control trial. *British Journal of Educational Psychology, 78*, 435-455.

Szalkowski, C. E., Booker, A. B., Truong, D. T., Threlkeld, S. W., Rosen, G. D., & Fitch, R. H. (2013). Knockdown of the candidate dyslexia susceptibility gene homolog Dyx1c1 in rodents: Effects on auditory processing, visual attention, and cortical and thalamic anatomy. *Developmental Neuroscience, 35*(1), 50-68.

Tager-Flusberg, H., & Kasari, C. (2013). Minimally verbal school-aged children with autism spectrum disorder: The neglected end of the spectrum. *Autism Research, 6*(6), 468-478.

Tallal, P., & Piercy, M. (1973). Developmental aphasia: Impaired rate of nonverbal processing as a function of sensory modality. *Neuropsychologia, 11*, 389-398.

Tamnes, C. K., Fjell, A. M., Westlye, L. T., Østby, Y., & Walhovd, K. B. (2012). Becoming consistent: Developmental reductions in intraindividual variability in reaction time are related to white matter integrity. *Journal of Neuroscience, 32*(3), 972-982.

Tanaka, H., Black, J. M., Hulme, C., Stanley, L. M., Kessler, S. R., Whitfield-Gabrieli, S., et al. (2011). The brain basis of the phonological deficit in dyslexia is independent of IQ. *Psychological Science, 22*(11), 1442-1451.

Tannock, R. (2013). Rethinking ADHD and LD in DSM-5: Proposed changes in diagnostic criteria. *Journal of Learning Disabilities, 46*(1), 5-25.

Tannock, R., Martinussen, R., & Frijters, J. (2000). Naming speed performance and stimulant effects indicate effortful, semantic processing deficits in attention-deficit/hyperactivity disorder. *Journal of Abnormal Child Psychology, 28*(3), 237-252.

Taylor, L. E., Swerdfeger, A. L., & Eslick, G. D. (2014). Vaccines are not associated with autism: An evidence-based meta-analysis of case-control and cohort studies. *Vaccine, 32*(29), 3623-3629.

Terband, H., Maassen, B., Guenther, F. H., & Brumberg, J. (2014). Auditory-motor interactions in pediatric motor speech disorders: Neurocomputational modeling of disordered development. *Journal of*

Communication Disorders, 47, 17-33.

Terband, H., van Brenk, F., & van Doornik-van der Zee, A. (2014). Auditory feedback perturbation in children with developmental speech sound disorders. *Journal of Communication Disorders, 51*, 64-77.

Thapar, A., Cooper, M., Eyre, O., & Langley, K. (2013). Practitioner Review: What have we learnt about the causes of ADHD? *Journal of Child Psychology and Psychiatry, 54*(1), 3-16.

Thompson, D. W. (1917). *On growth and form.* Cambridge, UK: Cambridge University Press.

Thompson, L. A., Detterman, D. K., & Plomin, R. (1991). Associations between cognitive abilities and scholastic achievement: Genetic overlap but environmental differences. *Psychological Science, 2*, 158-165.

Thorpe, K., Rutter, M., & Greenwood, R. (2003). Twins as a natural experiment to study the causes of mild language delay: II. Family interaction risk factors. *Journal of Child Psychology and Psychiatry, 44*(3), 342-355.

Tick, B., Bolton, P., Happé, F., Rutter, M., & Rijsdijk, F. (2016). Heritability of autism spectrum disorders: A meta-analysis of twin studies. *Journal of Child Psychology and Psychiatry and Allied Disciplines, 57*, 585-595.

Tiffin-Richards, M., Hasselhorn, M., Woerner, W., Rothenberger, A., & Banaschewski, T. (2008). Phonological short-term memory and central executive processing in attention-deficit/hyperactivity disorder with/without dyslexia-evidence of cognitive overlap. *Journal of Neural Transmission, 115*(2), 227-234.

Todorovski, Z., Asrar, S., Liu, J., Saw, N. M., Joshi, K., Cortez, M. A., . . . Jia, Z. (2015). LIMK1 regulates long-term memory and synaptic plasticity via the transcriptional factor CREB. *Molecular and Cellular Biology, 35*(8), 1316-1328.

Tomasello, M., & Brooks, P. J. (1999). Early syntactic development: A construction grammar approach. In M. Barrett (Ed.), *The development of language* (pp. 161-190). New York: Psychology Press.

Tombaugh, T. N. (1996). *Test of Memory Malingering: TOMM.* North Tonawanda, NY: Multi-Health Systems.

Tomblin, J. B., Records, N. L., Buckwalter, P., Zhang, X., Smith, E., & O'Brien, M. (1997). Prevalence of specific language impairment in kindergarten children. *Journal of Speech, Language, and Hearing Research, 40*(6), 1245-1260.

Tomblin, J. B., Smith, E., & Zhang, X. (1997). Epidemiology of specific language impairment: Prenatal and perinatal risk factors. *International Journal of Language and Communication Disorders, 30*(4), 325-343; quiz 343-344.

Tomson, T., Battino, D., Bonizzoni, E., Craig, J., Lindhout, D., Sabers, A., . . . EURAP Study Group. (2011). Dose-dependent risk of malformations with antiepileptic drugs: An analysis of data from the EURAP epilepsy and pregnancy registry. *Lancet Neurology, 10*(7), 609-617.

Toplak, M. E., West, R. F., & Stanovich, K. E. (2013). Practitioner Review: Do performance-based measures and ratings of executive function assess the same construct? *Journal of Child Psychology and Psychiatry, 54*(2), 131-143.

Torgesen, J. K. (2005). Recent discoveries on remedial interventions for children with dyslexia. In M. J. Snowling & C. Hulme (Eds.), *The science of reading: A handbook* (pp. 521-537). Malden, MA: Blackwell.

Torgesen, J. K., Wagner, R. K., & Rashotte, C. A. (2012). *Test of Word Reading Efficiency-Second Edition(TOWRE-2).* Austin, TX: PRO-ED.

Torppa, M., Lyytinen, P., Erskine, J., Eklund, K., & Lyytinen, H. (2010). Language development, literacy skills, and predictive connections to reading in Finnish children with and without familial risk for dyslexia. *Journal of Learning Disabilities, 43*, 308-321.

Tosto, M. G., Petrill, S. A., Halberda, J., Trzaskowski, M., Tikhomirova, T. N., Bogdanova, O. Y., . . . Kovas, Y. (2014). Why do we differ in number sense?: Evidence from a genetically sensitive investigation. *Intelligence, 43*, 35-46.

Trevarthen, C. (1979). Communication and cooperation in early infancy: A description of primary intersubjectivity. In M. Bullowa (Ed.), *Before speech: The beginning of human communication* (pp. 321-347). London: Cambridge University Press.

Trzaskowski, M., Davis, O. S., DeFries, J. C., Yang, J., Visscher, P. M., & Plomin, R. (2013). DNA evidence for strong genome-wide pleiotropy of cognitive and learning abilities. *Behavior Genetics, 43*(4), 267-273.

Turken, U., Whitfield-Gabrieli, S., Bammer, R., Baldo, J. V., Dronkers, N. F., & Gabrieli, J. D. (2008). Cognitive processing speed and the structure of white matter pathways: Convergent evidence from normal variation and lesion studies. *NeuroImage, 42*(2), 1032-1044.

Turkheimer, E., Haley, A., Waldron, M., D'Onofrio, B., & Gottesman, I. I. (2003). Socioeconomic status modifies heritability of IQ in young children. *Psychological Science, 14*(6), 623-628.

Uddin, L. Q., Supekar, K., & Menon, V. (2013). Reconceptualizing functional brain connectivity in autism from a developmental perspective. *Frontiers in Human Neuroscience, 7*, 1-11.

Ukrainetz, T. A., Ross, C. L., & Harm, H. M. (2009). An investigation of treatment scheduling for phonemic awareness with kindergartners who are at risk for reading difficulties. *Language, Speech, and Hearing Services in Schools, 40*(1), 86-100.

Ullman, M. T., & Pierpont, E. I. (2005). Specific language impairment is not specific to language: The procedural deficit hypothesis. *Cortex, 41*(3), 399-433.

Ullman, M. T., & Pullman, M. Y. (2015). A compensatory role for declarative memory in neurodevelopmental disorders. *Neuroscience and Behavioral Reviews, 51*, 205-222.

Ulrich, D. A., Lloyd, M. C., Tiernan, C. W., Looper, J. E., & Angulo-Barroso, R. M. (2008). Effects of intensity of treadmill training on developmental outcomes and stepping in infants with Down syndrome: A randomized trial. *Physical Therapy, 88*(1), 114-122.

van Bergen, E., van Zuijen, T., Bishop, D., & de Jong, P. F. (2017). Why are home literacy environment and children's reading skills associated?: What parental skills reveal. *Reading Research Quarterly, 52*(2), 147-160.

Van Den Heuvel, C., Thornton, E., & Vink, R. (2007). Traumatic brain injury and Alzheimer's disease: A review. *Progress in Brain Research, 161*, 303-316.

van den Heuvel, M. P., Stam, C. J., Kahn, R. S., & Hulshoff Pol, H. E. (2009). Efficiency of functional brain networks and intellectual performance. *Journal of Neuroscience, 29*(23), 7619-7624.

van der Maas, H. L., Dolan, C. V., Grasman, R. P., Wicherts, J. M., Huizenga, H. M., & Raijmakers, M. E. (2006). A dynamical model of general intelligence: The positive manifold of intelligence by mutualism. *Psychological Review, 113*(4), 842-861.

van Ewijk, H., Heslenfeld, D. J., Zwiers, M. P., Buitelaar, J. K., & Oosterlaan, J. (2012). Diffusion tensor imaging in attention deficit/hyperactivity disorder: A systematic review and meta-analysis. *Neuroscience and Biobehavioral Reviews, 36*(4), 1093-1106.

van Lieshout, M., Luman, M., Buitelaar, J., Rommelse, N., & Oosterlaan, J. (2013). Does neurocognitive functioning predict future or persistence of ADHD?: A systematic review. *Clinical Psychology Review, 33*(4), 539-560.

Van Orden, G. C., Pennington, B. F., & Stone, G. O. (2001). What do double dissociations prove? *Cognitive Science, 25*, 111-172.

van Steensel, F. J., Bögels, S. M., & Perrin, S. (2011). Anxiety disorders in children and adolescents with autistic spectrum disorders: A meta-analysis. *Clinical Child and Family Psychology Review, 14*(3), 302-317.

Vande Voort, J. L., He, J. P., Jameson, N. D., & Merikangas, K. R. (2014). Impact of the DSM-5 attention-deficit/hyperactivity disorder age-of-onset criterion in the US adolescent population. *Journal of the American*

Academy of Child and Adolescent Psychiatry, 53(7), 736-744.

Vargha-Khadem, F., Gadian, D. G., Watkins, K. E., Connelly, A., Van Paesschen, W., & Mishkin, M. (1997). Differential effects of early hippocampal pathology on episodic and semantic memory. *Science, 277*(5324), 376-380.

Vasa, R. A., Mostofsky, S. H., & Ewen, J. B. (2016). The disrupted connectivity hypothesis of autism spectrum disorders: Time for the next phase in research. *Biological Psychiatry: Cognitive Neuroscience and Neuroimaging, 1*(3), 245-252.

Vaughn, S., Denton, C. A., & Fletcher, J. M. (2010). Why intensive interventions are necessary for students with severe reading difficulties. *Psychology in the Schools, 47*(5), 432-444.

Vaughn, S., Linan-Thompson, S., Kouzeanani, K., Bryant, D. P., Dickson, S., & Blozis, S. A. (2003). Reading instruction grouping for students with reading difficulties. *Remediation Research Quarterly, 24*, 301-315.

Velleman, S. L., & Mervis, C. B. (2011). Children with 7q11.23 duplication syndrome: Speech, language, cognitive, and behavioral characteristics and their implications for intervention. *Perspectives in Language and Learning Education, 18*(3), 108-116.

Vellutino, F. R. (1979a). *Dyslexia: Theory and research.* Cambridge, MA: MIT Press.

Vellutino, F. R. (1979b). The validity of perceptual deficit explanations of reading disability: A reply to Fletcher and Satz. *Journal of Learning Disabilities, 12*(3), 160-167.

Vellutino, F. R., Scanlon, D. M., Small, S. G., & Fanuele, D. P. (2006). Response to intervention as a vehicle for distinguishing between children with and without reading disabilities: Evidence for the role of kindergarten and first-grade interventions. *Journal of Learning Disabilities, 39*, 157-169.

Vicari, S. (2004). Memory development and intellectual disabilities. *Acta Paediatrica Supplement, 93*(445), 60-63; discussion 63-64.

Virues-Ortega, J., Julio, F. M., & Pastor-Barriuso, R. (2013). The TEACCH program for children and adults with autism: A meta-analysis of intervention studies. *Clinical Psychology Review, 33*(8), 940-953.

Vissers, M. E., Cohen, M. X., & Geurts, H. M. (2012). Brain connectivity and high functioning autism: A promising path of research that needs refined models, methodological convergence, and stronger behavioral links. *Neuroscience and Biobehavioral Reviews, 36*(1), 604-625.

Volkmar, F., Siegel, M., Woodbury-Smith, M., King, B., McCracken, J., & State, M. (2014). Practice parameter for the assessment and treatment of children and adolescents with autism spectrum disorder. *Journal of the American Academy of Child and Adolescent Psychiatry, 53*, 237-257.

Volkow, N. D., Fowler, J. S., Wang, G., Ding, Y., & Gatley, S. J. (2002). Mechanism of action of methylphenidate: Insights from PET imaging studies. *Journal of Attention Disorders, 6*(Suppl. 1), S31-S43.

Volkow, N. D., Wang, G. J., Tomasi, D., Kollins, S. H., Wigal, T. L., Newcorn, J. H., . . . Swanson, J. M. (2012). Methylphenidate-elicited dopamine increases in ventral striatum are associated with long-term symptom improvement in adults with attention deficit hyperactivity disorder. *Journal of Neuroscience, 32*(3), 841-849.

Vorstman, J. A., Parr, J. R., Moreno-De-Luca, D., Anney, R. J., Nurnberger, J. I., Jr., & Hallmayer, J. F. (2017). Autism genetics: Opportunities and challenges for clinical translation. *Nature Reviews Genetics, 18*, 362-376.

Vygotsky, L. S. (1979). *Mind in society: The development of high mental processes.* Cambridge, MA: Harvard University Press.

Vysniauske, R., Verburgh, L., Oosterlaan, J., & Molendijk, M. L. (2016). The effects of physical exercise on functional outcomes in the treatment of ADHD: A meta-analysis. *Journal of Attention Disorders.* [Epub ahead of print]

Wadsworth, S. J., Corley, R., Hewitt, J., & DeFries, J. (2001). Stability of genetic and environmental influences on reading performance at 7, 12, and 16 years of age in the Colorado Adoption Project. *Behavior Genetics, 31*(4), 353-359.

Wadsworth, S. J., DeFries, J. C., Fulker, D. W., & Plomin, R. (1995). Cognitive ability and academic achievement in the Colorado Adoption Project: A multivariate genetic analysis of parent-offspring and sibling data. *Behavior Genetics, 25*(1), 1-15.

Wadsworth, S. J., DeFries, J. C., Willcutt, E. G., Pennington, B. F., & Olson, R. K. (2015). The Colorado Longitudinal Twin Study of Reading Difficulties and ADHD: Etiologies of comorbidity and stability. *Twin Research and Human Genetics, 18*(6), 755-761.

Wadsworth, S. J., Olson, R. K., & DeFries, J. C. (2010). Differential genetic etiology of reading difficulties as a function of IQ: An update. *Behavior Genetics, 40*, 751-758.

Wagner, R. K., Puranik, C. S., Foorman, B., Foster, E., Wilson, L. G., Tschinkel, E., & Kantor, P. T. (2011). Modeling the development of written language. *Reading and Writing, 24*(2), 203-220.

Wagner, R. K., & Torgesen, J. K. (1987). The nature of phonological processing and its causal role in the acquisition of reading skills. *Psychological Bulletin, 101*, 192-212.

Wagner, R. K., Torgesen, J. K., Rashotte, C. A., & Pearson, N. A. (2013). *Comprehensive Test of Phonological Processing: CTOPP2.* Austin, TX: PRO-ED.

Wahlsten, D. (2012). The hunt for gene effects pertinent to behavioral traits and psychiatric disorders: From mouse to human. *Developmental Psychobiology, 54*, 475-492.

Wallace, G. L., Yerys, B. E., Peng, C., Dlugi, E., Anthony, L. G., & Kenworthy, L. (2016). Assessment and treatment of executive function impairments in autism spectrum disorder. *International Review of Research in Developmental Disabilities, 51*, 85-122.

Walley, A. C. (1993). The role of vocabulary development in children's spoken word recognition and segmentation ability. *Developmental Review, 13*, 286-350.

Wang, P., Lin, M., Pedrosa, E., Hrabovsky, A., Zhang, Z., Guo, W., . . . Zheng, D. (2015). CRISPR/Cas9-mediated heterozygous knockout of the autism gene CHD8 and characterization of its transcriptional networks in neurodevelopment. *Molecular Autism, 6*, 55.

Waschbusch, D. A. (2002). A meta-analytic examination of comorbid hyperactive-impulsive-attention problems and conduct problems. *Psychological Bulletin, 128*(1), 118-150.

Watson, L. R. (1998). Following the child's lead: Mothers' interactions with children with autism. *Journal of Autism and Developmental Disorders, 28*, 51-59.

Weber, A., Fernald, A., & Diop, Y. (2017). When cultural norms discourage talking to babies: Effectiveness of a parenting program in rural Senegal. *Child Development, 88*(5), 1513-1526.

Wechsler, D. (1997a). *Wechsler Adult Intelligence Scale-Third Edition: Administration and scoring manual.* San Antonio, TX: Psychological Corporation.

Wechsler, D. (1997b). *Wechsler Intelligence Scale for Children-Third Edition.* San Antonio, TX: Psychological Corporation.

Wechsler, D. (2003). *WISC-IV: Technical and interpretive manual.* San Antonio, TX: Psychological Corporation.

Wechsler, D. (2008). *Wechsler Adult Intelligence Scale-Fourth Edition: Technical and interpretive manual.* San Antonio, TX: Psychological Corporation.

Wechsler, D. (2011). *Wechsler Abbreviated Scale of Intelligence-Second Edition (WASI-II).* San Antonio, TX: Psychological Corporation.

Wechsler, D. (2012). *Wechsler Preschool And Primary Scale of Intelligence-Fourth Edition (WPPSI-IV).* San Antonio, TX: Psychological Corporation.

Wechsler, D. (2014). *Wechsler Intelligence Scale for Children-Fifth Edition (WISC-V): Technical and interpretive manual.* Bloomington, MN: Pearson Clinical Assessment.

Weiler, M. D., Bernstein, J. H., Bellinger, D. C., & Waber, D. P. (2000). Processing speed in children with attention deficit/hyperactivity disorder, inattentive type. *Child Neuropsychology, 6*(3), 218-234.

Weisleder, A., & Fernald, A. (2013). Talking to children matters: Early language experience strengthens processing and builds vocabulary. *Psychological Science, 24*(11), 2143-2152.

Werker, J. F., & Tees, R. C. (1984). Cross-language speech-perception-evidence for perceptual reorganization during the first year of life. *Infant Behavior and Development, 7*, 49-63.

West, G., Vadillo, M. A., Shanks, D. R., & Hulme, C. (2018). The procedural learning deficit hypothesis of language learning disorders: We see some problems. *Developmental Science, 21*(2), 1-13.

Westby, C. E., & Cutler, S. K. (1994). Language and ADHD: Understanding the bases and treatment of self-regulatory deficits. *Topics in Language Disorders, 14*(4), 58-76.

Westermann, G., & Miranda, E. R. (2004). A new model of sensorimotor coupling in the development of speech. *Brain and Language, 89*, 393-400.

White, K. R. (1982). The relation between socioeconomic status and academic achievement. *Psychological Bulletin, 91*(3), 461-481.

White, S. W., Oswald, D., Ollendick, T., & Scahill, L. (2009). Anxiety in children and adolescents with autism spectrum disorders. *Clinical Psychology Review, 29*, 216-229.

Whitelaw, C., Flett, P., & Amor, D. J. (2007). Recurrence risk in autism spectrum disorder: A study of parental knowledge. *Journal of Paediatrics and Child Health, 43*(11), 752-754.

Wiederholt, J., & Bryant, B. R. (2013). *Gray Oral Reading Test-Fifth Edition.* Austin, TX: Psychological Corporation.

Wiig, E. H., Semel, E., & Secord, W. A. (2013). *Clinical Evaluation of Language Fundamentals-Fifth Edition(CELF-5).* Bloomington, MN: NCS Pearson.

Wilder, R. L. (1968). *Evolution of mathematical concepts.* New York: Wiley.

Wilkinson, G. S., & Robertson, G. J. (2006). *Wide Range Achievement Test-Revision 4.* Wilmington, DE: Jastak Associates.

Willcutt, E. (2014). Behavioral genetic approaches to understand the etiology of comorbidity. In S. H. Rhee & A. Ronald (Eds.), *Behavior genetics of psychopathology* (pp. 231-252). New York: Springer.

Willcutt, E. G., Betjemann, R. S., McGrath, L. M., Chhabildas, N. A., Olson, R. K., DeFries, J. C., & Pennington, B. F. (2010). Etiology and neuropsychology of comorbidity between RD and ADHD: The case for multiple-deficit models. *Cortex, 46*(10), 1345-1361.

Willcutt, E. G., Boada, R., Riddle, M. W., Chhabildas, N., DeFries, J. C., & Pennington, B. F. (2011). Colorado Learning Difficulties Questionnaire: Validation of a parent-report screening measure. *Psychological Assessment, 23*(3), 778-791.

Willcutt, E. G., Nigg, J. T., Pennington, B. F., Solanto, M. V., Rohde, L. A., Tannock, R., . . . Lahey, B. B. (2012). Validity of DSM-IV attention deficit/ hyperactivity disorder symptom dimensions and subtypes. *Journal of Abnormal Psychology, 121*(4), 991-1010.

Willcutt, E. G., & Pennington, B. F. (2000a). Comorbidity of reading disability and attention-deficit/hyperactivity disorder: Differences by gender and subtype. *Journal of Learning Disabilities, 33*(2), 179-191.

Willcutt, E. G., & Pennington, B. F. (2000b). Psychiatric comorbidity in children and adolescents with reading disability. *Journal of Child Psychology and Psychiatry, 41*, 1039-1048.

Willcutt, E. G., Pennington, B. F., Boada, R., Ogline, J. S., Tunick, R. A., Chhabildas, N. A., & Olson, R. K.

(2001). A comparison of the cognitive deficits in reading disability and attention-deficit/hyperactivity disorder. *Journal of Abnormal Psychology, 110*(1), 157-172.

Willcutt, E. G., Pennington, B. F., & DeFries, J. C. (2000). Twin study of the etiology of comorbidity between reading disability and attention-deficit/ hyperactivity disorder. *American Journal of Medical Genetics, 96*(3), 293-301.

Willcutt, E. G., Pennington, B. F., Olson, R. K., Chhabildas, N. A., & Hulslander, J. L. (2005). Neuropsychological analyses of comorbidity between reading disability and attention deficit hyperactivity disorder: In search of the common deficit. *Developmental Neuropsychology, 27*, 35-78.

Willcutt, E. G., Pennington, B. F., Olson, R. K., & DeFries, J. C. (2007). Understanding comorbidity: A twin study of reading disability and attention deficit/hyperactivity disorder. *American Journal of Medical Genetics B: Neuropsychiatric Genetics, 144*(6), 709-714.

Willcutt, E. G., Pennington, B. F., Smith, S. D., Cardon, L. R., Gayan, J., Knopik, V. S., . . . DeFries, J. C. (2002). Quantitative trait locus for reading disability on chromosome 6p is pleiotropic for attention-deficit/ hyperactivity disorder. *American Journal of Medical Genetics, 114*(3), 260-268.

Willcutt, E. G., Petrill, S. A., Wu, S., Boada, R., DeFries, J. C., Olson, R. K., & Pennington, B. F. (2013). Implications of comorbidity between reading and math disability: Neuropsychological and functional impairment. *Journal of Learning Disabilities, 46*(6), 500-516.

Willcutt, E. G., Sonuga-Barke, E. J., Nigg, J. T., & Sergeant, J. A. (2008). Developments in neuropsychological models of childhood psychiatric disorders. In T. Banaschewski & L. A. Rohde (Eds.), *Advances in biological psychiatry* (Vol. 24, pp. 195-226). Basel, Switzerland: Karger.

Williams, G., King, J., Cunningham, M., Stephan, M., Kerr, B., & Hersh, J. H. (2001). Fetal valproate syndrome and autism: Additional evidence of an association. *Developmental Medicine and Child Neurology, 43*(3), 202-206.

Williams, K. T. (2007). *Expressive Vocabulary Test-Second Edition.* Minneapolis, MN: Pearson Assessments.

Willsey, A. J., & State, M. W. (2015). Autism spectrum disorders: From genes to neurobiology. *Current Opinion in Neurobiology, 30*, 92-99.

Wing, L. (1991). The relationship between Asperger's syndrome and Kanner's autism. In U. Frith (Ed.), *Autism and Asperger syndrome* (pp. 93-121). New York: Cambridge University Press.

Wise, B. W., Ring, J., & Olson, R. K. (2000). Individual differences in gains from computer-assisted remedial reading. *Journal of Experimental Child Psychology, 77*(3), 197-235.

Wolf, M., & Bowers, P. G. (1999). The double-deficit hypothesis for the developmental dyslexias. *Journal of Educational Psychology, 91*, 415-438.

Wolraich, M., Brown, L., Brown, R. T., DuPaul, G. J., Earls, M. F., Feldman, H. M., . . . Visser, S. (2011). ADHD: Clinical practice guideline for the diagnosis, evaluation, and treatment of attention-deficit/hyperactivity disorder in children and adolescents. *Pediatrics, 128*, 1007-1022.

Wolraich, M., Lambert, E. W., Baumgaertel, A., Garcia-Tornel, S., Feurer, I. D., Bickman, L., & Doffing, M. A. (2003). Teachers' screening for attention deficit/hyperactivity disorder: Comparing multinational samples on teacher ratings of ADHD. *Journal of Abnormal Child Psychology, 31*(4), 445-455.

Wolraich, M., Lambert, W., Doffing, M. A., Bickman, L., Simmons, T., & Worley, K. (2003). Psychometric properties of the Vanderbilt ADHD diagnostic Parent Rating Scale in a referred population. *Journal of Pediatric Psychology, 28*(8), 559-568.

Woo, Y. J., Wang, T., Guadalupe, T., Nebel, R. A., Vino, A., Del Bene, V. A., . . . Fisher, S. E. (2016). A common CYFIP1 variant at the 15q11.2 disease locus is associated with structural variation at the language-related left supramarginal gyrus. *PLOS ONE, 11*(6), e0158036.

Wood, C. L., Warnell, F., Johnson, M., Hames, A., Pearce, M. S., McConachie, H., & Parr, J. R. (2015). Evidence for ASD recurrence rates and reproductive stoppage from large UK ASD research family databases. *Autism Research, 8*(1), 73-81.

Woodbury-Smith, M., Klin, A., & Volkmar, F. (2005). Asperger's syndrome: A comparison of clinical diagnoses and those made according to the ICD-10 and DSM-IV. *Journal of Autism and Developmental Disorders, 35*(2), 235-240.

Wright, C. A., Kaiser, A. P., Reikowsky, D. I., & Roberts, M. Y. (2013). Effects of a naturalistic sign intervention on expressive language of toddlers with Down syndrome. *Journal of Speech, Language, and Hearing Research, 56*(3), 994-1008.

Wu, J., Looper, J., Ulrich, B. D., Ulrich, D. A., & Angulo-Barroso, R. M. (2007). Exploring effects of different treadmill interventions on walking onset and gait patterns in infants with Down syndrome. *Developmental Medicine and Child Neurology, 49*(11), 839-945.

Wynn, K. (1992). Addition and subtraction by human infants. *Nature, 358*(6389), 749-750.

Wynn, K. (1998). Psychological foundations of number: Numerical competence in human infants. *Trends in Cognitive Science, 2,* 296-303.

Xiao, Y., Friederici, A. D., Margulies, D. S., & Brauer, J. (2016). Longitudinal changes in resting-state fMRI from age 5 to age 6 years covary with language development. *NeuroImage, 128,* 116-124.

Yang, J., Benyamin, B., McEvoy, B. P., Gordon, S., Henders, A. K., Nyholt, D. R., . . . Visscher, P. M. (2010). Common SNPs explain a large proportion of the heritability for human height. *Nature Genetics, 42,* 565-569.

Yang, J., Lee, S. H., Goddard, M. E., & Visscher, P. M. (2011). GCTA: A tool for genome-wide complex trait analysis. *American Journal of Human Genetics, 88*(1), 76-82.

Yeates, K. O. (2010). Traumatic brain injury. In K. O. Yeates, M. D. Ris, H. G. Taylor, & B. F. Pennington (Eds.), *Pediatric neuropsychology* (pp. 112-146). New York: Guilford Press.

Yerys, B. E., & Herrington, J. D. (2014). Multimodal imaging in autism: An early review of comprehensive neural circuit characterization. *Current Psychiatry Reports, 16*(11), 496.

Yirmiya, N., & Charman, T. (2010). The prodrome of autism: Early behavioral and biological signs, regression, peri- and post-natal development and genetics. *Journal of Child Psychology and Psychiatry and Allied Disciplines, 51,* 432-458.

Yoder, P. J., & Warren, S. F. (2002). Effects of prelinguistic milieu teaching and parent responsivity education on dyads involving children with intellectual disabilities. *Journal of Speech, Language, and Hearing Research, 45*(6), 1158-1174.

Yoder, P. J., Woynaroski, T., Fey, M., & Warren, S. (2014). Effects of dose frequency of early communication intervention in young children with and without Down syndrome. *American Journal on Intellectual and Developmental Disabilities, 119*(1), 17-32.

Yoshimasu, K., Barbaresi, W. J., Colligan, R. C., Killian, J. M., Voigt, R. G., Weaver, A. L., & Katusic, S. K. (2011). Written-language disorder among children with and without ADHD in a populationbased birth cohort. *Pediatrics, 128*(3), e605-e612.

Young, C. B., Wu, S. S., & Menon, V. (2012). The neurodevelopmental basis of math anxiety. *Psychological Science, 23*(5), 492-501.

Zametkin, A. J., & Rapoport, J. L. (1986). The pathophysiology of attention deficit disorders. In B. B. Lahey & A. E. Kadzin (Eds.), *Advances in clinical child psychology* (pp. 177-216). New York: Plenum Press.

Zaric, G., González, G. F., Tijms, J., van der Molen, M. W., Blomert, L., & Bonte, M. (2014). Reduced neural integration of letters and speech sounds in dyslexic children scales with individual differences in reading fluency. *PLOS ONE, 9*(10), e110337.

Zelazo, P. D. (2006). The Dimensional Change Card Sort (DCCS): A method of assessing executive function in children. *Nature Protocols, 1*(1), 297.

Zemunik, T., & Boraska, V. (2011). Genetics of type I diabetes. In D. Wagner (Ed.), *Type I diabetes-Pathogenesis, genetics, and immunotherapy* (pp. 529-548). London: InTech Open.

Zheng, X., Flynn, L. J., & Swanson, H. L. (2013). Experimental intervention studies on word problem solving and math disabilities: A selective analysis of the literature. *Learning Disability Quarterly, 36*(2), 97-111.

Ziegler, J. C., Bertrand, D., Toth, D., Csepe, V., Reis, A., Faisca, L., . . . Blomert, L. (2010). Orthographic depth and its impact on universal predictors of reading: A cross-language investigation. *Psychological Science, 21,* 551-559.

Zorzi, M., Barbiero, C., Facoetti, A., Lonciari, I., Carrozzi, M., Montico, M., . . . Ziegler, J. C. (2012). Extra-large letter spacing improves reading in dyslexia. *Proceedings of the National Academy of Sciences of the USA, 109,* 11455-11459.

Zuijen, T. L., Plakas, A., Maassen, B. A., Maurits, N. M., & Leij, A. (2013). Infant ERPs separate children at risk of dyslexia who become good readers from those who become poor readers. *Developmental Science, 16*(4), 554-563.

Zwaigenbaum, L. (2015). Early identification of autism spectrum disorder: Recommendations for practice and research. *Pediatrics, 136*(Suppl. 1), S10-S40.

Zwaigenbaum, L., Bauman, M. L., Choueiri, R., Kasari, C., Carter, A., Granpeesheh, D., . . . Natowicz, M. R. (2015). Early intervention for children with autism spectrum disorder under 3 years of age: Recommendations for practice and research. *Pediatrics, 136,* S60-S81.

Zwaigenbaum, L., Bryson, S., & Garon, N. (2013). Early identification of autism spectrum disorders. *Behavioural Brain Research, 251,* 133-146.

Zwaigenbaum, L., Bryson, S., Rogers, T., Roberts, W., Brian, J., & Szatmari, P. (2005). Behavioral manifestations of autism in the first year of life. *International Journal of Developmental Neuroscience, 23*(2), 143-152.

저자 소개

Bruce F. Pennington, PhD

덴버대학교 심리학과의 명예교수다. 그는 유전학 및 인지심리학적 방법론을 활용하여 학습 장애군과 공존장애 전반에 대한 연구를 진행해 왔다. Pennington 박사는 미국 보건연구소의 Research Scientist, MERIT, 그리고 Fogarty award와 국제난독증협회의 Samuel T. Orton award, 그리고 영국 아동청소년정신건강협회의 이매뉴얼 밀러 기념 강좌 수상자다.

Lauren M. McGrath, PhD

덴버대학교 심리학과의 조교수다. 아동임상심리, 발달신경심리, 정신병리 및 행동 유전학 전문가다. McGrath 박사는 학습과 행동장애의 공존성, 그리고 유전적 위험 요소와 유전-환경 상호작용이라는 두 가지 주요 주제를 가지고 학습 장애 아동에 관한 연구에 주력하고 있다.

Robin L. Peterson, PhD, ABPP

콜로라도 아동병원과 콜로라도 의학대학의 소아신경심리학자이자 임상조교수다. 학습 장애군, 소아 외상성 뇌손상, 그리고 척추 피열에 임상 및 연구 관심을 가지고 있다. Peterson 박사는 인증된 임상신경심리학자다. 현재 남편 Eric과 두 딸, Cordelia와 Beatrix와 함께 덴버주에 거주하고 있다.

역자 소개

김동일(Kim, Dongil)

서울대학교 사범대학 교육학과 교육상담전공 교수 및 서울대학교 대학원 특수교육전공 주임교수, 서울대학교 대학생활문화원(상담센터) 원장, 장애학생지원센터 상담교수, 서울대학교 특수교육연구소 소장, 서울대학교 평의원(SNU Senator, 2022. 11. 1.~2024. 10. 31.)으로 재직하고 있다. 서울대학교 교육학과를 졸업하고, 교육부 국비 유학생으로 미네소타 대학교 교육심리학과에서 학습장애를 주 전공으로 석사, 박사 학위를 취득했다.

Developmental Studies Center, Research Associate, 한국청소년상담원 상담교수, 경인교육대학교 교육학과 교수, 한국학습장애학회 회장, 서울대학교 사범대학 기획실장, 여성가족부 청소년보호위원회 위원, (사)한국교육심리학회 회장 등을 역임했다. 국가 수준의 인터넷중독 척도와 개입 연구를 진행하여 정보화 역기능예방사업에 대한 공로를 인정받아 행정안전부 장관 표창을 받았고, 교육부 학술연구지원사업의 연구 성과로 교육부장관 학술상(2020년 제20-1075호), 연구논문과 저서의 우수성을 인정받아 한국상담학회 학술상(2014-2/2016/2022)과 학지사 저술상(2012), 제1회 서울대학교 사범대학 교학상(연구 부문, 2023년), 2023년 서울대학교 학술교육원 구상(연구 부문) 등을 수상했다.

현재 SSK교육사각지대학습자 연구사업단 단장, BK21FOUR 혁신과 공존의 교육연구사업단 단장, 한국아동청소년상담학회 회장, 한국특수교육학회 부회장, 여성가족부 학교밖청소년지원위원회(2기) 위원, 국무총리실 사행산업통합감독위원회(중독분과) 민간위원 등으로 봉직하고 있다.

『DSM-5에 기반한 학습장애아동의 이해와 교육』(3판)(공저, 2016, 학지사), 『지능이란 무엇인가?: 인지과학이 밝혀낸 마음의 구조』(역, 2016, 사회평론)를 비롯하여 70여 권의 (공)저ㆍ역서가 있으며, 300여 편의 전문 학술논문(SSCI/KCI)을 등재했고, 30여 개의 표준화 심리검사를 발표했다.

학습 장애 탐구
언어장애, 난독증, 난산·수학장애, ADHD, 자폐성장애, 지적장애 진단과 중재

Diagnosing Learning Disorders
from Science to Practice (3rd ed.)

2024년 1월 8일 1판 1쇄 인쇄
2024년 1월 15일 1판 1쇄 발행

지은이 • Bruce F. Pennington · Lauren M. McGrath · Robin L. Peterson
옮긴이 • 김동일
펴낸이 • 김진환
펴낸곳 • ㈜ **학지사**

          04031 서울특별시 마포구 양화로 15길 20 마인드월드빌딩
대표전화 • 02-330-5114   팩스 • 02-324-2345
등록번호 • 제313-2006-000265호

홈페이지 • http://www.hakjisa.co.kr
인스타그램 • https://www.instagram.com/hakjisabook

ISBN 978-89-997-3031-3 93370

정가 28,000원

출판미디어기업 학지사

간호보건의학출판 **학지사메디컬** www.hakjisamd.co.kr
심리검사연구소 **인싸이트** www.inpsyt.co.kr
학술논문서비스 **뉴논문** www.newnonmun.com
교육연수원 **카운피아** www.counpia.com